초보자도 손쉽게 따라하는 동영상 편집

베가스 프로16

초보자도 손쉽게 따라하는 동영상 편집

베가스 프로16

초보자도
손쉽게 따라하는
동영상 편집

베가스 프로16

초보자도
손쉽게 따라하는
동영상 편집

베가스 프로16

초판 인쇄일 2019년 2월 28일
초판 발행일 2019년 3월 8일

지은이 김성욱
발행인 박정모
등록번호 제9-295호
발행처 도서출판 **혜지원**
주소 (10881) 경기도 파주시 회동길 445-4(문발동 638) 302호
전화 031) 955-9221~5 팩스 031) 955-9220
홈페이지 www.hyejiwon.co.kr

기획 · 진행 박민혁
디자인 조수안
영업마케팅 황대일, 서지영
ISBN 978-89-8379-985-2
정가 23,000원

이 도서의 국립중앙도서관 출판예정도서목록(CIP)은 서지정보유통지원시스템 홈페이지(http://seoji.nl.go.kr)와
국가자료공동목록시스템(http://www.nl.go.kr/kolisnet)에서 이용하실 수 있습니다.(CIP제어번호: CIP2019006001)

초보자도
손쉽게 따라하는
동영상 편집

베가스 프로16

혜지원

작가의 말

보다 빠르고 새로운 결과를 위한 책!

전문 장비가 아닌 휴대폰에서도 4K 60fps의 고화질 동영상을 촬영할 수 있을 정도로 동영상 촬영 환경이 좋아졌습니다. 이렇게 촬영된 동영상은 목적에 따라 자막이나 효과 등을 추가하여 보다 완성도 있는 결과물로 재생성할 수 있고, 이런 작업을 도와주는 동영상 편집 도구도 다양합니다.

스마트폰 앱을 통해서도 기본 편집부터 다양한 효과까지 적용할 수 있지만 더 좋은 결과와 더 정교한 작업을 위해서는 PC용 전문 편집 프로그램이 필요하며, 이 중에서도 베가스 프로는 시간과 노력을 절약할 수 있는 탁월한 프로그램 중 하나로 손꼽을 수 있습니다.

베가스 프로는 여타 동영상 편집 프로그램에 비해 상대적으로 가볍게 실행되며 쉽게 접근할 수 있는 인터페이스로 어렵지 않게 사용할 수 있습니다. 아울러 다소 부족했던 기능이 베가스 프로 16에서 보완됨으로써 오직 베가스 프로만으로도 충분한 결과를 만들어 낼 수 있게 되었습니다.

기초적인 부분부터 체계적으로 학습하는 베가스 프로 16

이 책은 최신 베가스 프로 16의 기초적인 부분부터 다양한 기능을 쉽게 익힐 수 있도록 구성하였습니다. 기술만을 내세워 화려하게 보이는 것에 치중하지 않고 기초적인 부분부터 착실하게 체계적으로 익힐 수 있도록 작업의 순서나 기능의 난이도에 따라 전반적인 내용을 설명하였으며, 다소 까다롭게 느껴지는 동영상 편집의 다양한 용어와 정보를 습득할 수 있도록 하였습니다.

다양한 실전 예제와 동영상 제작을 위한 필수 기능 설명

또한, 실전 동영상 제작을 위한 다양한 예제와 함께 베가스 프로 16의 메뉴 대부분과 환경 설정 옵션을 정리해 설명함으로써 작업 중 꼭 필요한 부분만을 빠르게 참고할 수 있도록 하였습니다. 아무쪼록 이 책이 베가스 프로 16으로 동영상 편집에 입문하거나 보다 빠르고 새로운 효과가 적용된 결과를 원하는 독자 여러분께 도움이 되기를 소망합니다.

저자 김성욱

예제 파일 안내

예제에 사용되는 파일과 작업 결과로 완성 파일은 아래 주소에서 받으실 수 있습니다.

혜지원 홈페이지(http://www.hyejiwon.co.kr)

Source 폴더

예제에 필요한 동영상, 이미지, 오디오 파일이 포함되어 있습니다.

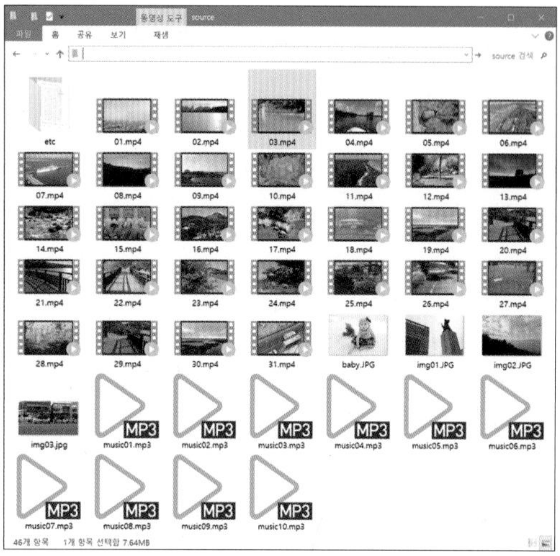

Example 폴더

예제의 결과로 생성된 동영상 파일이 포함되어 있습니다.

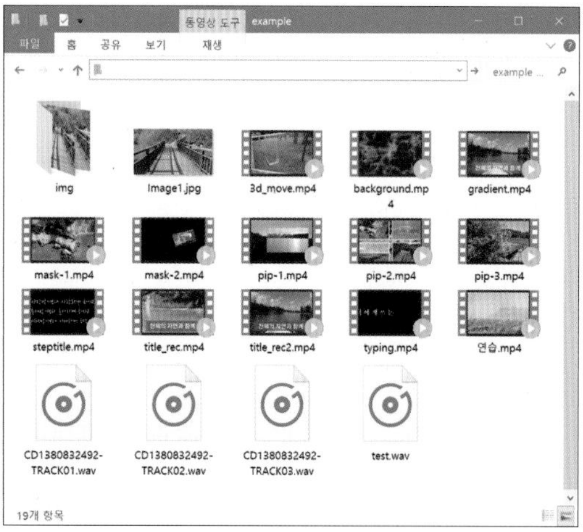

목차

PART

01

VEGAS PRO 16

베가스 프로 16의 기본 익히기

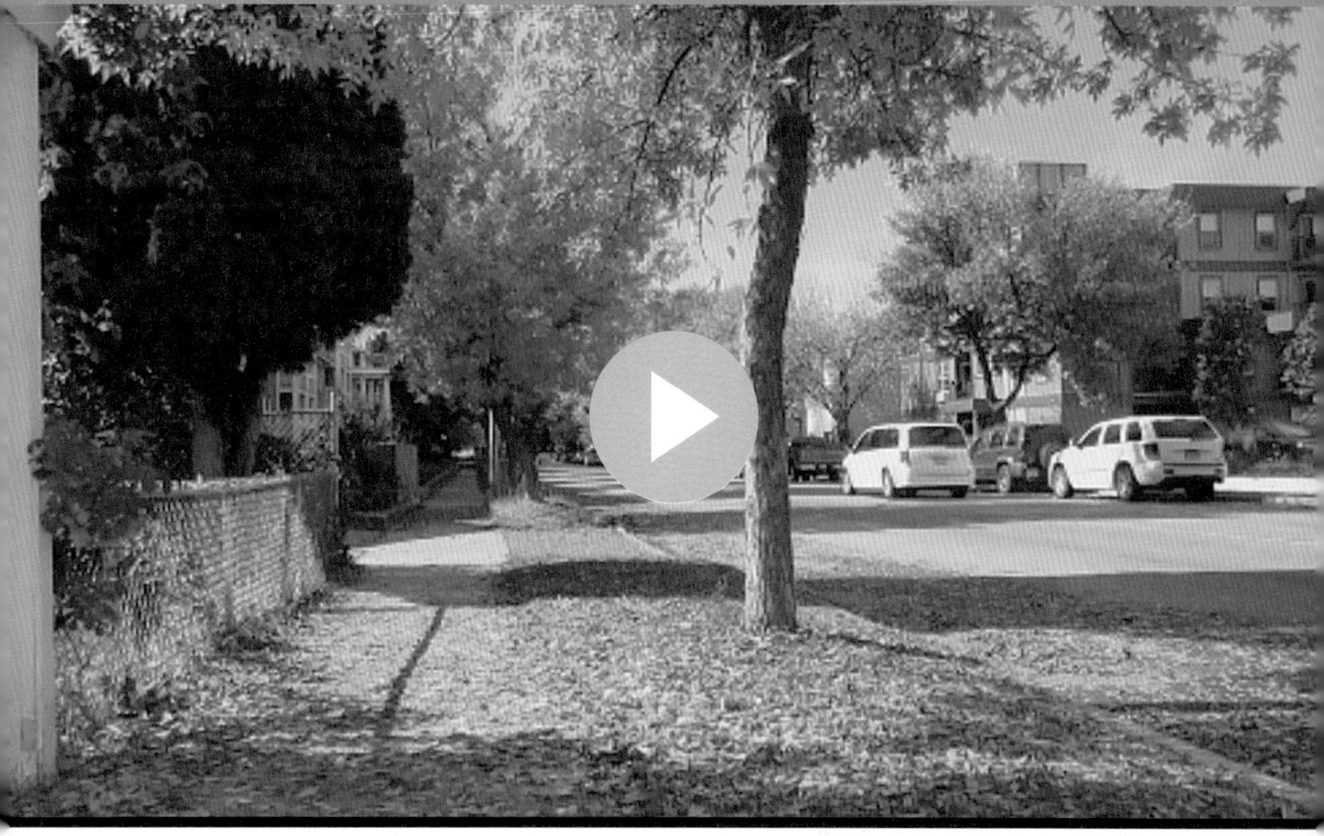

CHAPTER 01

베가스 프로 16 설치하기

베가스 프로 16은 편리한 인터페이스와 강력한 기능을 바탕으로 사용하기 쉬우면서도 다양한 작업을 지원하기 때문에 많은 유저를 확보하고 있는 종합 영상 편집 프로그램입니다. 먼저 30일간 사용할 수 있는 트라이얼 버전을 설치하는 방법부터 살펴보도록 하겠습니다.

01 웹브라우저를 통해 베가스 프로 다운로드 페이지인 https://www.vegascreativesoftware.com/us/vegas-pro에 접속하여 VEGAS Pro와 Free trial을 차례로 선택하고 START DOWNLOAD 버튼을 클릭합니다. 사이트 화면은 접속 시기에 따라 다소 달라질 수 있습니다.

02 다운로드 페이지로 이동되면 [로봇이 아닙니다]를 체크하고 Start download 버튼을 클릭합니다.

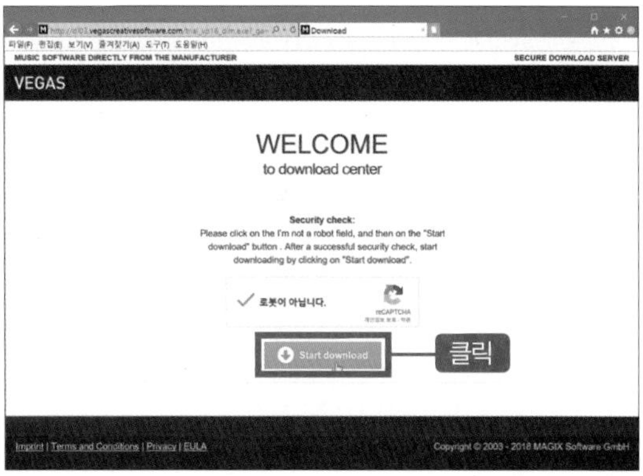

03 다운로드될 파일이 나타납니다. [저장] 버튼을 클릭합니다.

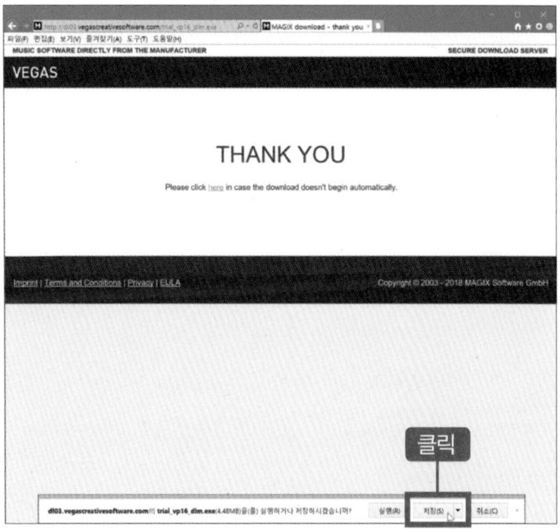

04 다운로드가 끝나면 파일을 더블 클릭하여 실행하여 설치를 시작합니다. 언어 선택 화면이 나타나면 English[US]를 선택합니다.

05 파일 선택 단계로 진행됩니다. 기본적으로 모든 파일이 선택되어 있지만 트라이얼 버전의 경우 기능 제한이나 워터마크가 크게 나타나는 등, 여러 제약이 있으니 가급적 메인 프로그램인 [VEGAS Pro 16]만 선택하고 Continue 버튼을 클릭합니다.

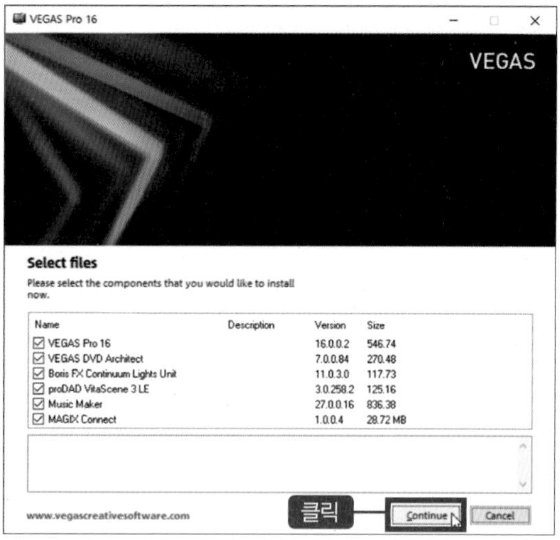

06 다시 VEGAS Pro 16에 대한 언어 선택 화면이 나타납니다. [영어]를 선택하고 Next 버튼을 클릭합니다.

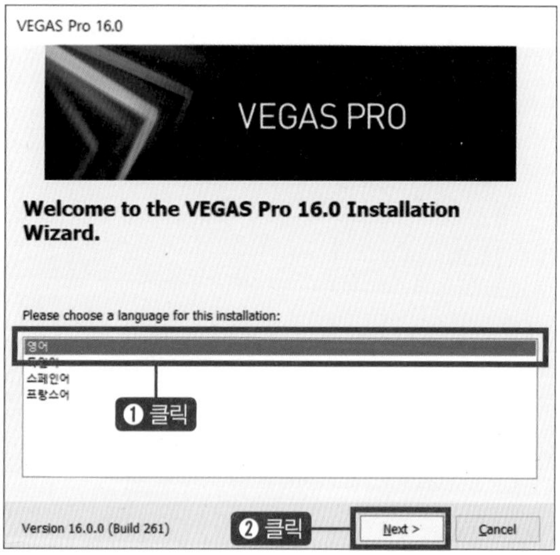

07 라이선스 동의를 구하는 화면이 나타나면 위쪽의 옵션을 선택하고 Next 버튼을 클릭합니다.

08 설치될 경로를 선택할 수 있는 화면이 나타납니다. 특별한 이유가 없다면 기본적으로 선택되어 있는 경로를 그대로 두고 Install 버튼을 클릭합니다. 바탕 화면에 단축 아이콘이 나타나게 하려면 Create a shortcut on the desktop 옵션을 선택하고 진행하도록 합니다.

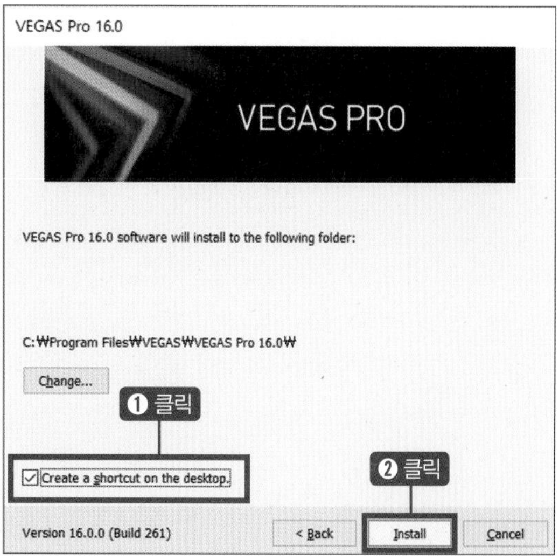

09 설치가 완료되면 Finish 버튼을 클릭하여 종료합니다.

10 설치를 마쳤다면 프로그램 실행을 위해 바탕 화면에 있는 VEGAS Pro 16.0 아이콘을 더블 클릭합니다. 다음과 같은 화면이 나타나는데, 아직 정식 제품을 구매하지 않았다면 트라이얼 버전(체험판) 사용을 위해 Start trial version을 클릭합니다.

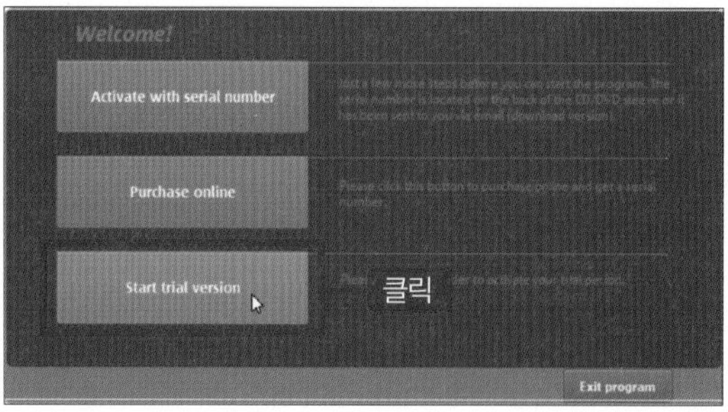

11 트라이얼 버전의 등록을 위해 Register now 버튼을 클릭합니다.

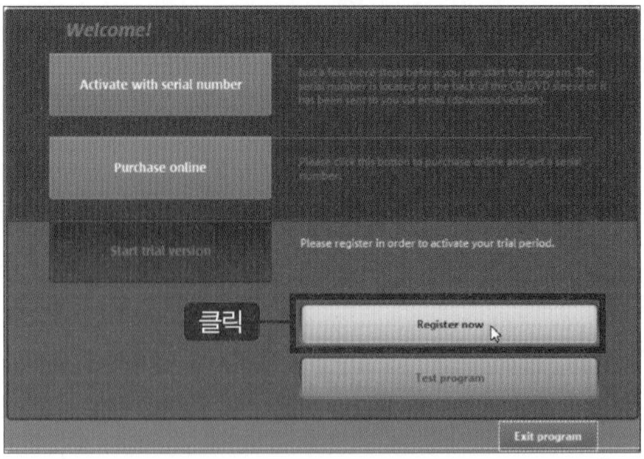

12 MAGIX 홈페이지로 연결되며 등록을 위한 페이지가 나타납니다. 위쪽 옵션을 선택하고 Proceed 버튼을 클릭합니다.

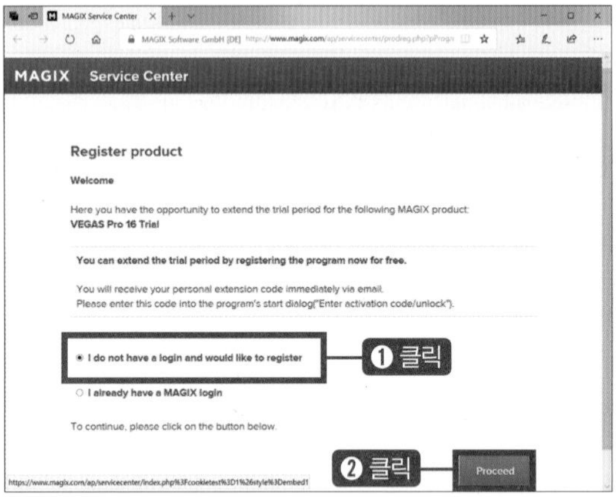

13 사용자 정보를 입력하는 페이지가 나타납니다. 적절히 해당 항목을 입력하고 하단에 있는 Complete the registration 버튼을 클릭합니다.

14 등록 단계에서 입력했던 이메일 주소로 등록 코드가 옵니다. 이것을 실행 초기 화면의 Registration code 입력란에 숫자 부분만 입력하고 Register now 버튼을 클릭합니다.

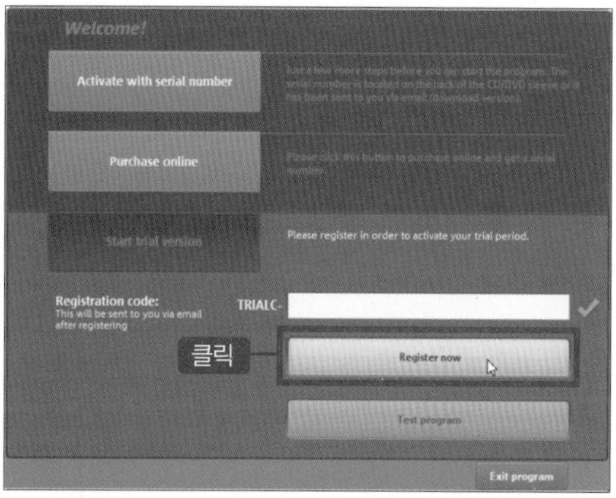

15 트라이얼 버전을 30일간 사용할 수 있다는 메시지가 나타나면 사용을 위한 등록까지 완료된 것입니다. OK 버튼을 클릭합니다. 이러한 등록 단계는 최초 실행 시 한 번만 진행됩니다.

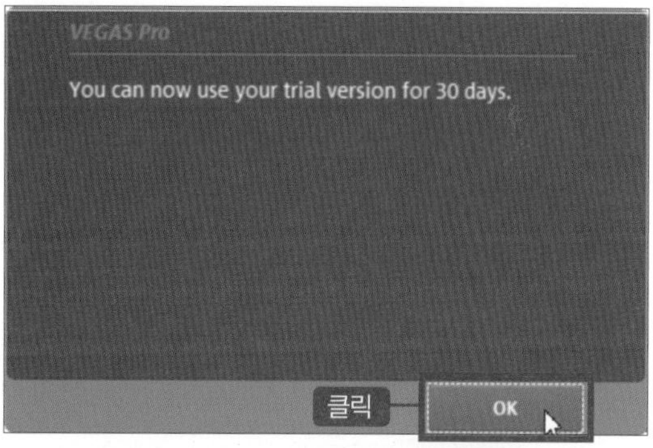

16 다시 초기 화면으로 돌아오게 됩니다. Test program 버튼을 클릭합니다.

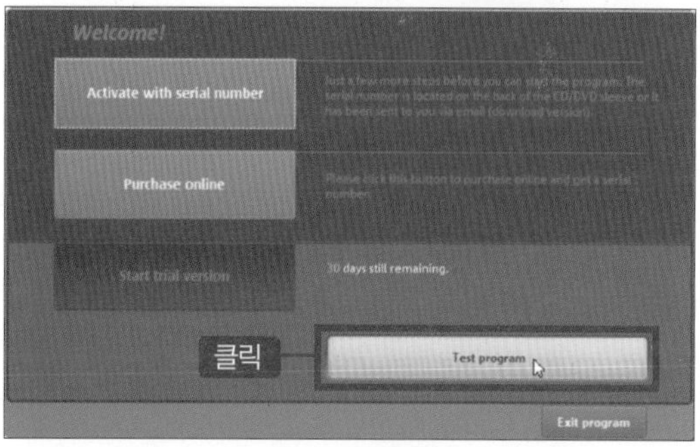

17 베가스 프로 16이 실행됩니다.

CHAPTER 02

베가스 프로 16의 편집 과정 파악하기

간단한 예를 통해 베가스 프로 16을 사용하여 어떠한 방식과 순서로 편집 작업을 하게 되는지 흐름을 살펴보도록 하겠습니다. 아울러, 프로젝트 설정 옵션에 대해서도 이해해 보도록 할 것입니다.

01 편집 및 파일 생성하기

01 베가스 프로 16을 처음 실행하면 샘플 프로젝트가 나타나게 됩니다. 프로젝트(Project)란 하나의 작업 단위를 의미합니다. 사용자가 원하는 설정값으로 새로운 프로젝트를 시작하기 위해 File〉New를 선택합니다.

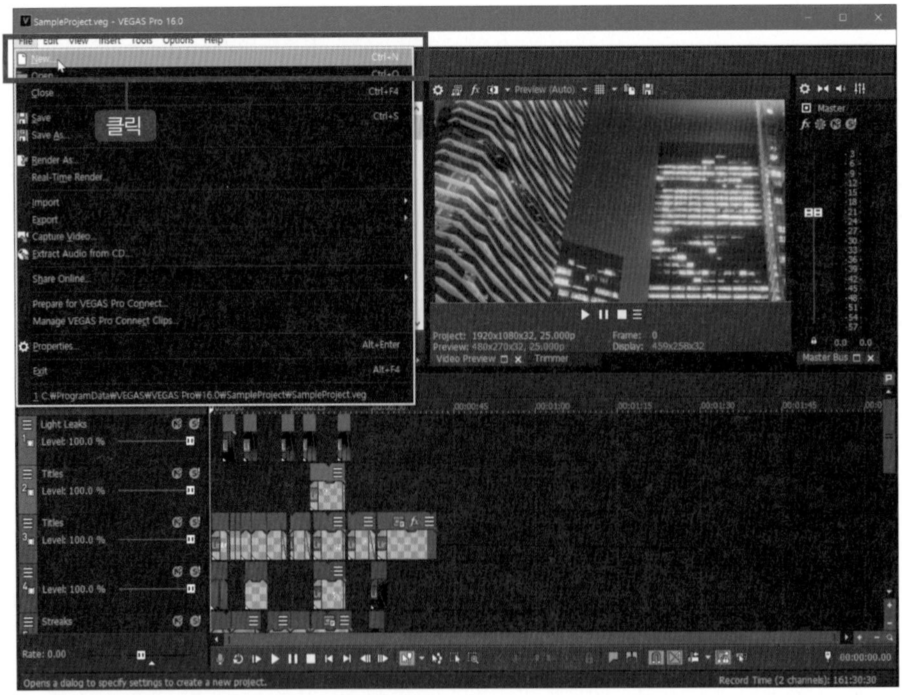

02 New Project 대화 상자가 나타납니다. 첫 번째 Video 탭에서는 현재 프로젝트에서 사용할 영상과 관련된 여러 옵션을 설정합니다. 작업하고자 하는 영상에 따라 다른 프리셋을 선택하거나 옵션을 적절히 수정할 수 있습니다. 여기에서는 HD 영상 편집을 위한 프로젝트를 위해 Template 메뉴를 열고 HDV 720-30p를 선택합니다.

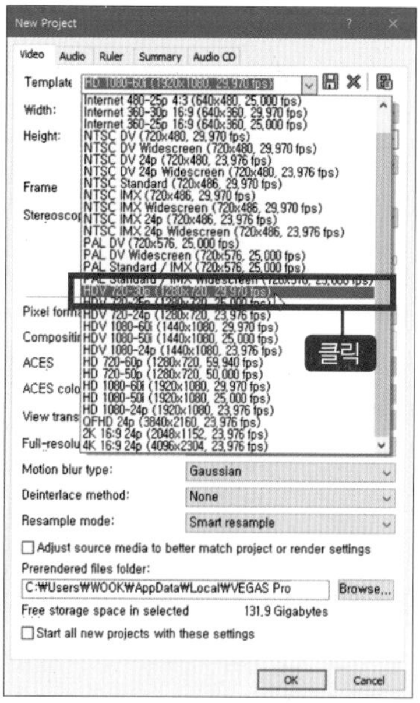

참고하세요!

진행 중인 프로젝트의 옵션 바꾸기

프로젝트의 옵션을 바꾸려면 File>Properties를 선택합니다. Project Properties 대화 상자에서 프로젝트의 진행 중에도 프로젝트의 각 옵션을 변경할 수 있습니다. 대화 상자의 이름은 다르지만, 앞에서 새로운 프로젝트를 시작할 때 나타났던 New Project 대화 상자와 동일한 옵션을 가지고 있습니다.

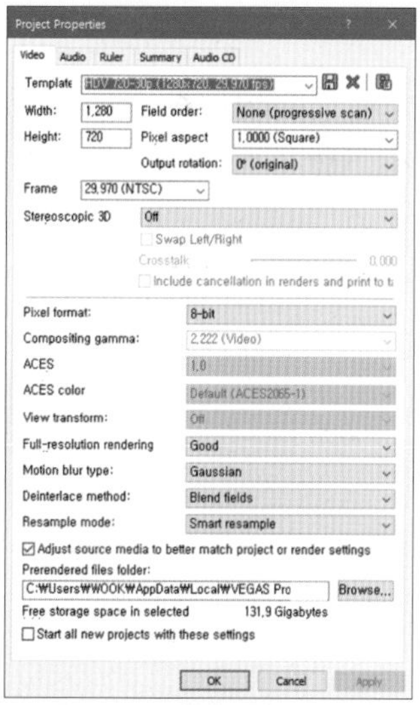

▲ Project Properties 대화 상자

03 OK 버튼을 클릭하여 New Project 대화 상자를 닫습니다. 메인 화면의 좌측 상단에는 여러 윈도우가 탭의 형태로 존재합니다. Explorer 탭을 클릭합니다.

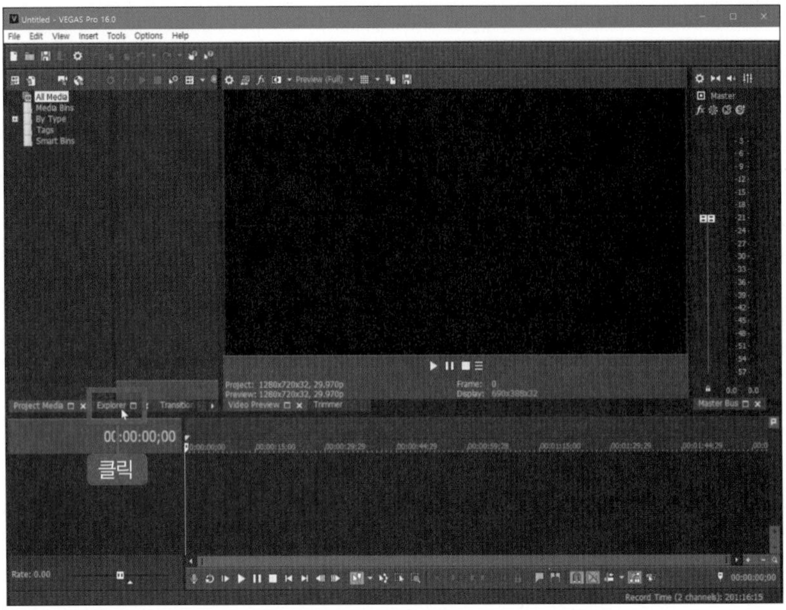

04 Explorer 윈도우가 나타납니다. 여기에는 윈도우 탐색기처럼 시스템의 각 드라이브가 트리 형태로 나타나는데 [source] 폴더에서 '01.mp4' 파일을 메인 화면 아래쪽에 위치하고 있는 타임라인의 시작 지점으로 드래그합니다.

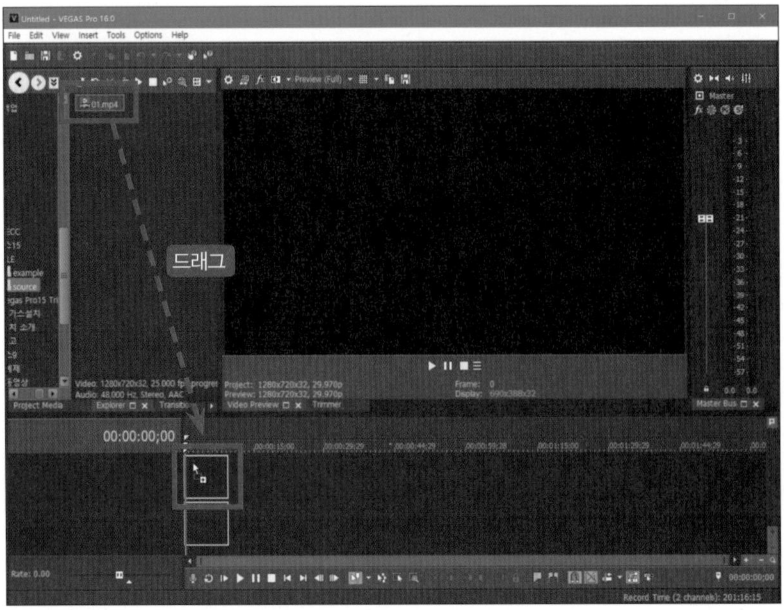

05 마우스 버튼을 놓으면 현재 선택된 파일이 프로젝트 설정값과 다른 경우, 그림과 같은 메시지가 나타납니다. 동영상의 속성을 그대로 사용하려면 YES 버튼을 클릭합니다.

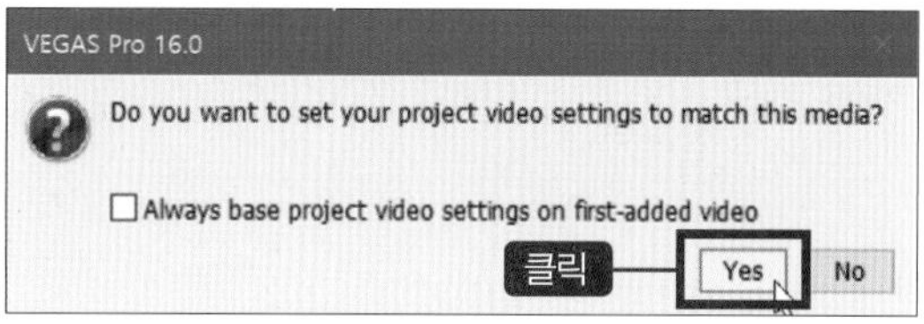

TIP 파일은 탐색기에서 드래그하여 등록할 수도 있습니다.

베가스 프로 16의 익스플로러 윈도우에서 원하는 파일을 찾아 추가하는 것이 번거롭다면 윈도우 탐색기에서 파일을 곧바로 베가스 프로 16의 타임라인으로 드래그하여 등록할 수 있습니다.

06 자동으로 트랙이 생성되며 무비 파일이 등록되어 나타납니다. 무비 파일은 비디오와 오디오를 포함하고 있으므로 각각 한 개씩의 비디오 트랙과 오디오 트랙이 생성되는 것을 볼 수 있습니다.

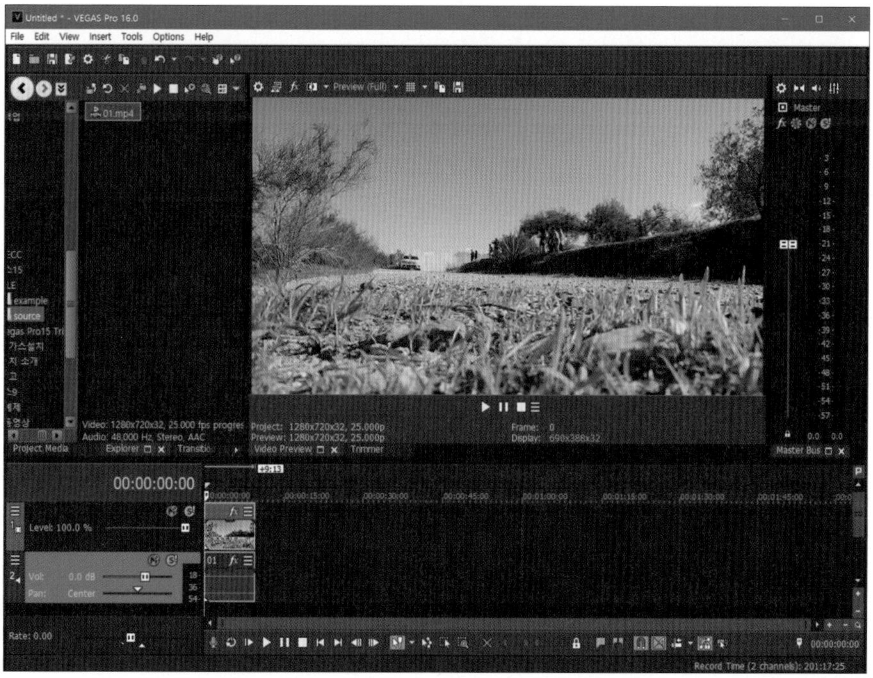

07 간단한 편집 작업 후, 이것을 새로운 동영상 파일로 생성해보겠습니다. 타임 라인의 우측 하단에서 + 모양의 줌 인(Zoom In) 버튼을 여러 번 클릭하여 타임라인에 놓인 이벤트가 길게 표시되도록 합니다. 줌 인 버튼을 클릭하면 타임라인의 눈금 단위가 작게 변경되어 이벤트가 길게 표시되므로 미세한 편집을 하기 쉬워집니다.

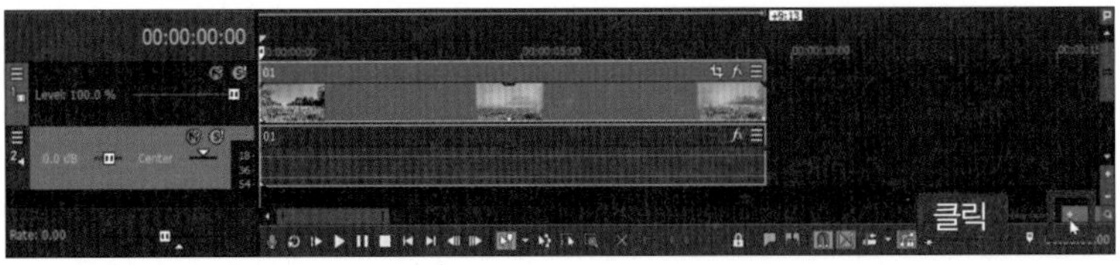

참고하세요!

파일과 이벤트

파일(File)이란 하드 디스크를 비롯하여 각종 저장 장치에 기록되어 있는 하나의 객체를 가리킵니다. 하지만 파일이 타임라인에 등록됨으로써 일정한 길이를 갖는 편집 대상이 되면 이벤트(Event)라고 부릅니다. 비디오, 오디오, 이미지 파일 등이 이벤트가 될 수 있으며 베가스 프로 16의 미디어 제너레이터(Media Generators)에서 영상에 사용되는 다양한 이벤트를 만들 수도 있습니다.

08 비디오 이벤트 우측 끝에 마우스 포인터를 두면 그림과 같이 마우스 포인터가 트림 포인터라는 형태로 바뀌어 나타납니다.

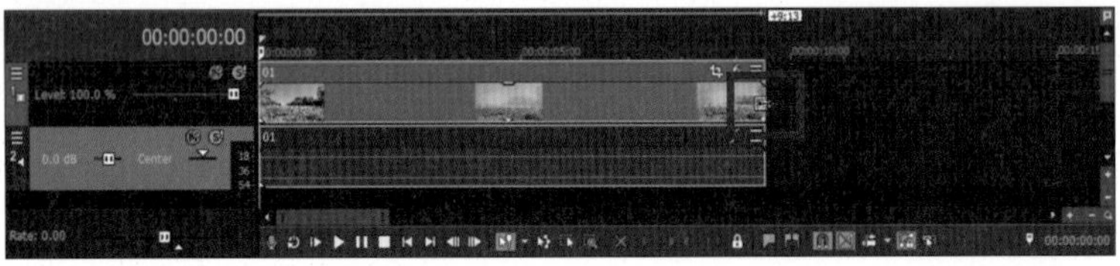

09 이 상태에서 마우스 버튼을 클릭하고 좌측으로 드래그한 후 마우스 버튼을 놓습니다. 예제에서는 타임라인 위에 있는 눈금이 00:00:05:00으로 표시된 부분까지 드래그하였습니다. 드래그한 만큼 이벤트의 길이가 줄어들게 됩니다. 이벤트의 앞이나 뒤의 끝 지점의 일정 영역을 잘라 내고자 할 때 사용하는 방식입니다.

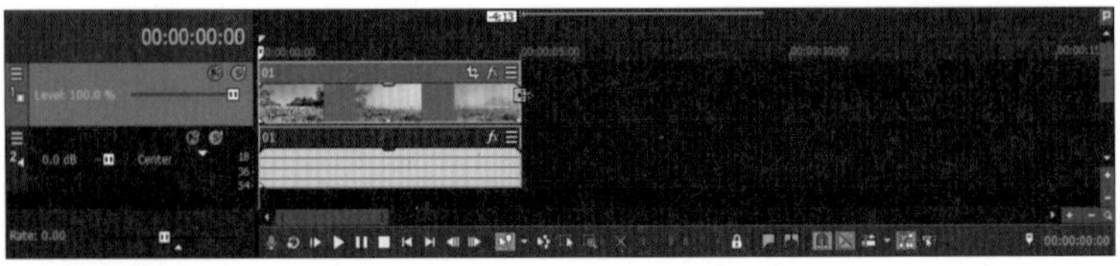

10 편집 작업을 마친 이벤트를 새로운 영상 파일로 저장하기 위하여 File〉Render As를 선택합니다.

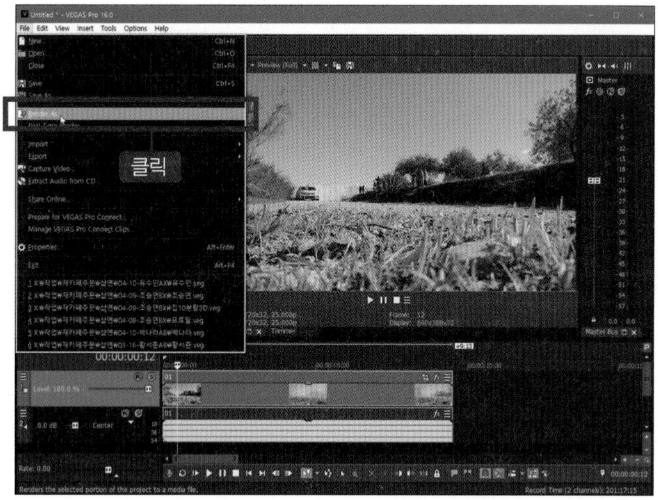

11 Render As 대화 상자가 나타납니다. 좌측에는 다양한 영상 및 오디오 포맷이, 우측에는 선택된 포맷에 대한 템플릿이 나타납니다. Format에서 Sony AVC/MVC를 선택한 다음 우측의 Templates에서 Internet 1280×720–30p를 선택합니다. 파일이 저장될 위치를 변경하기 위해 아래에 있는 Folder 항목의 Browse 버튼을 클릭합니다.

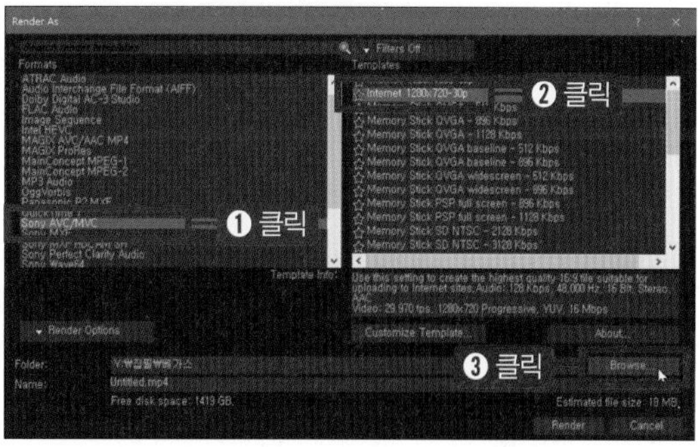

12 생성될 동영상이 저장될 폴더로 이동하여 파일 이름을 '연습.mp4'으로 변경한 후 [저장] 버튼을 클릭합니다.

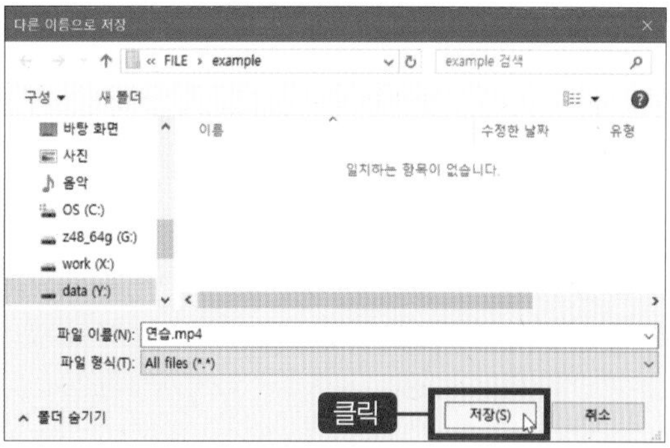

13 Render As 대화 상자로 돌아와 아래에 있는 Render 버튼을 클릭하면 렌더링이 진행됩니다. 완료되면 Close 버튼을 클릭하여 대화 상자를 닫습니다.

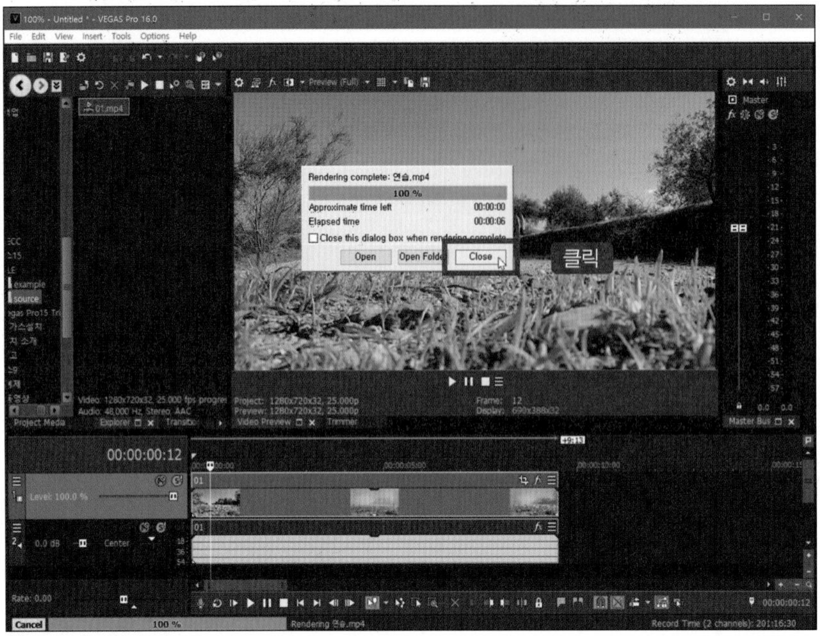

참고하세요!

렌더링이란(Rendering)?

작업 결과를 최종 파일로 생성하기 위해 PC가 복잡한 연산을 수행하는 과정을 가리킵니다. 렌더링에 소요되는 시간은 PC의 성능, 특히 CPU와 GPU(그래픽 카드)의 속도에 좌우되며, 렌더링을 표시해 주는 대화 상자의 옵션은 다음과 같은 의미를 갖습니다.

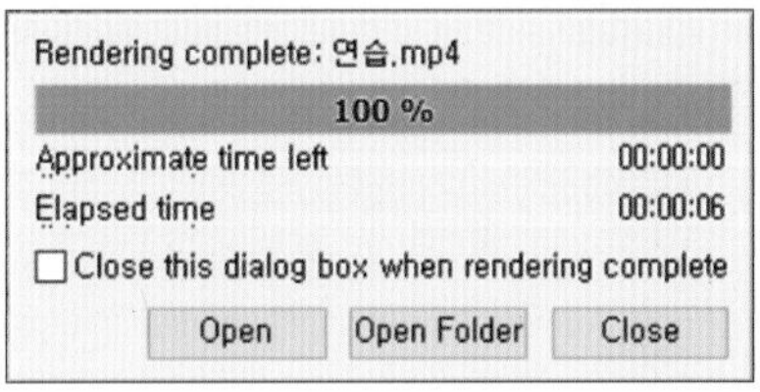

- Approximate time left – 렌더링이 완료되는 시간을 표시합니다.
- Elapsed time – 현재까지 렌더링에 소요된 시간을 표시합니다.
- Close this dialog box when rendering complete – 렌더링이 완료되면 자동으로 대화 상자를 닫습니다.
- Open – 렌더링이 완료된 파일을 윈도우 미디어 플레이어나 곰 플레이어 등, 윈도우에서 지정한 플레이어를 통해 재생합니다.
- Open Folder – 렌더링이 완료되어 저장된 파일이 있는 폴더를 윈도우 탐색기를 통해 엽니다.
- Close – 아무런 동작 없이 대화 상자를 닫습니다.

14 편집된 동영상은 저장되었지만 이러한 편집 내용을 차후에 다시 불러오려면 프로젝트를 저장해야 합니다. 프로젝트를 저장하기 위하여 File〉Save를 선택합니다.

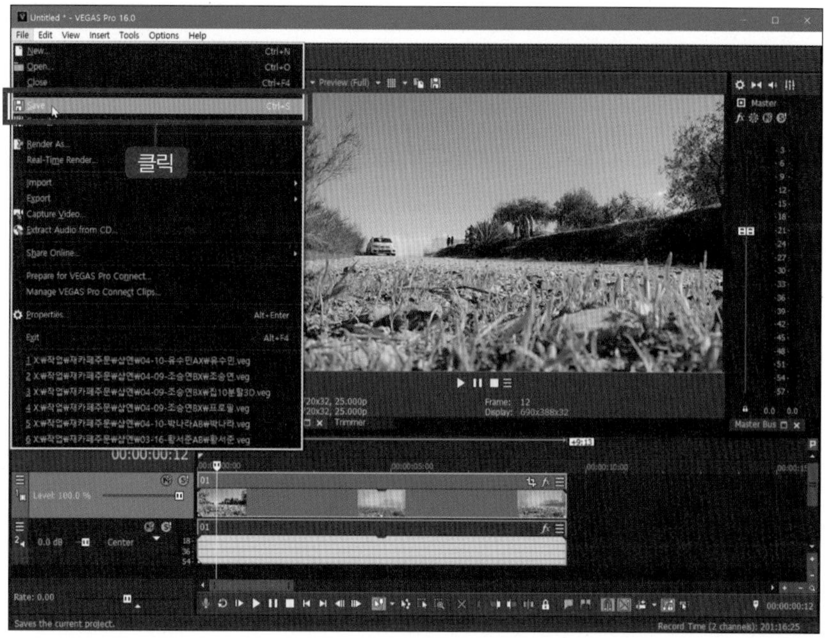

15 [다른 이름으로 저장] 대화 상자가 나타납니다. 적절한 폴더로 이동하여 파일 이름을 입력하고 [저장] 버튼을 클릭합니다. 베가스 프로의 프로젝트는 .veg 확장자를 갖는 파일로 저장됩니다.

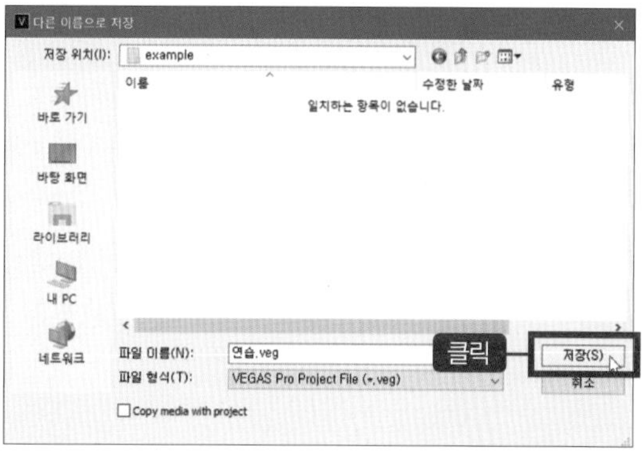

TIP 프로젝트 파일은 작업 내용을 저장합니다.

작업한 결과를 새로운 동영상이나 오디오 등으로 저장하려면 File〉Render As를 사용하며 작업 내용인 프로젝트 파일을 저장하려면 File〉Save를 사용합니다. 프로젝트 파일은 단지 작업에 대한 정보만을 가지고 있는 파일로써, 차후에 작업 내용을 수정하거나 작업 결과로 인해 이미 생성된 파일을 재생성할 필요가 있는 경우에 사용합니다.

02 프로젝트 옵션들 살펴보기

프로젝트의 각 옵션에 대해 상세하게 살펴보겠습니다. 아울러 영상 편집에 대한 기본적인 용어도 함께 익히게 될 것입니다. 프로젝트 옵션은 작업 환경에 대한 설정을 하는 것이며 작업 결과로 인해 생성될 파일에 대해서는 별도로 옵션을 설정합니다. 프로젝트 속성(Project Properties) 대화 상자는 앞에서 설명한대로 새 프로젝트를 시작하기 위해 File〉New를 선택하거나, 작업 중 File〉Properties를 선택할 때 나타납니다.

(1) Video 옵션

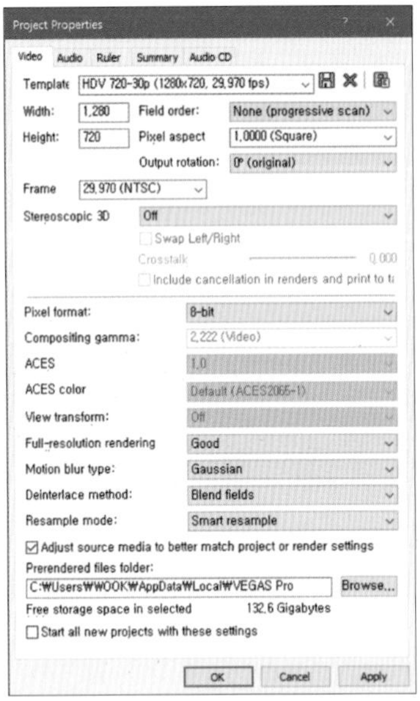

Template

편집하고자 하는 영상에 따라 미리 준비된 설정값을 가지고 있는 템플릿을 선택합니다. 선택한 템플릿에 따라 각 옵션에 지정된 값이 나타납니다.

템플릿을 선택하고 아래에서 여러 옵션을 변경한 다음, 적절히 알아보기 쉬운 이름을 지정하고 우측에서 플로피 디스크 모양의 Save Template 버튼을 클릭하면 새로운 템플릿을 추가할 수 있습니다.

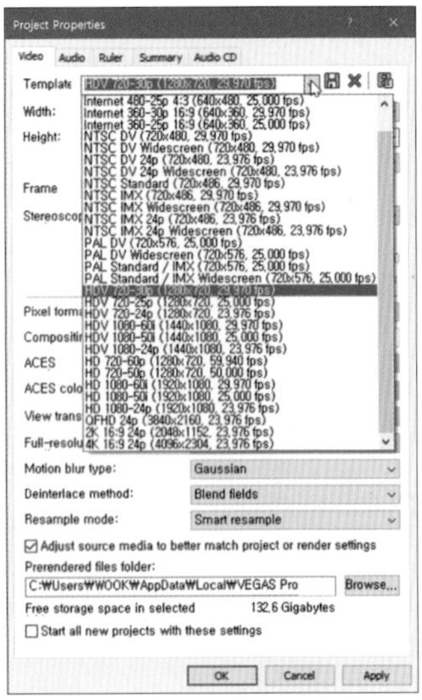

Width / Height

영상의 가로와 세로 크기를 픽셀 단위로 지정합니다.

Field Order

어느 필드부터 렌더링하여 보여 줄 것인지를 선택합니다.

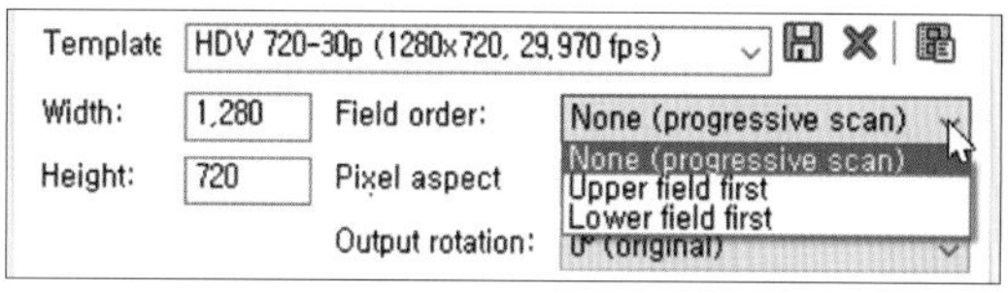

- None (Progressive scan) – 프로그래시브 방식으로 렌더링합니다.
- Upper field first – Upper 필드부터 렌더링합니다.
- Lower field first – Lower 필드부터 렌더링합니다.

참고하세요!

인터레이스와 넌 인터레이스

인터레이스(Interlace) 방식과 넌 인터레이스(Non Interlace) 방식은 하나의 프레임을 화면에 뿌려 주는 방식이 다릅니다.

먼저 인터레이스 방식은 비월 주사 방식이라고 부르는 것으로, 하나의 프레임을 두 번에 걸쳐서 화면에 뿌려 주는 방식입니다. 아날로그 TV 방송에서 제한된 대역폭 내에서 하나의 채널을 송신해야 하기 때문에 사용하고 있습니다. 480개의 수평 라인을 초당 30프레임으로 뿌려 주되 한 번은 홀수 라인을, 또 한 번은 짝수 라인을 주사합니다. 각각 주사하는 영역을 필드(Field)라고 부르며 두 번에 걸쳐서 주사하므로 두 개의 필드를 가지고 있습니다. 이때, 최상위 주사선과 함께 홀수 라인을 주사하는 필드를 Upper 필드라고 부르며, 짝수 라인을 주사하는 필드를 Lower 필드라고 부릅니다.

하나의 프레임을 주사하는 시간은 1/60초이므로 사람의 눈으로 볼 때는 두 번에 나누어 주사했다는 것을 느끼지 못하므로 자연스러운 영상을 볼 수 있습니다.

▲ 인터레이스 방식에서의 Upper 필드 주사

▲ 인터레이스 방식에서의 Lower 필드 주사

▲ 완성된 하나의 프레임

아날로그 캡처 카드로 캡처한 영상의 경우 프로젝트를 설정할 때나 새로운 파일로 생성할 때와 캡처할 때의 설정과 동일한 값으로 필드 옵션을 설정하여야 합니다. 그렇지 않을 경우, 깜박거림이 심하거나 재생이 멈추는 현상이 발생할 수 있습니다. DV 영상의 경우에는 Lower 필드부터 렌더링합니다.

두 번째로 넌 인터레이스 방식은 프로그래시브 스캔(Progressive Scan) 방식, 또는 점진적 스캔 방식이라고도 부르는 것으로 인터레이스 방식과 달리 하나의 프레임을 한 번에 주사하는 방식입니다. 영화나 컴퓨터 모니터를 통해 재생하는 영상은 대역폭에 제한이 없으므로 프로그래시브 스캔 방식을 사용합니다.

텔레비전이나 아날로그 모니터로 재생할 필요가 없는 영상을 출력하는 경우라면 프로그래시브 방식으로 출력하는 것이 잔상 없는 깨끗한 영상을 얻을 수 있습니다.

Pixel aspect

영상의 각 픽셀(Pixel)에 대한 가로, 세로 비율을 선택합니다.

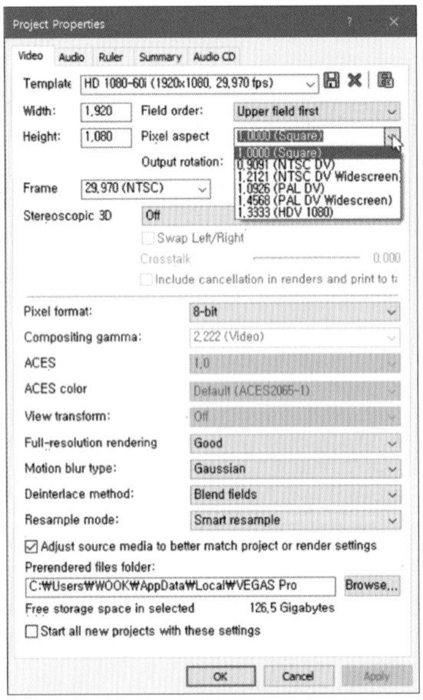

- 1.0000 (Square) – 픽셀의 가로 세로 비율을 동일하게 설정합니다. 일반적인 코덱을 사용하여 320×240이나 640×480의 프레임 크기로 생성하는 경우 적용하는 옵션입니다. 이 경우, 프레임의 가로, 세로 비율은 4:3이 됩니다.

- 0.9091 (NTSC DV) – 디지털 캠코더의 영상처럼 DV 코덱이 적용된 영상은 픽셀의 가로, 세로 비율이 0.9입니다. 따라서 DV 영상으로 출력하는 경우 선택하며, 프레임 크기는 720×480이지만 픽셀의 가로 세로 비율에 의해 프레임의 가로, 세로 비율은 4:3이 됩니다.

- 1.2121 (NTSC DV Widescreen) – DV 영상을 16:9의 비율을 갖는 와이드 방식으로 생성합니다. 디지털 캠코더에서 와이드 스크린(16:9)으로 촬영한 영상을 생성할 때 사용합니다.

- 1.0926 (PAL DV) – PAL 방식의 가로, 세로 비율로 출력합니다. PAL DV 영상의 경우, 전체 프레임 크기는 720×576 픽셀입니다.

- 1.3333 (HDV) – 1920×1080의 HDV 포맷 영상으로 출력합니다.

참고하세요!

NTSC 방식과 PAL 방식

방송 형식은 크게 NTSC와 PAL 방식으로 나뉩니다. NTSC 방식(National Television System Committe)은 우리나라를 비롯하여 미국, 캐나다, 일본, 멕시코 등에서 사용하는 방송 형식으로써 초당 29.97 프레임, 525개의 주사선을 사용하며 PAL방식(Phase Alternation Line)은 서유럽 싱가포르, 말레이시아 등에서 사용하는 방송 형식으로써 초당 25프레임, 625개의 주사선을 사용합니다. 해당 지역의 방송 형식에 맞는 영상 기기를 사용해야 정상적으로 영상을 시청할 수 있습니다.

Frame

초당 프레임 수를 선택합니다. 일반적인 작업 시 29.970 (NTSC)을 선택합니다.

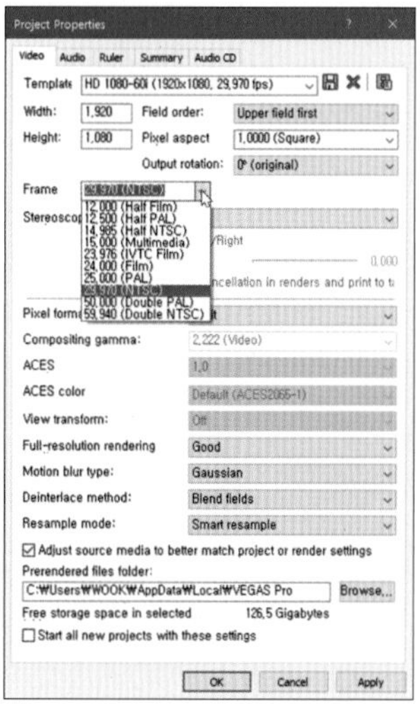

Full-resolution rendering

작업 시 보이는 소스의 렌더링 품질을 선택합니다. 일반적으로 Good을 선택하면 되지만 최고 품질을 원한다면 Best를 선택합니다. 이 경우, 시스템 사양이 낮은 PC에서 재생 시간이 긴 대량의 파일을 등록하여 작업하는 경우, 반응이 다소 느릴 수 있습니다.

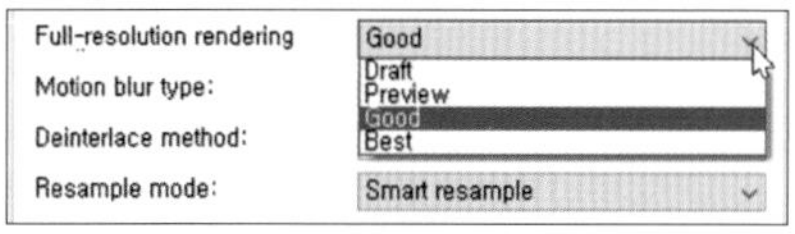

Motion blur type

특정 효과나 모션을 적용하여 애니메이션을 만들 경우, 각 프레임의 움직임이 부드럽게 보이게 하기 위하여 흐림 효과를 적용합니다. 대부분의 경우 기본값인 Gaussian을 사용합니다.

Deinterlace method

영상에 적용된 효과를 렌더링할 때의 인터레이스 방법을 선택합니다. 기본값인 Blend fields를 사용하여 두 개의 필드가 디인터레이스되도록 하는 것이 가장 좋습니다.

Prerendered files folder

프리 렌더링으로 저장된 프리뷰 파일이 저장될 위치를 Browse 버튼을 클릭하여 지정합니다.

Start all new projects with these settings

새 프로젝트를 시작할 때마다 현재의 설정값이 기본으로 적용되도록 합니다.

참고하세요!

특정 미디어 파일에 맞게 프로젝트 설정하기

1) 프로젝트에 사용할 특정 파일의 속성과 동일하게 프로젝트의 각 옵션을 간단히 설정할 수 있습니다. 우측 상단에 있는 Match Media Settings 버튼을 클릭합니다.

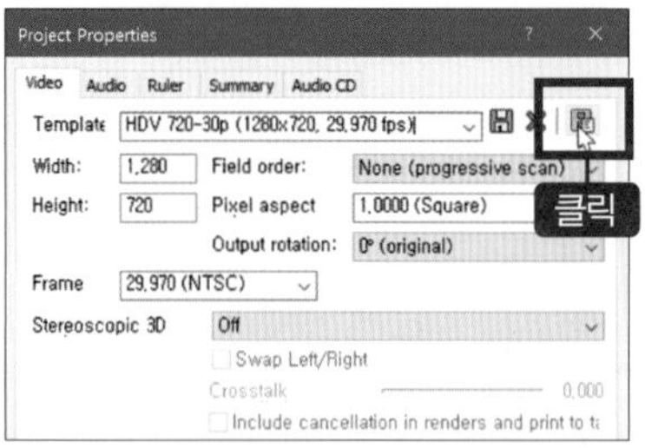

2) [열기] 대화 상자가 나타나면 [source] 폴더에서 파일을 선택하고 [열기] 버튼을 클릭합니다.

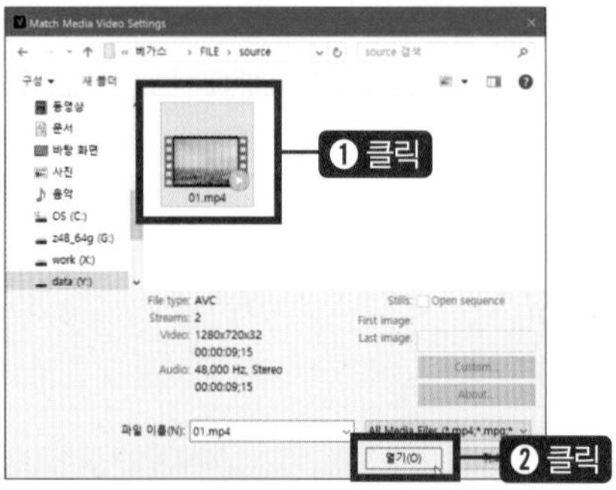

3) Template 목록에 선택한 파일의 속성과 동일한 템플릿이 선택되어 있는 것을 볼 수 있습니다.

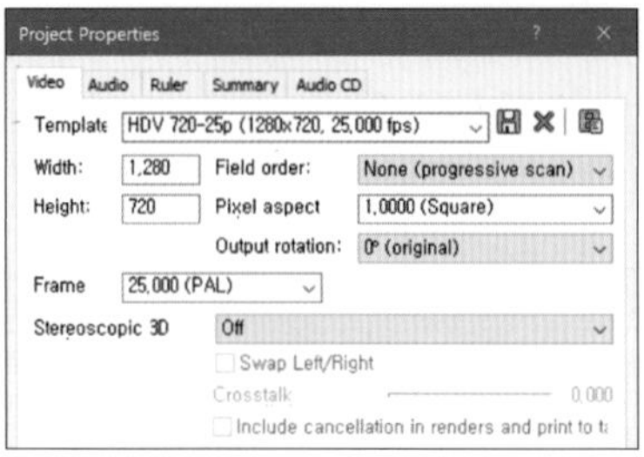

(2) Audio 옵션

Master bus mode

2채널의 스테레오로 이루어지는 작업의 경우에는 Stereo를, 5.1채널로 작업하는 경우에는 5.1 Surround를 선택합니다.

Number of stereo

스테레오의 버스 개수를 입력합니다. 26개까지 추가할 수 있으며 각 버스는 오디오 믹서에 나타납니다.

Sample rate

드롭 다운 메뉴를 열어 8,000Hz에서 192,000Hz까지의 값으로 오디오의 샘플링 비율을 지정합니다. 높은 값을 지정할수록 좋은 음질을 갖게 되지만 파일 용량이 커집니다.

Bit depth

드롭 다운 메뉴를 통해 오디오의 샘플링 타입을 선택합니다. 높은 값을 선택할수록 좋은 음질을 갖게 됩니다.

Recorded files folder

베가스 프로 16에서 녹음한 음성 파일이 저장될 위치를 지정합니다.

참고하세요!

오디오의 샘플링

아날로그 형태의 소리를 디지털 방식의 신호로 변환하는 것을 샘플링(Sampling)이라고 하며, 초당 샘플링 횟수를 샘플링 비율이라고 합니다. 샘플링 비율은 Hz(헤르츠)라는 단위를 사용하는데 1,000Hz는 1초에 1000번의 주기로 샘플링하는 것을 의미합니다. 샘플링 비율이 높을수록 음질은 좋아지지만 파일의 용량은 커지게 됩니다. 일반적으로 샘플링 비율이 22,000Hz면 오디오 테이프 정도의 음질을, 44,000Hz면 오디오 CD정도의 음질을 갖게 됩니다. 디지털 캠코더의 음성은 48,000Hz 또는 32,000Hz로 샘플링하는데, 캠코더 메뉴에서 선택할 수 있습니다. 또한 샘플링 타입은 원음을 몇 개로 분리하느냐로 구분합니다. 원음을 2의 8승, 즉 256개로 분리하여 샘플링하면 8bit, 2의 16승인 65,536개로 분리하여 샘플링하면 16bit 샘플링 타입입니다. 16bit 타입이 음을 더욱 미세하게 분리하므로 음질이 좋지만 파일 용량도 커지게 됩니다. 일반적으로 48,000Hz, 16bit 값이면 영상과 함께 사용하는 오디오로써는 충분한 음질이라고 볼 수 있습니다.

(3) Ruler 옵션

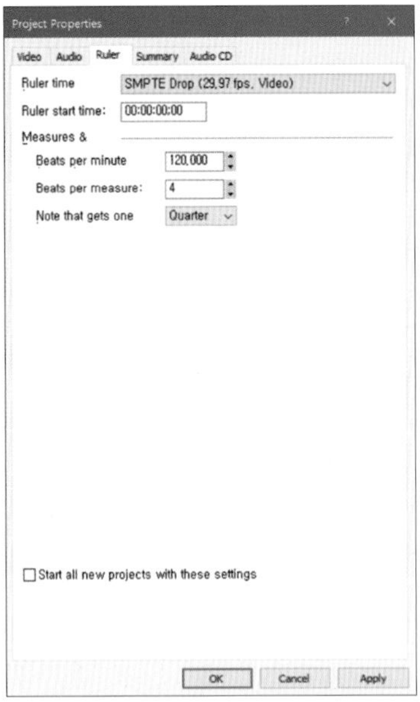

Ruler 옵션에서 중요한 것은 Ruler time 옵션입니다. 이것은 타임라인의 타임 룰러에 대한 시간 형식, 즉 타임코드 형식을 선택합니다. 일반적으로 기본값인 SMPTE Drop (29.97 fps) 형식의 타임코드를 사용합니다.

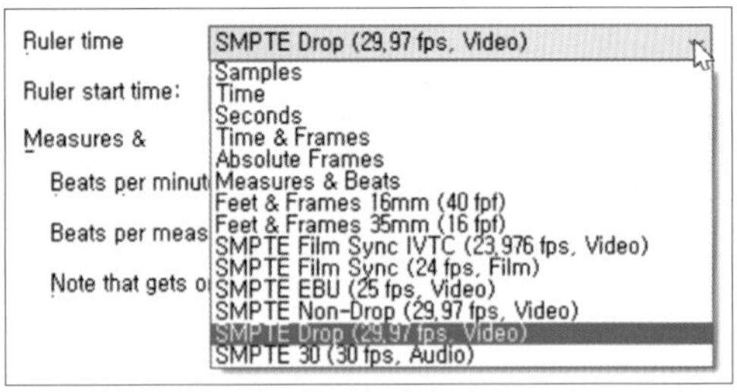

Samples는 눈금자를 0부터 시작하는 번호로 표시하며, Time은 시간:분:초(소수점 셋째자리까지)의 형식으로, Seconds는 소수점 셋째자리까지의 초 단위만, Time & Frames는 시간:분:초:프레임의 형식으로 표시합니다. 타임룰러를 마우스 우측 버튼으로 클릭하여 나타나는 단축 메뉴를 통해서도 타임코드 형식을 바꿀 수 있습니다.

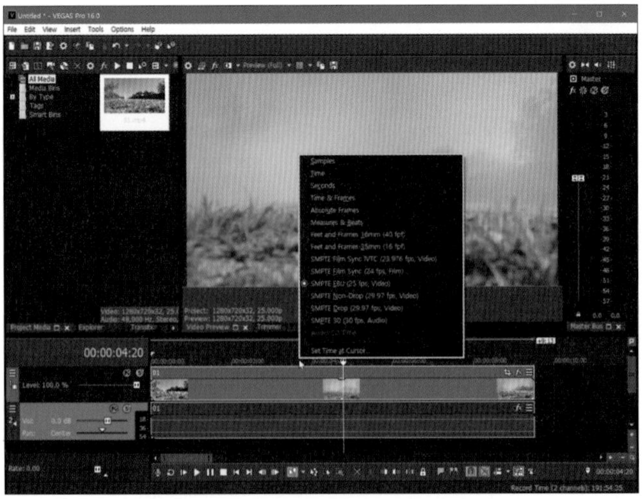

참고하세요!

타임코드와 드롭/넌 드롭 프레임

타임코드란 영상의 프레임을 표시하는 방법으로써 the Society of Motion and Television Engineers(영화와 텔레비전 기술자 협의회)에서 제정한 것을 표준으로 사용하고 있습니다. 이 협회의 머리 글자만을 따서 SMPTE 타임코드라고 부르는데 이것은 프레임의 위치를 시간:분:초:프레임의 형식으로 표기합니다. 예를 들어 00:02:29:26 이라는 타임코드는 0시간 2분 3초 20프레임을 가리킵니다.

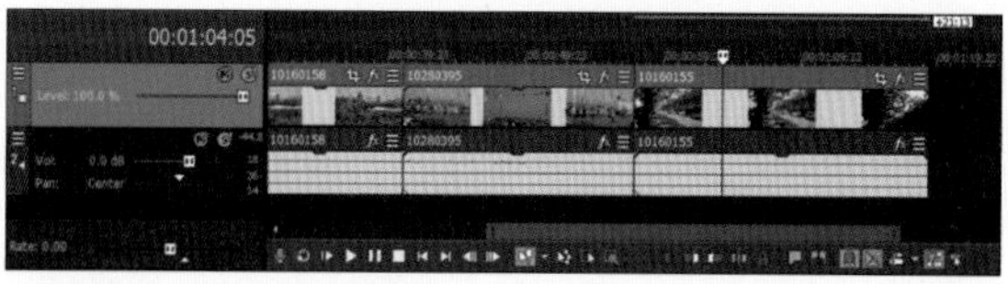

▲ SMPTE 타임코드 형식으로 나타나는 타임 룰러

Ruler 옵션을 보면 SMPTE 형식의 타임코드에 SMPTE Drop과 SMPTE Non-Drop 등이 존재하는데 이들의 차이점은 무엇일까요?

NTSC 방식의 방송 시스템은 초당 29.97 프레임을 갖습니다. 그러나 일반적인 동영상의 경우에는 초당 30프레임이기 때문에 초당 0.03 프레임의 미세한 차이가 발생하게 됩니다. 따라서 장시간의 재생 시간을 갖는 영상을 편집할 때는 미세하게 프레임이 어긋나는 현상이 발생하게 됩니다.

드롭 프레임(Drop Frame)은 이러한 프레임의 차이를 보완하기 위한 타임코드로써 매 분마다 59.29 프레임의 다음을 1:00:00, 즉 1초로 표시하지 않고 1:00:02로 표기합니다. 분당 처음 2프레임을 사용하지 않는 것입니다. 이것은 실제로 해당 프레임을 삭제하는 것이 아니라 프레임의 숫자 표시만을 변경하여 초당 30프레임과 초당 29.97프레임의 차이에서 발생하는 오차를 막아 주는 것입니다. 단, 매 10분 째에는 이러한 표기 방식이 적용되지 않습니다.

이에 비해 드롭 프레임 방식으로 처리되지 않는 경우를 넌 드롭 프레임(Non Drop Fram) 방식이라고 하며 드롭 프레임 방식과 구별되도록 타임코드의 프레임 앞부분을 다르게 표기합니다. 즉, 드롭 프레임 방식은 프레임 앞을 세미콜론(;)으로, 넌 드롭 프레임 방식은 콜론(:)으로 표시합니다.

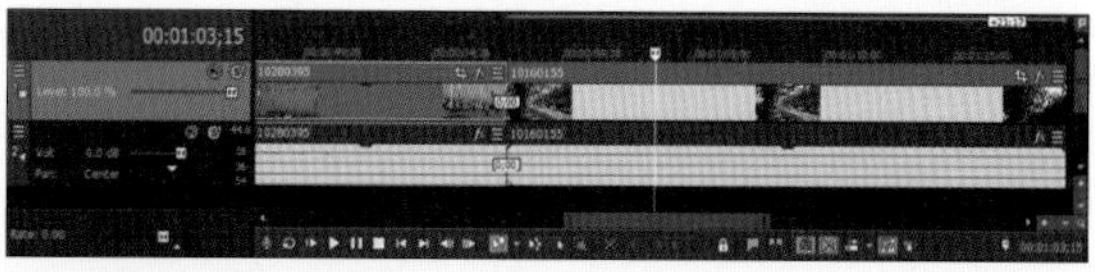

▲ 드롭 프레임 방식의 타임코드

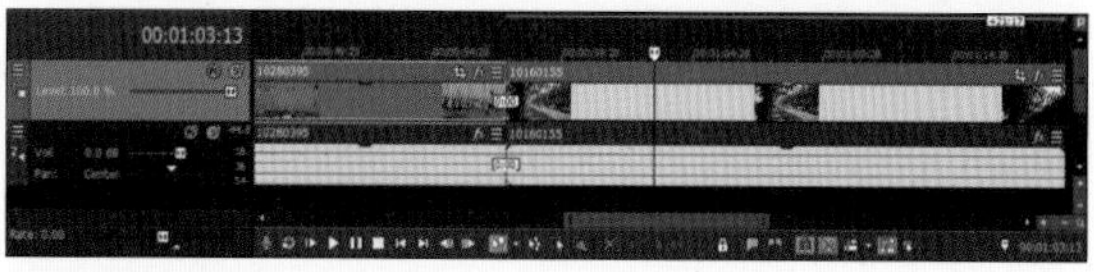

▲ 넌 드롭 프레임 방식의 타임코드

(4) Summary / Audio CD 옵션

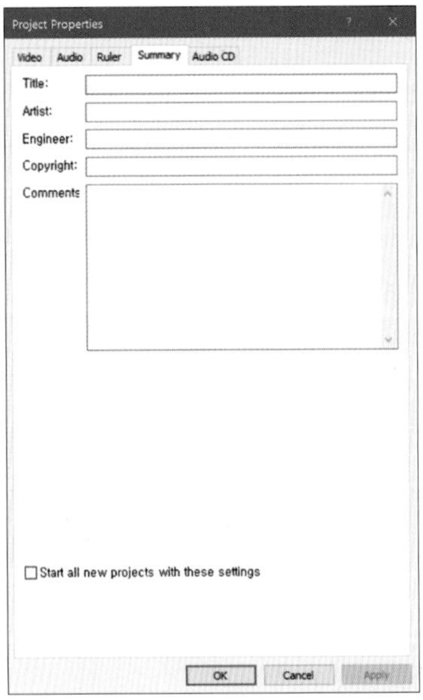

◀ Summary 옵션

Summary 옵션은 프로젝트의 이름(Title)이나 제작자(Artist), Engineer(편집 및 기술진), Copyright(저작권), 기타 정보(Comments) 등을 입력합니다.

Audio CD 옵션에서는 오디오 CD를 레코딩할 때 사용되는 정보를 입력합니다. Universal Product Code/Media Catalog 옵션에 제품 코드나 카탈로그 번호를 입력하며 First track number on 옵션에는 디스크의 첫 번째 트랙 번호를 지정합니다.

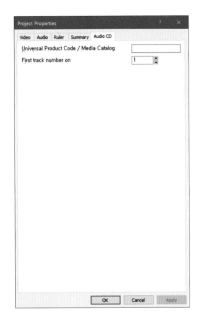

▲ Audio CD 옵션

참고하세요!

코덱이란?

영상 데이터는 용량이 방대하기 때문에 특정 방식으로 압축하여 저장하는데 이러한 압축 방식을 코덱(CODEC)이라고 합니다. Compression–Decompression, 즉 압축–비압축을 의미하는 용어에서 머리 글자만을 따 온 것입니다. 코덱은 윈도우와 함께 설치되는 것이 있으며 추가로 설치할 수도 있습니다. 같은 AVI 포맷의 영상이라 하더라도 어떠한 코덱을 사용하였는가에 따라 화질과 용량에 차이가 나므로 용도에 따라 적절히 선택하도록 합니다.

특정 코덱을 사용하여 생성된 영상은 재생할 때도 동일한 코덱이 설치되어 있어야 정상적으로 재생할 수 있습니다. 즉, A라는 컴퓨터에서 AA라는 코덱을 사용하여 영상을 만들었다면 B라는 컴퓨터에도 AA라는 코덱이 설치되어 있어야 그 영상을 재생할 수 있다는 의미입니다. 압축된 파일을 풀기 위해서는 해당 압축 형식을 풀 수 있는 프로그램이 설치되어 있어야 하는 것과 같은 이치입니다. 따라서 베가스 프로 16과 같은 영상 편집 프로그램에서 특정 코덱이 사용된 영상이나 오디오 파일을 등록하여 작업하려면 해당 코덱을 설치해 주어야 합니다.

주요 코덱의 특징은 다음과 같습니다.

- **DV 코덱**

디지털 캠코더에 녹화되는 영상에 사용되며 5:1의 압축률을 갖습니다. 방송용 화질과 근접한 탁월한 화질을 보여 줍니다. 1시간에 13기가 정도의 방대한 용량을 갖지만 화질을 감안하면 작은 용량이라고 볼 수 있습니다.

- **Cinepak**

CD–ROM과 웹용으로 제작된 전통적인 코덱 중 하나로 인코딩에 비교적 많은 시간이 소요되며 화질도 그리 좋지 않지만 작은 용량과 윈도우에 기본적으로 포함되어 있다는 범용성으로 인해 지금도 간혹 사용되고 있습니다.

- **Intel Indeo[R] Video 3.2**

CD–ROM 재생을 위한 24비트 영상 압축 코덱으로써 높은 압축률에 비해 좋은 화질을 보여 줍니다. 시네팩과 함께 범용성을 위해 종종 사용되는 코덱입니다.

- **Motion JPEG**

정지 이미지의 압축을 위해 사용되는 JPEG를 영상 코덱으로 발전시킨 것으로, DV 코덱 이전에 고화질을 위해 많이 사용되었습니다. 추가로 설치해야 하는 상용 코덱으로써 통합 코덱을 설치하는 경우에도 일정 기간 동안 사용 가능합니다. 대부분의 디지털 카메라에서 동영상 촬영 시 사용되는 코덱이기도 합니다.

- **DivX**

마이크로소프트사의 MPEG4를 변형한 코덱으로써 DVD에 비해 크게 떨어지지 않는 화질을 보여 주면서도 훨씬 작은 용량을 가지기 때문에 영화 등의 영상물을 인터넷을 통해 배포하는 용도로도 흔히 사용되고 있습니다.

• **XviD**

DivX 코덱이 버전업되면서 상용으로 바뀐 것에 대한 반발로 DivX를 거꾸로한 XviD의 이름을 가지고 등장한 코덱입니다. DivX와 마찬가지로 MPEG4를 기반으로 하고 있으며 DivX에 비해 리소스를 조금 더 차지하는 것으로 알려져 있습니다. DivX와 유사한 용량과 화질을 보여 주므로 많이 이용되고 있는 코덱입니다.

• **H.264**

디지털 TV 영상을 비롯하여 고해상도의 HD 영상이 보편화되면서 파일의 용량이 더욱 커지게 됨에 따라 등장한 높은 압축률을 갖는 코덱입니다. 실제로 1920×1080의 고해상도 TP 파일을 1/4 정도의 크기로 압축하면서도 원본과 유사한 화질을 보여 줍니다. 다만 H.264 코덱을 사용한 영상은 재생 시 CPU 리소스를 많이 차지하므로 보다 높은 성능의 CPU가 장착된 시스템을 필요로 합니다.

CHAPTER 03

익스플로러 윈도우와 프로젝트 미디어 윈도우

작업을 위해 필요한 파일을 불러오고 관리할 수 있는 익스플로러 윈도우와 프로젝트 미디어 윈도우를 살펴보고 이들의 도구 버튼과 단축 메뉴의 기능을 알아보도록 하겠습니다. 아울러 파일을 불러오는 다양한 방법도 설명합니다.

01 익스플로러 윈도우

익스플로러(Explorer) 윈도우는 윈도우 탐색기와 유사한 기능을 수행합니다. 기본적으로 좌측에 드라이브와 폴더가 트리 구조로 나타나 있으며 우측에는 선택된 폴더에 포함된 파일들이 표시됩니다.

익스플로러 윈도우에서 미디어 파일이 존재하는 폴더를 열고 원하는 파일을 타임라인으로 드래그하면 작업에 사용할 수 있으며 더블 클릭해도 곧바로 타임라인에 등록됩니다. 더블 클릭한 경우, 현재 재생 지점을 가리키고 있는 재생 헤드(Play Head)의 위치를 기준으로 파일이 등록됩니다. 익스플로러 윈도우에서는 일반적으로 윈도우에서 파일을 선택할 때와 마찬가지로 Ctrl 키나 Shift 키를 사용하여 여러 개의 파일을 한꺼번에 선택하여 타임라인에 등록할 수도 있습니다.

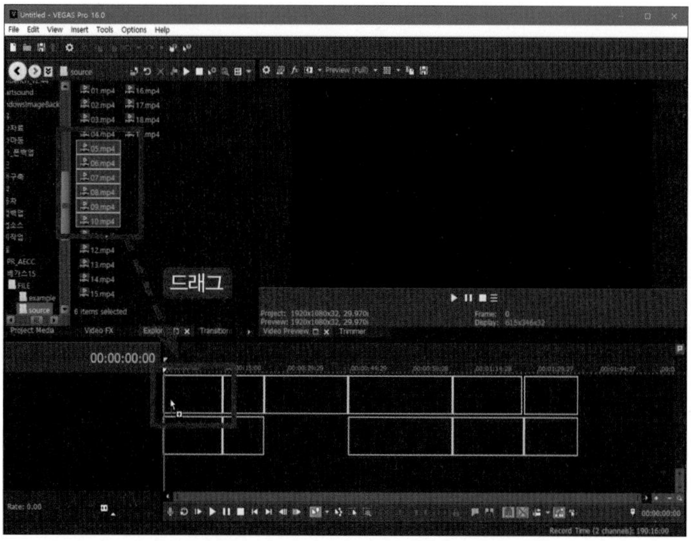

▲ 선택한 여러 파일을 타임라인으로 드래그합니다.

▲ 선택한 파일들이 나란히 타임라인의 트랙에 등록됩니다.

참고하세요!

파일을 불러오기 위한 방법들

(1) Import Media 메뉴 사용하기

File〉Import〉Media 메뉴를 선택하면 Import 대화 상자가 나타나며 원하는 폴더로 이동하여 파일을 선택할 수 있습니다. 파일을 선택하면 선택한 파일 타입과 파일에 대한 간단한 정보가 하단에 나타납니다. Streams에는 선택한 파일이 가지고 있는 내용물의 개수를 보여 줍니다. 즉, 비디오나 오디오만을 가지고 있는 파일의 경우 1로 표시되며 비디오와 오디오를 함께 가지고 있는 무비 파일의 경우 2로 표시됩니다.

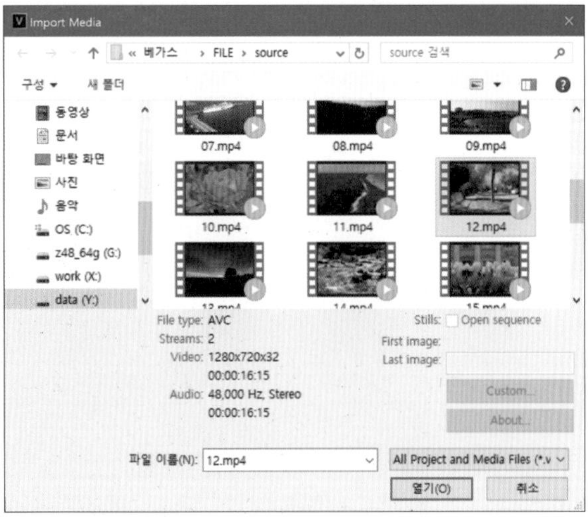

▲ Import 대화 상자

원하는 파일을 선택하고 [열기] 버튼을 클릭하면 해당 파일이 작업 화면 좌측 상단에 있는 프로젝트 미디어 윈도우에 나타납니다. 프로젝트 미디어 윈도우는 뒤에서 설명합니다.

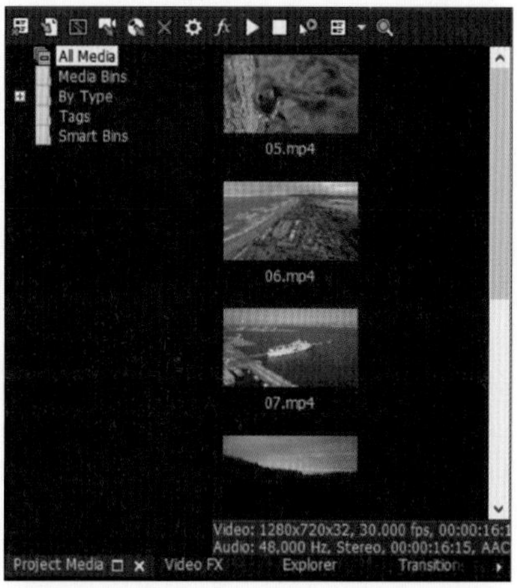

▲ 프로젝트 미디어 윈도우에 등록된 파일

(2) 윈도우의 탐색기에서 드래그로 파일 불러오기

윈도우의 탐색기 창에서 직접 원하는 파일을 베가스 프로 16의 타임라인이나 프로젝트 미디어 윈도우로 드래그하여 파일을 추가할 수도 있습니다. 베가스 프로 16의 익스플로러 윈도우에서 특정 폴더를 찾아갈 필요가 없으므로 편리한 방식입니다. 타임라인에 드래그하면 프로젝트 미디어 윈도우에도 자동으로 등록됩니다.

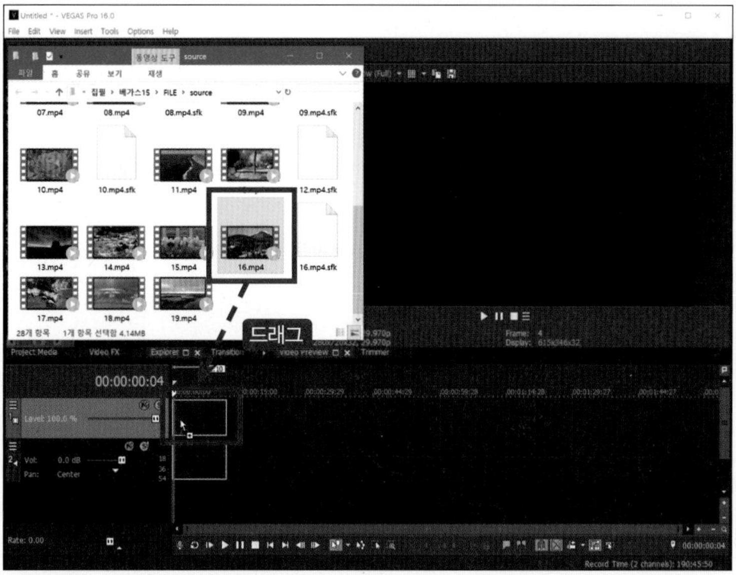

▲ 윈도우 탐색기에서 타임라인으로 드래그

02 익스플로러 윈도우의 도구 버튼

익스플로러 윈도우는 상단의 툴 바(Tool Bar)에 있는 도구 버튼을 이용하여 윈도우의 탐색 창처럼 여러 폴더를 이동해 가면서 파일을 살펴볼 수 있습니다.

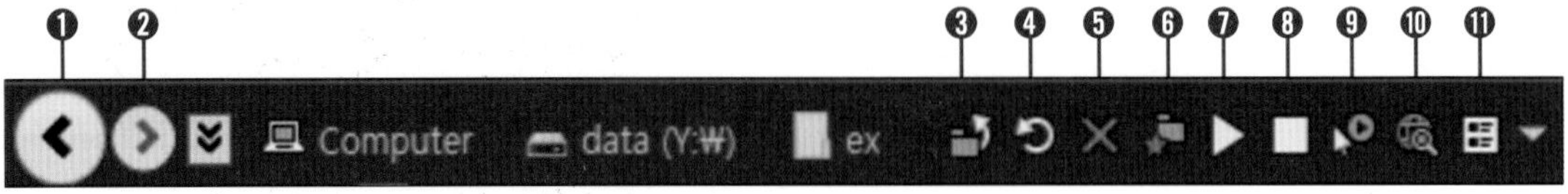

▲ 익스플로러 윈도우의 도구 버튼들

❶ Back : 이전 폴더로 이동합니다.

❷ Forward : 다음 폴더로 이동합니다. 모든 파일을 찾아 줍니다.

❸ Up One Level : 현재 폴더의 한 단계 상위 폴더로 이동합니다.

❹ Refresh : 특정 폴더나 파일이 생성, 삭제된 경우, 변경된 상태로 나타나도록 합니다.

❺ Delete : 현재 선택된 폴더나 파일을 삭제합니다.

❻ Add to My Favorites : 현재 선택된 폴더를 즐겨찾기 목록에 추가합니다.

❼ Start Preview : 현재 선택된 파일을 프리뷰합니다. 파일을 등록하기 전에 내용을 파악하고자 할 때 사용합니다.

❽ Stop Preview : 프리뷰 중인 파일의 재생을 중단합니다.

❾ Auto Preview : 파일이 선택될 때마다 자동으로 프리뷰되도록 합니다.

❿ Get Media from the Web : 웹 브라우저를 통해 소스로 사용할 미디어 파일을 다운로드할 수 있는 페이지로 이동합니다. 대부분 유료로 제공됩니다.

⓫ View : 익스플로러 윈도우의 표시 형태를 변경합니다.

TIP 일부 도구 버튼이 보이지 않는다면?

익스플로러 윈도우의 우측 경계선을 부분을 우측으로 드래그하여 윈도우의 크기를 키워 주도록 합니다. 베가스 프로 16을 낮은 해상도에서 실행할 경우 각 윈도우의 크기도 작게 나타나므로 일부 버튼이 보이지 않을 수 있습니다.

03 익스플로러 윈도우의 단축 메뉴

익스플로러 윈도우 안에서 특정 미디어 파일을 마우스 우측 버튼으로 클릭했을 때 나타나는 메뉴에 대해서 살펴봅니다.

Open Project

프로젝트 파일을 선택했을 때 활성화되는 메뉴로 선택한 프로젝트 파일을 엽니다. 현재 작업 중인 프로젝트를 저장하지 않았다면 저장 여부를 묻는 대화 상자가 나타나게 됩니다.

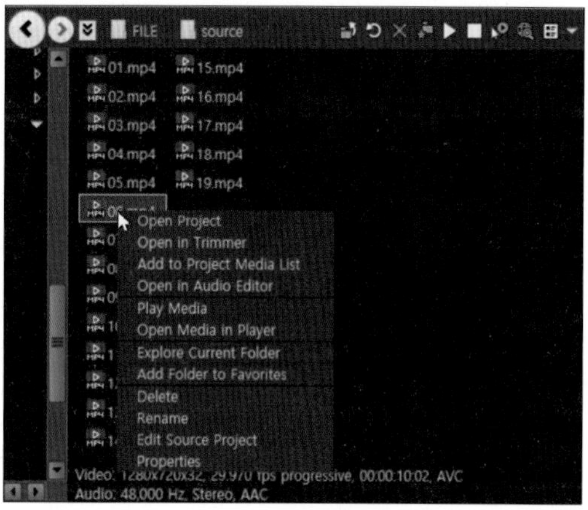

▲ 익스플로러 윈도우의 단축 메뉴

Open in Trimmer

선택한 파일을 특정 범위를 잘라낼 수 있는 트리머 윈도우를 통해 엽니다.

Add to Project Media list

선택한 파일을 작업에 필요한 파일을 관리할 수 있는 프로젝트 미디어 윈도우에 등록합니다.

Open in Audio Editor

선택한 파일을 환경 설정 대화 상자에서 지정한 오디오 편집 프로그램을 통해 엽니다.

Play Media

Play Preview 버튼과 동일한 역할을 수행하는 것으로 선택한 파일을 프리뷰합니다.

Open Media in Player

선택한 파일을 윈도우에서 연결되어 있는 재생 프로그램을 통해 재생합니다. 즉, 별도로 프로그램을 설치하지 않았다면 윈도우 미디어 플레이어를 통해, 곰 플레이어와 같은 미디어 재생 프로그램을 기본 프로그램으로 지정했다면 해당 플레이어를 통해 파일이 재생됩니다.

Explore Current Folder

선택한 파일이 존재하는 폴더를 윈도우 탐색기를 통해 엽니다.

Add Folder to My Favorites

폴더를 선택한 경우에 활성화되며 선택한 폴더를 즐겨찾기 폴더에 등록합니다. 즉, Add to My Favorite 도구 버튼과 동일한 기능을 수행합니다.

Delete

선택한 파일이나 폴더를 삭제합니다.

Rename

선택한 파일이나 폴더의 이름을 변경합니다. 이 메뉴를 선택하면 선택되어 있는 파일이나 폴더의 이름이 편집 상태로 반전되며 새로운 이름을 입력한 다음, Enter 키를 누르면 입력한 이름으로 변경됩니다.

Edit source Project

프로젝트 파일을 선택한 경우에만 활성화되며 Open Project와 달리, 현재 프로젝트를 닫지 않고 베가스 프로 16을 추가로 실행하여 선택된 프로젝트를 엽니다. 마치 새 창을 통해 한글 문서를 추가로 여는 것과 같습니다.

Properties

선택한 파일에 대한 정보를 다음과 같은 File Properties 대화 상자를 통해 보여 줍니다.

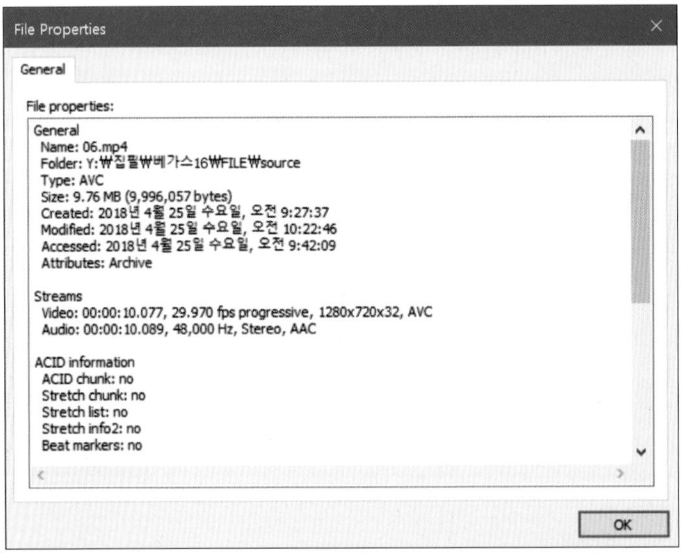

04 프로젝트 미디어 윈도우 사용하기

프로젝트 미디어(Project Media) 윈도우는 작업에 사용되는 미디어 파일들이 등록되어 있는 곳입니다. 익스플로러 윈도우에 편집하고자 하는 파일을 곧바로 타임라인에 등록하면 자동으로 프로젝트 미디어 윈도우에도 해당 파일이 등록되며 프로젝트 미디어 윈도우에만 등록해 놓았다가 필요할 때마다 사용할 수도 있습니다.

프로젝트 미디어 윈도우에 파일을 등록해 놓으려면 익스플로러 윈도우 단축 메뉴에서 설명한 것처럼, 익스플로러 윈도우의 단축 메뉴를 열고 Add to Project Media list를 선택합니다.

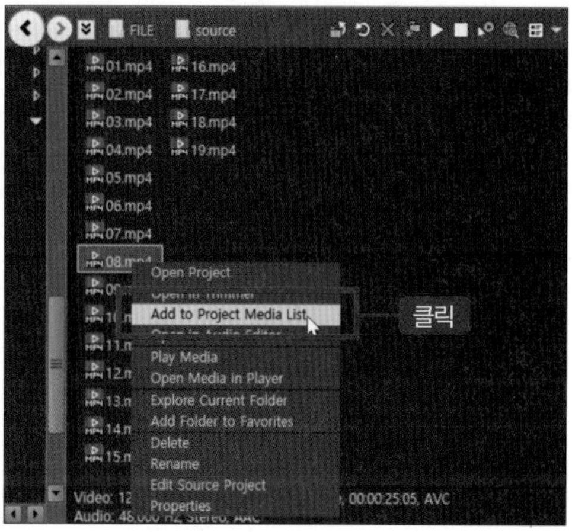

프로젝트 미디어 윈도우를 열어 보면 해당 파일이 등록되어 나타나는 것을 볼 수 있습니다. 이렇게 프로젝트 미디어 윈도우에 등록된 파일도 언제든지 타임라인으로 드래그하거나 더블 클릭함으로써 타임라인에 등록하여 사용할 수 있습니다.

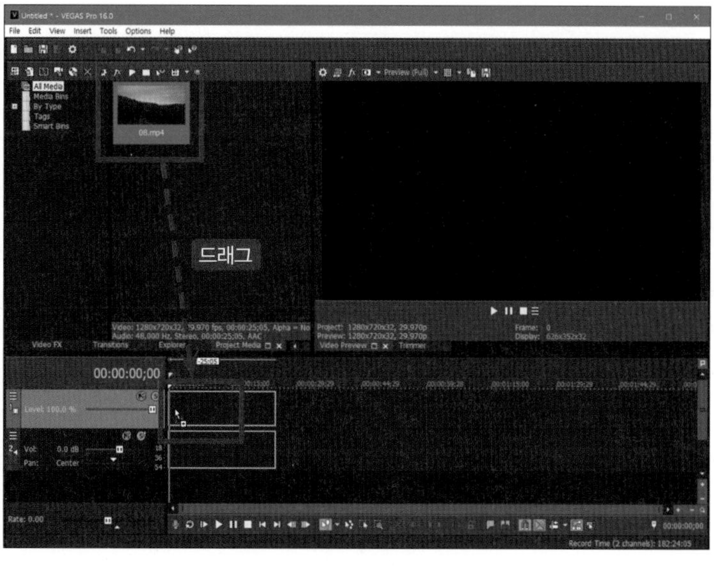

▲ 프로젝트 미디어 윈도우의 파일을 타임라인으로 드래그하여 등록

05 프로젝트 미디어 윈도우의 도구 버튼

프로젝트 미디어 윈도우에서도 익스플로러 윈도우처럼 상단에 있는 도구 버튼을 통해 Start Preview(재생), Stop(정지), Auto Preview(자동 프리뷰)등의 기능을 수행할 수 있으며 File 메뉴의 여러 기능을 수행할 수 있습니다.

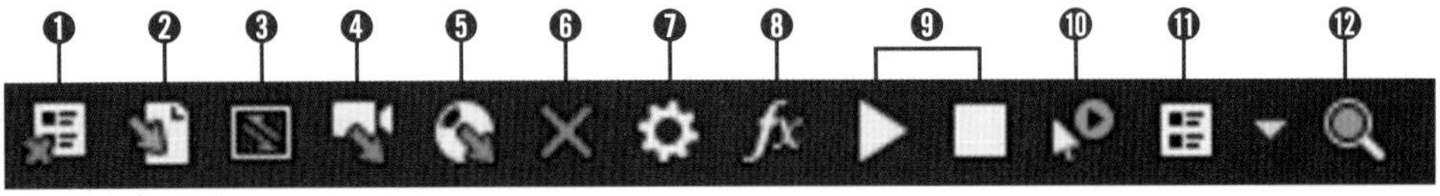

▲ 프로젝트 미디어 윈도우의 도구 버튼들

❶ Remove All Unused Media from Project : 타임라인에 등록되지 않은 모든 미디어 파일들을 프로젝트 미디어 윈도우의 목록에서 삭제합니다.

❷ Import Media : 미디어 파일을 불러오기 위한 Import 대화 상자를 엽니다.

❸ Swap Video Files : 현재 프로젝트 미디어 윈도우에서 선택된 파일을 대화 상자를 통해 다른 파일로 바꿀 수 있습니다.

❹ Capture Video : 디지털 캠코더의 영상을 캡처하기 위한 캡처 윈도우를 엽니다.

❺ Extract Audio from CD : 오디오 CD로부터 음악을 추출하기 위한 Extract Audio from CD 대화 상자를 엽니다.

❻ Remove Selected Media from Project : 프로젝트 미디어 윈도우에서 현재 선택되어 있는 파일을 삭제합니다.

❼ Media Properties : 선택한 파일의 정보를 Properties 대화 상자를 통해 보여 줍니다. 다양한 속성들을 파악하고 변경할 수 있습니다.

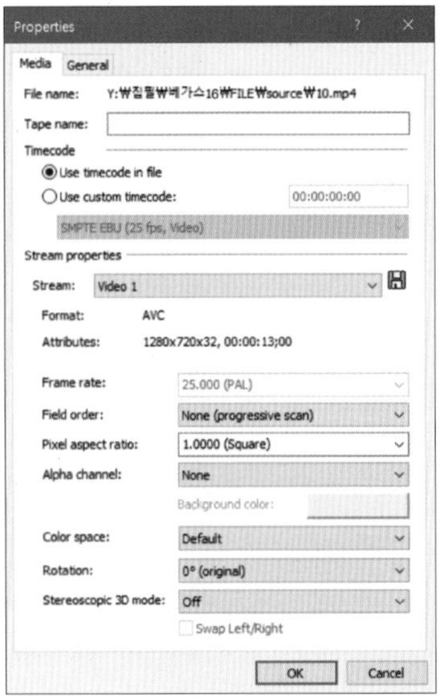

❽ Media FX : Plug-In Chooser-Media FX 대화상자를 열어 현재 선택된 미디어 파일에 적용할 효과를 선택합니다.

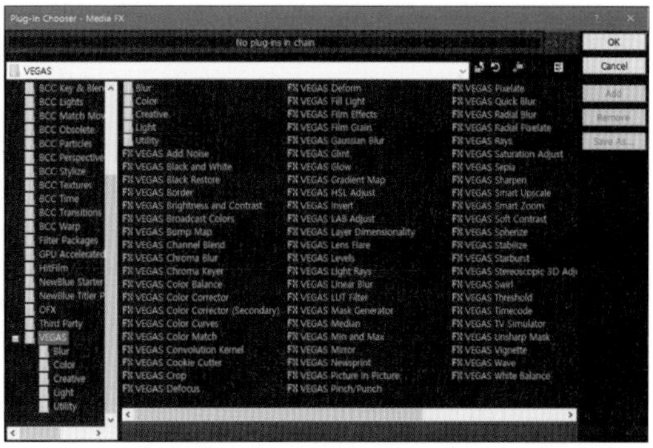

❾ Start Preview / Stop Preview : 선택된 미디어 파일을 프리뷰 윈도우를 통해 재생하거나 정지합니다.

❿ Auto Preview : 프로젝트 미디어에 등록된 파일을 선택하면 자동으로 재생하여 프리뷰합니다.

⓫ View : 프로젝트 미디어 윈도우의 표시 형태를 List, Detailed, Thumbnail 중에서 선택합니다. 기본적으로 Thumbnail 형태로 표시됩니다. Detailed 표시 형태에서 아래에 있는 스크롤바를 드래그하면 여러 필드를 통해 미디어 파일의 다양한 속성을 볼 수 있습니다.

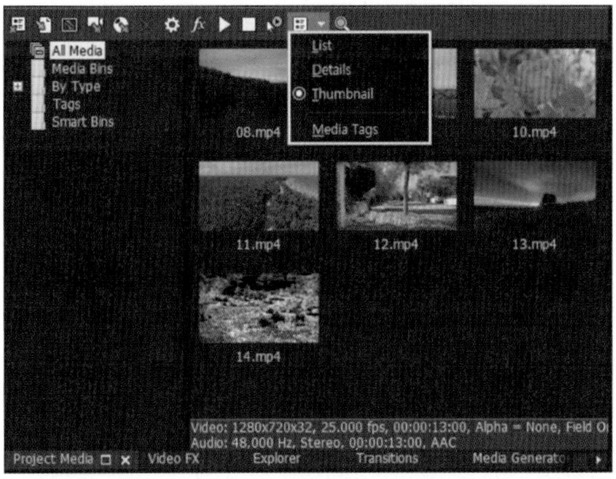

▲ Thumbnail

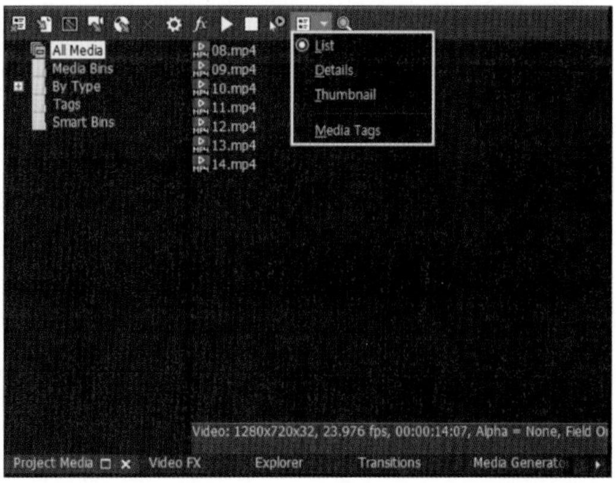

▲ List

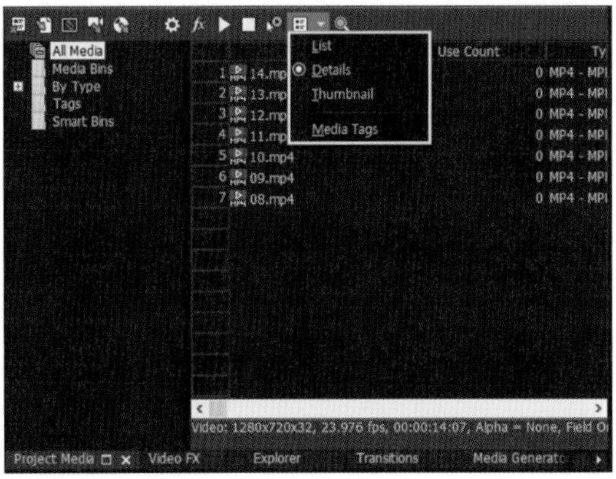

▲ Detailed

⑫ Search Media Bins : 프로젝트 미디어 윈도우에 등록된 파일이 많을 경우, Search Media Bins 대화 상자를 통해 원하는 파일을 찾을 수 있도록 합니다. Field to search에서 검색할 대상이 포함하고 있는 문자열을 어느 필드에서 찾을 것인가를 선택하고 Condition에서 문자열을 포함하고 있는 것을 찾을지, 포함하고 있지 않는 것을 찾을지 조건을 지정한 후, 아래 입력란에서 검색 문자를 입력합니다.

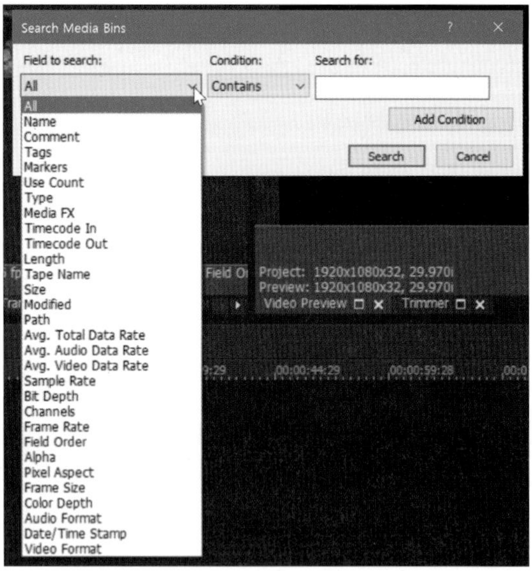

06 프로젝트 미디어 윈도우의 단축 메뉴

프로젝트 미디어 윈도우에서는 미디어 파일의 관리를 위한 여러 단축 메뉴를 제공합니다. 메뉴 중 일부는 익스플로러 윈도우의 단축 메뉴와 동일합니다.

Open in Trimmer

선택한 파일을 트리머 윈도우를 통해 엽니다.

Open Parent Media in Trimmer

트리미어 윈도우에서 서브 클립으로 생성한 미디어를 선택한 경우에 활성화되는 메뉴로써 해당 클립을 트리머 윈도우를 통해 엽니다.

Add as CD Track

선택한 사운드 파일을 오디오 CD 제작을 위한 트랙으로 타임라인에 등록합니다.

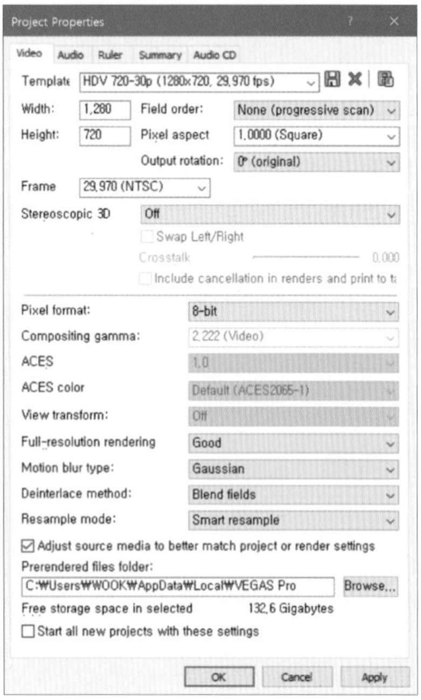

Select Timeline Events

선택한 파일이 타임라인에 등록되어 있으면 찾아서 선택합니다.

Match Project Video Settings

현재 프로젝트의 설정값을 선택된 미디어 파일의 속성 값과 동일하게 설정합니다.

Edit source Project

프로젝트 파일을 선택한 경우에만 활성화되는 메뉴로써 베가스 프로 16을 새로 실행하여 선택된 프로젝트를 엽니다.

Explore Containing Folder

선택한 파일이 존재하는 폴더를 윈도우 탐색기를 통해 엽니다.

Remove from Current Bin

좌측의 Media Bins에 생성해 둔 새로운 Bin(폴더)을 선택한 경우에 활성화되며, 선택한 Bin을 삭제합니다.

Remove from Project

선택한 파일을 프로젝트에서 삭제합니다. 타임라인에서도 삭제됩니다.

Remove from Project and Delete File(s)

선택한 파일을 프로젝트에서 삭제함과 동시에 프로젝트 미디어 윈도우 목록에서도 삭제합니다.

Search Media Bins

특정 파일을 검색할 수 있는 Search Media Bins 대화 상자를 엽니다.

Rename

선택한 미디어 파일의 이름을 변경합니다.

Replace

선택한 미디어 파일을 다른 파일로 대체합니다. Import 대화 상자와 같은 Replace Media File 대화 상자를 통해 대체할 파일을 선택합니다.

Recapture

캡처 윈도우를 통해 선택한 미디어 파일을 새롭게 캡처받을 수 있도록 합니다.

Recapture All Offline Media

모든 오프라인 파일을 다시 캡처합니다.

Media FX

선택된 미디어 파일에 적용할 효과를 선택하기 위한 Plug-In Chooser-Media FX 대화 상자를 엽니다.

Rotate 90° Counterclockwise

선택된 동영상이나 이미지 파일을 시계 반대 방향으로 회전시킵니다. 이렇게 회전된 상태는 타임라인에 등록해도 그대로 유지됩니다.

Rotate 90° Clockwise

선택된 동영상이나 이미지 파일을 시계 방향으로 회전시킵니다.

Properties

선택한 파일에 대한 정보를 Properties 대화 상자를 통해 보여 줍니다.

CHAPTER 04

다양한 프리뷰 방법과 프리뷰 윈도우 살펴보기

작업 결과를 미리 보는 것을 프리뷰(Preview)라고 합니다. 프리뷰를 위한 여러 방법과 프리뷰 윈도우의 여러 구성 요소에 대해 자세히 살펴보도록 하겠습니다.

01 이벤트 프리뷰하기

타임라인에서는 등록된 소스 파일(이벤트)을 자르거나 붙이고, 여러 가지 다양한 효과를 적용하는 등의 작업을 수행할 수 있으며 이러한 작업 결과는 실시간으로 프리뷰할 수 있습니다. 베가스는 동일 시스템 사양에서 다른 영상 편집 프로그램에 비해 부드럽게 실행되며, 비교적 매끄러운 프리뷰를 보여 줍니다.

(1) 트랜스포트 바의 버튼으로 프리뷰하기

타임라인의 하단에는 재생과 관련된 여러 개의 버튼들이 자리하고 있는데 이 부분을 트랜스포트 바라고 부르며 버튼들을 사용해 프리뷰할 수 있습니다. 타임라인의 가장 좌측, 시작 지점을 보면 가느다란 직선이 세로로 나타나 깜박거리고 있는 것을 볼 수 있습니다. 이것은 에디트 라인(Edit Line) 또는 편집 기준선이라고 부르며 에디트 라인이 위치하고 있는 지점의 상태가 우측 상단의 프리뷰 윈도우에 나타나게 됩니다.

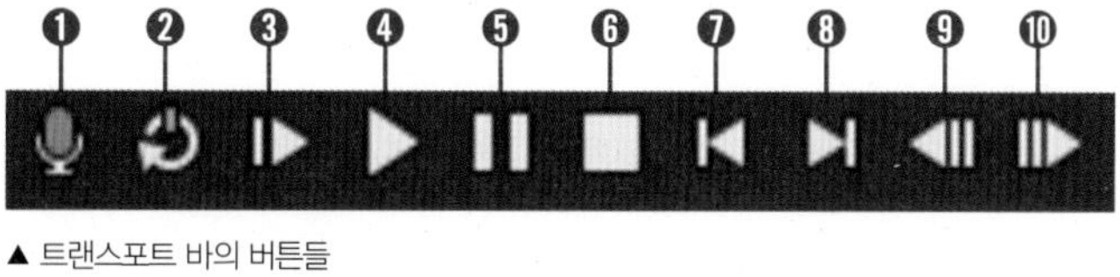

▲ 트랜스포트 바의 버튼들

❶ Record : 오디오를 녹음합니다. 차후에 다룹니다.

❷ Loop Playback : 반복 재생합니다.

❸ Play From Start : 프로젝트의 처음부터 재생합니다.

❹ Play : 현재 에디트 라인 지점부터 재생합니다.

❺ Pause : 재생을 일시 정지합니다. 에디트 라인이 최종 재생한 지점에 놓이게 됩니다.

❻ Stop : 재생을 정지합니다. 에디트 라인이 재생을 시작했던 지점으로 돌아가게 됩니다.

❼ Go to Start : 에디트 라인을 프로젝트의 시작 지점으로 이동시킵니다.

❽ Go to End : 에디트 라인을 프로젝트의 끝 지점으로 이동시킵니다.

❾ Previous Frame : 에디트 라인을 1프레임 이전 지점으로 이동시킵니다.

❿ Next Frame : 에디트 라인을 1프레임 다음 지점으로 이동시킵니다.

(2) Space Bar로 프리뷰하기

Space Bar를 누르면 에디트 라인이 이동하면서 실시간으로 에디트 라인의 현재 지점에 대한 영상이 프리뷰 윈도우에 나타납니다. 프리뷰가 진행될 때 다시 Space Bar를 누르면 프리뷰가 중단되고 에디트 라인은 재생이 시작된 원래의 위치로 되돌아가게 됩니다.

▲ 프리뷰 도중 Space Bar를 누르면 에디트 라인이 원래 위치로 돌아갑니다.

참고하세요!

에디트 라인의 위치 옮기기

타임라인의 타임룰러 위쪽은 마커 바(Marker Bar)라고 부르는데 마커 바를 클릭하면 클릭한 지점으로 에디트 라인이 이동됩니다. 이벤트의 특정 지점으로 빠르게 이동하여 해당 지점의 내용을 보기 위해 사용하는 방식입니다.

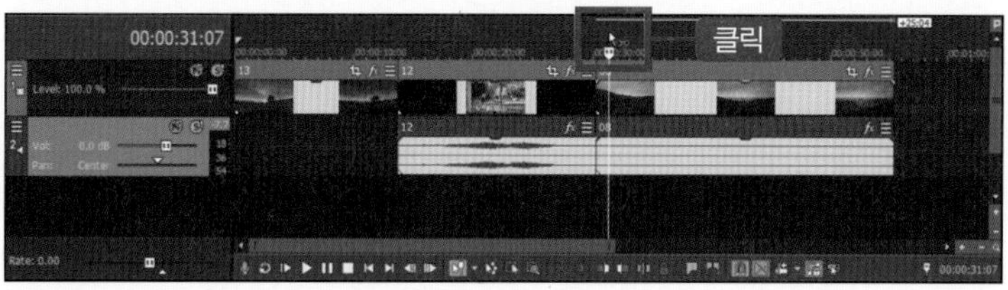

▲ 마커 바에서 클릭한 지점으로 에디트 라인이 이동됩니다.

(3) Enter 키로 프리뷰하기

Enter 키를 눌러도 에디트 라인이 이동하면서 프리뷰가 시작됩니다. 하지만 프리뷰 도중 다시 Enter 키를 누르면 Space Bar를 사용했던 것과 달리 에디트 라인이 마지막으로 프리뷰 했던 지점에 머물러 있게 됩니다. 구간별로 연속해서 프리뷰할 때 편리한 방식입니다.

▲ 프리뷰 도중 Enter 키를 누르면 마지막 프리뷰 지점에 에디트 라인이 위치합니다.

(4) 스크러빙으로 프리뷰하기

스크러빙(Scrubbing)이란 타임라인에 놓인 이벤트의 재생 속도와 방향을 사용자가 정밀하게 제어하면서 재생하는 방식으로써 여러 형태의 스크러빙을 사용할 수 있습니다.

에디트 라인 스크러빙하기

에디트 라인을 직접 드래그하여 프리뷰하는 방식으로써, 마우스의 드래그 속도에 따라 프리뷰되므로 이벤트의 내용을 실제 재생 속도로 볼 수는 없으나 특정 구간을 섬세하게 살펴보고자 할 때 유용합니다.

마커 바에서 임의의 지점을 클릭하여 에디트 라인의 위치를 지정한 다음 에디트 라인 위에 마우스를 가져가면 마우스 포인터가 양쪽 화살표 형태로 나타나는데, 이때 드래그하면 프리뷰 윈도우를 통해 이벤트의 내용이 나타나게 됩니다.

▲ 에디트 라인을 드래그하여 프리뷰 합니다.

플레이 헤드 스크러빙 하기

에디트 라인 위쪽으로 타임 룰러에 걸쳐 있는 머리 부분을 플레이 헤드(Playhead)라고 하는데, 이를 드래그하여 프리뷰할 수도 있습니다. 그냥 드래그하면 오디오도 함께 프리뷰되며 Ctrl 키를 누른 채로 드래그하거나 마우스 우측 버튼을 클릭한 채로 드래그하면 오디오가 천천히 재생되므로 특정 지점의 소리를 정확히 판별할 수 있습니다. 또한 Ctrl+Alt 키를 누른채로 드래그하면 에디트 라인을 드래그한 것처럼 오디오는 들리지 않고 비디오만 프리뷰됩니다.

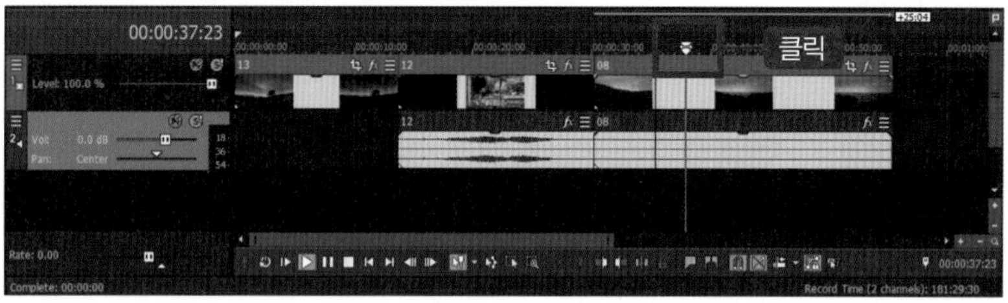

▲ 플레이 헤드

스크럽 컨트롤 슬라이더로 스크러빙하기

트랙의 좌측 하단에 있는 스크럽 컨트롤 슬라이더(Scrub Control Slider)로 프리뷰할 수도 있습니다. 좌측, 또는 우측으로 드래그할 수 있으며 각각 멀리 드래그할수록 빠른 속도로 재생됩니다. 재생 속도는 Rate에 표시되며 음수 값은 역방향으로 재생되고 있다는 것을 의미합니다. 슬라이더를 더블 클릭하면 즉시 정상 속도로 되돌아갑니다.

아래에 있는 삼각형 모양의 마커는 재생 속도를 지정하는 데 사용합니다. 드래그하면 좌측에 재생 속도가 표시되며 앞에서 설명한 여러 프리뷰 방법을 사용하여 재생할 때 지정된 속도로 재생됩니다.

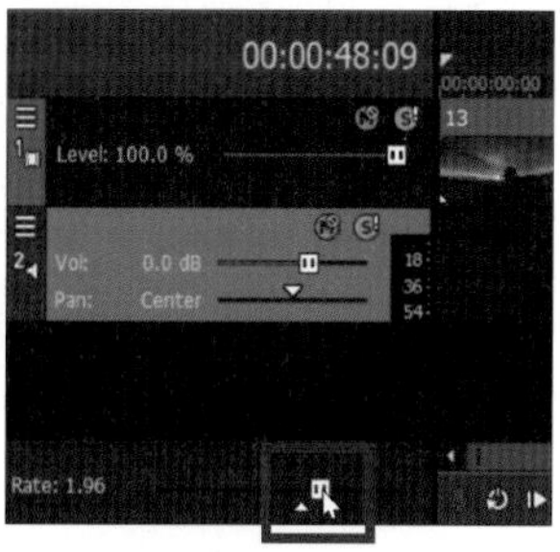

▲ 스크럽 컨트롤 슬라이더와 마커

단축키로 프리뷰하기

키보드의 J, K, L 키를 사용하여 프리뷰할 수도 있습니다. 대부분의 영상 편집 프로그램에서 공통적으로 지원하고 있는 프리뷰 방식으로써 J는 뒤로, K는 정지, L은 앞으로 재생합니다.

▲ 프리뷰를 위한 단축키

이러한 단축키를 누르는 방식에 따라 다음과 같이 재생 속도를 자유롭게 변경해 가면서 프리뷰할 수도 있습니다.

- **1배속부터 빠르게 재생하기** – J와 L 키는 연속해서 누르면 해당 방향으로 빠르게 재생합니다. 즉, L 키를 한 번 누르면 원래의 속도인 1배속으로 재생되는데, 이 상태에서 다시 L 키를 연속해서 누를수록 1.5배속, 2배속, 4배속 순으로 빠르게 재생됩니다.
- **느린 속도부터 빠르게 재생하기** – K 키를 누른 상태에서 J와 L 키를 누르면 해당 방향으로 0.25배속의 느린 속도로 재생되며, 이후 K 키를 떼고 해당 방향의 단축키를 누를수록 0.25배속씩 빠른 속도로 재생됩니다. 즉, K 키를 누른 상태에서 L 키를 누르면 0.25배속의 속도로 재생되다가 다시 K 키를 연속해서 누를수록 0.5배속, 0.75배속, 1배속, 1.25배속 순으로 빠르게 재생됩니다.

참고하세요!

특정 구간만 프리뷰하기

타임라인에 등록된 이벤트에 특정 구간을 설정해 놓으면 해당 구간만을 프리뷰할 수 있습니다.

타임룰러 위에 있는 마커 바에 마우스 포인터를 위치시키면 마우스 포인터가 양쪽 화살표 모양으로 바뀌어 나타나는데, 프리뷰를 시작하고자 하는 지점을 클릭한 다음 프리뷰를 마치고자 하는 지점까지 드래그합니다. 드래그된 구간은 파란색으로 강조되어 표시됩니다.

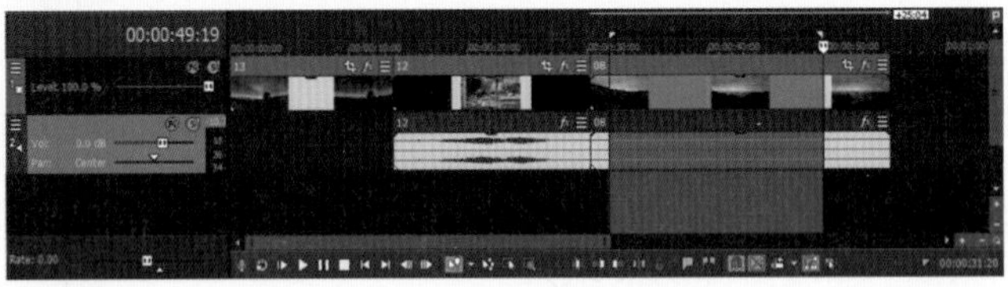

앞에서 살펴보았던 다양한 방법으로 프리뷰를 시도하면 선택된 구간만 재생되는 것을 볼 수 있습니다. 트랜스포트 바의 Loop Playback 버튼이 선택되어 있다면 해당 구간이 반복되어 재생됩니다.

마커 바에는 선택된 구간을 표시하는 Loop Bar가 나타나 있는데 Loop Bar의 중앙을 드래그하면 선택 구간의 길이가 유지된 채 구간의 위치만 이동할 수 있으며 시작과 끝 지점을 드래그하면 선택 구간의 길이를 변경할 수 있습니다.

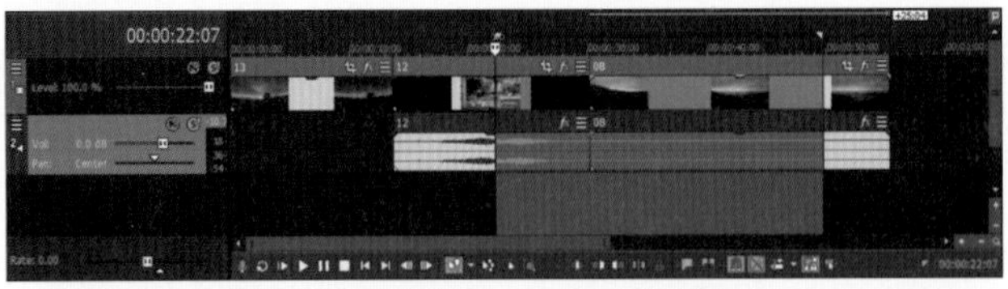

▲ Loop Bar의 양쪽 끝 지점을 드래그하면 구간의 길이가 변경됩니다.

이러한 선택된 구간은 리전(Region)이라고 부르며 지정된 리전만을 삭제하거나 File〉Render As를 선택하여 새로운 파일로 생성할 수 있습니다. 리전이 지정되어 있는 상태라 하더라도 마커 바에서 원하는 영역만큼 드래그하면 새로운 리전이 지정됩니다.

02 프리뷰 윈도우의 도구 버튼들

프리뷰 윈도우의 상단에는 프리뷰 시의 화질 및 프리뷰 방식을 선택할 수 있는 여러 도구 버튼들이 자리하고 있습니다.

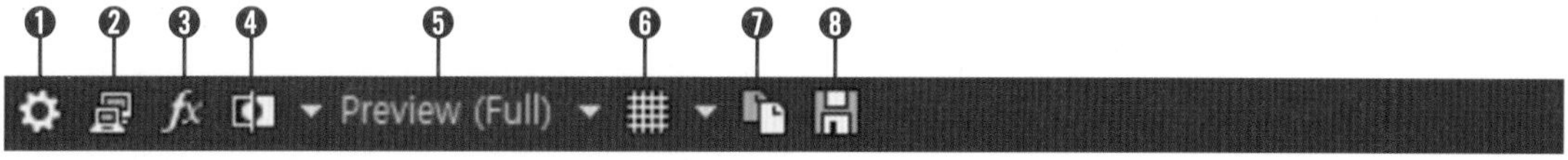

❶ Project Video Properties

현재 작업 중인 프로젝트의 설정을 보거나 변경할 수 있는 Project Properties 대화 상자를 엽니다. 즉, File〉Properties 메뉴와 동일한 기능을 수행합니다.

❷ Preview on External Monitor

외부 모니터를 통하여 프리뷰합니다. 외부 모니터를 설정하지 않았다면 현재 모니터에 전체 화면으로 프리뷰 화면이 나타나게 됩니다. Options〉Preferences 메뉴를 선택하면 환경 설정 대화 상자인 Preferences 대화 상자가 나타나는데 Preview Device 탭에서 Device 목록을 열고 프리뷰할 외부 모니터를 선택할 수 있습니다. 보조 모니터가 연결되어 있다면 Windows Secondary Display가 목록에 나타나므로 이것을 선택하면 됩니다.

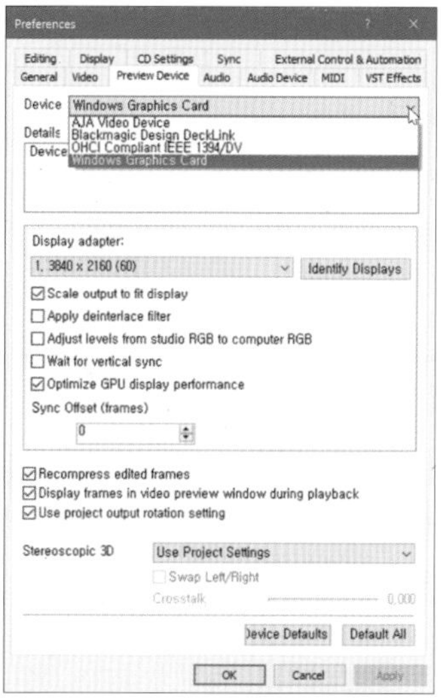

❸ Video Output FX

프리뷰 윈도우에 나타날 결과에 대한 효과를 선택할 수 있는 Plug-In Chooser – Video FX 대화 상자가 나타납니다. 여기에서 선택하여 적용한 Video FX는 전체 프로젝트에 영향을 미치게 됩니다. Video FX는 이벤트나 트랙별로 적용할 수도 있습니다.

❹ Split Screen View

Video FX, 즉 이펙트를 적용했을 때 프리뷰 윈도우의 화면이 두 개로 분할되어 나타나도록 합니다. 버튼 우측의 드롭 다운 메뉴를 클릭하면 좌/우 영역에 어떤 화면이 나타나게 할 것인지를 선택할 수 있습니다. 버튼이 클릭되어 있는 상태에서 다시 클릭하면 분할 상태가 해제되고 전체 영역에 현재 이펙트가 적용되어 있는 결과 그대로 보여 줍니다.

다음 그림은 Video FX의 하나인 Black and White를 적용하고 Split Screen View 버튼을 클릭한 상태입니다. 좌측에 원본이, 우측에 이펙트 적용 결과가 나타나는 것을 볼 수 있습니다.

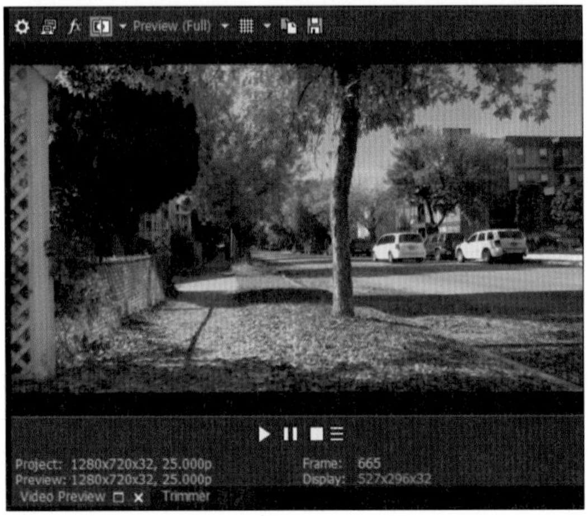

- FX Bypassed

이펙트가 적용되기 전의 원본 상태 그대로 보여 줍니다.

- Clipboard

복사하여 클립보드에 임시로 저장되어 있는 내용을 보여 줍니다.

- Select Left Half / Right Half / All

원본 상태를 분할된 화면의 어느 쪽에 나타나게 할 것인지를 선택합니다. 좌측, 우측, 전체 영역에 나타나게 할 수 있습니다.

▲ Select Right Half

참고하세요!

특정 영역만 원본 상태로 보기

Split Screen View 버튼을 클릭하면 어떤 옵션 메뉴가 선택되어 있든지 상관없이 프리뷰 윈도우 내부의 특정 영역을 드래그하여 선택할 수 있으며, 드래그된 영역만 원본 상태로 나타나게 됩니다.

▲ 임의의 영역을 드래그합니다.

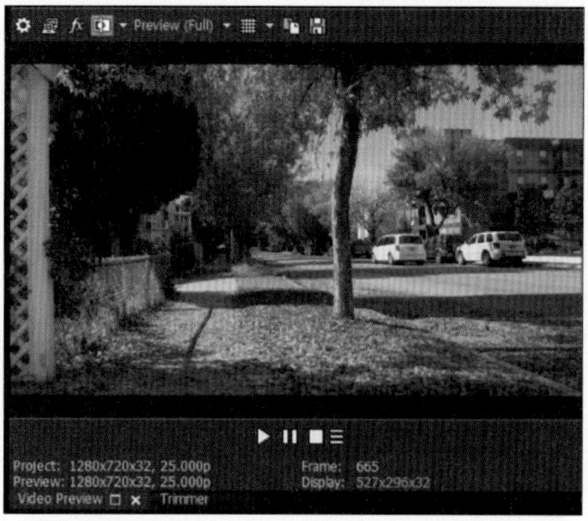

▲ 드래그한 영역만 원본 상태로 나타납니다.

❺ Preview Quality

프리뷰 윈도우에 나타나는 영상의 화질과 크기를 선택합니다. 버튼을 클릭하면 Draft, Preview, Good, Best 등의 메뉴가 나타나며 아래쪽 메뉴를 선택할수록 프리뷰 윈도우에 나타나는 화질은 좋아지지만 시스템 사양이 따라 주지 못할 경우 버벅임이 발생하게 됩니다.

또한 각 메뉴는 모두 Auto, Full, Half, Quater 등의 하위 메뉴를 통해 프리뷰 화질을 선택할 수 있습니다.

▲ Preview Quality 메뉴

- Auto – 시스템 사양에 맞게 자동으로 프리뷰 화질을 결정해 보여 줍니다.
- Full – 영상의 모든 픽셀을 프리뷰합니다.
- Half – 영상 픽셀의 1/2만 프리뷰합니다. 화질이 다소 떨어져 보입니다.
- Quarter – 영상 픽셀의 1/4만 프리뷰합니다. Half보다 더욱 화질이 나빠 보입니다.

❻ Overlays

버튼을 클릭했을 때 나타나게 할 옵션을 버튼 우측의 드롭 다운 메뉴를 통해 선택합니다. 안전 영역이나 눈금자 등을 나타나게 하거나 특정 색상 채널을 선택할 수 있습니다.

• Grid – 격자가 나타나게 합니다.

• Safe Areas – 안전 영역이 나타나게 합니다.

참고하세요!

안전 영역이란?

컴퓨터에서 작업한 영상을 외부 아날로그 모니터로 출력하는 경우 영상의 가장자리 부분이 잘려 나가게 되는데, 제대로 보이는 안쪽 영역을 안전 영역(Safe Area)이라고 합니다. 안전 영역은 두 가지로 표시되는데 바깥쪽은 영상이 안전하게 나타나는 영역으로써 액션 안전 영역이라고 부르며, 안쪽은 제목이 안전하게 나타나는 영역으로써 타이틀 안전 영역이라고 부릅니다.

▲ 액션 안전 영역과 타이틀 안전 영역

따라서 작업 결과를 생성된 영상을 아날로그 TV나 아날로그 모니터로 출력하여 재생할 것이라면 안전 영역을 고려하여 작업해야 합니다. 그렇지 않을 경우 의도했던 것과 달리 안전 영역의 바깥 부분이 보이지 않을 것이기 때문입니다. 오직 컴퓨터상에서만 재생될 것이라면 안전 영역을 고려하지 않고 작업해도 무방합니다.

- Red / Green / Blue

선택한 색상 채널 영역을 보여 줍니다.

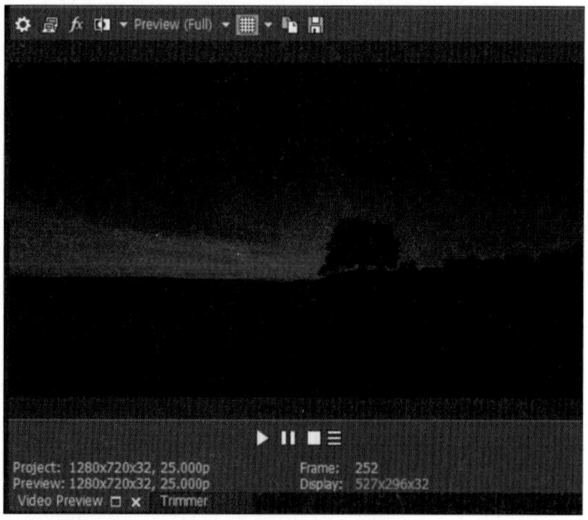

▲ Red 선택

• Red / Green / Blue / Alpha as Grayscale

선택한 색상 채널 영역을 그레이스케일로 보여 줍니다. 해당 채널의 색상이 많이 들어간 부분일수록 밝게 나타나며 적게 들어간 부분일수록 어둡게 나타납니다.

▲ Red as Grayscale

❼ Copy Snapshot to Clipboard

현재 프리뷰 윈도우에 나타나고 있는 영상의 프레임을 클립보드로 복사합니다. 따라서 포토샵과 같은 이미지 편집 프로그램에서 Ctrl+V로 붙여넣기 하여 클립보드에 복사된 이미지를 불러와 편집할 수 있습니다. DVD의 표지로 사용할 이미지를 편집할 때 유용합니다.

❽ Save Snapshot to Files

현재 프리뷰 윈도우에 나타나고 있는 영상의 프레임을 이미지 파일로 저장합니다. 다음과 같은 Save Snapshot to File 대화 상자를 통해 저장될 폴더와 파일 이름, 파일 형식(JPG나 PNG) 등을 지정할 수 있습니다.

03 프리뷰 윈도우의 단축 메뉴

프리뷰 윈도우의 단축 메뉴에서는 프리뷰 윈도우의 바탕 영역 색상, 도구 표시 유무 등을 선택할 수 있습니다.

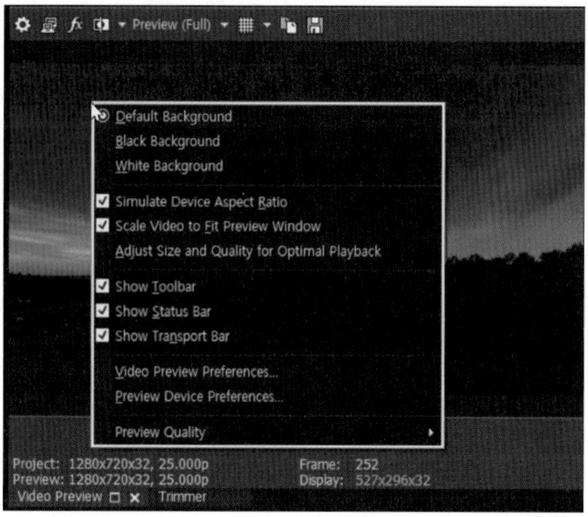

Default / Black / White Background

프리뷰 윈도우에서 영상 주위의 여백 영역에 대한 바탕색을 선택합니다. Default는 베가스 프로 16의 바탕색과 같은 어두운 회색을 의미합니다.

Simulate Device Aspect Ratio

프로젝트에서 설정한 픽셀 종횡비를 적용하여 프리뷰 합니다.

Scale Video to Fit Preview Window

프리뷰 윈도우의 크기에 맞게 프리뷰 합니다.

Show Toolbar / Status Bar

도구 버튼이 있는 툴 바나 하단에 있는 상태 바의 표시 유무를 선택합니다.

Preview Device Preferences

Preferences 대화 상자의 Preview Device 탭을 열어 관련 옵션을 설정할 수 있도록 합니다.

CHAPTER 05

작업 화면 레이아웃 바꾸기

베가스 프로 16의 각 윈도우는 기본적으로 도킹 상태, 다시 말해 고정된 상태로 나타나 있지만 작업 편의에 따라 원하는 위치로 이동시킬 수 있으며 사용자가 지정한 레이아웃을 저장하거나 불러와 사용할 수도 있습니다.

01 윈도우의 순서 바꾸기

작업 화면 좌측에는 앞에서 보았던 것처럼 익스플로러 윈도우나 프로젝트 미디어 윈도우를 비롯한 여러 윈도우가 탭의 형태로 모여 있습니다. 탭을 좌우로 드래그하면 윈도우의 배치 순서를 바꿀 수 있습니다.

01 프로젝트 미디어 윈도우 탭을 익스플로러 윈도우 탭 위로 드래그합니다.

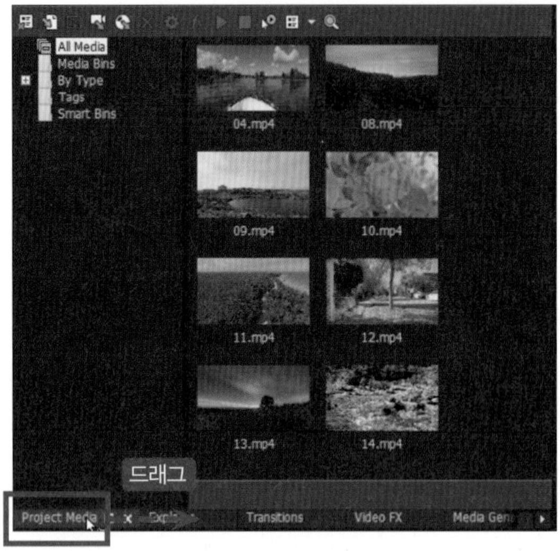

02 프로젝트 미디어 윈도우가 익스플로러 윈도우 우측으로 이동합니다.

02 윈도우의 크기 변경하기

각 윈도우의 경계 부분을 드래그하면 윈도우의 크기를 조절할 수 있습니다. 타임라인과 위쪽의 윈도우 사이의 경계 부분을 드래그하면 타임라인의 크기를 조절할 수도 있습니다.

01 프리뷰 윈도우와 좌측 윈도우 사이의 경계 부분을 좌측으로 드래그합니다.

02 프리뷰 윈도우가 커지고 상대적으로 좌측의 윈도우는 작아집니다.

03 이번에는 타임라인과 프리뷰 윈도우의 경계 부분을 위쪽으로 드래그합니다.

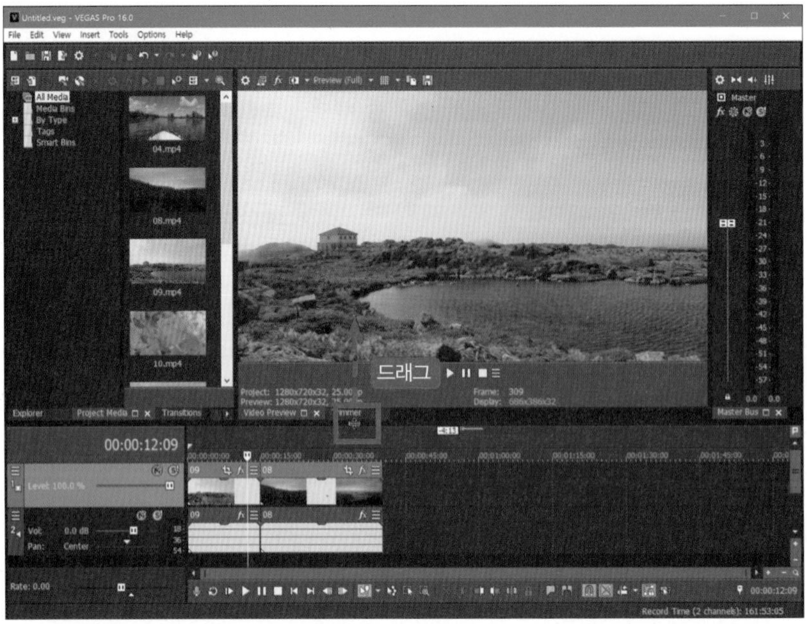

04 타임라인의 높이가 커지고 상대적으로 프리뷰 윈도우가 작아집니다. 이런식으로 작업 상황에 따라 수시로 윈도우의 크기를 변경해 가며 사용할 수 있습니다.

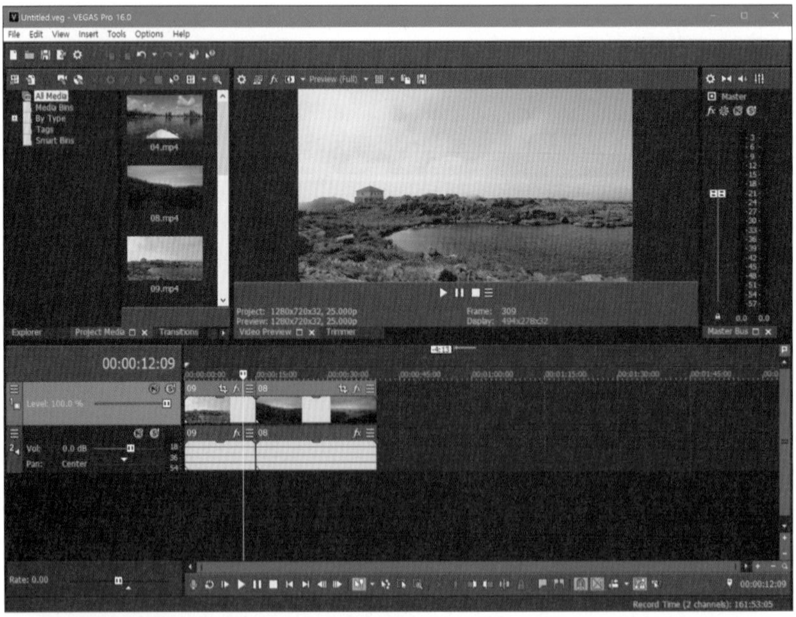

05 당장 사용할 필요가 없는 윈도우는 윈도우 탭 우측에 있는 X표를 클릭하여 닫을 수 있으며, 윈도우를 다시 나타내려면 View〉Window 메뉴를 통해 원하는 윈도우를 선택하면 됩니다.

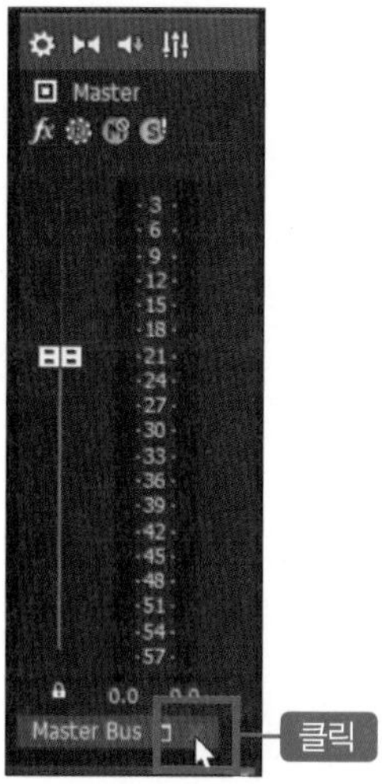

▲ 윈도우를 닫으려면 X 버튼을 클릭

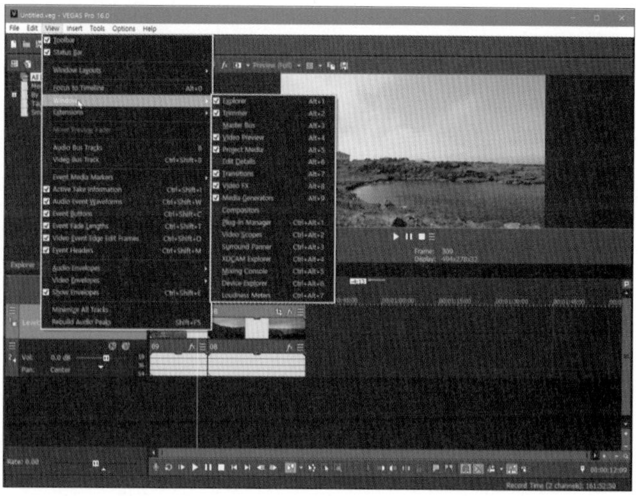

▲ View〉Window의 윈도우 선택 메뉴

03 사용자 레이아웃 저장하기

01 사용자가 변경한 레이아웃은 저장해 두고 언제든 선택해 사용할 수 있습니다. 각 윈도우의 위치나 크기를 적절히 원하는 상태로 변경했다면 View〉Window Layouts〉Save Layout As를 선택합니다.

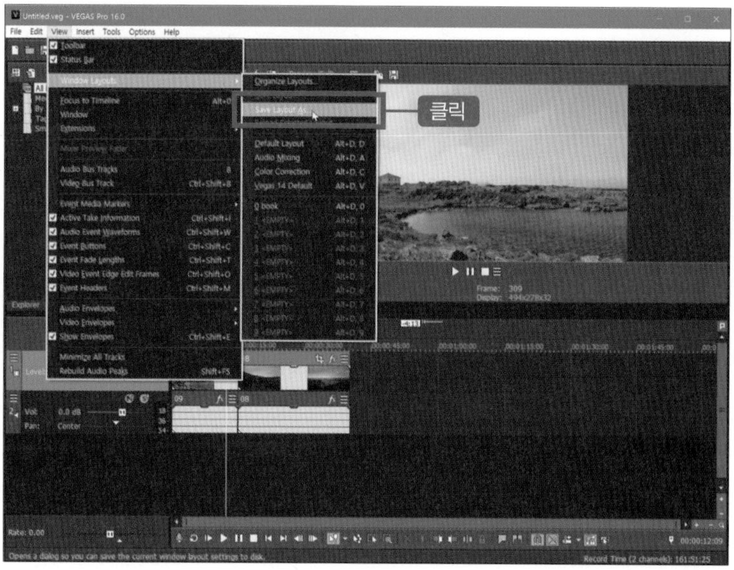

02 Save Layout As 대화 상자가 나타납니다. Name에 레이아웃의 이름을, Shortcut의 목록 메뉴에서는 등록할 단축키를 선택합니다.

03 OK 버튼을 클릭하여 대화 상자를 닫고 다시 View〉Window Layouts 메뉴를 선택하면 등록한 레이아웃 이름이 메뉴에 나타나는 것을 볼 수 있습니다. 따라서 다른 레이아웃 상태에서 이 메뉴를 선택하거나 단축키를 누르면 언제든 지정되어 있는 레이아웃 상태로 돌아오게 됩니다.

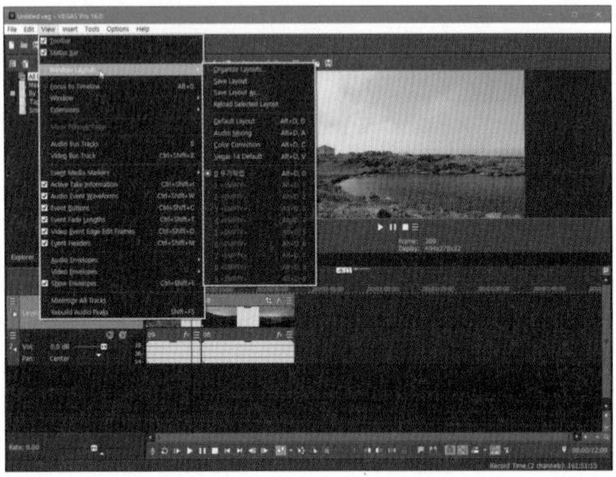

04 베가스 프로의 기본 레이아웃 상태로 돌아가려면 View〉Window Layouts〉Default Layout을 선택합니다. 등록해 놓은 레이아웃을 삭제하거나 메뉴 순서를 변경하려면 View〉Window Layouts〉Organize Layouts을 선택합니다.

05 Organize Layouts 대화 상자가 나타납니다. 좌측에는 현재 등록된 레이아웃을 보여 주며 우측에는 등록할 수 있는 레이아웃 메뉴가 나타납니다. 등록하고자 하는 레이아웃과 메뉴를 각각 선택한 다음, Assign 버튼을 클릭하면 해당 메뉴 레이아웃이 등록됩니다. 여러 레이아웃 메뉴가 등록되어 있는 경우, Move Up / Move Down 버튼으로 메뉴의 순서를 바꿀 수 있습니다. 현재 등록된 레이아웃을 삭제하려면 등록되어 있는 메뉴를 선택하고 Clear 버튼을 클릭합니다.

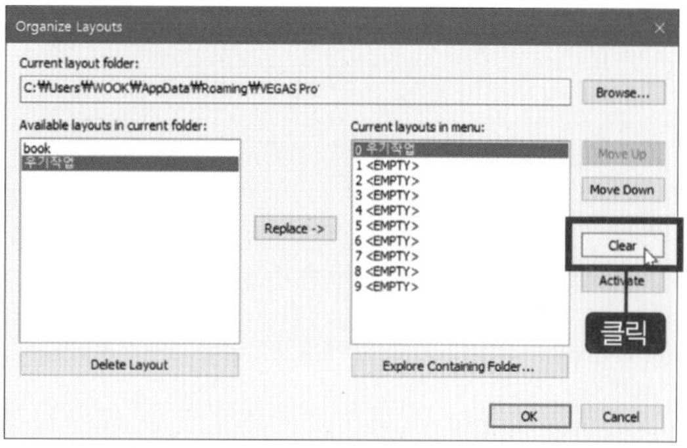

06 메뉴에서 해당 레이아웃이 사라집니다. 저장되어 있는 레이아웃까지 완전히 삭제하려면 좌측 아래에 있는 Delete Layout 버튼을 클릭합니다.

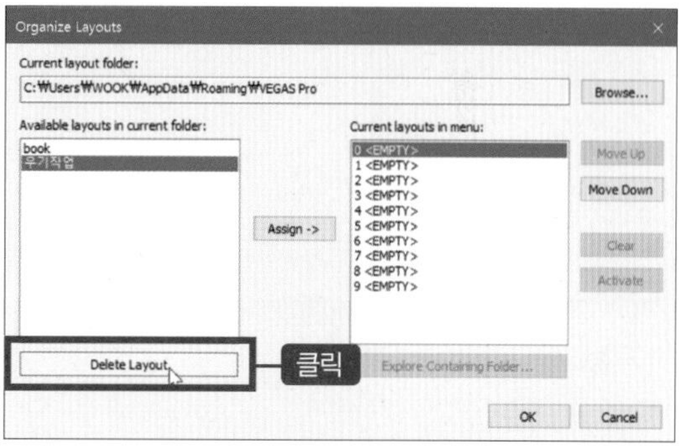

07 파일을 삭제할 것인지 묻는 대화 상자가 나타납니다. [예]를 클릭합니다.

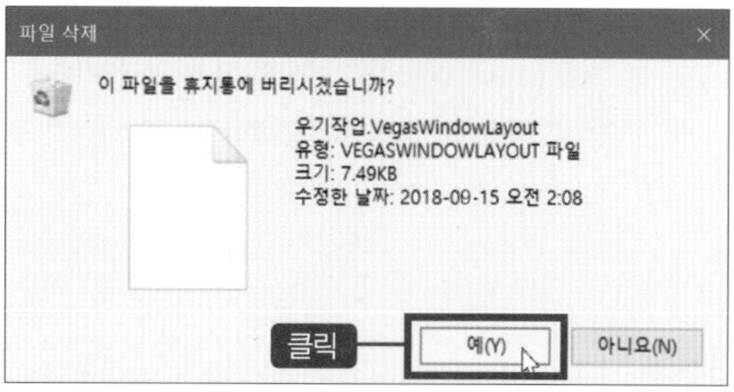

08 해당 레이아웃이 완전히 삭제되어 사라지게 됩니다.

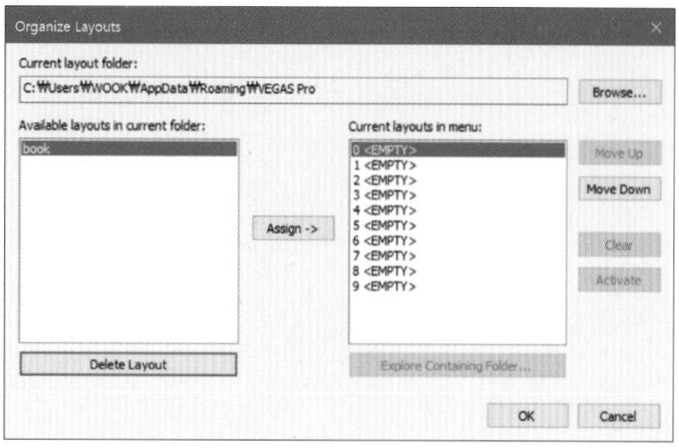

참고하세요!

프리뷰 윈도우를 아래로 이동시키기

베가스 프로는 프리뷰 윈도우가 작업 화면 우측 상단에 자리하게 되어 프리미어와 같은 레이아웃을 보여 주고 있습니다. 프리뷰 윈도우가 아래에 있는 것이 보기에 편하다면 다음 방법을 사용해야 합니다. 드래그하여 위치를 이동시킬 수 없기 때문입니다.

1) Options〉Preferences를 선택하여 Preferences 대화 상자가 나타나면 Display 탭을 클릭합니다.

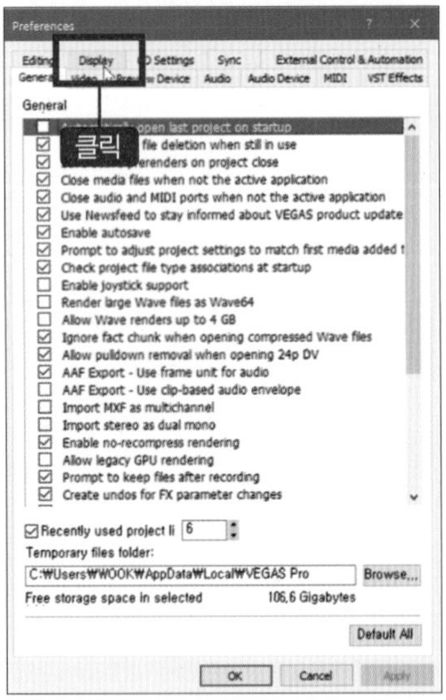

2) 아래에서 Display timeline at bottom of main window 옵션을 클릭하여 체크 상태를 해제하고 OK 버튼을 클릭합니다.

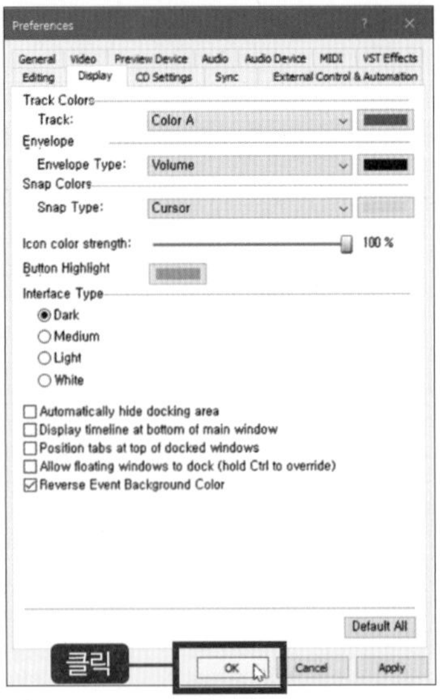

3) 타임라인이 위쪽으로, 프리뷰 윈도우를 비롯한 나머지 윈도우가 아래쪽으로 이동되어 나타납니다.
View〉Window Layouts 메뉴를 통해 다른 레이아웃을 선택하면 해당 레이아웃으로 돌아올 수 있습니다.

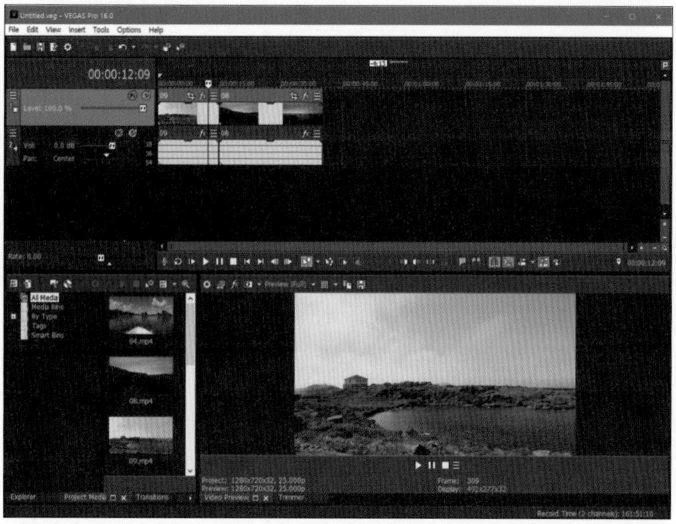

PART

02

VEGAS PRO 16

기본 편집 테크닉 익히기

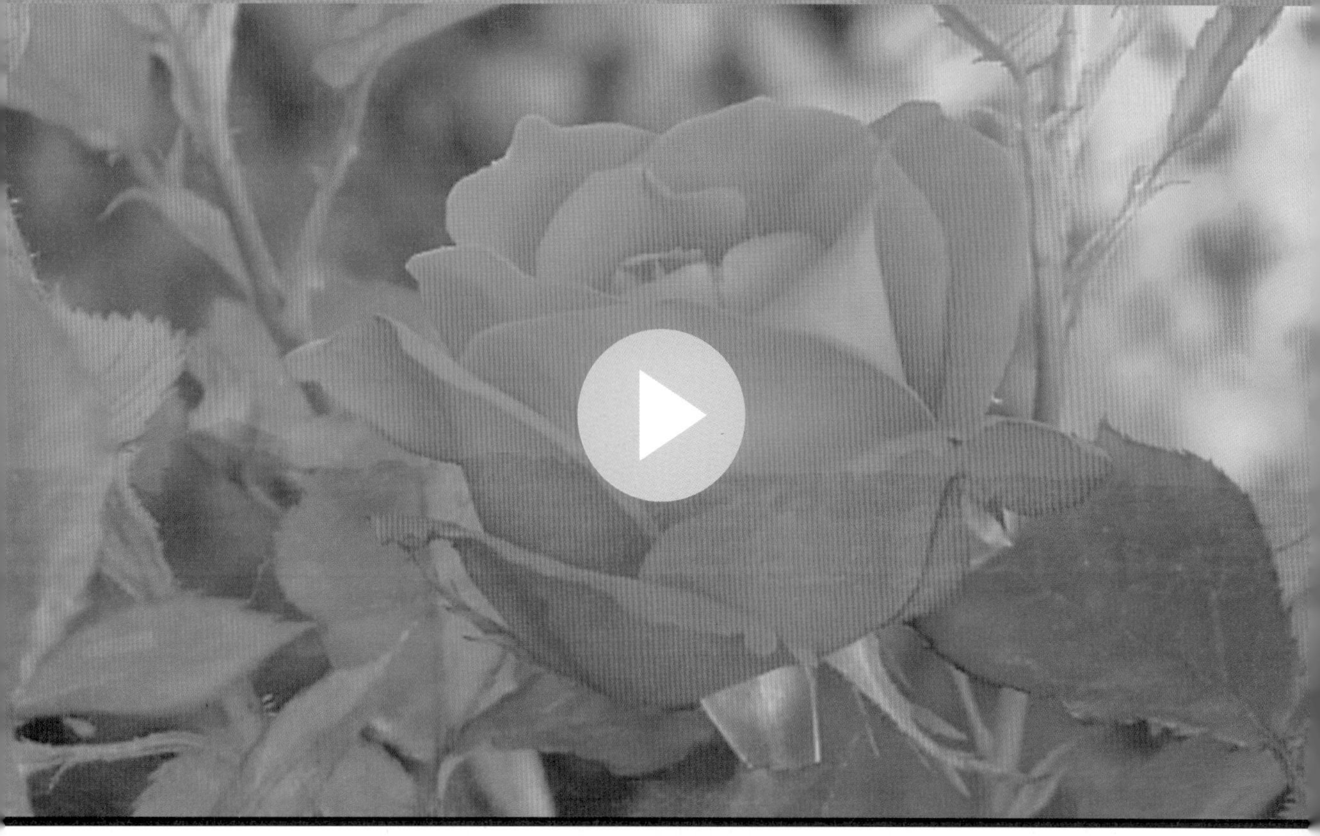

CHAPTER 06

트랙과 이벤트의 기본 익히기

영상 편집은 트랙에 이벤트가 놓이면서 시작됩니다. 트랙의 다양한 조작과 표시 형태를 알아보고 기본적인 이벤트 조작 방법에 대해 익혀 보도록 하겠습니다. 기본적이며 필수적인 부분이므로 충실히 학습하도록 합니다.

01 트랙 추가하고 삭제하기

소스 파일을 타임라인에 추가하면 자동으로 트랙이 추가되면서 해당 파일이 등록되지만 ,추후에 녹음을 하거나 다른 소스 파일을 등록하기 위해 아무것도 없는 빈 트랙을 만들 수도 있습니다.

트랙 추가하기

이벤트가 존재하는 타임라인은 트랙 뷰(Track View)라고 하며 트랙 뷰 좌측에 트랙의 이름이 나타나는 부분은 트랙 리스트(Track List)라 부릅니다. 트랙 뷰나 트랙 리스트의 바탕 영역에서 마우스 우측 버튼을 클릭하여 단축 메뉴를 열고 Insert Video Track을 선택하면 비디오 트랙이, Insert Audio Track을 선택하면 오디오 트랙이 추가됩니다.

▲ Insert Video Track 선택

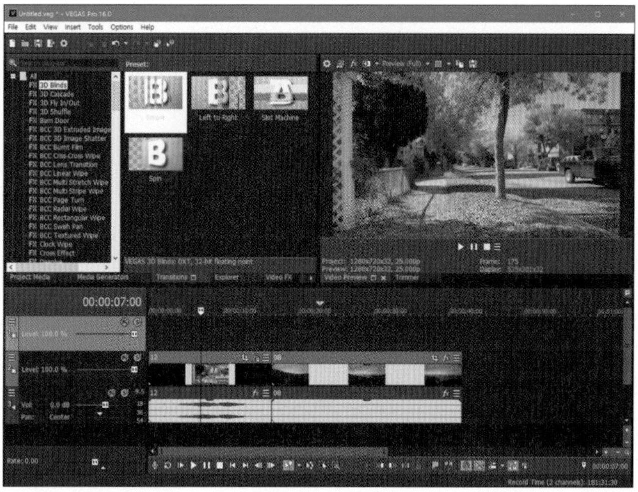

▲ 추가된 비디오 트랙

트랙 삭제하기

트랙을 삭제하려면 트랙 리스트에서 선택한 다음, Edit〉Delete 메뉴를 선택하거나 키보드의 Delete 키를 누릅니다. 또는 단축 메뉴를 열고 Delete Track을 선택해도 됩니다. 윈도우에서 파일이나 폴더를 선택하는 것처럼 Ctrl 키와 Shift 키를 누른 상태에서 클릭하여 여러 개의 트랙을 동시에 선택한 다음 삭제할 수도 있습니다. 트랙이 삭제되면 트랙에 포함된 이벤트도 함께 삭제됩니다.

▲ Delete〉Track 선택

트랙 복사하기

트랙도 복사할 수 있으며 트랙이 복사되면 트랙에 포함된 이벤트도 함께 복사됩니다. 트랙 리스트에서 복사하고자 하는 트랙을 마우스 우측 버튼으로 클릭하고 단축 메뉴에서 Duplicate Track을 선택하면 선택했던 트랙의 바로 아래에 복사된 트랙이 나타납니다. 여러 개의 트랙을 동시에 선택하여 복사할 수도 있습니다.

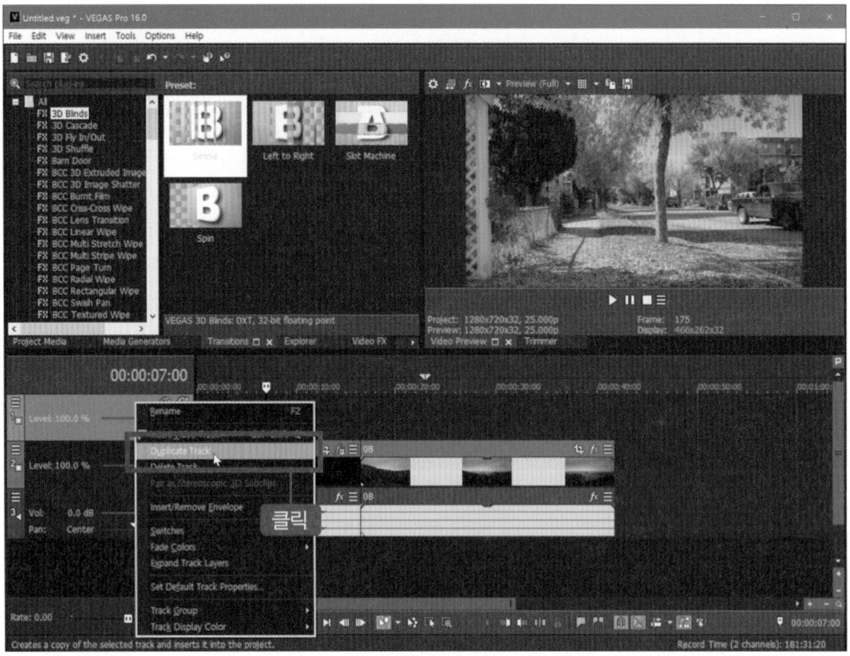

▶ 트랙 이름 지정하기

트랙에 등록된 이벤트의 성격에 따라 트랙의 이름을 지정해 놓으면 현재 작업에서 트랙이 어떤 용도로 사용되는지 쉽게 구분할 수 있습니다.

트랙 리스트의 가장 좌측에 트랙 번호가 표시된 부분 바로 우측은 트랙의 이름이 나타나는 곳입니다. 이 부분을 더블 클릭합니다.

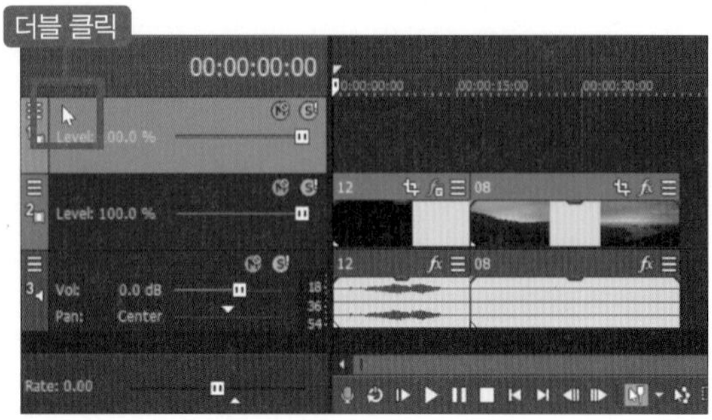

▲ 트랙 이름 입력란을 더블 클릭

입력란이 흰색으로 바뀌며 커서가 깜박이게 됩니다. 적절히 원하는 이름을 입력하고 Enter 키를 누르면 입력된 문자가 트랙 이름으로 지정됩니다.

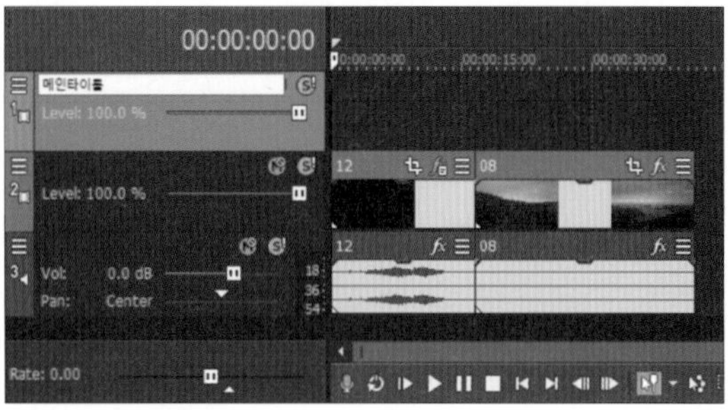

▲ 트랙의 이름 입력

02 타임룰러의 눈금 단위 변경하기

이벤트의 시간 지점을 표시해주는 타임룰러의 눈금 단위는 이벤트나 작업 상황에 따라 수시로 변경할 필요가 있습니다. 지속 시간이 짧은 이벤트가 놓여 있을 경우 눈금 단위가 크면 이벤트의 내용을 알아보기 힘들고 정밀한 편집이 곤란하며, 이벤트의 길이가 긴 경우 눈금 단위가 작으면 이벤트의 전체적인 상태를 알아보기 힘들뿐더러 다른 부분을 살펴보기 위하여 스크롤바를 자주 드래그해야 하는 불편을 겪게 되기 때문입니다. 따라서 이벤트의 길이와 편집 의도에 따라 이벤트를 적절히 살펴볼 수 있도록 타임룰러의 눈금 단위를 수시로 변경할 필요가 있습니다. 다음과 같은 방법으로 눈금 단위를 변경할 수 있습니다.

줌인과 줌 아웃 버튼을 사용합니다.

타임라인의 우측 아래에 있는 줌 인(Zoom In) 버튼은 타임룰러의 눈금 단위를 작게 함으로써 이벤트를 길게 표시하며, 줌 아웃(Zoom Out) 버튼은 눈금 단위를 크게 함으로써 이벤트를 짧게 표시합니다. 줌 인 버튼을 여러 번 클릭하면 그만큼 눈금 단위가 더욱 작아지며 줌 아웃 버튼을 여러 번 클릭하면 그만큼 눈금 단위가 더욱 커집니다.

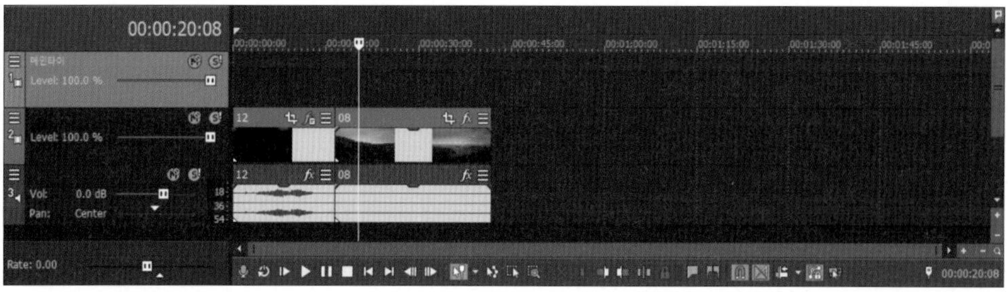

▲ 이벤트의 초기 등록 상태

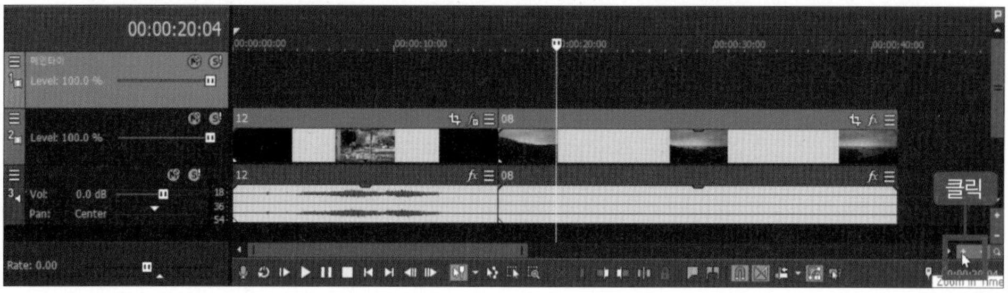

▲ 줌 인 버튼 여러 번 클릭 – 이벤트가 길게 나타남

스크롤바의 끝부분을 드래그합니다.

타임라인의 아래에 있는 스크롤바의 양쪽 끝부분을 드래그하면 타임룰러의 눈금을 작게, 또는 크게 변경할 수 있습니다.

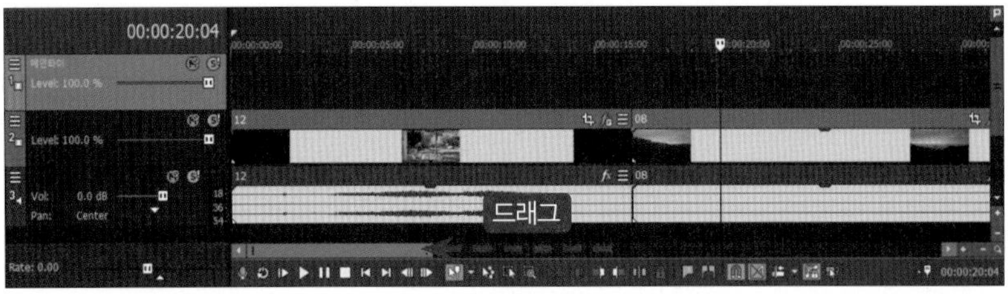

▲ 스크롤바의 우측 끝을 좌측으로 드래그 – 눈금 단위가 작아짐

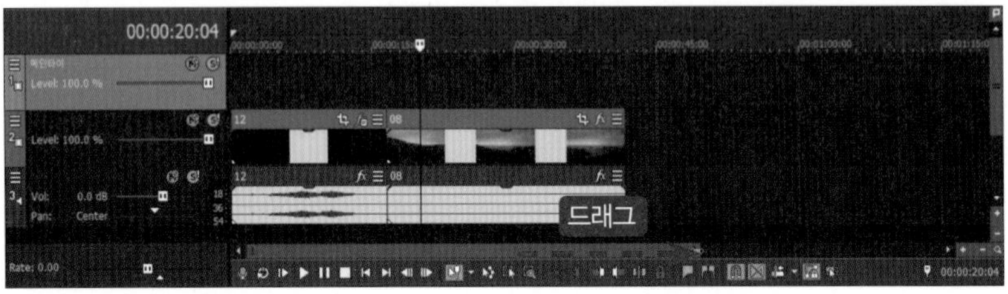

▲ 스크롤바의 우측 끝을 우측으로 드래그 – 눈금 단위가 커짐

마우스의 휠을 사용합니다.

타임룰러의 눈금은 마우스의 양쪽 버튼 사이에 있는 휠을 드래그하여 변경할 수도 있습니다. 즉, 휠을 위쪽으로 밀면 눈금 단위가 작아지며, 아래쪽으로 당기면 눈금 단위가 커집니다. 가장 편리하므로 이 방법을 사용하는 것이 좋습니다.

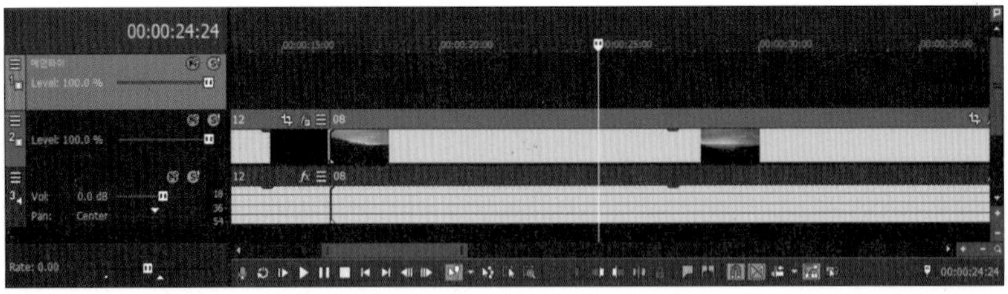

▲ 마우스의 휠을 밀어 눈금 단위를 작게 변경한 상태

참고하세요!

이벤트 표시 방법 변경하기

타임룰러의 눈금 단위를 작게 한 경우, 타임라인에 놓인 이벤트의 프레임이 모두 표시되게 하려면 Options〉Preferences를 선택하여 Preferences 대화 상자를 열고 Video 탭에서 Thumbnails to show in video events 목록 메뉴를 클릭합니다.

기본적으로 Head, Center, Tail로 지정되어 있어 이벤트의 첫 프레임, 중간 프레임, 끝 프레임만 표시됩니다. All을 선택하고 대화 상자 하단의 OK 버튼을 클릭합니다.

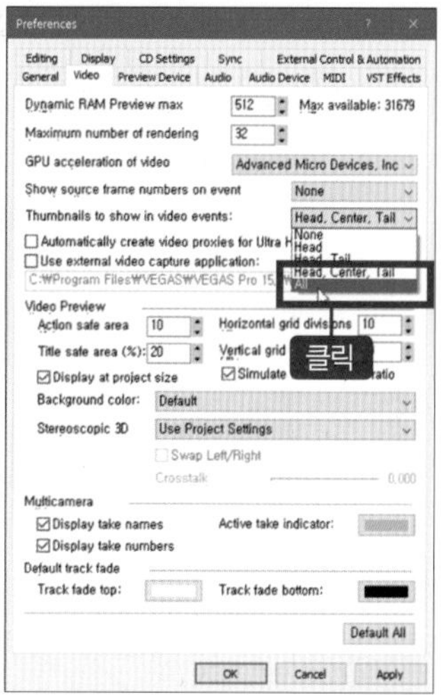

타임라인의 눈금 단위를 작게 해 보면 프레임 단위로 썸네일이 모두 표시되는 것을 볼 수 있습니다. 프레임 단위의 정밀한 편집 작업을 할 때 유용합니다.

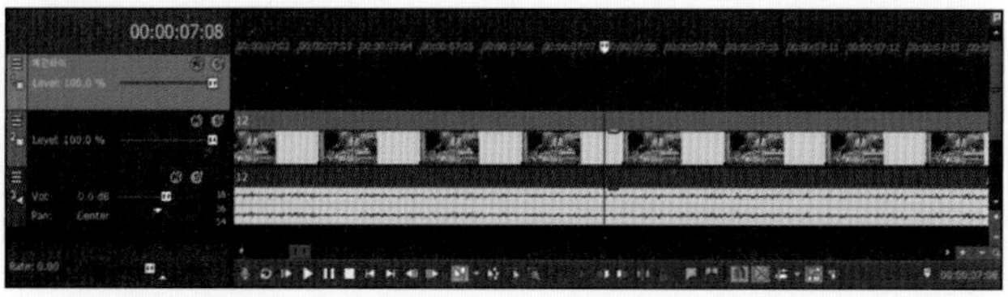

03 트랙의 높이 변경하기

트랙의 높이를 크게 하면 트랙에 놓인 이벤트를 보다 자세하게 살펴볼 수 있습니다. 트랙의 크기와 함께 이벤트의 크기도 변경되어 나타나기 때문입니다.

트랙 경계선을 드래그합니다.

그림과 같이 트랙에 이벤트가 등록되어 있는 경우, 트랙 리스트에서 1번 트랙과 2번 트랙의 경계선을 아래로 드래그하면 1번 트랙의 높이가 커져 이벤트도 크게 나타나게 됩니다.

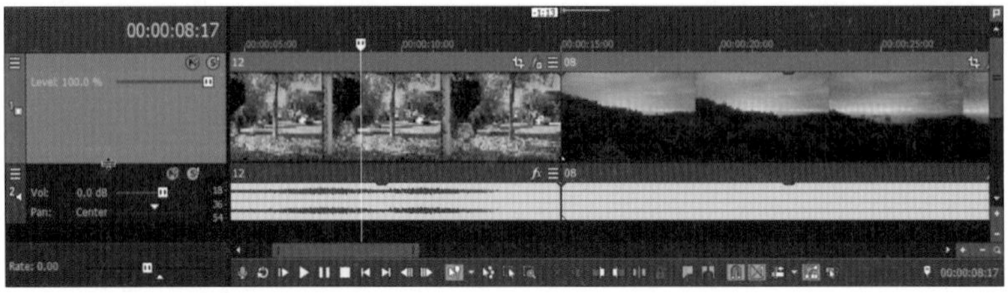

▲ 트랙의 높이가 커져 이벤트가 크게 나타남

버튼을 사용하여 최대화, 최소화합니다.

트랙 리스트에서 각 트랙의 헤더 부분에서 세 개의 가로줄 형태의 버튼을 클릭합니다. 이것은 햄버거(Hamburger) 버튼이라고 부릅니다.

▲ 햄버거 버튼 클릭

트랙 리스트의 여러 메뉴들이 나타나는데 Minimize나 Maximize를 선택하면 각각 트랙을 최소화시키거나 최대화시킬 수 있습니다.

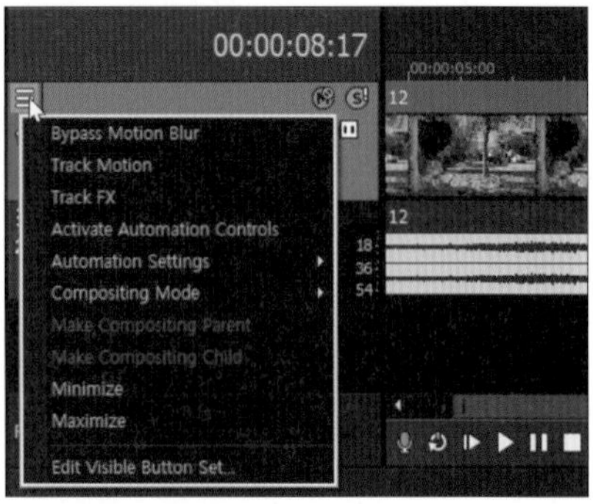

▲ 트랙 리스트 메뉴

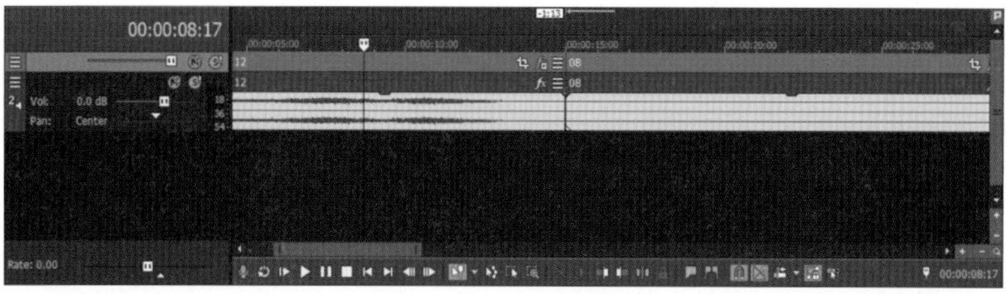

▲ Minimize

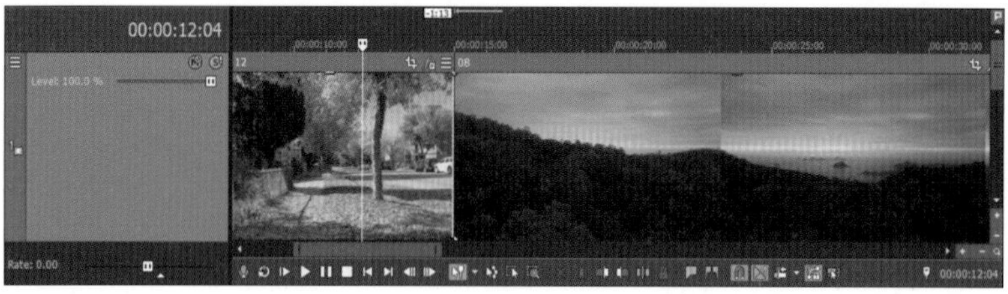

▲ Maximize

트랙이 최소화 또는 최대화된 경우, Restore(복구) 메뉴가 나타나 원래의 상태로 되돌아갈 수 있습니다.

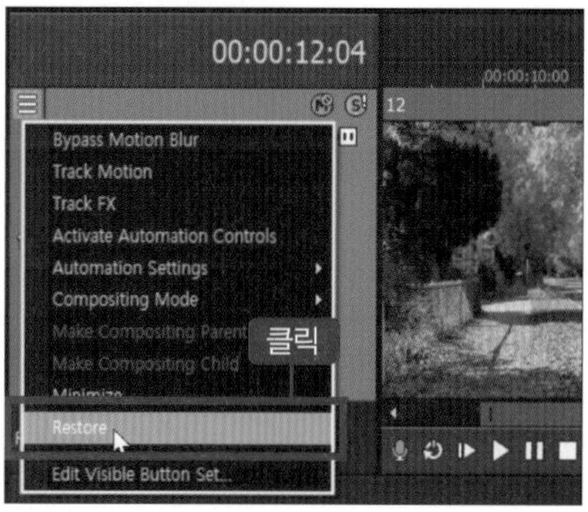

▲ 복구 버튼 클릭

단축키를 사용하여 트랙의 높이를 변경합니다.

단축키를 사용하면 타임라인에 존재하는 모든 트랙의 높이를 한꺼번에 변경할 수 있습니다.

- Ctrl + Shift + ↑ – 모든 트랙의 높이를 크게 변경합니다. 반복 적용할 수 있습니다.
- Ctrl + Shift + ↓ – 모든 트랙의 높이를 작게 변경합니다. 반복 적용할 수 있습니다.
- ~ – 모든 트랙의 높이를 최소화하며 다시 한번 누르면 원래의 높이로 복귀합니다.
- Ctrl + ~ – 모든 트랙의 높이를 기본 높이로 변경합니다.

참고하세요!

이벤트의 특정 부분만 확대하기

타임라인의 우측 하단에 돋보기 모양을 하고 있는 줌 툴(Zoom Tool)을 클릭한 다음, 자세히 보고자 하는 이벤트 영역을 드래그하면 드래그된 영역의 트랙만 크게 나타나 이벤트를 자세히 살펴볼 수 있습니다. 이때, 타임룰러의 눈금 단위도 작게 변경됩니다.

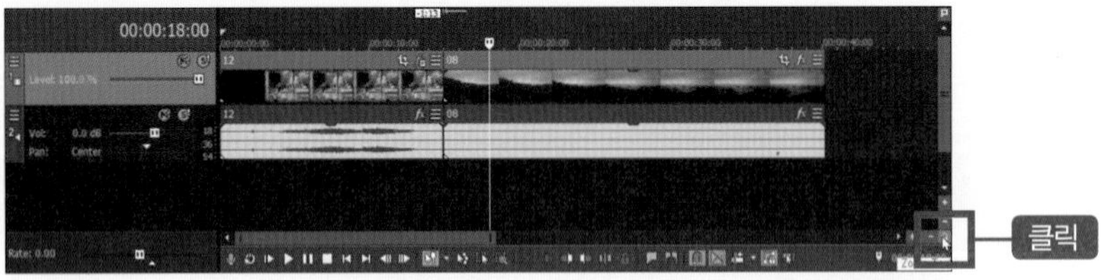

▲ 줌 툴 클릭

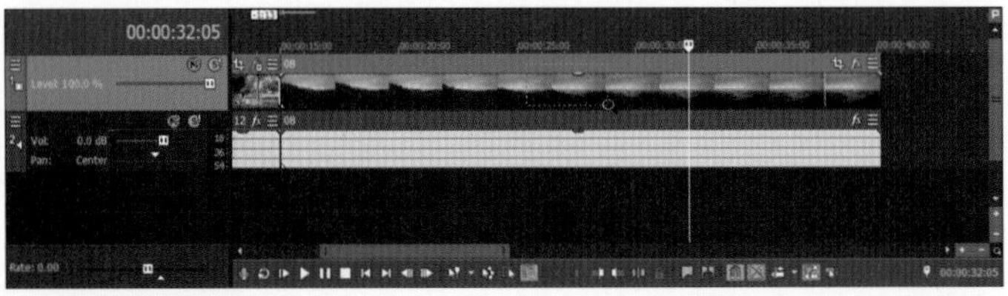

▲ 원하는 영역을 드래그

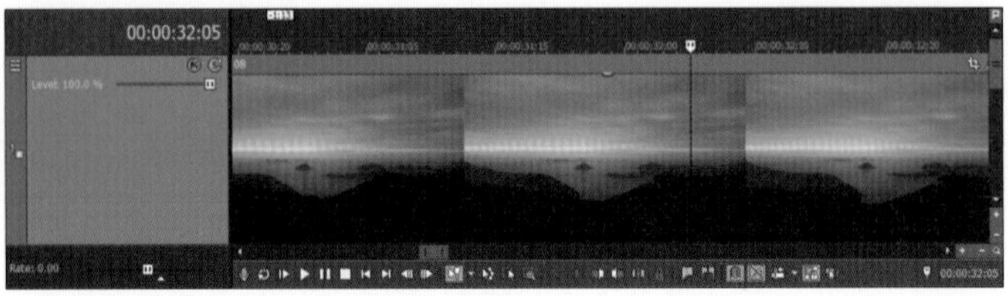

▲ 확대된 트랙

04 이벤트 선택하기

타임라인의 트랙에 등록된 이벤트는 여러 방법으로 선택할 수 있으며 여러 트랙에 놓여 있는 이벤트들을 한꺼번에 선택할 수도 있습니다.

다음과 같이 이벤트들이 여러 트랙에 걸쳐 등록되어 있는 경우를 보겠습니다. 이벤트는 마우스로 클릭하여 선택할 수 있으며 선택된 이벤트 주위에는 테두리가 나타나 선택 상태임을 표시해 줍니다.

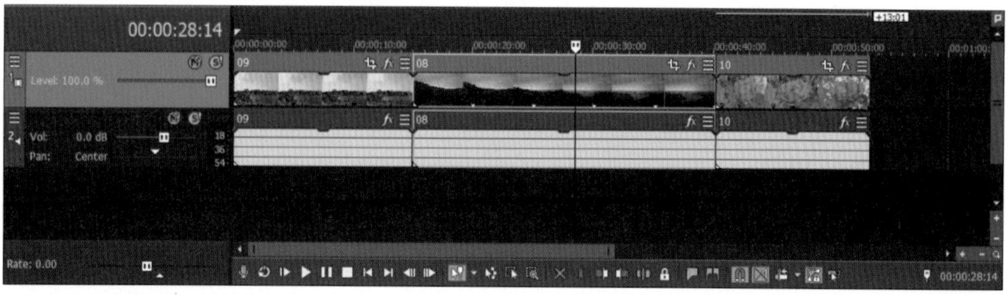

▲ 현재 선택된 이벤트

TIP 오디오를 포함하고 있는 비디오 이벤트를 선택한 경우

avi 파일이나 mp4 파일 등 비디오와 오디오가 하나의 파일로 존재하는 경우, 비디오 이벤트나 오디오 이벤트 중 어느 한 쪽을 선택하면 다른 한쪽도 함께 선택되는 것을 볼 수 있습니다. 이들을 서로 분리할 수도 있는데, 이것은 그룹을 설명할 때 살펴볼 것입니다.

여러 개의 이벤트 선택하기

여러 개의 이벤트를 선택하려면 일반적으로 윈도우에서 파일을 선택할 때와 같이 Ctrl 키나, Shift 키를 사용합니다. 클릭한 이벤트는 연속적으로 선택됩니다.

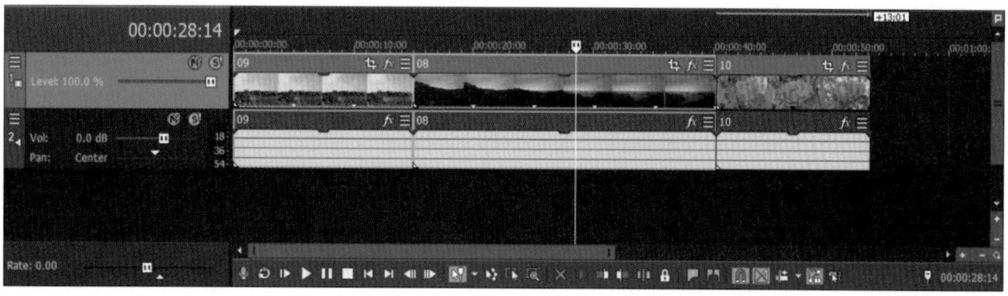

▲ Ctrl 키를 누른 채로 클릭하여 선택된 두 개의 이벤트

이벤트의 특정 구간만을 선택하려면 타임라인 하단의 에디팅 툴 바에서 Selection Edit Tool을 클릭합니다.

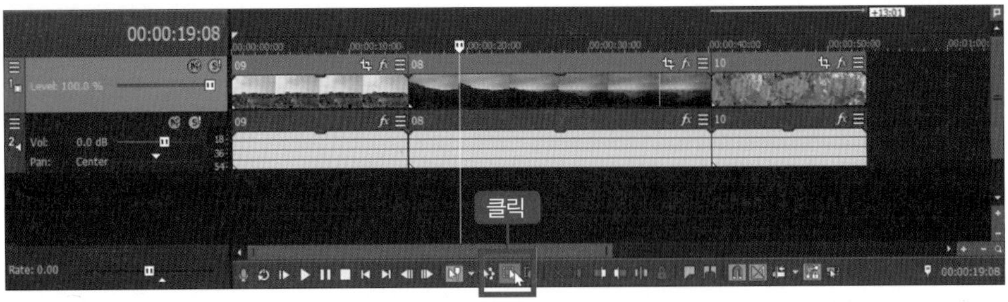

이미 선택되어 있는 이벤트가 있다면 트랙의 빈 영역을 클릭하여 이벤트가 전혀 선택되지 않은 상태로 전환한 다음, 트랙에 상관없이 선택하고자 하는 영역을 드래그합니다. 드래그 영역에 포함된 이벤트들이 모두 선택됩니다.

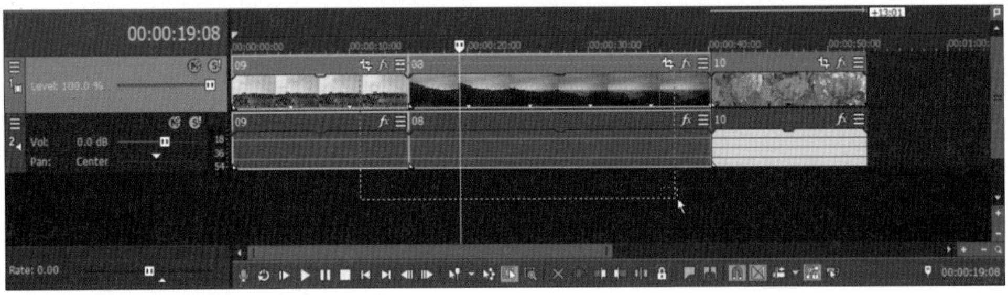

▲ 드래그 영역에 포함된 이벤트가 모두 선택됨

Selection Edit Tool 사용을 마쳤다면 일반적인 편집을 위하여 초기에 선택되어 있던 Normal Edit Tool을 클릭합니다.

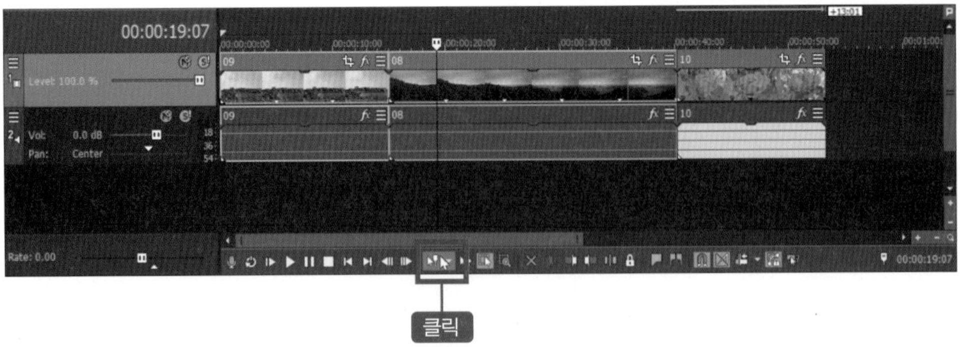

트랙에 놓인 모든 이벤트 선택하기

여러 개의 이벤트가 트랙에 등록된 상태에서 아무 이벤트에서나 마우스 우측 버튼을 클릭하여 단축 메뉴가 나타나면 Select Events to End를 선택합니다.

현재 선택된 이벤트 뒤에 있는 동일 트랙의 모든 이벤트가 한꺼번에 선택됩니다.

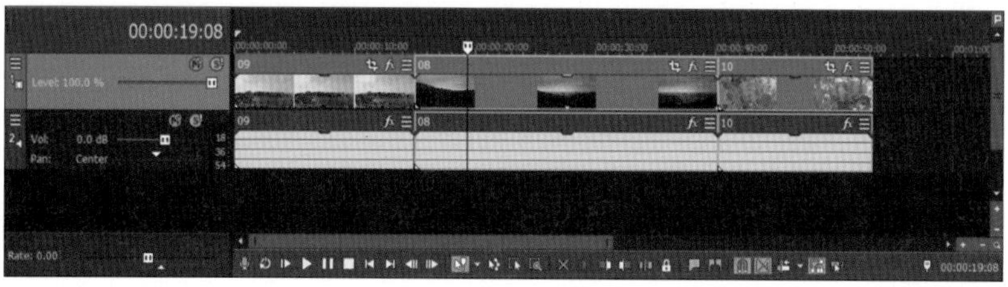

특정 구간만 선택하기

이벤트를 프리뷰할 때 보았던 대로, 모든 트랙에 걸쳐 특정 구간만을 선택 상태로 만들 수 있습니다. 특정 구간만을 재생해 보거나 편집하고자 할 때 유용한 방식입니다.

타임룰러 위의 마커 바에 마우스 포인터를 두면 마우스 포인터가 양쪽 화살표 모양으로 바뀌어 나타납니다. 드래그하여 원하는 구간을 선택합니다.

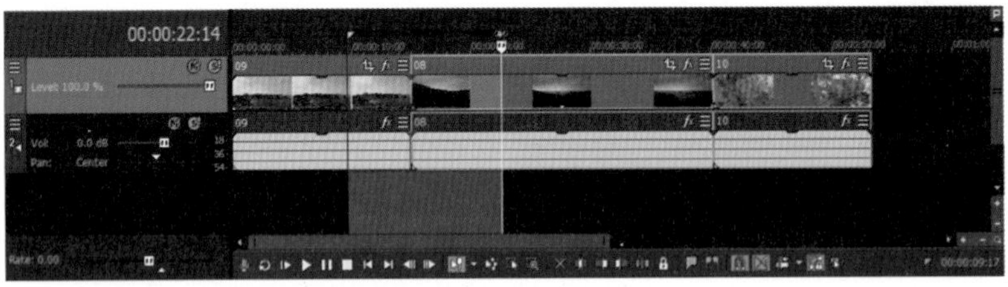

▲ 구간 선택

선택된 구간에 루프 바(Loop Bar)가 나타나며 양쪽 끝부분을 드래그하면 구간을 늘이거나 줄일 수 있습니다. 또한, 루프 바의 내부를 드래그하면 선택 구간 자체를 이동시킬 수 있습니다. 구간이 선택된 상태에서 Delete 키를 누르면 해당의 이벤트만 삭제할 수 있습니다.

루프 바를 더블 클릭하면 모든 트랙의 이벤트가 한꺼번에 선택됩니다. 즉, 전체 프로젝트가 선택 상태로 전환됩니다.

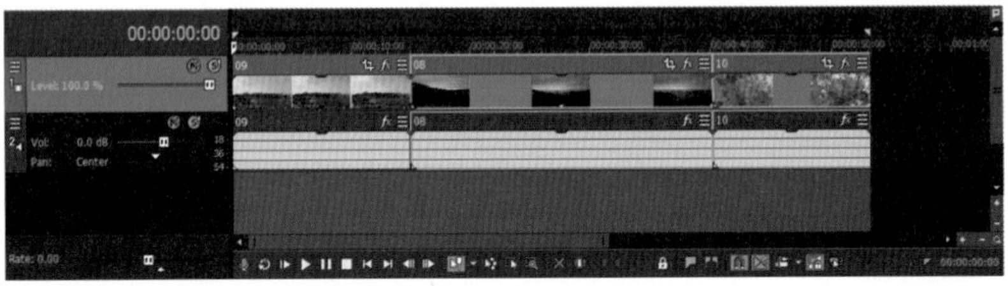

▲ 전체 구간 선택 상태

참고하세요!

선택 구간 없애기

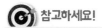

특정 구간의 선택 상태를 취소하려면 루프 바의 한쪽 끝 지점을 드래그하여 그림과 같이 끝 지점의 삼각형이 모이도록 합니다. 다른 쪽의 끝 지점을 초과하여 드래그한 경우, 반대쪽으로 새로운 선택 영역이 생기므로 주의해야 합니다.

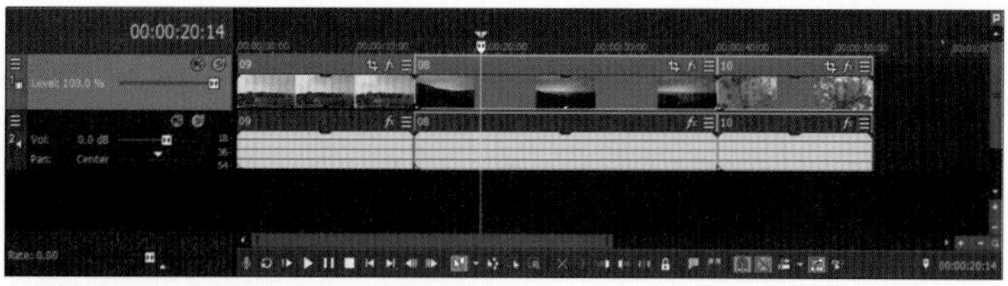

▲ 선택된 구간이 없는 상태

05 이벤트의 스냅

이벤트를 드래그할 때 특정 지점에 달라붙게 하는 기능을 스냅(Snap)이라고 합니다. 편리하게 작업할 수 있도록 기본적으로 스냅 기능이 켜져 있지만 정밀한 작업을 하는 경우에는 스냅 기능을 꺼 놓는 것이 편리할 때도 있습니다. 스냅을 켜고 끄는 방법과 Quantize to Frames에 대해서 살펴보도록 하겠습니다.

타임라인에 이벤트를 추가하고 타임룰러 위의 마커 뷰에서 임의의 지점을 클릭하여 에디트 라인을 그림과 같이 위치시킨 다음 이벤트를 드래그해 보면 이벤트가 에디트 라인 부근을 지날 때, 자석처럼 달라붙는 것을 느낄 수 있습니다.

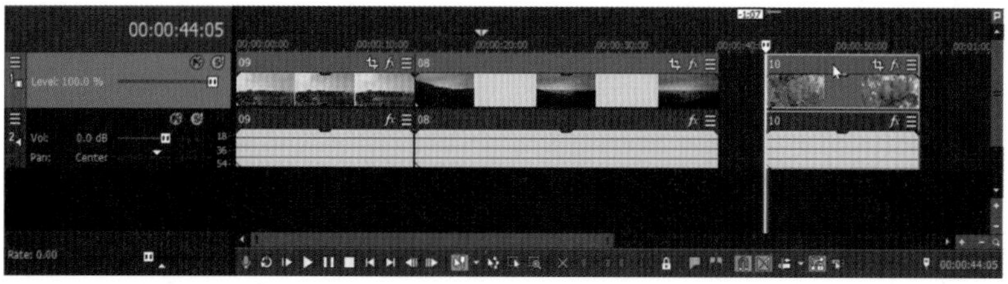

이것은 기본적으로 타임라인 우측 아래에 있는 툴 바의 스냅 버튼이 선택되어 있어 스냅 기능이 켜져 있기 때문입니다.

스냅은 에디트 라인뿐 아니라 다른 이벤트와 선택된 구간에 대해서도 이루어집니다. 특정 이벤트를 드래그하여 다른 이벤트에 가까이 가면 달라붙습니다.

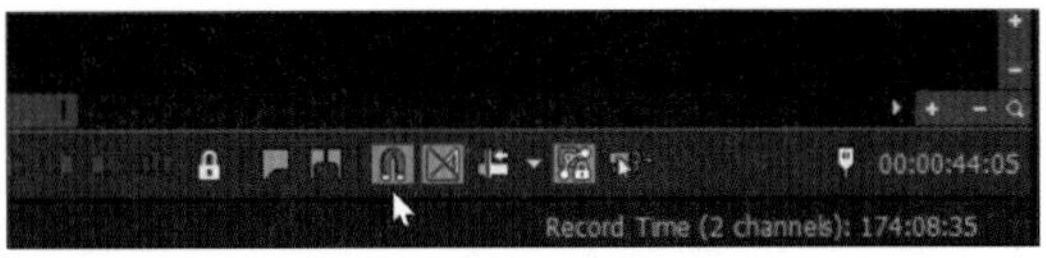

▲ 툴 바의 스냅 버튼 (Enable Snapping 버튼)

툴 바의 스냅 버튼을 클릭하여 스냅 기능을 끄면 이벤트가 에디트 라인이나 다른 이벤트에 인접해 있는 경우, 앞에서와 달리 달라붙지 않게 되어 미세한 편집을 하는 경우에 자유롭게 이벤트를 원하는 위치에 놓을 수 있습니다.

스냅에 대한 상세한 옵션은 Options 메뉴를 통해서 선택할 수 있습니다.

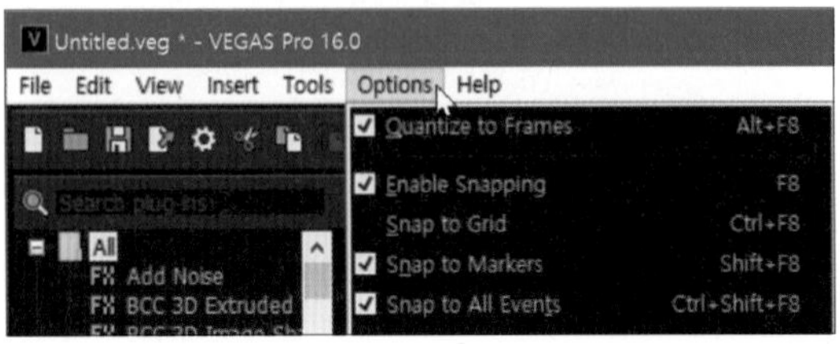

▲ Options 메뉴의 스냅 옵션들

- Quantize to Frames – 이벤트가 프레임 단위로 스냅되도록 합니다.
- Enable Snapping – 스냅을 가능하게 합니다.
- Snap to Grid – 타임라인에 나타난 그리드에 스냅되도록 합니다.
- Snap to Markers – 마커에 스냅되도록 합니다.
- Snap to All Events – 모든 이벤트에 스냅되도록 합니다.

Quantize to Frames는 이벤트가 프레임 단위로 스냅하는 옵션으로 프레임 단위의 정밀한 편집을 위해 사용됩니다. 타임룰러의 눈금에 프레임이 잘 나타나도록 눈금 단위가 작게 나타나도록 하고 이벤트를 드래그해 보면 한 프레임씩 이동될 때마다 달라붙는 느낌을 받게 됩니다. 하지만 Quantize to Frames 옵션을 끄고 이벤트를 드래그해 보면 드래그하는 대로 매끄럽게 이벤트가 이동합니다.

참고하세요!

타임라인의 그리드 설정하기

타임라인에는 일정 지점을 보면 세로로 점선이 나타나 있는 것을 볼 수 있습니다. 이것은 그리드(Grid:격자)라고 부르는데 특정 지점에 대한 위치를 보다 쉽게 가늠할 수 있도록 해 주며 박자와 비트 단위로 음악을 만드는 경우에도 편리합니다.

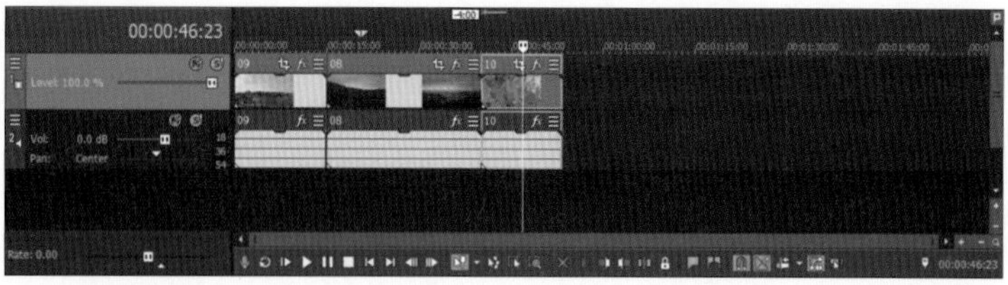

▲ 타임라인의 그리드

그리드의 간격은 메뉴에서 Options〉Grid Spacing을 선택할 때 나타나는 하위 메뉴를 통해 변경할 수 있습니다. 기본적으로 타임룰러의 타임코드 형식에 맞게 표시되도록 Ruler Marks가 선택되어 있으면 시간, 프레임, 박자 등의 단위로 나타나도록 변경할 수 있습니다. 단, 다른 단위를 선택한 경우에는 Options〉Snap to Grid가 선택되어 있어야 그리드가 나타납니다.

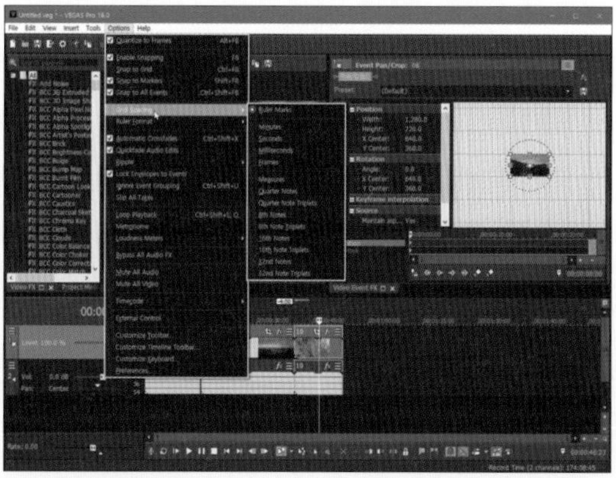

▲ 그리드 간격 선택 메뉴

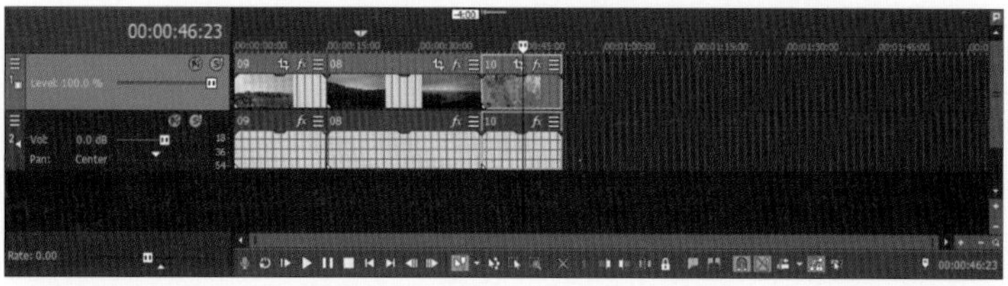

▲ Options〉Grid Spacing〉Frames를 선택한 경우

CHAPTER 07

자유자재로 이벤트 다루기

타임라인에 등록된 이벤트를 복사하거나 구간 복사, 잘라내고 붙여넣기, 트리밍과 분할 등, 이벤트의 편집에 대한 전반적인 사항을 다루어 보도록 하겠습니다. 편집의 기본이 되는 사항이니 충분히 익혀 두어야 합니다.

01 이벤트 복사하기

이벤트를 선택하거나 특정 구간이 선택된 상태에서 Edit>Copy(Ctrl+C)를 선택하면 해당 이벤트나 구간이 클립보드로 복사되며 Edit>Paste(Ctrl+V)를 선택하면 현재 에디트 라인이 위치하고 있는 지점에 복사해 둔 이벤트나 구간이 붙여넣기됩니다.

01 다음과 같이 두 개의 파일을 타임라인에 나란히 등록한 다음, 앞에 등록되어 있는 이벤트를 선택하고 단축 메뉴에서 Copy를 선택하거나 메인 메뉴에서 Edit>Copy를 선택합니다. 또는 단축키인 Ctrl+C 키를 눌러도 됩니다.

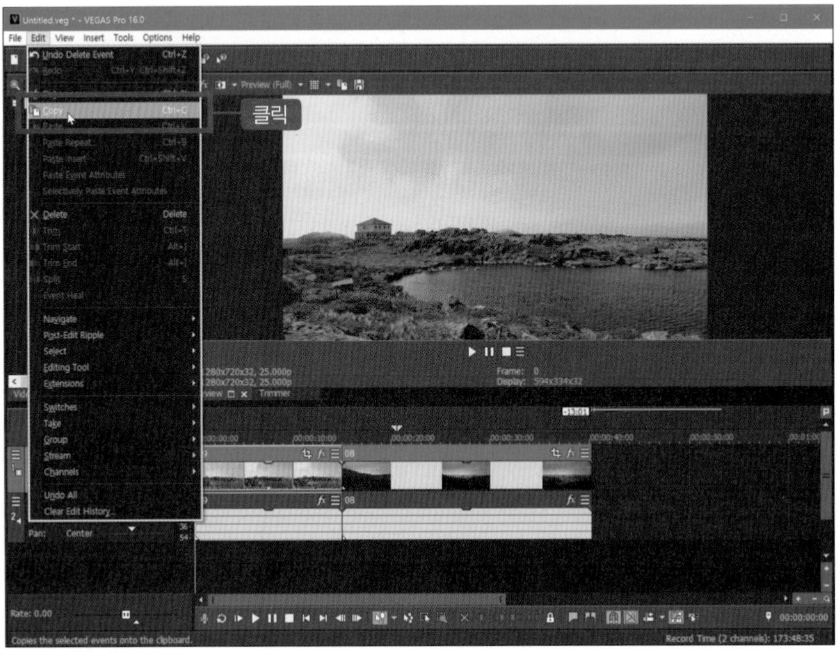

02 에디트 라인을 두 번째 이벤트가 끝나는 지점에 두고 Edit〉Paste를 선택합니다. 또는 단축키인 Ctrl+V 키를 눌러도 됩니다.

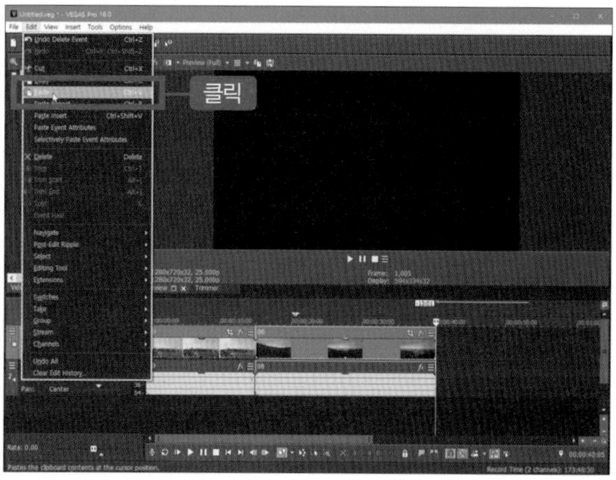

03 복사해 둔 이벤트가 현재 에디트 라인의 위치에 추가되어 나타납니다.

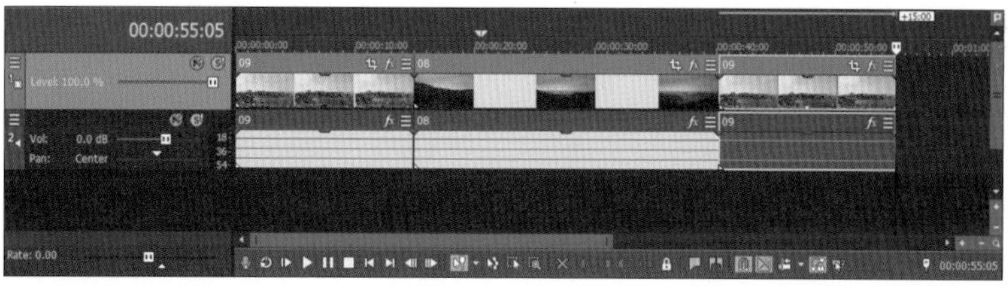

04 Ctrl+Z 키를 눌러 작업을 취소하고 이번에는 에디트 라인을 두 번째 이벤트의 중간 지점에 두고 Edit〉Paste를 선택합니다.

05 복사해 두었던 이벤트가 현재 에디트 라인이 위치하고 있는 지점에 붙여 넣어지면서 이 위치에 놓여 있던 이벤트는 새로 나타난 이벤트의 길이만큼 겹칩니다. 두 이벤트가 겹쳐져 나타나는 것을 오버레이(Overlay)라고 합니다.

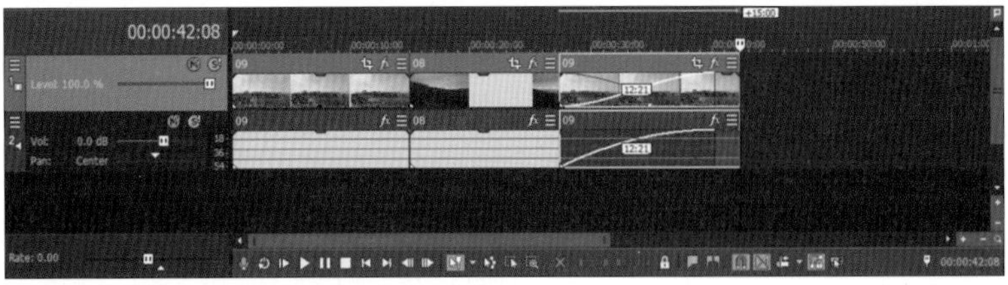

06 다시 Ctrl+Z 키를 눌러 작업을 취소하고 앞에서와 마찬가지로 두 번째 이벤트의 중간 부분에 에디트 라인을 위치시킨 다음, Edit〉Paste Insert를 선택합니다.

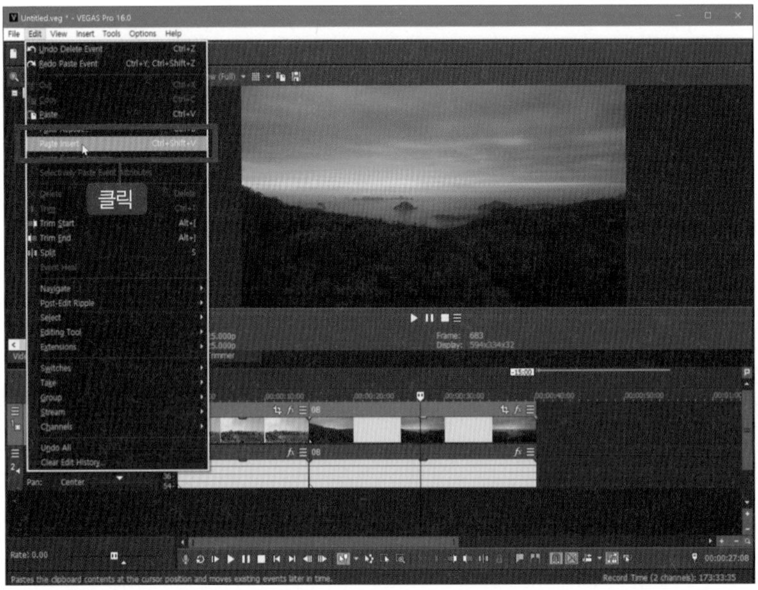

07 앞의 결과와 달리 복사해 두었던 이벤트가 현재 에디트 라인이 위치하고 있는 지점에 나타나되 이 위치에 있던 이벤트는 잘라져서 뒤로 밀려나는 것을 볼 수 있습니다. 이러한 방식으로 삽입되는 것을 인서트(Insert)라고 합니다.

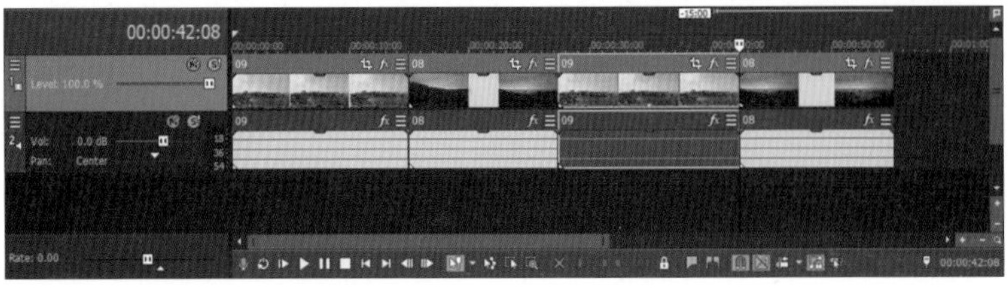

08 Ctrl+Z 키를 눌러 작업을 취소하고 다음과 같이 두 이벤트의 뒷부분과 앞부분의 일정 부분만 구간으로 설정하고 Ctrl+C 키를 눌러 선택된 구간을 복사해 둡니다.

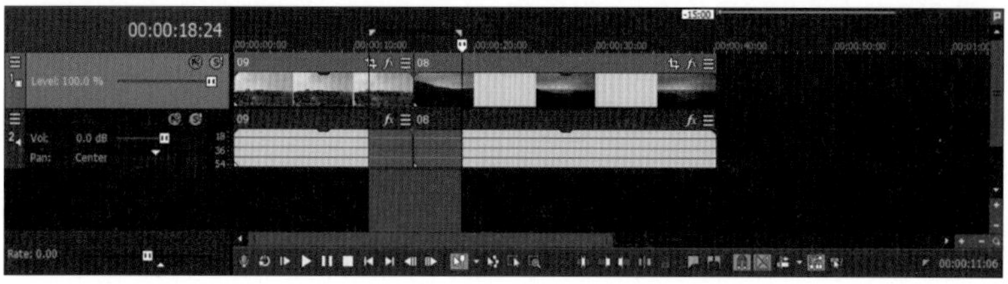

09 두 번째 이벤트의 중간 지점에 에디트 라인을 두고 Ctrl+V 키를 누르면 선택된 구간이 현재 에디트 라인의 위치에 나타납니다. 즉, 사용자가 지정한 특정 구간도 복사와 붙여넣기가 가능하다는 것을 알 수 있습니다.

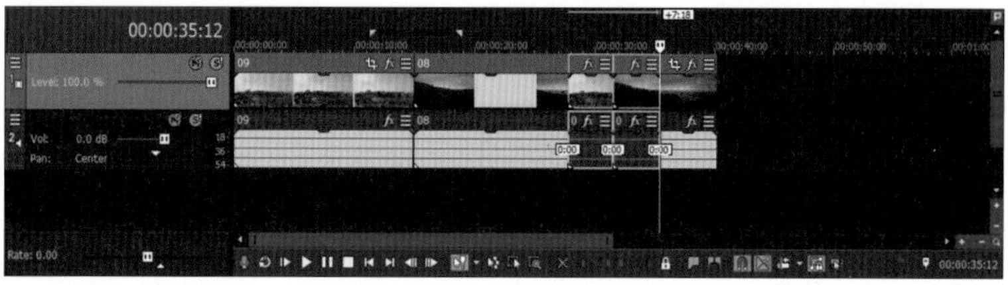

02 이벤트 트리밍하기

특정 부분을 잘라내는 것을 트리밍(Trimming)이라고 하며 이벤트는 물론, 특정 구간에 대해서도 수행할 수 있습니다.

01 그림과 같이 임의의 소스 파일 하나를 타임라인에 등록하고 이벤트의 끝 지점에 마우스 포인터를 가져갑니다. 마우스 포인터가 트리밍을 위한 형태로 바뀌어 나타납니다.

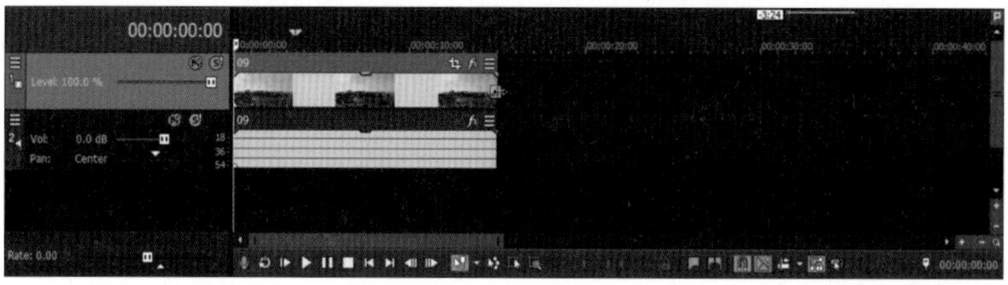

02 마우스 버튼을 클릭하고 좌측으로 드래그합니다. 이벤트의 끝 지점이 드래그한 만큼 잘리게 됩니다.

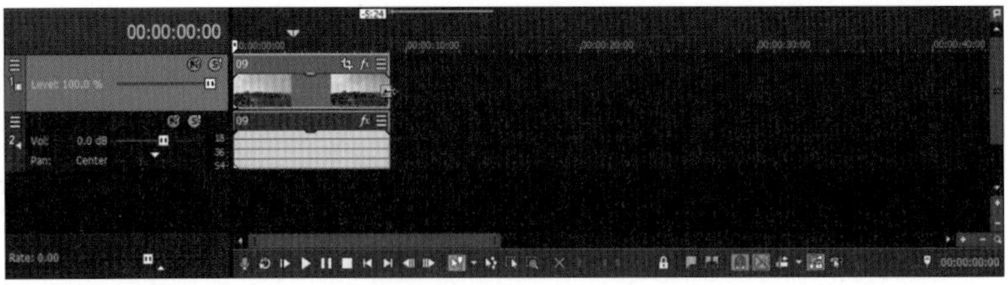

03 Ctrl+Z 키를 눌러 작업을 취소하고 이번에는 트리밍 포인터가 나타난 상태에서 우측으로 드래그합니다. 드래그한 만큼 이벤트가 늘어나게 됩니다. 즉, 원본 소스의 길이보다 더 긴 시간을 갖게 되는데 늘어난 부분은 첫 프레임부터 반복되어 나타나게 됩니다.

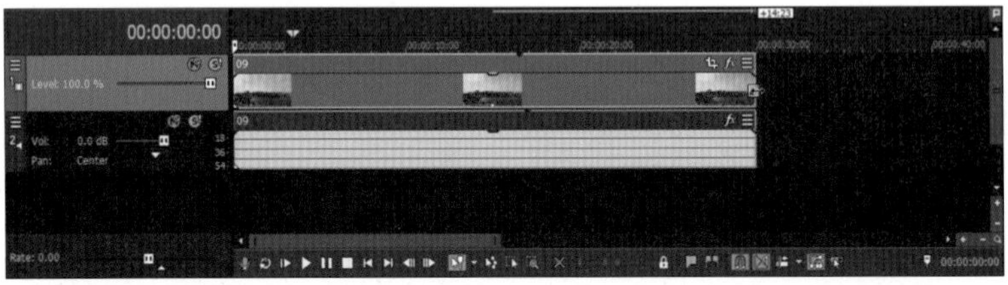

참고하세요!

늘어난 부분에 대한 반복 옵션 설정하기

베가스는 프리미어와 달리 이벤트의 끝 지점을 드래그함으로써 원본의 길이보다 길게 지속 시간을 변경할 수 있습니다. 이벤트의 길이가 줄어들거나 늘어난 경우, 마커 바 위에 변경된 길이가 표시되며 특히 늘어난 경우에는 이벤트의 원래 끝 지점 위에 V자 모양이 나타나게 됩니다.

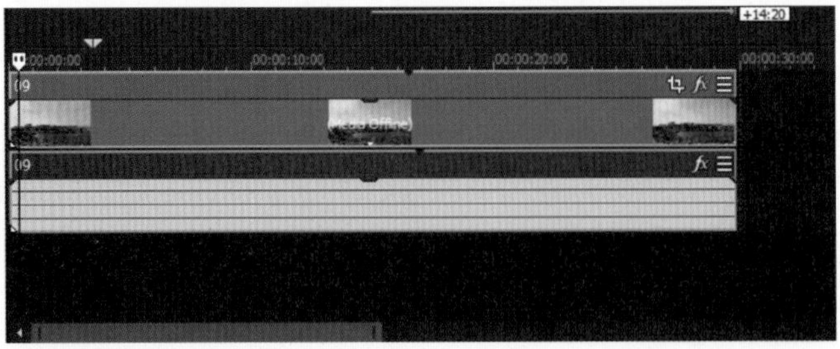

▲ 원래의 끝 지점과 늘어난 길이가 표시됩니다.

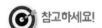

이렇게 늘어난 부분은 기본적으로 이벤트의 첫 프레임부터 다시 반복하게 되는데 이벤트 위를 마우스 우측 버튼으로 클릭하여 나타나는 단축 메뉴를 보면 Switches〉Loop가 선택되어 있기 때문입니다. Loop를 선택하여 옵션을 꺼 주면 늘어난 구간은 마지막 프레임만 반복하게 됩니다.

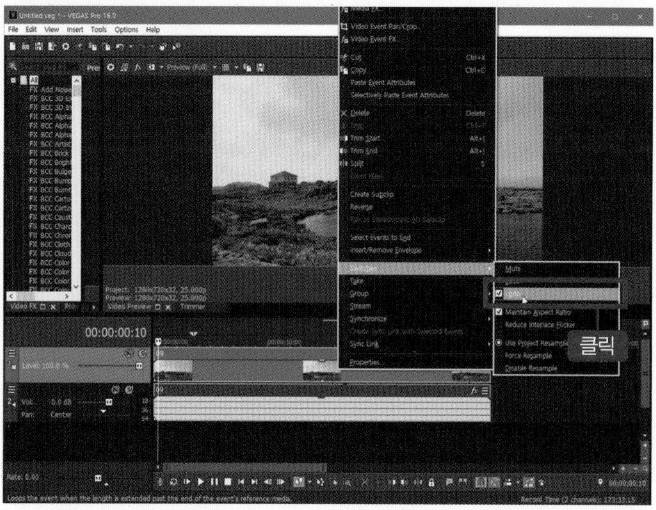

▲ 이벤트의 Loop 옵션

04 인접해 있는 두 이벤트를 동시에 트리밍할 수도 있습니다. 타임라인에 등록되어 있던 이벤트의 길이를 원래 위치로 되돌린 후, 새로운 소스 파일을 기존에 있던 이벤트 뒤에 추가로 등록하고 Ctrl+Alt 키를 누른 상태에서 마우스를 두 이벤트의 경계에 가져갑니다. 앞에서와 달리 포인터가 양쪽 방향의 화살표로 나타납니다.

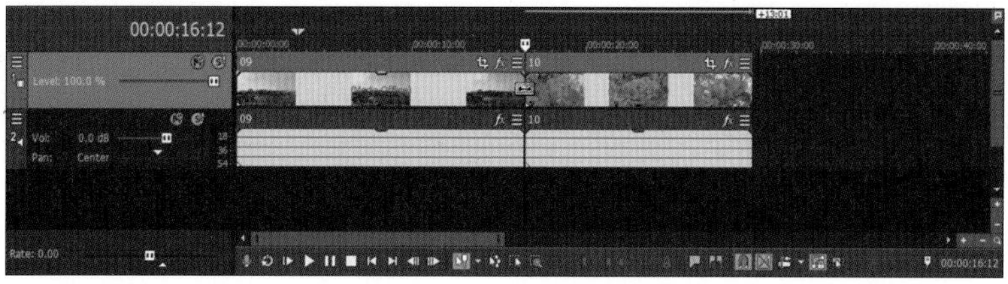

05 마우스를 클릭하고 드래그하면 양쪽 이벤트가 동시에 트리밍됩니다. 예를 들어, 좌측으로 드래그하면 좌측 이벤트의 끝 지점이 잘리면서 우측 이벤트의 시작 지점은 늘어나게 됩니다. 이때, 프리뷰 윈도우에는 좌측 이벤트와 우측 이벤트의 현재 지점을 각각 좌, 우로 분할하여 보여 줍니다.

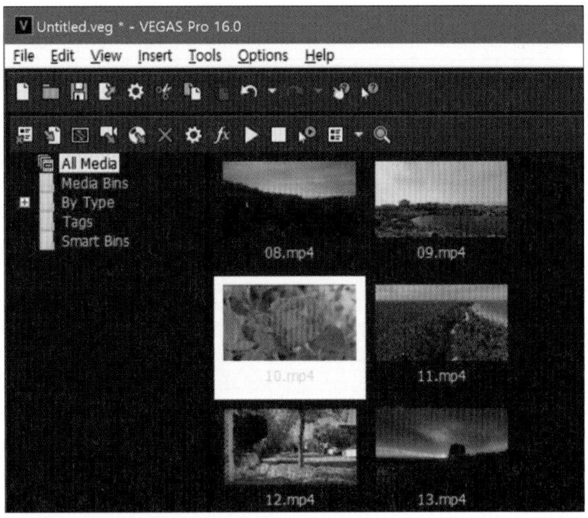

03 Post-Edit 리플과 크로스 페이드

두 개의 이벤트가 나란히 놓여 있을 때, 앞의 이벤트를 트리밍하여 길이가 짧아지면 그만큼 공백이 발생합니다. 공백은 리플(Ripple)이라고 부르며 트리밍으로 인해 발생하는 공백을 제거함으로써 뒤에 있는 이벤트를 앞으로 당겨 주는 것을 Post-Edit 리플이라고 합니다. Post-Edit 리플과 두 개의 이벤트가 겹쳐지는 부분에 나타나는 크로스 페이드에 대해서 알아봅니다.

01 그림과 같이 두 개의 이벤트를 하나의 트랙에 연속해서 등록하고 두 이벤트의 경계에 마우스를 가져가 좌측 방향의 트림 포인터가 나타나도록 합니다.

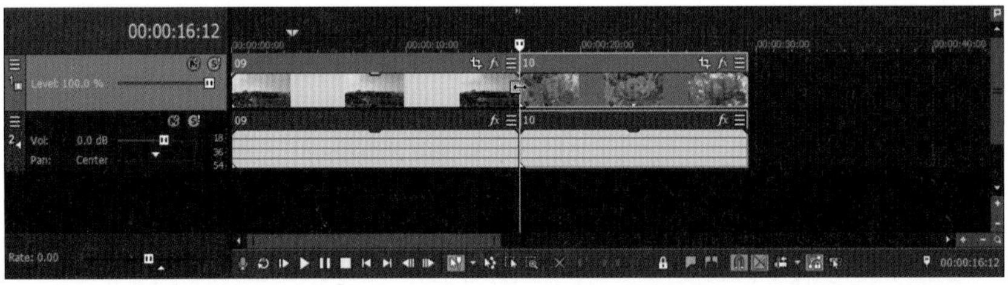

참고하세요!

트림 포인터의 형태에 주의하세요

이벤트가 인접해 있을 때 트리밍할 경우, 포인터의 위치에 따라 트리밍되는 이벤트가 달라지므로 주의해야 합니다. 즉, 경계 지점에서 약간 좌측으로 포인터를 움직이면 좌측 방향의 포인터가 나타나며 이때, 좌측에 있는 이벤트가 작업 대상이 됩니다.

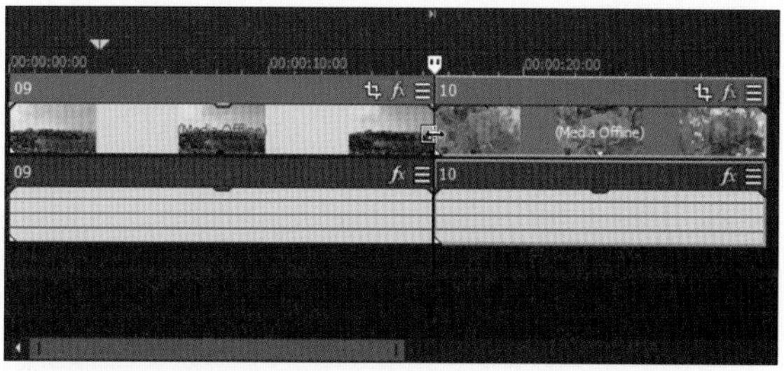

▲ 좌측 방향의 트림 포인터

경계에서 약간 우측으로 포인터를 움직이면 우측 방향의 포인터가 나타나며 이때는 우측에 있는 이벤트가 트리밍 작업 대상이 됩니다.

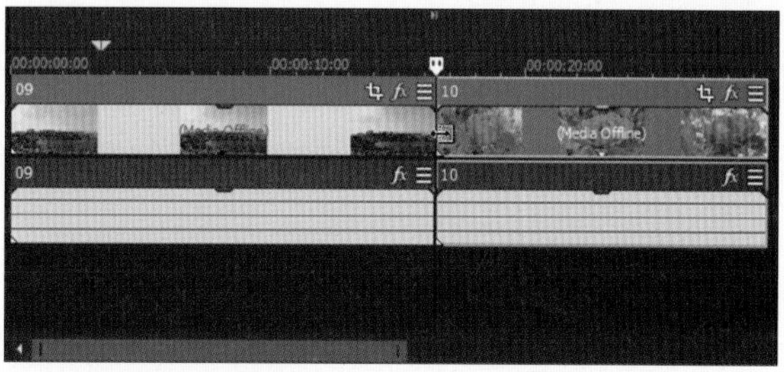

▲ 우측 방향의 트림 포인터

02 마우스 버튼을 클릭하고 좌측으로 드래그하여 트리밍합니다. 리플(Ripple)이 발생하게 되며, 비어 있는 영역이므로 아무것도 재생되지 않습니다.

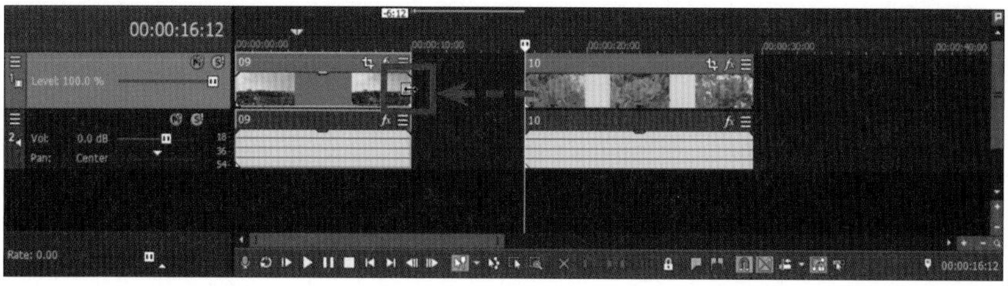

03 Ctrl+Z 키를 눌러 작업을 취소하고 타임라인 우측 아래에 있는 툴 바에서 Auto Ripple 버튼을 클릭하여 선택 상태로 전환합니다.

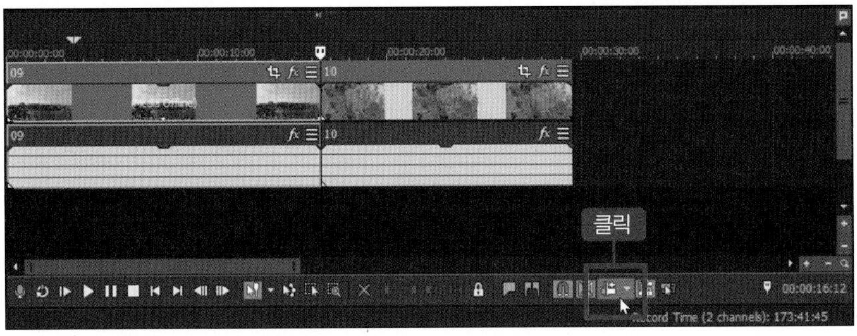

04 다시 좌측의 이벤트를 좌측으로 드래그합니다. 이벤트가 트리밍되면서 드래그하는 동안에는 리플이 발생하게 됩니다.

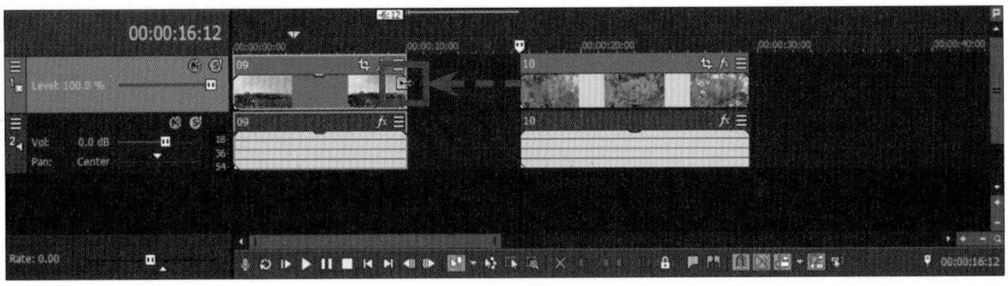

05 하지만 마우스 버튼을 놓으면 우측에 있는 이벤트가 자동으로 당겨져 리플이 없어지게 됩니다. 이것은 Auto Ripple 버튼을 클릭했기 때문입니다. Auto Ripple은 트리밍으로 인해 발생하는 리플을 자동으로 없애 줍니다.

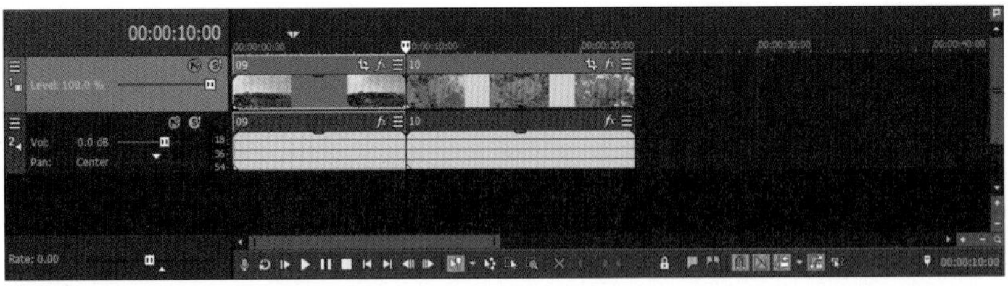

참고하세요!

Auto Ripple은 뒤에 있는 모든 이벤트를 당겨 줍니다.

트리밍하는 이벤트 뒤에 하나의 이벤트만 존재하는 경우라면 트리밍으로 인하여 리플이 발생하더라도 간단히 뒤에 있는 이벤트를 직접 드래그하여 앞으로 당겨 주면 되기 때문에 굳이 오토 리플 기능을 사용하지 않아도 될 것입니다. 하지만 트리밍하는 이벤트 뒤에 여러 개의 이벤트가 뒤에 놓여 있는 경우라면 여러 개의 이벤트를 모두 드래그하여 당겨 주어야 하기 때문에 번거로운 일이 될 수밖에 없습니다.

Auto Ripple은 트리밍된 이벤트의 뒤에 존재하는 모든 이벤트를 앞으로 당겨 주기 때문에 편리합니다. Auto Ripple 버튼 우측에 있는 삼각형 모양의 드롭 다운 메뉴 버튼을 클릭하면 세 가지 타입이 나타나는데 각각의 기능은 다음과 같습니다.

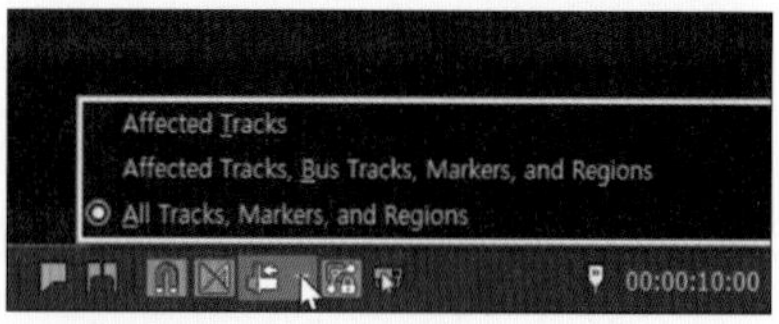

▲ Auto Ripple의 세 가지 타입

- **Affected Tracks** – 트리밍한 이벤트와 동일 트랙에 있는 모든 이벤트를 당겨서 리플을 없애 줍니다.
- **Affected Tracks, Bus Tracks, Markers, and Regions** – 트리밍한 이벤트와 동일 트랙에 있는 이벤트와 키 프레임, 엔벌로프, 마커, 선택 구간, CD 레이아웃 마커, 커맨드 마커 등을 모두 당겨 줍니다.
- **All tracks, Markers, and Regions** – 모든 트랙에 있는 이벤트와 키 프레임, 엔벌로프, 마커, 선택 구간, CD 레이아웃 마커, 커맨드 마커 등을 모두 당겨 줍니다.

06 다시 Ctrl+Z 키를 눌러 작업을 취소하고 좌측의 이벤트 끝 지점을 우측으로 드래그합니다. Auto Ripple이 적용되기 때문에 이벤트의 길이가 늘어난 만큼, 우측의 이벤트도 밀려나게 됩니다.

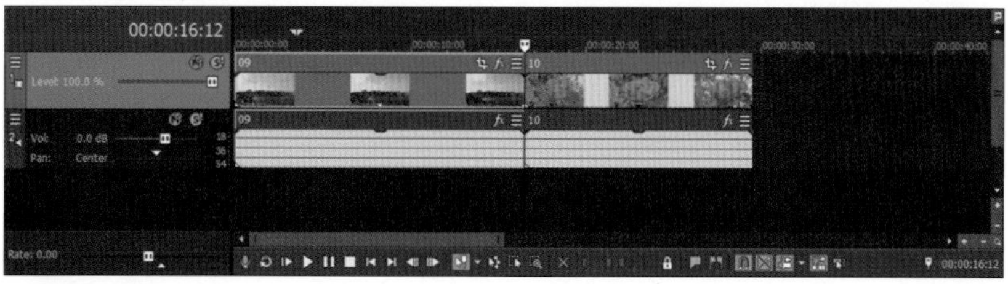

▲ 원래의 이벤트

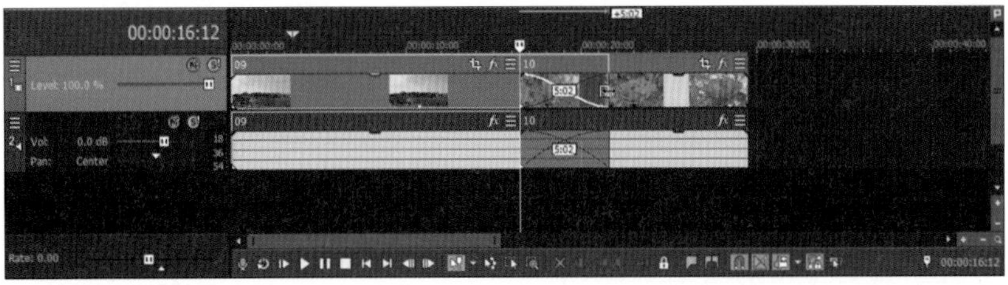

▲ 좌측 이벤트 끝을 우측으로 드래그

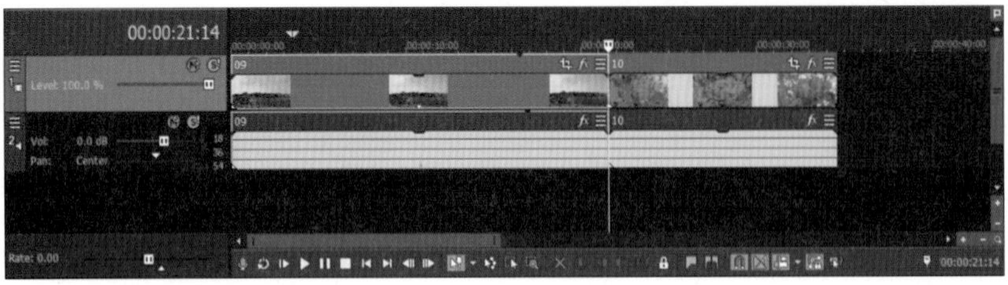

▲ 드래그한 만큼 밀려난 우측의 이벤트

07 Ctrl+Z 키를 눌러 작업을 취소한 다음, Auto Ripple 버튼을 클릭하여 해제 상태로 둡니다. 좌측의 이벤트를 우측으로 드래그하여 '1.00'이라고 표시되는 지점에서 마우스 버튼을 놓습니다. 오토 리플이 해제되었으므로 드래그한 만큼 두 이벤트가 겹치게 되며 이 부분에 X자 모양의 그래프가 나타납니다. '1.00'이라는 표시는 이벤트가 겹쳐진 구간의 길이가 1초라는 의미입니다.

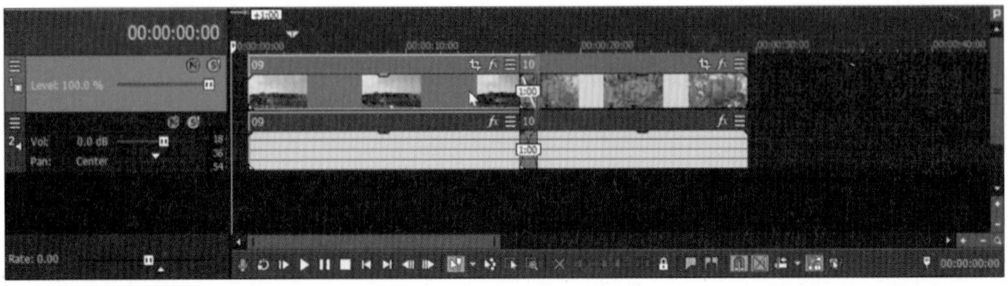

08 이것은 크로스 페이드(Cross Fade)라고 하며 앞의 이벤트가 점점 희미해지면서 뒤의 이벤트가 점점 짙게 나타나는 결과를 보여 줍니다. 프리뷰해 보면 다음과 같이 변화되어가는 모습을 볼 수 있습니다.

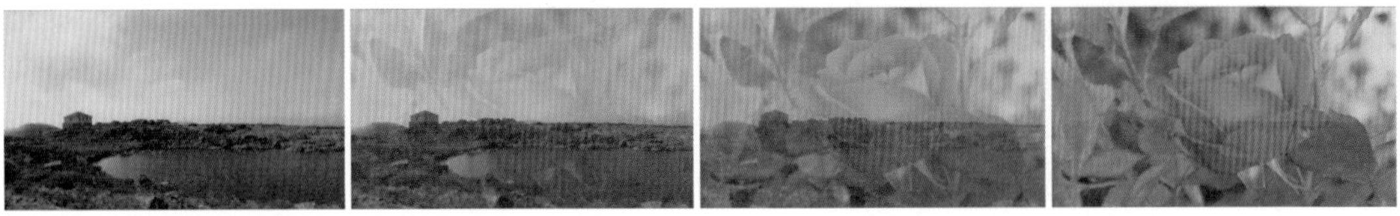

참고하세요!

자동 크로스 페이드 끄기

기본적으로 이벤트가 겹치는 부분은 자동으로 크로스 페이드가 적용되는데 이것은 툴 바의 Automatic Crossfades 버튼이 눌려 있기 때문입니다. 따라서 이 버튼을 클릭하여 선택되지 않은 상태로 두면 이후부터 겹쳐지는 부분은 크로스 페이드가 적용되지 않습니다.

▲ Automatic Crossfades 버튼

09 크로스 페이드가 적용된 구간에서 마우스 우측 버튼을 클릭하여 Fade Type을 선택하거나 구간의 우측 끝 지점을 마우스 우측 버튼으로 클릭하면 크로스 페이드의 여러 타입이 나타납니다. 원하는 형태의 크로스 페이드 커브를 선택함으로써 두 이벤트가 겹치는 부분의 전환 형태를 바꾸어 줄 수 있습니다.

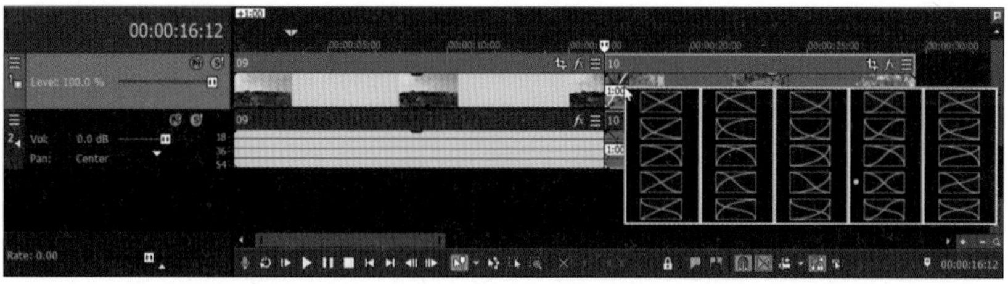

04 이벤트 분할하기

이벤트의 불필요한 부분을 잘라 내어 제거하거나 잘라 낸 이벤트를 다른 지점으로 붙여서 사용하기 위해 이벤트를 분할하는 방법에 대해 살펴보겠습니다.

분할하고자 하는 지점에 에디트 라인을 두고 Edit〉Split을 선택하거나 간단히 S 키를 누릅니다. 에디트 라인의 위치를 기준으로 하나의 이벤트가 두 개로 분할됩니다.

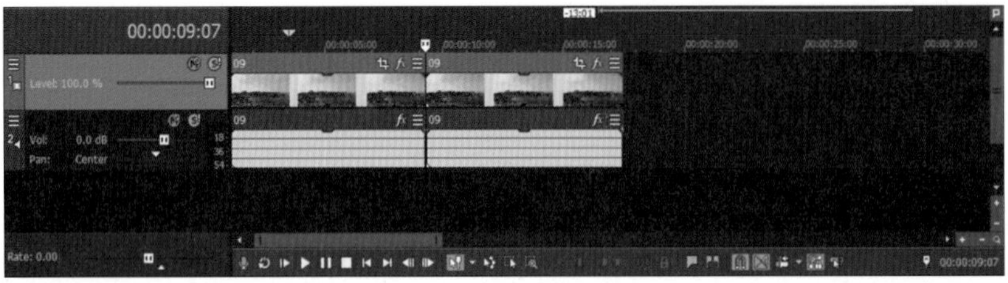

▲ 분할된 이벤트

TIP 단축키는 반드시 영문 모드에서 사용해야 합니다.

베가스에서는 반드시 키보드가 영문 모드일 때 단축키를 사용해야 합니다. 한글 입력 모드일 때 'S' 키를 누르면 이벤트가 분할되지 않습니다. 단축키가 동작하지 않는다면 혹시 한글모드 상태가 아닌지 확인해 보도록 합니다.

이벤트가 두 개로 분할되었으므로 각각 독립적으로 취급됩니다. 즉, 분할된 각 이벤트는 개별적으로 이동 및 삭제됩니다.

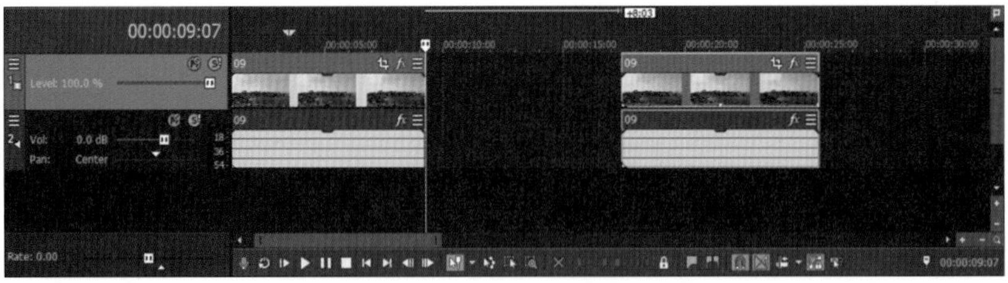

▲ 분할된 이벤트의 이동

다른 트랙에 등록된 이벤트도 선택된 상태라면 현재 에디트 라인이 위치하고 있는 지점을 기준으로 한 번에 분할할 수 있습니다.

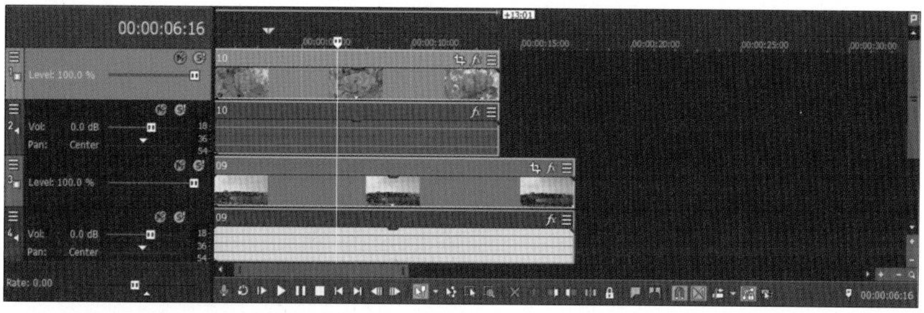

▲ 다른 트랙의 이벤트도 함께 선택된 상태

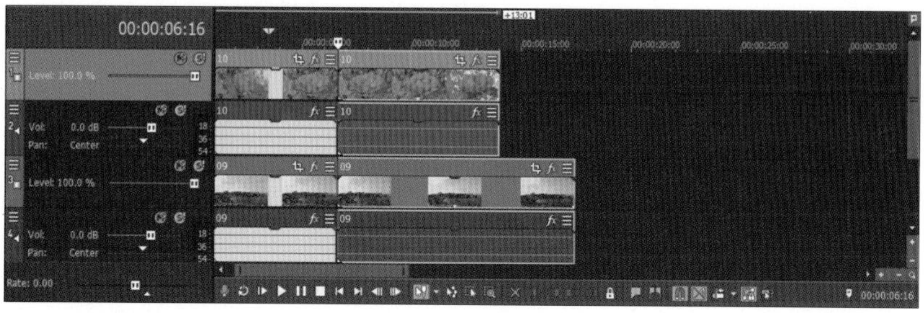

▲ S 키로 선택된 이벤트가 모두 분할된 상태

TIP 모든 트랙의 이벤트를 한꺼번에 분할하기

어느 이벤트도 선택하지 않은 상태라면 모든 트랙의 이벤트가 현재 에디트 라인 지점을 기준으로 분할됩니다.

또한, 구간을 선택해 놓은 경우에 Edit〉Split를 선택하거나 S 키를 누르면 현재 선택된 이벤트에 대해 구간의 시작점과 끝점 위치에서 분할됩니다. 즉, 두 지점에서 분할이 이루어지므로 각각 세 개의 이벤트로 분할됩니다. 이벤트를 분할할 때처럼 모든 트랙의 클립이 분할되려면 어느 이벤트도 선택되어 있지 않은 상태에서 구간을 설정한 다음, 분할해야 합니다.

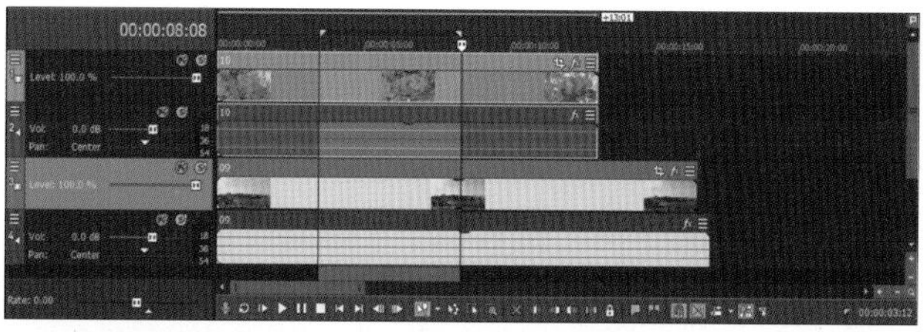

▲ 구간을 선택

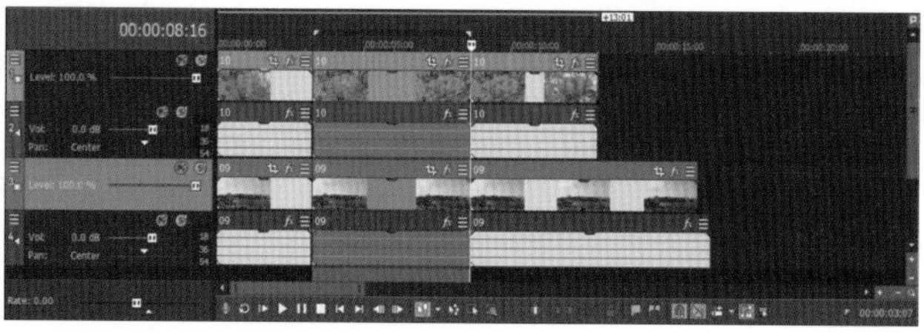

▲ 구간의 시작점과 끝 지점에서 분할된 상태

05 마커 삽입하기

마커(Marker)는 긴 프로젝트 작업을 하는 경우, 특정 위치를 쉽게 찾거나 구분할 수 있도록 편집 시 붙여 두는 일종의 표식입니다. 적절히 마커를 삽입해 두면 특정 위치를 찾기 위해 허비되는 시간을 줄일 수 있습니다.

01 타임라인에 여러 개의 이벤트를 나란히 등록하고 임의의 지점에 에디트 라인을 위치시킨 다음, Insert〉Marker를 선택하거나 단축키인 M을 누릅니다.

02 현재 에디트 라인이 위치하고 있는 지점에 마커가 생성되며 마커 이름을 입력할 수 있는 입력란이 나타납니다. 마커 이름을 입력하고 Enter 키를 누릅니다.

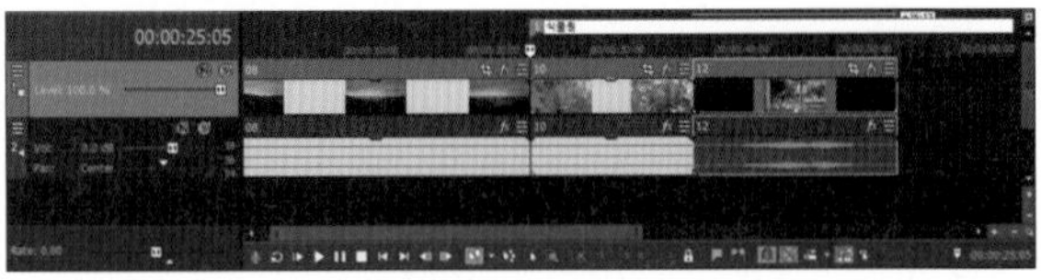

03 마커 바 위에 입력한 마커 이름이 나타납니다. 마커 이름을 더블 클릭하면 편집 상태로 전환되어 마커 이름을 변경해 줄 수 있습니다. 또한 삽입된 마커는 드래그하여 자유롭게 위치를 변경할 수 있습니다. 추가로 다른 위치에 마커를 한 개 더 만듭니다.

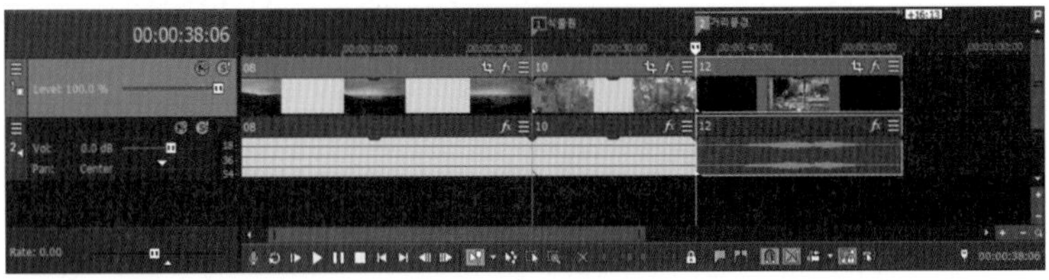

04 마커를 클릭하면 곧바로 해당 마커 지점에 에디트 라인을 위치시킬 수 있습니다. 하지만 여러 개의 마커가 멀리 분포되어 있어 한 번에 나타나지 않은 경우, 마커 번호에 해당하는 숫자 키를 누름으로써 원하는 마커 지점을 찾아갈 수 있습니다.

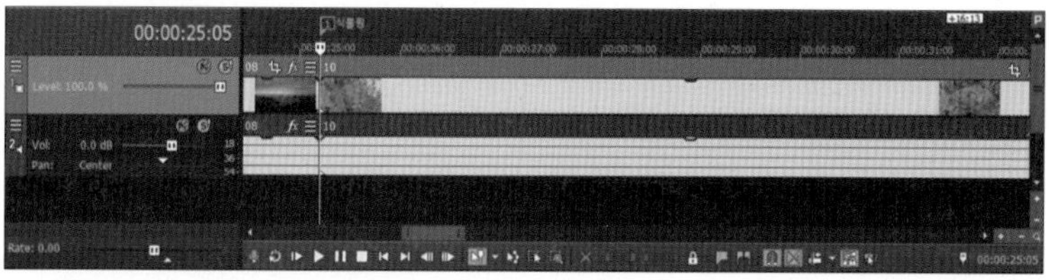

▲ 현재 타임라인에는 1번 마커만 보임

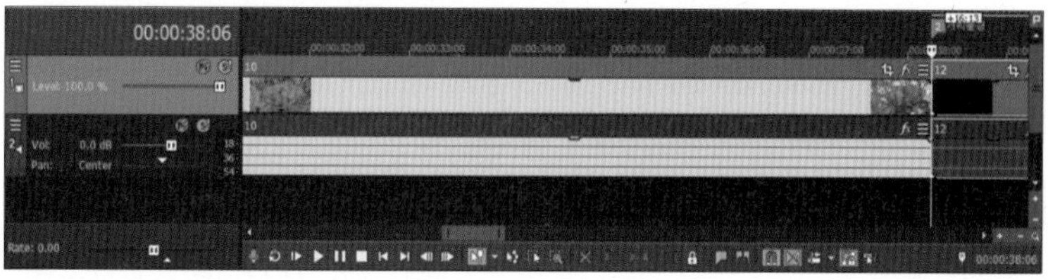

▲ 숫자 키 '2'를 누르면 2번 마커 지점이 나타남

05 마커 바의 가장 우측에 있는 마커 툴(Marker Tool)을 클릭합니다.

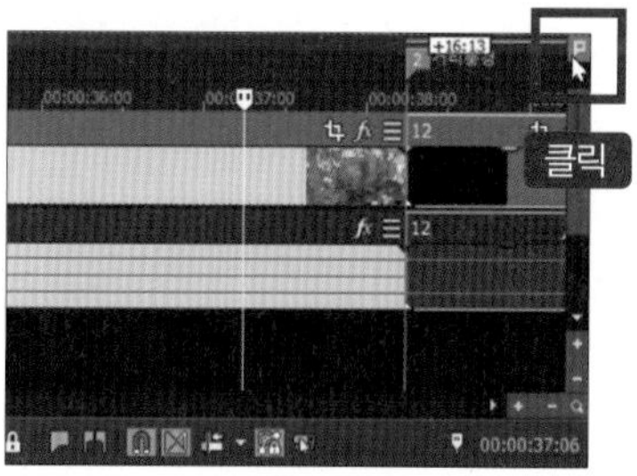

06 마커 바에 생성되어 있는 마커 중 하나를 클릭하면 해당 마커가 깜박거립니다. 이때 키보드의 좌측 방향키를 누르면 현재 마커보다 이전 마커가, 우측 방향키를 누르면 다음 마커가 깜박거리게 됩니다. 특정 마커 지점을 빨리 찾고자 할 때 유용합니다. 마커 툴의 선택을 해제하려면 타임라인 내부의 아무 지점이나 클릭합니다.

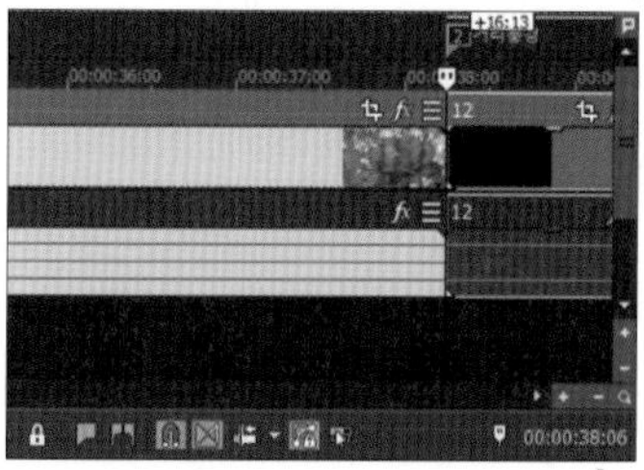

▲ 클릭한 마커가 깜박거림

07 마커를 삭제하려면 마우스 우측 버튼으로 클릭하여 Delete를 선택합니다. 마커 바 위에서 마우스 우측 버튼을 클릭하여 Markers/Regions〉Delete All을 선택하면 모든 마커를 한꺼번에 삭제할 수도 있습니다.

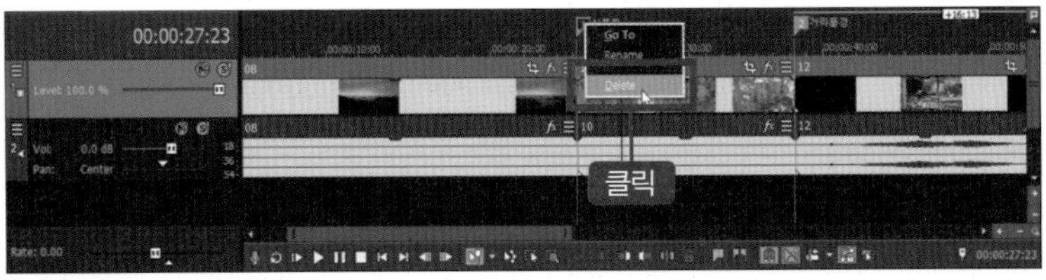

08 마커를 삭제해도 나머지 마커는 원래의 번호를 그대로 유지합니다. 예를 들어, 1번 마커를 삭제해도 뒤에 있는 2번 마커가 1번으로 바뀌지 않으며 원래의 번호인 '2'가 그대로 표시됩니다.

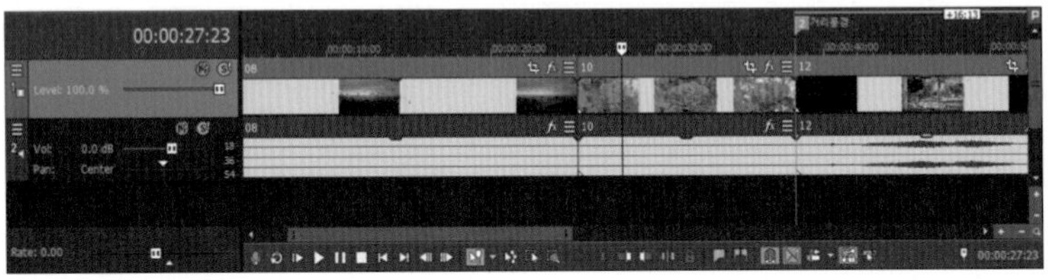

CHAPTER 08

테이크와 트리머, 디테일 윈도우

테이크와 트리머 윈도우를 잘 다루면 보다 능률적인 편집을 할 수 있습니다. 테이크는 여러 이벤트를 신속하게 교체할 수 있는 편리함을, 트리머 윈도우는 트랙에 등록하기 전, 원본 소스를 정밀하게 편집할 수 있는 환경을 제공합니다.

01 테이크 작업하기

여러 개의 이벤트를 하나의 이벤트처럼 동일한 지점에 추가한 다음 원하는 이벤트를 선택하여 사용할 수 있는데, 이렇게 여러 개의 이벤트가 함께 추가된 경우 각각의 이벤트를 테이크(Take)라고 합니다. 테이크를 사용하면 원하는 이벤트가 마음에 들지 않는 경우, 신속하게 다른 이벤트로 교체하여 사용할 수 있습니다.

01 익스플로러 윈도우나 프로젝트 미디어 윈도우에서 Ctrl 키를 누른 채로 세 개의 이벤트를 선택하고 마우스 우측 버튼을 클릭한 상태에서 타임라인으로 드래그합니다.

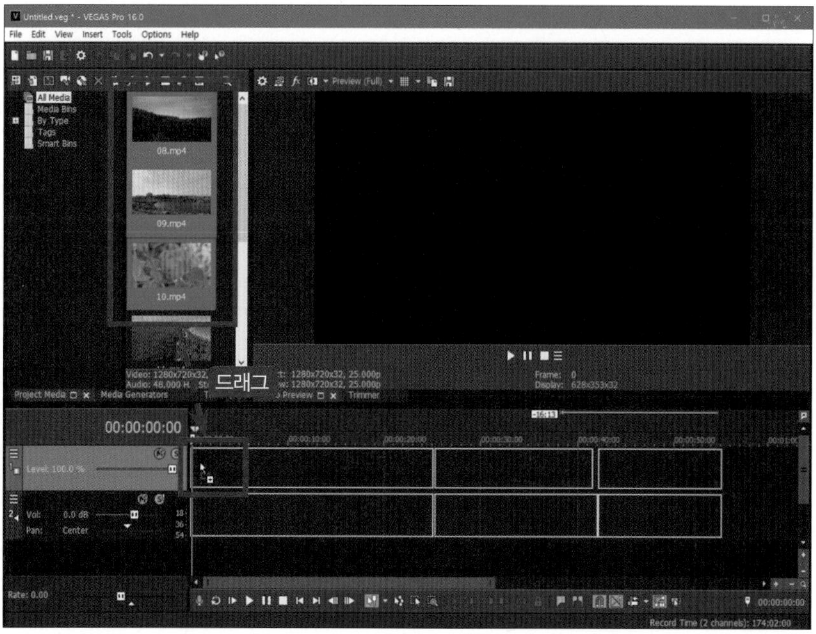

02 마우스 버튼을 놓으면 단축 메뉴가 나타납니다. Add as Takes를 선택합니다.

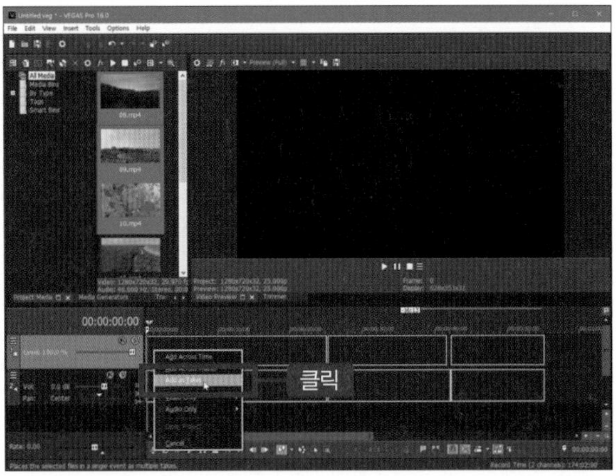

03 타임라인 트랙에 이벤트가 추가됩니다. 하지만 세 개의 이벤트를 드래그하였음에도 불구하고 하나의 이벤트만 나타납니다. 이것은 테이크를 포함하고 있기 때문입니다. 이벤트가 추가된 초기에는 가장 뒤에 선택했던 이벤트가 활성화된 테이크로 타임라인에 나타나게 됩니다. 만약 선택한 이벤트의 길이가 각각 다르다면 가장 뒤에 선택했던 이벤트의 길이로 표시됩니다.

04 테이크를 포함하고 있는 이벤트를 마우스 우측 버튼으로 클릭하여 Take를 선택하면 가장 아래에 테이크 목록이 나타납니다. 교체하고자 하는 다른 테이크를 선택합니다.

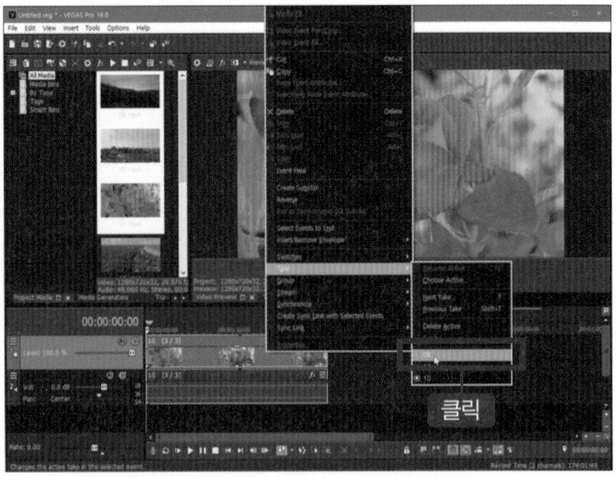

05 선택한 테이크가 현재 이벤트로 활성화되어 나타납니다. 단축 메뉴에서 Next Take, Previous 등을 선택하여 앞, 또는 뒤쪽의 테이크로 전환할 수도 있습니다.

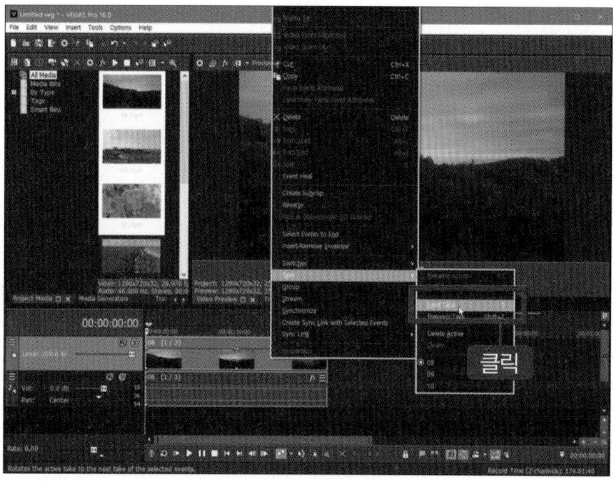

06 여러 개의 테이크를 포함하고 있는 경우, 테이크의 내용을 미리 볼 수 있다면 선택에 용이할 것입니다. 테이크를 포함하고 있는 이벤트를 마우스 우측 버튼으로 클릭하고 단축 메뉴에서 Take〉Choose Active를 선택합니다.

07 Take Chooser 대화 상자가 나타납니다. 테이크를 선택하고 아래에 있는 재생 버튼을 클릭하면 프리뷰 윈도우에 해당 테이크가 재생됩니다.

참고하세요!

트리머 윈도우를 통한 테이크 재생

만일 트리머 윈도우가 작업 화면에 나타나 있다면 선택한 테이크는 트리머 윈도우를 통해 재생됩니다.

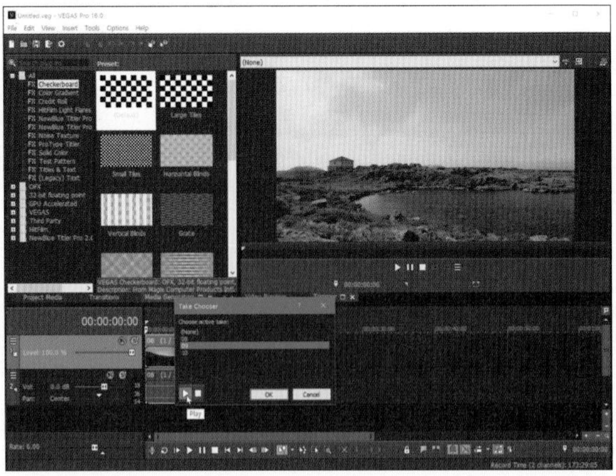

08 Take Chooser 대화 상자가 나타나 있는 상태에서 현재 선택된 테이크가 트랙에 활성화되게 하려면 OK 버튼을 클릭합니다.

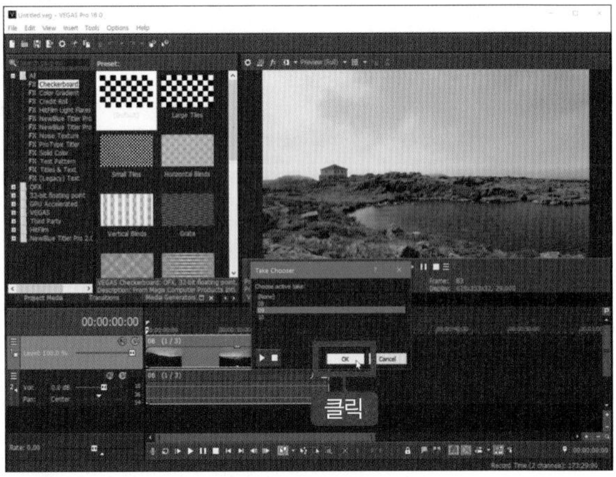

09 선택한 테이크가 활성화되어 나타납니다. 타임라인에 등록된 이벤트 이름 우측의 괄호는 현재 테이크가 전체 테이크 중에서 몇 번째 테이크인지를 표시합니다. 예를 들어, '2/3'라는 표시는 총 3개의 테이크 중에서 현재 테이크가 2번째 테이크라는 의미입니다.

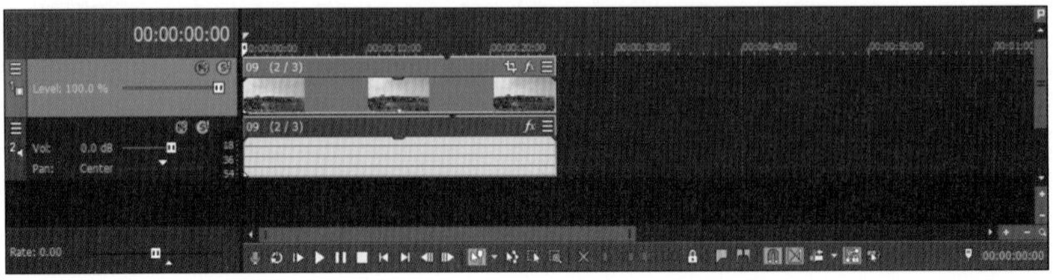

참고하세요!

테이크 정보가 표시되지 않는다면?

View〉Active Take Information이 선택되어 있는지 확인합니다. 체크 표시가 되어 있지 않다면 선택하여 체크되도록 합니다.

10 현재 활성화되어 있는 테이크를 삭제하려면 테이크를 포함하고 있는 이벤트를 마우스 우측 버튼으로 클릭하고 단축 메뉴에서 Take〉Delete Active를 선택합니다.

11 해당 테이크가 삭제되고 이에 따라 테이크 정보도 변경되어 표시될 것입니다. 특정 테이크를 삭제하려면 단축 메뉴에서 Take〉Delete를 선택합니다. Delete Takes 대화 상자가 나타나면 삭제하고자 하는 테이크를 선택하고 OK 버튼을 클릭합니다.

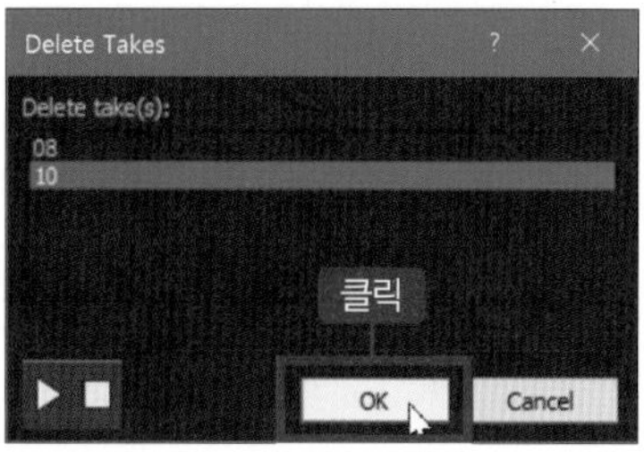

02 트리머 윈도우 다루기

트리머(Trimmer) 윈도우는 미디어 파일을 트리밍하여 특정 부분만을 타임라인에 등록하고자 할 때 사용합니다. 타임라인에서 편집할 수도 있지만 트리머 윈도우를 사용하면 미리 원하는 부분을 잘라 내거나 구간과 마커 등을 추가하여 추가할 수 있으므로 더욱 깔끔하게 편집할 수 있습니다. 익스플로러 윈도우나 프로젝트 미디어 윈도우의 파일은 물론, 이미 타임라인에 추가된 이벤트도 트리머 윈도우로 보내어 작업할 수 있습니다.

01 익스플로러 윈도우나 프로젝트 미디어 윈도우에서 파일을 우측 버튼으로 클릭하여 Open in Trimmer를 선택합니다.

02 프리뷰 윈도우 옆에 탭의 형태로 붙어 있는 트리머 윈도우에 해당 파일이 나타납니다.

참고하세요!

더블 클릭으로 트리머 윈도우에서 파일 열기

익스플로러 윈도우나 프로젝트 미디어 윈도우에서 파일을 더블 클릭하면 해당 파일이 타임라인의 현재 에디트 라인 위치에 등록됩니다. 더블 클릭으로 트리머 윈도우에 나타나도록 하려면 Options〉Preferences를 선택하여 Preferences 대화 상자를 열고 General 탭의 Double click on media file loads into Trimmer instead of tracks 옵션을 체크한 후, [OK] 버튼을 클릭하면 됩니다.

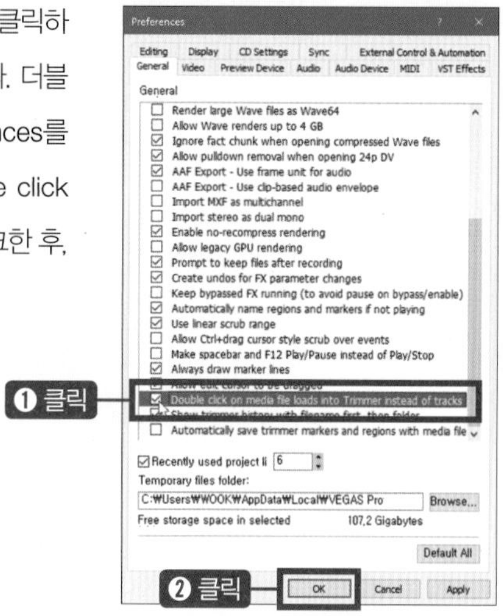

03 트리머 윈도우에서 미디어 파일의 특정 구간만을 타임라인에 추가하려면 타임라인 윈도우에서 작업했던 것과 마찬가지로 트리머 윈도우의 타임라인에서 영상 위에 나타난 세로 선을 드래그하여 선택 구간으로 지정합니다.

04 트리머 윈도우의 아래에는 좌측부터 선택 구간의 시작점, 끝점, 길이에 대한 타임코드가 표시되는데, 타임코드 값을 더블 클릭하고 직접 값을 입력함으로써 선택 구간을 지정할 수 있습니다.

▲ 끝 지점의 타임코드를 더블 클릭

▲ 값을 입력

05 원하는 구간을 선택했다면 트리머 윈도우의 타임라인에서 선택된 구간 내부를 클릭하고 타임라인으로 드래그합니다. 이벤트가 등록되어 있는 트랙의 원하는 지점으로 드래그하여 새로운 이벤트로 등록할 수 있으며 빈 트랙으로 드래그하면 트랙이 추가됨과 동시에 이벤트가 등록됩니다.

06 단축 메뉴나 단축키를 사용하여 선택 구간을 등록할 수도 있습니다. 타임라인 좌측의 트랙 리스트 부분을 클릭하면 해당 트랙이 선택 상태가 되고 파란색으로 표시됩니다. 이렇게 선택된 상태의 트랙을 '대상 트랙'이라고 부르는데, 메뉴나 단축키를 사용할 때 트리머 윈도우의 선택 구간이 대상 트랙에 등록되므로 원하는 트랙을 정확히 선택해 주어야 합니다.

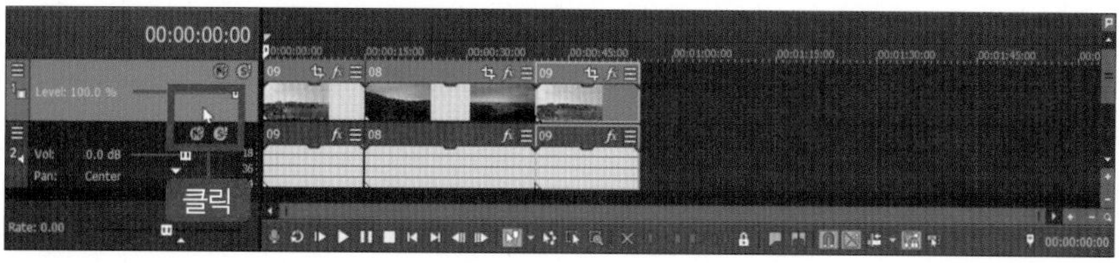

▲ 대상 트랙 선택

07 타임라인의 에디트 라인은 트리머 윈도우에서 선택해 놓은 구간이 등록될 시작 지점이나 끝 지점에 위치시켜야 하는데, 그림과 같이 다른 이벤트가 존재하는 지점에 두도록 합니다.

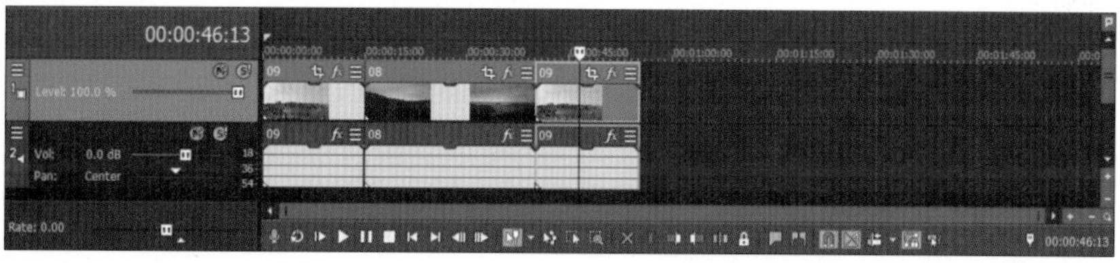

08 트리머 윈도우에서 선택된 구간 내부를 마우스 우측 버튼으로 클릭하여 단축 메뉴를 열고 선택된 구간이 현재 에디트 라인의 위치 이후에 등록되도록 Add Media from Cursor(단축키 A)를 선택합니다. 현재 에디트 라인의 위치 이전에 등록되게 하려면 Add Media up to Cursor(단축키 Shift+A)를 선택하면 됩니다.

▲ Add Media form Cursor 선택

09 현재 에디트 라인의 위치 이후에 선택 구간이 등록됩니다. 아울러 이 위치에 있던 이벤트는 새로 등록된 구간으로 대체되는 것을 볼 수 있습니다.

10 Ctrl+Z 키를 눌러 작업을 취소하고 트리머 윈도우에서 선택 구간의 단축 메뉴를 열고 Enable Overwrite of Timeline Events를 선택하여 선택 상태를 해제합니다.

11 다시 트리머 윈도우의 단축 메뉴에서 Add Media from Cursor(단축키 A)를 선택합니다. 이전과 달리 해당 구간이 오버레이되면서 겹쳐진 구간에 크로스 페이드되는 것을 볼 수 있습니다.

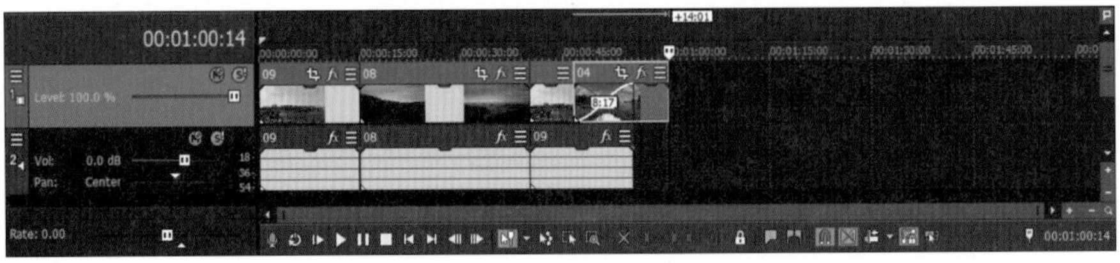

03 트리머 윈도우의 도구 버튼

트리머 윈도우는 상단과 하단에 걸쳐 여러 도구 버튼을 가지고 있어 이벤트의 표시 형태와 삽입 방식을 선택할 수 있습니다.

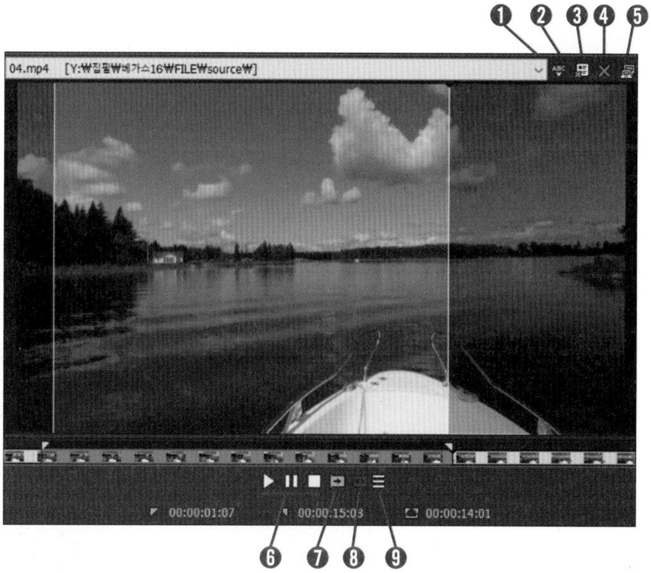

❶ History 목록 메뉴

우측의 드롭 다운 메뉴를 클릭하여 트림 윈도우에 등록된 파일 목록을 보여 줍니다.

❷ Sort Trimmer History

기본적으로 History 목록 메뉴에는 트림 윈도우에 등록된 순서대로 파일 목록이 나타나게 되는데 Sort Trimmer History 버튼을 클릭하면 파일이 오름차순(A->Z, 가->하)으로 정렬됩니다.

❸ Clear Trimmer History

History 목록 메뉴에서 모든 파일 목록을 삭제합니다.

❹ Remove Current Media from Trimmer History

현재 선택된 History 목록을 삭제합니다.

❺ Trimmer on External Video Monitor

트리머 윈도우의 영상이 외부 모니터에 나타나도록 합니다.

❻ Play / Pause / Stop

선택 구간이나 에디트 라인의 위치부터 재생하거나 일시 정지, 정지 등의 기능을 수행합니다.

❼ Add to Timeline from Cursor

선택 구간을 타임라인의 현재 에디트 라인 위치 이후에 등록합니다. 즉, 단축 메뉴인 Add Media from Cursor와 동일한 기능을 수행합니다.

❽ Fit to Fill

타임라인의 선택 구간이 존재할 때 활성화되며 트리머 윈도우의 선택 구간을 타임라인의 선택 구간으로 채워 넣습니다. 타임라인의 선택 구간 길이에 맞춰 강제로 삽입되므로 해당 이벤트는 느리게, 또는 빠르게 속도가 변경됩니다.

❾ More Buttons

여러 버튼을 추가로 열 수 있으며 기본적으로 나타나게 할 버튼을 편집할 수도 있습니다.

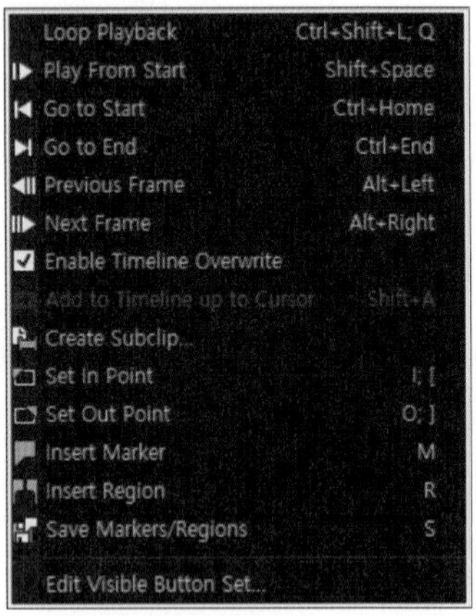

▲ 추가로 나타나는 버튼들

04 Edit Details 윈도우 사용하기

Edit Details 윈도우는 간단히 디테일 윈도우라고 부르며 프로젝트에 사용 중인 미디어 파일에 대한 자세한 정보를 표시해 주며 속성을 수정할 수 있도록 합니다. 프리미어의 프로젝트 패널에서 각 컬럼을 통해 클립의 세부 정보를 보여 주는 것과 동일한 역할을 수행합니다.

기본적으로 디테일 윈도우는 작업 화면에 나타나 있지 않으므로 View〉Window〉Edit Details을 선택합니다.

디테일 윈도우가 플로팅 윈도우 형태로 나타납니다. 트랙에 등록된 이벤트를 선택하면 해당 이벤트에 대한 각종 정보가 나타나게 됩니다.

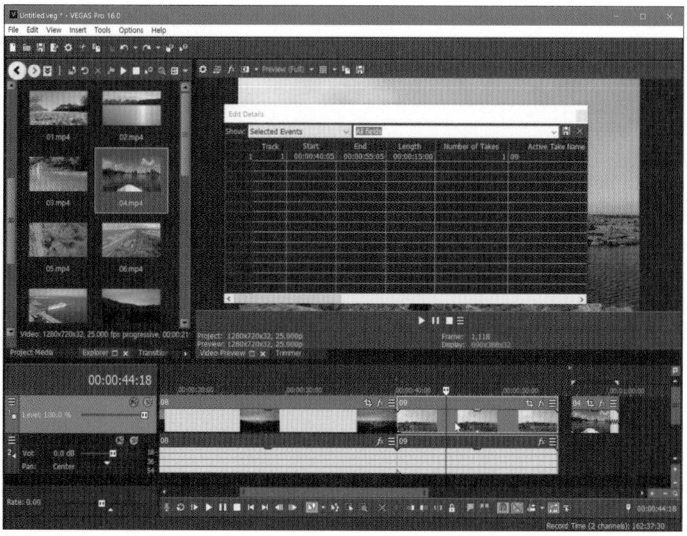

참고하세요!

디테일 윈도우 작업 화면에 고정하기

디테일 윈도우도 Ctrl 키를 누른 상태에서 타이틀 바를 드래그하여 작업 화면의 고정 영역에 나타나게 할 수 있습니다.

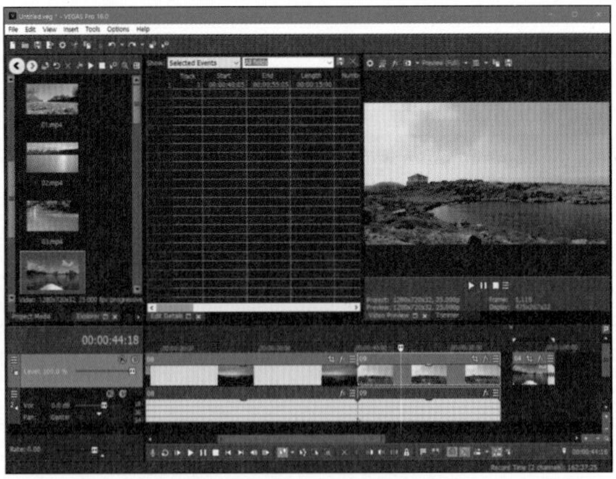

▲ 도킹 상태로 전환된 디테일 윈도우

기본적으로 Show 드롭 다운 메뉴에서 Selected Events가 선택되어 있어 현재 선택된 이벤트에 대한 정보만 표시되고 있습니다. 각 메뉴의 역할은 다음과 같습니다.

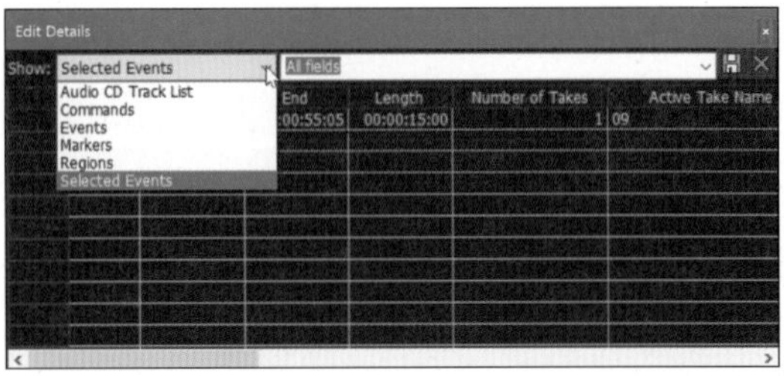

▲ Show 드롭 다운 메뉴

- Audio CD Track List – Insert〉Audio CD Track Region / Index로 삽입한 오디오 CD의 트랙에 대한 정보를 표시합니다.
- Commands – Insert〉Command로 삽입한 정보를 표시합니다.
- Events – 트랙에 놓인 모든 이벤트의 정보를 표시합니다. 무비 파일의 경우, 비디오와 오디오가 별도로 표시됩니다.

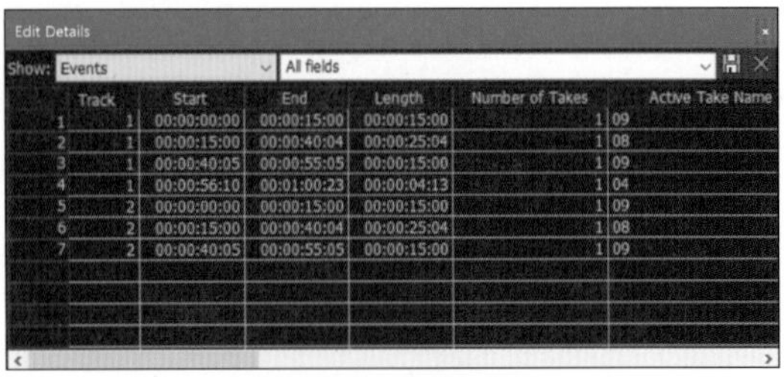

- Markers – 마커에 대한 정보를 표시합니다.
- Regions – 선택 영역(Region)에 대한 정보를 표시합니다.
- Selected Events – 현재 선택된 이벤트의 정보만을 표시합니다.

전체 컬럼을 보려면 하단의 스크롤바를 드래그해야 합니다. 또한 각 컬럼의 길이는 상단의 컬럼 제목 부분의 경계선을 드래그하여 변경할 수 있으며 Show 드롭 다운 메뉴에서 Events를 선택하여 여러 이벤트가 나타난 경우, 각 컬럼 제목을 클릭함으로써 해당 컬럼의 값을 기준으로 각 이벤트를 정렬할 수도 있습니다.

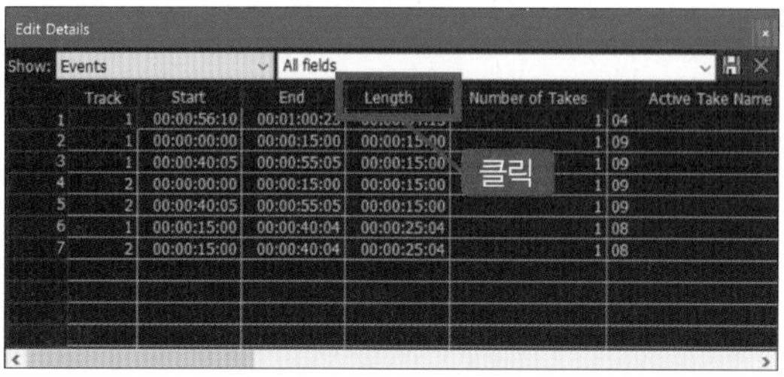

▲ Length를 클릭하여 길이가 짧은 순서로 정렬

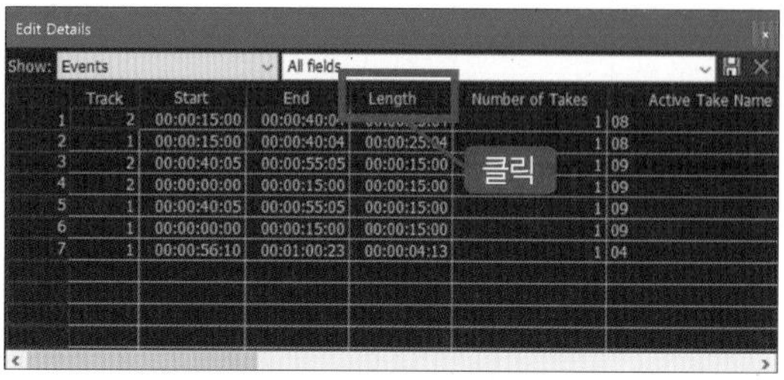

▲ Length를 다시 클릭하여 길이가 긴 순서로 정렬

각 컬럼의 정보가 표시된 부분을 마우스 우측 버튼으로 클릭한 다음, 단축 메뉴에서 Edit을 선택하거나 더블 클릭하면 값을 변경할 수 있는 편집 상태로 전환됩니다.

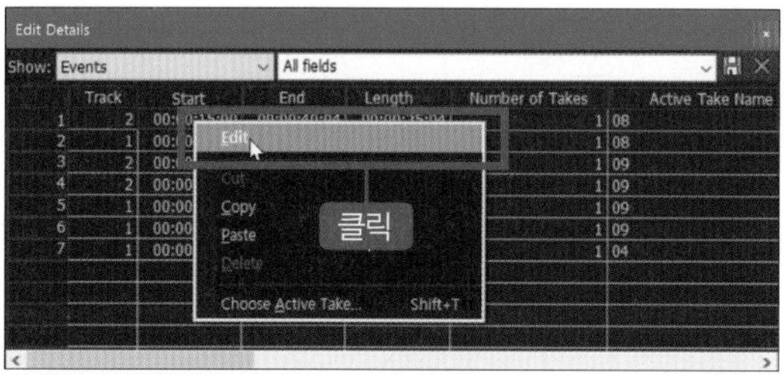

▲ Start 컬럼의 단축 메뉴에서 Edit 선택

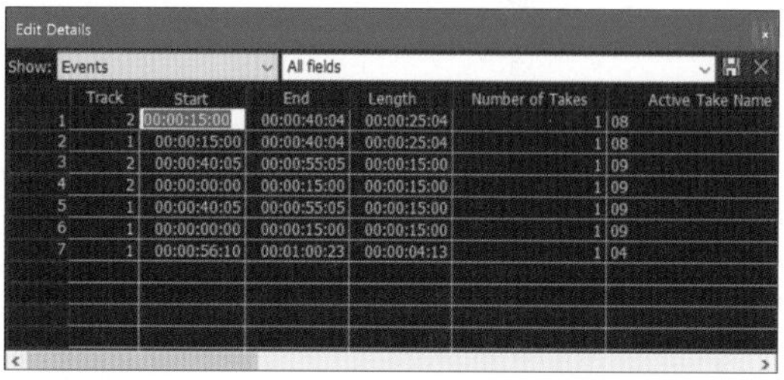

▲ 편집 상태로 전환

Start 값을 변경하고 Enter 키를 누르면 실제로 트랙에 놓인 해당 이벤트의 시작 지점이 변경되는 것을 볼 수 있습니다. 모든 컬럼을 편집할 수 있는 것은 아니고 일부 컬럼만 편집 가능합니다.

디테일 윈도우의 각 컬럼에 표시되는 정보와 편집과 관련된 기능은 다음과 같습니다.

컬럼	표시하는 정보	편집 기능
Track	이벤트가 위치하고 있는 트랙의 번호	트랙 번호를 입력하여 다른 트랙으로 옮길 수 있습니다.
Start	이벤트의 재생 시작 지점	시작 지점의 위치를 변경할 수 있습니다.
End	이벤트의 재생 종료 지점	끝 지점의 위치를 변경할 수 있습니다.
Length	이벤트의 전체 길이	재생 시간의 길이를 변경할 수 있습니다.
Number of Takes	이벤트에 포함된 테이크의 수	편집 불가
Active Take Name	이벤트의 현재 테이크 이름	테이크의 이름을 변경할 수 있습니다.
Take Start	테이크의 시작 지점	테이크의 시작 지점을 변경할 수 있습니다.
Timecode In	이벤트 시작 지점의 타임코드	편집 불가
Timecode Out	이벤트 끝 지점의 타임코드	편집 불가
File Path	이벤트의 원본 미디어 파일에 대한 경로	새로운 미디어 파일의 참조 경로를 입력할 수 있습니다.
Tape Name	원본 미디어 파일의 테이프 이름	테이프의 이름을 변경할 수 있습니다.
Select	프로젝트에서 이벤트가 선택되어 있는지의 유무	체크 박스를 클릭하여 이벤트의 선택을 전환할 수 있습니다.
Mute	이벤트의 뮤트 유무	체크 박스를 클릭하여 뮤트 상태를 전환할 수 있습니다.
Loop	이벤트의 반복 재생 유무	체크 박스를 클릭하여 반복 상태를 전환할 수 있습니다.
Lock	이벤트의 잠김 유무	체크 박스를 클릭하여 잠금 상태를 전환할 수 있습니다.
Normalize	이벤트의 노멀라이즈 유무	체크 박스를 클릭하여 노멀라이즈 상태를 전환할 수 있습니다.
Snap Offset	스냅 기준 위치	이벤트 내의 스냅 기준 위치를 변경할 수 있습니다.

MEMO

PART

03

VEGAS PRO 16

이벤트 조작과 파일 생성하기

CHAPTER 09

이벤트를 다루는 기본 방법 익히기

원하는 부분으로 편집된 이벤트는 다양한 속성 설정을 통해 최종 결과물을 위한 영상, 또는 오디오로 변모하게 됩니다. 이벤트 스위치를 통해 이벤트에 대한 다양한 동작들을 다루어 보고 트랙 엔벌로프를 통해 트랙에 놓인 이벤트를 제어하는 방법에 대해 알아보겠습니다.

01 이벤트 스위치 설정하기

이벤트의 기본적인 동작을 결정하려면 이벤트 스위치(Switch)를 사용합니다. 일부는 세부 편집 윈도우를 통해서 설정할 수도 있으나 이벤트의 단축 메뉴를 통해 설정하는 것이 빠릅니다.

트랙에 놓인 이벤트를 마우스 우측 버튼으로 클릭하여 Switches를 선택하면 하위 메뉴를 통해 이벤트의 기본적인 동작을 결정하는 몇 개의 스위치가 나타납니다. 이벤트의 종류에 따라 설정할 수 있는 스위치가 다르게 나타나며 현재 선택되어 있는 스위치는 체크 표시가 됩니다.

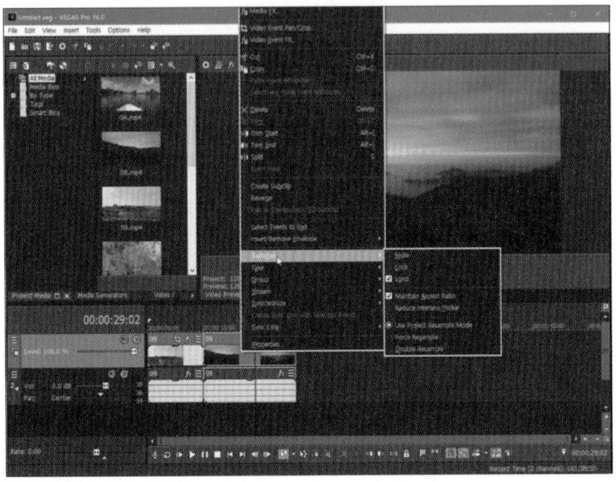

▲ 비디오 이벤트 스위치

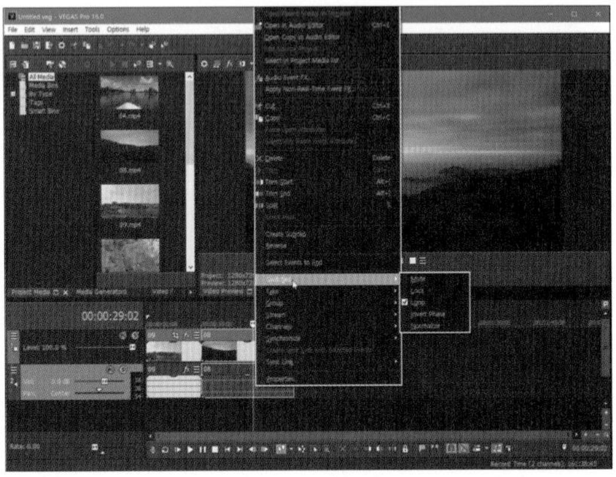

▲ 오디오 이벤트 스위치

Mute

이벤트가 재생되지 못하도록 합니다. Mute로 설정된 이벤트는 어두운 색상으로 표시되며 프리뷰 윈도우에 나타나지 않습니다. 이벤트가 여러 트랙에 걸쳐 등록되어 있는 경우, 다른 이벤트의 재생 결과만을 살펴보기 위해 일시적으로 이벤트가 나타나지 않도록 막아 놓고자 할 때 사용합니다.

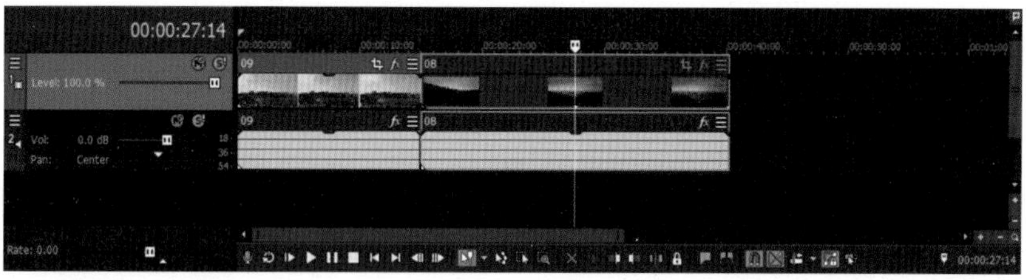

▲ Mute로 설정된 이벤트

Lock

이벤트를 잠금 상태로 전환하여 편집되지 못하도록 합니다. 더 이상 편집이 필요치 않은 이벤트를 실수로 편집하지 않도록 막아 주는 스위치입니다.

Loop

기본적으로 선택되어 있는 스위치로써 이벤트의 우측 끝 경계선을 드래그하여 길이가 늘어날 경우 이벤트가 반복되도록 합니다. Loop 스위치를 끌 경우 이벤트를 원본 길이보다 늘이면 늘어난 구간은 원본의 마지막 프레임이 반복됩니다. 원본보다 늘어난 구간에 대하여 Loop 스위치가 켜져 있을 때와 꺼져 있을 때에 대한 결과는 다음 그림을 통해 비교해 볼 수 있습니다.

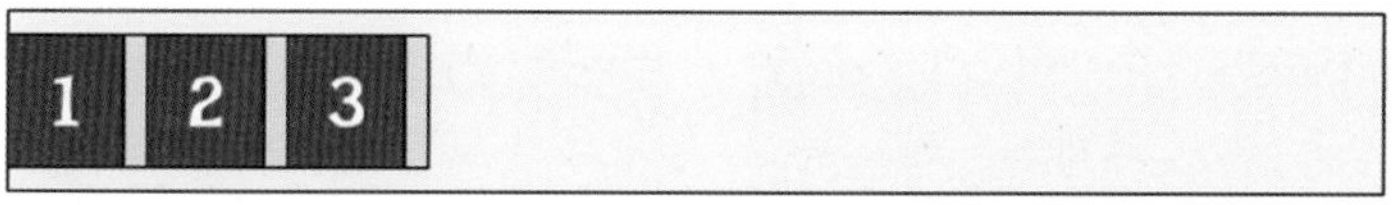

▲ 3 프레임짜리 원본 이벤트

▲ Loop 스위치 On – 원본의 앞 프레임부터 순서대로 반복

▲ Loop 스위치가 Off – 원본의 끝 프레임만을 반복

Maintain Aspect Ratio

비디오 이벤트만 가지고 있는 스위치로써 이벤트의 원본에 대한 종횡비(가로 : 세로 비율)를 유지하도록 합니다. 프로젝트에서 설정한 프레임의 종횡비와 다른 이벤트가 추가될 경우, 이 스위치가 켜져 있지 않다면 왜곡된 형태로 나타나기 때문에 특별한 이유가 없다면 스위치가 켜져 있는 상태로 두는 것이 좋습니다. 예를 들어, 프레임의 가로, 세로 값이 각각 1280, 720 픽셀인 HD 템플릿의 프로젝트에서 4 : 3 비율을 갖는 일반적인 디지털 카메라에서 촬영한 이미지 파일을 이벤트로 추가했다면 스위치의 설정 유무에 따라 다음과 같이 각각 다른 결과를 보이게 됩니다.

▲ Maintain Aspect Ratio – On

▲ Maintain Aspect Ratio – Off

Reduce Interlace Flicker

비디오 이벤트만 가지고 있는 스위치로, 사진으로는 차이가 느껴지지 않을 수 있으나 인터레이스 영상의 잔상이나 깜박거림을 최소화해 줍니다.

▲ Reduce Interlace Flicker – Off

▲ Reduce Interlace Flicker – On

Use Project Resample Mode/Force Resample/Disable Resample

이들 스위치는 모두 비디오 이벤트만 가지고 있는 것으로써 리샘플링(Resampling)에 대한 방식을 결정합니다. 리샘플링이란 프로젝트의 프레임 비율보다 낮은 미디어 파일이 이벤트로 추가되었을 때 부드러운 움직을 보여 줄 수 있도록 처리하는 것을 가리킵니다. Use Project Resample Mode는 프로젝트 설정에서 지정된 비율로 리샘플링하도록 하며 Force Resample 스위치는 무조건 리샘플링하도록, Disable Resample 스위치는 무조건 리샘플링하지 않도록 합니다.

Invert Phase

오디오 이벤트만 가지고 있는 스위치로써 에디트 라인을 기준으로 오디오 이벤트를 뒤집어, 위상을 반전시킵니다. 위상이 반전되더라도 청각적인 차이는 없지만 여러 트랙의 오디오를 합성하거나 크로스 페이드를 정밀하게 조절할 때 유용한 스위치입니다.

Normalize

오디오 이벤트만 가지고 있는 스위치로써 잘려 나가는 부분이 없는 한도 내에서 오디오의 음량을 최대화시켜 줍니다. 원본 오디오 파일의 음량이 작을 때 유용한 스위치입니다.

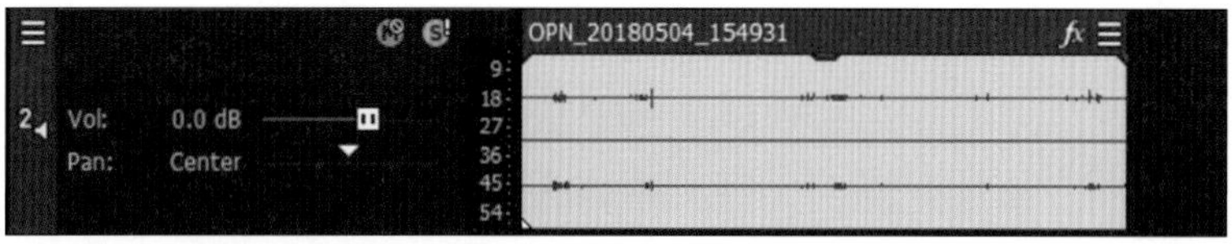

▲ 노멀라이즈 전의 오디오 이벤트

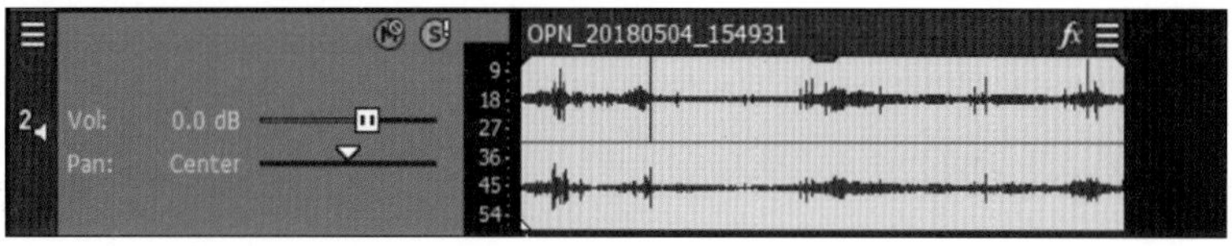

▲ 노멀라이즈 후의 오디오 이벤트

02 트랙의 특정 부분만 Mute 시키기

트랙 엔벌로프를 사용하면 트랙의 불투명도나 Fade In/Out, 오디오 트랙의 음량이나 패닝 등, 트랙 전체에 대한 다양한 설정을 할 수 있습니다. 트랙의 특정 부분만 Mute시키는 방법부터 살펴보겠습니다.

01 이벤트 스위치를 사용하면 이벤트 단위로 Mute시킬 수 있지만 트랙 엔벌로프를 사용하면 트랙의 특정 구간을 Mute시킬 수 있습니다. 그림과 같이 두 개의 미디어 파일을 트랙에 등록합니다. 여기에서는 [source] 폴더의 '23.mp4'와 '20.mp4' 파일을 사용하였습니다. 오디오를 포함하고 있는 영상 파일 2개를 트랙에 추가하였으므로 모두 4개의 트랙에 걸쳐 이벤트가 나타납니다.

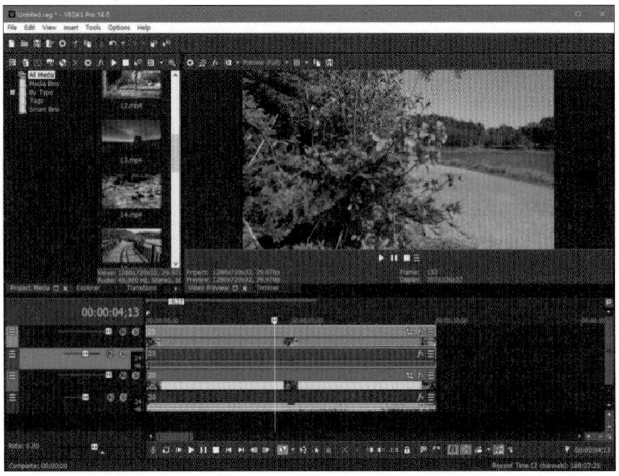

02 트랙 리스트에서 1번 트랙을 클릭하여 1번 트랙을 선택하고 메인 메뉴에서 Insert〉Video Envelopes〉Track Mute를 선택하거나 단축 메뉴를 열고 Insert/Remove Envelopes〉Mute를 클릭합니다.

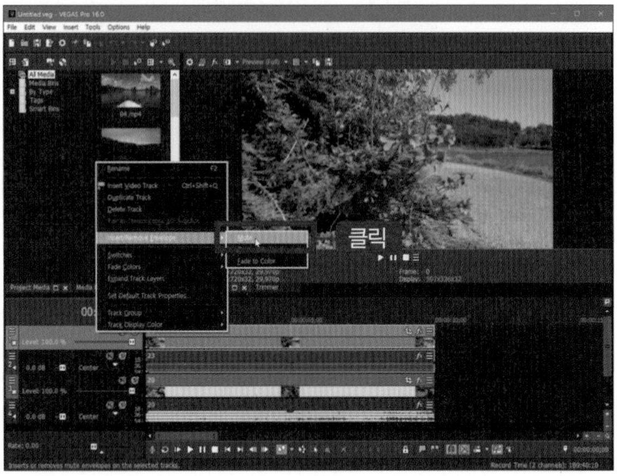

03 트랙의 상단에 밝은 파란색으로 Mute 엔벌로프가 나타납니다. 또한 트랙의 시작점을 자세히 보면 작은 사각형으로 포인터 하나가 나타나 있는 것을 볼 수 있는데, 이것을 엔벌로프 포인터라고 합니다.

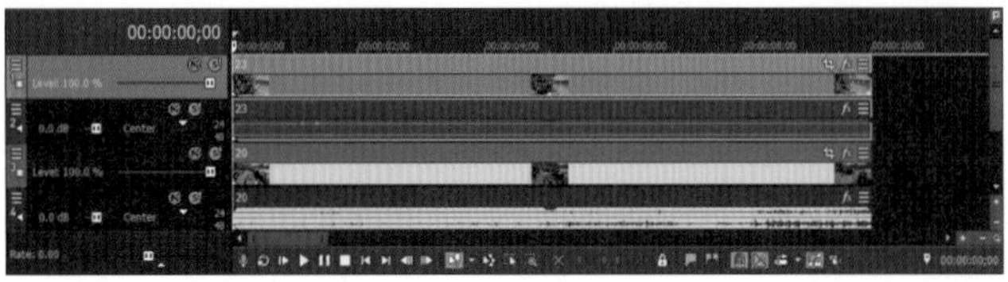

참고하세요!

엔벌로프가 보이지 않는다면?

Insert 메뉴를 통해 원하는 엔벌로프를 선택하였음에도 불구하고 엔벌로프가 보이지 않는다면 View 메뉴를 열어 Show Envelopes가 선택되어 있는지, Video Envelopes의 하위 메뉴를 열고 원하는 엔벌로프가 선택되어 있는지 확인합니다. 기본적으로 이들 메뉴는 모두 선택되어 있지만 작업 중, 잘못 건드려서 비선택 상태로 전환되어 있을 수 있기 때문입니다.

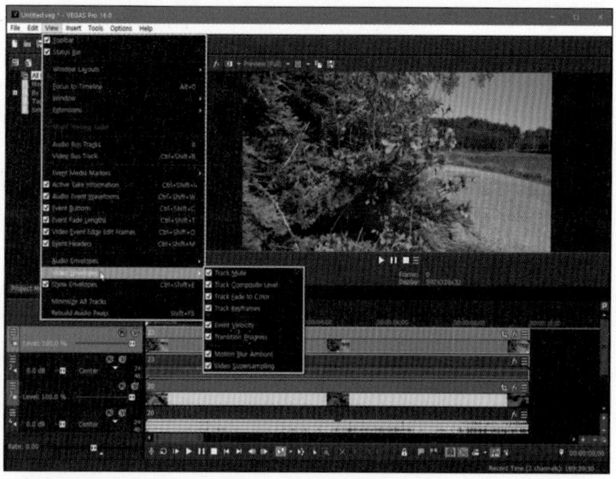

▲ Show Envelopes와 Video Envelopes 메뉴

04 엔벌로프 포인터나 Mute 엔벌로프 위에 마우스를 가져가면 마우스 포인터가 엔벌로프 커서라고 부르는 손 모양으로 바뀌어 나타납니다. 이 상태에서 클릭하고 트랙 아래 끝까지 드래그합니다. Mute 스위치를 켰을 때와 마찬가지로 트랙에 등록된 이벤트가 어둡게 나타나 Mute 상태로 전환됩니다. 프리뷰해 보면 3번 트랙의 비디오 이벤트만 재생되어 나타나는 것을 볼 수 있습니다.

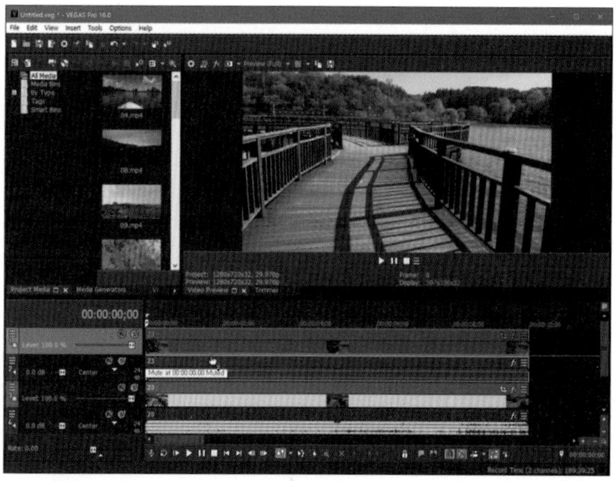

TIP 트랙의 엔벌로프와 이벤트의 엔벌로프

엔벌로프는 트랙뿐 아니라 각각의 이벤트에도 적용할 수 있습니다. 트랙 엔벌로프는 현재 트랙의 전체 영역에 적용되며, 차후에 학습하게 될 이벤트 엔벌로프는 각 이벤트에만 개별적으로 적용됩니다.

05 엔벨로프 포인터를 추가하면 특정 구간만 Mute시킬 수 있습니다. 엔벨로프 포인터나 엔벨로프를 위로 드래그하여 Mute 상태를 해제하고 엔벨로프의 1초 지점을 더블 클릭하거나 Shift 키를 누른 채로 클릭하면 엔벨로프 포인터가 추가되어 나타납니다.

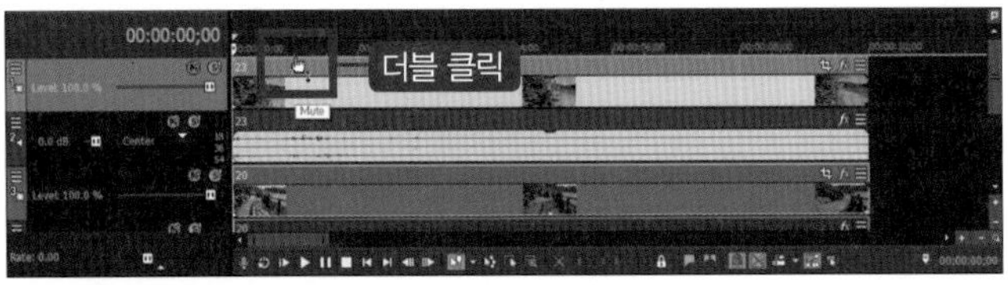

▲ 1초 지점을 더블 클릭

06 원하는 위치가 아닌 지점에 포인터가 추가되었다면 드래그하여 이동시켜 주면 됩니다. 같은 방식으로 2초 지점에도 엔벨로프 포인터를 추가하고 1초 지점의 엔벨로프 포인터를 트랙 아래로 드래그합니다.

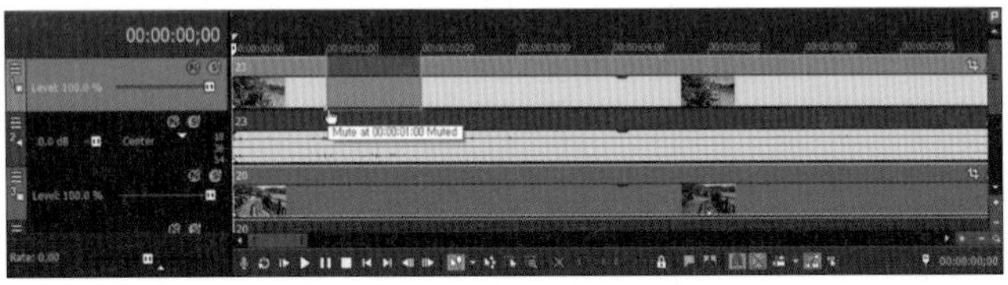

07 프리뷰 해보면 시작 지점에서 1초 지점까지는 1번 트랙의 영상이, 1초~2초 지점사이는 3번 트랙의 영상이, 이후에는 다시 1번 트랙이 영상이 나타나게 됩니다. 여러 트랙에 걸쳐 비디오 이벤트가 추가되어 있을 경우, 상위 트랙의 이벤트가 나타나게 되지만 Mute시킨 구간은 하위 트랙의 영상이 나타나게 되기 때문입니다.

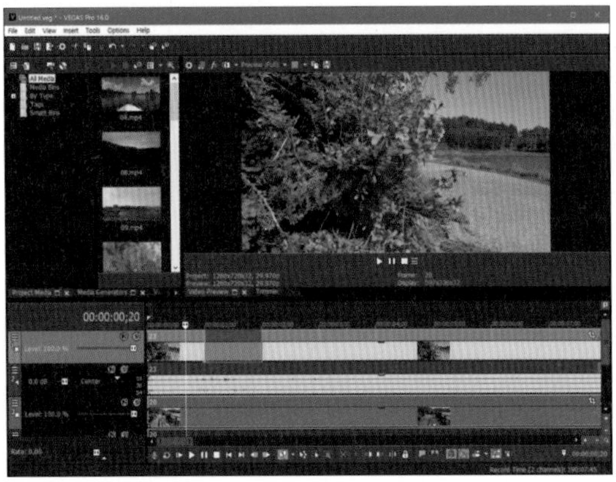

▲ 시작점~1초 구간

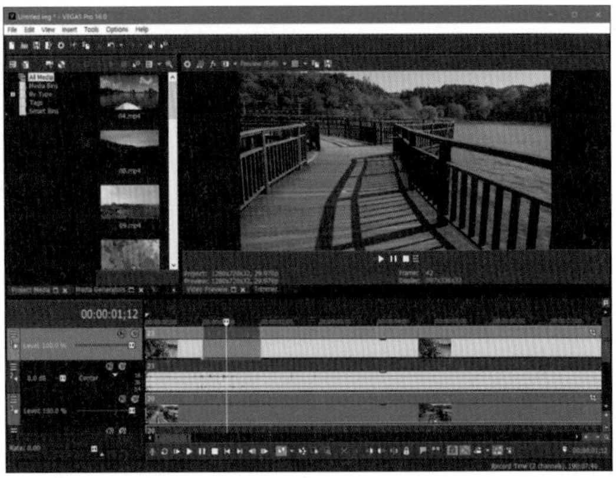

▲ 1초~2초 구간

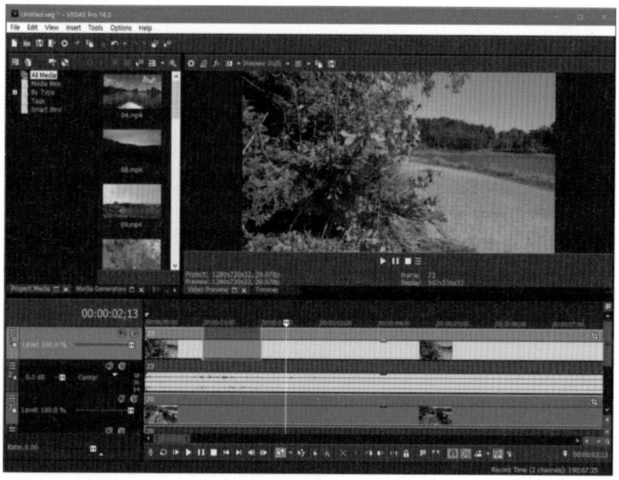

▲ 2초 이후 구간

참고하세요!

엔벌로프 포인터 단축 메뉴

엔벌로프 포인터를 마우스 우측 버튼으로 클릭하면 단축 메뉴를 통해 다음과 같은 작업을 수행할 수 있습니다.

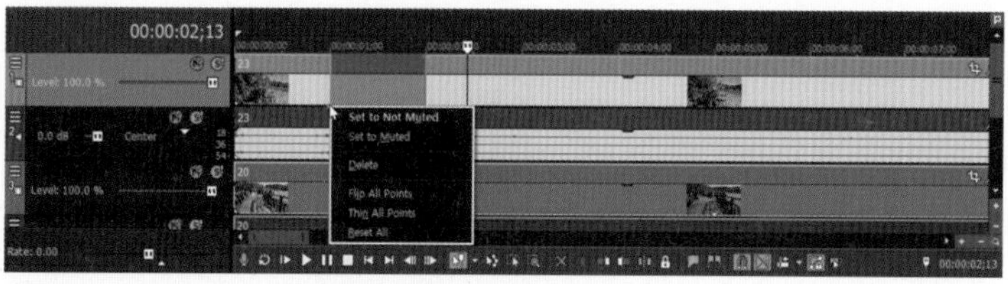

- Set to Not Muted – 현재 포인터 지점의 Mute 상태를 해제합니다.
- Set to Muted – 현재 포인터 지점을 Mute 상태로 전환합니다.
- Delete – 현재 지점의 엔벌로프 포인터를 삭제합니다.
- Flip All Points – 모든 포인터의 위치를 반전시킵니다. 따라서 Mute 영역이 반대로 나타납니다.
- Select All – 모든 엔벌로프 포인터를 선택합니다.
- Reset All – 엔벌로프를 초기 상태로 되돌립니다. 추가로 생성된 포인터도 모두 삭제됩니다.

03 트랙의 불투명도 변경하기

Mute 엔벨로프는 단순히 트랙을 Mute시킬 수 밖에 없지만 Composite Level 엔벨로프는 트랙의 불투명도 값을 자유롭게 조절할 수 있습니다. 불투명도 값이 작을수록 현재 트랙의 이벤트는 희미하게 나타나며, 이렇게 희미해진 영역을 통해 하위 트랙의 이벤트가 나타나게 됩니다.

01 1번 트랙의 빈 영역을 마우스 우측 버튼으로 클릭하여 단축 메뉴를 열고 Insert/Remove Envelope〉Mute를 선택합니다. 즉, Mute에 표시된 체크를 해제하는 것입니다.

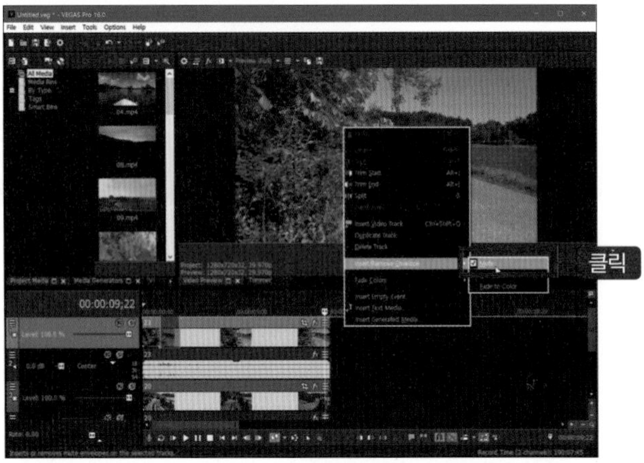

02 트랙 엔벨로프가 사라지며 엔벨로프의 설정이 기본값으로 되돌아갑니다. 따라서 이미 설정된 Mute 엔벨로프 포인터가 사라지며 이벤트도 원래 상태로 표시됩니다. 1번 트랙의 빈 영역을 마우스 우측 버튼으로 클릭하여 단축 메뉴를 열고 Insert/Remove Envelope〉Composite Level을 선택합니다.

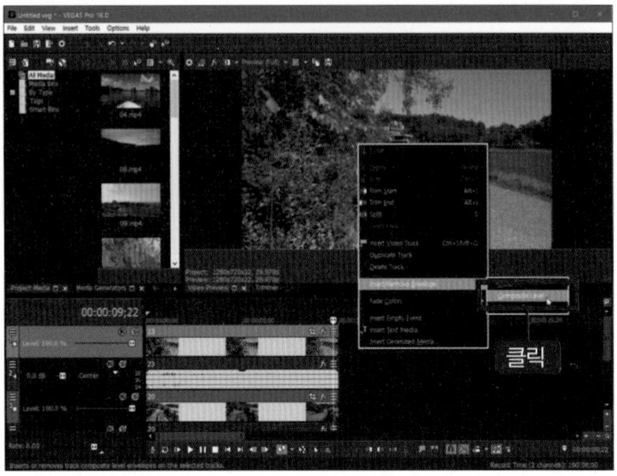

03 트랙 상단에 짙은 파란색으로 Composite Level 엔벌로프가 나타납니다. 트랙의 시작 지점에 있는 엔벌로프 포인터 위에 마우스를 가져가면 현재 지점에 대한 컴포지트 레벨 값이 툴팁(Tool Tip) 형태로 나타나게 됩니다. 기본값은 100%로써 현재 트랙이 완전히 불투명한 상태를 의미합니다. 즉, 현재 트랙으로 인하여 하위 트랙의 이벤트가 보이지 않는 상태입니다.

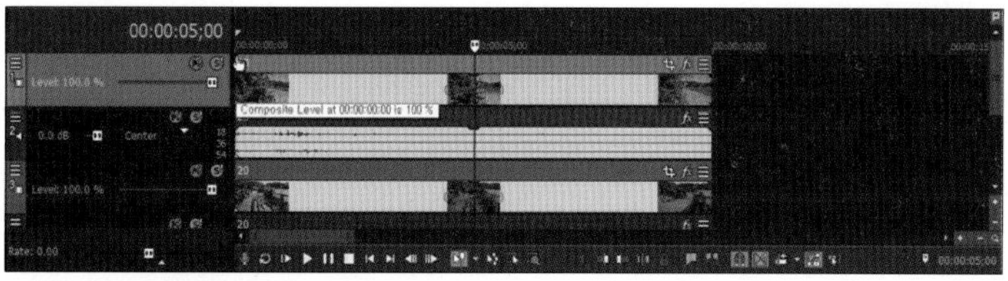

▲ 포인터 지점의 불투명도 값 표시

04 시작 지점의 엔벌로프 포인터를 아래로 드래그하면 트랙 전체의 불투명도 값이 바뀌게 될 것입니다. 엔벌로프 포인터가 하나만 생성되어 있기 때문입니다. 엔벌로프의 1초 지점을 더블 클릭하거나 Shift 키를 누른 채로 클릭하여 엔벌로프 포인터를 추가합니다.

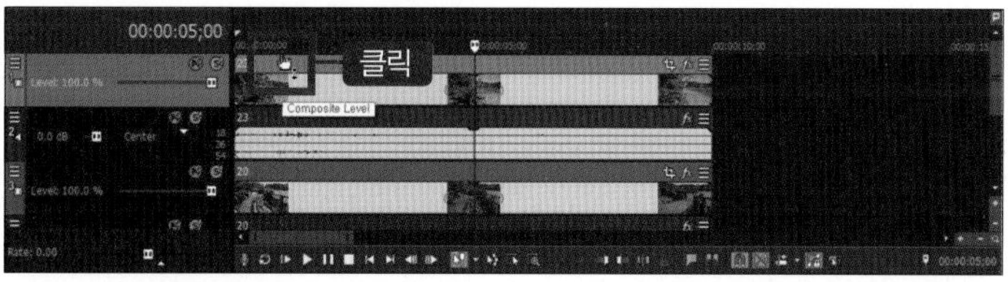

▲ 1초 지점을 더블 클릭

참고하세요!

트랙 전체의 불투명도 값을 빠르게 변경하려면

단순히 트랙 전체의 불투명도 값을 빠르게 변경하려면 트랙 리스트의 Level 슬라이더를 사용하는 것이 편리합니다. 좌측으로 드래그할수록 현재 트랙이 투명해져 희미하게 나타납니다. 슬라이더를 더블 클릭하면 언제든 다시 기본값인 100%로 돌아옵니다.

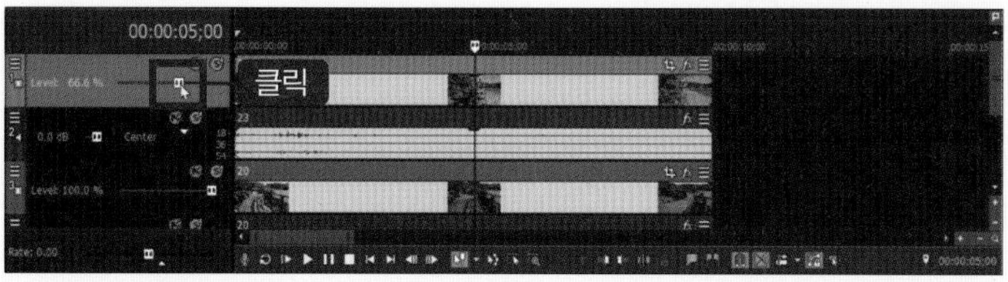

▲ 트랙의 Level 슬라이더

05 시작 지점의 엔벌로프 포인터를 트랙의 가장 아래로 드래그하여 Composite Level 값이 0%가 되도록 합니다. 즉, 시작 지점이 완전히 투명하도록 하는 것입니다.

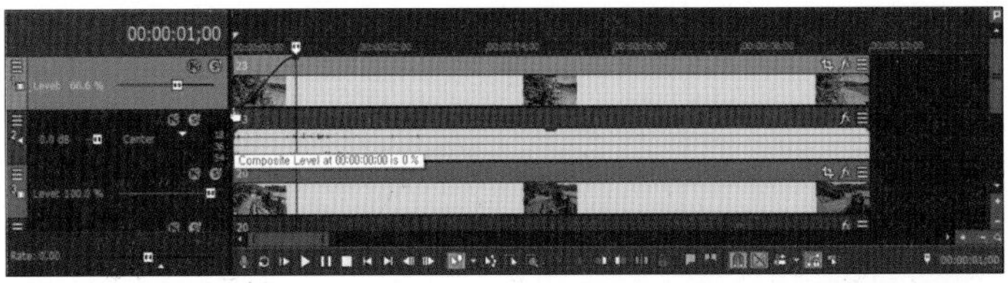

06 트랙의 시작 지점은 완전히 투명한 상태이며 1초 지점은 완전히 불투명한 상태이므로 현재 트랙에 놓인 이벤트는 보이지 않다가 점점 원래의 모습으로 짙어지는 페이드 인(Fade In) 효과가 나타나게 됩니다. 투명한 부분으로는 하위 트랙인 3번 트랙의 영상이 나타나게 됩니다. 만약 하위 트랙에 다른 비디오나 이미지 이벤트가 놓여 있지 않다면 투명한 영역은 검게 나타납니다.

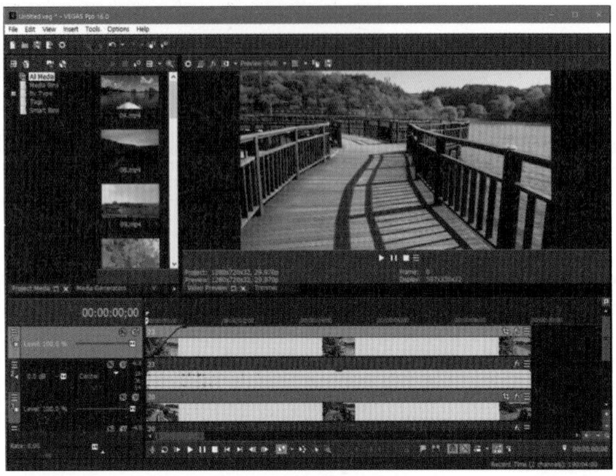

▲ 시작 지점의 Composite Level – 0%

▲ 15프레임 지점의 Composite Level – 50%

▲ 1초 지점의 Composite Level – 100%

참고하세요!

트랙 엔벌로프를 이벤트에 잠그거나 해제하기

트랙 엔벌로프는 특정 이벤트에 적용되는 것이 아니라 트랙에 적용된다고 하였습니다. 하지만 트랙 엔벌로프를 적용한 1번 트랙의 이벤트를 우측으로 드래그해 보면 엔벌로프와 이벤트가 함께 이동되는 것을 볼 수 있습니다.

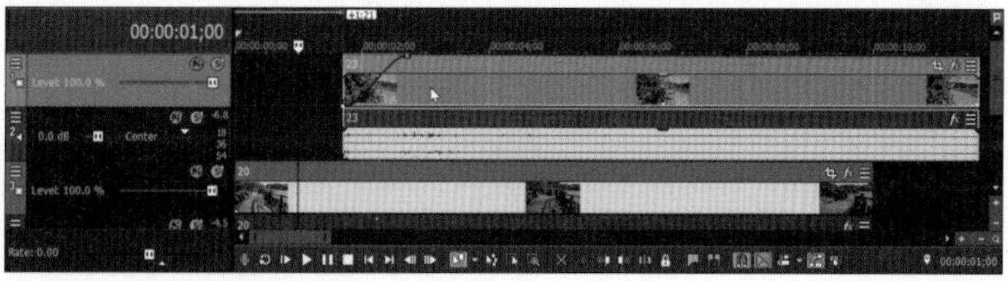

▲ 이벤트와 함께 이동되는 엔벌로프

이것은 기본적으로 Options〉Lock Envelopes to Events 메뉴가 선택되어 있어 트랙 엔벌로프가 이벤트에 잠금 상태로 설정되어 있기 때문입니다. Options〉Lock Envelopes to Events 메뉴와 툴 바의 Lock Envelopes to Events 버튼은 동일한 기능을 수행합니다.

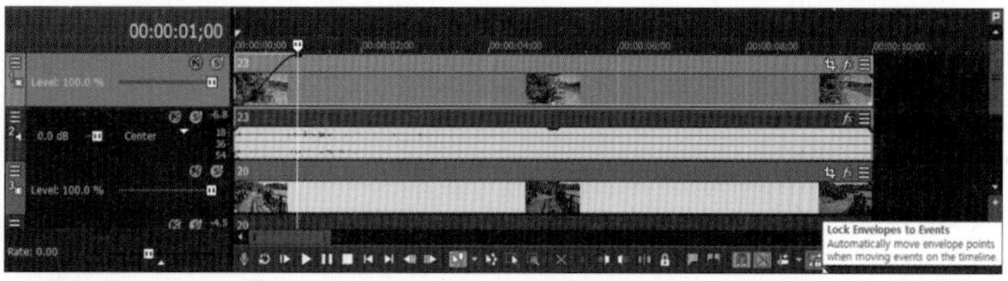

▲ 툴 바의 Lock Envelopes to Events 버튼

Ctrl + Z 키를 눌러 이벤트의 이동을 취소하고 메뉴를 선택하거나 툴 바의 버튼을 클릭하여 Lock Envelopes to Events 기능을 해제한 다음, 다시 이벤트를 드래그해 보면 엔벌로프 포인터는 고정되고 이벤트만 이동하게 됩니다. 따라서 특정 이벤트에 엔벌로프를 적용하려면 Lock Envelopes to Events가 선택된 상태에서 트랙 엔벌로프를 사용하거나 다음에 다루게 될 이벤트 엔벌로프를 사용해야 합니다.

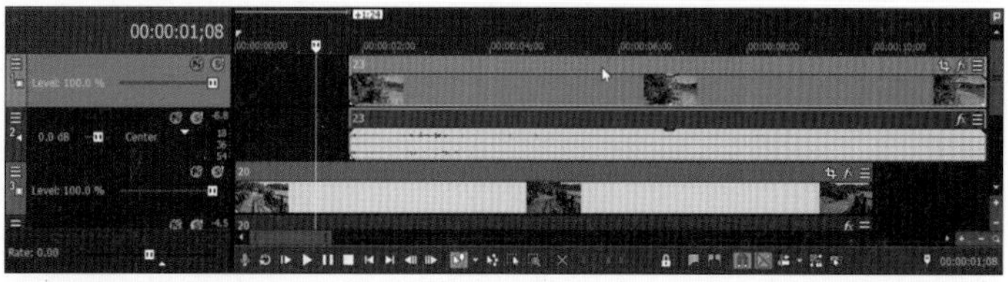

▲ 이벤트만 이동됩니다.

04 원하는 색상으로 페이드하기

Composite Level 엔벌로프를 사용하면 점차 희미해지거나 진하게 변화하는 영상을 만들 수 있지만 Fade to Color 엔벌로프를 사용하면 특정 색상으로 변화하는 영상을 만들 수 있습니다.

01 그림과 같이 하나의 미디어 파일을 트랙에 배치하고 하고 트랙의 빈 영역을 마우스 우측 버튼으로 클릭하여 단축 메뉴가 나타나면 Insert/Remove Envelope〉Composite Level을 선택하여 앞에서 나타났던 컴포지트 레벨 엔벌로프가 사라지도록 합니다.

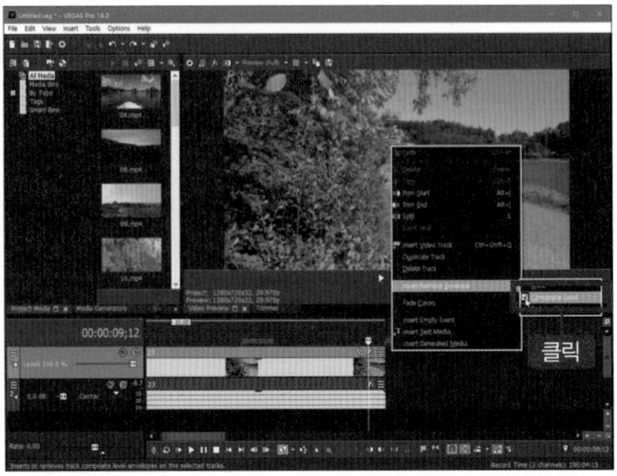

02 다시 트랙의 단축 메뉴를 열고 Insert/Remove Envelope〉Fade to Color를 선택합니다. 메인 메뉴에서 Insert〉Video Envelopes〉Track Fade to Color를 선택해도 됩니다. 트랙의 중앙에 분홍색의 Fade to Color 엔벌로프가 나타납니다. 보다 정밀한 편집을 위하여 마우스의 휠 버튼을 위로 올려 타임룰러의 눈금 간격을 작게 하고 엔벌로프의 1초 지점을 더블 클릭합니다.

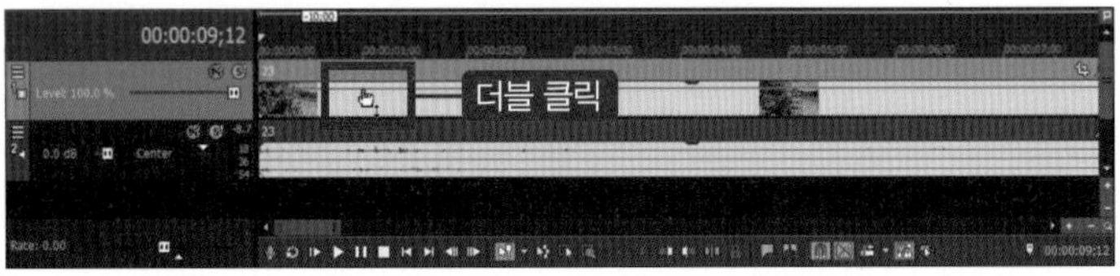

03 해당 지점에 엔벌로프 포인터를 추가됩니다. 같은 방법으로 이벤트의 끝에서 앞쪽으로 1초 지점, 끝 지점 등에도 엔벌로프 포인터를 추가합니다.

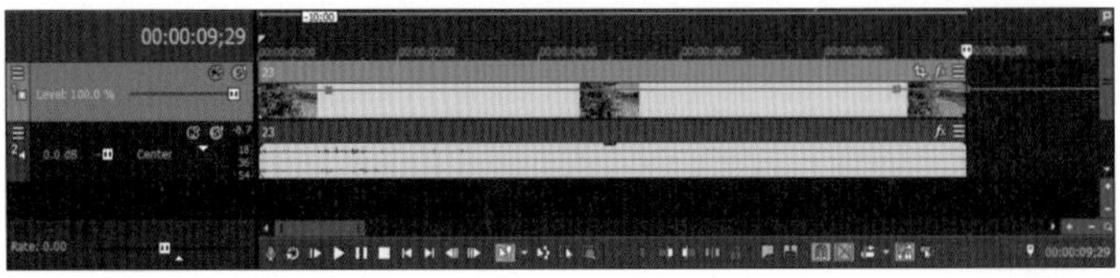

참고하세요!

엔벌로프 편집 툴

엔벌로프를 편집하다 보면 자칫 이벤트를 건드려 이벤트의 위치가 변경되는 경우가 있습니다. 툴 바에서 Envelope Edit Tool(엔벌로프 편집 툴)을 선택하면 오직 엔벌로프만 편집할 수 있을 뿐, 트랙의 이벤트는 편집할 수 없으므로 실수로 이벤트나 기타 효과 등을 건드리는 것을 방지할 수 있습니다. 기본적으로는 Normal Edit Tool(일반 편집 툴)이 선택되어 있어 이벤트 편집과 엔벌로프 편집이 모두 가능합니다. 엔벌로프 편집 툴이 선택되면 엔벌로프가 빨간색으로 나타납니다.

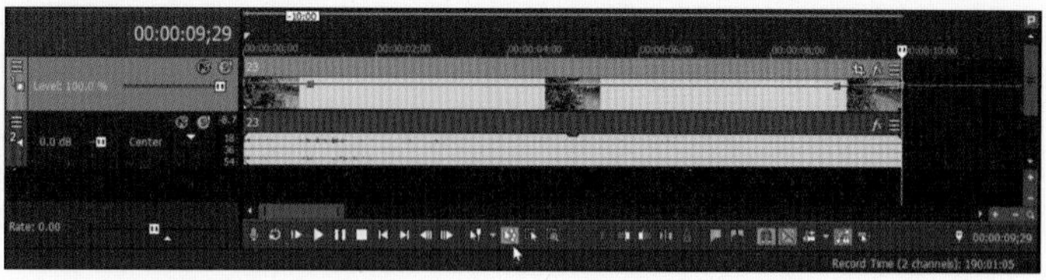

▲ Envelope Edit Tool

04 시작 지점의 엔벌로프 포인터를 트랙의 위쪽 끝까지 드래그합니다. 드래그하는 동안 Fade 값이 표시되는데 100% Top Color로 표시되는 지점까지 드래그하면 됩니다.

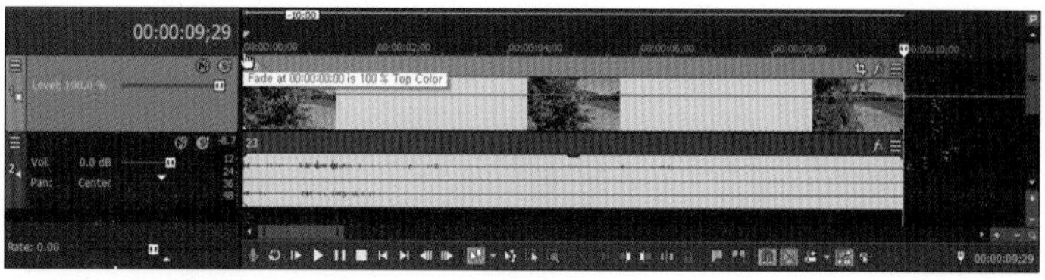

05 끝 지점의 엔벌로프 포인터를 트랙의 아래쪽 끝, 100% Bottom Color로 표시되는 지점까지 드래그합니다.

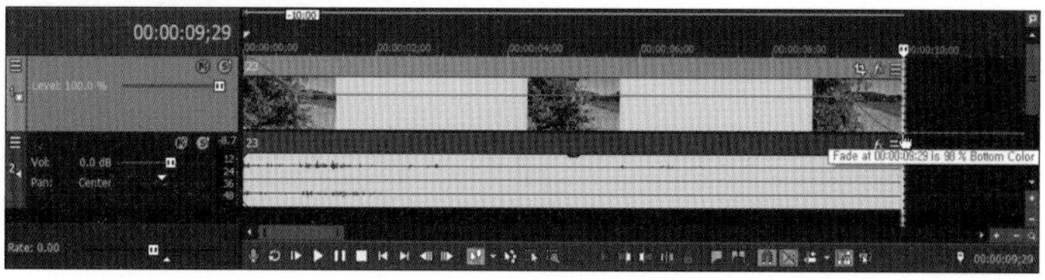

06 프리뷰해 보면 이벤트가 흰색으로 나타났다가 점차 원래의 색상으로 페이드 인 되고 종료 1초 지점에서 점차 검정색으로 페이드 아웃 되면서 재생을 마치게 됩니다.

TIP 페이드 인과 페이드 아웃

페이드 인(Fade In)이란 특정 색상으로 가리워진 이벤트가 점차 본래의 색상으로 변화되면서 나타나는 것을 가리키며 페이드 아웃(Fade Out)은 본래의 색상으로 나타나던 이벤트가 점차 특정 색상으로 변화되면서 사라지는 것을 가리킵니다. 자연스럽게 나타났다 사라지도록 하기 위해 흔히 사용하는 효과입니다.

07 Fade to Color 엔벨로프는 트랙의 위쪽에 위치할수록 Top 컬러로, 아래쪽에 위치할수록 Bottom 컬러로 지정됩니다. 기본적으로 Top 컬러는 흰색으로, Bottom 컬러는 검정색으로 지정되어 있습니다. 이들 색상을 변경하면 다양한 색상으로 변화하는 결과를 만들 수 있습니다. 트랙의 빈 영역을 마우스 우측 버튼으로 클릭하고 단축 메뉴에서 Fade Colors〉Top을 선택합니다.

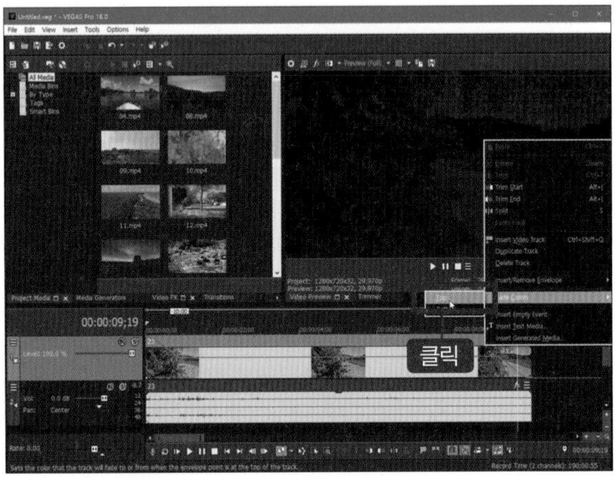

08 Top 컬러 지정을 위한 Track Fade Top Color 대화 상자가 나타납니다. 노란색을 선택하고 OK 버튼을 클릭합니다. 정확한 노란색이 아니어도 좋습니다.

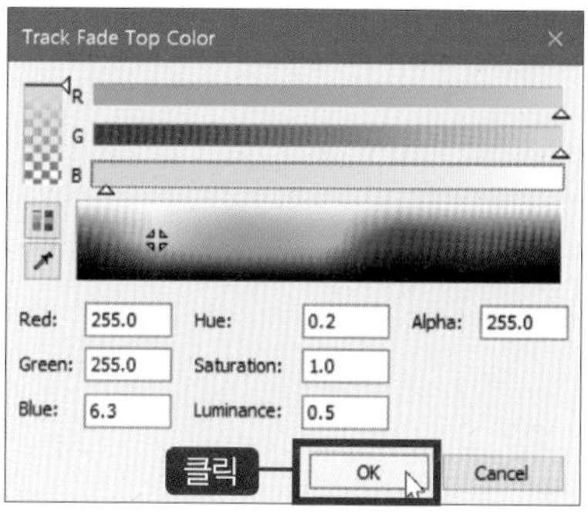

09 다시 트랙의 단축 메뉴를 열어 Fade Colors〉Bottom을 선택합니다. Bottom 컬러 지정을 위한 Track Fade Bottom Color 대화 상자가 나타나면 녹색을 선택하고 OK 버튼을 클릭합니다. 역시 정확한 녹색이 아니어도 좋습니다.

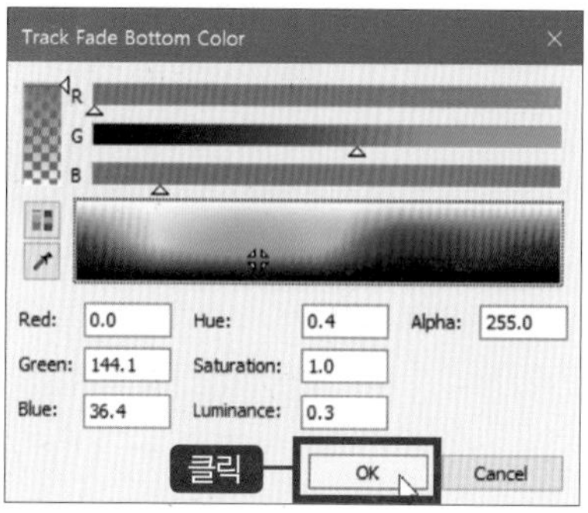

10 다시 프리뷰해 보면 이벤트의 시작 부분은 노란색으로, 끝부분은 녹색으로 각각 페이드 인, 페이드 아웃 되면서 재생되는 것을 볼 수 있습니다.

참고하세요!

엔벌로프 페인트 툴

엔벌로프 그래프를 더욱 쉽고 편리하게 편집하려면 엔벌로프 페인트 툴을 사용합니다. Shift 키를 누른 상태에서 엔벌로프 위에 마우스를 가져가면 그림과 같이 마우스 포인터가 연필 모양으로 바뀌어 나타나며, 이때 엔벌로프 포인터를 드래그하면 엔벌로프 포인터가 생성되고 포인터의 위치도 자유롭게 지정할 수 있습니다. 다양하게 변화하는 결과를 쉽게 만들 수 있어 유용한 툴입니다.

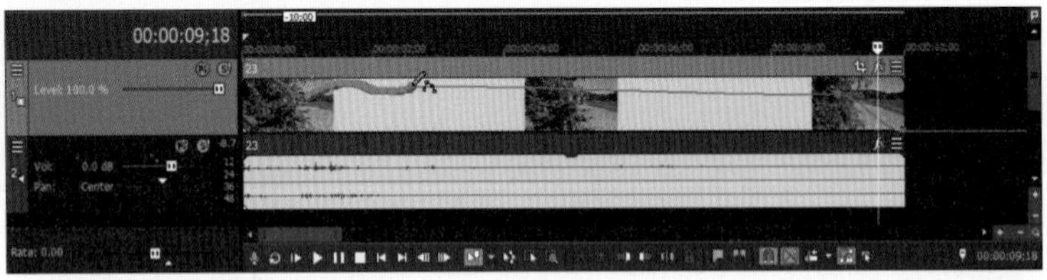

▲ 엔벌로프 페인트 툴로 드래그

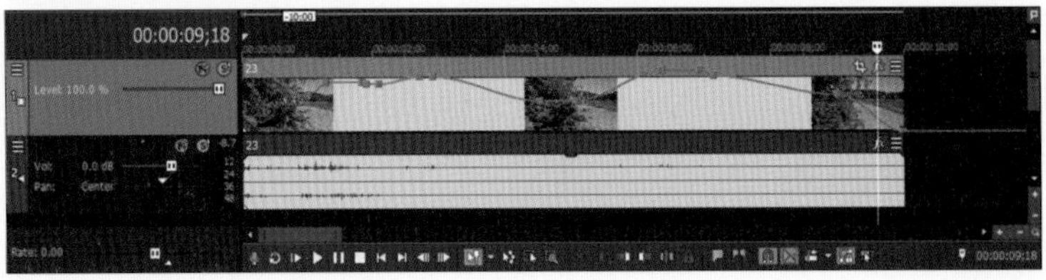

▲ 드래그한대로 생성된 엔벌로프 포인터

05 오디오 트랙의 페이드와 패닝

오디오 트랙의 엔벨로프를 사용하여 페이드와 패닝 효과를 만들어 보도록 하겠습니다. 비디오 트랙의 엔벨로프와 마찬가지로 원하는 엔벨로프를 삽입하고 엔벨로프 포인터로 작업합니다.

01 오디오 트랙의 빈 영역을 마우스 우측 버튼으로 클릭하여 단축 메뉴에서 Insert/Remove Envelope〉Volume을 선택합니다.

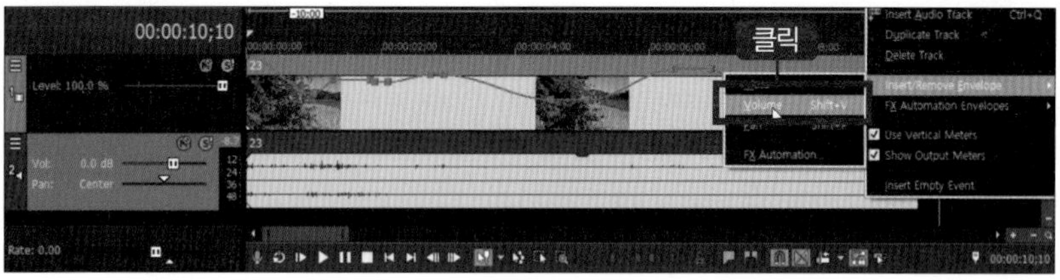

02 오디오 트랙 중앙에 파란색의 Volume 엔벨로프가 나타납니다. Volume 엔벨로프를 위로 드래그할수록 볼륨 값이 커지며 아래로 드래그할수록 볼륨 값이 낮아집니다.

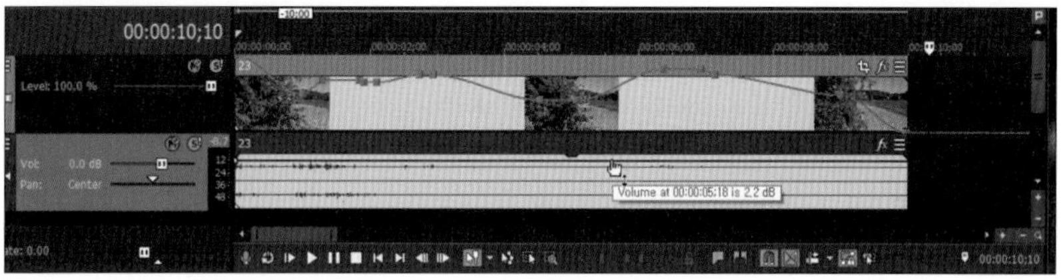

▲ Volume 엔벨로프를 드래그

03 특정 구간별로 볼륨 값을 변경하기 위해 Volume 엔벨로프를 기본값인 트랙 중앙에 두고 1초 지점과 끝에서부터 앞쪽으로 1초 지점, 끝 지점 등, 세 지점을 더블 클릭하여 엔벨로프 포인터를 추가합니다. 시작 지점의 엔벨로프 포인터는 기본적으로 생성되어 있습니다.

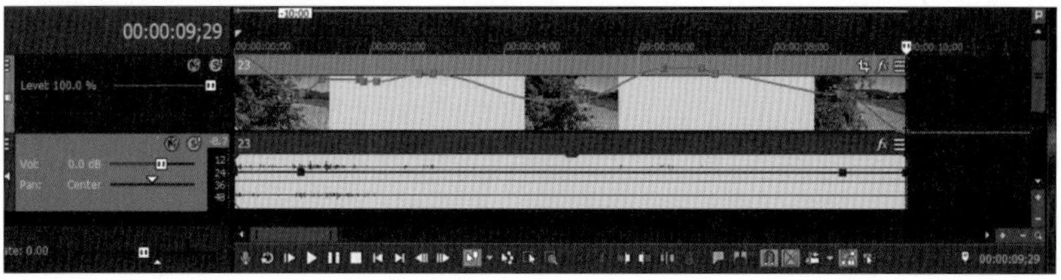

04 시작 지점과 끝 지점의 엔벌로프 포인터를 아래로 드래그하여 그림과 같이 만들어 줍니다. 앞에서 다루었던 비디오 트랙의 Composite Level 엔벌로프와 같은 역할을 수행하는 것으로써 오디오에 대해 적용된다는 점만 다를 뿐입니다. 즉 시작 지점에는 점점 소리가 커지면서 재생되다가 끝 지점에 이르러 소리가 작아지면서 재생이 종료되는 결과를 얻을 수 있습니다. 오디오에 대한 페이드 인과 페이드 아웃이라고 할 수 있습니다.

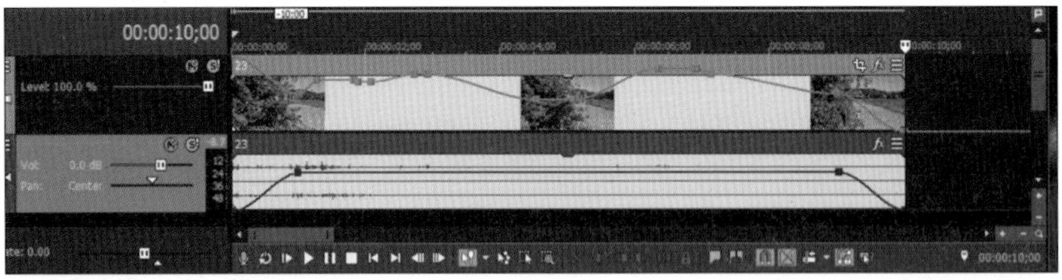

05 다시 오디오 트랙의 빈 영역을 마우스 우측 버튼으로 클릭하여 단축 메뉴를 열고 Insert/Remove Envelope〉Pan을 선택합니다.

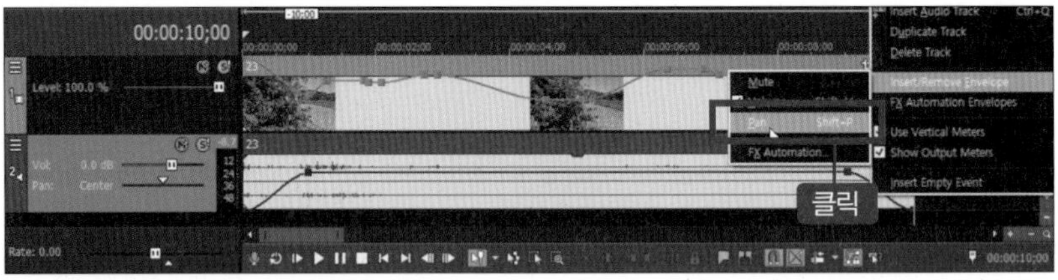

06 빨간색의 Pan 엔벌로프가 나타납니다. 스테레오 오디오 이벤트의 경우, Pan 엔벌로프를 위로 드래그할수록 좌측 채널 쪽으로 소리가 커지는 대신 상대적으로 우측 채널의 소리가 작아집니다. Pan 엔벌로프를 아래로 드래그하면 반대의 결과가 나타나게 됩니다.

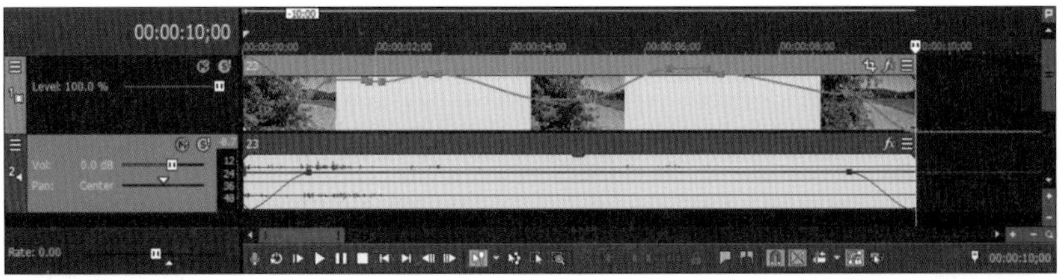

▲ Pan 엔벌로프

07 오디오 이벤트의 1/3 지점과, 2/3 지점, 끝 지점에 대해 각각 Pan 엔벌로프 포인터를 추가하고 그림과 같이 시작 지점과 추가된 세 지점에 대해 엔벌로프 값을 변경하면 좌측에서 나던 소리가 우측->좌측->우측의 순으로 변화되면서 들리게 됩니다.

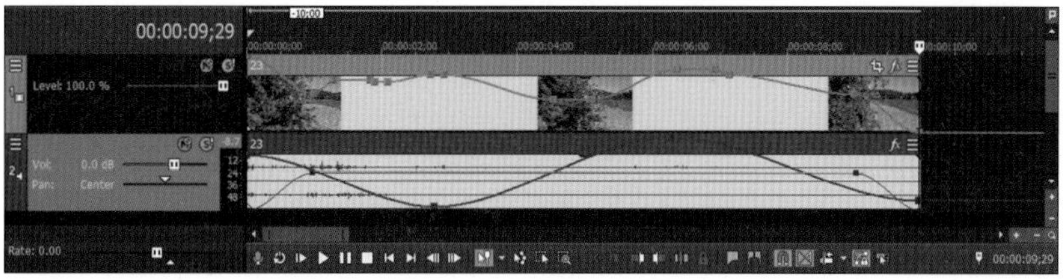

참고하세요!

오디오 트랙 리스트의 Vol, Pan 슬라이더

단순히 트랙 전체에 걸쳐 동일한 값을 적용하기 위해서라면 오디오 트랙 리스트에 있는 Vol 슬라이더와 Pan 슬라이더를 사용하는 것이 편리합니다. Vol 슬라이더는 우측으로 드래그할수록 볼륨 값이 커지게 되며 Pan 슬라이더는 우측으로 드래그할수록 우측 채널의 소리가 커지게 됩니다. 슬라이더를 더블 클릭하면 기본값으로 돌아옵니다.

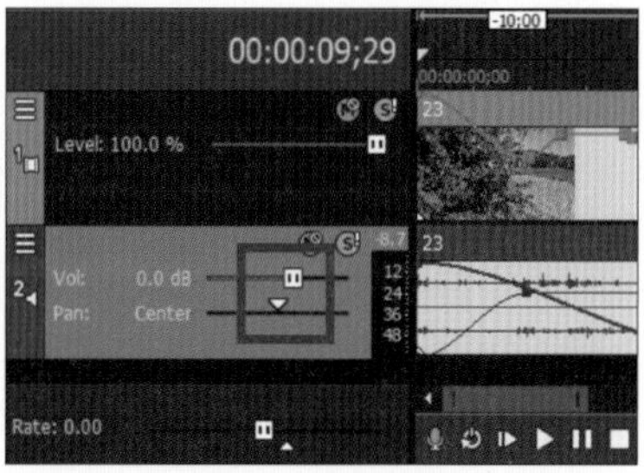

▲ Vol 슬라이더와 Pan 슬라이더

CHAPTER 10

비디오 이벤트 조작하기

이벤트 엔벌로프를 사용하면 각각의 이벤트에 대해 페이드 인과 페이드 아웃을 적용하거나 이벤트의 속도를 조절하는 등, 다양한 방식으로 조작할 수 있습니다. 이벤트 엔벌로프의 사용법과 여러 이벤트를 하나로 묶어 하나의 이벤트처럼 다룰 수 있는 이벤트 그룹에 대해서도 살펴봅니다.

01 | 이벤트에 페이드 인/페이드 아웃 효과 만들기

01 [source] 폴더에서 '20.mp4' 파일을 트랙으로 드래그하여 추가하고 타임라인의 눈금 단위를 작게 하여 이벤트가 충분히 길게 나타나도록 합니다.

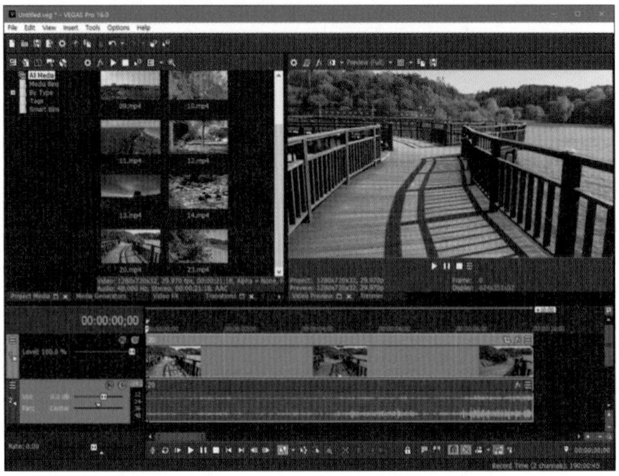

02 마우스를 이벤트의 위쪽에 있는 엔벌로프 커서 위에 두면 손 모양의 엔벌로프 커서와 함께 현재 불투명도(Opacity) 값이 표시됩니다. 기본적으로 100%로 설정되어 있다는 것을 알 수 있습니다.

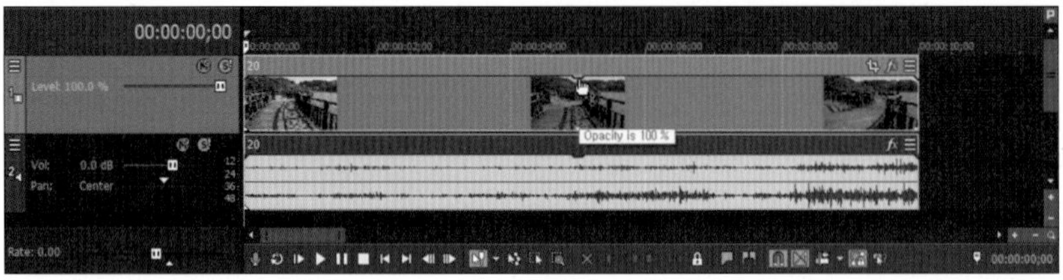

03 엔벌로프 커서를 아래로 드래그하면 불투명도 라인이 나타나며 드래그하는 동안에 이벤트의 현재 불투명도 값이 계속 표시됩니다. 이러한 방식은 이벤트의 전체 영역에 대해 동일한 불투명도 값이 적용됩니다. 불투명도 값이 작을수록 투명해져서 현재 이벤트는 희미하게 나타납니다.

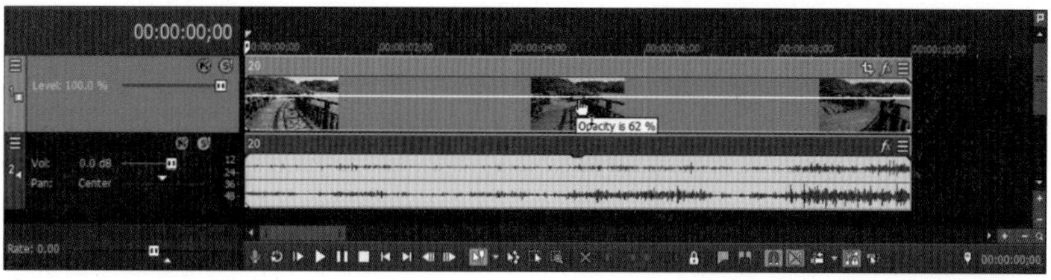

04 시작 지점과 끝 지점에 각각 페이드 인과 페이드 아웃 효과를 만들어 보도록 하겠습니다. 불투명도 라인을 초기 상태로 되돌린 다음, 마우스 포인터를 시작 지점의 상단에 가져가면 그림과 같은 불투명도 핸들이 나타납니다.

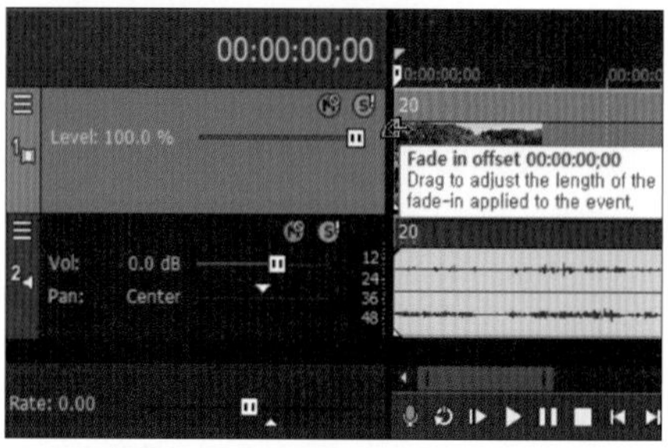

05 핸들이 나타난 상태에서 1초 지점까지 우측으로 드래그합니다. 이벤트의 시작 부분에 그림과 같은 형태의 페이드 곡선이 만들어집니다. 이벤트가 희미하게 시작하면서 점차 짙게 나타나는 페이드 인 효과가 만들어진 것입니다.

06 마찬가지 방법으로 이벤트의 끝부분에 페이드 아웃을 만들 수 있습니다. 이벤트의 끝부분에 마우스 포인터를 두어 불투명도 핸들이 나타나면 그림과 같이 좌측으로 1초 길이만큼 드래그합니다. 불투명도 핸들은 드래그한 길이에 따라 페이드 인이나 페이드 아웃에 대한 길이를 자유롭게 변경할 수 있습니다.

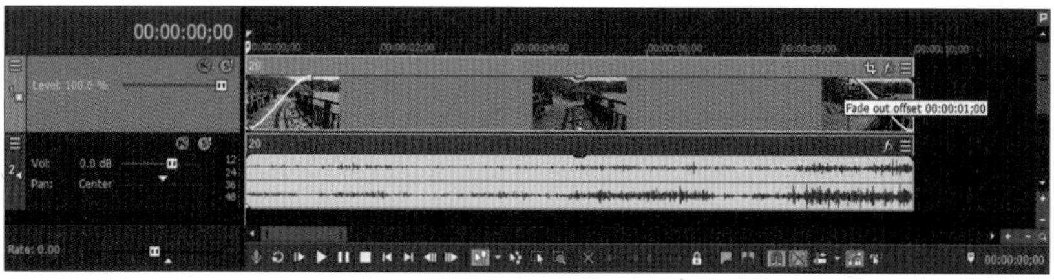

07 프리뷰를 통해 결과를 확인합니다. 간단히 페이드 인과 페이드 아웃 효과가 만들어진 것을 확인 할 수 있습니다.

참고하세요!

페이드 곡선과 크로스 페이드 곡선 변경하기

이벤트의 불투명도 핸들이 나타나는 지점에서 마우스 우측 버튼으로 클릭하면 다음과 같은 페이드 타입이 나타나 불투명도가 변화하는 형태를 변경할 수 있습니다.

▲ 페이드 타입

각 페이드 타입의 이름과 기능은 다음과 같습니다.

▲ Fast – 빠르게 페이드됩니다.

▲ Linear – 일정한 속도로 페이드됩니다.

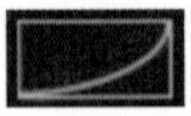

▲ Slow – 천천히 페이드됩니다.

▲ Smooth – 부드럽게 페이드됩니다.

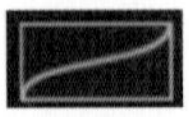

▲ Sharp – 완만하게 페이드됩니다.

또한, 두 개의 이벤트가 겹쳐지는 구간에 자동으로 만들어지는 크로스 페이드의 형태도 선택할 수 있어 사용자의 의도에 따라 다양하게 변화시킬 수 있습니다.

이벤트가 겹쳐지는 구간에는 기본적으로 다음과 같은 형태의 크로스 페이드 곡선이 만들어집니다.

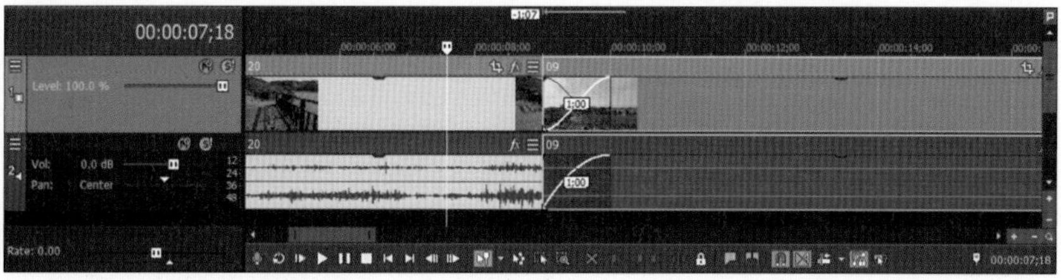

크로스 페이드 구간을 마우스 우측 버튼으로 클릭하여 단축 메뉴에서 Fade Type을 선택하거나 크로스 페이드 구간의 시작 지점이나 끝 지점의 불투명도 핸들이 나타나는 지점에서 마우스 우측 버튼을 클릭하면 다양한 형태의 페이드 타입이 나타납니다. 곡선의 형태만 보고도 크로스 페이드 구간이 어떻게 변화되는지 쉽게 짐작할 수 있을 것입니다.

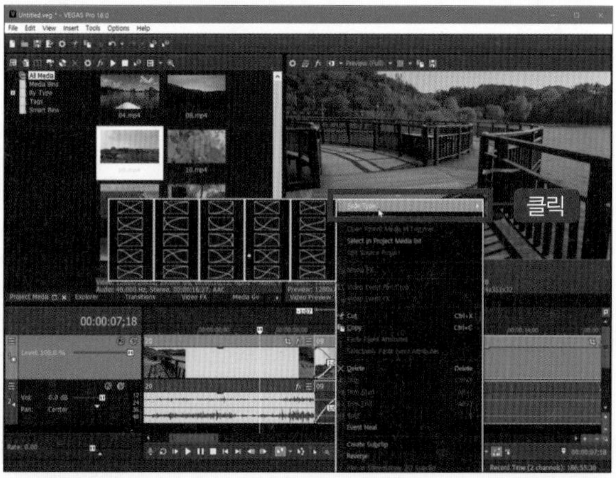

▲ 구간 내에서 단축 메뉴를 열고 Fade Type 선택

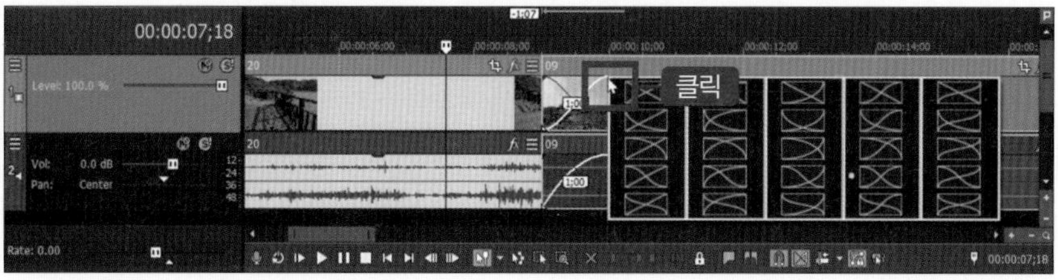

▲ 불투명도 핸들 위에서 마우스 우측 버튼 클릭

02 이벤트의 속도를 변경하거나 거꾸로 재생하기

Velocity 엔벨로프를 사용하면 이벤트의 속도를 다양하게 변경할 수 있습니다. 물론 엔벨로프 포인터를 추가할 수 있으므로 특정 구간별로 각각 다른 속도를 지정함으로써 극적인 영상을 만들 수 있을 뿐 아니라 역재생도 가능합니다.

01 다음과 같이 트랙에 이벤트를 추가하고 이벤트 위에서 마우스 우측 버튼을 클릭하여 단축 메뉴가 나타나면 Insert/Remove Envelope〉Velocity를 선택합니다.

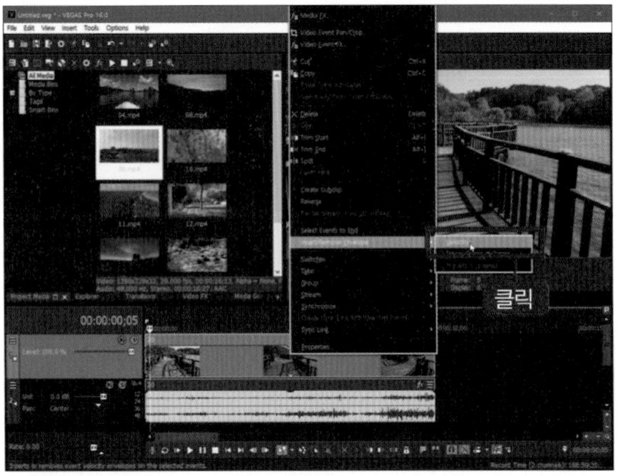

02 이벤트의 아랫부분에 초록색의 Velocity Envelope(속도 엔벨로프)가 나타나는데 이것을 위쪽으로 드래그합니다. 드래그하는 동안 현재 지점에 대한 Velocity 값이 표시됩니다. 200%로 나타나는 지점까지 드래그합니다. 200%로 정확하게 설정하기 곤란하다면 대략 비슷한 값이 나타나는 지점까지 드래그해도 됩니다.

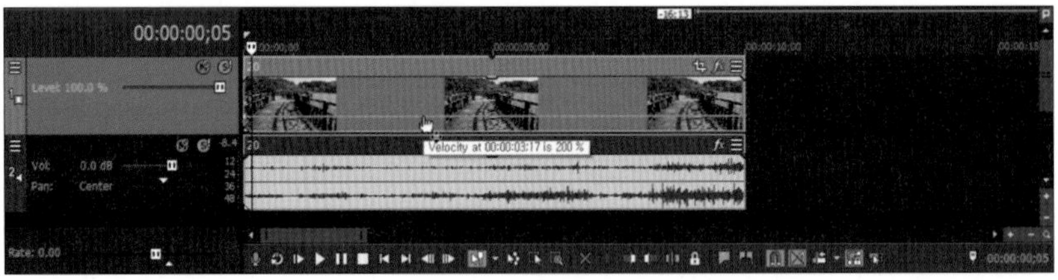

참고하세요!

정밀하게 벨로시티 값 변경하기

프로젝트의 옵션을 바꾸려면 File>Properties를 선택합니다. Project Properties 대화 상자가 나타나 프로젝트의 진행 중에도 프로젝트의 각 옵션을 변경할 수 있습니다. 대화 상자의 이름은 다르지만, 앞에서 새로운 프로젝트를 시작할 때 나타났던 New Project 대화 상자와 동일한 옵션을 가지고 있습니다.

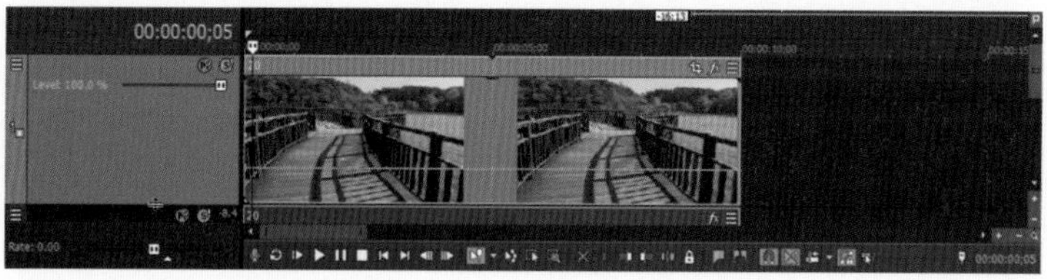

▲ 트랙의 높이를 키워 줍니다.

03 Velocity 값이 100%면 정상 속도를 의미하는데 200%로 설정하였으므로 이벤트가 원래의 속도보다 두 배 빠르게 재생되는 것을 볼 수 있습니다. 두 배의 속도로 재생되므로 원래 상태에 비해 재생 시간은 절반으로 줄어드는 것이 당연하지만 이벤트의 길이는 변함이 없습니다. 나머지 구간은 다시 처음부터 반복되기 때문입니다.

TIP 속도가 변하여도 길이는 변하지 않습니다.

프리미어를 사용해 본 적이 있다면 자칫 혼동할 수 있을 것입니다. 프리미어에서는 클립의 재생 속도를 변경하면 그만큼 클립의 길이도 변하기 때문입니다. 즉, 2배속으로 변경하면 그만큼 재생 시간이 짧아지기 때문에 클립의 길이가 1/2로 변경됩니다. 하지만 베가스에서는 Velocity 값의 변경으로 빠른 속도로 재생되어 원래의 이벤트가 재생을 마치고 남은 이후 구간은 다시 처음 프레임부터 반복합니다. 결과적으로 이벤트의 길이는 변하지 않습니다. 물론, 반복되는 부분은 잘라낼 수 있습니다. 프리미어와 같은 방식으로의 작업은 뒤에서 설명합니다.

이러한 반복은 이벤트 스위치에서 살펴보았듯이 Loop 스위치가 켜져 있는 상태에서 이루어지며 Loop 스위치를 끄면 이벤트의 속도 변경으로 인해 재생을 마친 다음 구간은 마지막 프레임만을 반복하게 됩니다. 이벤트의 길이를 늘였을 때와 마찬가지 결과를 보여 주는 것입니다.

04 이번에는 Velocity 엔벨로프를 아래로 드래그하여 Velocity 값이 50%가 되도록 합니다. 프리뷰해 보면 1/2의 속도로 재생되는 것을 볼 수 있습니다. 하지만 역시 이벤트의 길이는 변함이 없습니다. 속도는 느리지만 길이는 변함이 없으므로 앞부분만 재생됩니다. 물론 이벤트의 끝부분을 드래그하여 길이를 두 배로 늘려 주면 전체 구간이 다 재생됩니다.

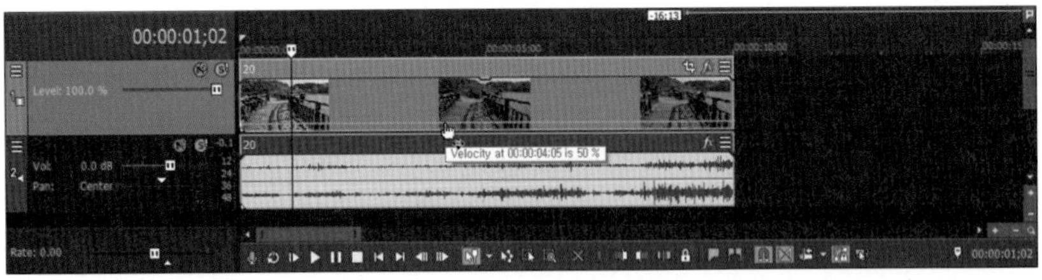

05 Velocity 값을 100%로 되돌리고 엔벨로프 위를 더블 클릭, 또는 Shift 키를 누른 채로 엔벨로프 위를 클릭하여 그림과 같이 5군데 지점에 엔벨로프 포인터를 추가합니다.

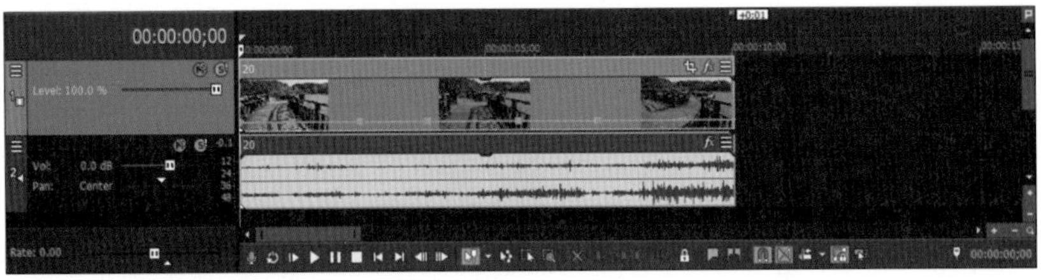

06 각 포인터를 드래그하면 자유롭게 구간별로 속도를 지정할 수 있습니다. 또는 앞에서 다루어 보았던 것처럼 Shift 키를 누를 때 나타나는 엔벨로프 페인트 툴로 자유롭게 드래그해도 됩니다. 슬로우 재생과 퀵 재생이 반복됨으로써 다양하게 변화되는 극적인 영상을 만들 때 유용합니다.

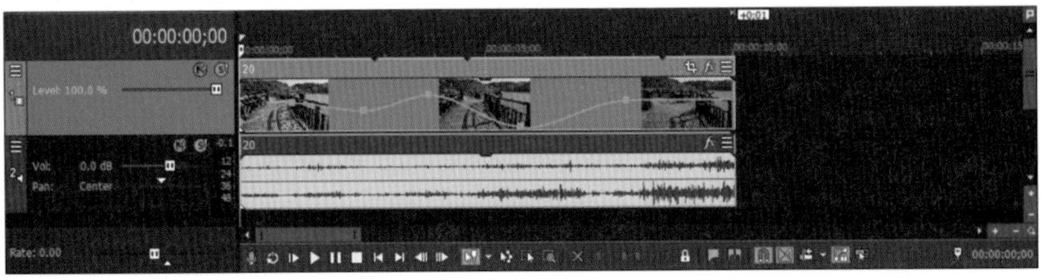

07 엔벌로프 위나 엔벌로프 포인터 위를 마우스 우측 버튼으로 클릭하면 페이드 곡선을 선택할 수 있어 다양한 형태로 속도가 변화되도록 할 수 있습니다.

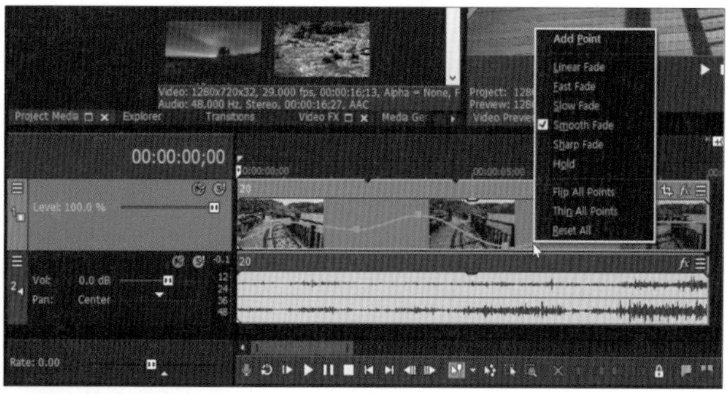

▲ 엔벌로프의 단축 메뉴

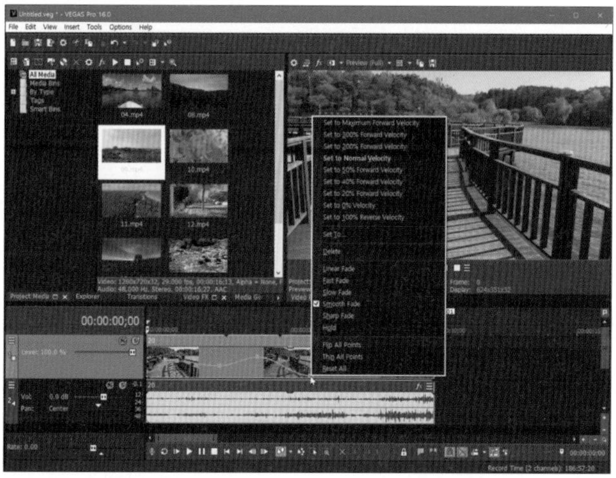

▲ 엔벌로프 포인터의 단축 메뉴

참고하세요!

Hold 페이드 곡선

새로 보게 되는 Hold 페이드 곡선은 이전 포인터 지점의 속도를 유지하여 재생되다가 다음 포인터 지점에서 변화된 속도로 급격히 변화시킵니다.

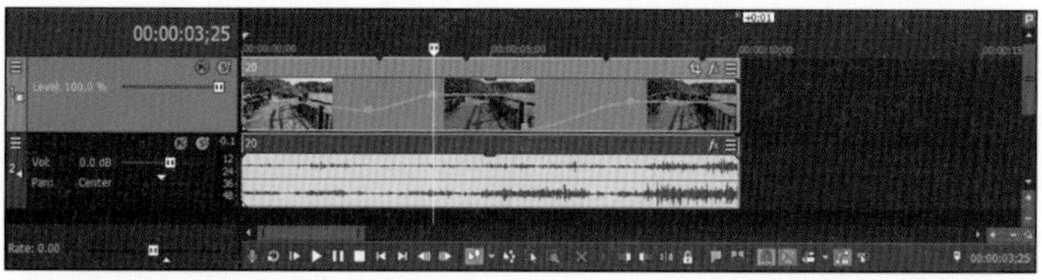

▲ Hold 페이드 곡선이 적용된 구간

08 엔벌로프의 아무 곳에서나 마우스 우측 버튼을 클릭하고 단축 메뉴에서 Reset All을 선택합니다.

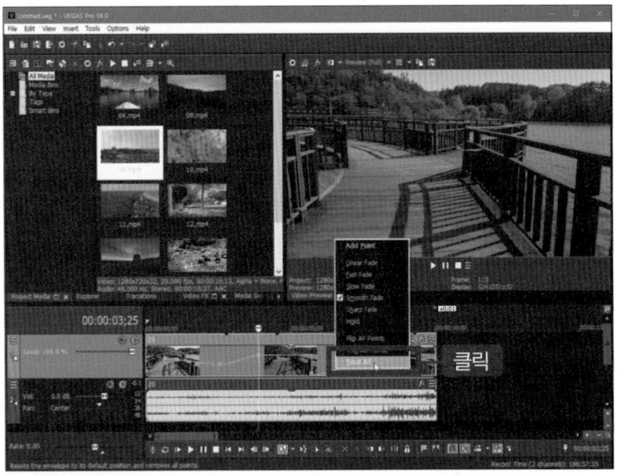

09 엔벌로프가 초기값으로 돌아갑니다. 아울러 추가했던 모든 포인터도 사라집니다.

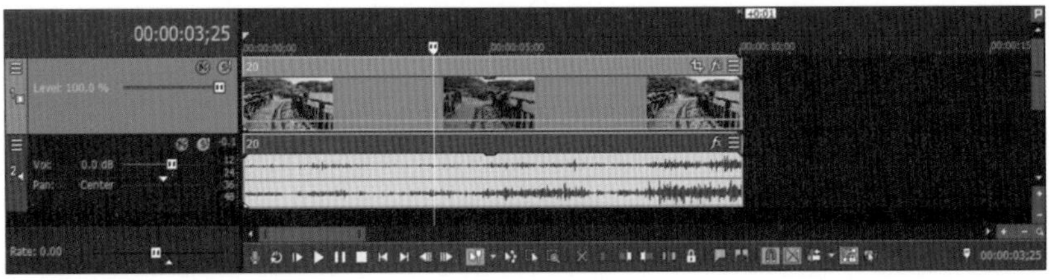

10 엔벌로프를 아래로 드래그하면 Velocity 값이 음수로 나타납니다. −100으로 표시되는 가장 아래 지점까지 드래그합니다.

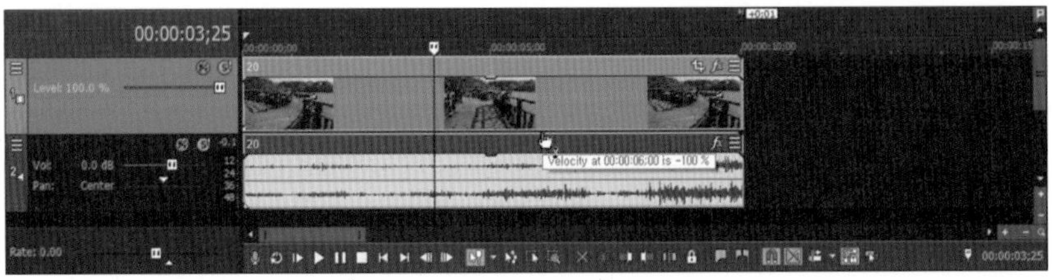

11 Velocity 값이 −100이면 이벤트가 원래의 속도(정배속)로 역재생됩니다. 음수 값을 갖되 −100보다 작은 값으로 설정되면 그만큼 원래 속도보다 느린 속도로 역재생됩니다. 이벤트의 앞쪽을 트리밍하면 거꾸로 재생될 때의 시작 지점을 변경할 수 있습니다. 물론 엔벌로프 포인터를 생성하여 각 구간 재생 방향이나 속도 등을 마음대로 설정할 수 있습니다.

TIP Reverse 메뉴

이벤트의 단축 메뉴에서 Reverse를 선택하면 간단하게 이벤트 전체를 정배속으로 역재생할 수 있습니다. 만일 Velocity 엔벌로프를 −100으로 설정한 상태에서 Reverse 메뉴를 선택하면 역재생이 두 번 적용되어 다시 정방향으로 재생되므로 주의해야 합니다.

03 이벤트의 길이와 함께 속도 변경하기

앞에서 이벤트의 속도를 변경했지만 길이는 변경되지 않아 반복 구간이 생기거나 일부가 잘리는 결과가 나타났습니다. 이번에는 이벤트의 길이를 변경함에 따라 자동으로 속도도 함께 변경되도록 해 보겠습니다.

01 그림과 같이 [source] 폴더에서 '22.mp4' 파일을 트랙에 추가합니다. 아울러 타임룰러의 눈금 단위를 적절히 조절하게 이벤트의 길이를 잘 알아볼 수 있도록 합니다. 현재 이벤트의 길이는 10초입니다.

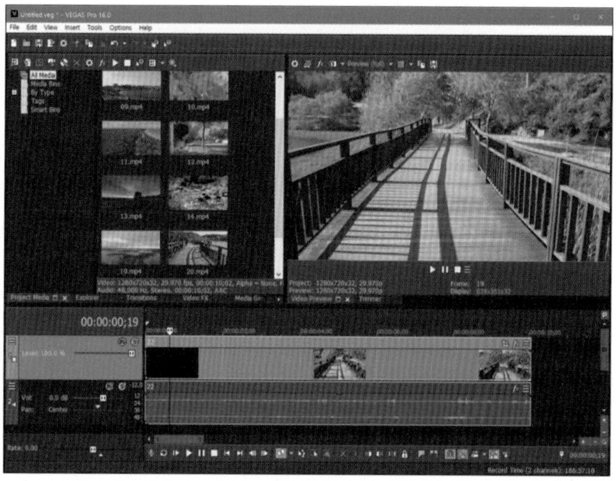

02 Ctrl 키를 누른 상태에서 이벤트의 끝부분을 클릭하고 12초 지점까지 드래그합니다. 드래그하는 동안 늘어난 길이는 마커 바에 표시됩니다.

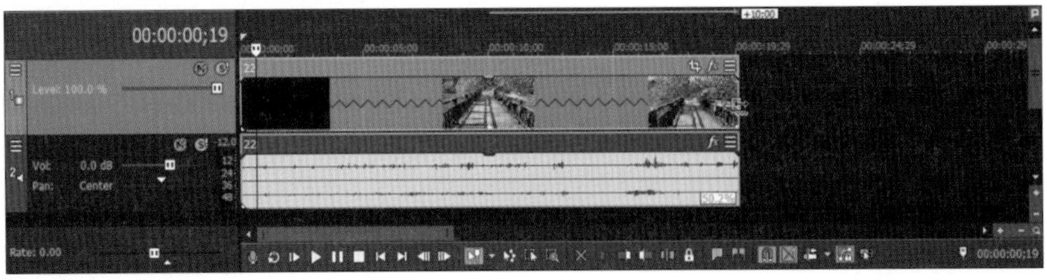

03 이벤트 안에 지그재그 형태의 선이 나타나는 것을 볼 수 있습니다. 이것은 단순히 이벤트의 길이가 늘어난 것이 아니라 재생 속도도 함께 변경되었다는 것을 의미합니다. 이 경우, 두 배의 길이로 늘려 주었으므로 1/2 속도로 재생됩니다.

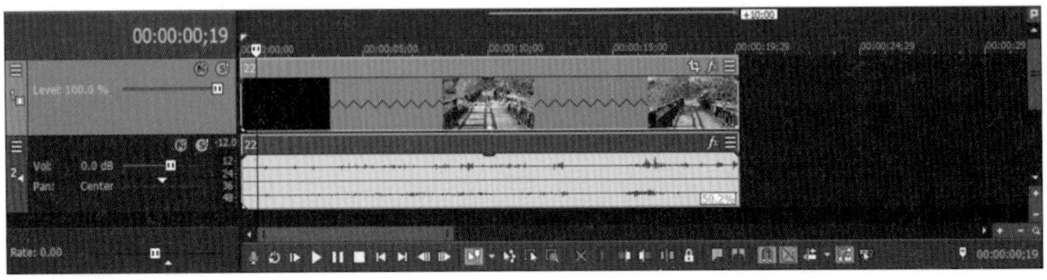

04 Ctrl+Z 키를 눌러 작업을 취소하고 Ctrl 키를 누른 상태에서 이벤트의 끝부분을 클릭하고 3초 지점까지 좌측으로 드래그합니다. 이벤트의 길이는 짧아지고 상대적으로 빠르게 재생됩니다. 즉, 1/2의 길이로 변경되었으므로 2배속으로 재생됩니다.

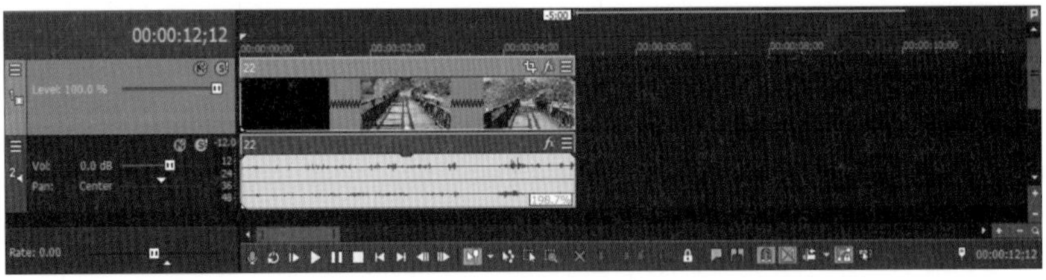

05 이벤트의 속성을 보면 결과를 볼 수 있습니다. 이벤트를 마우스 우측 버튼을 클릭하고 단축 메뉴에서 Properties를 선택합니다.

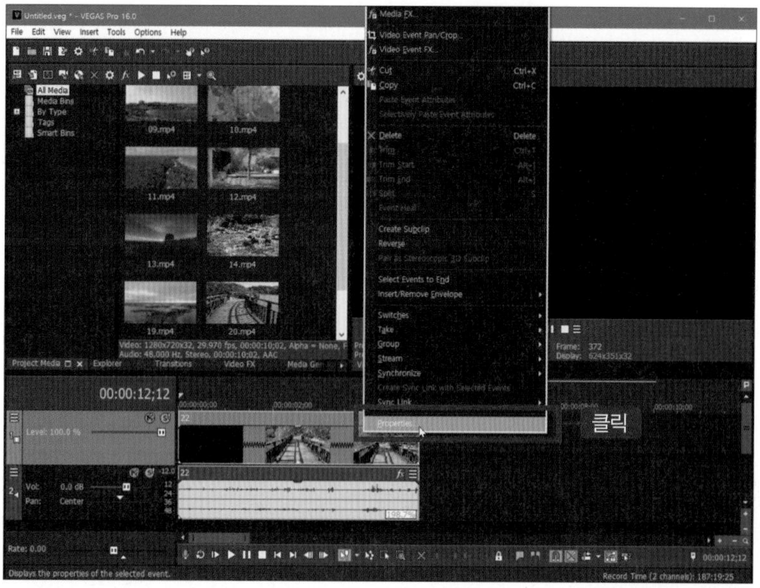

06 Properties 대화 상자가 나타납니다. Playback rate를 보면 '2.000'으로 나타나 있는 것을 볼 수 있습니다. 이것은 두 배로 빠르게 설정되어 있다는 것을 의미합니다.

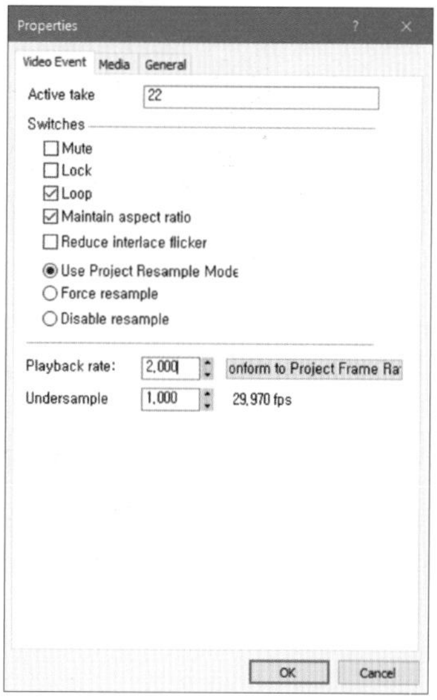

04 이벤트를 그룹으로 만들기

여러 이벤트는 같은 트랙에 놓여 있든 다른 트랙에 놓여 있든 관계없이 하나의 그룹으로 묶을 수 있으며, 그룹에 속한 모든 이벤트는 한 번에 이동되거나 편집할 수 있습니다. 그룹으로 묶여져 있다 하더라도 각 이벤트의 속성은 개별적으로 편집할 수 있습니다.

01 그림과 같이 두 개의 비디오 트랙에 각각 다른 비디오 이벤트를 등록한 다음, Ctrl 키를 누른 상태에서 모든 이벤트를 클릭하여 선택합니다. 비디오 이벤트와 하나의 파일을 이루고 있는 오디오 이벤트도 일일이 클릭하여 선택해 주어야 합니다. 선택된 상태의 이벤트는 주위에 연두색 테두리가 표시되므로 확인하도록 합니다.

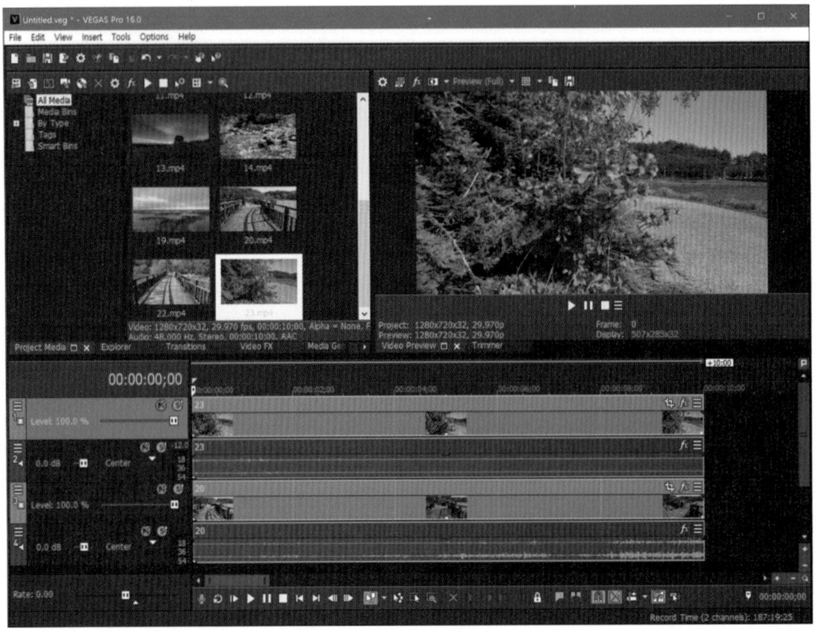

TIP 그룹을 만들 때의 이벤트 선택

일반적으로 하나의 파일을 이루고 있는 비디오와 오디오 이벤트는 어느 한쪽을 선택하면 다른 한쪽도 선택됩니다. 따라서 어느 한쪽을 선택하고 이동하거나 삭제하면 다른 한쪽의 이벤트도 같이 이동되거나 삭제되는 것을 볼 수 있습니다. 하지만 하나의 그룹으로 묶고자 할 때는 양쪽 다 클릭하여 선택해 주어야 합니다. 그렇지 않을 경우 클릭했던 이벤트만 그룹에 속하게 됩니다.

02 Edit〉Group〉Create New를 선택하거나 선택된 이벤트 위에서 마우스 우측 버튼을 클릭하여 단축 메뉴가 나타나면 Group〉Create New를 선택합니다.

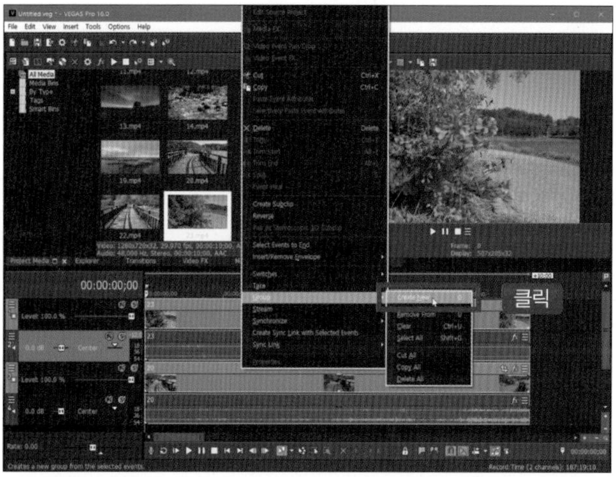

03 선택된 모든 이벤트가 하나의 그룹으로 묶이게 됩니다. 타임라인에서 이벤트가 놓여 있지 않은 빈 영역을 클릭하여 이벤트의 선택 상태를 해제한 다음, 아무 이벤트나 드래그해 보면 모든 이벤트가 함께 이동하므로 그룹으로 묶였다는 것을 알 수 있습니다.

04 다시 이벤트를 시작 지점에 두고 새로운 이벤트를 1번 트랙의 이벤트 뒷부분에 추가합니다. 새로 추가된 이벤트를 그룹에 포함시키려면 현재 그룹에 포함된 이벤트의 단축 메뉴를 열고 Group〉Select All을 선택합니다.

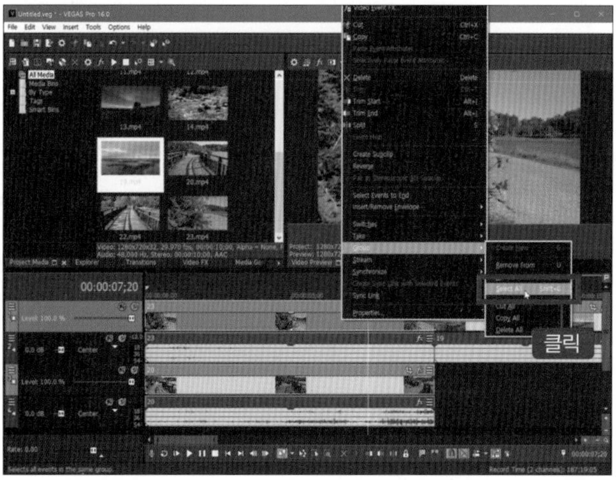

05 그룹 내의 모든 이벤트가 선택됩니다. Ctrl 키를 누른 채로 그룹에 추가하려고 하는 이벤트를 클릭한 다음, 다시 Edit〉Group〉Create New를 선택하거나 단축 메뉴에서 Group〉Create New를 선택합니다. 이로써 새로운 이벤트도 같은 그룹에 포함됩니다.

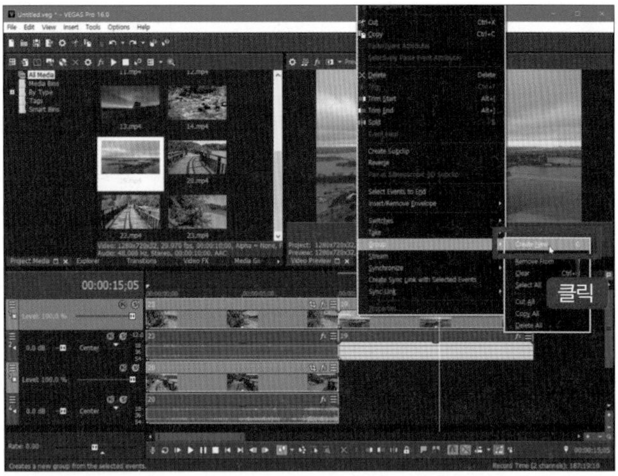

06 특정 이벤트만 그룹에서 해제하려면 이벤트가 등록되어 있지 않은 트랙의 빈 영역을 클릭하여 어느 이벤트도 선택되어 있지 않는 상태로 두고, 그룹에서 해제하려는 이벤트의 단축 메뉴에서 Group〉Clear를 선택합니다.

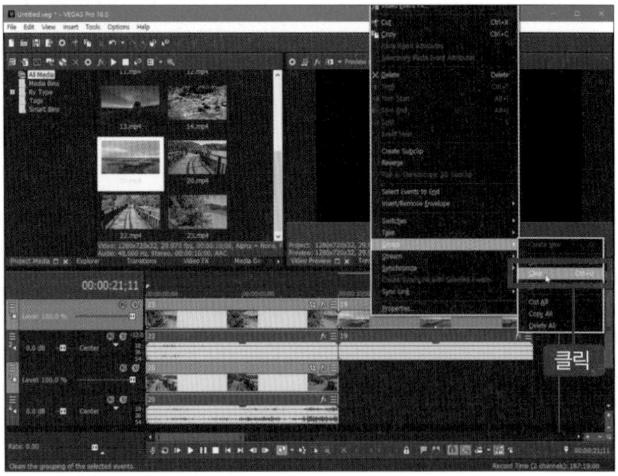

07 툴 바의 Ignore Event Grouping 버튼을 클릭하면 일시적으로 그룹을 해제할 수 있습니다. 이 경우, 각각의 이벤트는 개별적으로 다루어집니다. 심지어 하나의 파일로 이루어져 있는 비디오와 오디오 이벤트도 개별적으로 이동되거나 삭제됩니다. 적절히 원하는 편집을 마친 다음, 다시 Ignore Event Grouping 버튼을 클릭하여 해제 상태로 전환하면 최종 편집 상태로 다시 그룹화됩니다.

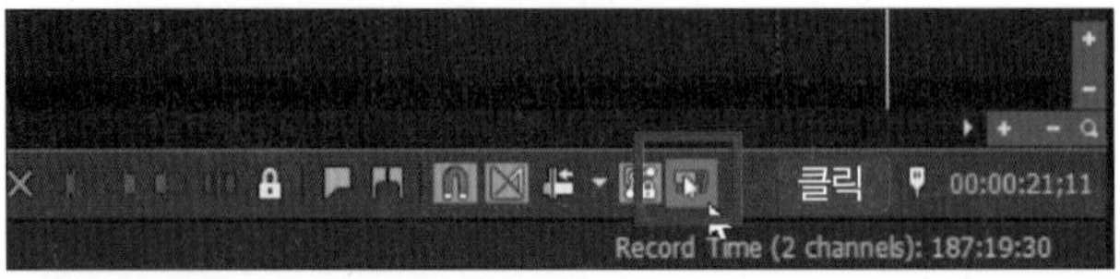

▲ Ignore Event Grouping 버튼

참고하세요!

동영상의 비디오와 오디오 이벤트 분리하기

일반적인 동영상은 비디오와 오디오가 하나의 파일로 존재하며 기본적으로 비디오 이벤트와 오디오 이벤트가 일종의 그룹 형태로 존재합니다. 이들을 분리하려면 이벤트의 단축 메뉴에서 Group〉Clear를 선택합니다.

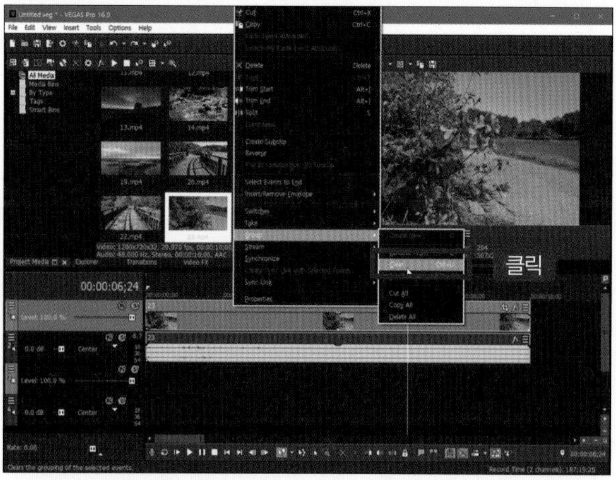

두 이벤트가 분리되며 한쪽 이벤트만 이동시키거나 삭제할 수 있습니다. 따라서 오디오 이벤트만 삭제하고 다른 오디오 이벤트를 등록하면 다른 소리를 들려 주는 동영상을 만들 수도 있습니다. 분리된 이벤트는 다시 그룹으로 묶어 하나의 파일처럼 편집할 수 있습니다.

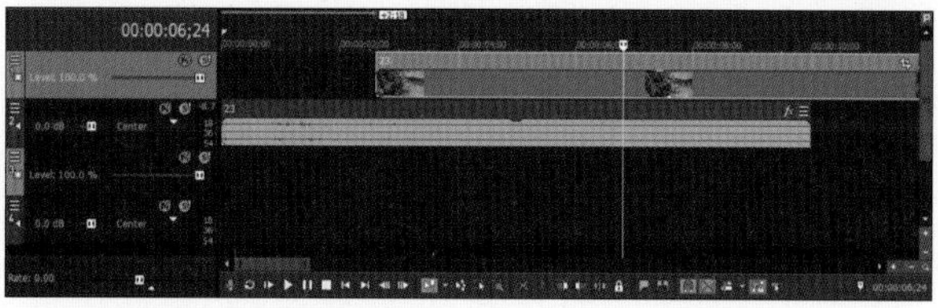

▲ 한쪽 이벤트만 독립적으로 이동 및 삭제 가능

CHAPTER 11

오디오 이벤트와 마스터 버스 윈도우 다루기

영상 편집에 있어서 오디오의 비중도 적지 않은 만큼, 베가스에서는 오디오 이벤트에 대해서도 여러 엔벌로프를 통해 다양한 조작이 가능하도록 지원하고 있습니다. 오디오 이벤트를 조작하는 방법과 오디오의 컨트롤을 위한 마스터 버스 윈도우에 대해 살펴보겠습니다.

01 볼륨과 페이드 적용하기

오디오 이벤트도 엔벌로프를 사용하여 볼륨이나 페이드 인, 페이드 아웃 등을 적용할 수 있으며 단축 메뉴를 통하여 역재생이나 채널과 관련된 속성을 변경할 수 있습니다. 또한 별도로 지정한 오디오 편집 프로그램과 연동하여 보다 정밀하고 다양한 편집도 가능합니다.

01 [source] 폴더의 '24.mp4' 파일을 트랙에 추가하고 오디오 이벤트의 위쪽에 있는 엔벨로프 커서에 마우스를 두면 마우스 포인터가 손모양으로 바뀌며 'Gain is 0.0 dB'이라는 툴팁이 나타납니다.

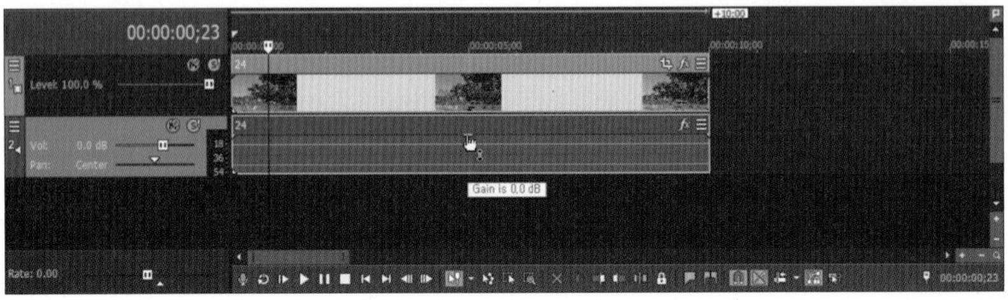

02 마우스로 클릭하고 아래로 드래그하면 볼륨에 대한 엔벌로프가 나타나며 이벤트의 볼륨 값이 낮아집니다. 다른 엔벌로프처럼 드래그하는 동안, 현재 지점에 대한 엔벌로프 값(볼륨 값)이 표시됩니다.

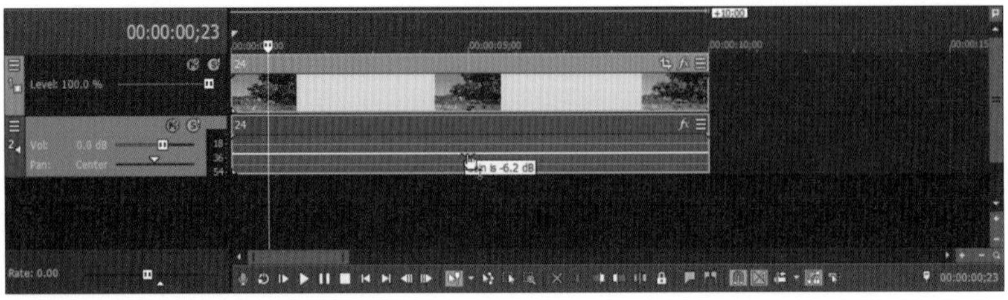

03 비디오 이벤트와 마찬가지로 오디오 이벤트에 대해서도 간단하게 페이드 인과 페이드 아웃을 만들어 줄 수 있습니다. 엔벨로프를 상단으로 드래그하여 기본값으로 두고 이벤트의 시작 지점 상단에 마우스 포인터를 가져갑니다. 다음과 같이 엔벨로프 핸들이 나타납니다.

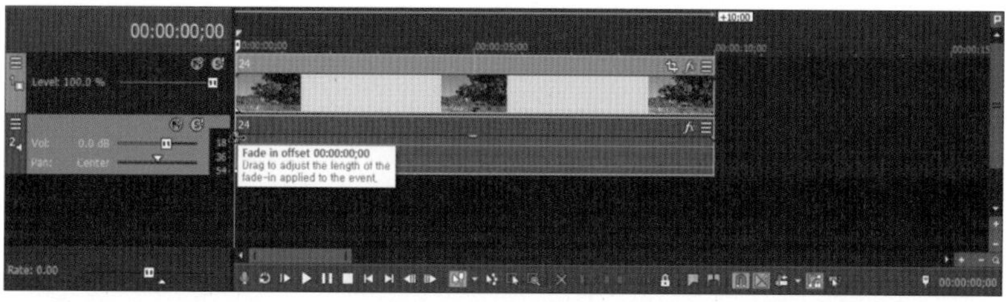

04 핸들을 우측으로 1초 지점까지 드래그합니다. 드래그한 길이만큼의 페이드 곡선이 만들어집니다.

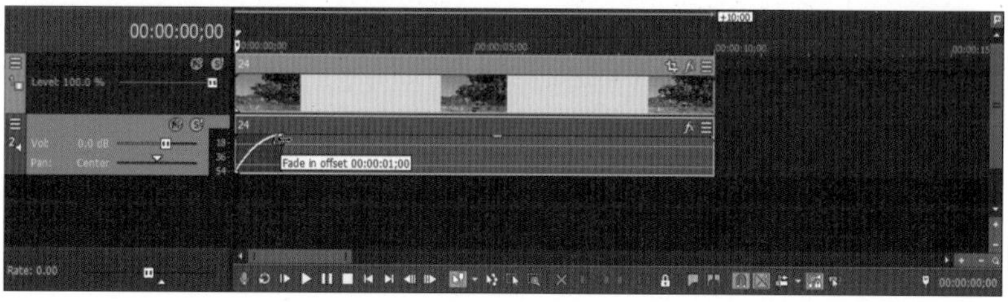

05 이벤트의 끝 지점에도 엔벨로프 핸들을 좌측으로 1초 길이만큼 드래그하여 페이드 곡선이 나타나도록 합니다.

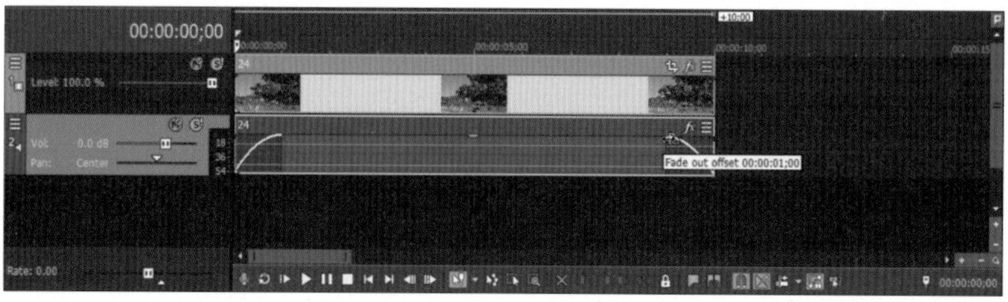

06 비디오 이벤트와 마찬가지로 오디오 이벤트의 페이드 곡선도 원하는 형태로 바꿀 수 있습니다. 엔벨로프 핸들 위에서 마우스 우측 버튼을 클릭하면 다음과 같이 페이드 타입이 나타나 페이드 구간의 진행 형태를 변경할 수 있습니다.

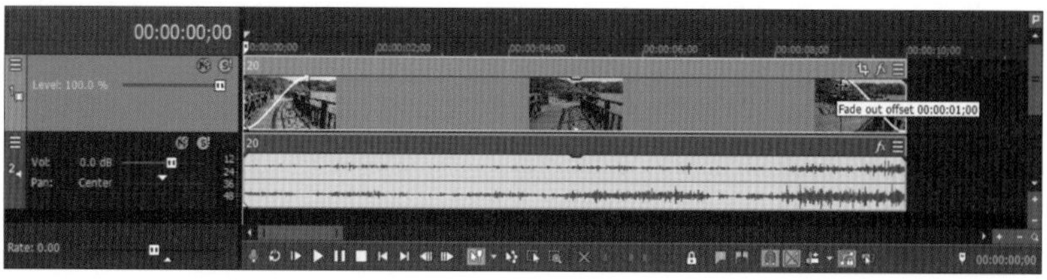

02 오디오 이벤트의 채널 조절과 거꾸로 재생하기

오디오 이벤트의 채널과 관련된 속성은 단축 메뉴를 통해 변경할 수 있습니다. 이펙트를 사용하여 동일한 효과를 적용할 수도 있지만 단순히 메뉴 선택만으로 가능하기 때문에 편리합니다.

트랙에 놓인 오디오 이벤트를 마우스 우측 버튼으로 클릭하여 단축 메뉴가 나타나면 Channels을 선택합니다. 그림과 같이 채널 설정과 관련된 하위 메뉴가 나타납니다.

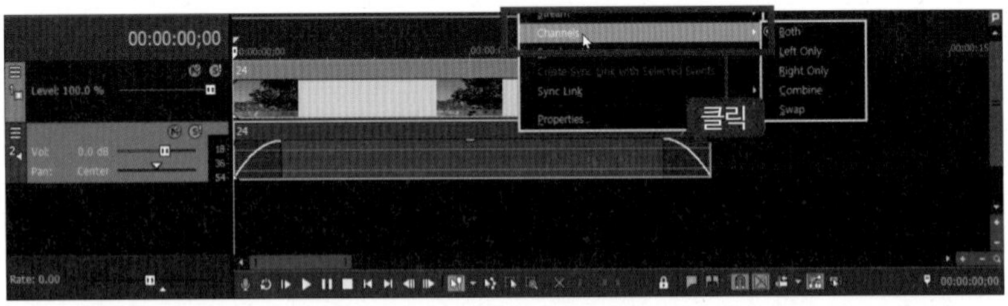

- Both – 기본값이며, 스테레오의 양쪽 채널을 모두 재생합니다.
- Left Only – 좌측 채널만 재생합니다.
- Right Only – 우측 채널만 재생합니다.
- Combine – 양쪽 채널을 하나의 채널로 합치되 이로 인해 볼륨 값이 커져 잘려나가는 부분이 발생할 수 있으므로 볼륨 값(레벨)을 반으로 줄입니다.
- Swap – 좌측 채널과 우측 채널을 서로 바꿔서 재생합니다.

Left Only와 Right Only의 경우, 각각 해당하는 한쪽 채널의 오디오를 양쪽 채널을 통해 재생합니다. 즉, Left Only를 선택했다고 해서 좌측 채널의 소리가 좌측 스피커를 통해 재생되는 것이 아니라 양쪽 스피커를 통해 재생됩니다. 따라서 소리는 중앙에서 나는 것처럼 들리게 됩니다.

오디오를 거꾸로 재생하는 것도 단축 메뉴를 통해 간단히 해결할 수 있습니다. 오디오 이벤트를 마우스 우측 버튼으로 클릭하고 단축 메뉴에서 Reverse를 선택하면 오디오 이벤트에 나타난 파형이 거꾸로 변화되며 이벤트의 앞부분에 ⇠ 표시가 나타나 역재생 상태임을 알려 줍니다. 프리뷰해 보면 알 수 없는 이상한 소리로 들리게 됩니다.

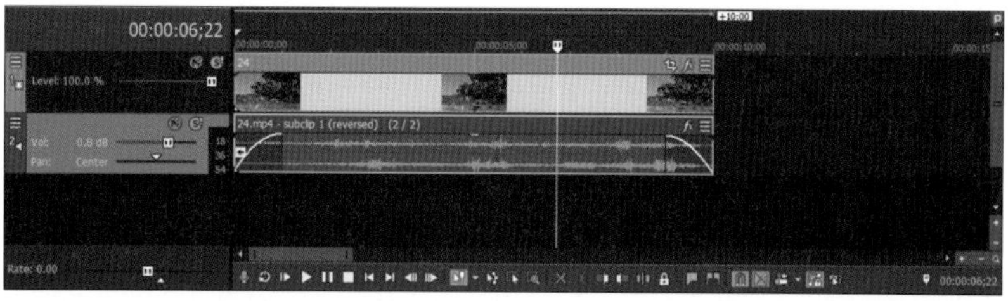

TIP 오디오 파형이 보이지 않는다면

오디오의 레벨이 낮은 이벤트의 경우 파형이 제대로 보이지 않습니다. 오디오 이벤트의 단축 메뉴에서 Switches〉Normalize를 선택하여 적정 레벨로 키운 다음 확인해 보도록 합니다.

03 오디오 이벤트의 피치 변경하기

오디오 이벤트의 속성 대화 상자를 통해 오디오 이벤트의 음높이(Pitch)를 변경할 수 있습니다. 오디오 테이프를 빨리 돌리면 그만큼 음높이도 변경되는 것처럼, 속도에 따라 음높이가 변화되도록 할 수도 있으며 속도의 변화와 관계없이 일정한 음높이를 갖게 할 수도 있습니다.

01 트랙에 등록된 이벤트가 있다면 삭제하고 [source] 폴더에 있는 'music01.mp3' 파일을 트랙에 등록합니다. 오디오 파일이므로, 이미 트랙이 생성되어 있다면 오디오 트랙으로 드래그해야 등록됩니다.

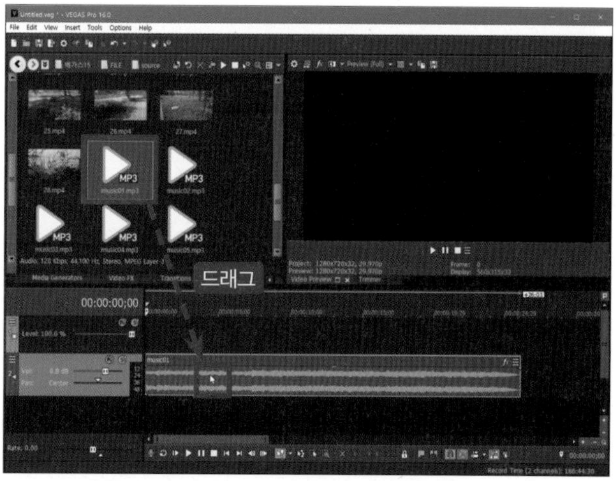

02 트랙에 등록된 오디오 이벤트 위에서 마우스 우측 버튼을 클릭하여 단축 메뉴에서 Properties를 선택합니다. Time stretch / pitch의 Method 드롭 다운 메뉴를 열고 Classic을 선택합니다.

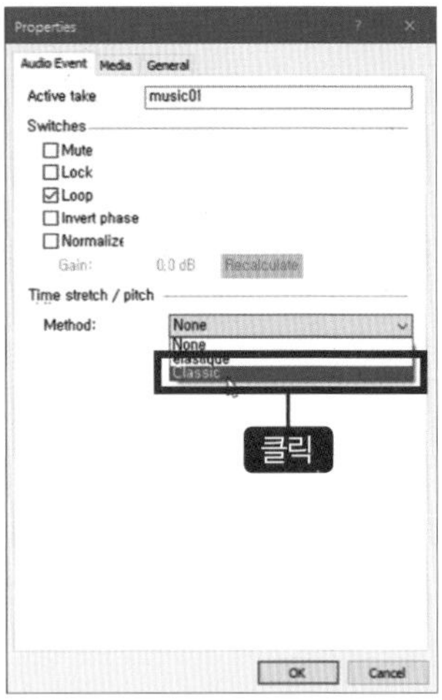

03 세부 옵션들이 나타납니다. Original length에는 현재 오디오 이벤트의 본래 길이가 나타납니다. New length에 새로운 값을 입력하면 지정한 만큼 이벤트의 길이가 늘어나고 상대적으로 음높이도 변화하게 됩니다. 이벤트의 길이는 바꾸지 않고 음높이만 변경하려면 Pitch 값을 변경합니다. Pitch 값을 12로 입력하고 [OK] 버튼을 클릭합니다.

04 오디오 이벤트의 길이는 변함이 없지만 Pitch 값을 변경하였기 때문에 그만큼 음높이만 변경되어 재생됩니다. 이벤트의 좌측 하단에는 변경된 값이 표시됩니다. 프리뷰로 직접 소리를 들어 보도록 합니다.

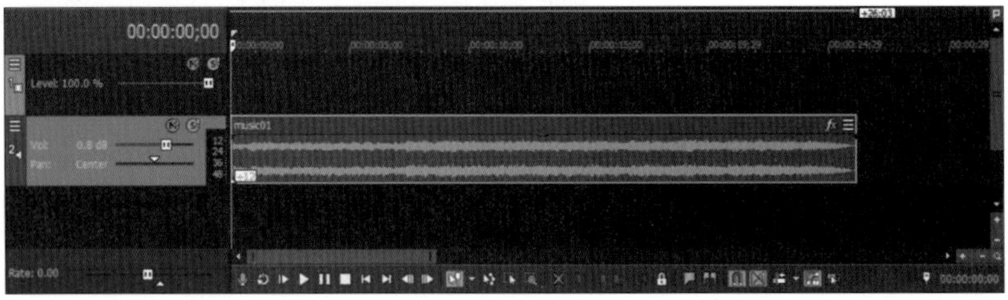

참고하세요!

Pitch 값에 따른 음높이와 입력 범위

Pitch는 음높이를 가리키는 것으로 1의 값이 반음을 가리키며 한 옥타브는 12 값을 갖습니다. 음수 값을 지정하면 음높이가 낮아지며 -24에서 24까지의 값을 입력할 수 있습니다. 다시 말해, 위아래로 2옥타브까지의 범위 안에서 음높이를 변경할 수 있습니다. Pitch 값을 변경하면 일반적인 음성을 만화 영화에 나오는 캐릭터의 음성처럼 독특하게 변형할 수도 있습니다.

05 다시 오디오 이벤트의 속성 대화 상자를 엽니다. Pitch의 Lock to stretch 옵션은 음높이와 이벤트의 길이가 서로 연동되도록 합니다. 즉, New length 값과 Pitch 값 중 어느 한쪽을 변경한 경우, 이에 따라 다른 값도 변화됩니다. Lock to stretch 옵션 체크하고 New length 값을 이벤트 길이의 두 배인 52.08로 변경한 다음, Pitch 값의 입력란을 마우스로 클릭하면 Pitch 값이 −11.99713(−12의 근사값)으로 바뀌어 나타나는 것을 볼 수 있습니다. [OK] 버튼을 클릭합니다.

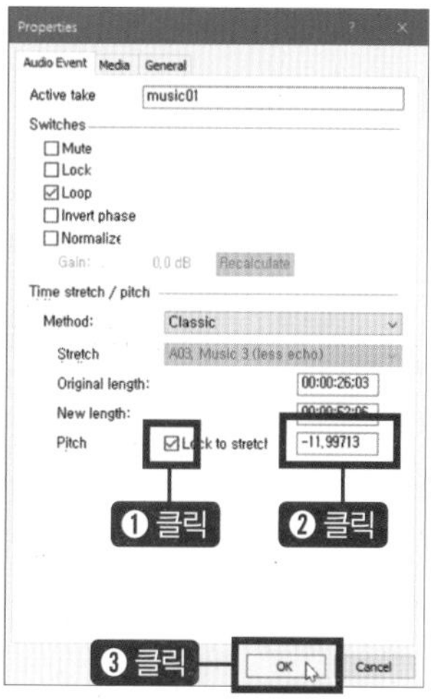

06 오디오 이벤트의 길이가 두 배로 늘어나게 되고 원래의 소리에 비해 한 옥타브 낮은 음으로 재생됩니다. 이벤트의 좌측에는 한 옥타브 낮은 값으로 변경되었음을 의미하는 '−12'(또는 근사값)가 표시되고 이벤트 우측에는 정상 속도의 절반으로 재생되고 있음을 의미하는 '50%'가 표시됩니다.

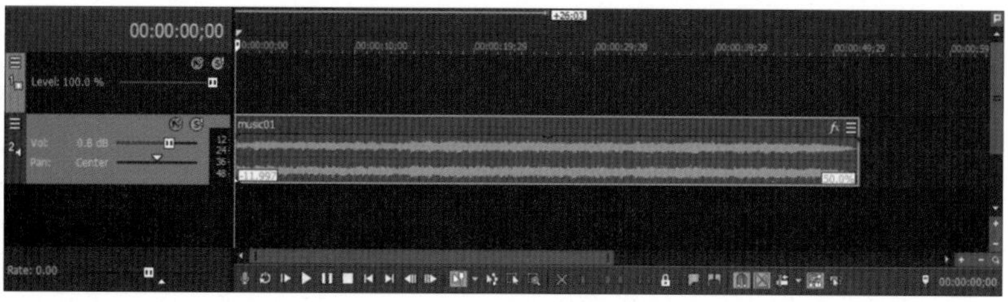

07 다시 Properties 대화 상자를 열고 Lock to stretch 옵션이 체크되어 있는 상태에서 Pitch 값을 12로 입력한 다음, New length 입력란을 클릭합니다. New length 값이 본래 이벤트의 길이보다 1/2(또는 근사값)로 변경되어 나타나는 것을 볼 수 있습니다. [OK] 버튼을 클릭합니다.

08 오디오 이벤트의 길이가 절반으로 줄어들고 이에 따라 한 옥타브 높은 음으로 재생됩니다. 물론 좌측에는 변경된 피치 값이, 우측에는 변경된 배속이 표시됩니다.

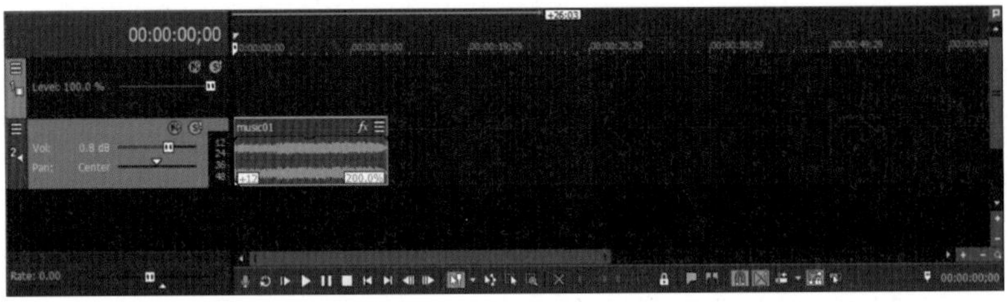

04 마스터 버스 윈도우와 도구 버튼들

마스터 버스 윈도우는 오디오의 음량 조절과 각종 효과 적용, 오디오 버스 등의 작업을 편리하게 수행할 수 있는 곳입니다. 각 도구들을 살펴본 다음, 오디오 버스를 사용한 샘플 작업의 예를 다루어보도록 하겠습니다.

마스터 버스 윈도우는 기본적으로 다음과 같은 형태를 가지고 있습니다. 평소에 잘 사용하지 않아 꺼 놓았었다면 View〉Window〉Master Bus를 선택하면 다시 나타납니다. 별도로 설명이 필요한 기능에 대해서는 뒤에서 다루겠습니다.

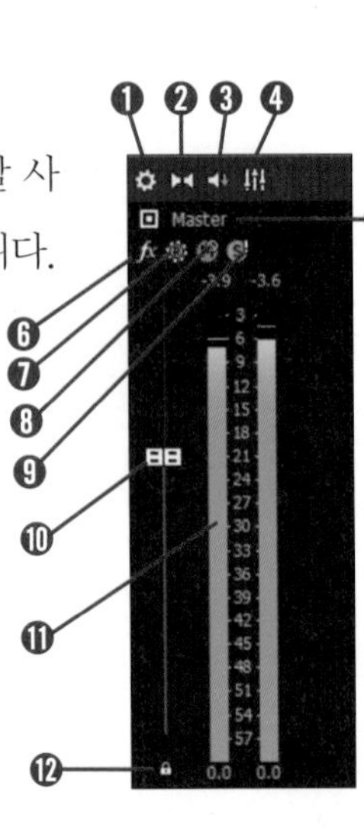

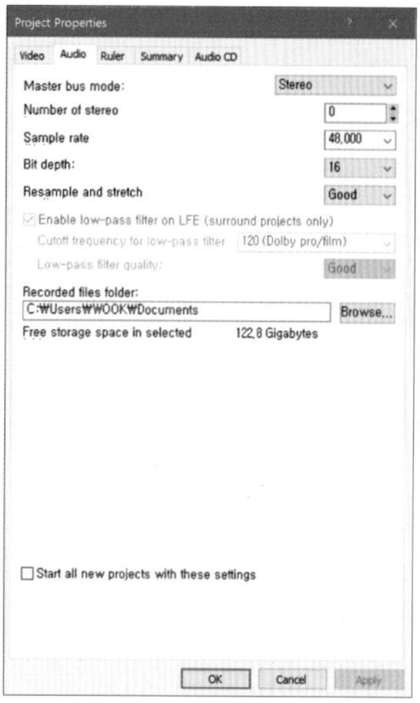

❶ Audio Properties

프로젝트 속성 대화 상자의 오디오 탭이 열리게 합니다.

❷ Downmix Output

클릭할 때마다 5.1채널, 스테레오, 모노의 순으로 출력 형태를 변경합니다. 소스 파일이 스테레오인 경우, 스테레오와 모노로만 전환됩니다.

❸ Dim Output

하드웨어 출력으로 전송되는 모든 버스의 음량을 20dB로 낮춥니다. 다시 클릭하면 원래의 상태로 되돌아옵니다.

❹ Open Mixing Console

View〉Window〉Mixing Console를 선택한 것과 동일하게 믹싱 콘솔 윈도우를 엽니다.

❺ Name

더블 클릭하여 현재 버스의 이름을 변경할 수 있습니다.

❻ Master FX

오디오 이펙트를 추가합니다.

❼ Automation Settings

오토메이션 옵션을 선택합니다.

❽ Mute

현재 버스가 재생되지 않도록 합니다.

❾ Solo

현재 버스의 출력만 재생되도록 합니다.

❿ Output Fader

드래그하여 볼륨을 조절합니다.

⓫ Output Meter

버스의 재생 레벨값을 표시합니다.

⓬ Lock/Unlock Fader Channels

스테레오의 양쪽 채널 볼륨을 한꺼번에 조절하도록 Output Fader를 잠그거나 잠금을 해제합니다.

05 소스 파일을 프리뷰할 때 Output 페이더 사용하기

도구 버튼과 단축 메뉴 중에서 중요한 부분을 상세히 살펴보겠습니다. 프리뷰 믹서는 타임라인에 등록되지 않은 소스 파일을 프리뷰할 때 볼륨 값을 조절할 수 있습니다.

01 믹서 윈도우의 폭을 충분히 크게 조절한 후, 마스터 버스 윈도우의 Output Meter 바깥 부분 위에서 마우스 우측 버튼을 클릭하여 단축 메뉴를 열고 Show Preview Fader를 선택합니다.

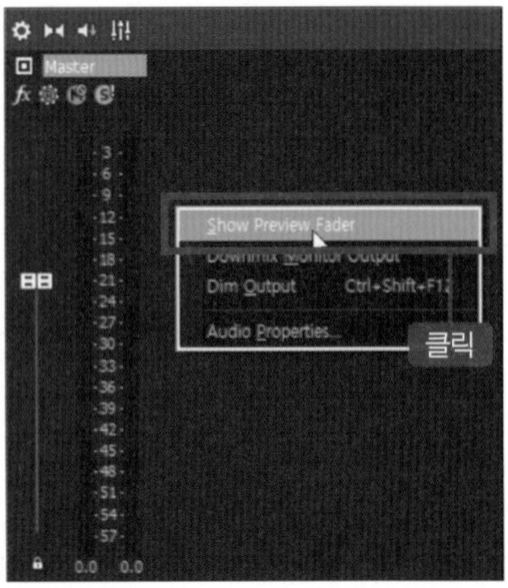

02 믹서 윈도우 좌측에 프리뷰 믹서가 나타납니다. 다른 윈도우의 크기를 적절히 조절하여 프리뷰 믹서가 제대로 나타나게 한 다음, 익스플로러 윈도우나 프로젝트 미디어 윈도우에 있는 파일 중 하나를 선택하고 Start Preview 버튼을 클릭합니다.

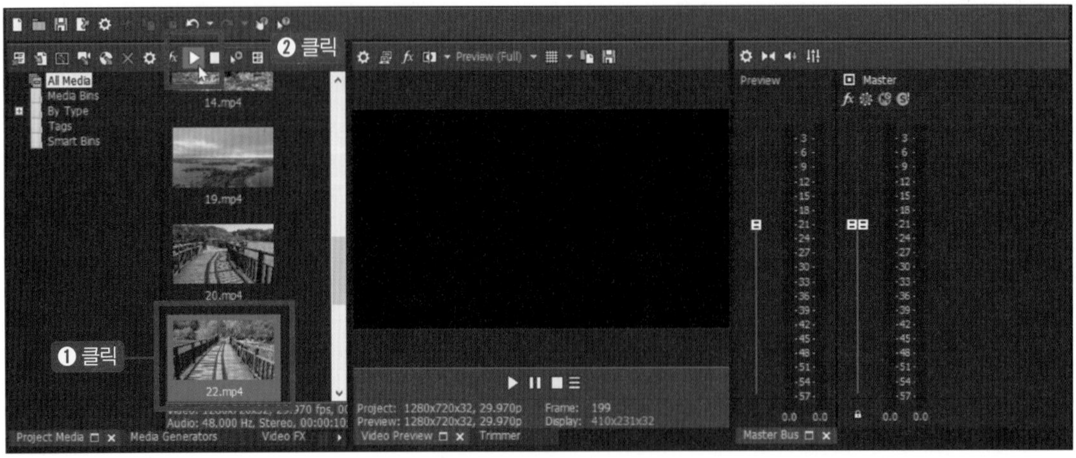

03 해당 파일이 재생되면서 오디오 레벨이 프리뷰 믹서에 나타납니다. 볼륨이 너무 크거나 작다면 프리뷰 믹서의 Output 페이더를 드래그하여 적절히 조절한 다음, 다시 프리뷰합니다.

TIP 미세하게 Output 페이더 조절하기

Ctrl 키를 누른 채로 Output 페이더를 드래그하면 페이더가 조금씩 움직이므로 미세하게 조절할 수 있습니다. 또한 마스터 버스 윈도우나 프리뷰 믹서의 페이더도 다른 슬라이더와 마찬가지로 더블 클릭하면 초기값으로 돌아갑니다.

03 프리뷰 믹서가 나타나지 않게 하려면 믹서 윈도우나 프리뷰 믹서의 단축 메뉴에서 Show Preview Fader의 선택 상태를 해제합니다.

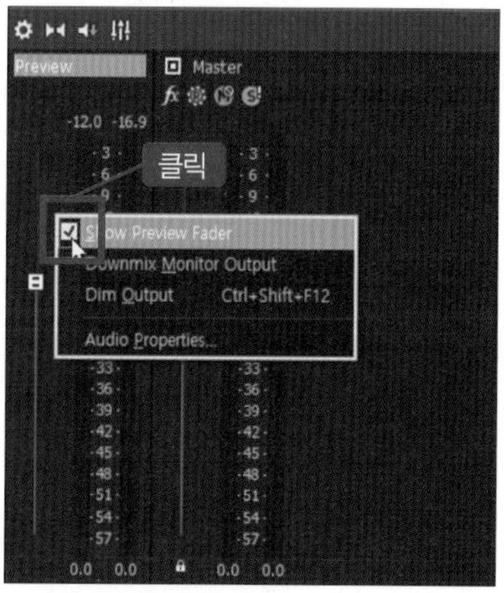

06 버스 트랙 사용하기

버스 트랙(Bus Track)은 하나의 오디오 트랙에 여러 샘플을 만들어 합성하기 위한 또 다른 트랙입니다.

01 [source] 폴더에서 '20.mp4' 파일을 트랙에 추가하고 Insert〉Audio Bus를 선택하거나 믹서 윈도우의 Insert Bus 버튼을 클릭하고 View〉Audio Bus Tracks를 선택합니다.

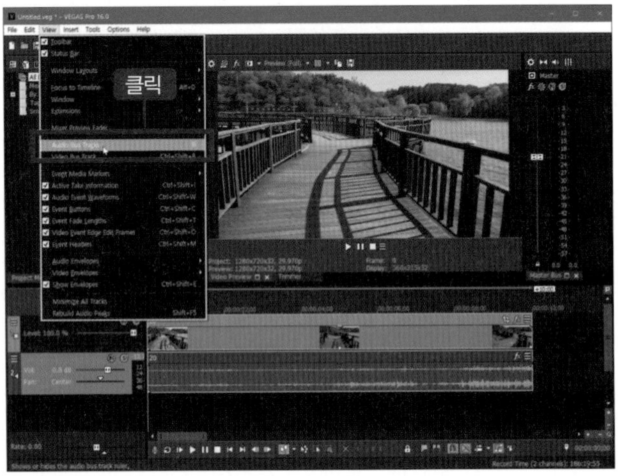

02 트랙의 높이를 키워 보면 트랙 하단에 오디오의 Master 트랙과 함께 새로 추가한 오디오 Bus 트랙이 나타나는 것을 볼 수 있습니다.

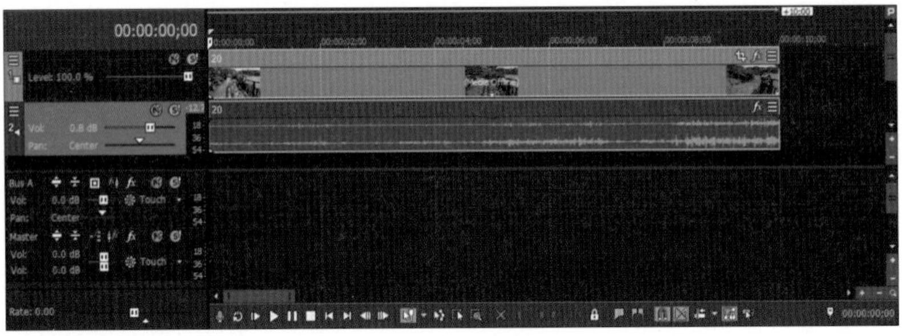

03 Bus A 트랙 위에서 마우스 우측 버튼을 클릭하여 단축 메뉴를 열고 Insert/Remove Envelope〉Pan을 선택합니다.

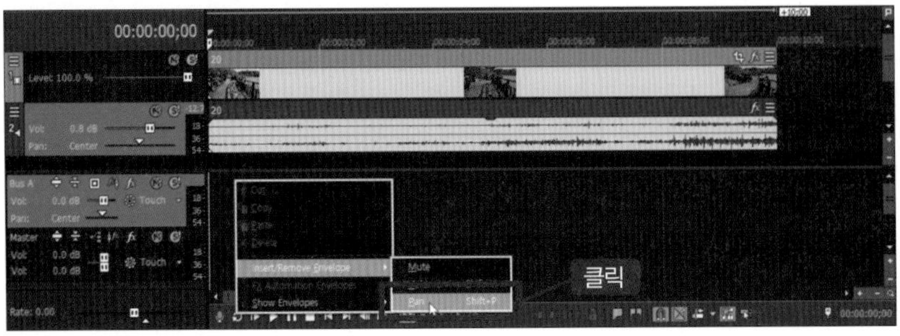

04 Bus 트랙에 Pan 엔벨로프가 나타납니다. 몇 군데를 더블 클릭하여 포인터를 추가하고 그림과 같이 엔벨로프를 조절합니다.

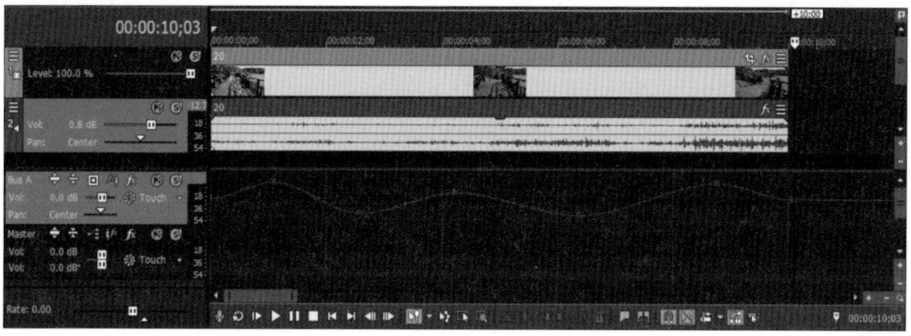

05 마스터 버스 윈도우에서 Open Mixing Console 버튼을 클릭합니다.

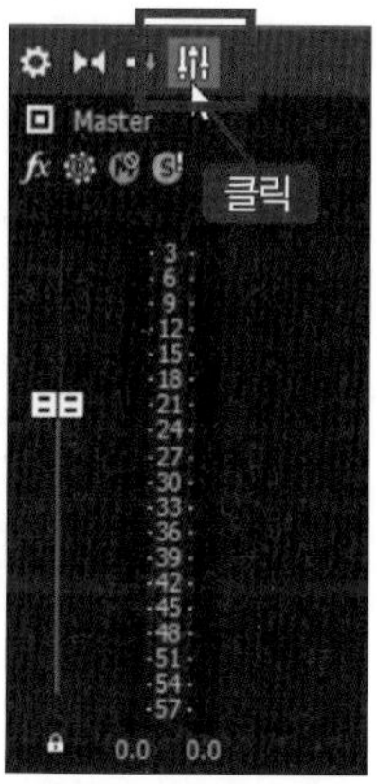

06 마스터 버스를 비롯하여 버스 트랙 등, 모든 트랙에 대한 오디오 상태를 볼 수 있는 믹싱 콘솔 윈도우가 나타납니다. 이벤트를 프리뷰해 보면 Pan 엔벨로프를 조절하였음에도 불구하고 이전과 변함없이 들리며 믹싱 콘솔 윈도우에서도 Bus A 믹서의 레벨 미터에서 레벨이 전혀 표시되지 않고 있다는 것을 알 수 있습니다.

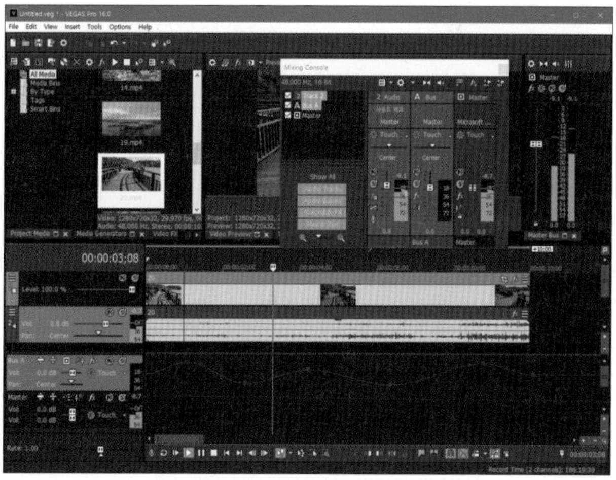

07 이벤트가 등록되어 있는 오디오 트랙 리스트에서 More라고 표시되는 메뉴 버튼을 클릭합니다.

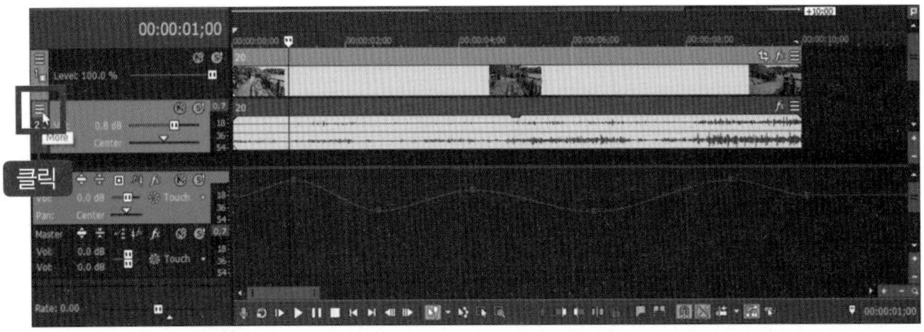

08 메뉴가 나타나면 Output Bus〉Bus A를 선택합니다.

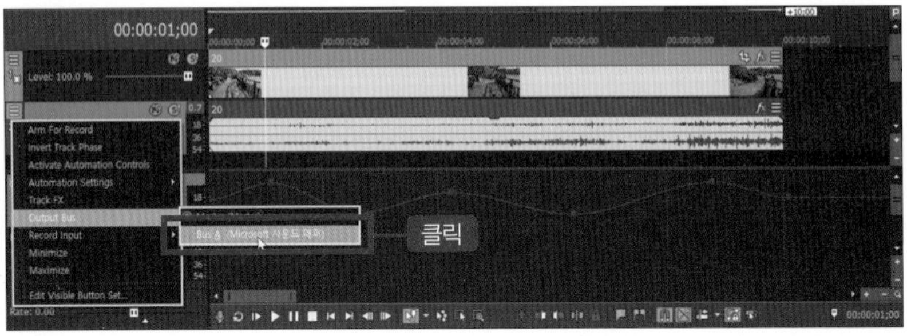

09 다시 프리뷰를 통해 확인합니다. Bus A 트랙에 설정된 엔벨로프에 의해 소리가 좌우 채널로 이동하듯이 들리게 되며 실제로 Bus A 믹서의 레벨 미터를 통해서도 정상적으로 재생되고 있음을 확인할 수 있습니다.

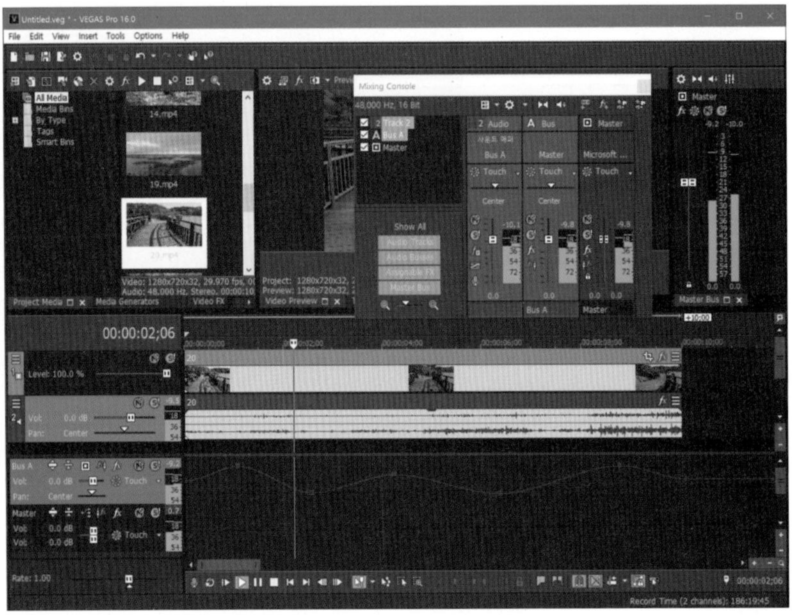

참고하세요!

버스의 추가와 삭제

버스 트랙은 25개까지 추가할 수 있으며 각 버스별로 여러 엔벌로프와 다양한 이펙트를 적용할 수 있습니다. 여러 버스 트랙에 다양한 변화나 효과를 주어 재생해 본 다음, 마음에 드는 버스 트랙만 재생되도록 함으로써 최종 출력물을 생성합니다.

버스 트랙을 삭제하려면 믹싱 콘솔 윈도우에서 버스 트랙의 단축 메뉴를 열고 Delete를 선택합니다.

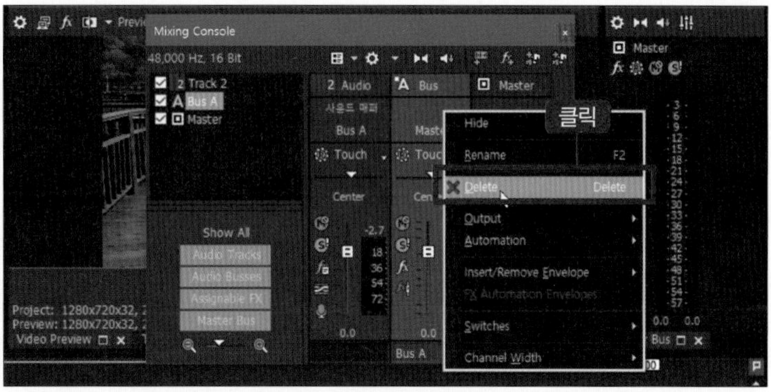

07 오토메이션 기능 사용하기

오토메이션(Automation)이란 오디오 이벤트를 재생하는 동안 실시간으로 볼륨이나 팬을 조절하는 기능을 가리킵니다. 간단히 드래그함으로써 오토메이션 기능을 사용할 수 있습니다.

01 새 프로젝트를 시작한 후, [source] 폴더에 있는 '20.mp4' 파일을 트랙에 등록하고 오디오 트랙 리스트의 단축 메뉴를 열어 Insert/Remove Envelope〉Volume를 선택합니다.

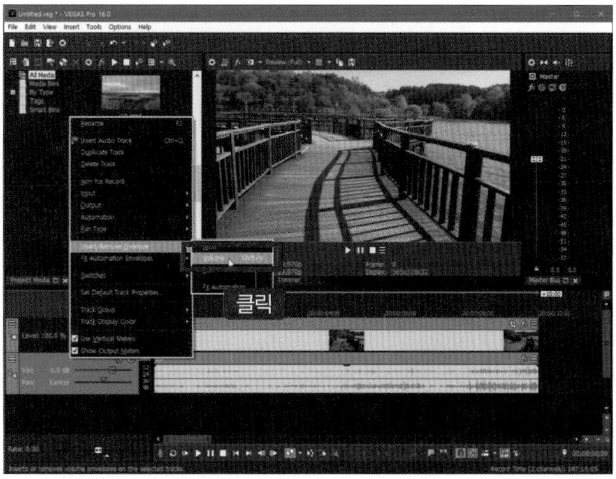

02 오디오 트랙위에 Volume 엔벌로프가 나타납니다. 오디오 트랙의 메뉴 버튼을 클릭하고 Activate Automation Controls를 선택합니다.

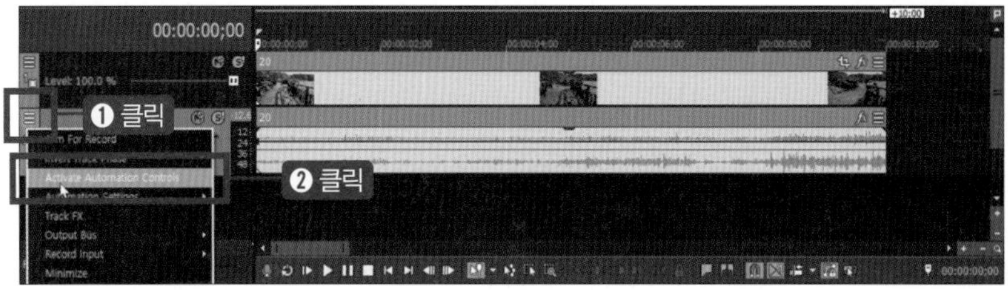

03 에디트 라인을 시작 지점에 두고 Space Bar를 눌러 프리뷰하면서 오디오의 볼륨을 작게 하고자 하는 지점에서는 오디오 트랙 리스트의 Volume 슬라이더를 좌측으로, 크게 하고자 하는 지점에서는 Volume 슬라이더를 우측으로 드래그합니다.

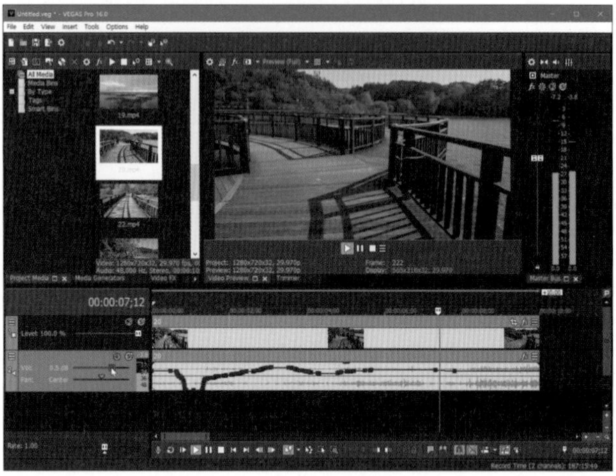

04 Space Bar를 누르면 에디트 라인이 다시 원래의 위치로 되돌아갑니다. 오디오 트랙 위를 보면 Volume 슬라이더를 드래그했던 대로 볼륨 엔벌로프에 수많은 포인터가 자동으로 생성되어 나타나는 것을 볼 수 있습니다.

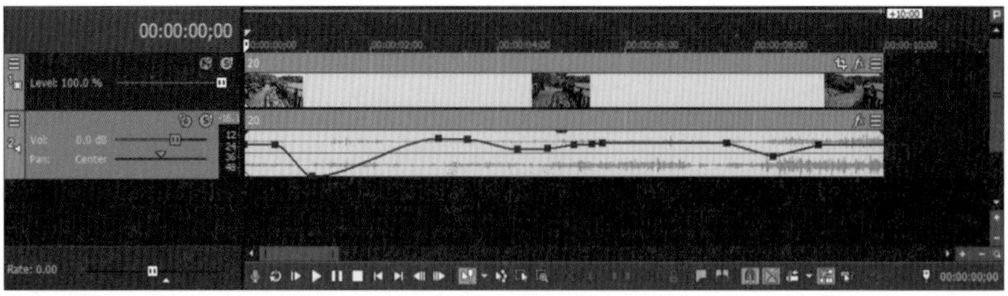

05 [source] 폴더에서 'music06.mp3' 파일을 타임라인으로 드래그하여 새로운 오디오 트랙으로 등록한 다음, 앞에서 했던 것처럼 이 트랙의 트랙 리스트에서 단축 메뉴를 열고 Insert/Remove Envelope〉Volume를 선택합니다. 이어서 트랙의 메뉴 버튼을 클릭하고 Activate Automation Controls를 선택합니다.

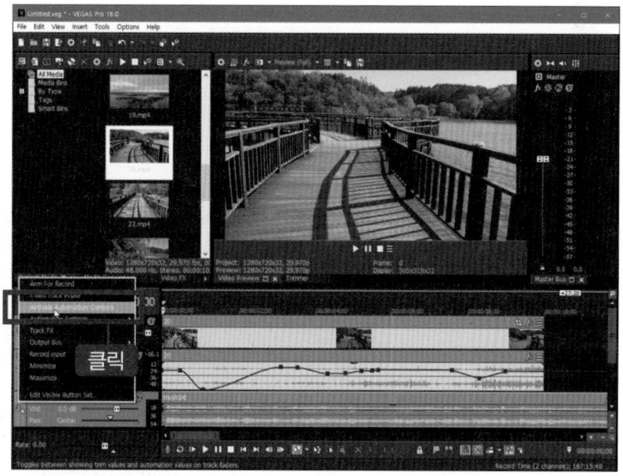

06 Space Bar를 눌러 이벤트가 재생되면 앞에서 했던 것처럼 트랙 리스트에서 볼륨 슬라이더를 드래그하여 위에서 작업한 오디오에 어울리게 각 지점에 대한 볼륨 값을 설정합니다. 새로 추가한 오디오는 배경 음악으로 사용될 것이기 때문에 위에 있는 오디오의 소리가 작아지는 부분은 크게, 커지는 부분은 작게 볼륨 값을 설정하는 것이 좋습니다. 마음에 들지 않을 경우, 다시 오토메이션을 시도하거나 생성된 포인트를 직접 드래그하여 조절합니다.

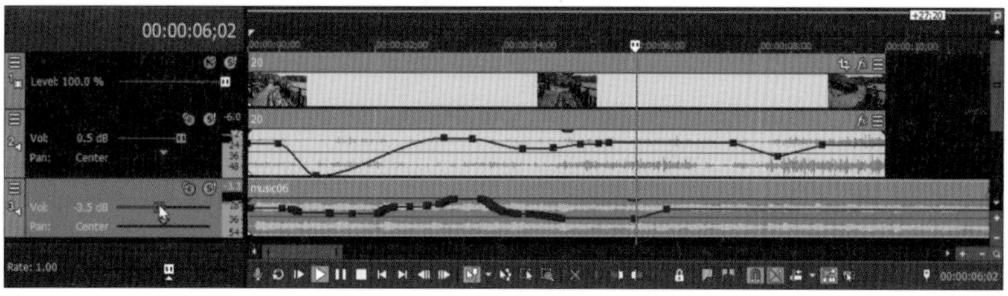

참고하세요!

Automation 옵션

트랙 리스트의 메뉴 버튼을 클릭하고 Automation Settings 메뉴를 선택하면 네 가지의 오토메이션 옵션이 나타나며 기본적으로 Automation Write (Touch)가 선택되어 있는 것을 볼 수 있습니다. 각 옵션의 기능은 다음과 같습니다.

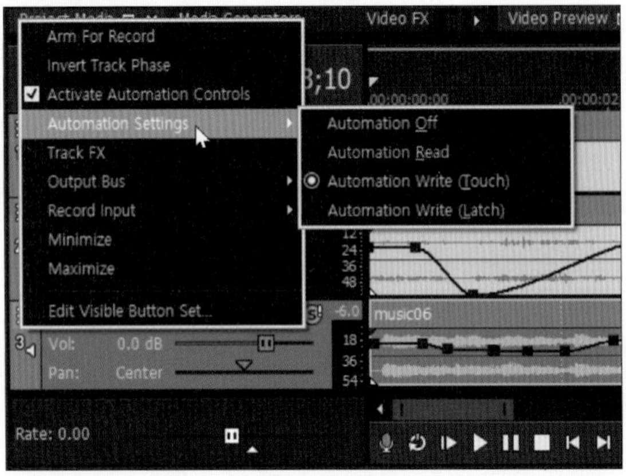

▲ 오토메이션 옵션

- Automation Off – 오토메이션 기능을 해제합니다. 오토메이션으로 기록하거나 재생이 모두 불가능하며 기본적인 볼륨 값으로 재생합니다.
- Automation Read – 오토메이션으로 기록할 수는 없으며 기록된 값의 재생만 가능합니다.
- Automation Write (Touch) – 기본값으로써 오토메이션으로 기록할 때 볼륨 슬라이더를 드래그하다가 마우스 버튼을 뗀 경우, 볼륨 슬라이더는 기본값으로 되돌아갑니다. 따라서 버튼을 뗀 이후 지점은 원래의 볼륨 값으로 지정됩니다.
- Automation Write (Latch) – 오토메이션으로 기록할 때 볼륨 슬라이더를 드래그하다가 마우스 버튼을 뗀 경우, 볼륨 슬라이더는 마지막으로 위치했던 지점에 그대로 놓이게 됩니다. 따라서 버튼을 뗀 이후 지점은 최종적으로 설정했던 볼륨 값을 계속 유지합니다.

참고하세요!

트랙 버튼 추가하기

트랙 리스트 위쪽에는 Mute, Solo 버튼들이 자리하고 있어서 해당 기능을 빠르게 사용할 수 있으며 나머지 기능은 트랙 메뉴 버튼을 클릭했을 때 나타나는 메뉴를 통해 선택할 수 있습니다.

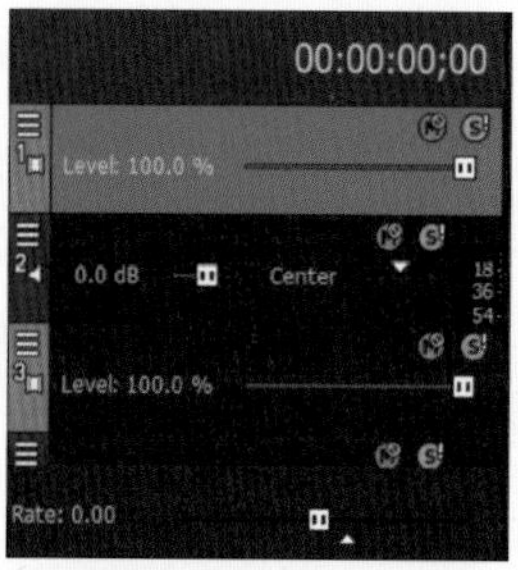

▲ 기본적으로 나타나 있는 트랙 버튼

하지만 사용자가 버튼을 추가할 수 있어 자주 쓰는 기능을 보다 편리하게 수행할 수 있습니다. 트랙 메뉴를 클릭하고 Edit Visible Button Set을 선택합니다.

트랙 리스트에 표시될 버튼을 선택할 수 있는 대화 상자가 나타납니다. 원하는 항목을 선택하고 OK 버튼을 누르면 됩니다. 우측의 Show All은 모든 항목을 버튼으로 나타나도록 하며 Hide All은 아예 버튼이 나타나지 않도록 합니다. Track Motion과 Compositing Mode를 선택하고 OK 버튼을 눌러 보겠습니다.

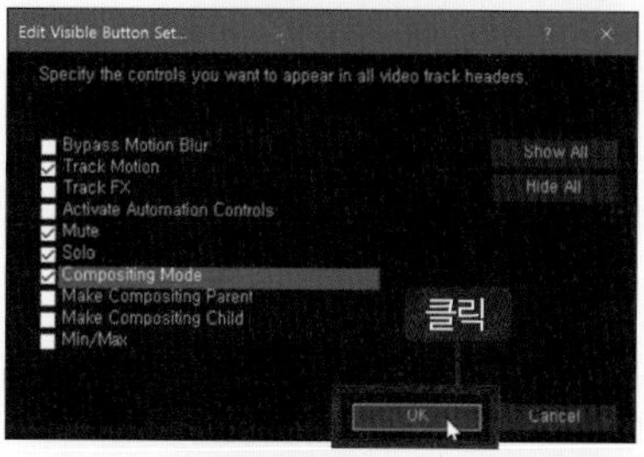

그림과 같이 해당 기능에 대한 버튼이 추가로 나타나게 됩니다.

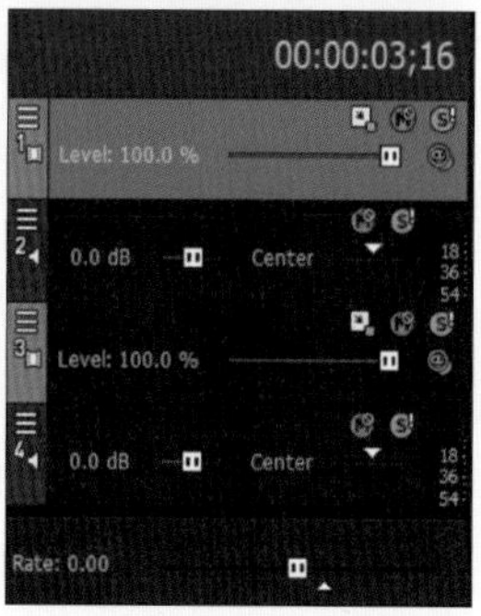

CHAPTER 12

작업 결과를 새로운 파일로 생성하기

편집한 결과는 다양한 포맷의 파일로 생성할 수 있으며 다양한 장치로 출력할 수도 있습니다. 일반적인 동영상 포맷의 파일의 생성에 이어 정지 이미지나 오디오 파일로 생성하는 방법에 대해서도 살펴보겠습니다.

01 일반적인 동영상 파일 생성하기

작업 결과를 일반적인 동영상 파일로 생성할 때의 여러 옵션에 대해서 살펴보도록 합니다. 동영상 생성 시 가장 고려해야될 점은 화질과 용량입니다. 화질을 우선시할 경우, 파일 용량이 너무 커지기 때문에 용도에 따라 적절한 코덱을 선택하여 생성하는 것이 바람직합니다.

01 작업 결과를 파일로 생성하려면 File〉Render As를 선택합니다. 가장 많이 사용되는 mp4 파일로 생성하는 경우를 보겠습니다. 좌측의 Formats에서 MAGIX AVC/AAC MP4를 선택하면 우측에 다양한 템플릿이 나타나는데, 이 중에서 Internet HD 1080p 29.97 fps를 선택합니다.

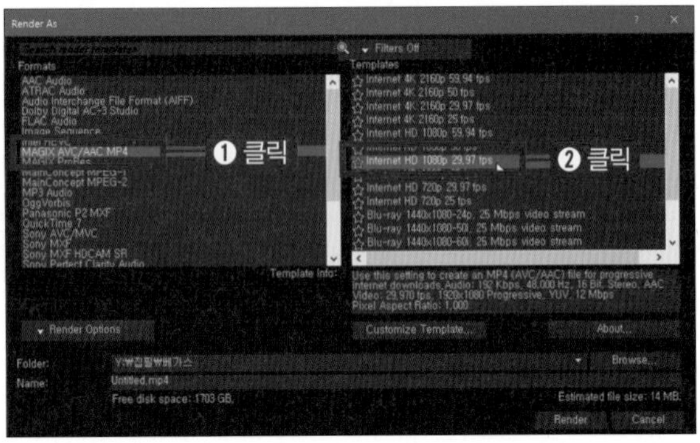

02 Folder 항목의 Browse 버튼을 클릭하여 통해 파일이 저장될 폴더를 선택하고 Name 항목에서 파일 이름을 입력한 뒤 Render 버튼을 클릭하면 렌더링이 시작됩니다. 템플릿을 수정하려면 Customize Template 버튼을 클릭합니다.

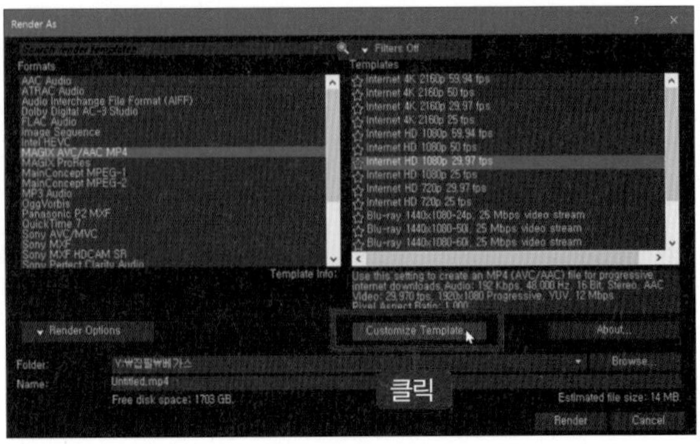

03 Custom Settings 대화 상자가 나타납니다. Frame Size에서 해상도를 선택할 수 있으며 Frame rate나 비트 레이트 등도 임의로 설정할 수 있습니다. 기본적으로 열려져 있는 Video 탭에서는 비디오와 관련된 옵션들을 설정할 수 있습니다. 처음 보는 옵션들은 뒤에서 MPG 포맷 파일을 생성할 때 설명하겠습니다. 사용자가 임의로 변경한 템플릿을 저장하려면 Template 항목에 알아보기 쉬운 이름을 입력하고 우측의 Save Template 버튼을 클릭합니다.

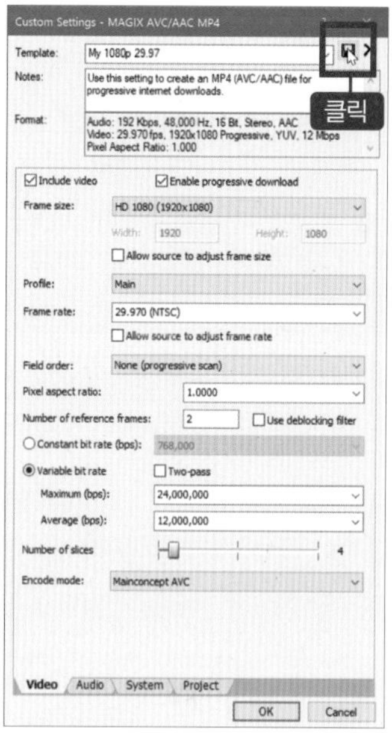

04 OK 버튼을 클릭하여 Custom Settings 대화 상자를 닫고 다시 Render As 대화 상자로 돌아오면 Template 목록에 새로 저장된 템플릿이 추가되므로 추후에도 편리하게 사용할 수 있습니다. 아울러 자주 사용하는 템플릿을 즐겨찾기 목록에 추가해 놓으면 더욱 빠르게 선택할 수 있습니다. 원하는 템플릿 좌측에 있는 별표 부분을 클릭합니다.

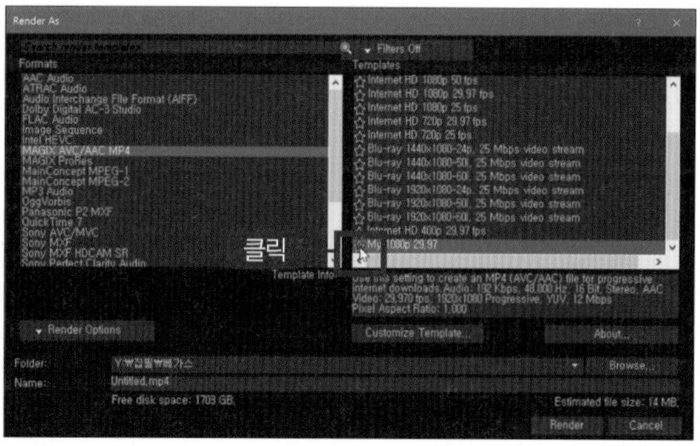

05 해당 별표에 색상이 표시되어 즐겨찾기 목록에 추가되었음을 알려 줍니다. 상단의 목록 메뉴를 열고 Show favorites only를 선택합니다.

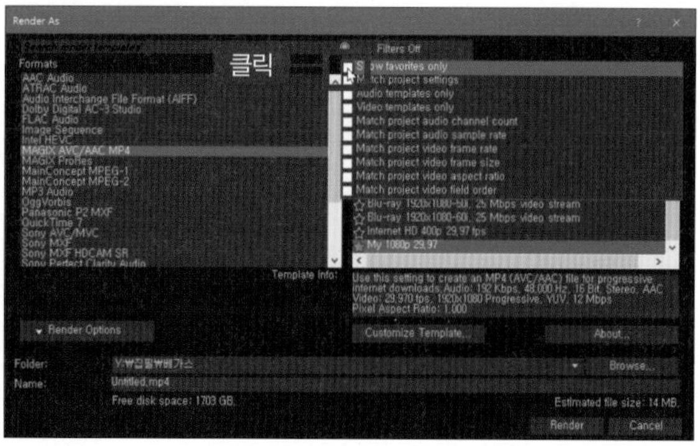

06 즐겨찾기에 추가한 포맷과 템플릿만 나타나 빠르게 원하는 템플릿을 선택할 수 있습니다. 다시 모든 템플릿을 보려면 Show favorites only를 클릭하여 체크 상태를 해제해 주면 됩니다.

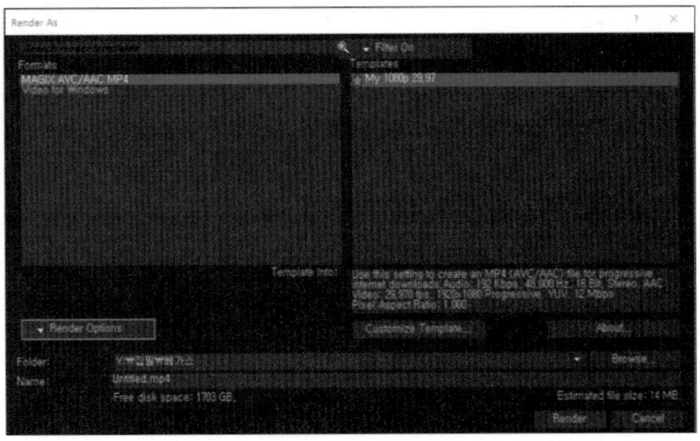

02 이미지 파일 생성하기

여러 개의 이미지 파일을 트랙에 순차적으로 추가하여 하나의 동영상 파일로 만들 수 있으며 동영상 파일의 각 프레임을 정지 이미지 파일로 만들 수도 있습니다. 이미지 파일을 동영상으로 만드는 것은 간단하므로 동영상을 정지 이미지 파일로 만드는 과정을 살펴보도록 하겠습니다.

01 HDV 720p-30p의 새 프로젝트를 시작한 다음, [source] 폴더에서 '22.mp4' 파일을 타임라인에 등록하고 File〉Render As를 선택합니다. Render As 대화 상자가 나타나면 좌측의 포맷 목록에서 Image Sequence를 선택합니다.

02 우측에 여러 템플릿이 나타납니다. 흔히 사용하는 jpg(jpeg) 포맷으로 생성하기 위해 JPEG를 선택합니다. 이어서 파일이 생성될 폴더를 지정하고 Name 항목에 이름을 'MyFile.jpeg'로 입력한 다음 Render 버튼을 클릭합니다.

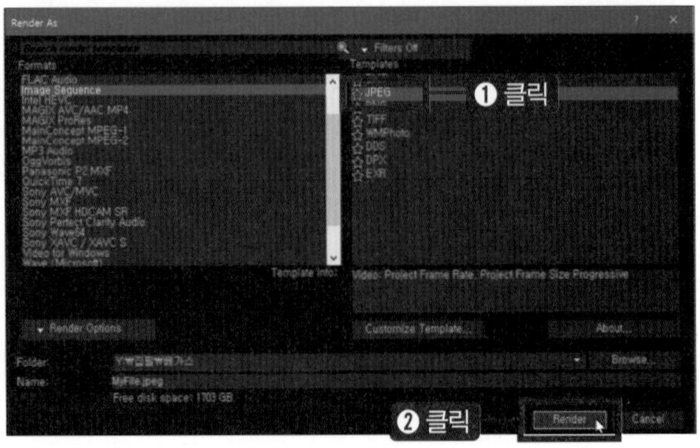

03 렌더링이 진행됩니다. 완료된 후 파일이 생성된 폴더를 열어 보면 지정한 파일 이름과 함께 연속된 숫자가 붙은 이미지 파일이 생성되어 있는 것을 볼 수 있습니다. 각 프레임별로 1개씩의 이미지 파일이 생성되는데, 예제에 사용한 파일이 10초 2프레임의 동영상 파일이므로 초당 30프레임의 프로젝트라면 총 302개의 파일이 생성됩니다.

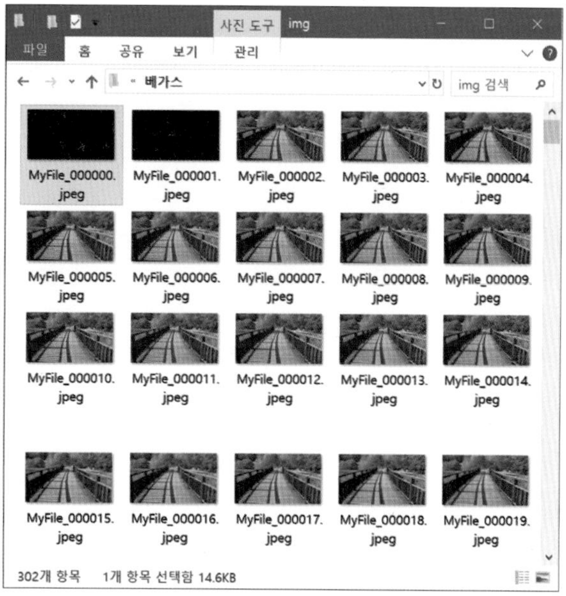

03 영상의 특정 프레임만 이미지로 생성하기

앞의 방법은 영상의 전체 프레임을 이미지 파일로 생성했지만 특정 구간을 설정했다면 해당 구간의 프레임만을 생성할 수 있습니다. 하지만 프리뷰 윈도우의 도구 버튼을 사용하여 특정 프레임 하나만을 이미지로 생성할 수도 있습니다.

01 프리뷰 윈도우에서 Preview 메뉴를 열고 Best(Full)를 선택합니다. 프리뷰 윈도우를 통해 보이는 상태로 이미지가 저장되기 때문에 프레임이 최고 화질의 전체 크기로 나타나도록 하는 것입니다.

02 트랙에 놓인 비디오 이벤트를 마우스 우측 버튼으로 클릭하여 단축 메뉴에서 Properties를 선택하여 Properties 대화 상자가 나타나면 Reduce interlace flicker 옵션을 체크하고 [OK]버튼을 클릭합니다. 인터레이스 영상의 잔상을 방지하려는 것입니다.

03 트랙에 놓인 영상을 프리뷰 합니다. 원하는 특정 프레임을 자세히 보려면 방향키를 사용하여 프레임 단위로 서서히 프리뷰하는 것이 좋습니다. 원하는 프레임이 나타나면 프리뷰 윈도우에서 Save Snapshop to File 버튼을 클릭합니다.

04 Save Snapshop to File 대화 상자가 나타나면 적당한 폴더로 이동하여 파일 이름을 지정하고 [저장] 버튼을 클릭합니다.

05 지정한 폴더에 이미지가 저장됨과 동시에 프로젝트 미디어 윈도우에도 자동으로 등록되어 나타납니다.

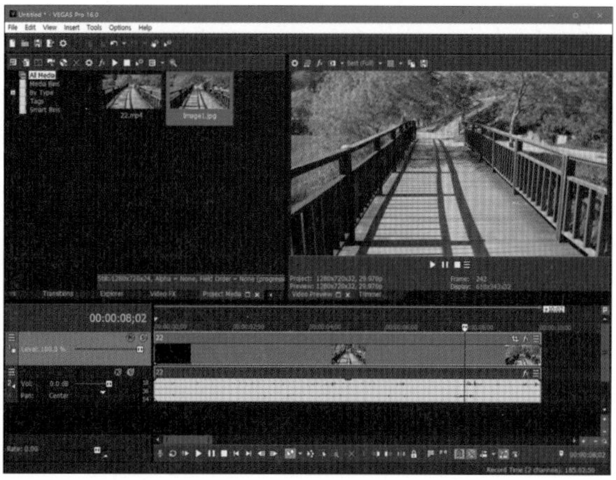

04 오디오 파일 생성하기

비디오와 오디오가 하나의 파일로 존재하는 동영상이나 오디오 파일의 오디오 옵션을 변경하여 새로운 오디오 파일로 생성해 보도록 하겠습니다.

01 임의의 동영상 파일, 또는 오디오 파일을 트랙에 추가하고 File〉Render As를 선택하여 Render As 대화 상자가 나타나면 파일 포맷 목록에서 MP3 Audio를 선택합니다.

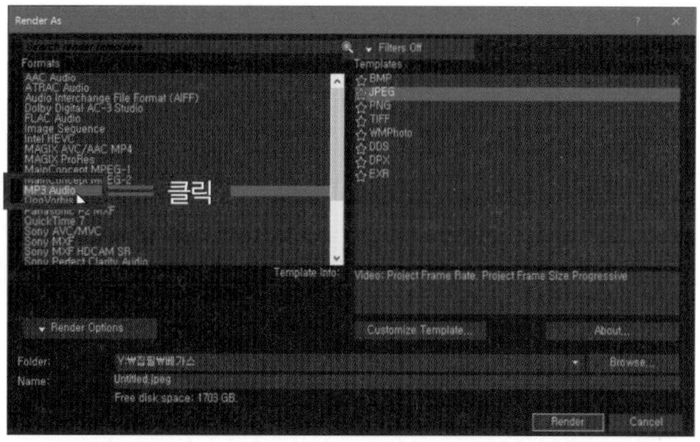

02 우측에 mp3 오디오에 대한 템플릿 목록이 나타납니다. 비교적 음질이 좋은 320 Kbps를 선택하고 Browse 버튼을 클릭하여 파일이 저장될 폴더를 지정합니다. 이어서 Name 항목에 생성될 파일 이름을 입력하고 Render 버튼을 클릭합니다.

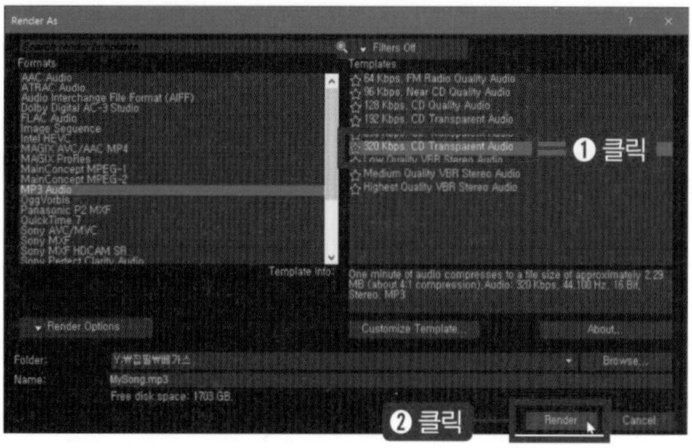

참고하세요!

오디오 추출 방법 선택하기

Customize Template 버튼을 클릭하여 MP3 오디오의 설정 대화 상자를 열면 몇 가지 옵션을 설정할 수 있습니다. Bit rate에서는 초당 전송률을, Quality에서는 압축률을 설정합니다. VBR Quality 옵션을 체크하면 재생 환경에 따라 압축률이 유동적으로 변할 수 있도록 해 줍니다. 슬라이더를 우측으로 드래그할수록 음질이 좋아집니다.

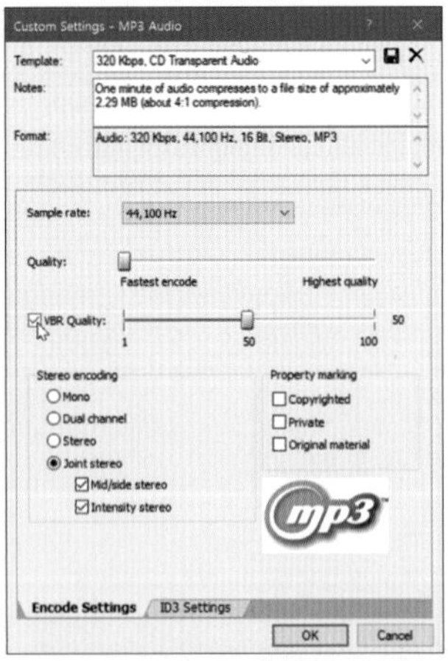

하단의 ID3 Settings 탭을 클릭하면 파일에 대한 여러 정보를 입력할 수 있는 태그 항목들이 나타납니다.

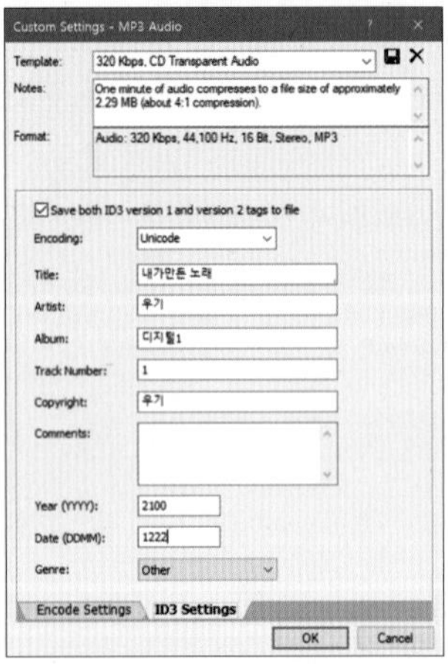

05 오디오 CD에서 오디오 파일 추출하기

베가스에서는 스캐너나 디지털 카메라로부터 이미지를 얻을 수 있을 뿐 아니라 오디오 CD로부터 음악을 추출해 낼 수도 있습니다. 오디오 CD에 수록된 특정 곡을 오디오 파일로 추출하는 과정을 알아보겠습니다.

01 새 프로젝트를 시작하고 컴퓨터에 장착된 DVD롬 드라이버에 오디오 CD를 삽입한 다음, File〉Extract Audio from CD를 선택하거나 프로젝트 미디어 윈도우에서 Extract Audio from CD 버튼을 클릭합니다.

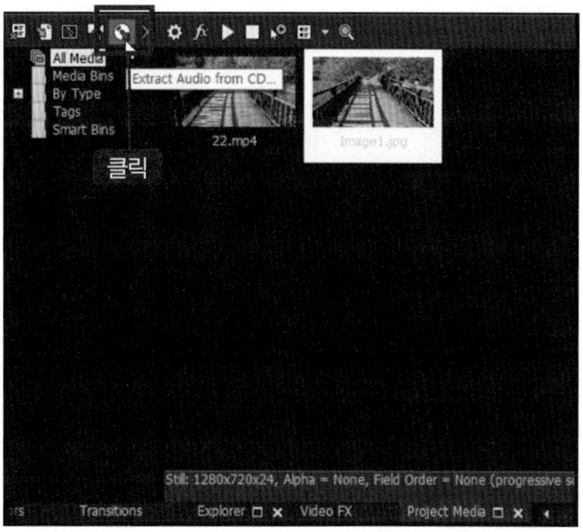

02 Extract Audio from CD 윈도우가 나타나며 오디오 CD에 수록된 트랙 목록이 표시됩니다. 추출하고자 하는 트랙을 선택하고 OK 버튼을 클릭합니다. Shift 키나 Ctrl 키를 누른 상태에서 클릭하면 여러 트랙을 선택할 수 있습니다.

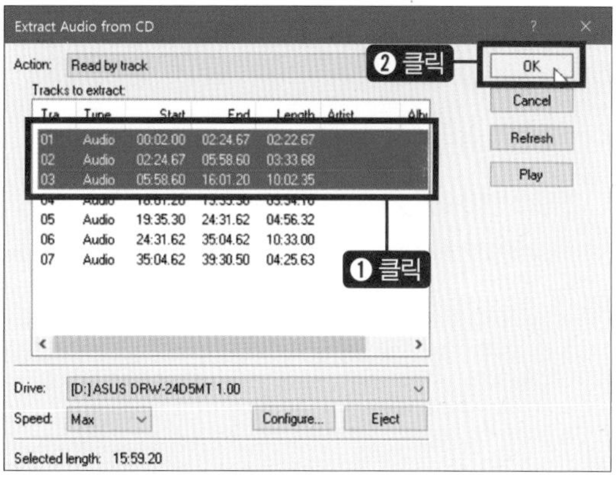

참고하세요!

MP3 오디오의 설정 대화 상자

Action 메뉴를 열면 오디오 추출 방법을 선택할 수 있습니다.

- Read by tracks – 디폴트 값으로써 오디오 CD에서 추출하고자 하는 트랙을 선택할 수 있습니다.
- Read entire disk – 오디오 CD의 모든 트랙을 추출합니다.
- Read by range – 지정된 구간의 오디오를 추출할 수 있습니다. Range start와 Range end, Range length에 원하는 시간을 입력할 수 있습니다.

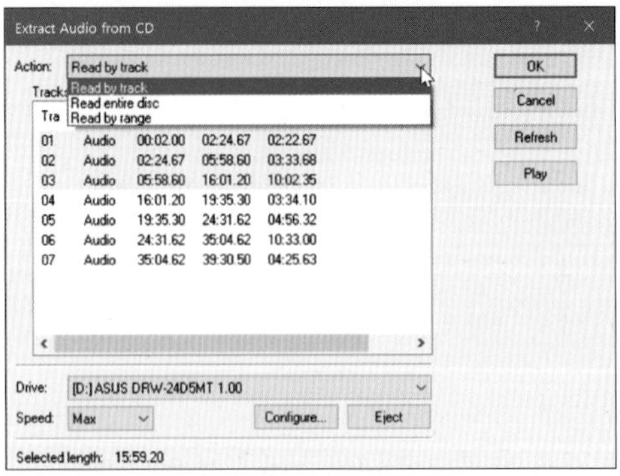

여러 트랙을 하나의 파일로 추출하려면 Read by tracks를 선택하여 추출하고자 하는 트랙을 선택한 다음, 다시 Read by range를 선택합니다. 자동적으로 선택된 트랙의 시간에 의해 하나의 파일로 추출해 줍니다.

03 저장 대화 상자가 나타나면 첫 번째 트랙이 저장될 폴더와 파일 이름을 지정하고 [저장] 버튼을 클릭합니다. 파일 이름도 원하는 이름으로 변경할 수 있지만 여기에서는 기본적으로 지정되는 이름을 사용하겠습니다.

04 첫 번째 트랙의 오디오 추출이 진행됩니다.

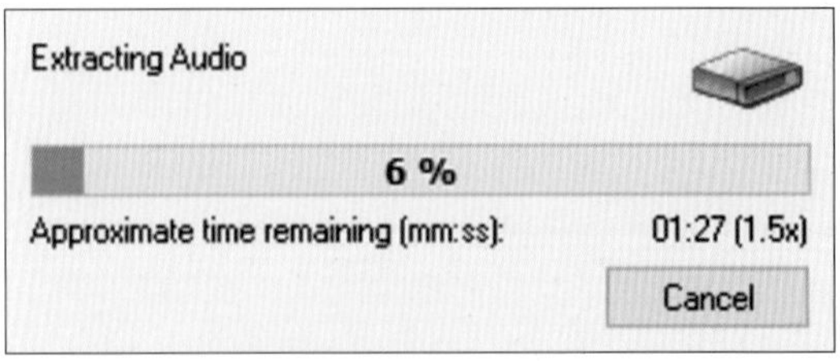

05 첫 번째 트랙의 추출이 완료되면 WAV 포맷의 파일로 저장된 후, 두 번째 트랙의 저장을 위한 대화 상자가 나타납니다. 역시 폴더와 파일 이름을 지정하고 [저장] 버튼을 클릭합니다.

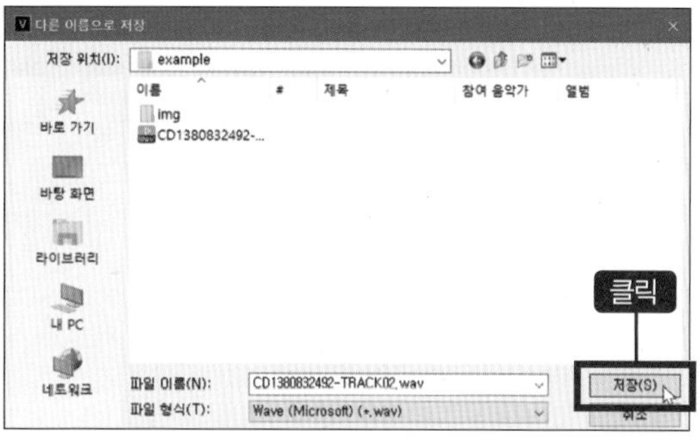

06 이러한 방식으로 선택한 트랙을 모두 WAV 포맷의 오디오 파일로 저장할 수 있으며 저장된 파일은 프로젝트 미디어 윈도우에도 자동으로 등록되어 나타나게 되므로 원하는 작업에 사용할 수 있습니다.

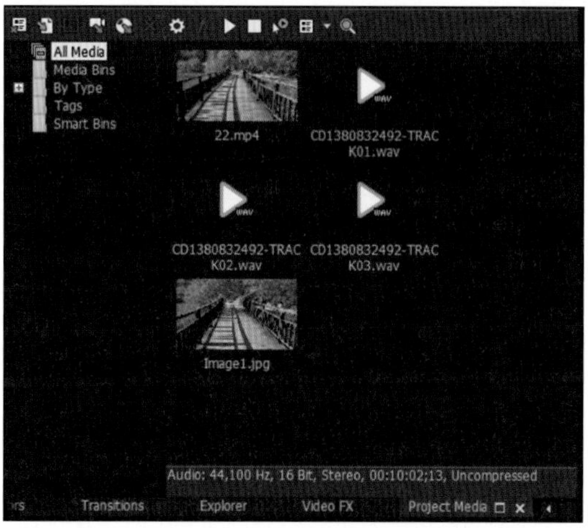

CHAPTER 13

오디오 CD와 DVD 제작하기

오디오 파일을 오디오 CD로 제작하거나 작업한 영상을 DVD롬 드라이버가 장착된 컴퓨터나 DVD 플레이어를 통해서 재생할 수 있도록 DVD로 제작하는 과정을 살펴보겠습니다. DVD 제작은 MPEG2 포맷으로의 인코딩 과정이 선행됩니다.

01 특정 구간을 트랙으로 지정하여 오디오 CD 만들기

베가스에서는 무비 파일에 포함된 오디오나 독립된 오디오에 원하는 옵션을 적용하여 별도의 오디오 파일로 생성할 수 있음은 물론, 별도의 버닝(Burning) 프로그램을 사용할 필요 없이 직접 오디오 CD로 레코딩할 수도 있습니다.

01 새 프로젝트를 시작하고 연습을 위해 [source] 폴더에 있는 오디오 파일 중 'music01~music05.mp3' 등 5개 파일을 트랙에 나란히 등록합니다. 이어서 첫 번째 트랙이 시작될 지점에 에디트 라인을 위치시킵니다.

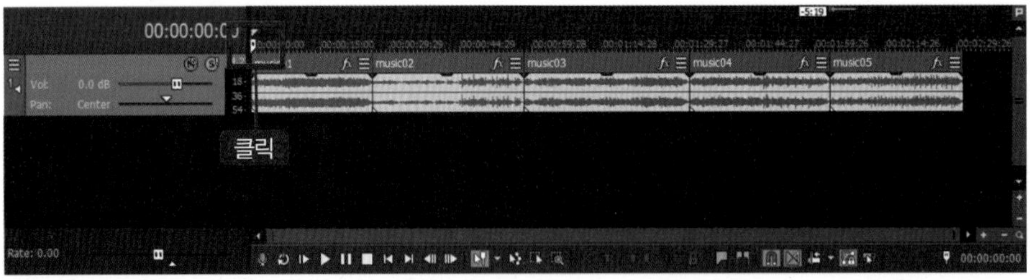

TIP 여러 파일을 한꺼번에 순차적으로 등록하기

익스플로러 윈도우나 윈도우 탐색기에서 여러 개의 파일을 선택한 다음 트랙으로 드래그하면 선택한 순서대로 하나의 트랙에 나란히 이벤트로 등록됩니다.

02 Insert〉Audio CD Track Region(단축키 N)을 선택하면 에디트 라인이 위치하고 있는 지점이 오디오 CD의 첫 번째 트랙 시작 지점으로 설정됨과 동시에 에디트 라인 위치에 트랙 마커가 나타납니다. 트랙 마커를 드래그하여 위치를 변경할 수도 있습니다. 하나의 구간은 최소한 4초 이상이 되어야 합니다.

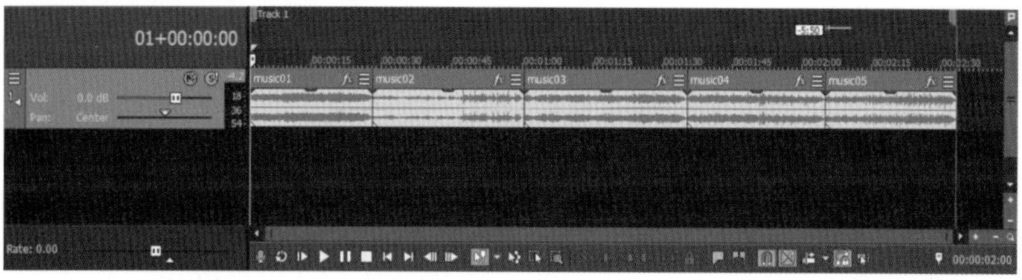

03 계속해서 다음 트랙이 시작될 지점인 두 번째 오디오 이벤트의 시작점에 에디트 라인을 위치시키고 N 키를 눌러 두 번째 트랙 구간을 설정합니다.

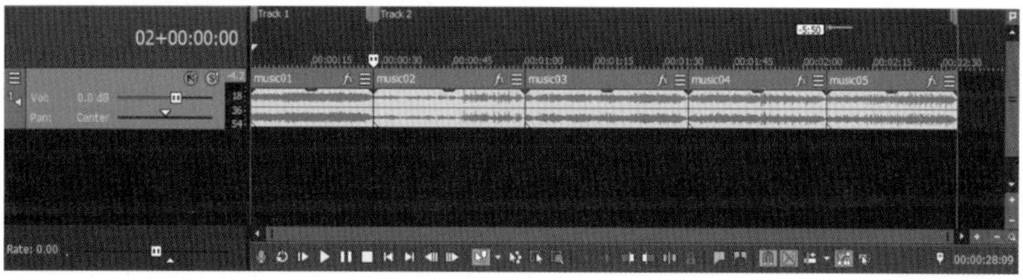

04 이러한 방식으로 Track5까지 각 트랙에 대한 구간을 설정한 다음, Tools〉Burn CD〉Disk-at-Once Audio CD를 선택합니다.

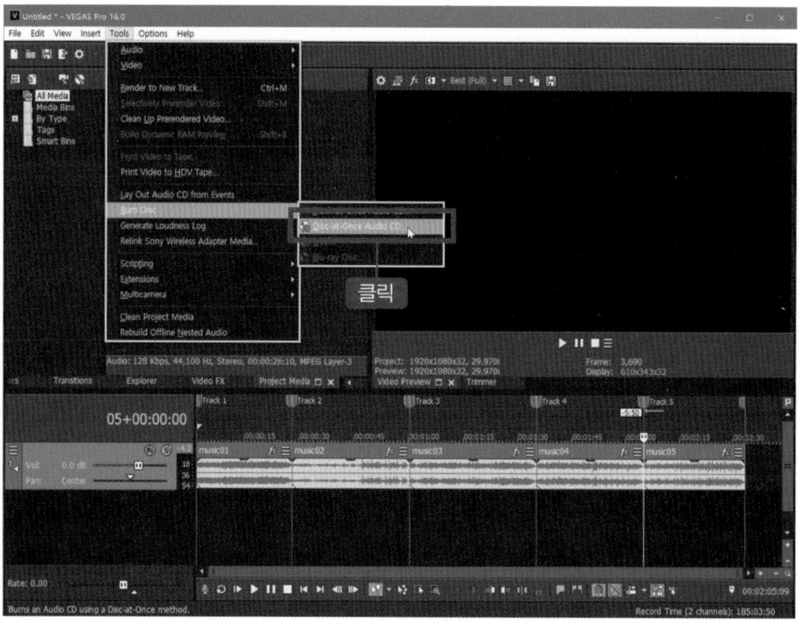

05 오디오 CD 버닝을 위한 Burn Disc-at-Once Audio CD 대화 상자가 나타납니다. Drive에는 시스템에 장착된 CD 레코더나 DVD 레코더 이름이 표시됩니다. Speed에서 적절한 레코딩 배속을 선택하고 레코더에 빈 CD를 삽입한 후, OK 버튼을 클릭합니다.

참고하세요!

레코딩 관련 옵션

오디오 CD는 저배속으로 레코딩하는 것이 음이 튀는 현상을 방지할 수 있습니다. 따라서 레코더가 고배속을 지원한다 하더라도 가급적 4~16배속 정도로 레코딩하는 것이 좋습니다.

- Buffer Underrun protection – 레코딩할 때 파일의 전송이 늦어 발생하게 되는 버퍼 언더런 오류를 방지합니다.
- Burn CDs – 곧바로 레코딩을 시작합니다.
- Test first, then burn CDs – 먼저 테스트 한 다음, 문제가 없으면 레코딩을 시작합니다.
- Test only [do not burn CDs] – 실제로 레코딩은 하지 않고 현재 상황에서 레코딩에 문제가 없는지 테스트만 합니다.
- Render temporary image before burning – 레코딩 전에 렌더링하여 임시 파일로 저장합니다. 레코딩 환경이 열악한 경우, 임시 저장된 이미지 파일을 통해 레코딩하게 되므로 보다 안정적으로 레코딩할 수 있습니다.
- Automatically erase rewritable discs – RW 미디어를 사용하는 경우, 레코딩 전에 미디어 기록된 데이터를 삭제한 다음 레코딩합니다.
- Eject when done – 레코딩이 완료되면 레코더의 트레이가 자동으로 열리도록 합니다.

02 파일별로 하나의 트랙에 자동으로 할당하기

여러 오디오 파일을 하나의 트랙으로 만들 수도 있습니다. 이 경우에는 트랙 구간을 지정하지 않아도 됩니다.

01 새 프로젝트를 시작하고 익스플로러 윈도우에서 [source] 폴더에 있는 몇 개의 오디오 파일을 선택한 다음, 단축 메뉴에서 Add to Project Media list를 선택합니다.

02 프로젝트 미디어 윈도우에 선택된 파일들이 추가되어 나타납니다. 프로젝트 미디어 윈도우의 Views 버튼 우측에 있는 목록 메뉴를 클릭하고 Detailed를 선택합니다.

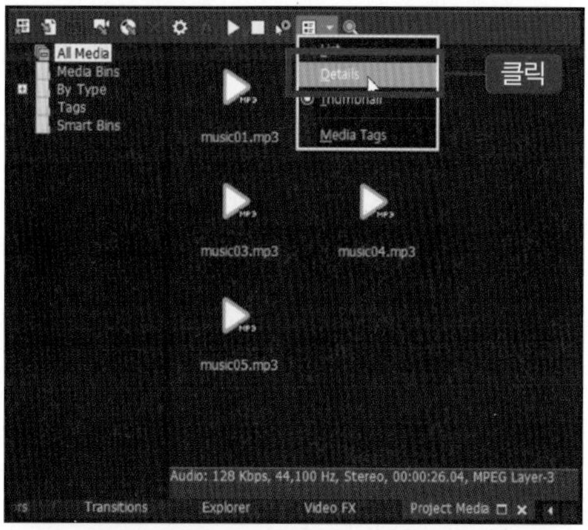

03 파일들의 디테일 뷰 형태로 나타납니다. 하단의 스크롤바를 드래그하여 Comment 컬럼이 나타나도록 하고 각 파일에 해당하는 Comment 컬럼란을 더블 클릭하여 트랙 번호를 입력합니다. 원하는 트랙 순서대로 01, 02, 03...과 같이 숫자로 입력합니다.

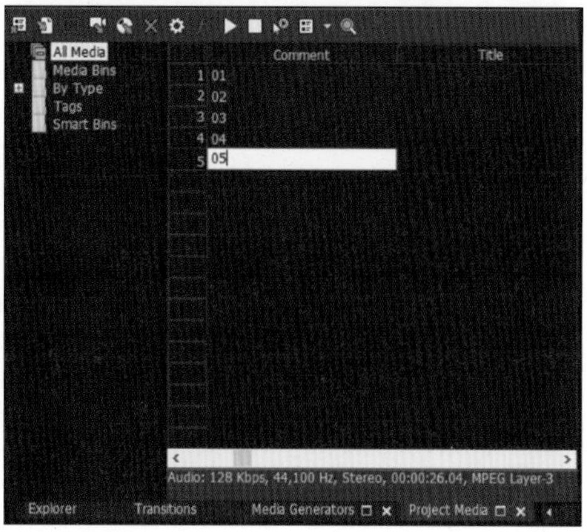

04 트랙 번호와 파일의 정렬 순서가 다르다면 Comment 컬럼의 제목 부분을 클릭하여 트랙 이름 순서대로 파일을 정렬합니다. 이어서 첫 번째 파일을 클릭한 후, Shift 키를 누른 채로 마지막 파일을 클릭하여 모든 파일을 선택하고 단축 메뉴를 열어 Add as CD Track을 선택합니다.

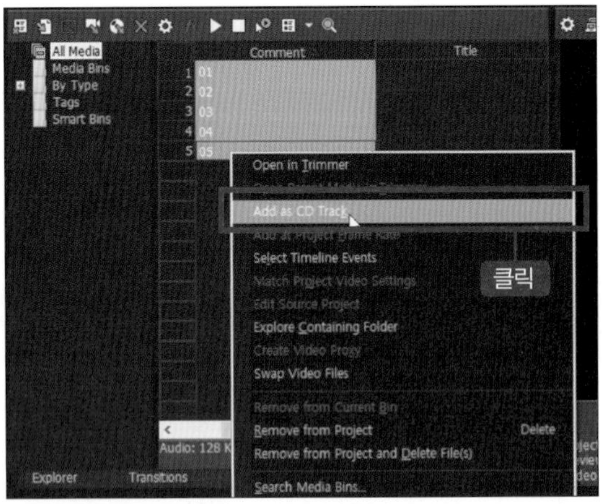

05 선택한 파일들이 지정된 트랙 이름순으로 오디오 트랙에 추가됩니다. 또한 각 트랙 사이는 2초의 간격이 설정되어 있다는 것도 알 수 있습니다. Tools〉Burn Disc〉Disc-at-Once Audio CD를 선택하여 해당 파일들을 오디오 CD로 레코딩합니다. 이후 과정은 앞서 살펴본 것과 동일합니다.

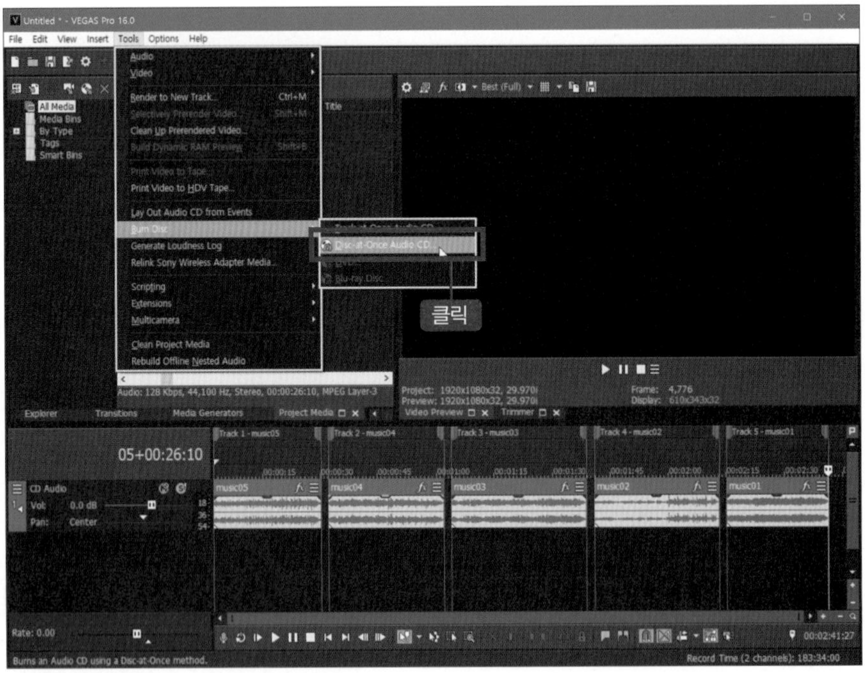

03 MPG 포맷 파일 생성하기

MPEG 포맷은 높은 압축률로 인해 적은 용량에도 불구하고 상당히 좋은 화질을 보여 주므로 흔히 사용되고 있는 포맷 중 하나입니다. MPEG1 포맷은 비디오 CD의 소스로, MPEG2 포맷은 DVD의 소스로 사용되며 모두 MPG 확장자를 갖습니다.

01 원하는 편집 작업을 마친 후, File〉Render As를 선택합니다. Render As 대화 상자가 나타나면 MPEG2 포맷의 파일을 생성하기 위해 Render As 대화 상자의 파일 포맷 목록에서 MainConcept MPEG-2(*.mpg)을 선택합니다.

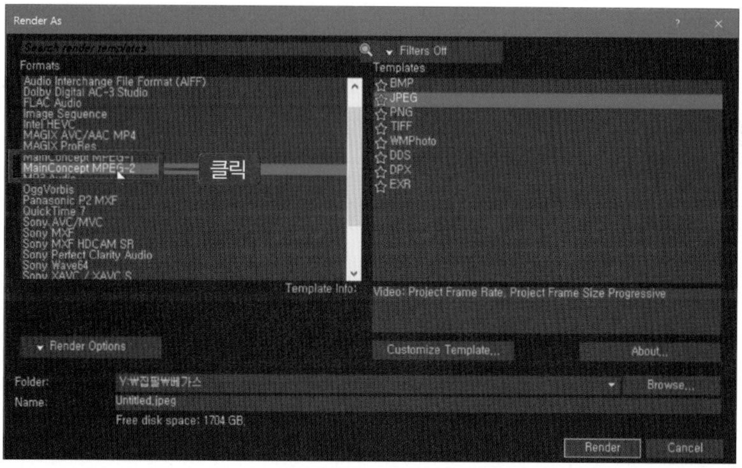

02 우측에 템플릿 목록이 나타나면 DVD Architect NTSC video stream을 선택합니다. 파일 위치와 이름을 입력한 후 Render 버튼을 클릭하면 mpg 파일이 생성됩니다.

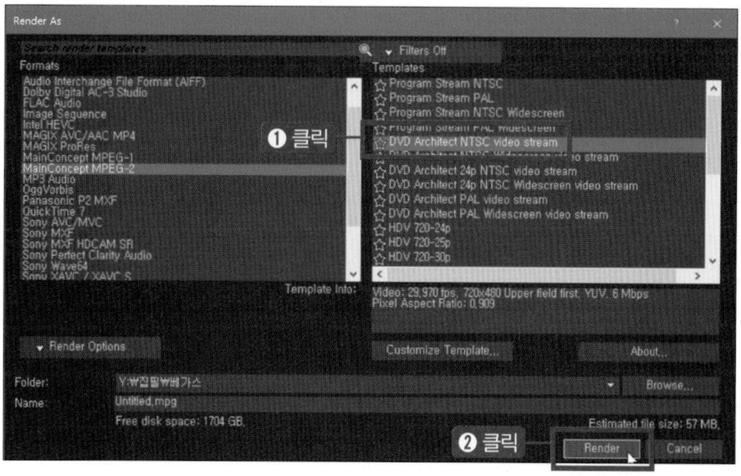

참고하세요!

Video 탭의 여러 옵션들

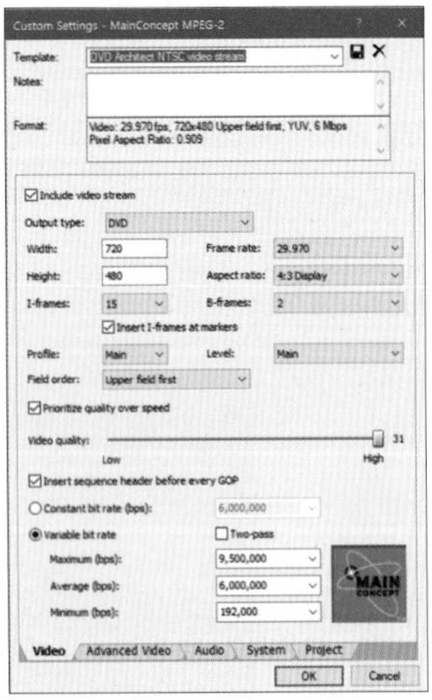

기본적으로 DVD에 적합한 mpg 파일 포맷으로 설정되어 있지만 Customize Template 버튼을 클릭하여 설정 대화 상자를 열면 다양한 옵션을 통해 설정을 변경할 수 있습니다.
Video 탭의 몇 가지 옵션에 대해서 살펴보도록 하겠습니다.

◎ Output type – 생성할 영상의 타입을 선택합니다. 선택한 타입에 의해 해상도를 비롯한 설정값이 자동으로 변경되어 나타납니다.

◎ Width/Height – 가로, 세로 크기를 지정합니다.

◎ Frame rate – 초당 프레임 수를 선택합니다.

◎ Aspect ratio – 픽셀의 종횡비를 선택합니다.

◎ I-Frames – 프레임 사이에 정지 이미지 형태로 삽입되는 프레임을 I 프레임(Intra coded frame)이라고 하는데, 몇 프레임마다 삽입할 것인지를 지정합니다.

◎ B-Frames – 두 개의 인접한 프레임들로부터 모션의 삽입에 의해 코딩된 하나의 프레임을 B 프레임(Bidirectional coded frame)이라고 하며 몇 프레임마다 삽입할 것인지 지정합니다.

◎ Video quality – 비디오의 화질을 설정합니다.

◎ Constrained bit rate – 영상의 전 영역에 걸쳐 지정된 비트 레이트 값으로 인코딩되도록 합니다. 줄여서 CBR이라고 합니다. 높은 값을 지정할수록 화질이 좋아지며 상대적으로 파일 크기도 커집니다. 기본값을 사용하는 것이 무난합니다.

◎ Variable bit rate – 가변 비트 레이트 값을 사용합니다. 아래에 있는 세부 옵션이 활성화됩니다. 가변 비트 레이트를 사용하면 기준이 되는 프레임의 앞, 뒤 프레임 변화에 따라 자동으로 비트 레이트가 변하도록 인코딩됩니다. 약자로 VBR이라고 하며 프레임의 변화가 많은 영상의 경우 다소 용량이 커질 수 있으나 보다 나은 화질을 얻을 수 있습니다. DVD 영상의 경우에는 보통 VBR 방식으로 인코딩합니다.

- Two-pass – 일반적으로 한번에 인코딩하지만 이 옵션을 체크하면 클립의 분석 과정과 인코딩 과정을 나누어 두 번에 걸쳐서 인코딩합니다. 따라서 Two pass 방식이 더 나은 화질을 보여 주지만 그만큼 인코딩에 많은 시간이 소요됩니다.
- Maximum (bps) – 가변 비트 레이트의 최대값을 지정합니다.
- Average (bps) – 가변 비트 레이트의 평균(기본)값을 지정합니다.
- Minimun (bps) – 가변 비트 레이트의 최소값을 지정합니다.

04 DVD 제작하기

베가스 내에서는 비디오 CD나 DVD도 자체적으로 간단히 제작할 수 있습니다. 비디오 CD는 현재로선 사용되지 않는 저화질 구형 매체이므로 DVD 제작에 대해서만 살펴보겠습니다. 시스템에 DVD 레코더가 장착되어 있어야 하며 당연히 빈 DVD 미디어가 필요합니다.

01 원하는 작업을 마친 다음, Tools〉Burn Dics〉DVD를 선택하면 Burn DVD 대화 상자가 나타납니다. Format을 보면 MPEG–2 720×480(NTSC)로 지정되어 있는 것을 볼 수 있습니다. 시스템에 장착된 DVD 레코더에 DVD 미디어를 삽입하고 OK 버튼을 클릭합니다.

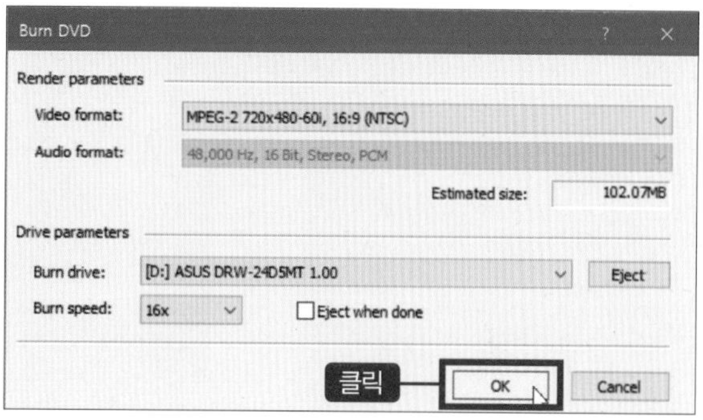

02 MPEG2 포맷으로의 인코딩과 DVD 레코딩 과정이 순차적으로 진행됩니다. 역시 DVD 플레이어를 통해 재생할 수 있으며 DVD 재생 프로그램을 통해 컴퓨터에서 재생할 수도 있습니다.

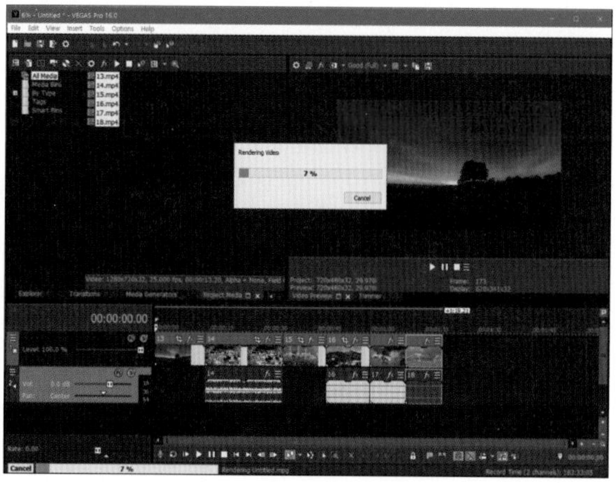

TIP 대화형 DVD 제작

베가스에서는 단순히 파일의 처음부터 끝까지 재생되는 단순 DVD만 제작할 수 있습니다. DVD를 삽입했을 때 사용자가 원하는 특정 구간을 재생할 수 있도록 메뉴를 구성하거나 타이틀을 삽입하기 위해서는 별도의 DVD 오소링(Authoring) 프로그램을 사용하여야 합니다. DVD 오소링 프로그램으로는 베가스와 같은 소니에서 제작한 DVD 아키텍트(Architect)와 어도비 앙코르(Encore) DVD 등이 많이 사용됩니다.

PART

04

VEGAS PRO 16

이펙트에서 합성까지 다양한 효과 사용하기

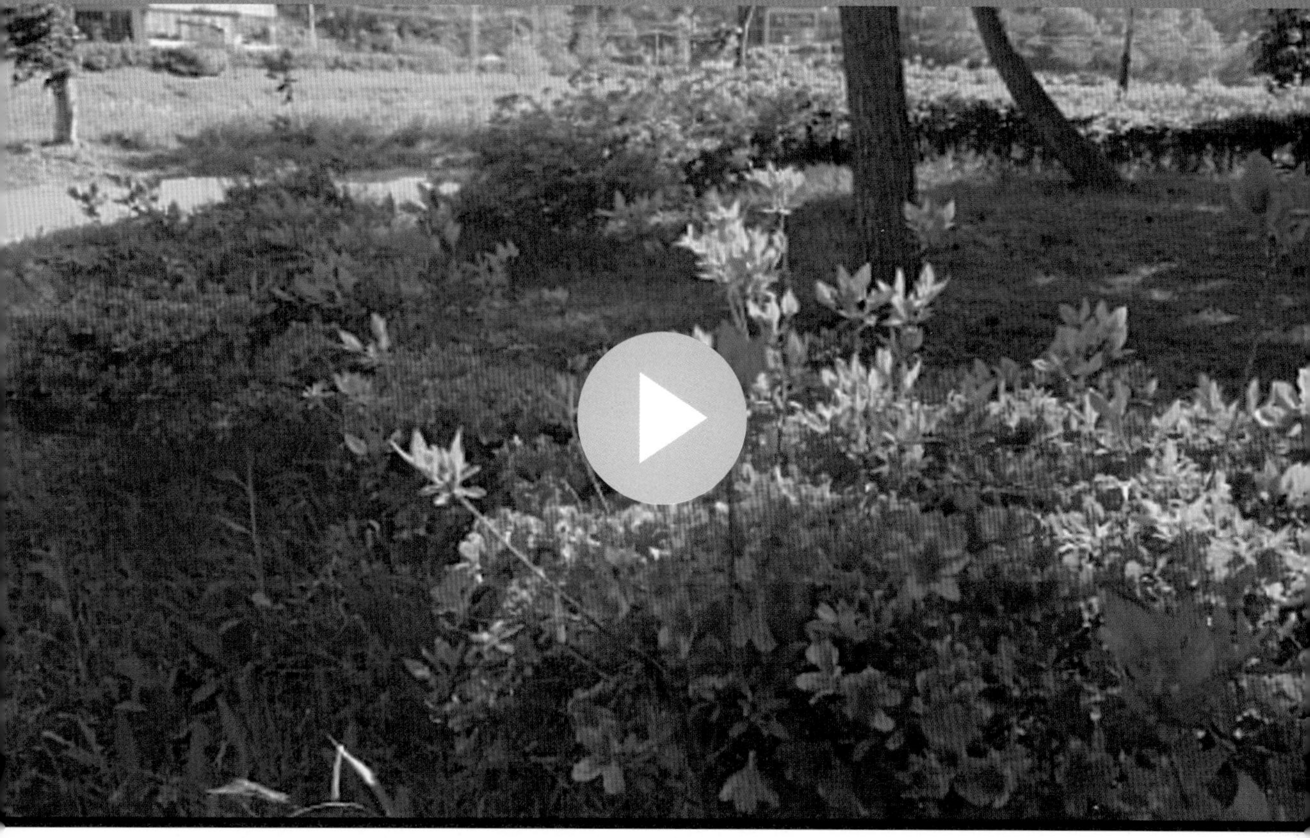

CHAPTER 14

비디오 이펙트 사용하기

이벤트나 트랙에는 이펙트를 적용함으로써 다양한 효과를 보여 주는 결과물을 만들어 낼 수 있습니다. 먼저 비디오 이펙트의 사용 방법과 애니메이션 효과를 만들고 사용자가 설정한 속성 값을 프리셋으로 저장하는 방법 등을 익혀 보도록 하겠습니다.

01 비디오 이펙트 적용하기

비디오 이펙트는 이미지나 동영상의 비디오 이벤트나 트랙에 적용할 수 있는 효과로써 다양한 방법으로 적용할 수 있습니다.

01 새 프로젝트를 시작하고 익스플로러 윈도우에서 [source] 폴더에 있는 '24.mp4' 파일을 타임라인으로 드래그합니다.

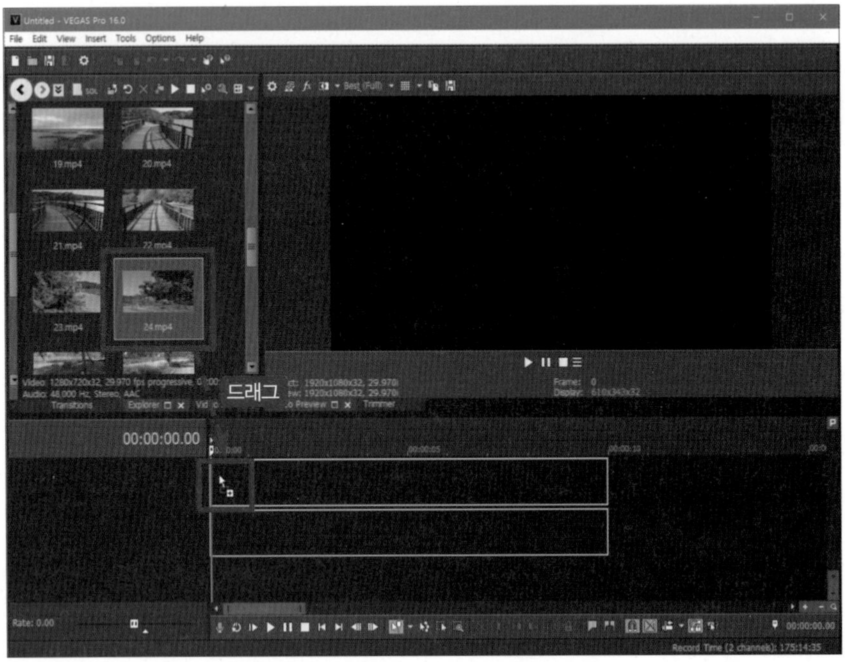

02 트랙이 자동으로 생성되고 해당 파일이 이벤트로 등록됩니다. 편리한 작업을 위해 마우스 휠 버튼을 위쪽으로 움직여 이벤트가 충분히 길게 나타나도록 하고 Video FX 탭을 클릭합니다.

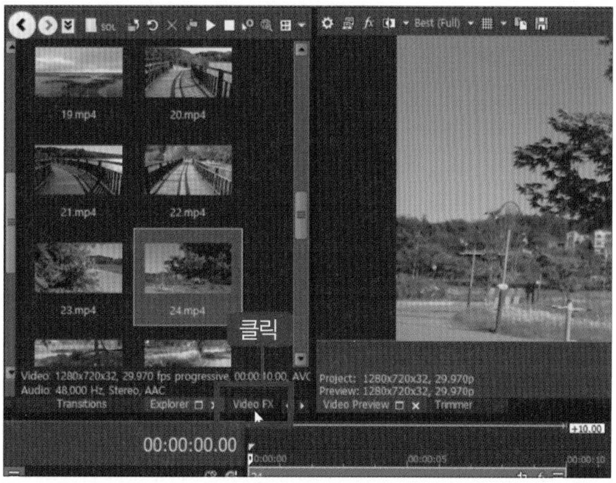

03 Video FX 윈도우의 좌측에는 다양한 효과를 지원하는 FX 목록이 나타납니다. FX는 다른 프로그램처럼 이펙트라고 부르겠습니다. 목록 중 하나를 클릭하면 특정 속성 값이 지정되어 있는 프리셋이 우측에 나타납니다. 이펙트 목록에서 Brightness and Contrast를 클릭하고 우측의 첫 번째 프리셋인 Default를 비디오 이벤트 위로 드래그합니다.

04 이벤트에 해당 이펙트가 적용되고 Video Event FX 윈도우가 나타납니다. Brightness and Contrast는 이벤트의 밝기와 대비값을 조절할 수 있는 이펙트입니다. Video Event FX 윈도우에서 Contrast의 슬라이더를 드래그하여 우측에 나타나는 값이 0.200로 되도록 합니다. 정확한 값을 지정하려면 우측에서 직접 값을 입력해 주면 됩니다. 프리뷰 윈도우를 통해 이벤트가 짙게 나타나는 것을 볼 수 있습니다.

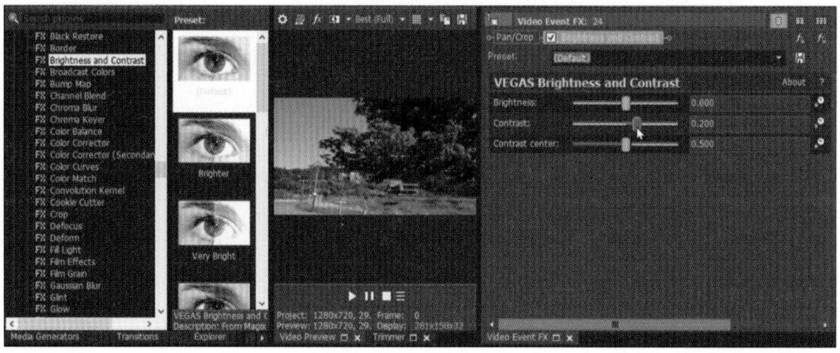

TIP 이펙트 속성을 디폴트 값으로 되돌리기

이펙트 속성의 슬라이더를 더블 클릭하면 속성 값이 곧바로 초기값으로 돌아갑니다.

05 Video Event FX 윈도우의 Preset 메뉴를 열면 현재 이펙트에 대한 프리셋이 나타납니다. 이것은 Video FX 윈도우에 나타나는 프리셋과 동일합니다. Video Event FX 윈도우 내에서 곧바로 다른 프리셋으로 전환할 수 있도록 준비된 것입니다.

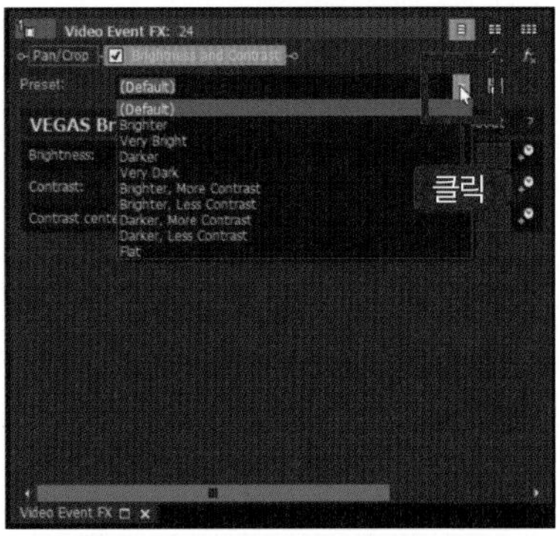

06 적절히 원하는 값을 설정했다면 탭 우측에 있는 X표 모양의 [닫기] 버튼을 클릭하여 Video Event FX 윈도우를 닫습니다.

참고하세요!

이펙트 목록에서 곧바로 이펙트 적용하기

Video FX 윈도우에서 이펙트 목록을 곧바로 드래그하여 이펙트를 적용할 수도 있습니다. 이때 해당 이펙트의 디폴트 값이 적용되므로 각 속성 값을 적절히 설정하여 원하는 효과를 만들어 주어야 합니다.

07 하나의 이벤트에 여러 이펙트를 적용할 수도 있습니다. 다시 Video FX 윈도우의 이펙트 목록에서 Border를 선택하고 Reset to None 프리셋을 이벤트로 드래그합니다.

08 다시 Video Event FX 윈도우가 나타나며 상단 목록에 새로 추가된 이펙트가 나타납니다.

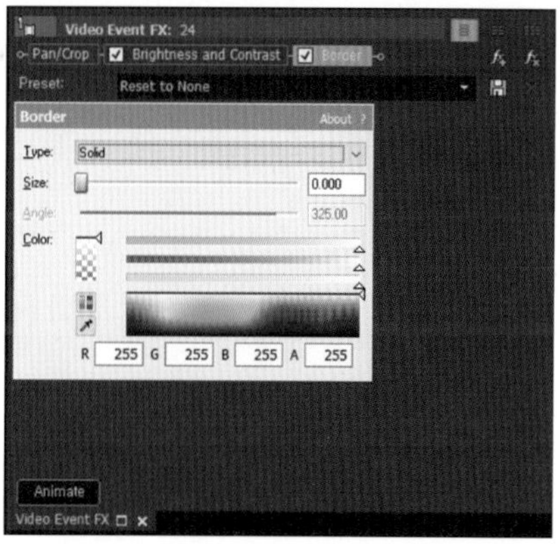

참고하세요!

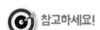

Video Event FX가 열린 상태에서도 이펙트 추가가 가능합니다.

하나의 이펙트를 적용하고 새로운 이펙트를 추가하려는 경우, 굳이 Video Event FX 윈도우를 닫지 않아도 됩니다. 이펙트의 프리셋은 비디오 이벤트 뿐 아니라 Video Event FX 윈도우 안으로 드래그해도 현재 이벤트에 이펙트를 추가할 수 있습니다.

09 Reset to None은 아무런 효과도 적용되지 않은 상태이므로 직접 값을 설정해야 합니다. Video Event FX 윈도우에서 Size를 0.1 정도로 변경합니다. 슬라이더를 드래그하거나 우측의 입력란에 직접 값을 입력하여 설정할 수 있습니다. 프리뷰 윈도우를 통해 화면의 외곽에 흰색 테두리가 나타나는 것을 볼 수 있습니다.

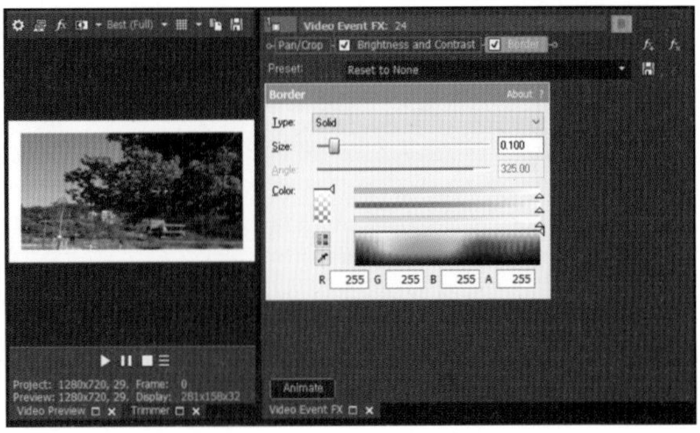

10 Video Event FX 윈도우에서 Color 항목에 있는 색상을 클릭하면 테두리의 색상을 변경할 수 있습니다.

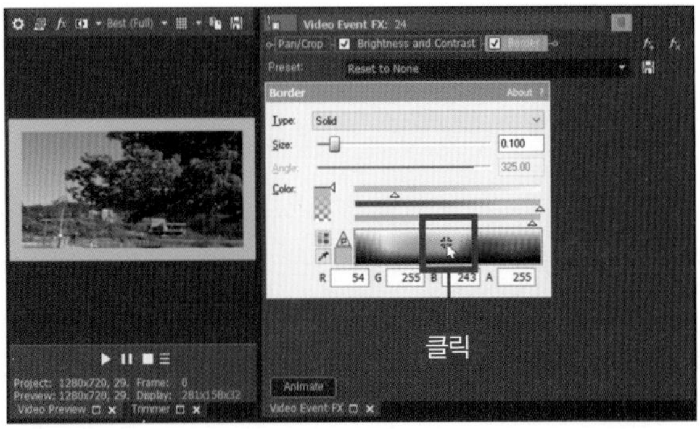

11 Video Event FX 윈도우에서 곧바로 다른 이펙트를 추가할 수도 있습니다. 우측 상단의 Plug-In Chain 버튼을 클릭합니다.

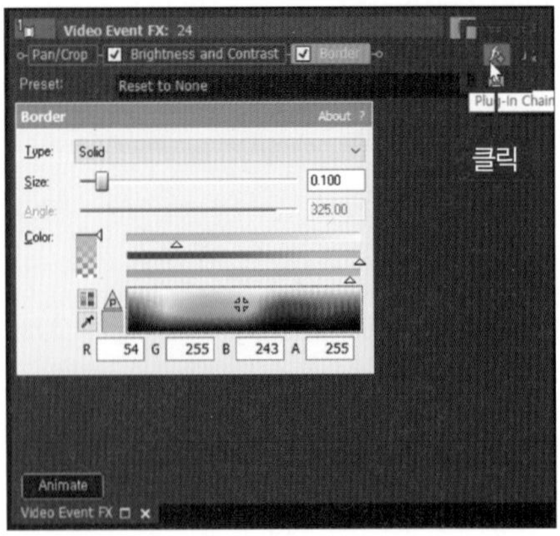

12 Plug–In Chooser – Video Event FX 윈도우가 나타납니다. 베가스 프로 16에서 지원하는 모든 이펙트 목록을 볼 수 있습니다. 이펙트 목록에서 VEGAS Add Noise를 선택하고 Add 버튼을 클릭합니다. 또는 VEGAS Add Noise 목록을 더블 클릭해도 됩니다.

13 OK 버튼을 클릭하면 Plug–In Chooser 윈도우가 닫히면서 Video Event FX 윈도우에 선택한 이펙트가 추가되는 것을 볼 수 있습니다. 아울러 프리뷰 윈도우를 보면 새로운 이펙트가 적용됨으로써 영상에 노이즈가 나타나게 됩니다.

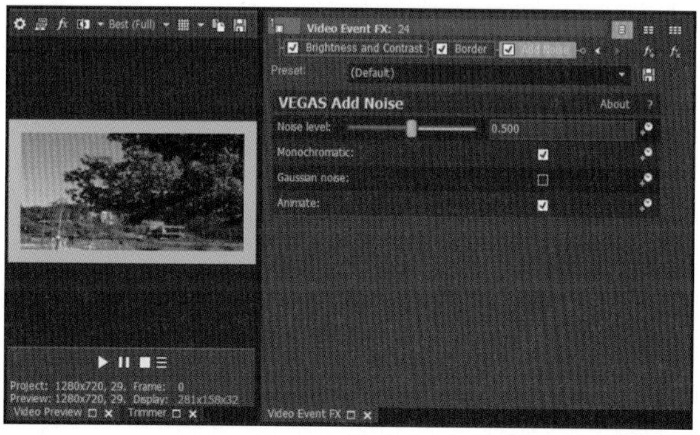

14 여러 이펙트가 적용된 경우, 적용 순서에 따라 다른 결과를 보여 줍니다. 현재의 결과를 살펴 보면 영상의 테두리와 내부 모두 노이즈가 나타나는 것을 볼 수 있는데, Video Event FX 윈도우의 상단의 이펙트 목록에서 Add Noise 이펙트를 Border 이펙트 앞으로 드래그합니다.

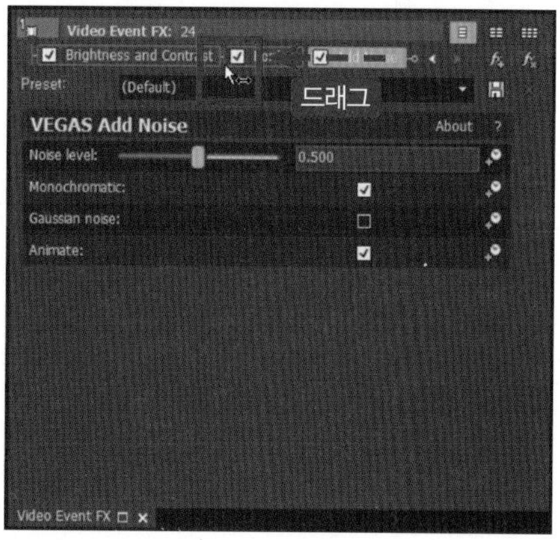

15 마우스 버튼을 놓으면 이펙트의 순서가 바뀌게 되고 이 순서로 이펙트가 적용됩니다. 즉, Add Noise 이펙트가 먼저 적용된 후 Border 이펙트가 적용되므로 프리뷰 윈도우를 보면 이전과 달리 영상의 내부에만 노이즈가 나타날 뿐, 테두리는 깨끗하게 보이게 됩니다.

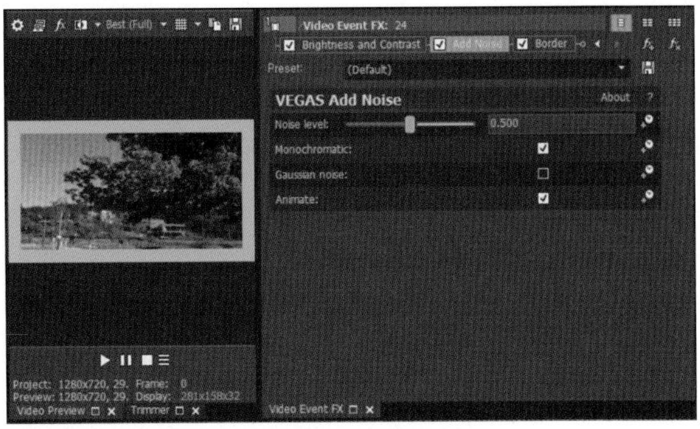

16 이펙트의 적용을 일시적으로 해제하려면 이펙트 목록 좌측에 있는 체크 박스를 클릭하여 해제 상태로 전환합니다. 이펙트를 적용하기 전과 적용 후의 상태를 비교할 때 유용합니다.

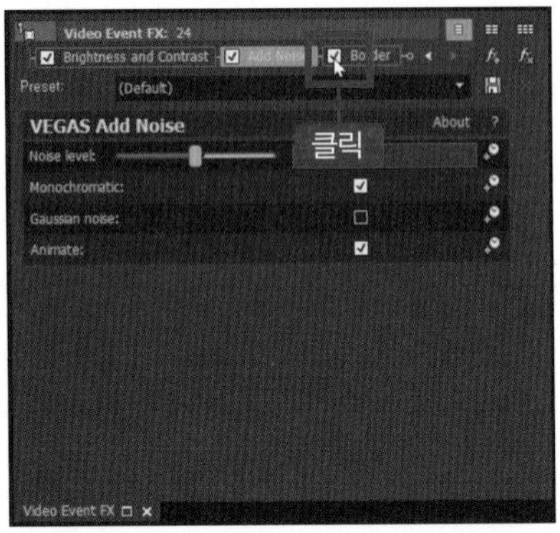

17 Border 이펙트를 선택하고 Remove Selected Plug-in 버튼을 클릭합니다. 선택했던 이펙트가 삭제되어 적용 목록에서 사라지며 아울러 해당 이펙트에 대한 효과도 나타나지 않게 됩니다.

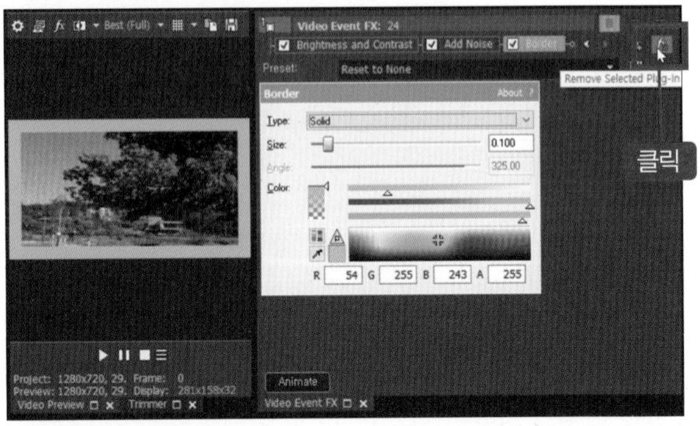

▲ Border를 선택하고 Remove Selected Plug-in 클릭

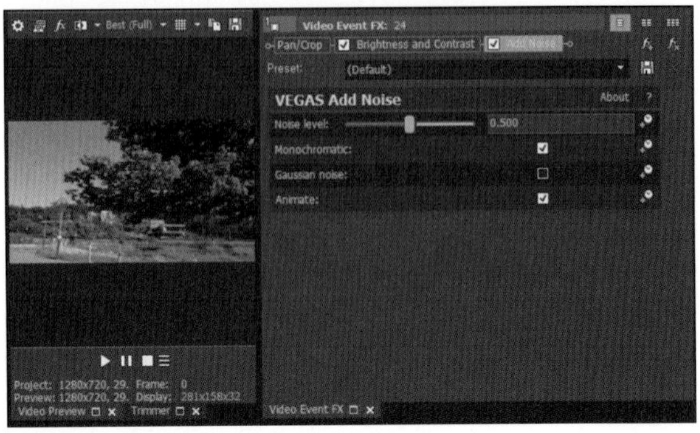

▲ 이펙트 삭제로 테두리가 제거됨

02 대상에 따른 비디오 이펙트 적용 방법

비디오 이펙트는 이벤트를 비롯하여 트랙, 또는 전체 프로젝트에 걸쳐 적용할 수 있습니다. 각각의 대상에 따라 이벤트를 적용하는 방법과 그 결과를 살펴보겠습니다.

이벤트에 이펙트 적용하기

01 특정 이벤트에 이펙트를 적용하려면 앞에서 보았던 것처럼 Video FX 윈도우에서 원하는 이펙트의 프리셋을 이벤트에 드래그하는 방법 외에, 비디오 이벤트의 단축 메뉴에서 Video Event FX를 선택하거나 타임라인의 이벤트 우측에 있는 Event FX 버튼을 클릭합니다.

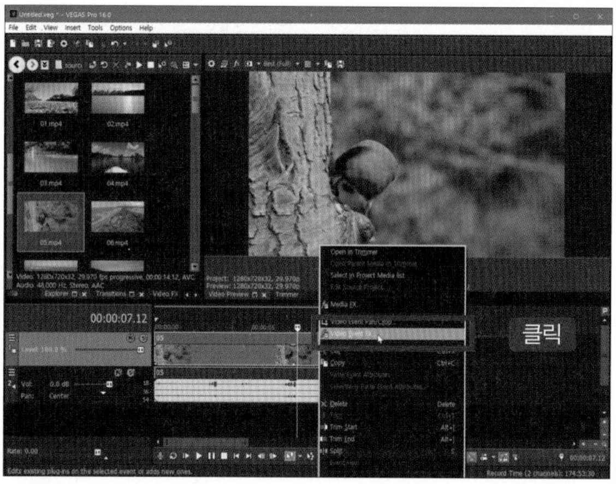

▲ Video Event FX를 선택

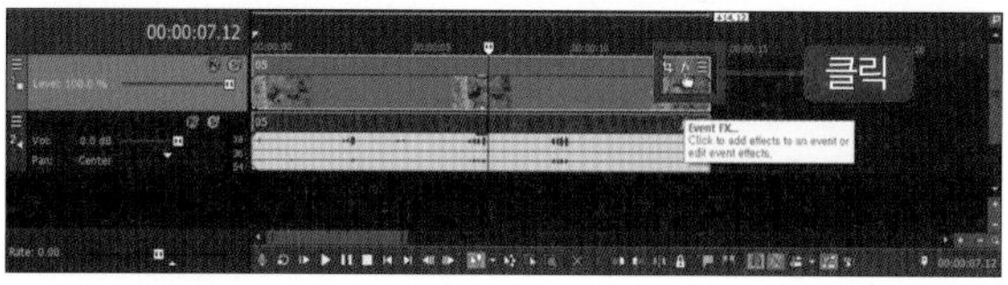

▲ Event FX 버튼을 클릭

02 이벤트에 이미 적용된 이펙트가 있다면 곧바로 Video Event FX 윈도우가 나타나지만 아무런 이펙트도 적용되어 있지 않다면 Plug-In Chooser 윈도우가 나타납니다. 원하는 이펙트를 선택하고 Add 버튼을 클릭하거나 더블 클릭한 다음, OK 버튼을 클릭합니다.

03 Video Event FX 윈도우에 선택한 이펙트가 등록되며 원하는 설정을 할 수 있습니다.

04 이벤트에 이펙트를 적용하는 또 다른 방법을 살펴보겠습니다. 메인 메뉴에서 View〉Window〉Plug-In Manager를 선택하여 플러그 인 매니저 윈도우를 열고 좌측에서 Plug-Ins〉Video〉FX 폴더를 엽니다.

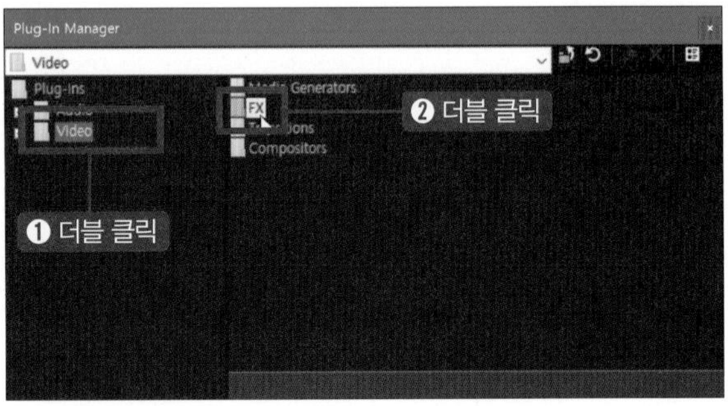

▲ Video, FX를 차례로 더블 클릭

05 비디오 이펙트 목록이 나타나면 원하는 이펙트를 이벤트로 드래그하여 적용합니다. 앞에서와 마찬가지로 Video Event FX 윈도우가 나타나 이펙트의 각종 속성을 설정하거나 프리셋을 선택할 수 있습니다.

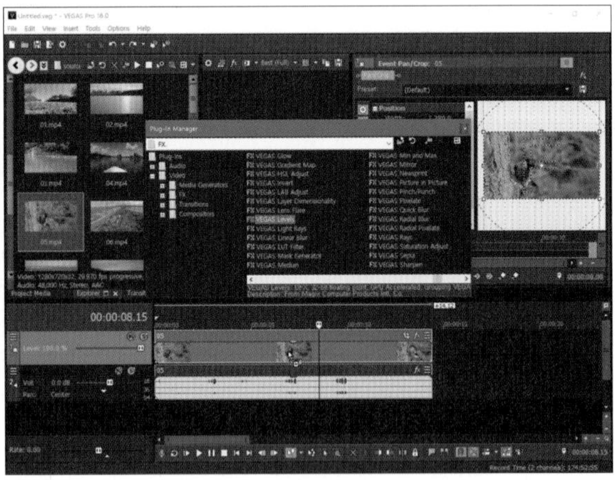

참고하세요!

여러 이벤트에 한꺼번에 이펙트 적용하기

트랙에 등록된 여러 이벤트에 대해 한꺼번에 이펙트를 적용하려면, 이펙트를 적용하려는 이벤트를 클릭하여 선택 상태로 전환하고 이펙트 목록에서 이펙트나 프리셋을 이벤트 위로 드래그합니다. 선택되어 있는 모든 이벤트에 드래그한 이벤트나 프리셋이 적용됩니다.

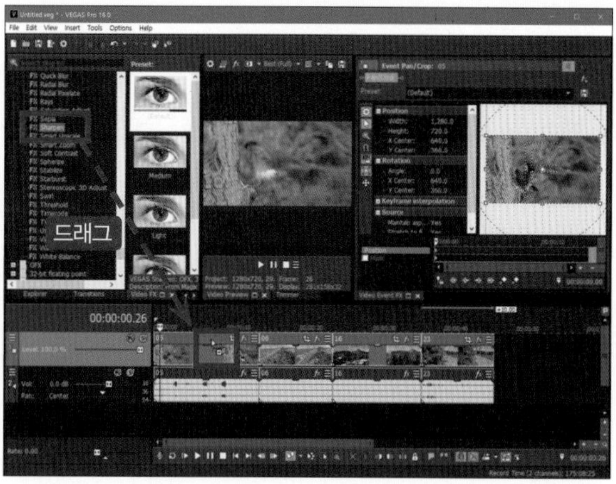

▶ 트랙에 이펙트 적용하기

트랙에 이펙트를 적용하면 해당 트랙에 놓인 모든 이벤트에 이펙트가 적용됨은 물론, 차후에 등록되는 이벤트까지 이펙트가 자동으로 적용됩니다.

01 그림과 같이 트랙에 여러 개의 이벤트를 나란히 등록하고 트랙 리스트에 있는 Track FX 버튼을 클릭합니다.

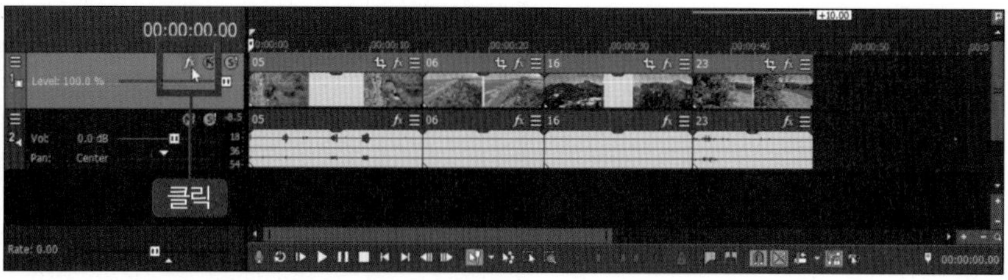

참고하세요!

트랙 리스트에 Track FX 버튼 추가하기

이미 설명한 바 있지만 트랙 리스트에서 원하는 버튼을 추가하려면 트랙 리스트에서 More 버튼을 클릭하면 나타나는 메뉴에서 Edit Visible Button Set을 선택합니다.

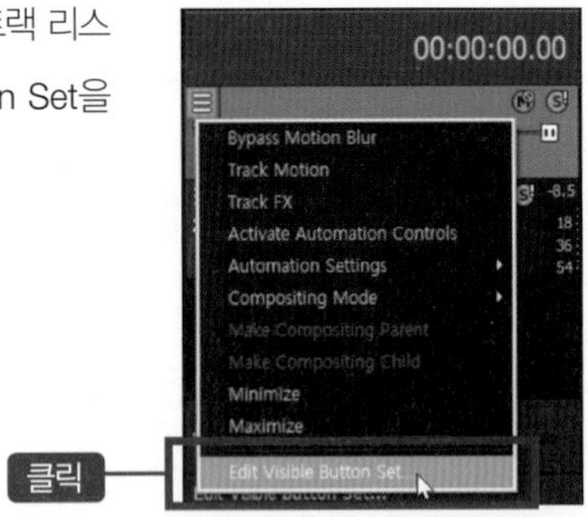

대화 상자가 나타나면 원하는 항목을 선택하면 됩니다. Track FX를 선택하고 OK버튼을 클릭합니다.

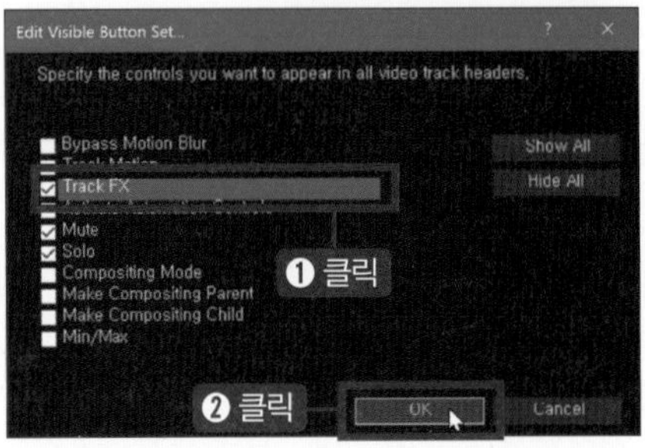

02 Plug-In Chooser 윈도우가 나타납니다. Vegas Border를 더블 클릭한 후 OK 버튼을 클릭합니다.

03 Video Track FX 윈도우가 나타나고 해당 이펙트가 등록된 것을 볼 수 있습니다. Size 값을 0.05 정도로 설정하고 Color에서 노란색을 클릭하여 노란색 테두리가 나타나도록 합니다.

04 프리뷰해 보면 트랙에 등록된 두 개의 이벤트 모두에 이펙트가 적용되어 나타나는 것을 볼 수 있습니다. 또한 이 트랙에 추가로 등록하는 이벤트도 동일하게 노란색 테두리가 적용되어 나타납니다.

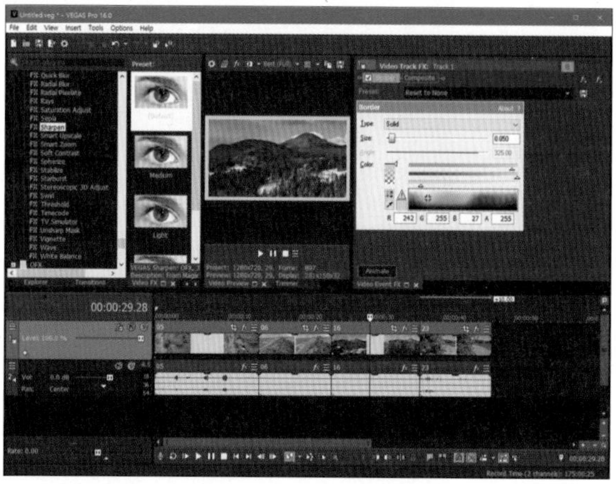

참고하세요!

Track FX를 적용하는 또 다른 방법

Video FX 윈도우의 이펙트 목록에서 원하는 이펙트를 트랙 리스트나 타임라인의 비어 있는 부분(이벤트가 놓여 있지 않은 부분)으로 드래그해도 Track FX를 적용할 수 있습니다.

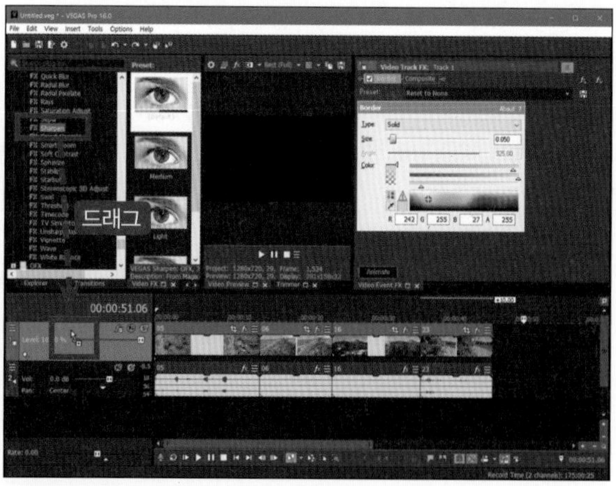

▲ 이펙트를 트랙 리스트로 드래그하여 적용

프로젝트에 이펙트 적용하기

프로젝트에 이펙트를 적용하면 프로젝트에 포함된 전체 이벤트에 대해 이펙트가 적용됩니다.

01 그림과 같이 여러 트랙에 몇 개의 이벤트를 등록하고 프로젝트에 대한 이펙트를 적용하기 위해 Video FX 윈도우에서 Light Rays의 Moderate Bounded Spotlight 프리셋을 프리뷰 윈도우로 드래그 합니다.

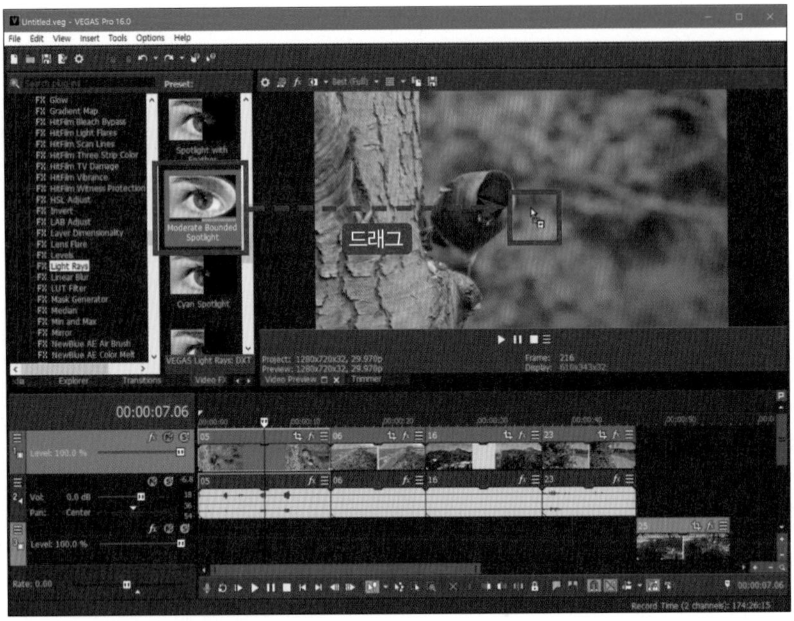

참고하세요!

프로젝트 전체에 이펙트를 적용하는 또 다른 방법

프리뷰 윈도우의 Video Output FX 버튼을 클릭하여 적용할 수도 있습니다. 이 경우, 앞에서 보았던 것처럼 Plug-In Chooser 윈도우가 나타나 원하는 이펙트를 선택해 적용할 수 있습니다.

02 Video Output FX 윈도우를 통해 해당 이펙트가 등록되어 나타납니다. Light Rays 이펙트의 Moderate Bounded Spotlight 프리셋은 프리뷰 윈도우에서 보듯이 타원형으로 중앙 부분만 밝게, 외곽은 검게 나타나면서 외곽 쪽으로 퍼져 나가는 것처럼 왜곡시킵니다. 에디트 라인을 이동시켜 보면 트랙에 관계없이 모든 이벤트에 이펙트가 적용된 결과가 나타나는 것을 볼 수 있습니다. 전체 이벤트에 동일한 이펙트를 적용하고자 할 때 편리한 방법입니다.

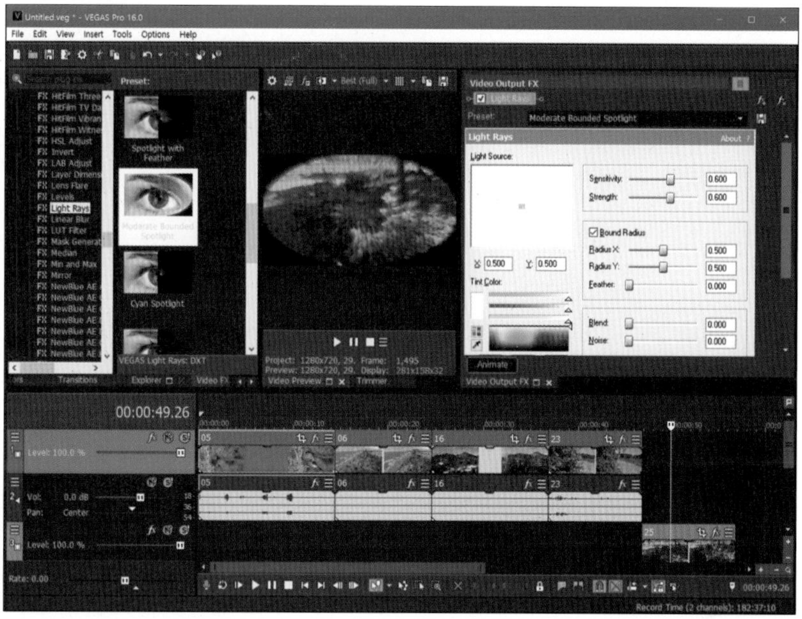

참고하세요!

적용된 이펙트 수정하기

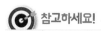

적용된 이펙트를 수정하려면 이펙트를 등록할 때와 동일한 방법을 사용하여 이펙트 윈도우를 엽니다. 즉, 비디오 이벤트 이펙트를 수정하기 위하여 Video Event FX 윈도우를 열려면 이벤트의 단축 메뉴에서 Video Event FX를 선택하거나 이벤트 우측의 Event FX 버튼을, 트랙 이펙트를 수정하기 위하여 트랙 FX 윈도우를 열려면 트랙 리스트에서 Track FX 버튼을, 전체 이펙트를 수정하기 위하여 Video Output FX 윈도우를 열려면 프리뷰 윈도우의 Video Output FX 버튼을 클릭합니다.

03 프리셋으로 저장하기

이펙트를 적용한 다음, 자신이 설정한 상태를 프리셋에 추가할 수 있습니다. 따라서 동일한 설정값을 가진 이펙트를 반복해서 사용할 때 편리합니다.

01 새 프로젝트를 시작한 후 이벤트 하나를 등록하고 Video FX 윈도우에서 Invert FX를 선택합니다. 다음과 같이 4개의 프리셋이 나타납니다. Default 프리셋을 이벤트로 드래그합니다.

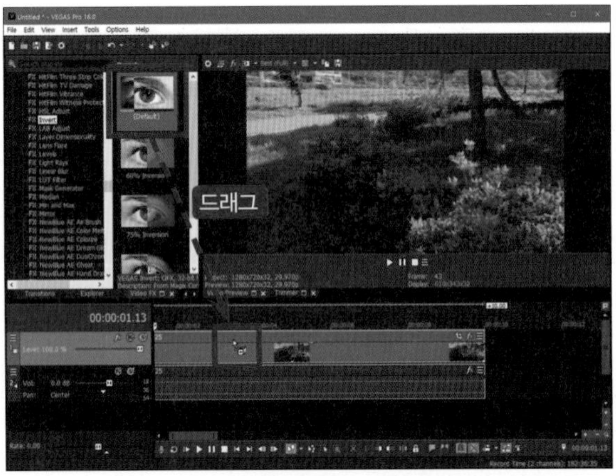

02 이펙트가 적용되고 Video Event FX 윈도우가 나타납니다. 프리셋 목록을 열면 Video FX 윈도우에 나타났던 것과 동일하게 여러 프리셋이 존재하는 것을 알 수 있습니다. 각 프리셋은 Blend 값이 다르게 지정되어 있으며 이 값에 따라 색상이 반전되는 강도가 다릅니다.

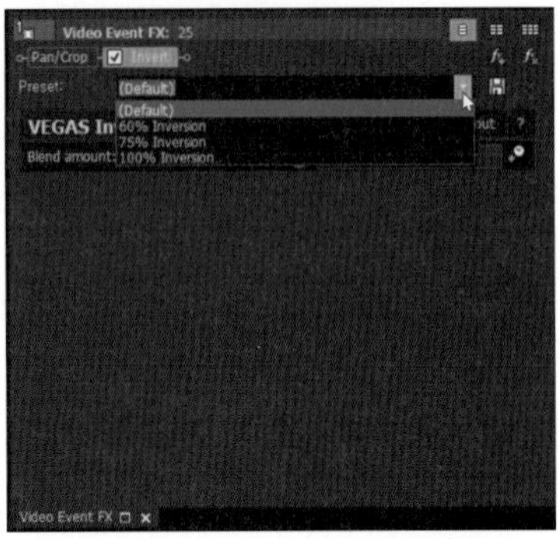

03 Blend amount 속성의 슬라이더를 드래그하거나 Blend 값에 '0.850'을 입력하고 Preset 항목에 '85% 반전'이라고 이름을 입력한 후, Save Preset 버튼을 클릭합니다. 슬라이더로 정확한 값을 설정하기 곤란하다면 입력란에 직접 값을 입력하면 됩니다.

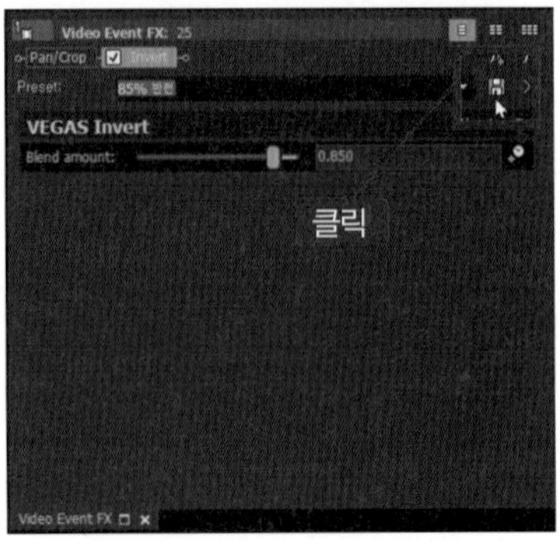

04 프리셋 목록을 열어 보면 새로운 프리셋이 추가된 것을 볼 수 있습니다.

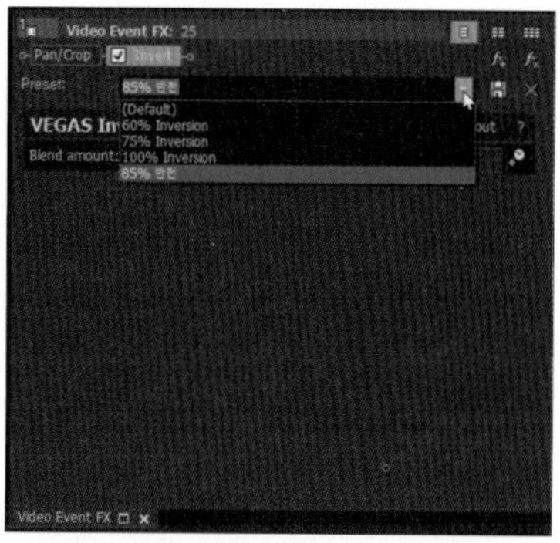

05 아울러 Video FX 윈도우에도 Invert FX 프리셋 목록에 새로 저장한 프리셋이 추가된 것을 볼 수 있습니다. 자주 사용하는 이펙트 설정값은 이렇게 프리셋으로 추가함으로써 반복해서 설정해야 하는 번거로움을 피할 수 있습니다.

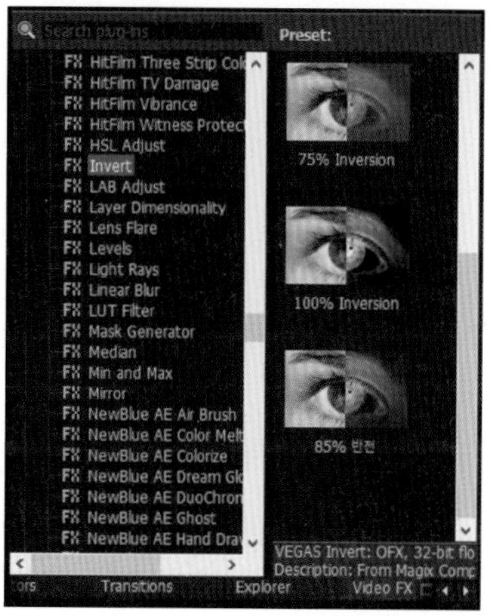

04 이펙트가 변화하는 애니메이션 만들기

이펙트를 적용한 다음, 특정 시간 지점에 키 프레임을 생성하고 속성 값을 변경하면 시간의 흐름에 따라 영상이 변화하는 애니메이션을 만들 수 있습니다. 키 프레임(Key Frame)이란 어떠한 변화가 발생한 프레임을 의미하며 원하는 지점에 자유롭게 생성하거나 삭제, 이동할 수 있고 속성 값을 변경하면 자동으로 생성되기도 합니다.

01 새 프로젝트를 시작하고 [source] 폴더에서 '25.mp4' 파일을 트랙에 등록한 다음, Video FX 윈도우에서 Pixelate를 이벤트로 드래그하거나 Pixelate의 Default 프리셋을 비디오 이벤트로 드래그합니다.

02 Video Event FX 윈도우가 나타납니다. 현재 프리셋은 아무런 효과도 보여 주지 않는 상태로써 사용자가 원하는 값을 설정해야 합니다. 이벤트가 재생되면서 이펙트의 속성 값이 변화되도록 몇 개의 키 프레임을 생성하고 각각 다른 속성 값을 지정하도록 하겠습니다. Horizontal pixelization 속성 우측의 Animate 버튼을 클릭합니다.

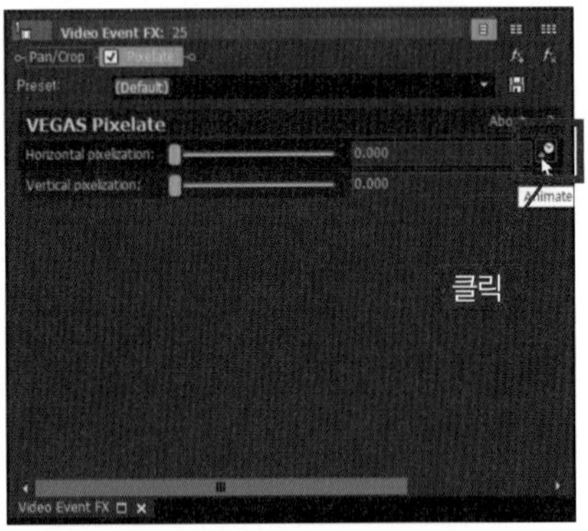

TIP Animate 버튼이 안 보인다면?

Video Event FX 윈도우의 크기가 너무 작으면 Animate 버튼이 보이지 않으므로 가로 크기를 충분히 키워 주도록 합니다.

03 윈도우 하단에 타임라인이 나타며 기본적으로 시작 지점에 마름모 모양의 키 프레임이 생성되어 있음을 볼 수 있습니다. 타임라인의 1초 지점을 클릭합니다.

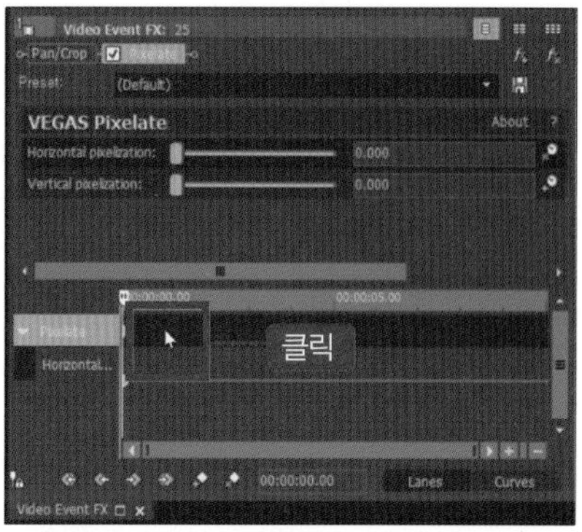

04 에디트 라인이 1초 지점에 놓이면 Horizontal pixelization 속성의 슬라이더를 우측 끝으로 드래그하여 1.00의 값이 되도록 합니다. 현재 에디트 라인이 위치하고 있는 1초 지점에 키 프레임이 생성되는 것을 볼 수 있습니다. 즉, 속성 값이 변경되면 자동으로 현재 지점에 키 프레임이 생성됩니다.

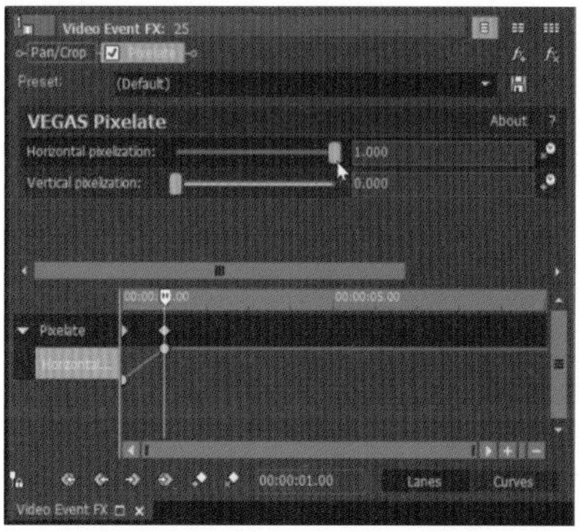

05 타임라인 윈도우의 에디트 라인을 1초 지점에 두고 프리뷰 윈도우를 보면 이펙트의 설정에 의해 영상의 픽셀이 가로로 심하게 퍼져서 나타나는 것을 볼 수 있습니다.

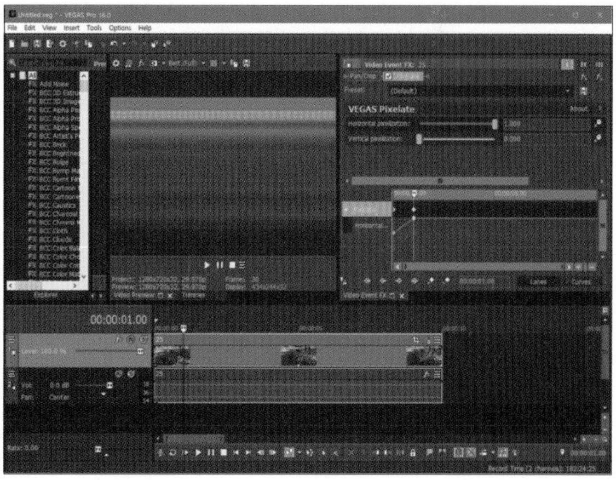

06 Video FX 윈도우의 타임라인에서 5초 지점을 더블 클릭하거나 5초 지점을 클릭하여 에디트 라인을 위치시킨 후, 아래에 있는 Add Keyframe 버튼을 클릭합니다.

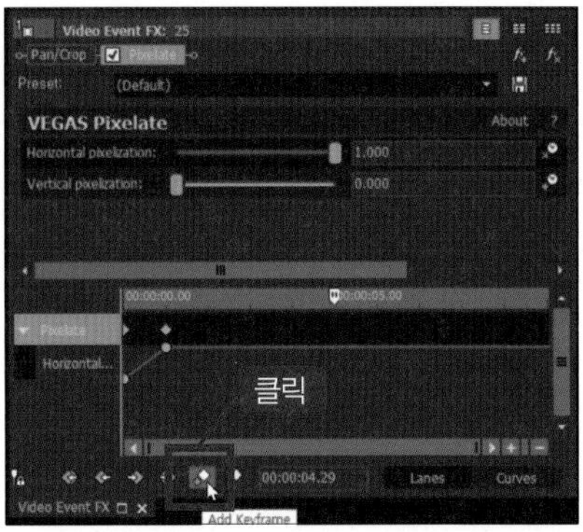

07 현재 지점에 키 프레임이 생성됩니다. 이 지점은 1초 지점과 동일한 속성 값을 갖게 하기 위하여 그냥 키 프레임만 생성한 것입니다. 1초와 5초 지점은 속성 값이 동일하기 때문에 이 구간은 아무런 변화 없이 재생됩니다.

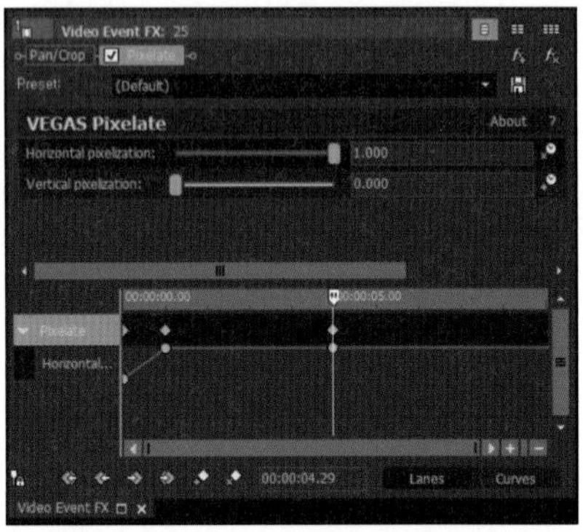

08 마지막 프레임에 에디트 라인을 위치시키고 Horiontal pixelization 슬라이더를 좌측 끝으로 드래그합니다. 역시 현재 지점에 키 프레임이 자동 생성됩니다.

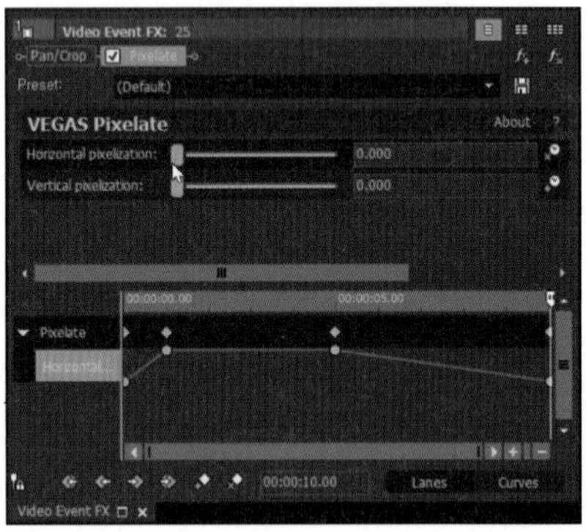

TIP 첫 프레임과 마지막 프레임으로 이동하기

에디트 라인을 첫 프레임으로 이동할 때는 Home 키를, 마지막 프레임으로 이동할 때는 End 키를 이용하는 것이 편리합니다.

09 프리뷰로 결과를 확인합니다. 시작 지점에서 1초 지점으로 갈수록 점차 픽셀이 늘어나면서 5초 지점까지 지속되다가 종료 지점에 이르면서 점차 정상적인 상태로 되돌아가는 애니메이션을 볼 수 있습니다.

참고하세요!

키 프레임 컨트롤러의 버튼들

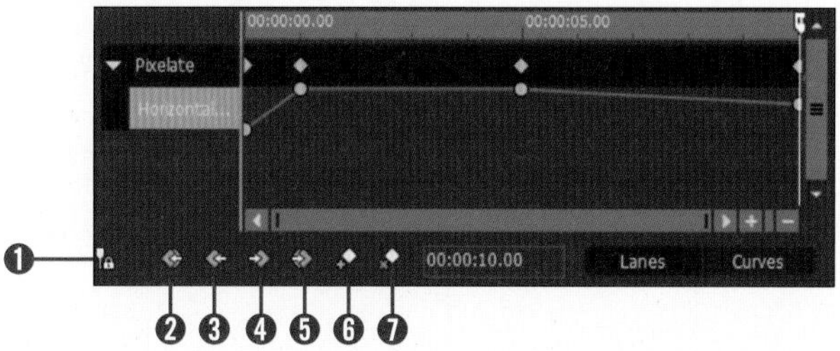

❶ Sync Cursor to Media Timeline – Video Event FX 윈도우의 타임라인에서 에디트 라인이 이동할 때 타임라인 윈도우의 에디트 라인도 함께 이동하도록 합니다. 따라서 Video Event FX 윈도우의 에디트 라인을 이동할 때 프리뷰 윈도우를 통해 곧바로 결과를 확인할 수 있습니다.

❷ First Keyframe – 첫 번째 키 프레임으로 이동합니다.

❸ Previous Keyframe – 이전 키 프레임으로 이동합니다.

❹ Next Keyframe – 다음 키 프레임으로 이동합니다.

❺ Last Keyframe – 마지막 키 프레임으로 이동합니다.

❻ Add Keyframe – 현재 에디트 라인 위치에 생성합니다.

❼ Delete Keyframe – 현재 선택된 키 프레임을 삭제합니다.

10 여러 속성에 키 프레임을 설정할 수도 있습니다. Vertical pixelization 속성 우측의 Animate 버튼을 클릭하면 타임 라인에 해당 속성에 대한 키 프레임이 생성되어 별도로 원하는 애니메이션 설정을 할 수 있습니다.

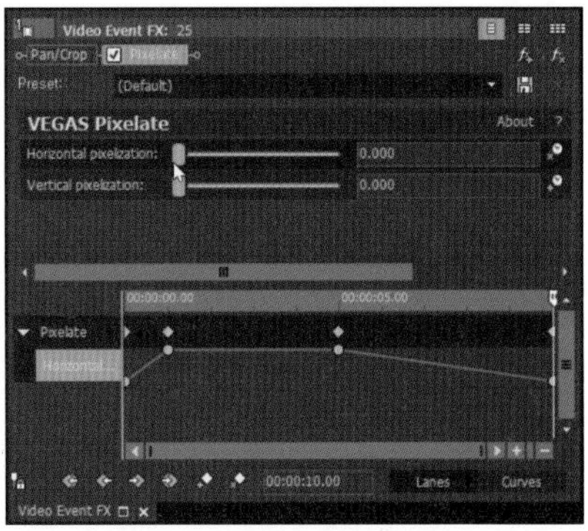

▲ 다른 속성에 키 프레임을 설정한 경우

11 여러 이펙트를 적용한 경우, 각각의 이펙트별로 키 프레임을 생성하여 변화되도록 할 수도 있습니다. Video FX 윈도우를 열고 이펙트 목록에서 Black and White를 이벤트나 Video Event FX 윈도우 안으로 드래그합니다.

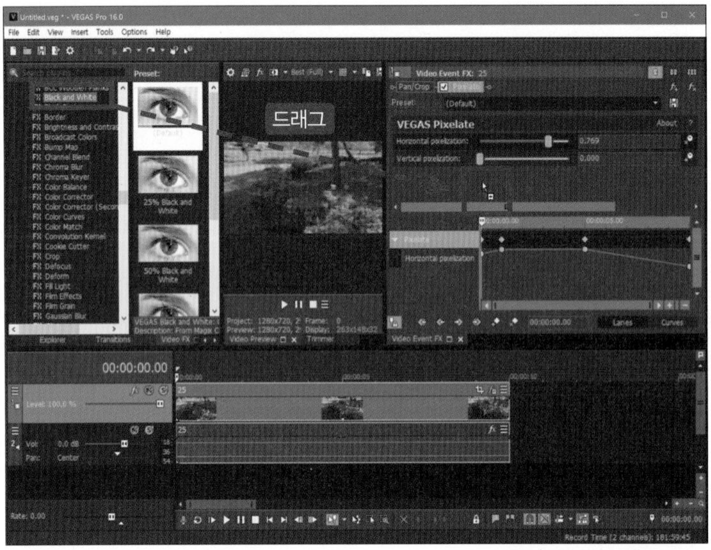

12 Video Event FX 윈도우에서 새로 추가된 Black and White 이펙트의 Blend amount 속성 우측에 있는 Animate 버튼을 클릭합니다.

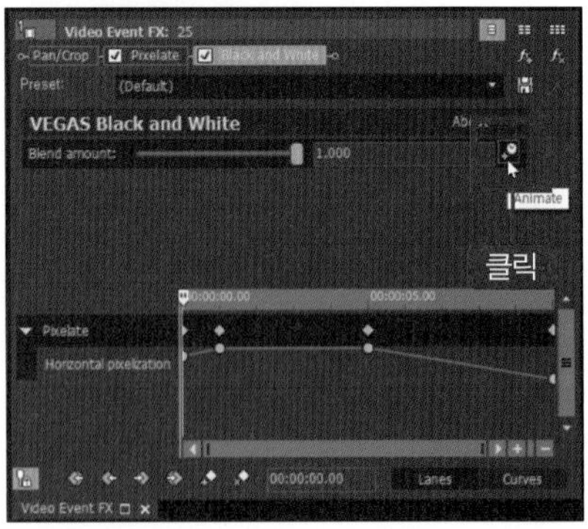

13 Video Event FX 윈도우에 Black and White FX에 대한 타임라인이 추가되어 나타납니다. 에디트 라인을 시작 지점에 두고 Blend Amount 속성의 슬라이더를 가장 좌측으로 드래그하여 속성 값을 '0.000'으로 변경합니다. 시작은 흑백이 아닌 원래 상태로 나타나게 하려는 것입니다.

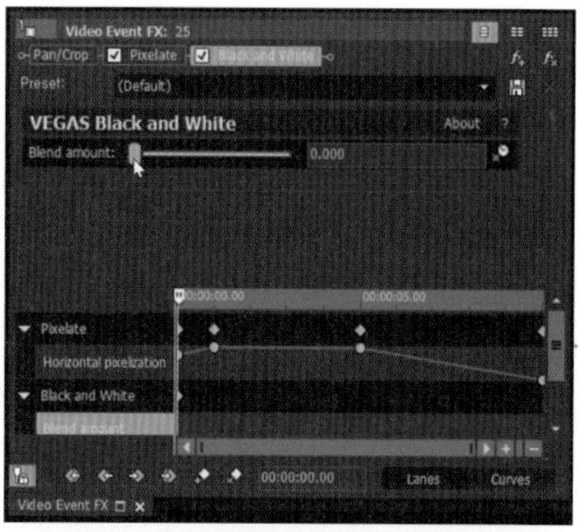

14 Black and White의 타임 라인에서 2초 지점을 클릭합니다.

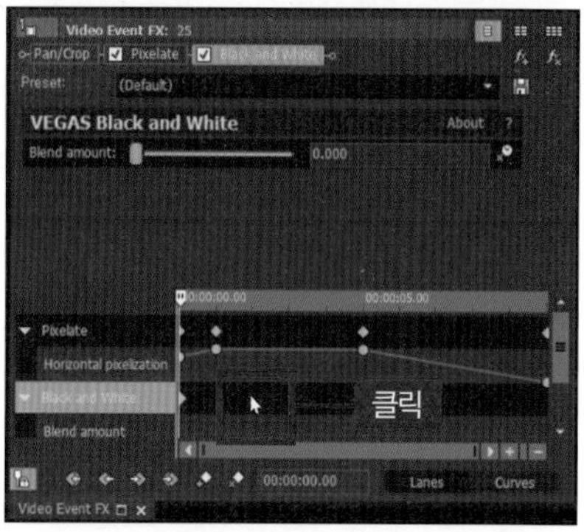

15 에디트 라인이 2초 지점으로 이동됩니다. 정확히 원하는 지점이 아니라면 아래에 있는 타임코드를 보면서 방향키로 이동시키면 됩니다. Blend Amount 값을 '0.500'으로 변경하면 현재 지점에 키 프레임이 생성됩니다.

16 마찬가지로 타임라인에서 Black and White의 끝 지점을 클릭하고 Blend 값을 '0'으로 변경합니다.

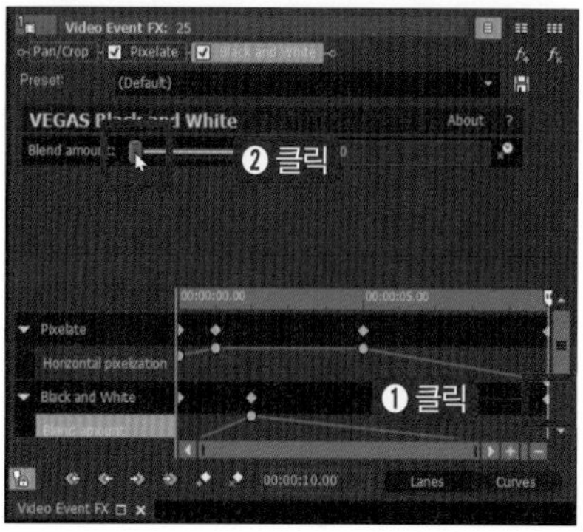

17 프리뷰해 보면 각 지점에서 설정한 속성 값의 변화로 인해 흑백으로 변화되었다가 점차 컬러로 되돌아오는 결과를 볼 수 있습니다.

참고하세요!

키 프레임 인터폴레이션 커브 변경하기

키 프레임 사이의 인터폴레이션(Interploation : 보간) 커브는 키 프레임으로 인하여 변화되는 구간에 대한 형태를 결정합니다. 생성되어 있는 키 프레임을 마우스 우측 버튼으로 클릭하면 다음과 같은 단축 메뉴가 나타납니다.

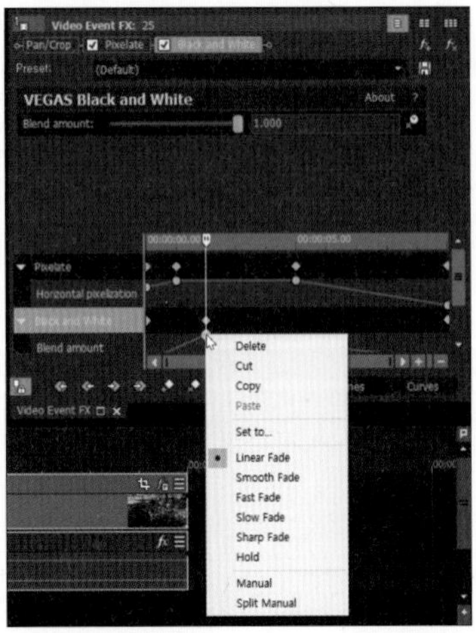

기본적으로 Linear 커브가 선택되어 있으며 다음 키 프레임 지점을 향해 일정한 비율로 변화됩니다. 다른 커브를 선택함으로써 변화되는 속도와 형태를 변경할 수 있으며 선택한 커브에 따라 키 프레임의 색상이 다르게 표시됩니다.

CHAPTER 15

오디오 이펙트 사용하기

베가스는 오디오 편집이나 효과에 있어서도 강력함을 보여 주고 있습니다. 오디오 이펙트의 사용법을 익힌 다음, 오디오 이펙트의 속성에 대해서 살펴보겠습니다.

01 오디오 이펙트 적용하기

오디오 이펙트도 비디오 이펙트와 같이 이벤트 별로 적용하거나 트랙별로 적용할 수 있으며 하나의 이벤트나 트랙에 여러 오디오 이펙트를 중복해서 적용할 수도 있으므로 다양하고 독특한 오디오 효과를 만들어낼 수 있습니다.

01 오디오를 포함하고 있는 무비 파일이나 오디오 파일을 트랙에 등록하고 오디오 트랙 리스트에서 Track FX 버튼을 클릭합니다. 여기에서는 [source] 폴더에 있는 'music01.mp3' 파일을 사용하겠습니다.

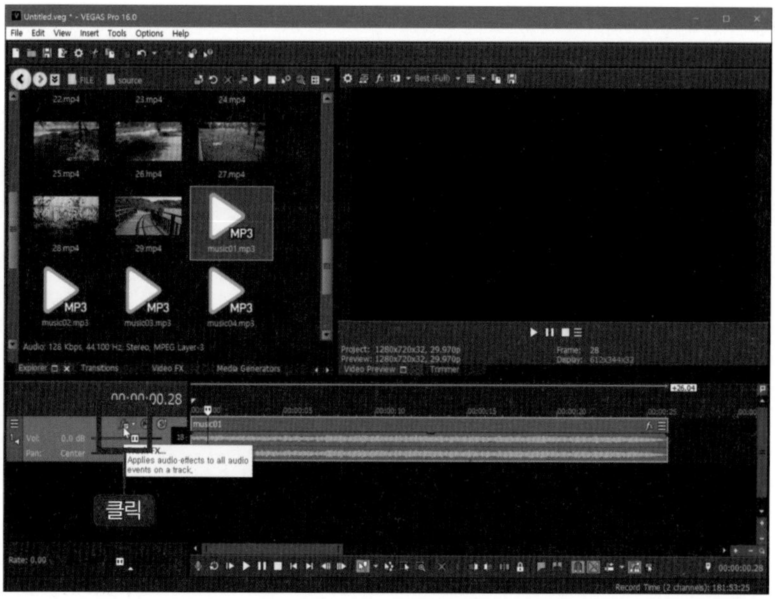

02 Audio Track FX 윈도우가 나타납니다. 상단을 보면 기본적으로 3개의 이펙트가 등록되어 있는 것을 볼 수 있습니다. 이들 이펙트는 모두 기본값으로 적용되어 있으며 이펙트가 가지고 있는 특별한 효과는 들려 주지 않습니다. 이펙트를 추가하기 위하여 Plug-In Chain 버튼을 클릭합니다.

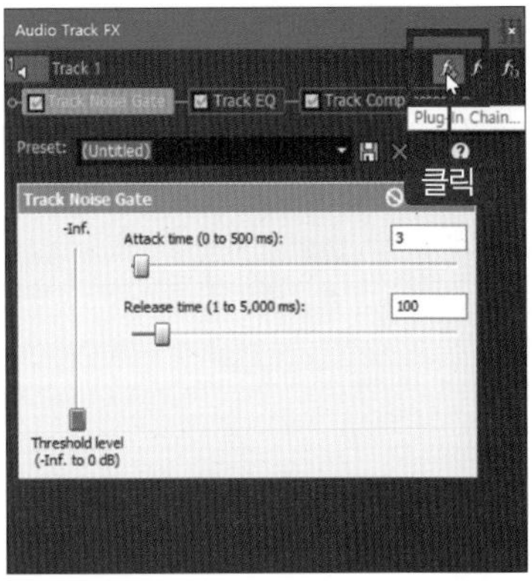

03 Plug-In Chooser 윈도우가 나타나면 Audio>All 폴더를 엽니다. 우측에 오디오 이펙트 목록이 나타나면 Reverb를 선택하고 Add 버튼을 클릭하거나 이펙트를 더블 클릭합니다.

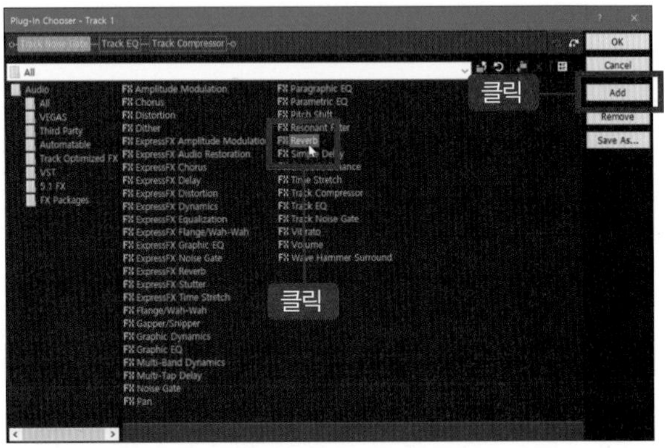

04 상단의 이펙트 목록에 해당 이펙트가 추가되어 나타납니다. OK 버튼을 클릭합니다.

05 Audio Track FX 윈도우에 새로 추가한 이펙트가 나타납니다. Preset 메뉴를 열고 Long hall을 선택하여 프리셋을 적용합니다. 트랙의 타임라인에서 오디오가 시작되는 부분에 에디트 라인을 두고 프리뷰해 보면 리버브, 즉, 울림 효과가 적용된 소리를 들을 수 있습니다. 이러한 Track FX의 경우 트랙에 놓인 모든 오디오 이벤트에 대해 이펙트가 적용됩니다.

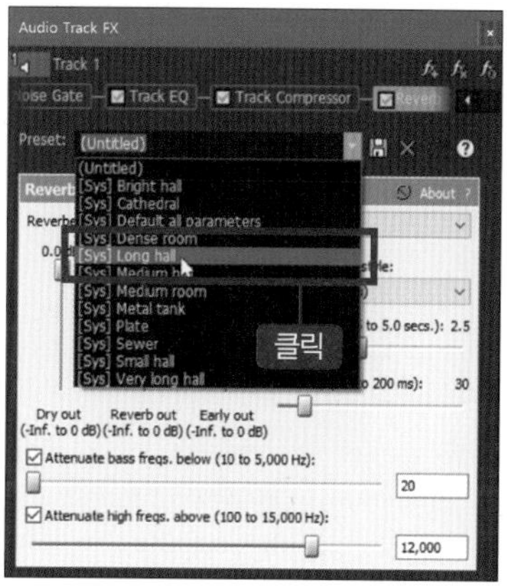

06 간단히 이벤트에 이펙트를 적용하는 방식을 살펴봅니다. 새 프로젝트를 시작하고 [source] 폴더에서 'music02.mp3' 파일을 트랙에 등록합니다. 이어서 이벤트의 우측에 있는 FX 버튼을 클릭합니다.

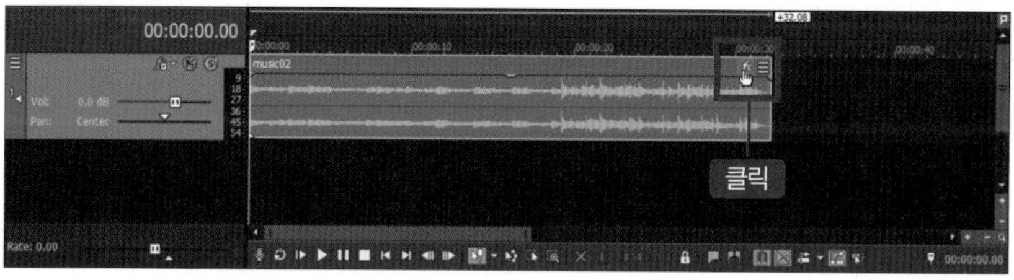

07 Plug-In Chooser 윈도우가 나타나면 Chorus를 더블 클릭합니다. 상단에 해당 이펙트가 추가되어 나타납니다.

08 OK 버튼을 클릭하면 Plug-In Chooser 윈도우가 사라지고 Audio Event FX 윈도우가 나타납니다. 앞에서 선택한 이펙트가 추가되어 있으며 여러 속성이 표시됩니다. Preset 메뉴를 열고 [Sys] Chorus/vibrato 1을 선택합니다.

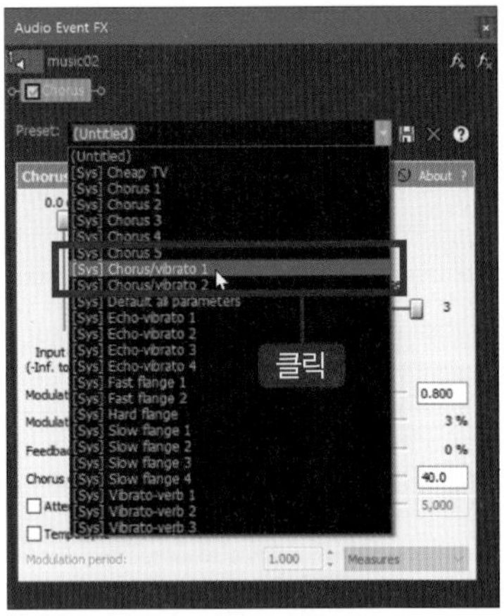

09 타임라인에서 프리뷰해 보면 이펙트가 적용된 결과로, 코러스와 약간의 비브라토가 가미된 소리를 들을 수 있습니다. 다른 이펙트를 추가하려면 Audio Event FX 윈도우에서 Plug-In Chain 버튼을 클릭합니다.

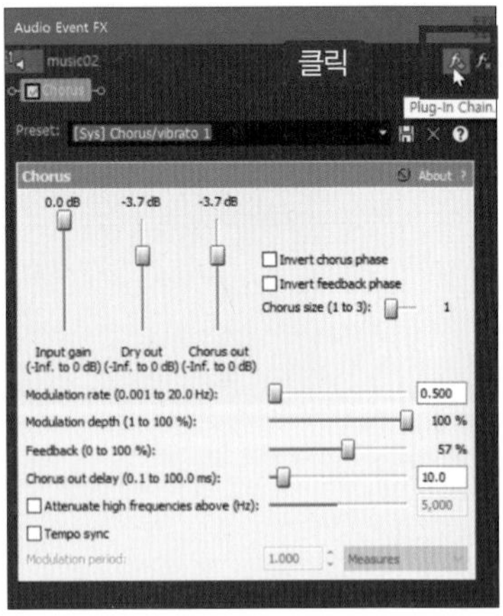

10 다시 Plug-In Chooser 윈도우가 나타나면 Graphic EQ 이펙트를 더블 클릭한 다음, OK 버튼을 클릭합니다.

11 Audio Event FX 윈도우에 추가한 이벤트가 나타납니다. 원하는 결과를 위해 적절히 프리셋을 선택하거나 설정을 바꾸어 주면 됩니다. 이펙트를 삭제하려면 상단의 목록에서 삭제하려는 이펙트를 선택하고 Remove Selected Plug–In 버튼을 클릭하면 됩니다.

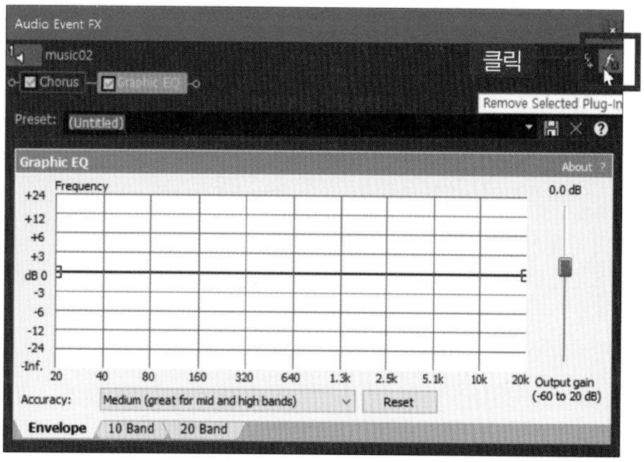

02 비 실시간 이펙트 적용하기

개개의 이벤트에 비 실시간 이펙트, 즉 넌 리얼타임(Non–Realtime) 이펙트를 적용할 수 있습니다. 이 경우, 이펙트가 적용된 파일의 복사본이 저장되며 프로젝트에 테이크로 추가됩니다. 방대한 프로젝트를 진행하거나 이벤트를 빠르게 실시간으로 프리뷰할 수 없는 낮은 사양의 시스템에서 유용한 방식입니다.

01 타임라인에 등록된 오디오 이벤트를 마우스 우측 버튼을 클릭하여 단축 메뉴가 나타나면 Apply Non–Real–Time Event FX를 선택합니다.

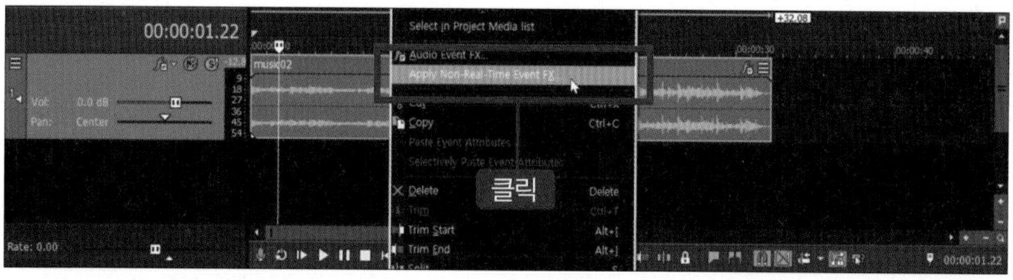

02 Plug–In Chooser 윈도우가 나타납니다. ExpressFX Reverb 이펙트를 더블 클릭한 후 OK 버튼을 클릭합니다.

03 Take 윈도우가 나타납니다. 우측 상단의 Preview 버튼을 클릭하면 현재 적용 상태를 미리 들어볼 수 있습니다. 이펙트를 적용하기 위하여 OK버튼을 클릭합니다.

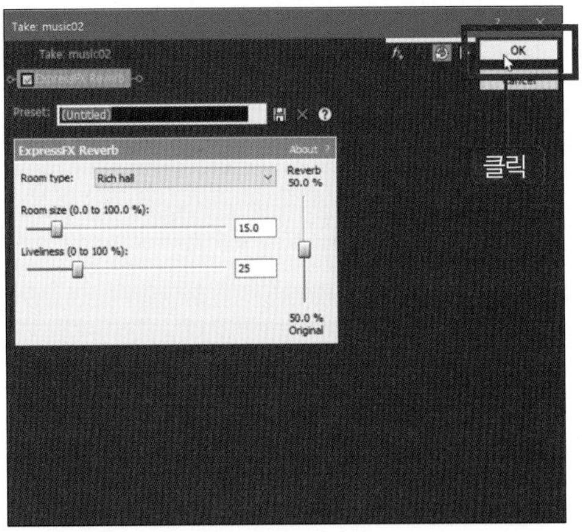

04 Apply Non-Real-Time Event FX 대화 상자가 나타납니다. 포맷은 Wave(Microsoft)를, 템플릿은 44,100Hz, 16Bit, Stereo, PCM을 각각 선택해 보았습니다. 이어서 Folder 항목의 Browse 버튼을 클릭하여 적절히 원하는 폴더를 지정하고 Name 항목에 파일 이름을 입력한 다음 Render 버튼을 클릭합니다.

05 렌더링 과정이 진행됩니다. 완료된 후, 프로젝트 미디어 윈도우를 열어 보면 이펙트가 적용된 파일이 등록된 것을 볼 수 있습니다.

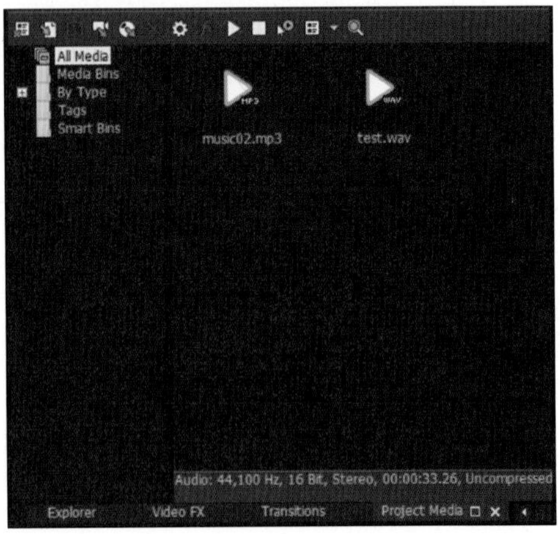

06 아울러 오디오 이벤트의 단축 메뉴에서 Take 메뉴를 열어 보면 이펙트가 적용된 이벤트가 테이크로 추가되어 활성화된 상태임을 알 수 있습니다. 원본 상태로 되돌아가려면 원본 파일 이름을 선택하면 됩니다.

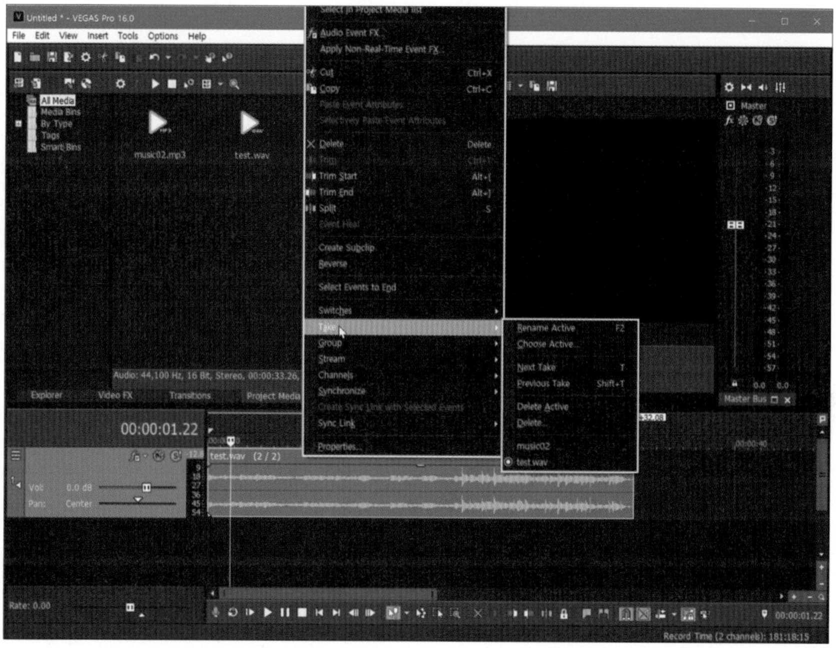

03 오디오 이펙트 속성 살펴보기

비디오 이펙트와 달리 오디오 이펙트의 효과는 쉽게 판별하기 힘들 수 있습니다. 주요 오디오 이펙트의 속성들을 살펴봄으로써 어떤 기능을 수행할 수 있는지 이해해 보도록 하겠습니다.

Amplitude Modulation

떨리거나 변조된 소리를 만들어 줍니다.

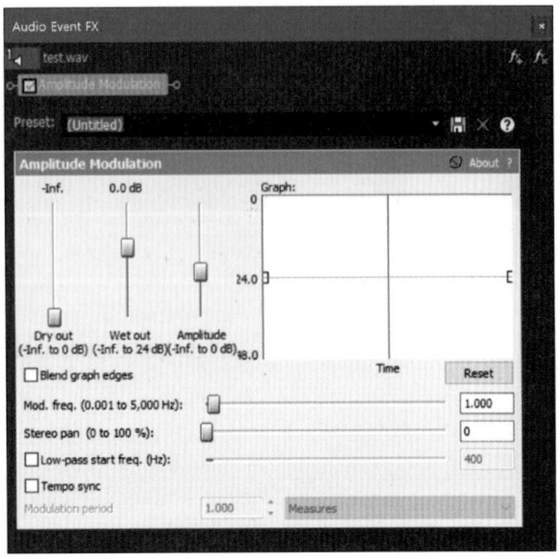

- Dry out – 모듈레이션(변조)이 적용되지 않는 음량의 크기를 조절합니다.
- Wet out – 모듈레이션(떨림)이 적용되는 음량의 크기를 조절합니다.
- Amplitude – 모듈레이션이 적용되는 강도를 설정합니다.
- Graph – 변조될 파형을 그래프 형식으로 만듭니다. 그래프 특정 지점을 클릭하여 포인트를 추가할 수 있습니다.
- Blend graph edges – 우측에서 설정하는 그래픽 파형을 부드럽게 만듭니다.
- Mod, freq – 변조되는 주파수 대역을 설정합니다.
- Stereo pan – 좌, 우로 분리되는 팬의 영역을 설정합니다.
- Low-pass start freq – 지정한 주파수 이하의 대역만 걸러 냅니다.

Chorus

일정한 간격으로 소리가 반복되게 함으로써 마치 합창하는 것 같은 사운드를 만듭니다.

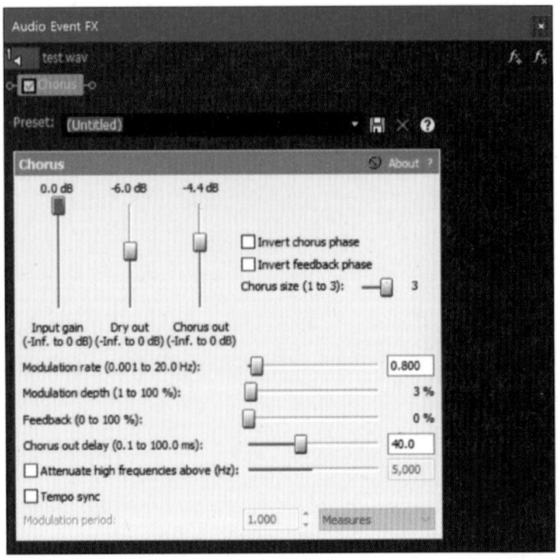

- Input gain – 원본 사운드의 음량을 조절합니다.
- Dry out – 코러스가 적용되지 않는 음량의 크기를 조절합니다.
- Chorus out – 코러스가 적용되는 음량의 크기를 조절합니다.

- Invert the chorus phase – 코러스가 적용된 사운드의 위상을 반전시킵니다.
- Invert the feedback phase – 피드백되는(반복되는) 사운드의 위상을 반전시킵니다.
- Chorus out delay – 코러스의 딜레이(지연) 시간을 설정합니다.
- Modulation rate – 변조되는 주파수를 설정합니다.
- Modulation depth – 변조되는 주파수의 양을 설정합니다.
- Attenuate high frequencies above – 지정한 주파수 이상의 대역에 코러스가 적용되지 않도록 합니다.

Distortion

메탈 음악과 같이 인위적으로 찌그러지는 사운드를 만듭니다.

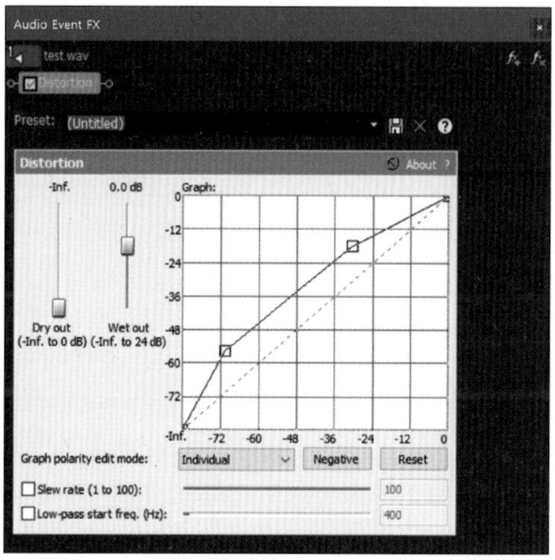

- Input gain – 원본 사운드의 음량을 조절합니다.
- Wet out – 찌그러지는 음량을 조절합니다.
- Graphic polarity edit mode – 그래프 형식으로 디스토션 형식을 설정합니다.
- Negative/Positive – 토글 버튼으로써 그래프를 이전값과 설정값으로 교차하여 나타냅니다.
- Reset – 그래프를 처음 상태로 되돌려 줍니다.
- Slew rate – 신호의 일그러짐을 조절합니다.
- Low-pass start freq – 지정한 주파수 이하의 대역만 걸러 냅니다.

Dither

오디오의 채널, 샘플 레이트, 비트 수 등, 기본적인 속성을 변경합니다.

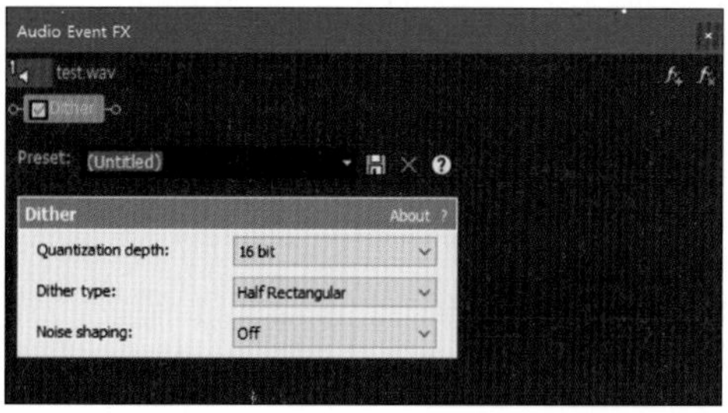

- Quantization depth – 오디오의 샘플 비트 수를 설정합니다.
- Dither type – 디더링 형식을 선택합니다.
- Noise shaping – 디더링으로 인하여 발생하는 잡음 등을 줄이기 위한 옵션을 선택합니다.

Flange/Wah-Wah

특정 주파수 대역을 변조함으로써 금속 파열음이나 와와라 부르는 독특한 이펙트가 적용된 소리를 만듭니다.

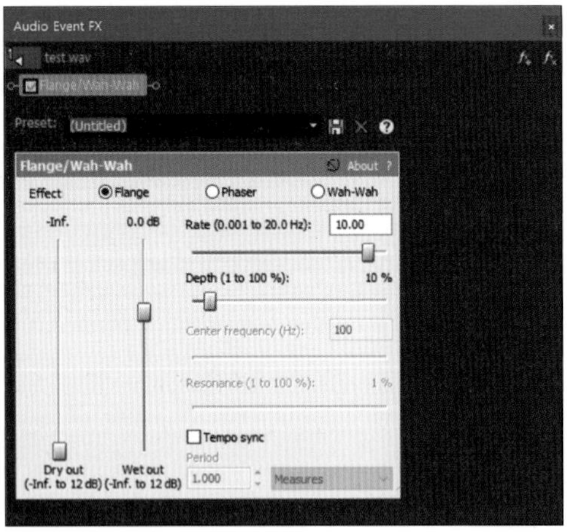

- Effect – 이펙트 타입을 설정합니다. 직접 들어 보면 차이를 느낄 수 있습니다.
- Dry out – 이펙트가 적용되지 않는 사운드의 음량 크기를 조절합니다.
- Wet out – 이펙트가 적용되는 사운드의 음량 크기를 조절합니다.
- Rate – 이펙트의 속도를 설정합니다.
- Depth – 이펙트의 주파수 대역의 범위를 설정합니다.
- Center frequency – Phaser와 Wah–Wah 타입을 선택한 경우에만 활성화되며 변조되는 기준 주파수를 설정합니다.
- Resonance – Phaser와 Wah–Wah 타입을 선택한 경우에만 활성화되며 변조되는 주파수 범위를 설정합니다.

Gapper/Snipper

일정한 간격으로 무음(無音)을 삽입하거나 떨림 효과를 삽입하여 독특한 소리를 만들어 줍니다.

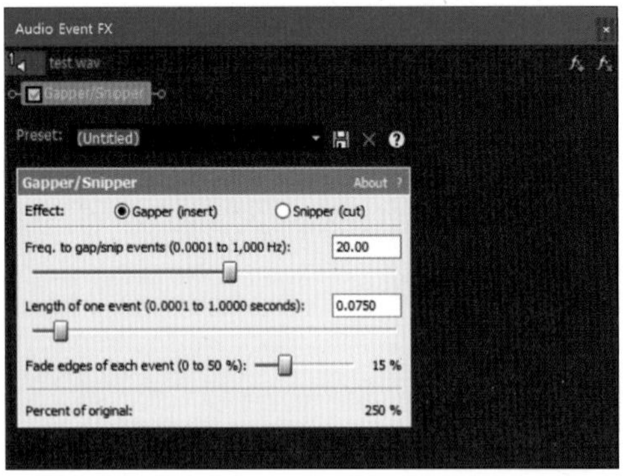

- Effect – 이펙트 타입을 설정합니다.
- Freq. to gap/snip events – 삭제할 주파수 대역을 설정합니다.
- Length of one event – 사용할 사운드의 범위를 설정합니다.
- Fade edges of each – 삭제할 주파수 대역의 끝부분에 대하여 페이드 처리될 범위를 설정합니다.

Graphic Dynamics

음량이 작은 부분과 큰 부분의 차이를 조절함으로써 강약이 심한 박력 있는 소리나, 변화가 적은 부드러운 소리를 만듭니다.

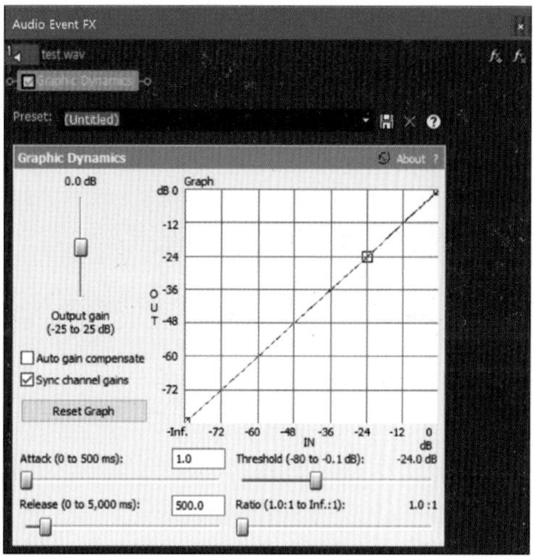

- Output gain – 강약이 더해질 음량을 조절합니다.
- Auto gain compensate – 강약을 자동적으로 조절합니다.
- Sync stereo gain – 양쪽 채널에 동일한 레벨로 강약을 적용합니다.
- Reset Graph – 그래프의 설정값을 초기화합니다.
- Attack – 강하게 적용되는 부분의 시간 단위를 조절합니다.
- Release – 강하게 적용된 후 정상적으로 돌아오는 시간 단위를 조절합니다.
- Threshold – 강하게 적용될 기준 레벨을 설정합니다.
- Ratio – 강약이 적용되는 부분과 원음과의 비율을 설정합니다.

Graphic EQ

특정 주파수 대역의 음량을 그래프를 통해 세밀하게 조절합니다. 음원에 따라 주파수 대역이 다르므로 보컬 및 특정 악기의 음을 강조하거나 미약하게 할 수 있습니다. 기본적으로 Envelope 탭이 나타나게 되며 각 지점을 클릭하여 포인트를 생성한 다음, 드래그하여 해당 대역의 음량을 조절할 수 있습니다.

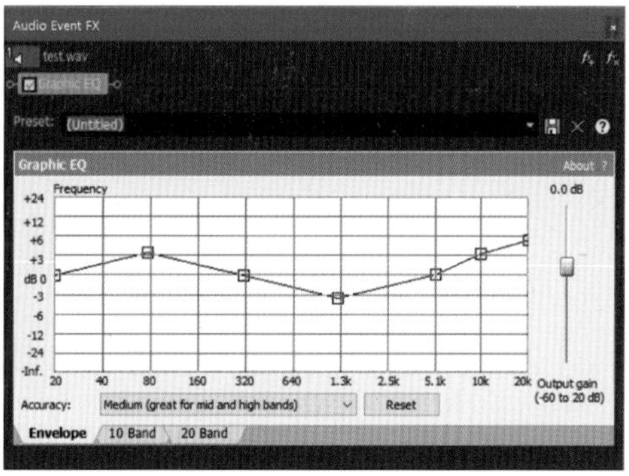

▲ Envelope 탭

10 Band 탭에서는 주파수 대역을 10개로 나누어 슬라이드를 통해 각 대역의 음량을 조절하며 20 Band 탭에서는 주파수 대역을 20개로 나누어 보다 세밀하게 조절할 수 있도록 하고 있습니다. 그림과 같이 저음과 고음 영역의 음량을 높이고 중음 영역을 낮추면 보컬 부분은 작게 들리지만 웅장한 소리로 들리게 됩니다.

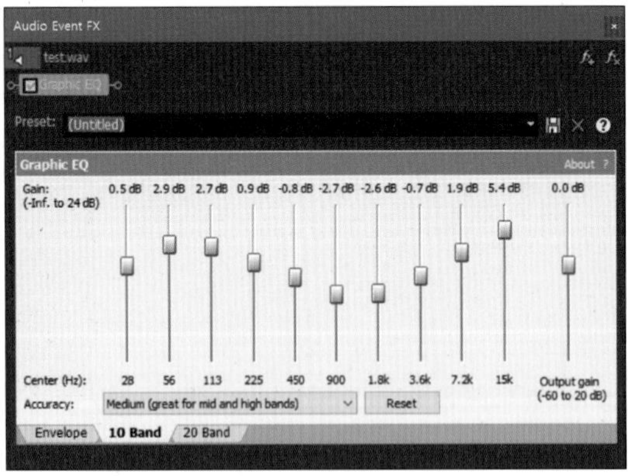

▲ 10 Band 탭

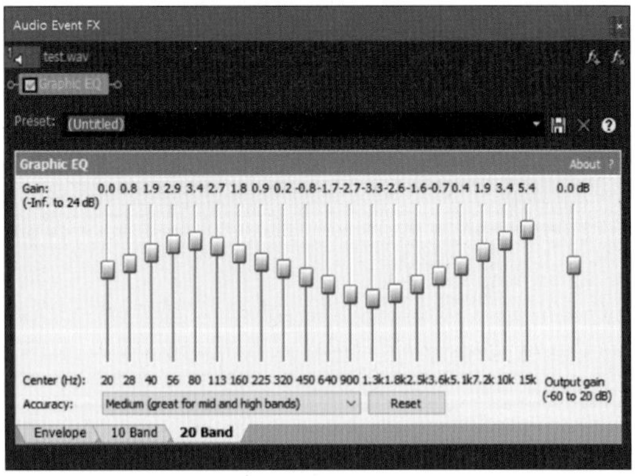

▲ 20 Band 탭

Multi-Band Dynamics

Graphic Dynamics처럼 강약을 조절함으로써 박력 있는 소리를 만들어 주되, 그래프로 설정할 수 없는 대신 두 주파수 대역에 대하여 동시에 설정할 수 있습니다. 아래에 있는 Band 2 bypass 옵션을 해제해 주어야 또 다른 주파수 대역에 대한 설정이 가능합니다. 대부분의 속성이 Graphic Dynamics와 유사하므로 해당 설명을 참고하기 바랍니다.

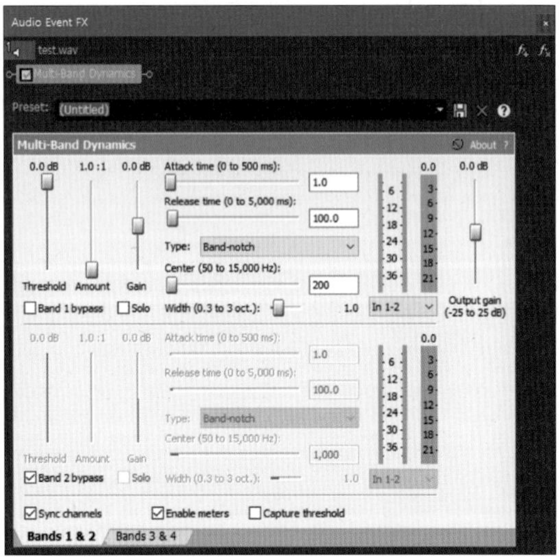

Multi-Tap Delay

흔히 말하는 에코(Echo)와 같이 지연음을 발생시켜 메아리치는 듯한 효과를 만듭니다. 8개의 설정값을 동시에 적용할 수 있도록 8개의 탭을 가지고 있어 복잡하고 섬세한 딜레이 효과를 만들 수 있습니다.

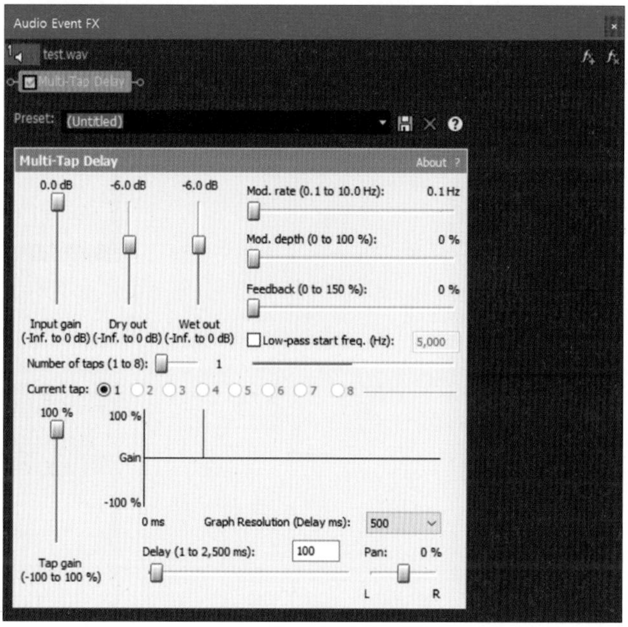

- Input gain – 원본 사운드의 음량을 조절합니다.
- Dry out – 딜레이가 적용되지 않는 사운드의 음량을 조절합니다.
- Wet out – 딜레이가 적용되는 사운드의 음량을 조절합니다.
- Number of taps – 슬라이더를 드래그함으로써 탭의 개수를 설정합니다.
- Current tap – 설정할 탭을 선택합니다.
- Tap gain – 현재 선택된 탭의 음량을 설정합니다.
- Delay – 지연 시간을 설정합니다.
- Mod rate – 딜레이되는 주파수의 주기를 설정합니다.
- Mod depth – 딜레이되는 주파수의 양을 설정합니다.
- Feedback – 딜레이되어 반복되는 크기를 설정합니다.
- Low-pass start freq – 설정된 주파수보다 낮은 대역만을 걸러 냅니다.
- Graphic Resolution – 그래프에 표시되는 시간 단위를 선택합니다.
- Pan – 좌/우 채널의 밸런스를 조절합니다.

Noise Gate

오디오에 포함된 특정 노이즈를 제거합니다.

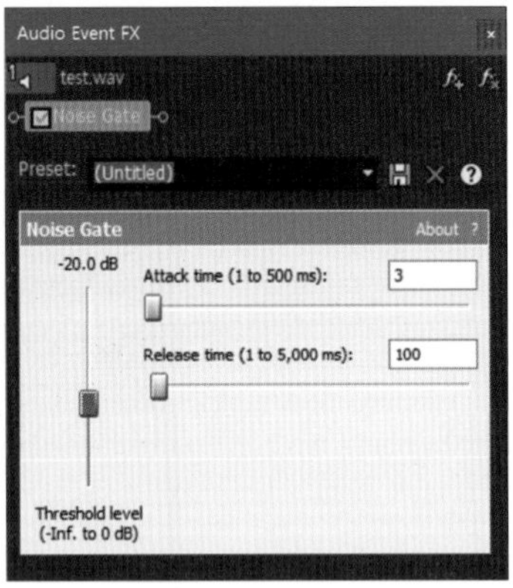

- Threshold level – 노이즈가 제거될 범위를 설정합니다.
- Attack time – 노이즈 제거의 작동 시작 시간을 설정합니다.
- Release time – 노이즈 제거의 작동이 해제될 시간을 설정합니다.

Pan

스테레오 오디오의 좌/우 채널에 대한 밸런스를 조절합니다. Pan 슬라이더를 왼쪽에 둘수록 좌측 채널의 음량이, 오른쪽에 둘수록 우측 채널의 음량이 상대적으로 커집니다.

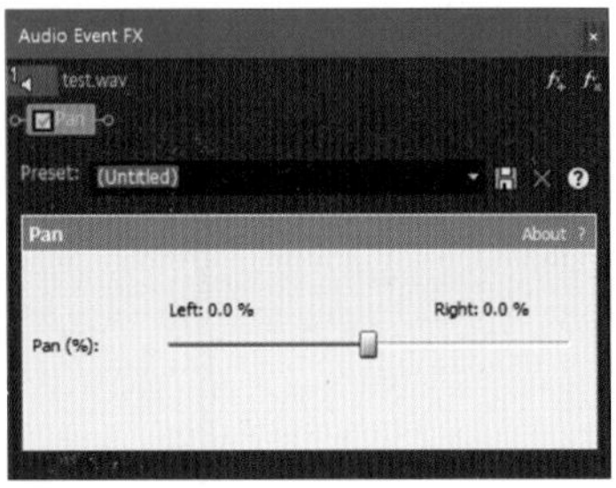

Paragraphic EQ

특정 주파수 대역의 음량을 조절하는 이퀄라이즈 이펙트의 하나로써 4개 대역에 대하여 음량과 대역폭을 설정합니다.

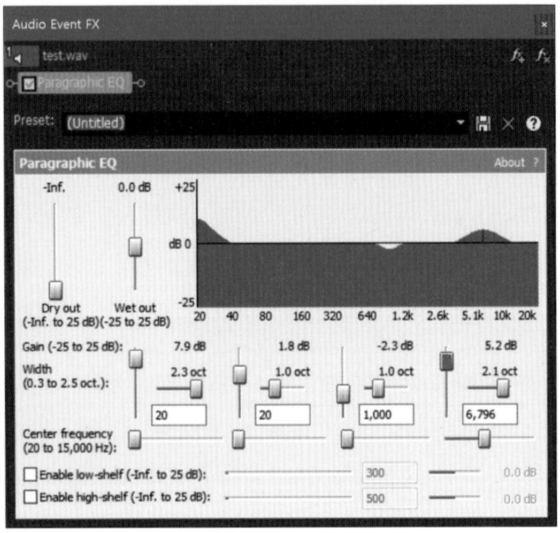

- Dry out – 이퀄라이즈가 적용되지 않는 사운드의 음량을 조절합니다.
- Wet out – 이퀄라이즈가 적용되지 않는 사운드의 음량을 조절합니다.
- Gain – 각 대역별로 음량을 조절합니다. 그래픽 이퀄라이즈의 슬라이더와 동일한 역할을 합니다.
- Width – 각 대역의 폭을 설정합니다.

- Center frequency – 각 대역의 중심 주파수를 지정합니다.
- Enable low shelf/high shelf – low shelf는 저역대의 기준 주파수를, high shelf는 고역대의 기준 주파수를 설정합니다. 각 슬라이더의 우측에 있는 슬라이더는 해당 대역에 대한 음량을 조절합니다.

Parametric EQ

이퀄라이즈의 일종으로써 특정 주파수 대역을 통과시키거나 차단시키는 방식으로 주파수 대역에 대한 음량을 설정합니다.

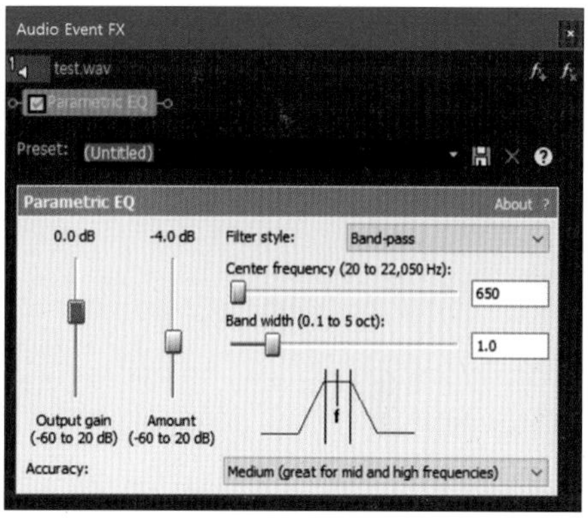

- Output gain – 출력 음량을 조절합니다.
- Amount – 필터링되는 부분의 크기를 조절합니다.
- Filter style – 필터링 타입을 선택합니다. 특정 주파수 대역만을 통과시키거나 막아 주도록 합니다.
- Center frequency/Band width – 주파수의 중심 대역을 설정하거나 대역폭을 설정합니다.
- Accuracy – 주파수 대역의 정밀도를 선택합니다. High로 갈수록 정밀해지나 그만큼 인식 시간이 길어지게 됩니다.

Pitch Shift

피치(음높이)를 바꿉니다. 따라서 음성을 변조하거나 음악의 키를 바꿀 수 있습니다.

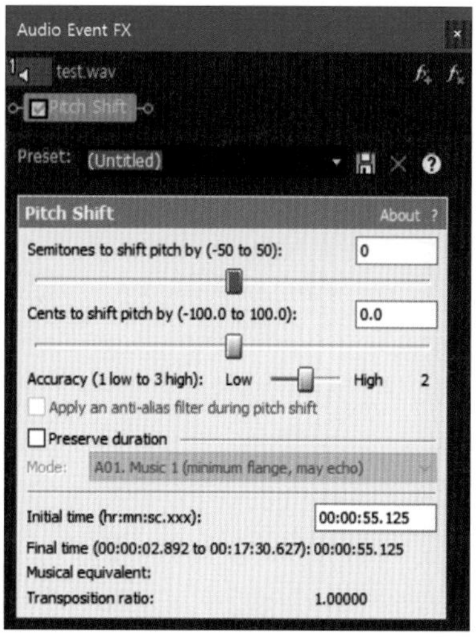

- Semitones to shift pitch – 반음 단위로 피치를 조절합니다.
- Cents to shift pitch – 반음을 1/100간격으로 미세하게 조절합니다.
- Accuracy – 음정의 변화를 세 단계로 조절합니다.
- Apply an anti-alias filter during pitch shift – 변화된 소리를 부드럽게 만듭니다.
- Preserve duration – 피치가 변화되더라도 원래의 재생 속도를 유지하도록 합니다.

Resonant Filter

특정 주파수 대역을 걸러내어 잔향 효과를 갖도록 합니다.

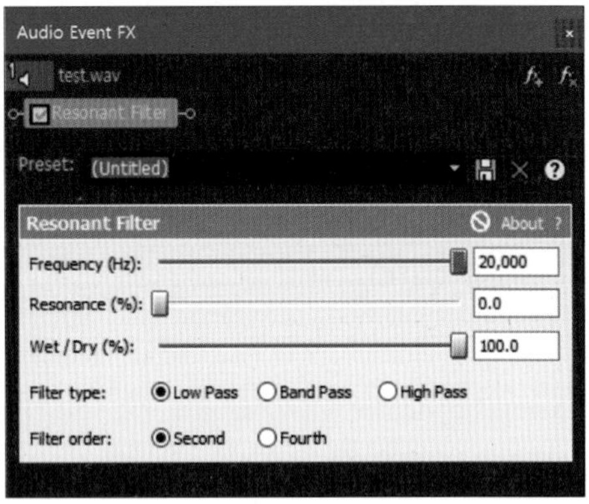

- Frequency – 지정한 주파수 이상의 대역을 잘라 냅니다.
- Resonance – 지정한 주파수 대역에 대한 범위를 조절합니다.
- Wet/Dry - 필터링된 대역에 대한 잔향의 크기를 조절합니다.
- Filter type – 저역, 지정한 주파수 대역, 고역 등을 필터링합니다.
- Filter order – 필터링되는 간격을 초 단위(Second)나 1/4 중에서 선택합니다.

Reverb

밋밋한 소리를 넓은 공간에서 울려 퍼지는 것처럼 잔향이 있는 소리로 만듭니다.

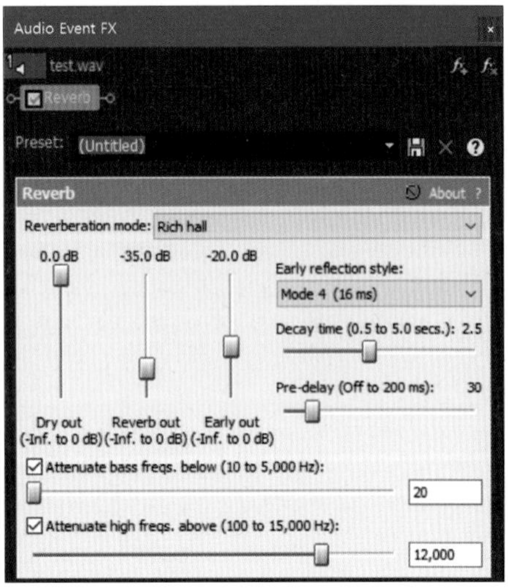

- Reverberation mode – 잔향의 형태를 선택합니다. 선택한 장소에 따라 각각 느낌이 다른 공간감을 들려 줍니다.
- Dry out – 리버브가 적용되지 않은 사운드의 음량을 조절합니다.
- Reverb out – 리버브가 적용된 사운드의 음량을 조절합니다.
- Early out – 리버브의 초기 잔향에 대한 음량을 조절합니다.
- Early Reflections Style – 리버브의 초기 잔향에 대한 시간을 선택합니다.
- Decay time – 리버브가 감소되는 시간을 조절함으로써 공간감을 다르게 합니다.
- Pre-delay – 리버브의 초기 잔향에 대한 시간차를 설정합니다. Decay time과 함께 공간감을 다르게 하는 주요 속성입니다.
- Attenuate bass freqs. below – 설정한 주파수 이하 대역에 대하여 리버브가 적용되지 않도록 합니다.
- Attenuate high freqs. above – 설정한 주파수 이상 대역에 대하여 리버브가 적용되지 않도록 합니다.

Simple Delay

Reverb와 비슷하게 잔향음을 만듭니다. 메아리처럼 반복해서 울려 퍼지는 소리를 더욱 효과적으로 만들 수 있습니다.

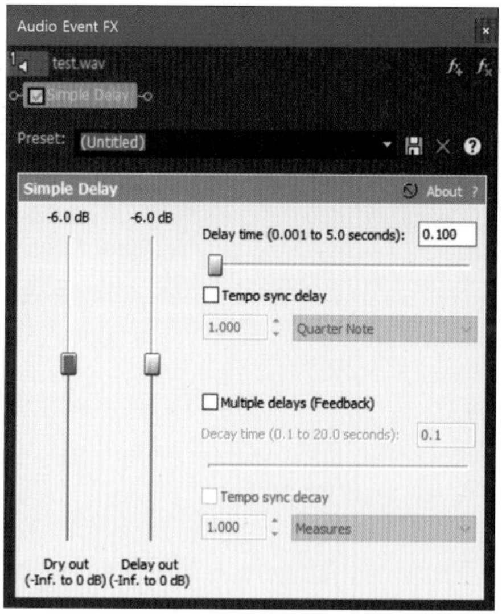

- Dry out – 딜레이가 적용되지 않은 사운드의 음량을 조절합니다.
- Delay out – 딜레이가 적용되는 사운드의 음량을 조절합니다.
- Delay time – 딜레이 시간, 즉 원음이 반복되는 지연 시간을 설정합니다.
- Decay time – 딜레이가 소멸되는 시간을 설정합니다.
- Multiple Delays(Feedback) – Decay time을 조절할 수 있도록 함으로써 보다 다양한 딜레이를 만들도록 합니다.

Smooth/Enhance

고음 영역을 증감시킴으로써 부드러운, 또는 섬세한 소리로 변화시켜 줍니다. Operation 슬라이더를 좌측으로 드래그할 수록 부드러운 소리로 변화됩니다.

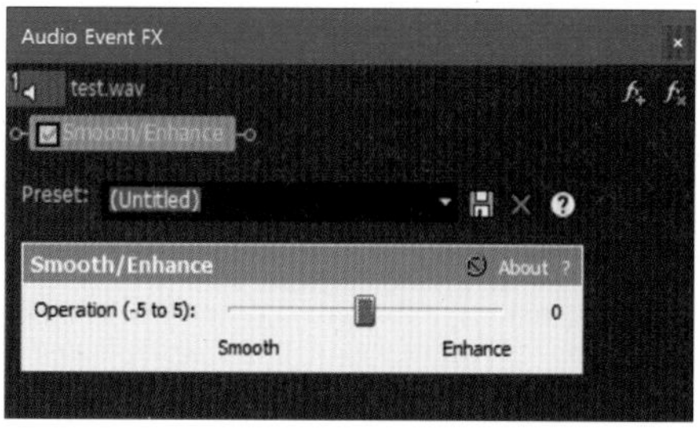

Time Stretch

오디오의 속도를 변화시킵니다. 속도가 변해도 피치, 즉 음의 높이는 변화되지 않습니다.

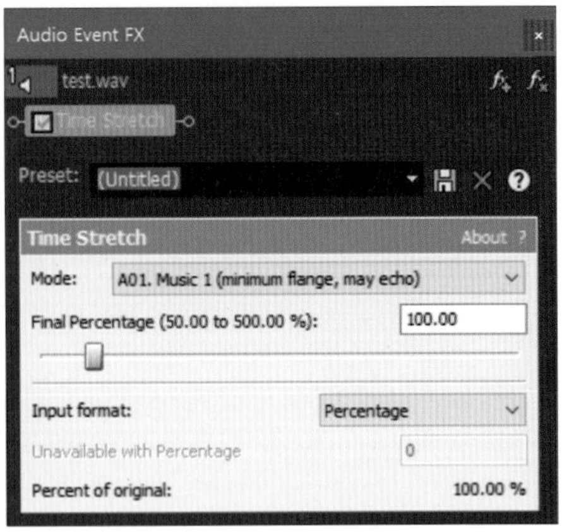

- Mode – 특정 악기나 보컬에 적합한 적절한 모드를 선택합니다.
- Final Percentage – 원하는 값으로 속도를 설정합니다.
- Input format – 속도 조절 슬라이더의 형식을 Percentage, Tempo, Time 중에서 선택합니다. 선택한 형식에 따라 바로 위에 있는 슬라이더의 이름과 값이 다르게 표시됩니다.
- Percent of Original – 원본에 비해 변화된 오디오의 길이를 퍼센트 값으로 표시합니다.

Track Compressor

소리에 일정한 음압(컴프레서)을 가함으로써 크고 단단한 소리로 만듭니다.

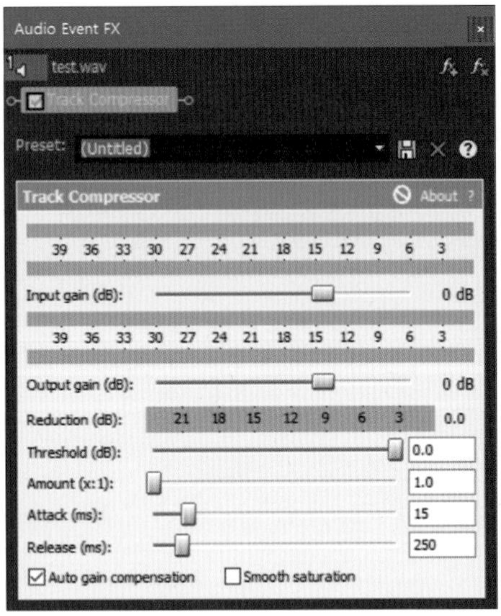

- Input gain – 컴프레서를 가하기 전의 원본 사운드 음량을 조절합니다.
- Output gain – 컴프레서가 가해진 사운드의 음량을 조절합니다.
- Reduction – Threshold에서 설정된 값으로 인하여 줄어드는 소리의 크기를 표시합니다.
- Threshold – 지정한 값 이상의 신호에 대하여 컴프레서가 작동하도록 합니다.
- Amount – Threshold에서 지정한 값 이상의 신호에 대하여 압축될 배율을 설정합니다.
- Attack – Threshold에서 지정한 값 이상의 신호에 대하여 컴프레서가 작동하기까지 걸리는 시간을 설정합니다.
- Release – Threshold에서 지정한 값 이하로 신호가 줄어들었을 때 컴프레서가 중지하는 시간을 설정합니다.

- Auto gain compensate – 컴프레서 적용으로 압축된 비율만큼 자동으로 레벨을 조절합니다.
- Smooth saturation – 컴프레서 적용으로 인하여 급격하게 변화하는 부분의 레벨을 부드럽게 만듭니다.

Track EQ

특정 주파수 대역의 음량을 조절하는 이퀄라이즈 입니다.

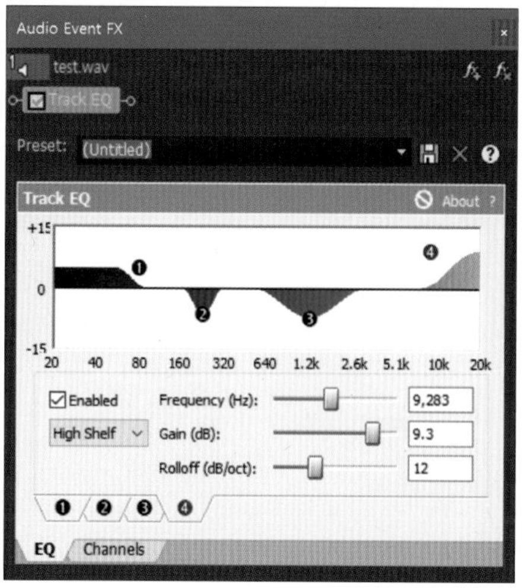

- 1, 2, 3, 4 – 각 주파수 대역을 선택합니다. 그래프상에 표시된 번호나 하단의 탭을 통하여 선택할 수 있습니다.
- Enabled – 각 주파수 대역에 대한 설정을 가능하게 합니다.
- Frequency – 각 대역의 주파수를 설정합니다.
- Gain – 각 주파수 대역의 음량을 설정합니다.
- Rolloff – 각 주파수 대역의 범위를 설정합니다.

Track Noise Gate

오디오에 포함된 특정 노이즈를 제거합니다. 앞에서 보았던 Noise Gate와 같은 역할을 하지만 트랙의 모든 오디오 이벤트에 적용됩니다.

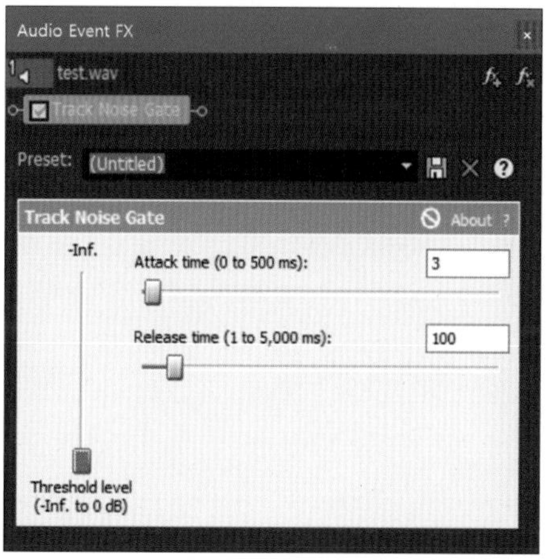

- Threshold level – 노이즈가 제거될 범위를 설정합니다.
- Attack time – 노이즈 제거의 작동 시작 시간을 설정합니다.
- Release time – 노이즈 제거의 작동이 해제될 시간을 설정합니다.

Vibrato

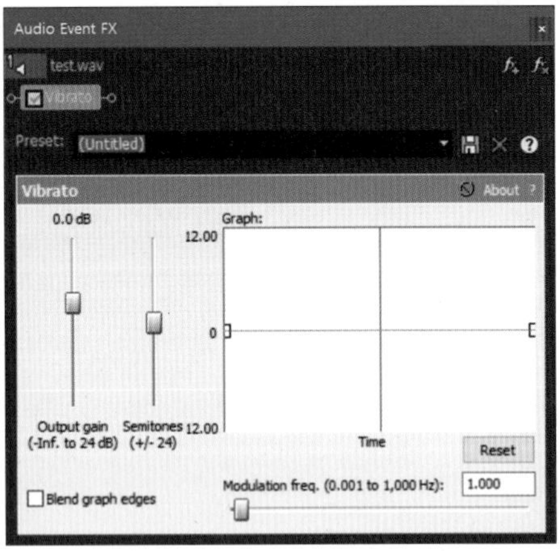

떨리는 소리, 즉 바이브레이션을 만듭니다. 설정에 따라 오디오 테이프가 늘어지거나 변형된 듯한 소리를 만들 수도 있습니다.

- Output gain – 비브라토가 적용된 사운드의 음량을 조절합니다.
- Semitones – 음정을 반음 간격으로 설정합니다.
- Modulation – 비브라토의 주파수 대역을 설정합니다.
- Reset – 설정값을 초기값으로 되돌립니다.

Volume

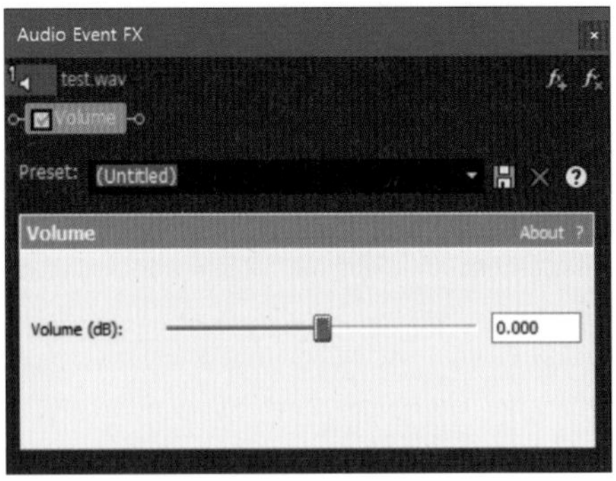

단순히 볼륨을 조절하는 이펙트입니다. 슬라이더를 우측으로 드래그할수록 볼륨이 커지게 됩니다.

Wave Hammer Surround

컴프레션, 디스토션 등의 효과를 복합적으로 적용하여 독특한 소리를 만들어 냅니다.

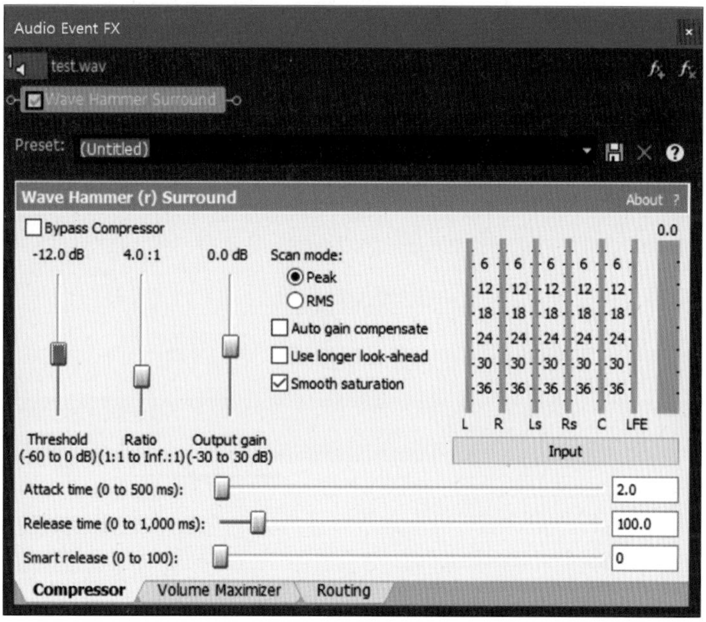

- Bypass Compressor – 컴프레서가 적용되지 않도록 합니다.
- Threshold – 지정한 값 이상의 신호에 대하여 컴프레서가 작동하도록 합니다.
- Ratio – 컴프레서가 적용될 비율을 설정합니다.
- Output gain – 컴프레서가 적용된 사운드의 음량을 조절합니다.
- Scan mode – 컴프레서가 적용될 대상을 Peak(최고 레벨)나 RMS(평균값) 중에서 선택합니다.
- Auto gain compensate – 컴프레서 적용으로 압축된 비율만큼 자동으로 레벨을 조절합니다.
- Smooth saturation – 컴프레서 적용으로 인하여 급격하게 변화하는 부분의 레벨을 부드럽게 만듭니다.
- Attack time – Threshold에서 지정한 값 이상의 신호에 대하여 컴프레서가 작동하기까지 걸리는 시간을 설정합니다.
- Release time – Threshold에서 지정한 값 이하로 신호가 줄어들었을 때 컴프레서가 중지하는 시간을 설정합니다.
- Smart release – Release time이 적용되는 범위를 설정합니다.

CHAPTER 16

트랜지션 사용하기

기본적으로 두 개의 이벤트가 겹칠 때, 겹치는 앞쪽 이벤트의 뒷부분과 뒤쪽 이벤트의 앞부분에는 Cross Fade가 적용되어 앞쪽의 이벤트가 희미해지면서 뒤쪽의 이벤트가 점점 짙게 나타납니다. 하지만 트랜지션을 사용하여 겹치는 부분을 다르게 나타나게 할 수도 있습니다.

01 트랜지션 적용하기

트랜지션은 두 개의 영상이 바뀌면서 나타나는 효과이기 때문에 장면 전환 효과라고도 부르며, 트랜지션 윈도우의 여러 트랜지션 아이템을 이벤트가 겹쳐진 부분에 드래그하여 적용할 수 있습니다. 적용된 트랜지션은 다양한 속성을 설정하거나 이펙트처럼 사용자의 설정값을 프리셋으로 저장할 수도 있습니다.

01 [source] 폴더에서 '25.mp4' 파일을 트랙에 등록한 다음, 이벤트의 끝부분에 일정 부분(1초 정도)이 겹치도록 '26.mp4' 파일을 추가로 등록합니다. 타임라인의 아무 지점에나 등록한 후에 겹치는 위치로 드래그하여 옮겨 주어도 됩니다.

02 기본적으로 십자 형태의 크로스 페이드 곡선이 나타나 페이드 인과 페이드 아웃 상태로 두 이벤트가 교차하게 됩니다.

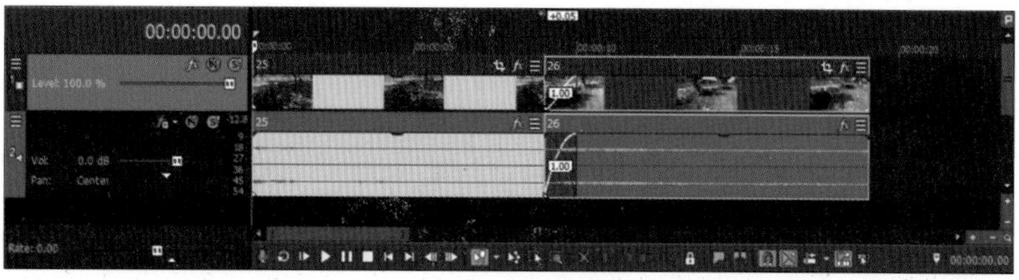

03 작업 화면 좌측 상단에서 Transitions 탭을 클릭하여 트랜지션 윈도우를 열고 가장 위에 있는 3D Blinds 트랜지션의 Simple 프리셋을 비디오 이벤트가 겹쳐 있는 부분으로 드래그합니다.

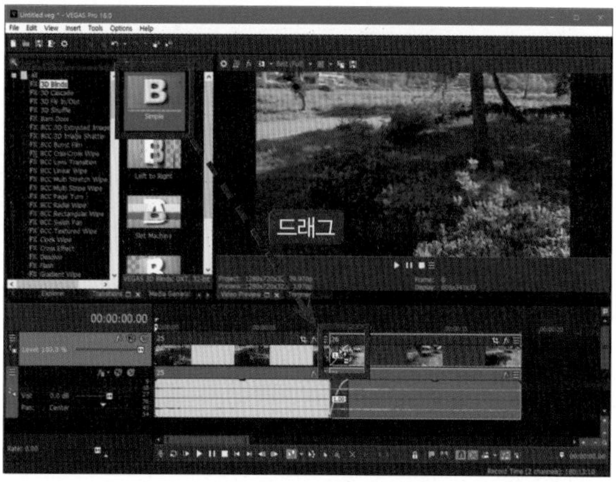

04 드래그한 트랜지션이 적용되면서 Video Event FX 윈도우가 나타납니다. 속성 값을 변경하거나 다른 프리셋을 선택할 수 있습니다. 우측 상단의 Plug-In Chain 버튼을 클릭하면 다른 트랜지션으로 교체할 수 있으며 Remove Selected Plug-in 버튼을 클릭하면 적용된 트랜지션이 삭제되고 다시 기본적인 전환 상태로 되돌아갑니다.

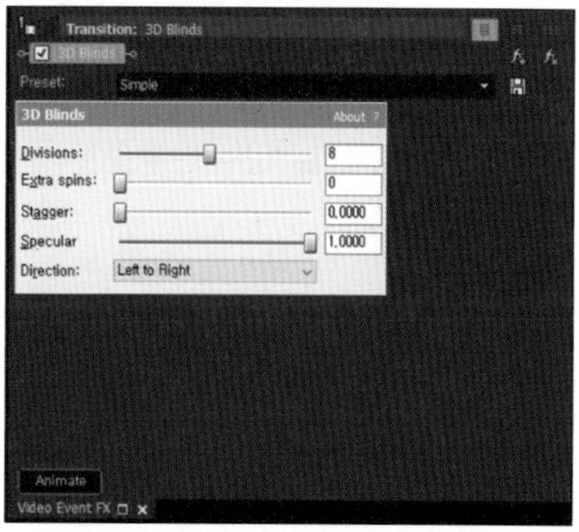

TIP 간단하게 트랜지션 바꾸기

Video Event FX 윈도우가 닫혀 있는 상태에서도 처음 트랜지션을 적용할 때와 마찬가지로 원하는 트랜지션 아이템을 이벤트가 겹쳐 있는 부분으로 드래그해 주면 새로운 트랜지션으로 바뀌어 적용됩니다. 트랜지션은 중복 적용이 되지 않기 때문에 가장 최근에 드래그한 트랜지션만 적용됩니다.

05 이벤트가 겹쳐진 부분에는 드래그한 트랜지션이 적용되며 트랜지션 이름이 표시됩니다. 해당 구간을 프리뷰해 보면 블라인드처럼 여러 띠로 나뉘어져 회전하면서 이벤트가 전환하는 것을 볼 수 있습니다.

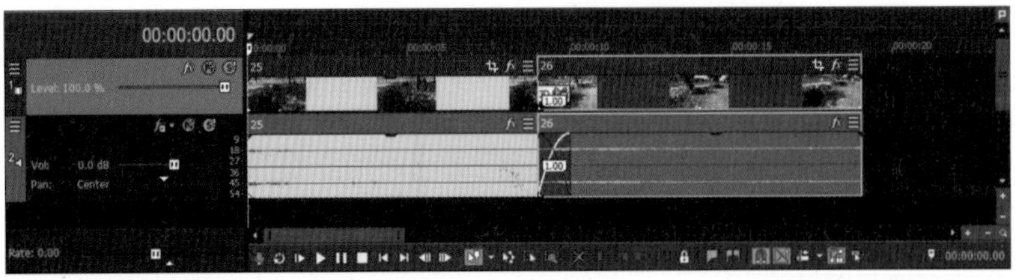

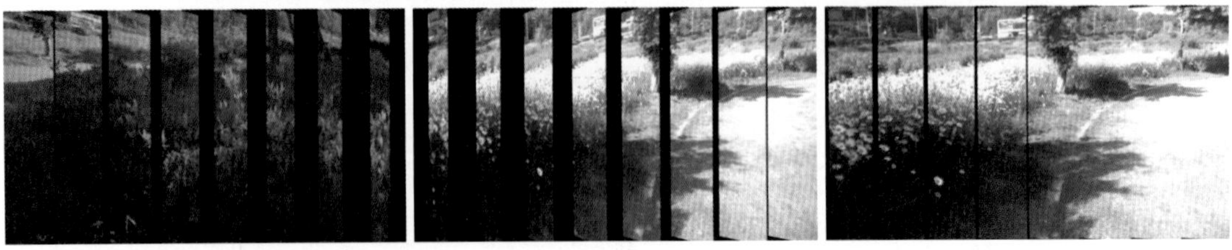

06 Video Event FX 윈도우가 닫힌 상태에서 트랜지션의 설정을 변경하려면 이벤트에 적용된 트랜지션의 위에 나타나 있는 Transition Properties 버튼을 클릭합니다.

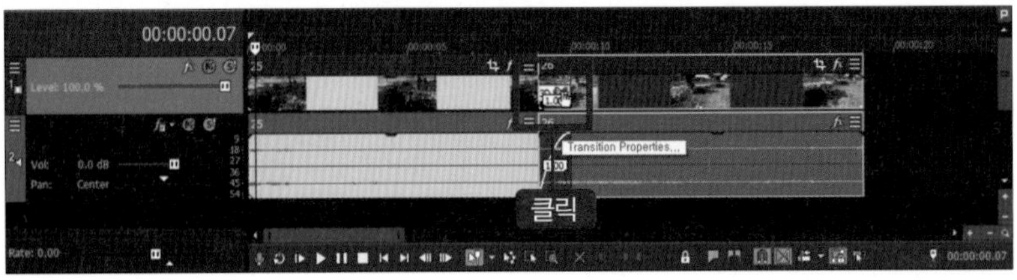

07 다시 Video Event FX 윈도우가 나타나 해당 트랜지션의 설정을 변경할 수 있습니다. 이벤트에 적용된 트랜지션 위에서 마우스 우측 버튼을 클릭하여 단축 메뉴를 열고 Transition Properties를 선택해도 트랜지션 설정을 위한 Video Event FX 윈도우를 열 수 있습니다.

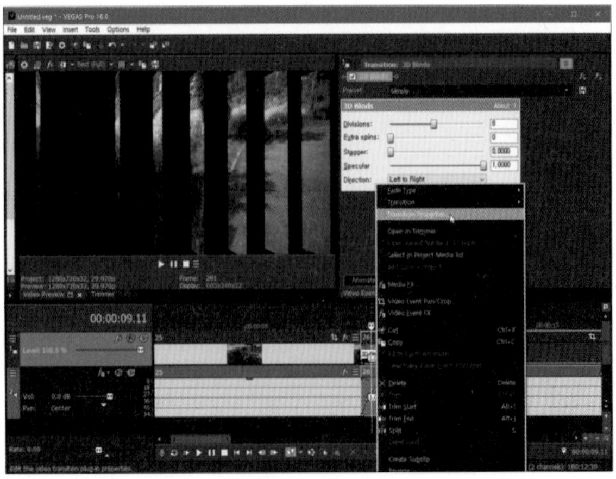

08 트랜지션이 적용된 구간의 단축 메뉴에서 Transition을 선택하면 그림과 같이 여러 개의 트랜지션이 나타납니다. 위쪽의 4개 메뉴는 기본적인 트랜지션을 나타내며 아래에는 최근에 사용했던 트랜지션의 리스트가 나타납니다. 오직 3D Blinds 트랜지션만 사용했다면 Change to Sony 3D Blinds 메뉴만 나타나게 될 것입니다.

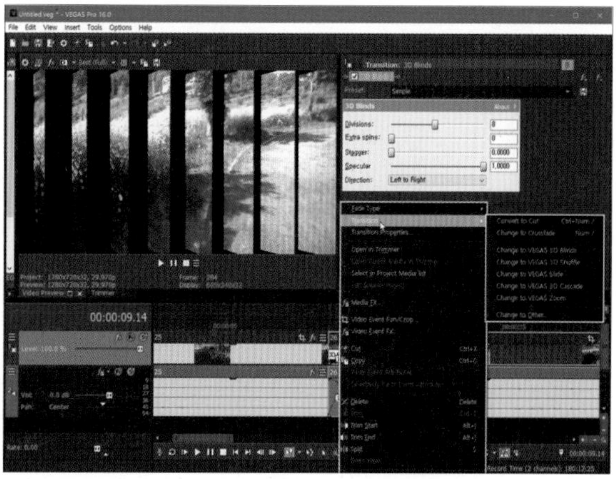

09 트랜지션도 FX처럼 사용자 프리셋을 저장하여 추가할 수 있습니다. 이벤트에 적용된 트랜지션의 Video Event FX 윈도우를 열고 Divisions 슬라이더를 우측 끝으로 드래그하여 값을 '16'으로 변경합니다. Divisions는 트랜지션에 나타나는 띠(블라인드)의 개수를 가리킵니다.

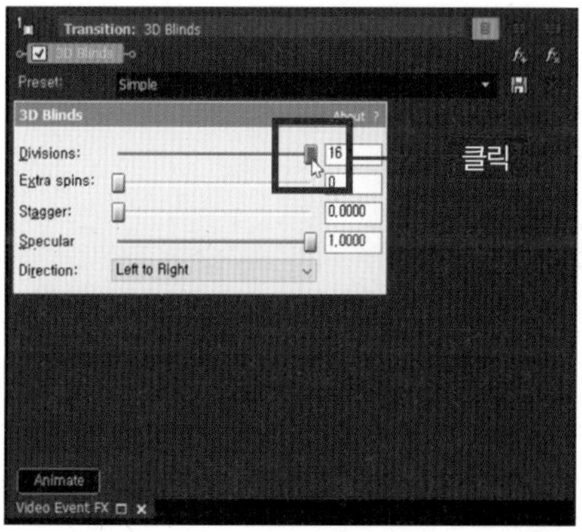

10 Preset 메뉴에 적절한 이름을 입력하고 Save Preset 버튼을 클릭합니다.

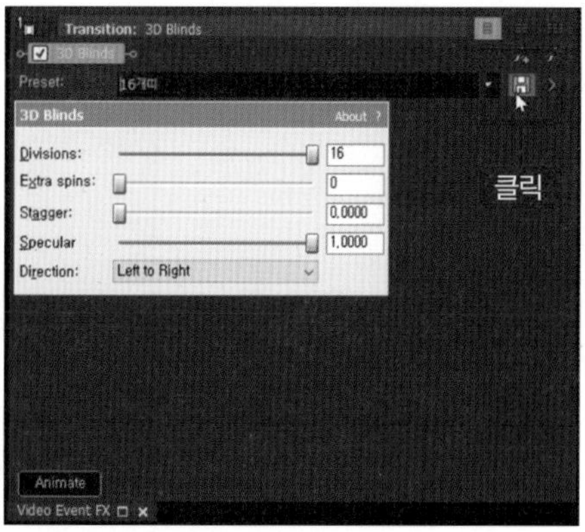

11 Video Event FX 윈도우의 Preset 메뉴는 물론, 트랜지션 윈도우의 해당 트랜지션 프리셋 목록에도 새로 저장한 프리셋이 추가되어 나타납니다.

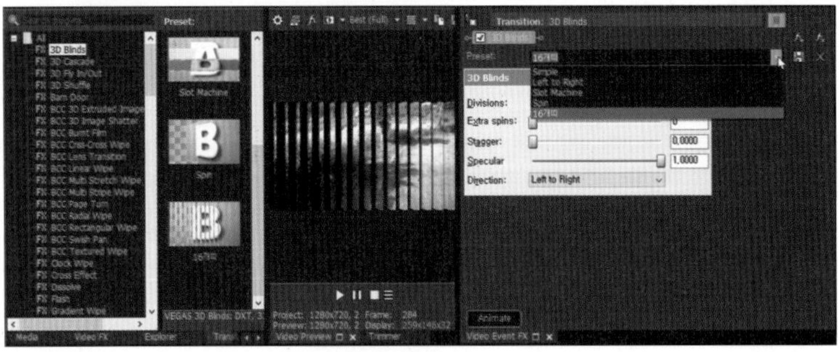

12 다시 트랜지션이 적용된 구간을 프리뷰해 보면 이전보다 훨씬 많은 수의 블라인드가 나타나면서 이벤트가 전환되는 것을 볼 수 있습니다.

참고하세요!

A/B 에디팅 모드 사용하기

트랜지션과 트랜지션이 적용된 이벤트들이 하나의 트랙에 놓여 있어 트랜지션의 적용 구간을 명확히 알아보기 힘들다면 이들을 각각 분리된 상태로 나타나게 할 수 있습니다.

1번 트랙의 트랙 리스트에서 단축 메뉴를 열고 Expand Track Layers를 선택합니다.

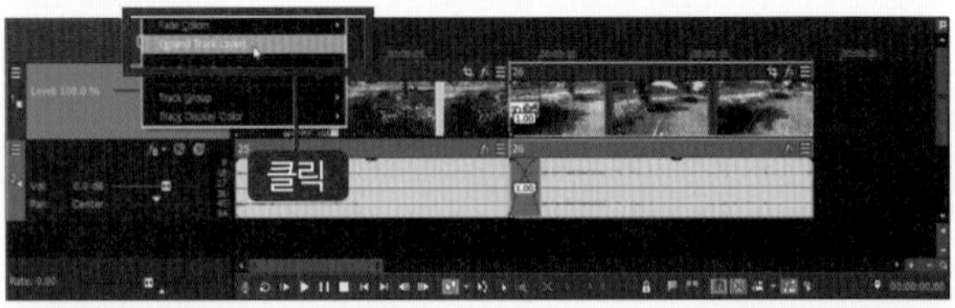

그림과 같이 각각 트랙이 세 개로 분할되어 트랜지션의 적용 구간을 쉽게 알아볼 수 있습니다.

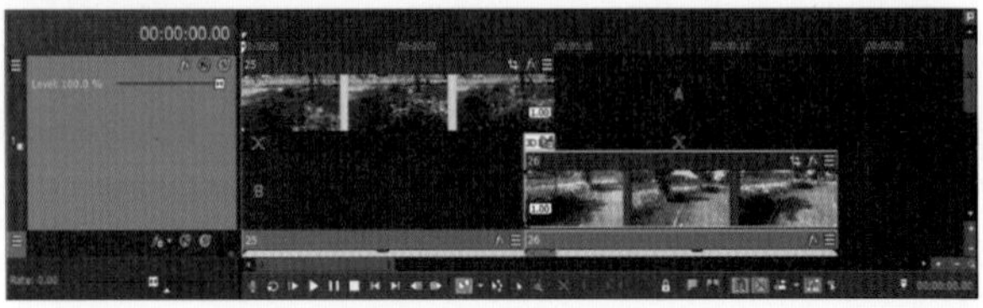

이러한 형태는 트랜지션이 적용된 이벤트가 A와 B로 나뉘어 나타난다고 하여 A/B 에디팅 모드라고 부르기도 합니다. 원래의 상태로 되돌아가려면 단축 메뉴를 열고 다시 Expand Track Layers를 선택하여 선택 상태를 해제해 주면 됩니다.

02 트랜지션 프로그레스 사용하기

트랜지션 프로그레스를 사용하면 트랜지션 적용 구간내에서 장면 전환의 시작 부분과 끝부분에 대한 위치나 진행 형태를 사용자 임의로 지정할 수 있으므로 더욱 창조적인 장면 전환 효과를 연출할 수 있습니다.

01 [source] 폴더에서 '25.mp4', '26.mp4' 파일을 동일 트랙에 나란히 등록하되 앞뒤 부분이 서로 겹치도록 합니다. 보다 확실한 변화를 볼 수 있도록 2초 정도 겹쳐지게 하였습니다.

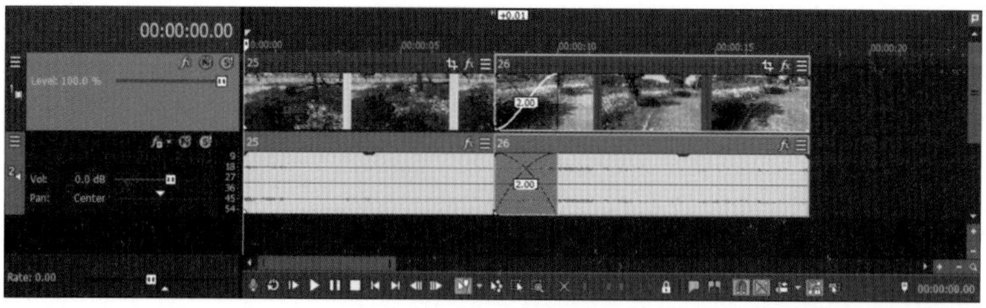

02 Transitions 윈도우에서 가장 아래에 있는 Zoom 트랜지션을 선택하고 Zoom In, Center 프리셋을 두 이벤트가 겹친 부분으로 드래그하여 트랜지션을 적용합니다.

03 타임라인에서 트랜지션이 적용된 구간에서 마우스 우측 버튼을 클릭하여 단축 메뉴가 나타나면 Insert/Remove Envelope〉Transition Progress를 선택합니다.

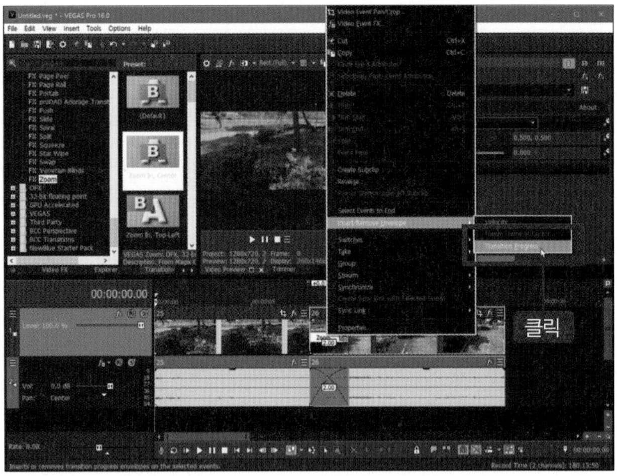

04 트랜지션 구간을 보면 현재 적용된 트랜지션에 대한 프로그레스 엔벨로프가 나타납니다. 프로그레스 엔벨로프는 기본적으로 아래쪽으로 위쪽으로 향하는 곡선 형태로 나타나게 되는데 이것은 트랜지션이 정해진 방향으로 진행되고 있다는 것을 의미합니다.

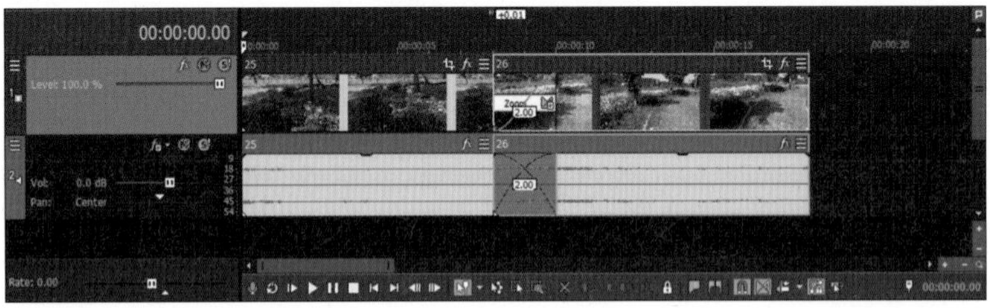

05 프로그레스 엔벨로프를 변경하여 트랜지션의 진행 형태를 바꿔 보도록 하겠습니다. 타임라인 위에서 마우스의 스크롤 버튼을 위쪽으로 움직여 눈금 단위가 보다 작게(세밀하게) 나타나게 하고 엔벨로프의 1/4 지점과 3/4 지점을 더블 클릭하여 포인터를 생성합니다.

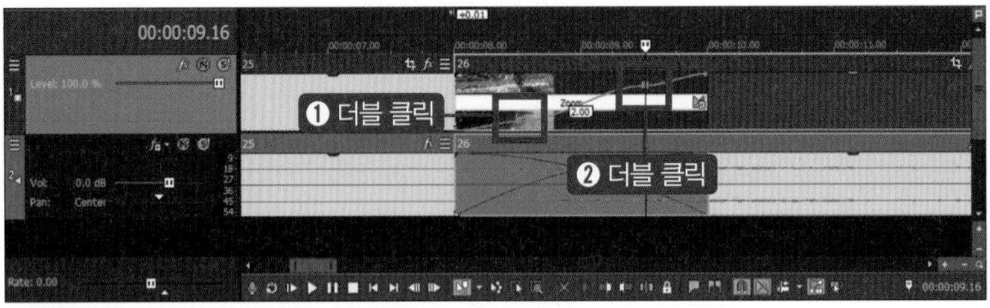

06 생성된 포인터를 드래그하여 그림과 같은 형태로 만들어 줍니다. 즉, 새로 추가한 포인터가 중간 높이 지점에 놓이도록 합니다. 트랜지션이 진행되다가 잠시 멈춘 다음, 다시 진행되도록 한 것입니다.

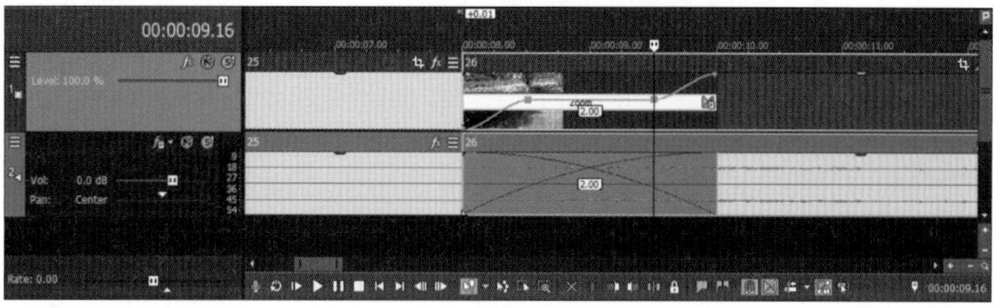

07 프리뷰로 결과를 확인합니다. 이렇게 엔벌로프 포인터의 시간 지점이나 높이 위치를 변경함으로써 트랜지션의 진행 형태를 자유롭게 변경할 수 있습니다.

CHAPTER 17

타이틀 만들기

타이틀을 작성하는 도구는 여러 가지가 있지만 프로타입 타이틀러가 가장 다양한 기능을 가지고 있으며 한글 입력도 문제가 없습니다. 프로타입 타이틀러를 통하여 기본적인 타이틀을 만들어 보고 다양한 옵션을 살펴보겠습니다.

01 타이틀 입력하고 기본 속성 설정하기

프로타입 타이틀러를 통해 문자를 입력하고 폰트와 크기, 기본적인 효과를 설정하는 방법을 알아보겠습니다.

01 새 프로젝트를 시작하고 미디어 제너레이터에서 ProType Titler를 클릭한 후, 곧바로 트랙으로 드래그하거나 우측에 나타나는 프리셋 중에서 첫 번째에 있는 Empty를 트랙으로 드래그합니다.

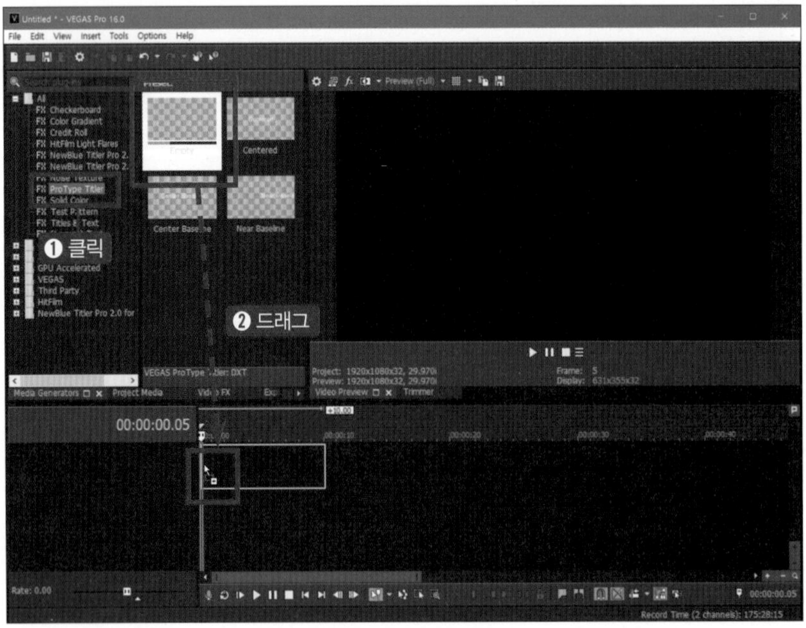

02 프로타입 타이틀러 윈도우가 나타납니다. 우측의 문자 창 상단에 있는 + 버튼을 클릭합니다.

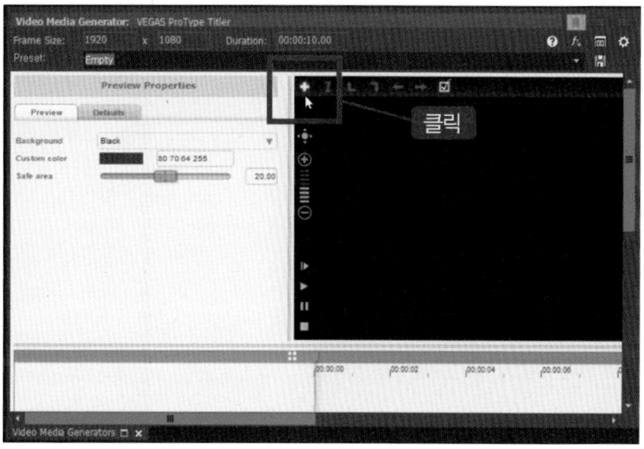

03 Sample Text라는 문자가 나타납니다. 기본적으로 문자 영역이 선택 상태로 나타나지만 혹시 클릭하여 선택 상태가 해제되었다면 문자를 드래그하여 선택 상태로 합니다.

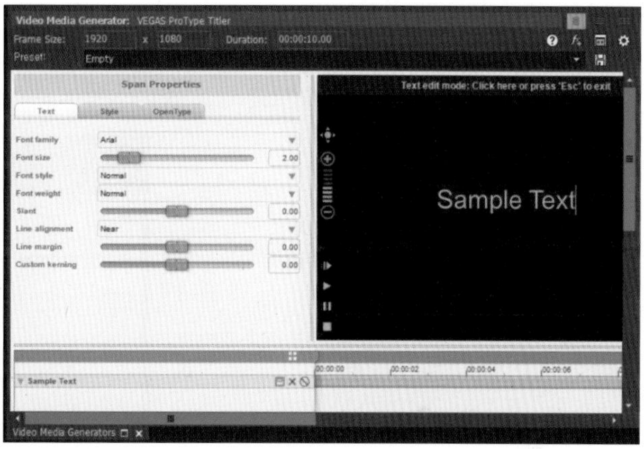

04 이 상태에서 원하는 문자를 입력합니다. 예제에서는 '베가스프로 타이틀'이라고 입력하였습니다.

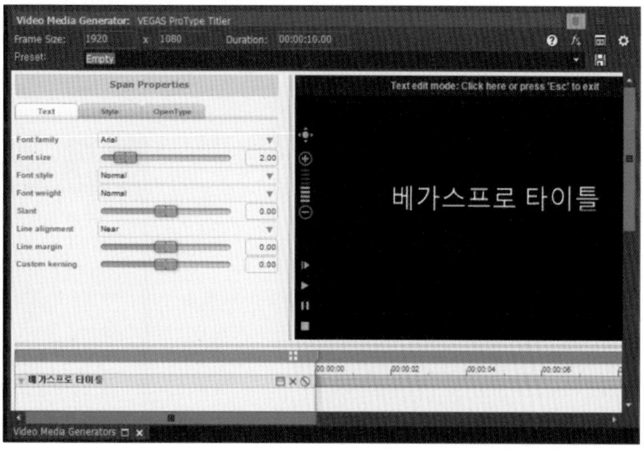

05 문자 입력을 마쳤다면 다시 드래그하여 문자 전체를 선택합니다. 좌측의 속성 탭은 기본적으로 Text 탭이 열려 있는데 여기에서 Font family 목록 메뉴를 열고 원하는 폰트를 선택합니다. 폰트 목록에 마우스 폰트가 놓일 때마다 타이틀이 해당 폰트로 즉시 바뀌어 나타나므로 원하는 폰트를 쉽게 선택할 수 있습니다. 무료 글꼴인 나눔 손글씨 펜을 선택해 봅니다.

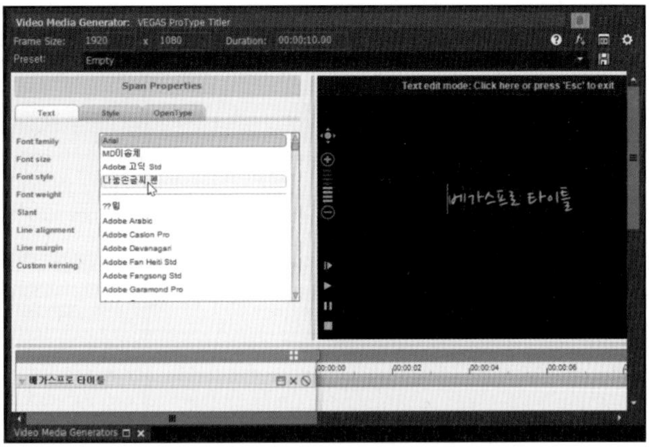

06 이어서 Font size에서 폰트 크기를 '4' 정도로 설정합니다. 바를 드래그하거나 우측에서 직접 값을 입력하여 설정할 수 있습니다.

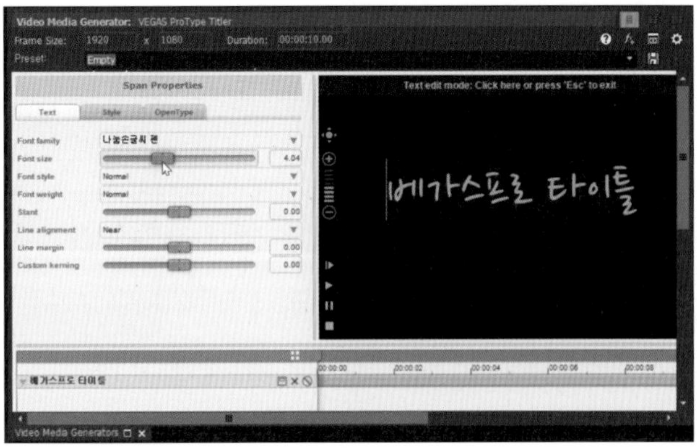

07 Style 탭을 클릭합니다. Style 탭에서는 타이틀의 색상이나 외곽선, 배경색 등을 설정할 수 있습니다. Style의 Fill color 속성에 있는 색상 박스를 클릭합니다.

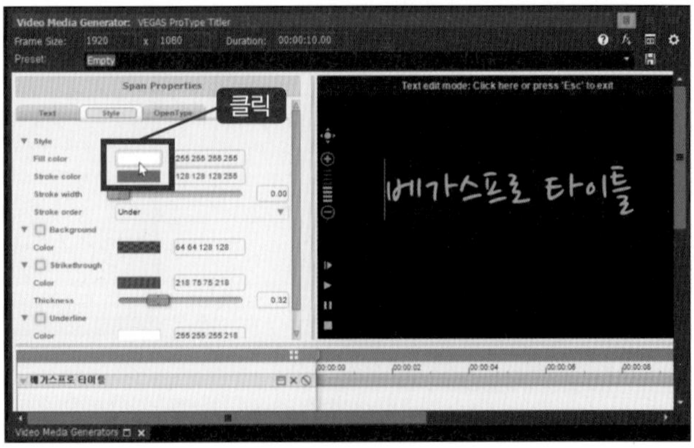

08 Color 설정창이 나타나면 각 색상 바를 드래그합니다. 타이틀의 색상이 변하는 것을 볼 수 있습니다. 하늘색 계열로 설정하고 Color 설정창 우측 상단의 X 버튼을 클릭하거나 Color 설정창 이외의 영역을 클릭합니다.

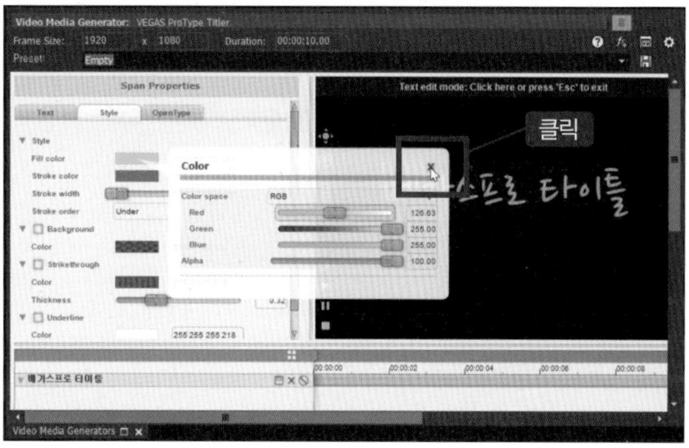

09 이번에는 Stroke color의 색상 박스를 클릭하고 노란색을 지정합니다.

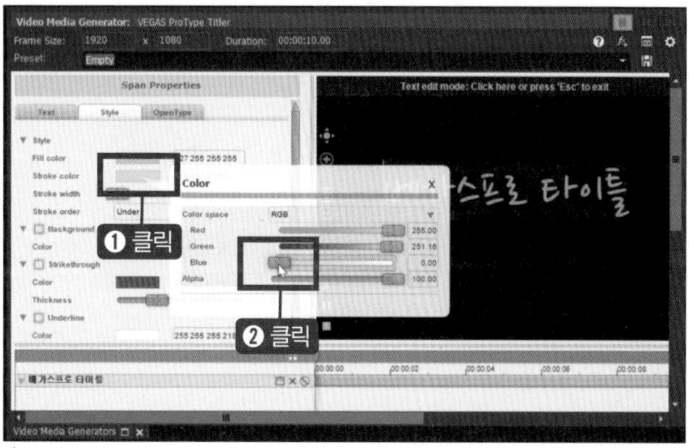

10 컬러 설정 창을 닫습니다. Stroke color를 설정하였음에도 외곽선은 나타나지 않습니다. 기본적으로 외곽선의 두께가 '0'으로 지정되어 있기 때문입니다. Stroke width의 바를 우측으로 드래그하거나 직접 값을 입력하여 '8.00' 정도의 값을 갖도록 해 줍니다.

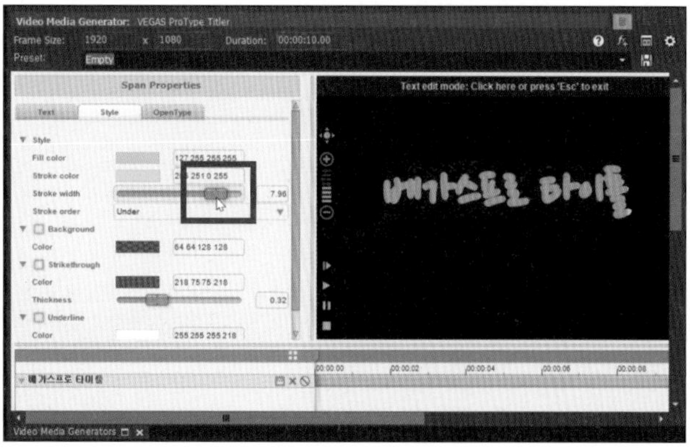

참고하세요!

프로타입 타이틀러의 Span 속성 살펴보기

타이틀을 입력할 때나 수정할 때는 타이틀러 윈도우의 좌측 상단에 Span Properties라고 표시되며 크기, 색상, 외곽선 등과 관련된 속성들을 사용할 수 있습니다.

◎ Text 탭

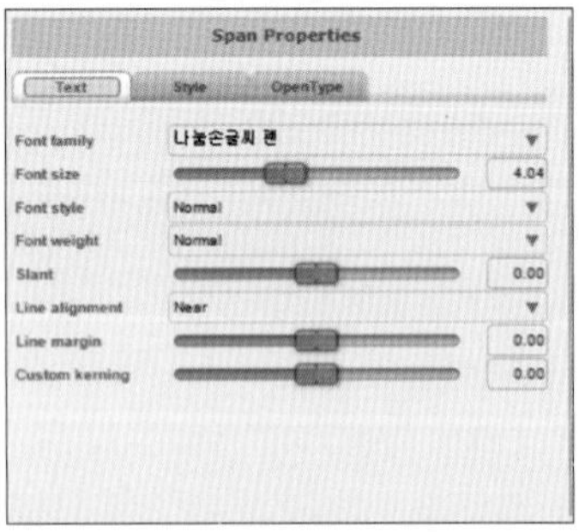

- Font family : 폰트를 선택합니다.
- Font size : 폰트 크기를 설정합니다.
- Font style : 문자를 이탤릭체로 기울게 할 수 있습니다.
- Font weight : 문자의 두께를 선택합니다.
- Slant : 문자를 좌측, 또는 우측 방향으로 원하는 만큼 기울게 합니다.
- Line alignment : 여러 행에 걸쳐 문자가 입력된 경우 정렬 방식을 선택합니다. Near는 좌측으로, Far는 우측으로, Center는 가운데로 정렬합니다.
- Line margin : 여러 행에 걸쳐 문자가 입력된 경우, 각 행 사이의 간격을 조절합니다.
- Custom kerning : 현재 커서의 위치를 기준으로 앞쪽에 있는 문자를 좌측, 또는 우측으로 이동시킵니다.

◎ Style 탭

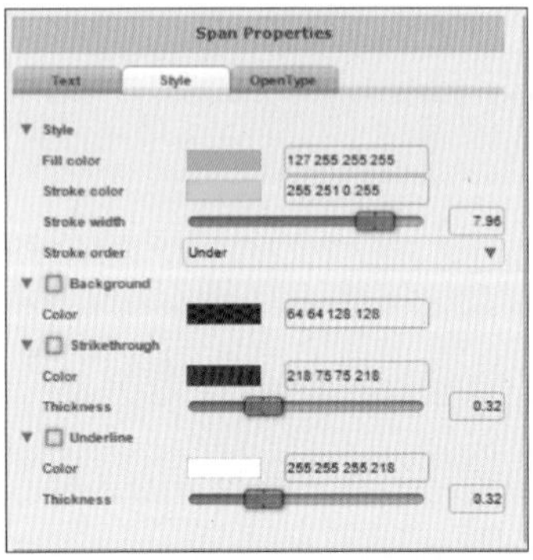

- Style
  - → Fill color : 문자의 색상을 설정합니다.
  - → Stroke color : 문자의 외곽선 색상을 설정합니다.
  - → Stroke width : 외곽선의 두께를 설정합니다.
  - → Stroke order : Under를 선택하면 외곽선이 문자 뒤에, Over를 선택하면 문자 앞쪽에 나타납니다.
- Background
  - → Color : 문자의 배경 색상을 설정합니다.
- Strikethrough
  - → Color : 문자의 중간에 나타나는 줄의 색상을 설정합니다.
  - → Thickness : 줄의 두께를 설정합니다.
- Underline
  - → Color : 문자 밑줄의 색상을 설정합니다.
  - → Thickness : 밑줄의 두께를 설정합니다.

11 타이틀 작성과 속성 설정을 마쳤다면 ESC 키를 누르거나 우측의 문자 입력 부분 상단에 있는 갈색 부분을 클릭합니다.

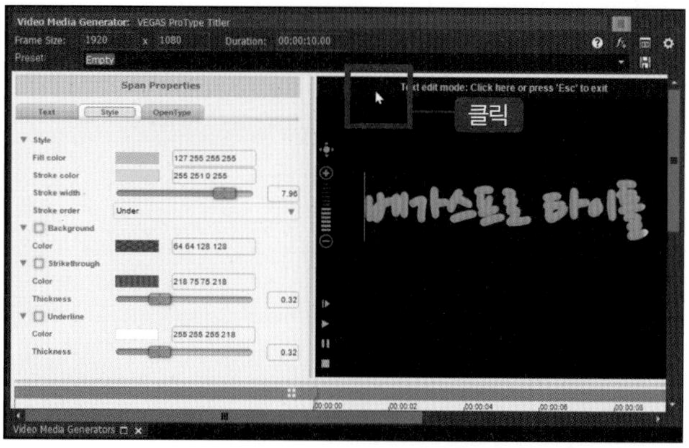

12 타이틀 작성이 완료됩니다. 타이틀을 수정하려면 우측 상단의 'T' 버튼을 클릭하거나 입력된 타이틀을 더블 클릭합니다.

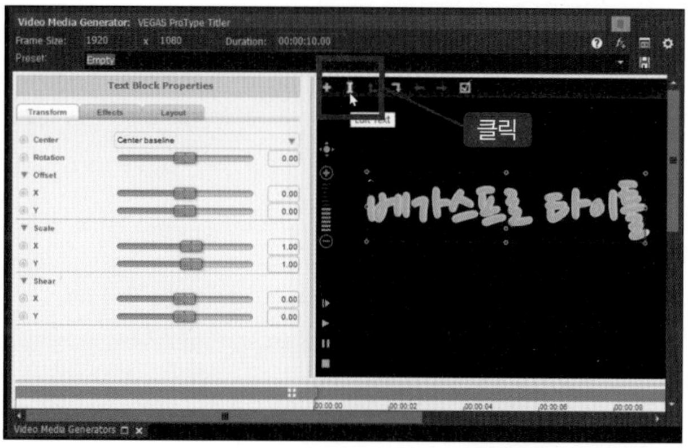

13 타이틀 수정 상태로 전환되며 원하는 부분을 드래그하여 문자를 수정하거나 속성을 변경할 수 있습니다. 기존의 타이틀 도구와 달리 특정 부분만 선택하여 별도로 속성을 변경할 수도 있으므로 더욱 다채로운 타이틀을 만들 수 있습니다.

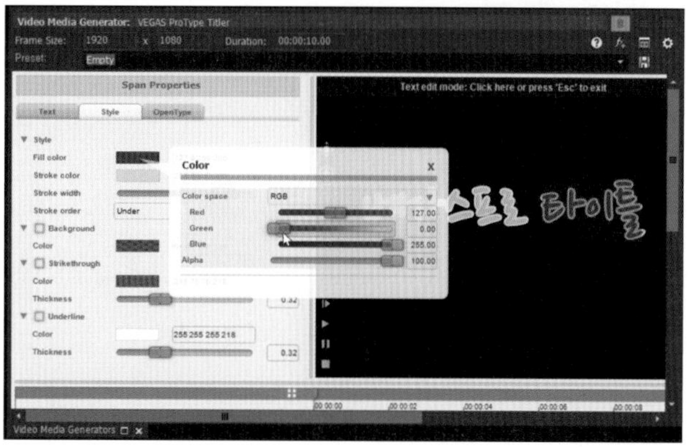

▲ 특정 부분만 속성 변경

참고하세요!

프로타입 타이틀러의 Text Block 속성 살펴보기

ESC 키나 우측 상단의 갈색 바를 클릭하여 타이틀을 입력을 마치고 입력된 타이틀이 선택된 상태라면 좌측 상단에 Text Block Properties라고 표시되며 여기에서는 문자의 형태나 효과, 움직임 등을 설정할 수 있습니다.

◎ **Transform 탭**

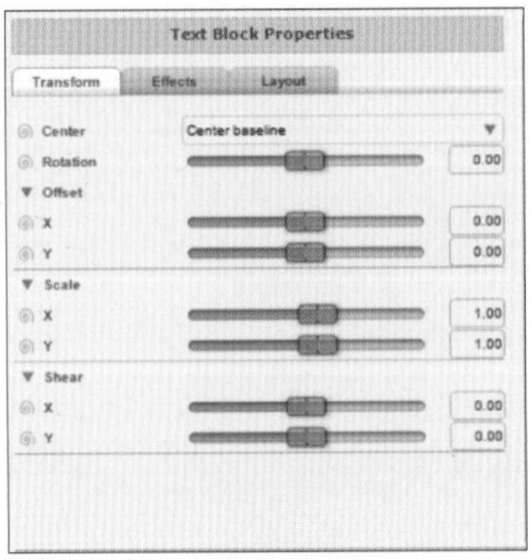

- **Center** : 문자의 위치를 선택합니다.
- **Rotation** : 문자의 회전 각도를 설정합니다.
- **Offset** : X 값을 통해 문자의 가로 위치를, Y 값을 통해 세로 위치를 설정합니다.
- **Scale** : X 값을 통해 문자의 높이를, Y 값을 통해 폭을 설정합니다.
- **Shear** : X 값을 통해 문자를 가로 방향으로 비틀며, Y 값을 통해 세로 방향으로 비틉니다.

◎ **Effects 탭**

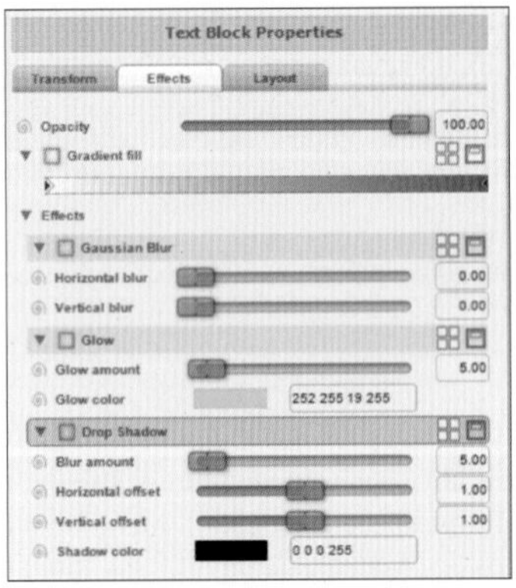

- **Opacity** : 문자의 투명도를 설정합니다.
- **Gradient fill** : 문자의 색상이 점진적으로 변화하도록 그러데이션을 설정합니다.
- **Effects**
  - → Gaussian Blur
    - – Horizontal blur : 문자의 가로 방향으로 블러를 적용합니다.
    - – Vertical blur : 문자의 세로 방향으로 블러를 적용합니다.
  - → Glow
    - – Glow amount : 문자의 외곽 부분에 발산하는 빛의 양을 설정합니다.
    - – Glow color : 발산하는 빛의 색상을 설정합니다.
  - → Drop Shadow
    - – Blur amount : 문자에 나타나는 그림자의 뿌연 정도를 설정합니다.
    - – Horizontal offset : 그림자의 가로 위치를 설정합니다.
    - – Vertical offset : 그림자의 세로 위치를 설정합니다.
    - – Shadow color : 그림자의 색상을 설정합니다.

◎ **Layout 탭**

- **Vertical orientation** : 문자가 세로 방향으로 나타나도록 합니다.
- **Tracking** : 문자의 간격을 설정합니다.
- **Line spacing** : 문자의 줄 간격을 설정합니다.
- **Selection** : 문자가 보이지 않게 될 영역을 설정합니다. 바를 드래그해 보면 앞쪽부터 문자가 보이지 않게 됩니다.
- **Selection type** : 문자가 보이지 않게 될 단위를 선택합니다. Character는 문자 단위로, Word는 단어별로, Line은 줄 단위로 사라지게 합니다.
- **Path**
  → Position on path : 경로상의 문자 위치를 설정합니다.
  → Wrap around : 문자가 경로상에서 계속 반복되도록 합니다.

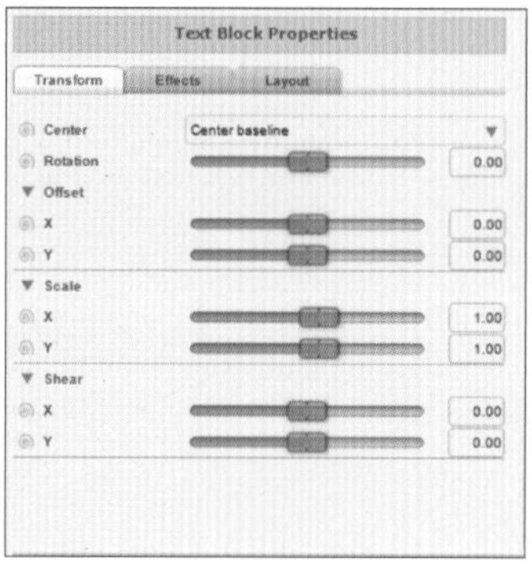

02 그레이디언트 타이틀 만들기

프로타입 타이틀러는 다양한 속성을 제공하고 있기 때문에 기본 타이틀 제작 도구에 비해 한층 고급스러운 타이틀을 제작할 수 있습니다. Text Block 속성 중 Gradient fill 속성을 설정하면 간단하게 다양한 색상으로 변화하는 타이틀을 만들 수 있습니다.

01 새 프로젝트를 시작하고 Media Generators 탭에서 ProType Titler를 트랙으로 드래그하여 타임라인에 추가합니다. 타이틀러 윈도우가 나타나면 우측의 문자 입력 창의 도구 버튼 중에서 + 모양의 Add New Text Block 버튼을 클릭하여 기본 문자가 나타나면 드래그하여 전체 영역을 선택한 상태에서 '그날의 소중한 기억을 영원히 잊지 않겠습니다.'라는 문자를 그림과 같이 두 행에 걸쳐 입력합니다.

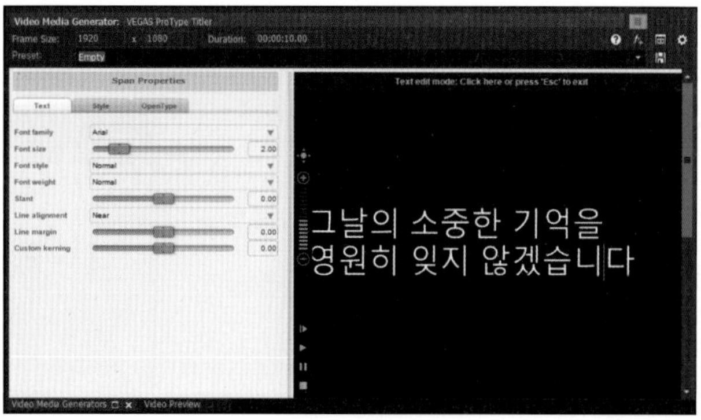

02 색상이 점진적으로 변화하는 그레이디언트 효과가 제대로 나타나게 하려면 굵은 폰트를 사용하는 것이 좋으므로 입력한 문자의 전체 영역을 드래그하고 좌측의 Font family 목록을 열어 시스템에 설치된 폰트 중에서 가장 굵은 것을 선택합니다.

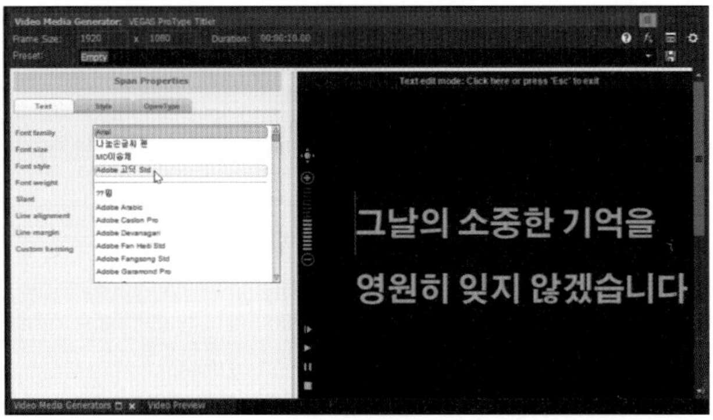

03 ESC 키를 누르거나 문자 입력 창의 상단을 클릭하여 문자 입력을 완료하고 문자 주위에 나타난 핸들(조절점)을 드래그하여 문자의 크기를 충분히 키워 줍니다. 프로타입 타이틀러에서는 핸들을 드래그하여 문자의 크기를 조절할 수도 있습니다.

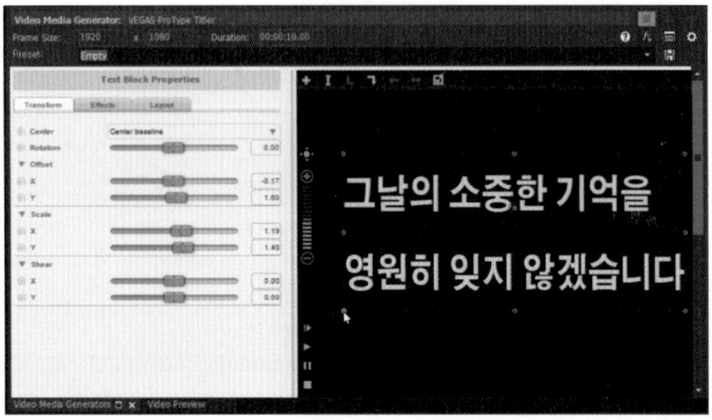

TIP 문자의 종횡비 변경하기

기본적으로 상단의 Lock Aspect 버튼이 켜져 있어 문자의 크기를 조절할 때 종횡비가 유지되지만 이 버튼을 눌러 해제 상태로 전환하거나 Shift 키를 누른 채로 핸들을 드래그하면 종횡비를 변경해 가면서 자유롭게 크기를 변경할 수 있습니다.

04 문자가 선택된 상태에서 좌측의 Effects 탭을 열고 Gradient fill 속성을 클릭하여 체크 박스가 나타나도록 합니다. 기본 설정된 색상으로 그레이디언트 효과가 나타나는 것을 볼 수 있습니다.

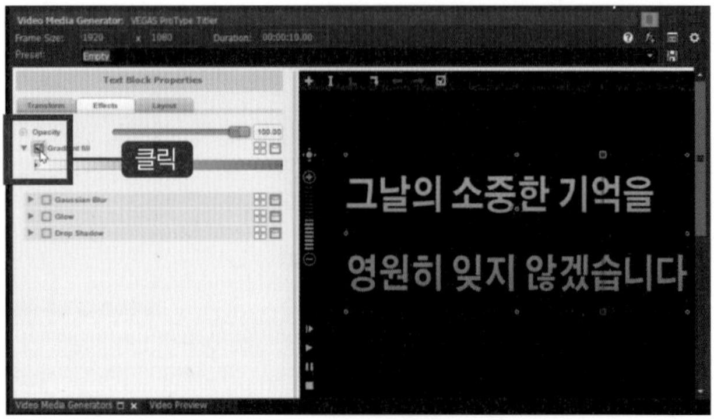

05 그레이디언트의 색상을 추가하면 여러 색상으로 변화하는 그레이디언트를 만들 수 있습니다. 네 가지 색상으로 변화하도록 해 보겠습니다. Gradient fill 속성 바로 아래에 있는 그레이디언트 바의 1/3 지점을 더블 클릭합니다. 해당 지점에 색상 포인트가 생성되고 색상 설정 창이 나타납니다.

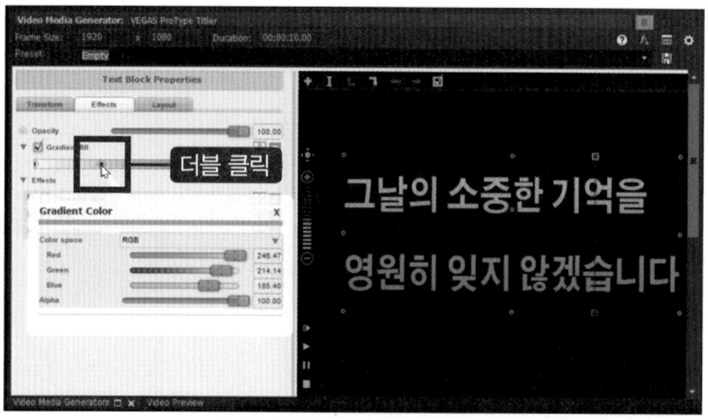

06 색상 설정창의 색상 바를 드래그하여 빨간색이 나타나도록 하고 X 버튼을 클릭합니다.

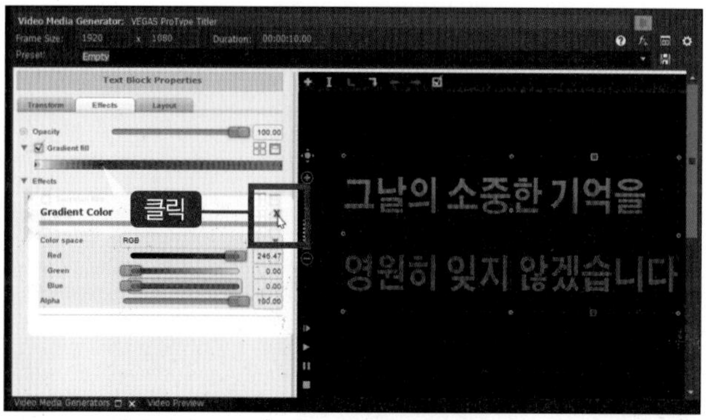

07 그레이디언트 바의 2/3 지점을 더블 클릭하고 색상 설정창에서 노란색이 나타나도록 지정한 다음, X 버튼을 클릭합니다.

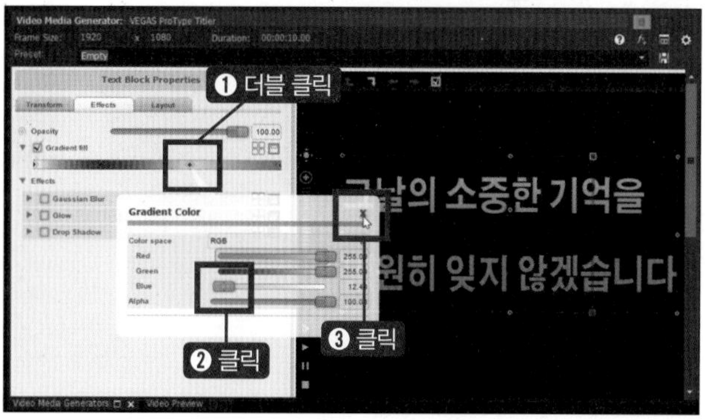

08 마지막으로 그레이디언트 바의 끝 지점을 클릭하고 파란색을 지정한 후 X 버튼을 클릭합니다. 그레이디언트 바의 시작 지점과 끝 지점은 기본적으로 포인터가 생성되어 있으므로 더블 클릭하지 않아도 됩니다.

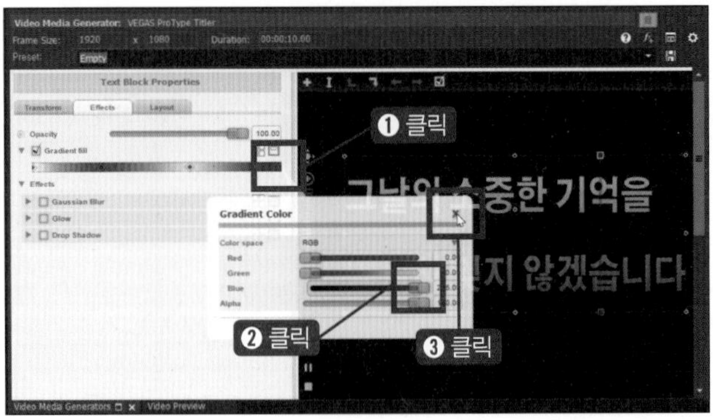

09 네 군데에 각각 다른 색상이 지정되었습니다. 입력된 문자 위에는 세로로 그레이디언트 조절 라인이 나타나 있으며 양쪽 끝에는 포인터가 존재합니다. 위쪽의 포인터는 그레이디언트 바의 시작 지점을, 아래쪽의 포인터는 끝 지점을 가리킵니다. 따라서 이 포인터를 드래그하여 위치를 바꾸면 그레이디언트의 적용 범위를 자유롭게 변경할 수 있습니다.

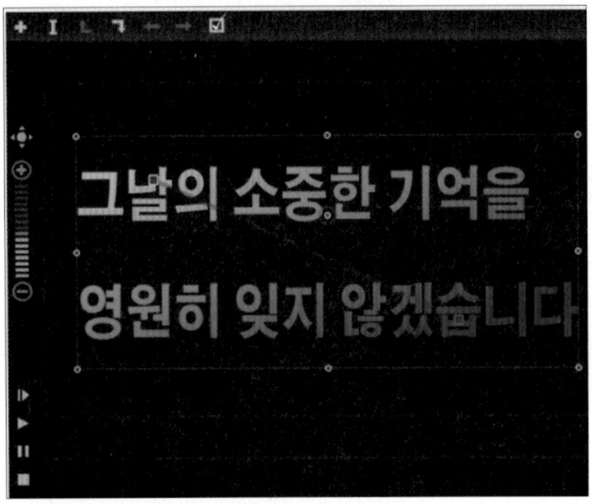

▲ 포인터 위치에 따른 결과 1

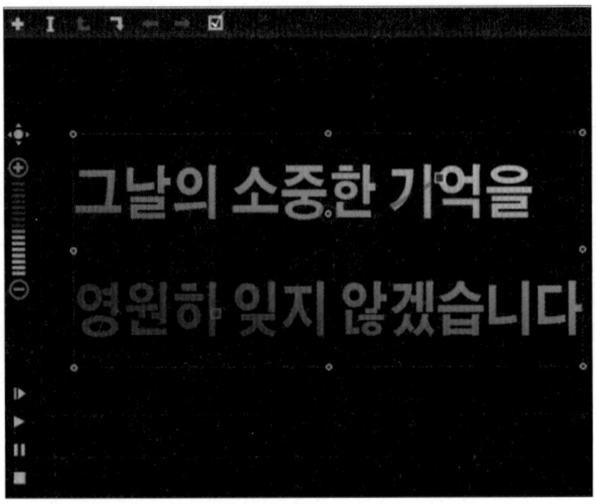

▲ 포인터 위치에 따른 결과 2

03 프로타입 타이틀러의 도구 버튼

프로타입 타이틀러 윈도우의 우측에 자리하고 있는 문자 입력 창에는 상단과 좌측에 몇 개의 도구 버튼이 자리하고 있어 문자 입력 및 선택, 재생 기능을 지원하고 있습니다.

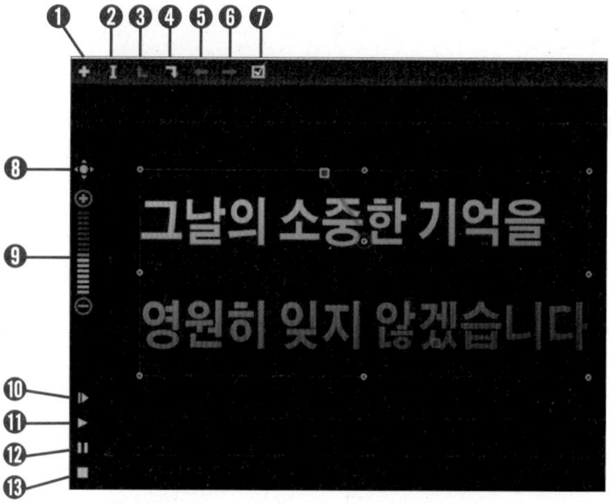

❶ Add New Text Block

새로운 문자를 입력합니다.

❷ Edit Text

입력된 문자를 수정할 수 있도록 편집 모드로 전환합니다. 문자를 더블 클릭해도 됩니다.

❸ Navigate to Parent

Navigate to Child 버튼으로 선택한 부분을 원래대로 되돌립니다. Navigate to Child 버튼을 클릭했던 횟수만큼 클릭해야 이전 선택 상태로 되돌릴 수 있습니다.

❹ Navigate to Child

문자 전체가 선택되어 있을 때, 클릭할 때마다 행 단위(Line), 띄어 쓴 문자 단위(Word), 한 개의 문자 단위(Character)로 선택합니다. 선택된 부분별로 좌측의 속성을 사용해 문자의 형태를 변경할 수 있습니다.

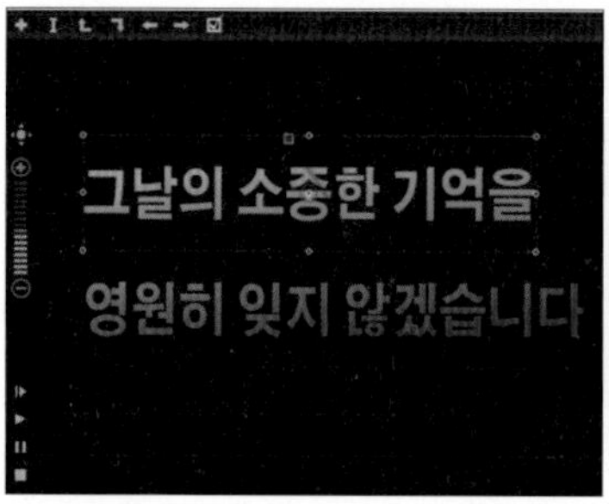

▲ 1회 클릭 – 행 단위 선택

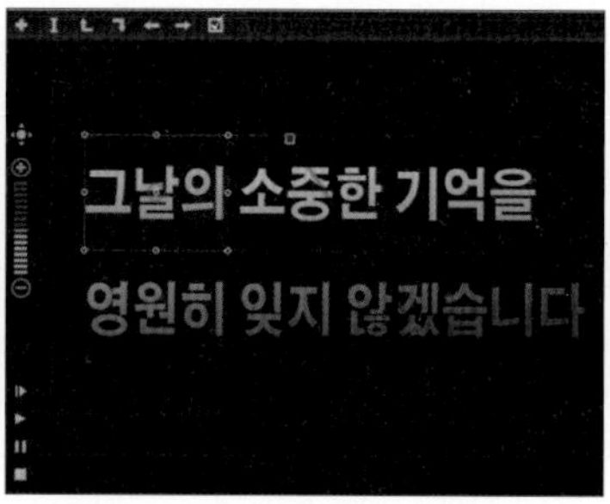

▲ 2회 클릭 – 단어 단위 선택

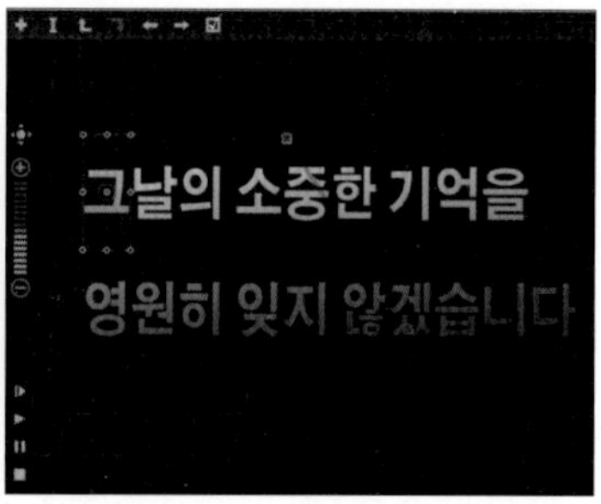

▲ 3회 클릭 – 문자 단위 선택

❺ Navigate to Previous Peer

Navigate to Child 버튼으로 특정 부분을 선택했을 때, 앞쪽 단위로 선택 영역을 이동시킵니다.

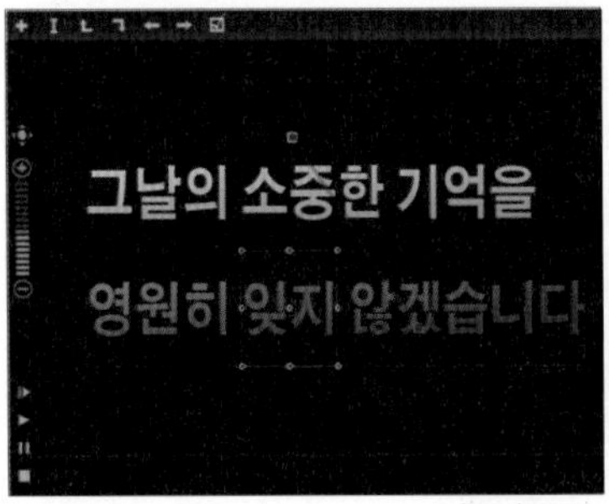

▲ 현재 선택 상태

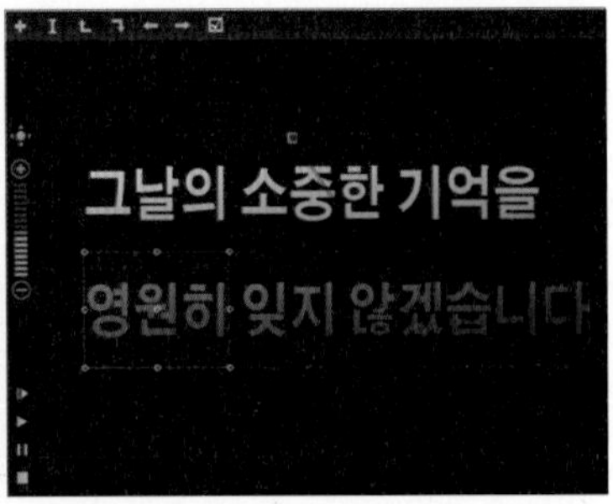

▲ 앞쪽 단위 선택

❻ Navigate to Next Peer

Navigate to Child 버튼으로 특정 부분을 선택했을 때, 뒤쪽 단위로 선택 영역을 이동시킵니다.

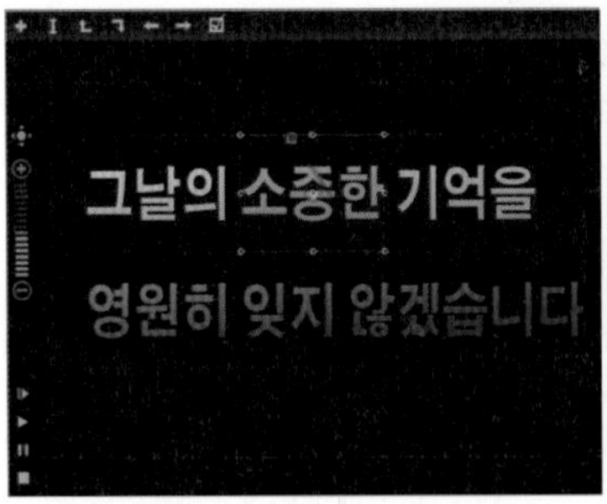

▲ 현재 선택 상태

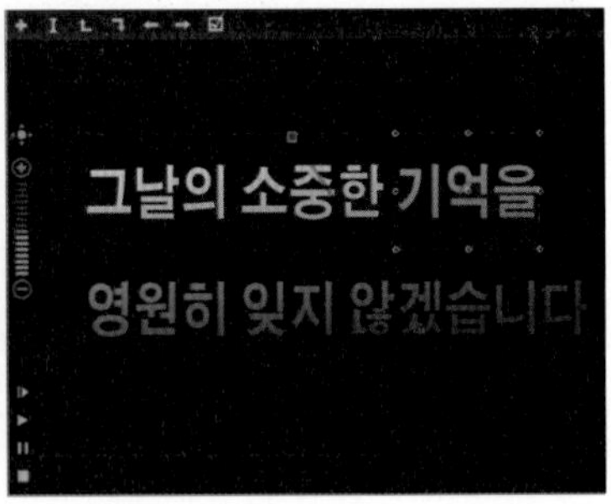

▲ 뒤쪽 단위 선택

❼ Lock Aspect

문자 입력을 마친 후 선택 상태에서 문자 주위에 나타난 핸들을 드래그하여 문자의 크기를 조절할 때, Lock Aspect 버튼이 켜져 있으면 문자의 종횡비가 유지된 채로 크기가 변경되며 체크가 해제되어 꺼진 상태에서는 종횡비가 유지되지 않고 자유롭게 크기를 변경할 수 있습니다. Shift 키를 누른 상태에서 핸들을 드래그하면 버튼의 상태와 반대로 크기를 조절할 수 있습니다.

❽ Pan

드래그하면 문자의 입력 창 위치를 이동시킬 수 있습니다. 프로타입 타이틀러 윈도우의 크기를 키울 수 없거나 많은 문자를 입력함으로 인해 다른 영역을 보기 힘들 때 유용합니다. 더블 클릭하면 원래의 위치인 중앙으로 이동합니다.

❾ Zoom In / Zoom / Zoom Out

Zoom In은 입력창의 크기를 확대해주며 Zoom Out은 축소해 줍니다. 두 버튼 사이에 있는 Zoom 슬라이더는 위쪽으로 드래그할수록 확대해 줍니다. 또, 마우스의 휠을 위쪽으로 올리거나 내려도 확대, 축소시킬 수 있습니다.

❿ Play from Start

타이틀을 타임라인의 처음 지점부터 재생합니다. 이러한 재생 기능은 정지된 타이틀의 경우, 어느 지점에서나 동일하게 보이므로 의미가 없지만 키 프레임을 생성하여 시간의 흐름에 따라 변화되는 타이틀을 살펴보는데 유용합니다.

⓫ Play

타이틀을 현재 에디트 라인이 위치하고 있는 지점부터 재생합니다.

⓬ Pause

타이틀의 재생을 일시 정지 시킵니다. 에디트 라인은 재생 중인 지점에 위치합니다.

⓭ Stop

타이틀의 재생을 정지시킵니다. 에디트 라인은 재생 시작 지점에 위치합니다.

CHAPTER 18

프로타입 타이틀러로 다양한 타이틀 만들기

프로타입 타이틀러에서는 여러 속성에 대한 키 프레임을 생성하여 다양하게 변화되는 타이틀을 만들 수 있습니다. 키 프레임을 생성하여 롤링 타이틀을 만들어 보고 미리 설정되어 있는 여러 효과를 사용하는 방법, 그리고 한 문자씩 나타나도록 하는 방법에 대해서도 알아보도록 하겠습니다.

01 롤링 타이틀 만들기

롤링(Rolling) 타이틀이란 TV 등에서 프로그램의 마지막 부분에 출연진의 이름이 아래에서 위로 스크롤되어 올라가는 것처럼 수직 방향으로 흐르는 타이틀을 가리킵니다. 프로타입 타이틀러를 사용하면 편리하게 롤링 타이틀을 작성할 수 있습니다.

01 새 프로젝트를 시작합니다. Media Generators 탭에서 ProType Titler를 트랙으로 드래그하여 타이틀러 윈도우가 나타나면 Add New Text Block 버튼을 클릭합니다. 기본 문자가 나타나면 드래그하여 전체 영역을 선택한 상태에서 다음 예문을 여러 행에 걸쳐 입력합니다. [sourceWetc] 폴더에서 '어느 날의 커피.txt'를 복사하여 붙여넣기 해도 됩니다. 예문은 '나눔손글씨 펜' 폰트를 사용하였습니다.

[예문]

어느 날의 커피
작자 미상

어느 날
혼자 가만히 있다가
갑자기 허무해지고
아무 말도 할 수가 없고
가슴이 터질 것 같고
눈물이 쏟아지는데
누군가를 만나고 싶은데
만날 사람이 없다.

주위에는 항상
친구들이 있다고 생각했는데
이런 날 이런 마음을
들어줄 사람을 생각하니
수첩에 적힌 이름과 전화번호를
읽어 내려가 보아도
모두가 아니었다

혼자 바람 맞고 사는 세상
거리를 걷다 가슴을 삭이고
마시는 한 잔의 뜨거운 커피

아, 삶이란 때론 이렇게 외롭구나

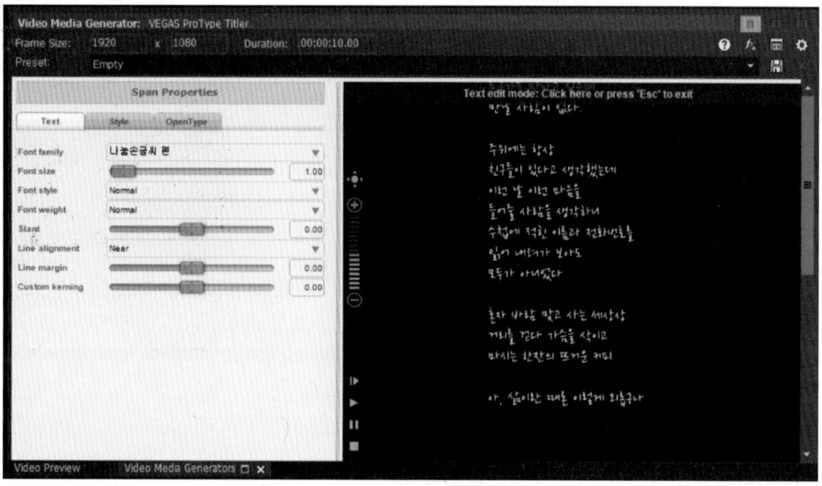

02 행 사이의 간격이 너무 좁으면 문자가 흐를 때 알아보기 어려우므로 적절히 변경해 주는 것이 좋습니다. 입력된 문자 전체를 드래그하거나 Ctrl+A를 눌러 전체 영역을 선택하고 Line margin 값을 조절하여 간격을 키워 줍니다. 예제에서는 0.50로 설정하였습니다. 사용한 폰트에 따라 행 사이의 간격이 다르게 보이므로 직접 보면서 적절히 설정해 주도록 합니다.

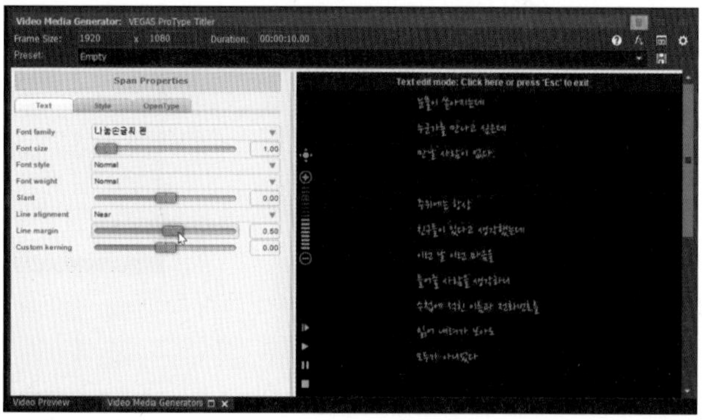

03 ESC 키를 누르거나 입력창 윗부분을 클릭하여 문자 입력을 마치고 문자 내부를 드래그하여 입력 창 하단에 위치시킵니다. 문자의 다른 부분을 살펴보려면 Pan 버튼을 드래그하거나 문자 입력 창 내부를 드래그하면 됩니다. 핸들을 조절하여 문자의 크기도 키워 주도록 합니다.

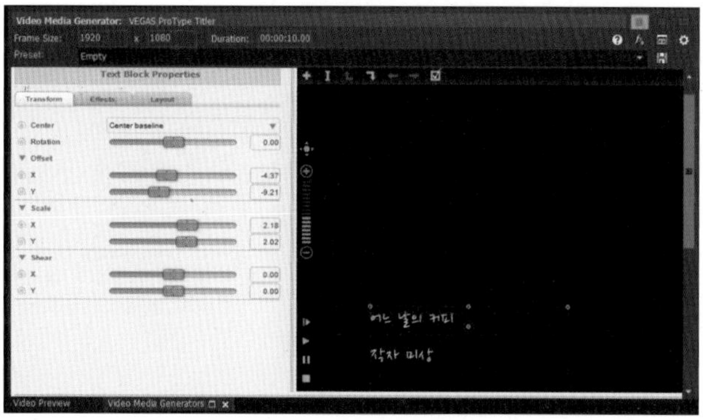

04 좌측의 속성 창에서 Offset〉Y 속성의 Toggle Automation 버튼을 클릭합니다. 좌측 아래의 리스트에 해당 속성이 추가됩니다.

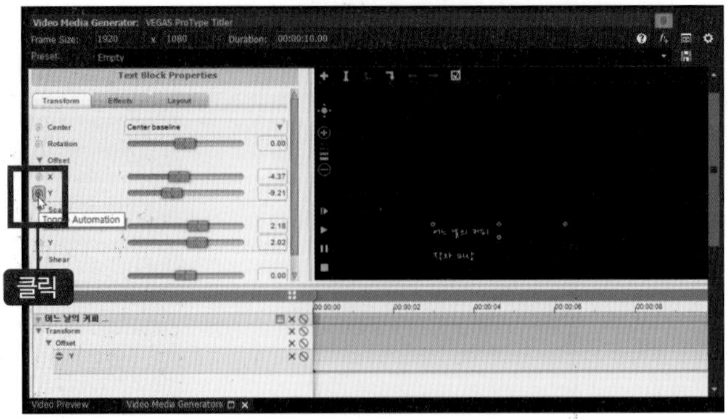

05 타임라인의 가장 위에서 우측 끝 지점을 클릭합니다. 에디트 라인이 이동됩니다.

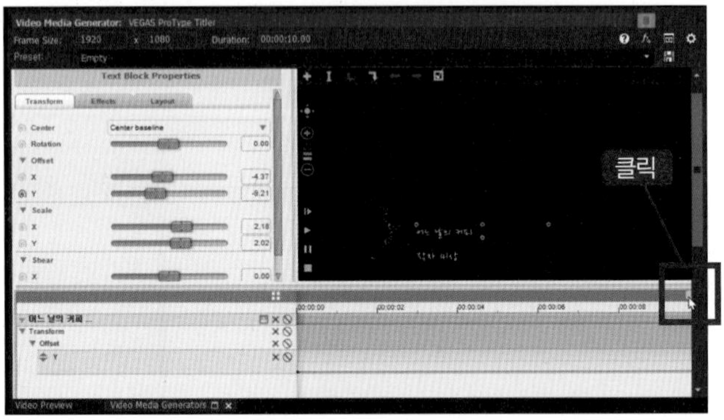

06 문자 내부를 드래그하여 입력창 상단으로 이동시킵니다. 이때 가로 위치는 변함이 없어야 하므로 Offset〉X 값을 기억해 두었다가 이 값은 변함이 없도록 가로 위치는 동일한 값으로 조절해야 합니다. 타임라인을 보면 현재 에디트 라인이 위치하고 있는 지점에 작은 점이 생성되어 있습니다. 즉, 값이 변화가 발생하였으므로 키 프레임이 생성된 것입니다. 문자의 수직 위치가 변경됨에 따라 Offset〉Y 값이 변경된 것을 볼 수 있습니다.

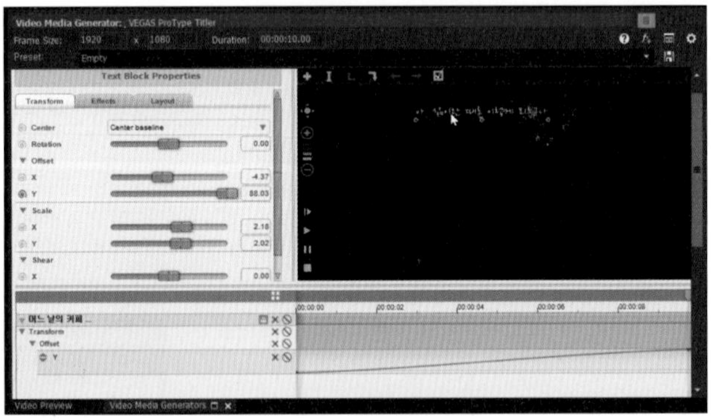

07 문자 입력 창의 Play from Start 버튼이나 메인 화면의 프리뷰 윈도우를 통해 결과를 확인하면 아래에서 위로 흐르는 타이틀을 볼 수 있습니다.

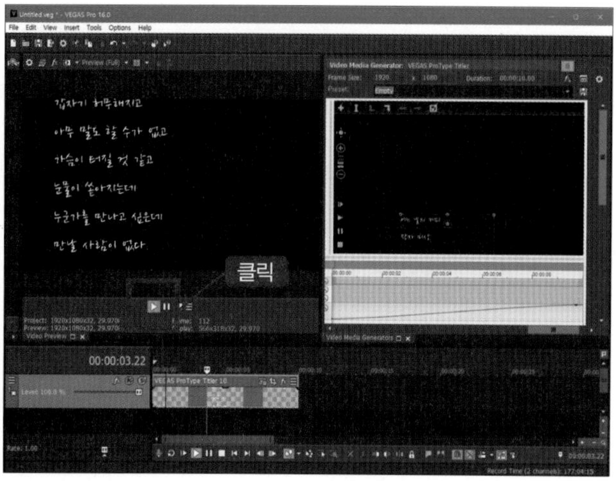

참고하세요!

롤링 타이틀의 속도 변경하기

롤링 타이틀에서 문자가 흐르는 속도는 메인 화면의 타임라인에서 Ctrl 키를 누른 채로 이벤트를 드래그하여 변경할 수도 있지만 이벤트의 길이 자체를 변경해 주는 것이 더욱 정확합니다.

문자가 느리게 흐르도록 하는 경우를 보겠습니다. 기본적으로 프로타입 타이틀은 10초의 길이를 갖습니다. 따라서 20초로 변경하면 1/2의 속도로 천천히 흐르게 될 것입니다.

1) 프로타입 타이틀러 윈도우의 상단에서 Length 값을 10초에서 20초로 변경하고 Enter 키를 누르거나 윈도우의 다른 영역을 클릭합니다. 타임라인을 보면 전체 길이가 20초로 변경됨과 동시에 뒤에 생성된 키 프레임도 20초 위치에 자리하게 됩니다.

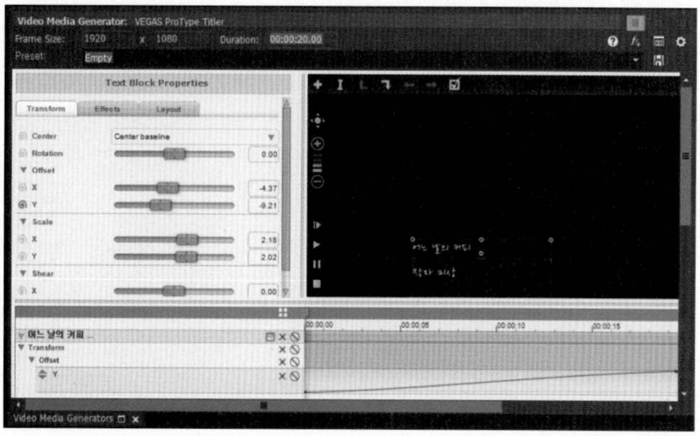

2) 이벤트의 길이는 변경되었지만 메인 화면의 트랙에는 10초의 길이로 등록되어 있으므로 이벤트의 우측을 드래그하여 20초까지 오게 합니다. 그렇지 않으면 문자가 중간 정도만 스크롤되다가 사라져 버리게 됩니다.

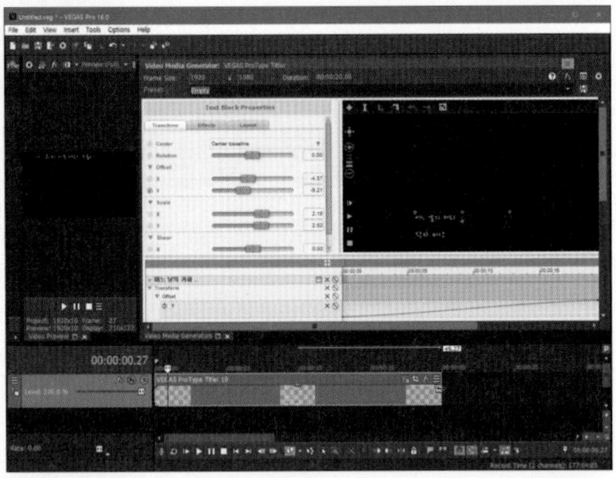

3) 프로타입 타이틀러 윈도우에서 길이를 변경하지 않고 이벤트 속성 창에서 변경해 주어도 됩니다. 이벤트의 단축 메뉴를 열고 Properties를 선택합니다.

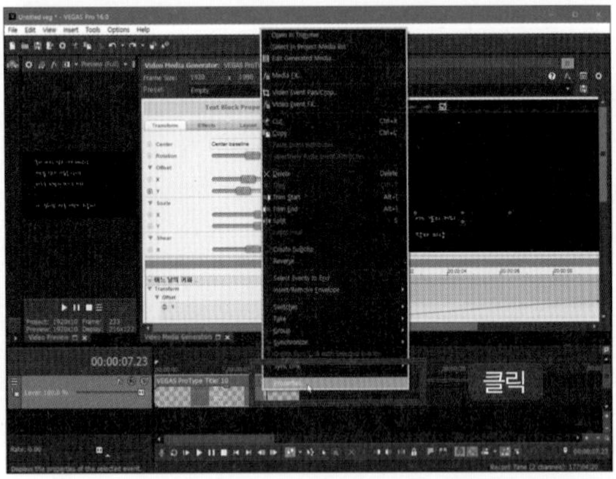

4) Properties 창이 나타나면 Media 탭을 클릭하고 Length 속성에 원하는 값을 입력한 다음 OK 버튼을 클릭합니다. 물론 이 경우에도 이벤트의 길이는 Length 속성에서 설정한 값과 동일하게 변경해주어야 합니다.

02 크롤 타이틀 만들기

크롤(Crawl) 타이틀이란 가로로 흘러가는, 다시 말해서 수평 방향으로 이동되는 타이틀을 가리킵니다. 역시 프로타입 타이틀러 윈도우에서 타이틀의 위치를 이동시켜 만들게 되는데 롤링 타이틀과 달리 스크롤 방향을 가로로 지정해 주면 됩니다.

01 타임라인에 배경으로 사용할 영상을 등록한 다음 미디어 제너레이터에서 ProType Titler를 타임라인의 가장 위로 드래그합니다.

02 프로타입 타이틀러 윈도우가 나타나면 새로운 문자를 입력합니다. 기본적으로 나타난 문자를 삭제하고 가로로 스크롤되어 나타날 문자를 입력합니다. 예제에서는 다음과 같은 문자를 입력하였습니다. 행을 바꾸지 않고 한 줄로 입력해야 합니다.

[예문]

휴대전화 스팸의 약 40%는 일반 유선번호나 인터넷 전화가 아닌 휴대전화 번호로 오는 것으로 조사됐다

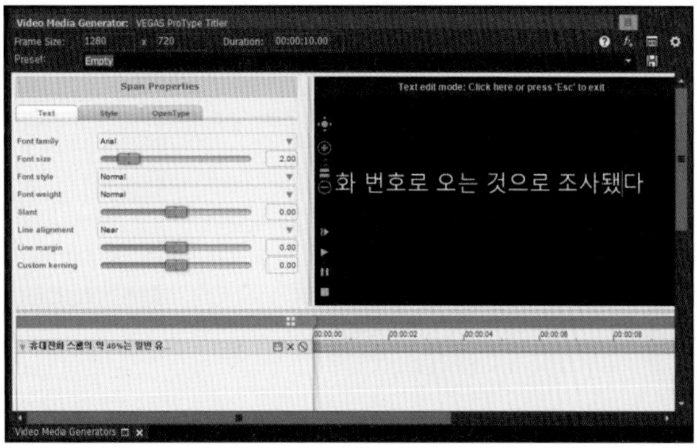

03 입력된 문자를 모두 선택한 다음, 하단에 안내되는 스크롤 자막처럼 폰트를 고딕 계열로 설정합니다.

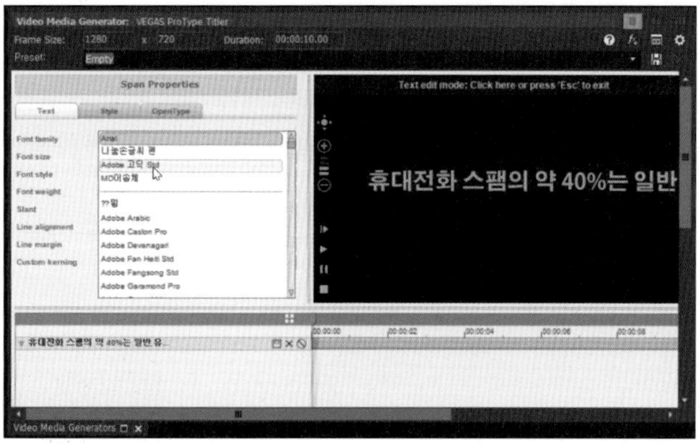

04 이어서 문자의 색상과 외곽선도 설정합니다. 문자는 흰색, 외곽선은 파란색으로 설정하였습니다.

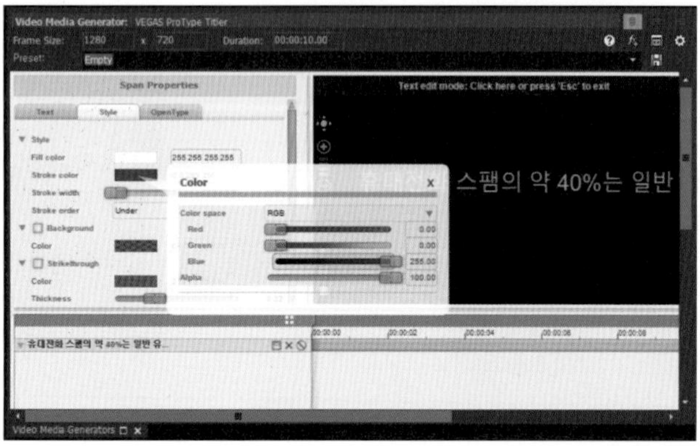

05 외곽선의 두께를 최대로 설정하고 문자의 입력 상태를 해제하고 입력창 하단 우측으로 이동시킵니다.

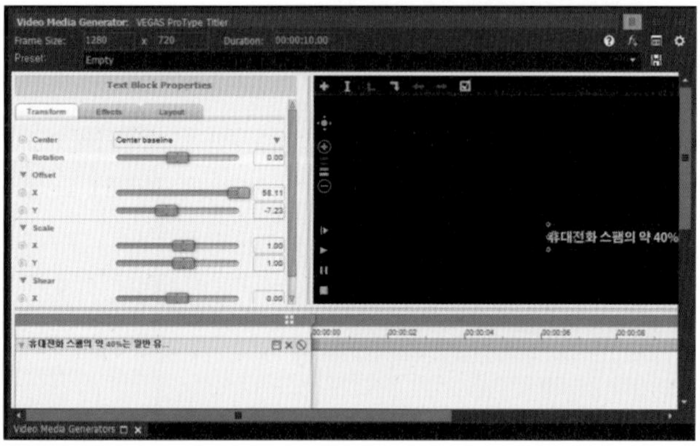

06 좌측의 속성 창에서 Offset>X 속성의 Toggle Automation 버튼을 클릭하고 타임라인 가장 윗부분에서 끝 지점을 클릭하여 에디트 라인을 이동시킵니다.

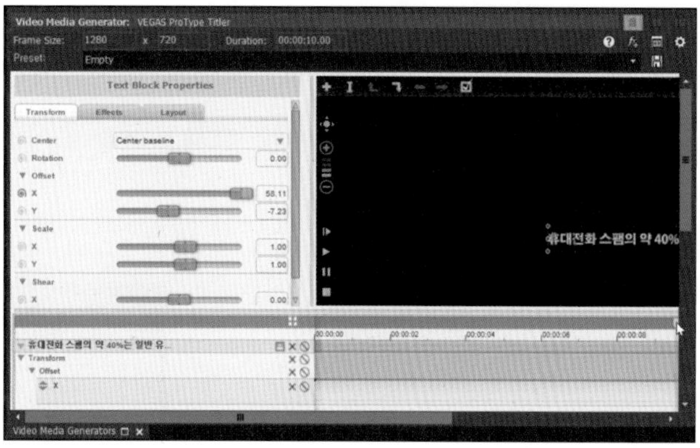

07 문자의 끝부분이 입력창 좌측 끝 지점을 벗어나는 지점에 오도록 드래그하여 이동시킵니다. 미리 Offset>Y 속성 값을 기억해 두고 이 값은 동일하게 유지하도록 합니다.

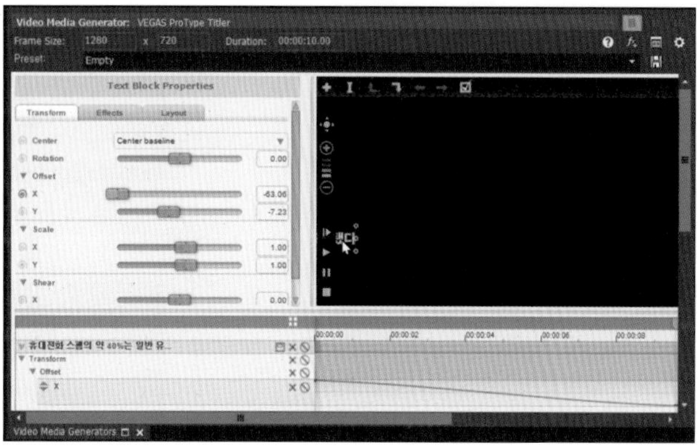

08 프리뷰로 작업 결과를 확인합니다. 스크롤되는 속도가 너무 느리거나 빠르다면 Ctrl 키를 누른 상태에서 타이틀 이벤트의 길이를 조절하거나 롤링 타이틀 만들 때 보았던 방법으로 타이틀 길이를 변경합니다.

03 다양한 효과 아이템 사용하기

프로타입 타이틀러는 미리 지정된 여러 효과를 내장하고 있어 마치 애니메이션 프로그램에서나 볼 수 있는 독특한 효과를 간단히 구현할 수 있습니다.

01 새 프로젝트를 시작하고 Media Generators 탭에서 ProType Titler를 트랙으로 드래그하여 타이틀러 윈도우가 나타나면 속성창 아래의 Collections 버튼을 클릭합니다. 여러 효과 목록이 나타납니다.

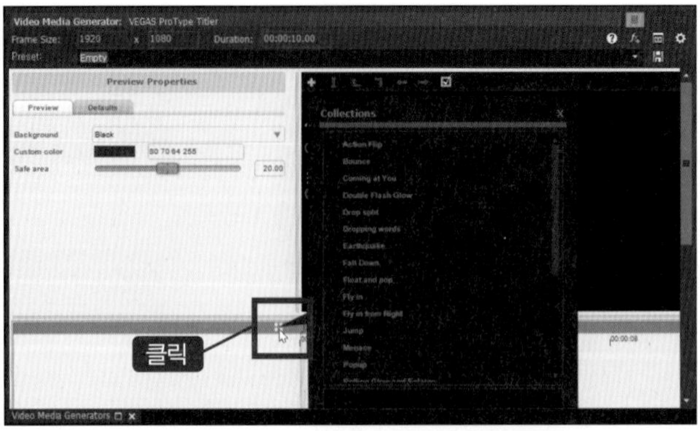

02 목록에서 Popup을 클릭합니다. 해당 효과에 대한 결과가 아래에 나타납니다. Popup을 더블 클릭합니다.

03 해당 효과에 대한 문자와 속성이 하단에 나타나며 우측의 타임라인에는 지정된 효과를 구현하기 위한 키 프레임이 나타납니다.

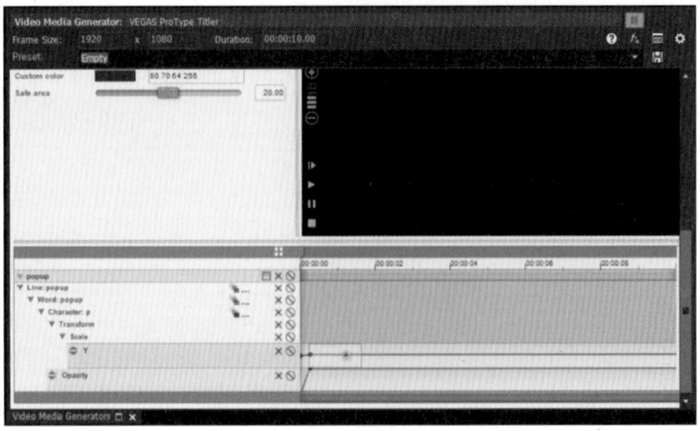

04 문자에 적용된 효과에 따라 시작 프레임에는 아무런 문자도 보이지 않는 경우가 있습니다. 이때는 아래의 타임라인에서 에디트 라인을 뒤쪽의 키 프레임 근처로 이동시키면 입력된 문자가 나타나는 것을 볼 수 있습니다. 기본적으로 효과 이름과 동일한 문자가 입력되어 있습니다.

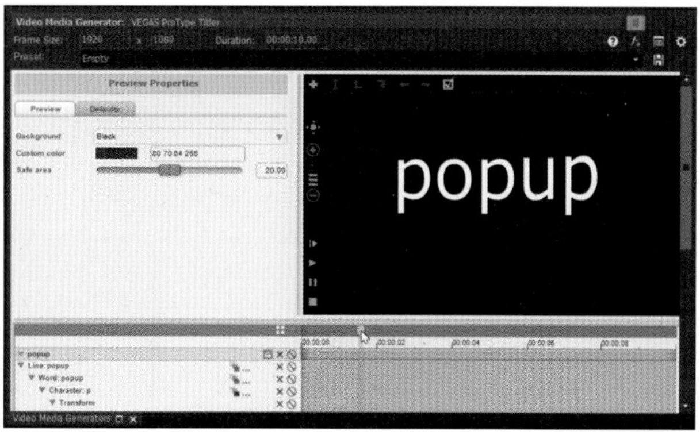

05 문자를 클릭하여 선택하고 다시 더블 클릭하여 입력 상태로 전환한 다음, 드래그하여 전체 영역을 선택하면 원하는 문자를 입력할 수 있습니다. 윈도우의 메모장이나 기타 텍스트 편집 프로그램을 열고 '통통튀는 아이디어'라는 문자를 입력한 뒤 블록 설정하고 Ctrl+C 키를 눌러 복사합니다.

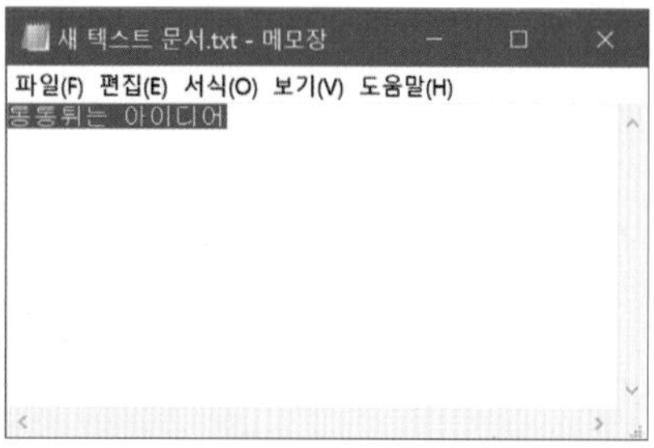

TIP **문자를 메모장에서 복사하는 이유는?**

프로타입 타이틀러의 여러 효과는 한글을 입력할 때 효과가 사라지는 현상이 발생합니다. 따라서 다소 불편하지만 메모장에서 복사한 후 붙여 넣는 방법을 사용해야 합니다. 영문을 입력할 때는 이러한 문제가 없으므로 직접 입력해 주어도 됩니다.

06 프로타입 타이틀러 윈도우의 문자 입력 상태에서 문자 전체를 선택하고 Ctrl+V를 눌러 복사해 둔 문자를 붙여 넣습니다.

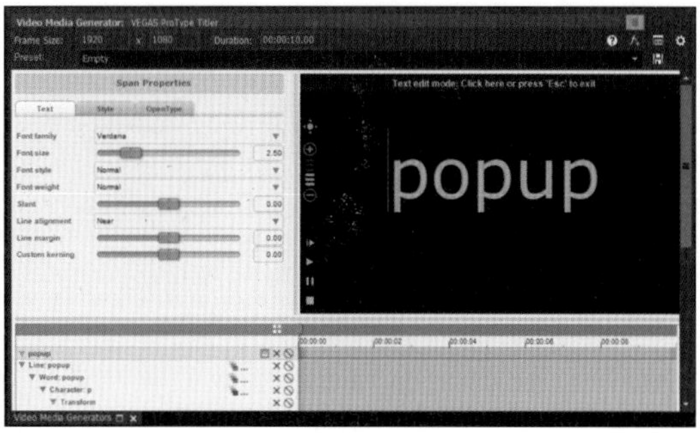

▲ 문자 선택

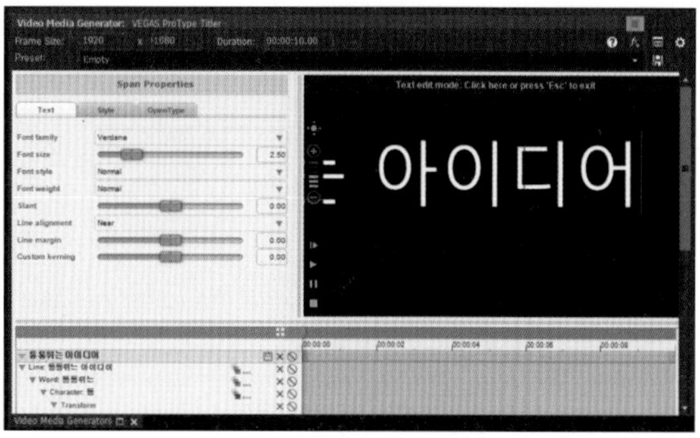

▲ 붙여 넣은 상태

07 붙여 넣은 문자의 크기와 폰트를 적절히 변경하고 ESC 키를 누르거나 문자 입력창 상단의 갈색 부분을 클릭합니다.

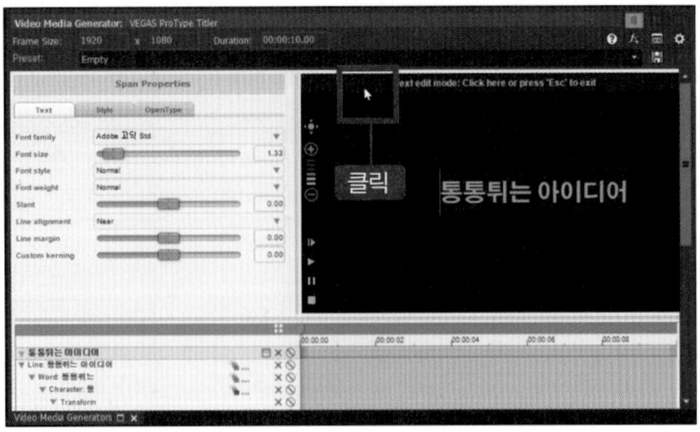

08 문자 입력 창의 Play from Start 버튼이나 타임라인에서 프리뷰를 통해 결과를 확인합니다. 선택한 효과가 제대로 나타나는 것을 볼 수 있습니다.

04 사용자가 만든 효과 저장하기

프로타입 타이틀러에서 자신이 직접 만든 효과를 저장하여 효과 목록에 추가하여 사용할 수 있습니다. 따라서 동일한 효과를 구현하기 위해 똑같은 작업을 반복할 필요가 없습니다. 저장되어 추가된 목록에서 선택하기만 하면 되기 때문입니다.

01 앞에서 만들어 보았던 예제의 효과를 수정해 보도록 하겠습니다. 프로타입 타이틀러 윈도우의 타임라인에서 Y 속성의 엔벌로프 포인터 우측에 있는 옵션 버튼을 클릭합니다.

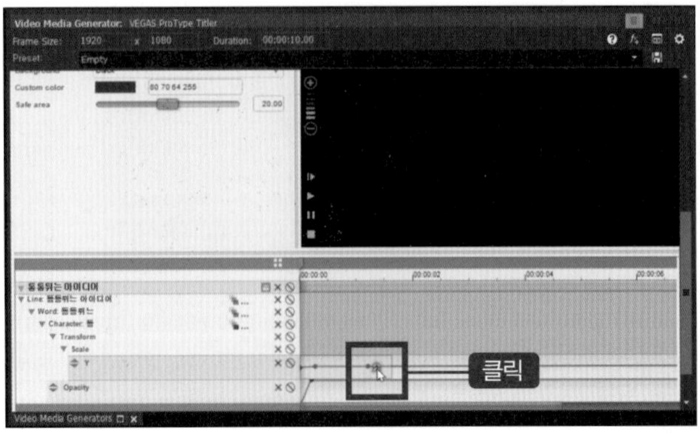

02 Function〉Amplitude 속성의 슬라이더를 우측 끝으로 드래그하여 '1.00'의 값이 되도록 하고 우측 상단의 X 부분을 클릭하여 창을 닫습니다. Amplitude 속성은 Popup 효과로 인해 문자가 위로 튀어오르는 폭을 의미합니다. 더 높이 튀어오르도록 변경한 것입니다.

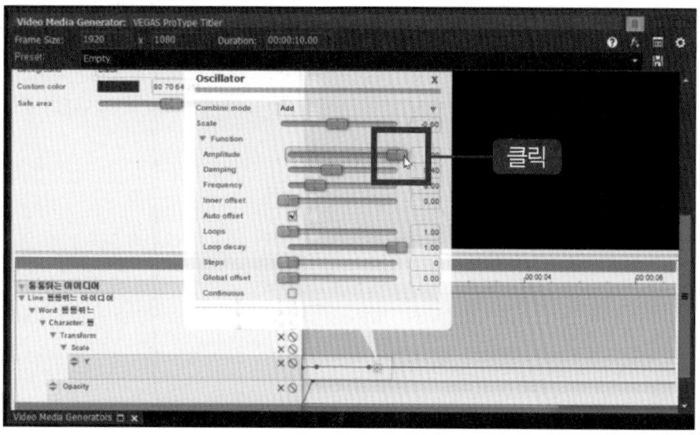

03 변경한 효과를 저장하기 위해 타임라인 좌측에서 Save to Collection을 클릭합니다.

04 Collections 목록이 열리면 Untitled라고 표시되는 입력란에 원하는 이름을 입력하고 Enter 키를 누릅니다. 여기에서는 'Popup2'라고 입력했습니다.

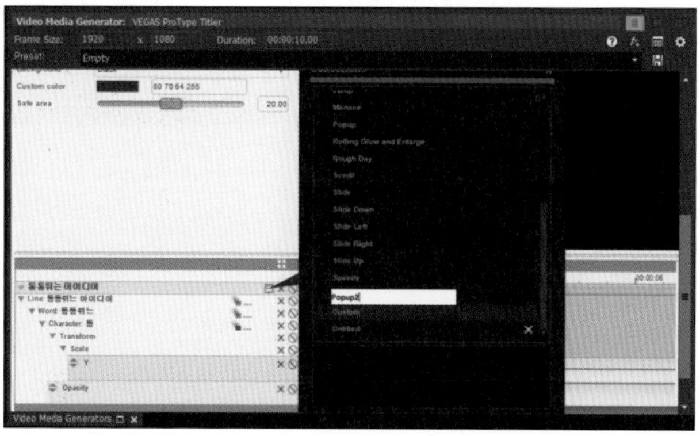

05 목록에 새로 입력한 효과가 추가되어 나타납니다. 동일한 효과를 구현하려는 경우, 간편하게 선택하여 사용할 수 있습니다.

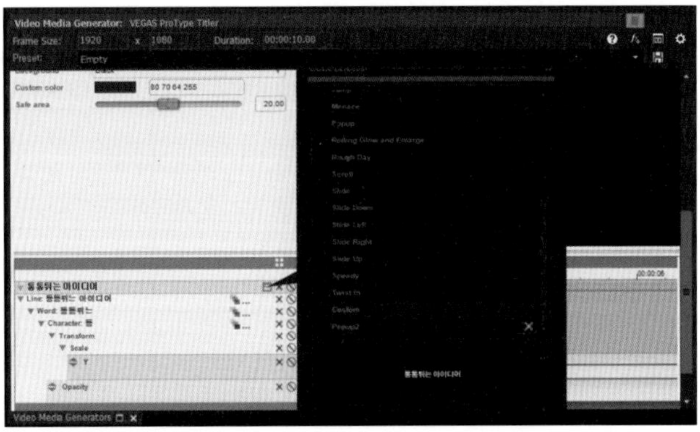

참고하세요!

저장된 효과 삭제하기

직접 저장한 효과를 삭제하려면 목록 우측에 있는 X 버튼을 클릭하면 됩니다.

CHAPTER 19

이벤트 합성을 위한 여러 방법 익히기

다른 트랙에 등록된 두 개 이상의 이벤트는 전체, 또는 특정 부분을 대상으로 색상이나 밝기, 채도 등을 기준으로 합성할 수 있습니다. 합성을 위한 다양한 방법을 살펴보겠습니다.

01 Compositing Mode로 합성하기

현재 트랙에 놓인 비디오 이벤트와 하위 트랙의 비디오 이벤트를 색상이나 밝기, 채도 등을 기준으로 합성하려면 컴포지팅 모드를 사용합니다. 독특한 결과를 얻을 수 있으며, 주로 타이틀과 배경 영상을 합성하는 용도로 사용됩니다.

그림과 같이 두 개의 트랙에 각각 다른 비디오 이벤트를 등록하였습니다. 상위 트랙에는 미디어 제너레이터에서 만든 타이틀 이벤트를, 아래 트랙에는 이미지 파일을 등록한 상태입니다.

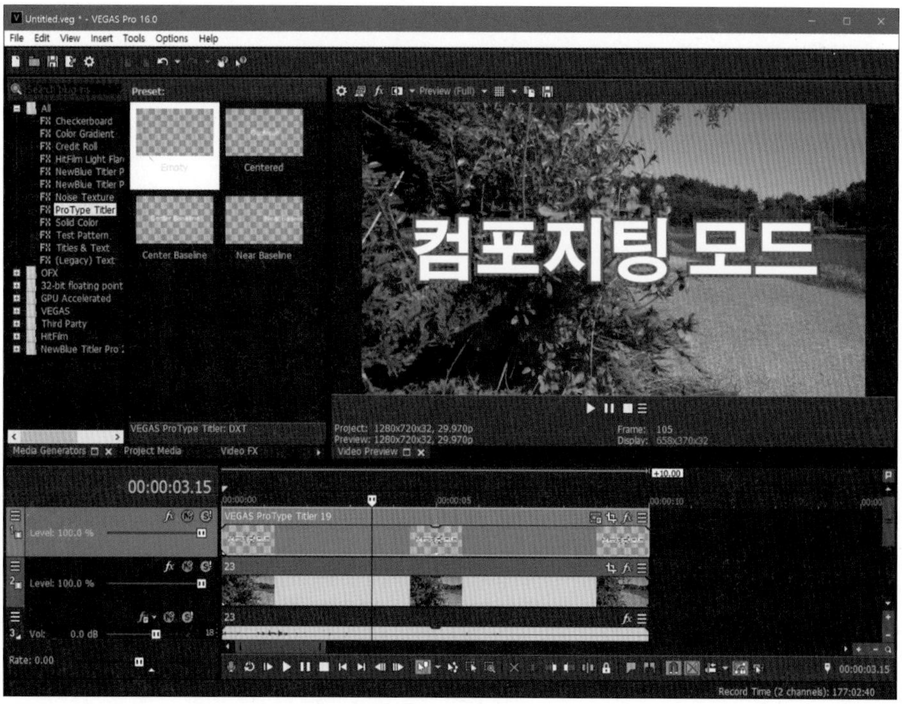

상위 트랙의 트랙 리스트에서 More 버튼을 클릭하고 메뉴에서 Compositing Mode를 선택하면 다음과 같은 여러 컴포지팅 모드가 나타납니다.

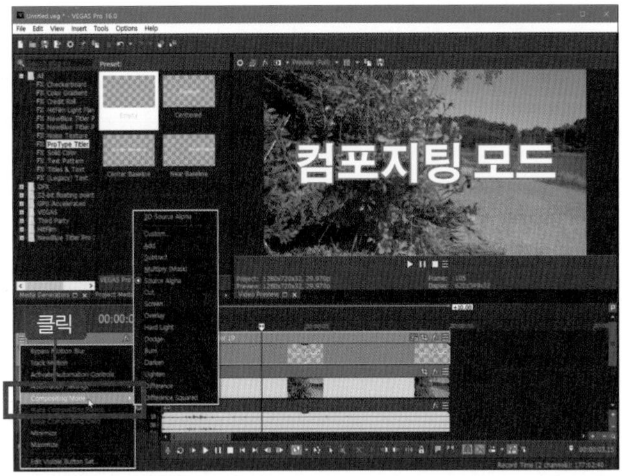

▲ Compositing Mode

3D source Alpha

차후에 다루게 될 트랙을 통해 이벤트를 3D로 나타나게 설정할 수 있습니다. 즉, X/Y 축 외에 Z 축에 대한 값을 조절할 수 있게 됨으로써 이벤트를 입체적으로 표현할 수 있습니다.

▲ 2D 형태의 이벤트

▲ 3D 형태의 이벤트

Custom>Sony Bump Map

Custom 모드를 선택하면 다음과 같이 Plug-In Chooser-Track Composite Mode 대화 상자가 나타나 플러그인을 선택할 수 있습니다. 기본적으로 설치되어 있는 VEGAS Bump Map을 선택하고 Add 버튼을 클릭해 보겠습니다.

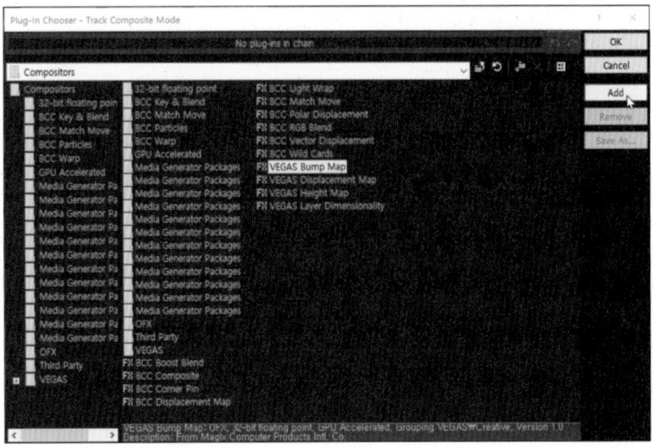

OK 버튼을 클릭하면 Track Composite Mode 윈도우가 나타나며 선택한 합성 모드에 대한 설정을 할 수 있습니다.

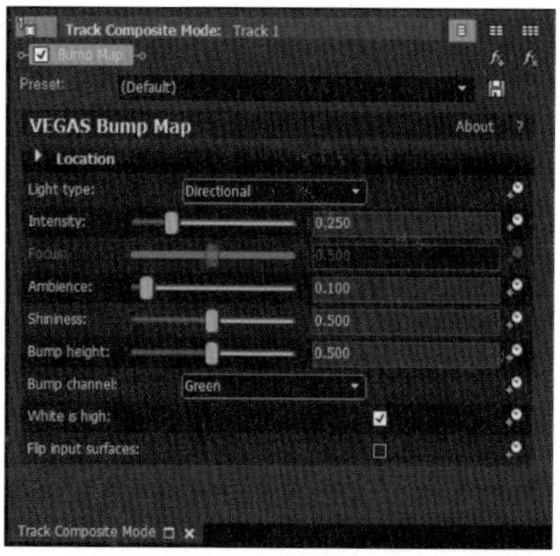

VEGAS Bump Map의 경우, 이미지의 밝은 부분을 돌출시켜서 입체적인 느낌이 들도록 합니다.

▲ Before

▲ After

Custom>VEGAS Displacement Map

이미지의 명암에 의해 픽셀 위치를 이동시킵니다.

Custom>VEGAS Height Map

이미지의 가장자리 부분을 심하게 왜곡시킴으로써 물체의 흔적만 나타나도록 합니다.

Add

이미지의 밝은 부분을 합하여 더욱 밝게 만듭니다.

▲ Before

▲ After

Subtract

이미지의 밝은 부분에 대한 색상을 반전시켜 이 부분으로 하위 트랙의 이미지가 나타나도록 합니다.

▲ Before

▲ After

Multiply(Mask)

두 이미지의 혼합되는 색상을 더욱 강하게 함으로써 어두운 결과를 만들어 냅니다. Screen 모드와 반대의 결과를 갖게 됩니다.

▲ Before

▲ After

Source Alpha

디폴트 값으로 알파 채널 영역을 통하여 하위 트랙의 이미지가 나타나도록 합니다. 알파 채널을 포함하지 않은 이미지의 경우, 투명하게 처리되는 영역이 없으므로 상위 트랙의 이미지만 나타나게 됩니다.

Cut

이미지의 색상 부분을 제거합니다.

▲ Before

▲ After

Screen

Multiply(Mask) 모드와 반대되는 방식으로 혼합되는 색상을 약하게 하여 밝게 나타나도록 합니다.

▲ Before

▲ After

Overlay

어두운 영역에는 Multiply 모드를, 밝은 영역에는 Screen 모드를 적용함으로써 대조가 강한 결과를 만들어 냅니다.

▲ Before

▲ After

Hard Light

이미지의 밝은 부분만을 더욱 밝게 합성합니다.

▲ Before

▲ After

Dodge

이미지의 색상값을 기준으로 배경을 밝게 처리합니다.

▲ Before

▲ After

Burn

이미지의 색상값을 기준으로 배경을 어둡게 처리합니다.

▲ Before

▲ After

Darken

합성되는 두 이미지를 비교하여 어두운 부분만 나타나도록 합니다.

▲ Before

▲ After

Lighten

합성되는 두 이미지를 비교하여 밝은 부분만 나타나도록 합니다.

▲ Before

▲ After

Difference

두 이미지를 픽셀 단위로 비교하여 밝은 색상에서 어두운 색상 값을 뺀 결과를 나타냅니다.

▲ Before

▲ After

Difference Squared

Difference 모드보다 더욱 어둡고 뚜렷한 결과를 만들어 줍니다.

▲ Before

▲ After

02 알파 채널로 합성하기

알파 채널 영역은 투명하게 처리되므로 이 영역을 통해 하위 트랙의 이벤트가 나타나게 됩니다. 특정 영역을 통해서 하위 트랙의 이벤트가 나타나게 하려는 경우에 사용하는 가장 간단한 방법입니다.

01 파일 하나를 트랙에 등록하고 미디어 제너레이터의 Color Gradient의 프리셋에서 알파 채널 영역이 중앙에 자리하고 있는 Elliptical Transparent to를 타임라인의 가장 위쪽으로 드래그하여 + 표시가 나타나는 지점에서 마우스 버튼을 놓습니다.

02 드래그한 제너레이터 미디어가 상위 트랙에 등록됨과 동시에 제너레이터 미디어 설정을 위한 Video Media Generators 윈도우가 나타납니다. Video Media Generators 윈도우의 Control Points 영역에는 두 개의 숫자가 표시되어 있는데, 이 숫자 부분을 드래그하면 투명하게 처리될 부분과 그렇지 않은 영역의 크기를 조절할 수 있으며 십자로 표시된 부분을 드래그하면 전체 영역의 위치를 변경할 수 있습니다. 프리뷰 윈도우를 참고하여 원하는 형태로 설정하면 됩니다.

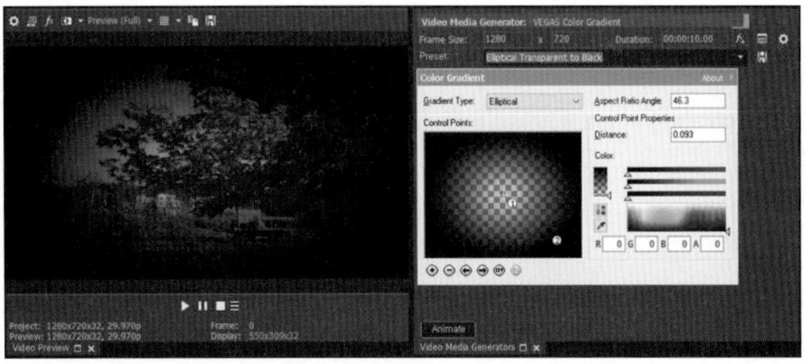

03 흰색 영역을 통해 이벤트 합성하기

미디어 제너레이터에서 검은색과 흰색으로 이루어진 이미지를 사용하면 알파 채널을 포함하지 않은 일반 이미지로도 특정 부분을 투명하게 처리하여 합성할 수 있습니다.

01 앞의 예제에서 1번 트랙을 삭제하고 미디어 제너레이터의 Color Gradient 프리셋 중에서 Elliptical White to Black을 타임라인의 가장 위쪽으로 드래그합니다.

02 앞의 경우와 마찬가지로 드래그한 제너레이터 미디어가 상위 트랙에 등록됨과 동시에 제너레이터 미디어 설정을 위한 Video Media Generators 윈도우가 나타납니다. 이번에는 단순히 검정색과 흰색으로 이루어진 이미지로 앞에서 사용했던 것과 달리 알파 채널을 포함하고 있지 않습니다. 역시 Control Points 영역의 두 숫자를 드래그하여 각 색상 영역을 조절할 수 있습니다. 프리뷰 윈도우를 통해 알 수 있듯이 상위 트랙에 등록된 제너레이터 미디어로 인하여 하위 트랙의 이벤트는 보이지 않는 상태입니다.

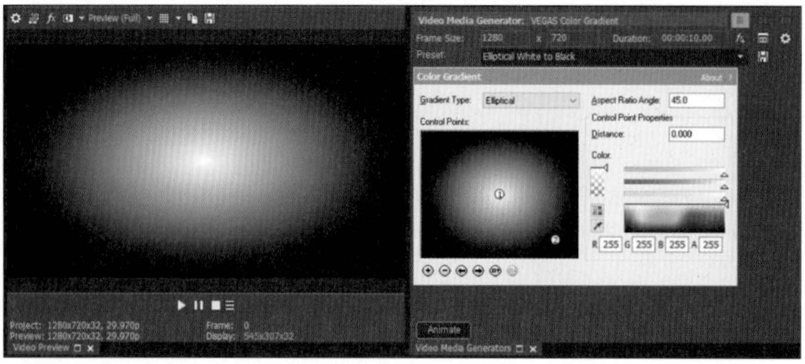

03 제너레이터 미디어가 등록된 상위 트랙의 트랙 리스트에서 More 버튼을 클릭하여 메뉴가 나타나면 Compositing Mode〉Multiply(Mask)를 선택합니다.

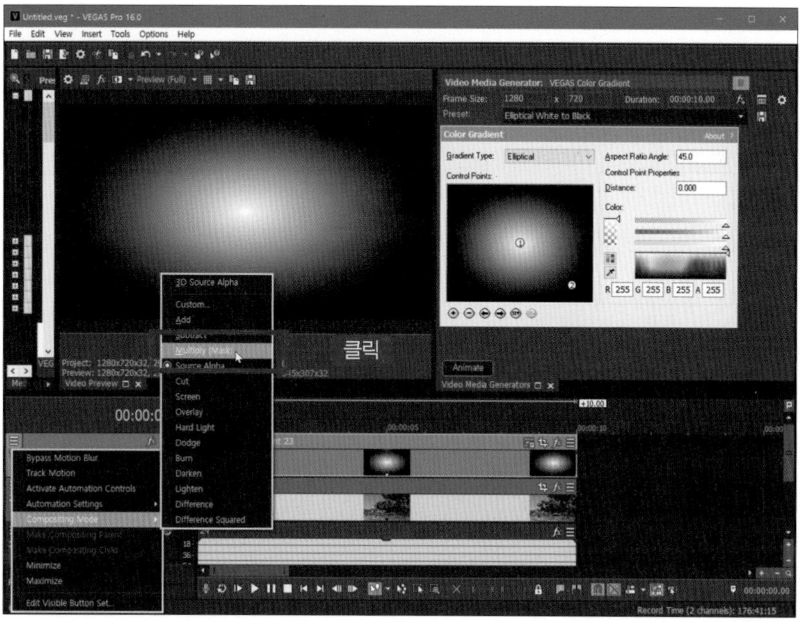

04 트랙에 놓인 제너레이터 미디어가 마스크로 동작합니다. 즉, 이미지의 흰색 부분을 통해 하위 트랙의 이벤트가 나타나게 되고 검은 부분은 가려집니다. 흰색과 검은색의 경계가 점진적으로 변하는 그레이디언트 이미지이기 때문에 투명한 영역과 불투명한 영역의 경계 부분은 부드럽게 나타납니다. 앞에서와 마찬가지로 Control Points 영역의 숫자를 드래그하여 원하는 형태로 합성 영역의 위치를 변경하면 됩니다.

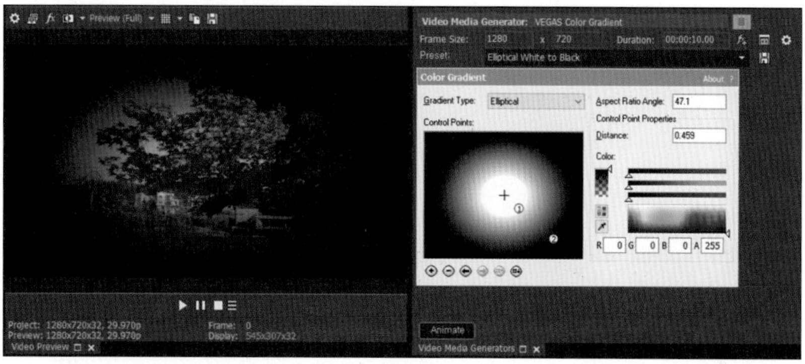

05 다른 합성 형태를 만들어 보겠습니다. 다시 1번 트랙의 제너레이터 미디어를 삭제하고 미디어 제너레이터에서 Color Gradient의 Linear Black to Transparent 프리셋을 트랙의 가장 윗부분으로 드래그합니다.

06 해당 제너레이터 미디어가 등록되면서 설정을 위한 Video Media Generators 윈도우가 나타납니다. 기본적으로 좌측에서 우측 방향으로 서서히 투명하게 변화하는 이미지이므로 프리뷰 윈도우를 보면 좌측에서 우측 방향으로 하위 트랙이 점차 짙게 나타나는 것을 볼 수 있습니다. 역시 Control Points 영역의 숫자를 드래그하여 합성 형태를 적절히 조절합니다.

04 세 개의 이벤트를 합성하기

특정 트랙을 자식 트랙으로 설정하면 세 개의 트랙에 등록된 이벤트를 합성할 수 있습니다. 배경 영상 위에 타이틀이, 타이틀 내부에는 또 다른 영상이 나타나도록 하겠습니다.

01 그림과 같이 적절한 이미지나 영상 파일을 트랙에 등록하고 미디어 제너레이터에서 ProType Titler를 타임라인의 상단으로 드래그합니다.

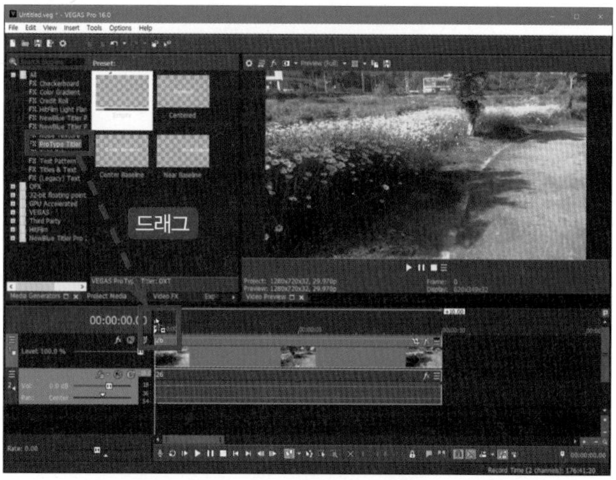

02 Video Media Generators 윈도우가 나타납니다. 적절히 문자를 입력하고 가급적 굵은 폰트를 선택한 다음, 크기도 최대한 키워 주도록 합니다. 문자 내부에 영상이 나타나도록 할 것이기 때문입니다.

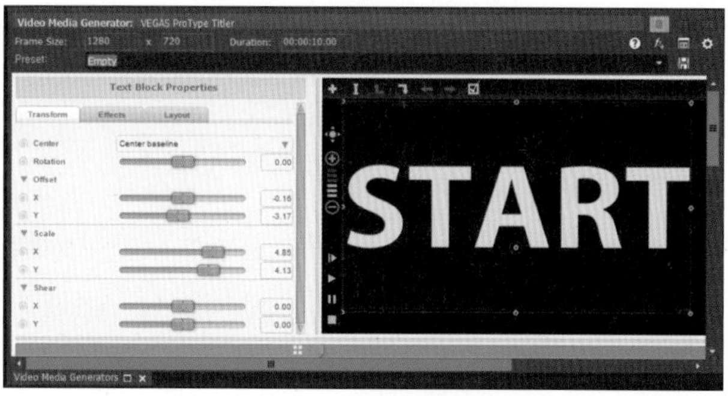

03 2번 트랙의 트랙 리스트에서 More 버튼을 클릭하고 메뉴가 나타나면 Make Compositing Child를 선택합니다.

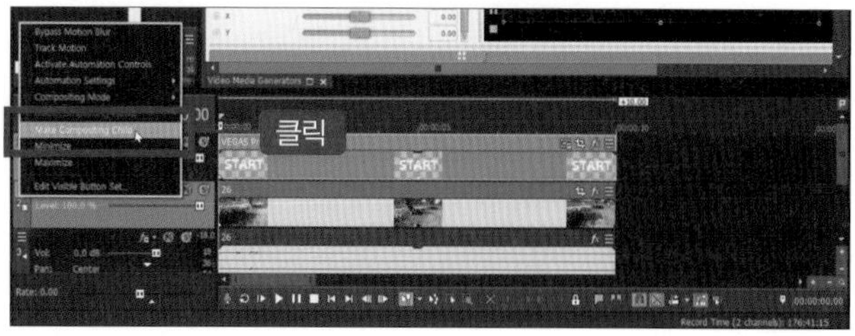

04 2번 트랙이 상위 트랙인 1번 트랙의 자식 트랙으로 설정되며 1번 트랙 속에 2번 트랙이 속해 있는 것처럼 표시됩니다.

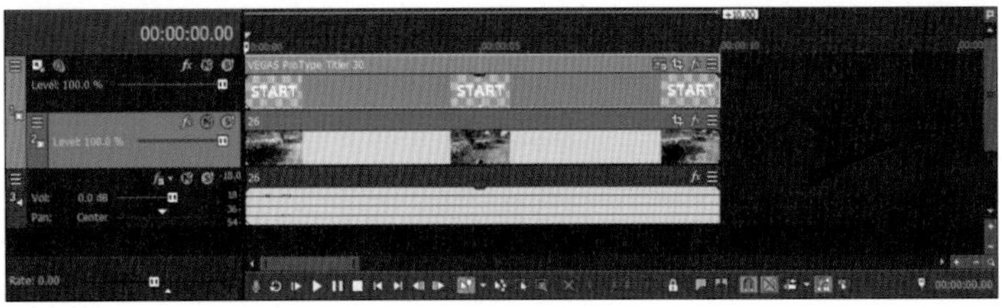

참고하세요!

자식 트랙을 원래대로 되돌리려면

자식 트랙으로 설정된 트랙의 트랙 리스트에서 Make Compositing Parent 버튼을 클릭하면 원래의 트랙 상태로 돌아갑니다.

▲ Make Compositing Parent 버튼

05 1번 트랙의 트랙 리스트에서 More 버튼을 클릭하고 Compositing Mode〉Multiply(Mask)를 선택합니다.

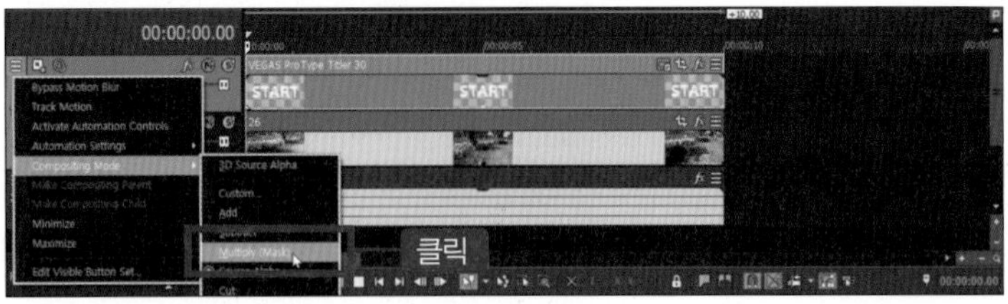

06 1번 트랙의 흰색 영역을 통해 자식 트랙인 2번 트랙의 이미지가 나타나게 되고 그 이외의 영역은 검게 나타납니다. 배경으로 사용할 또 다른 이미지나 영상을 트랙의 가장 아래로 드래그합니다.

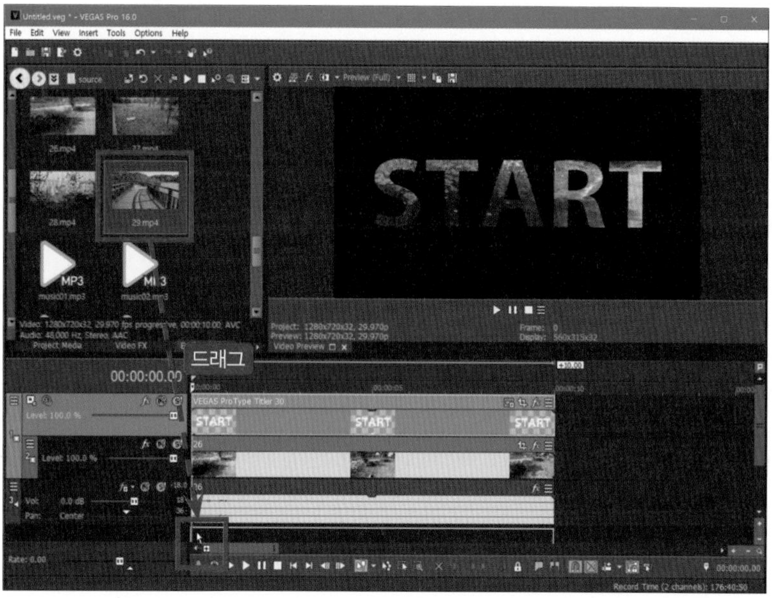

07 새로운 트랙이 생성되고 드래그한 이벤트가 등록됩니다. 추가된 이벤트는 문자 이외의 영역을 통해 나타나게 됩니다. 1번 트랙에 놓인 이벤트의 Generated Media 버튼을 클릭하거나 단축 메뉴에서 Edit Generated Media를 선택합니다.

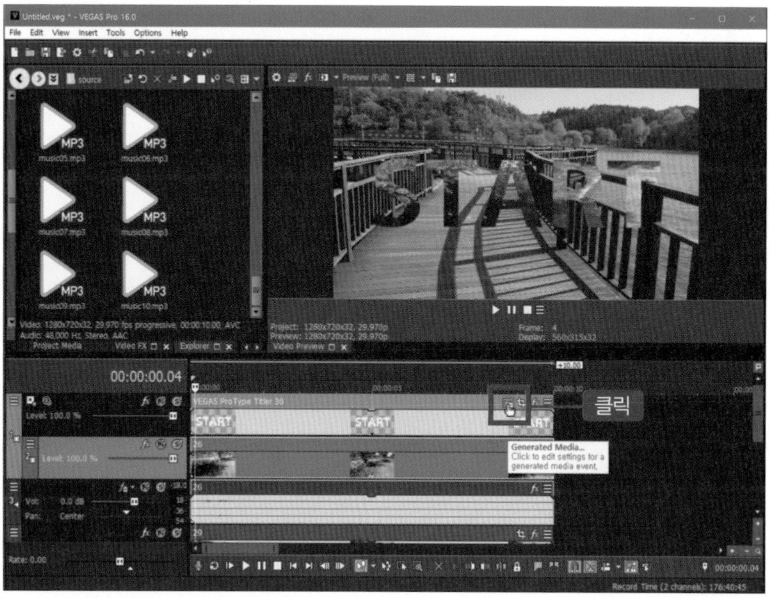

08 입력된 문자가 있는 Video Media Generator 윈도우가 나타나면 문자 영역을 더블 클릭하여 편집 상태로 전환하고 입력된 전체 문자를 드래그하여 선택합니다. Style 탭에서 Stroke color 색상 박스를 클릭하고 주황색 계열의 색상을 선택합니다.

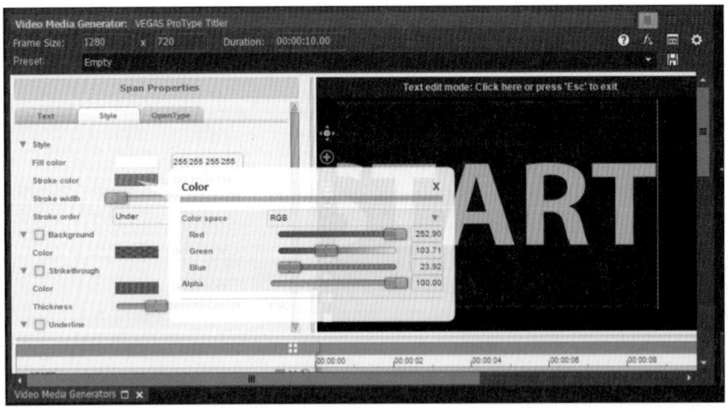

09 Stroke width 속성의 슬라이더를 최대값으로 지정하여 테두리가 두껍게 나타나도록 합니다. 문자와 합성 결과가 보다 뚜렷하게 나타납니다.

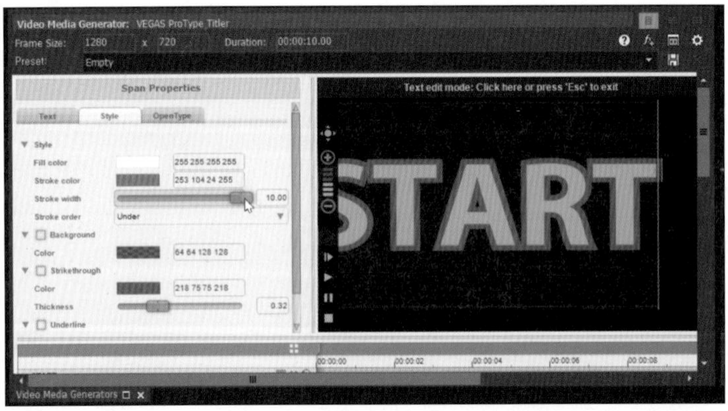

▲ 테두리 두께 설정

▲ 프리뷰 결과

05 크로마키로 합성하기

크로마키(Chromakey) 기법은 특정 색상을 제거하여 하위 트랙의 이미지가 나타나도록 하는 합성 방식을 가리킵니다. 이와 유사한 방식으로 블루 스크린(Blue Screen)을 사용하기도 하는데 이것은 TV 등에서 파란색 배경 위에 진행자가 촬영한 영상에서 파란색만을 제거하여 외부에서 별도로 촬영한 배경 영상과 합성하는 방식입니다.

01 새 프로젝트를 시작하고 [source] 폴더에 있는 'img01.jpg' 파일을 1번 트랙에, 'img02.jpg' 파일을 2번 트랙에 각각 등록한 다음, 1번 트랙의 이벤트 위에 있는 팬/크롭 버튼을 클릭합니다.

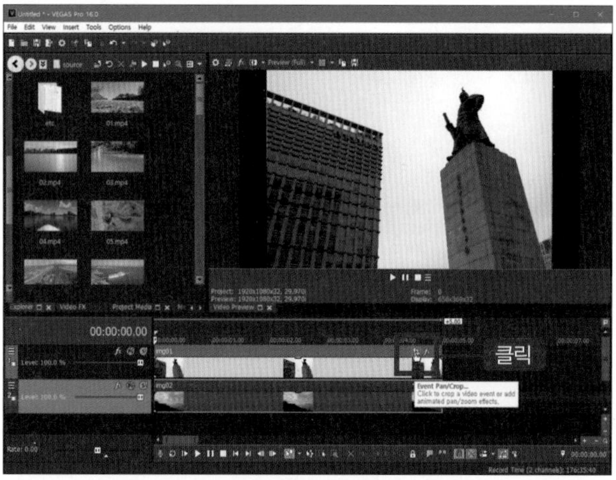

02 팬/크롭 윈도우가 나타나면 단축 메뉴를 열고 Match Output Aspect를 선택합니다.

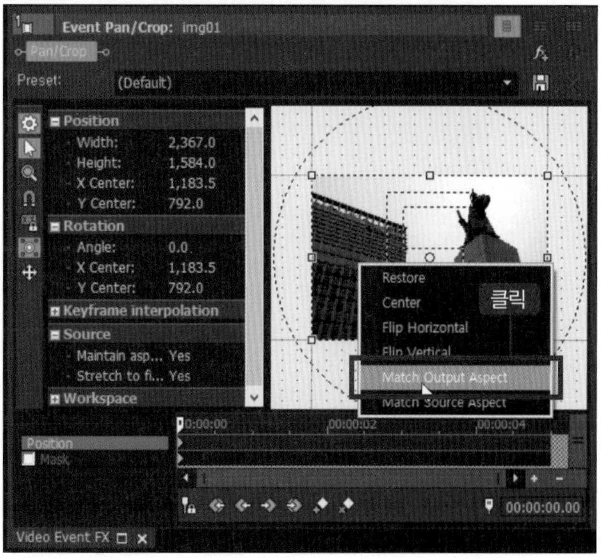

03 현재 프로젝트가 720p, 또는 1080p라는 가정하에 이벤트가 프로젝트의 종횡비에 맞게 잘라지므로 (크롭) 외곽의 검은 영역이 사라지고 화면에 꽉차게 나타나는 것을 프리뷰 윈도우를 통해 확인할 수 있습니다.

▲ Before

▲ After

04 같은 방법으로 2번 트랙의 이벤트도 종횡비를 맞추어 주고 Video FX 윈도우에서 Chroma Keyer 이펙트를 1번 트랙의 이벤트 위로 드래그합니다.

05 해당 FX가 적용되면서 Video Event FX 윈도우가 나타납니다. Color 속성의 색상 박스를 클릭하여 색상창이 나타나면 투명하게 처리하고자 하는 색상을 지정하기 위하여 스포이드 툴을 클릭합니다.

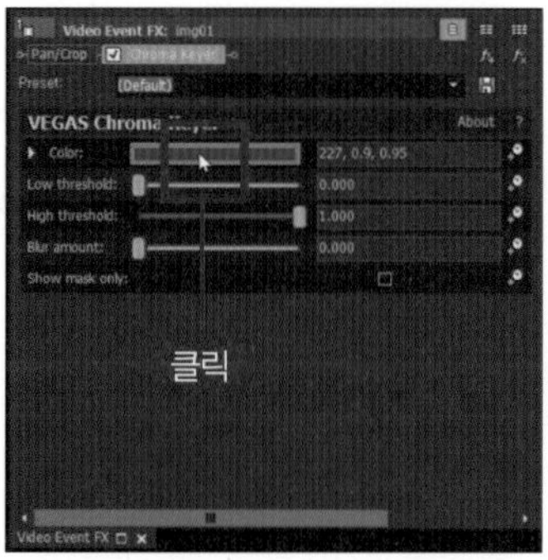

▲ 색상 박스 클릭

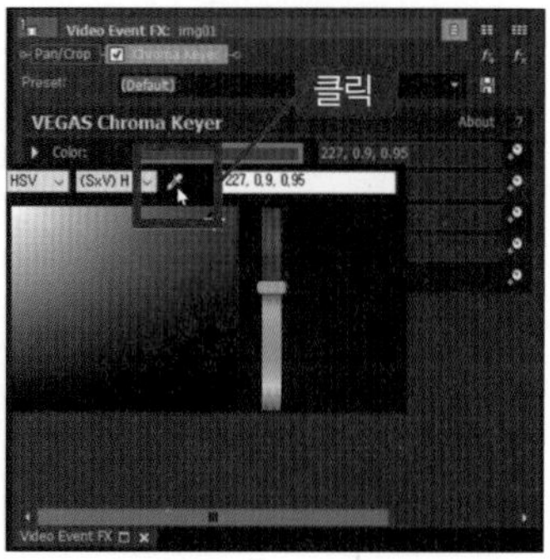

▲ 스포이드 툴 클릭

06 마우스 포인터가 스포이드 툴로 바뀌면 프리뷰 윈도우에서 제거하고자 하는 색상 지점으로 건물과 동상 사이의 하늘 부분을 클릭합니다.

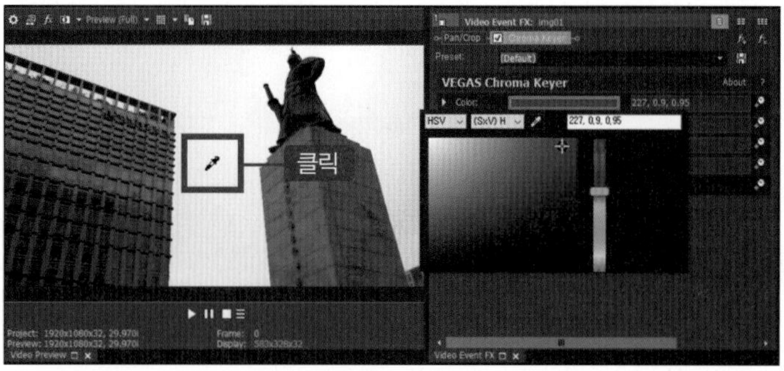

07 클릭한 영역의 색상이 제거되고 이 영역을 통해 하위 트랙인 2번 트랙의 이벤트가 나타나는 합성 결과를 보여 줍니다. 예제에서 사용한 이미지의 경우 클릭한 지점의 색상 영역이 비교적 고르기 때문에 어느 정도 깨끗하게 제거되었지만 그렇지 않을 경우 Video Event FX 윈도우에서 Chroma Keyer 이펙트의 Low threshold 값과 High threshold 값을 적절히 조절해야 합니다. Blur amount는 투명한 영역과 불투명한 영역의 경계를 부드럽게 만들어 줍니다.

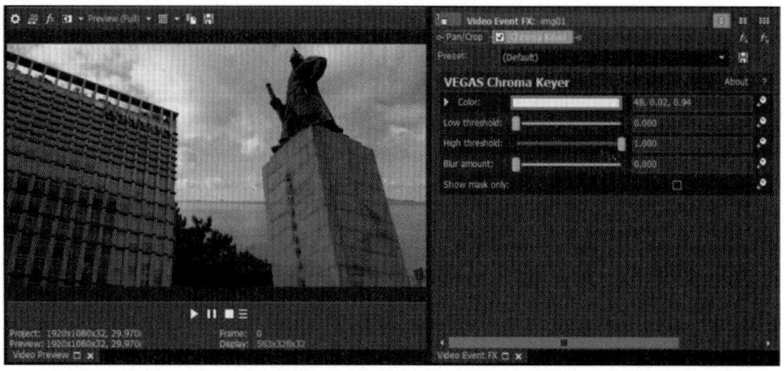

PART

05

VEGAS PRO 16

다양한 실전 활용 영상 만들기

CHAPTER 20 잘못된 색상 보정하기

베가스 프로의 색상 보정 이펙트와 비디오 스코프 윈도우를 통해 화이트 밸런스가 잘못된 이벤트의 색상을 보정하는 방법을 살펴보겠습니다. 이들 도구를 통해 이벤트의 색상 분포를 파악하고 편리하게 원하는 색상으로 보정할 수 있습니다.

01 [source] 폴더에 있는 '30.mp4' 파일을 타임라인에 등록한 다음, Video FX 윈도우에서 Color Corrector 이펙트를 타임라인의 이벤트 위로 드래그하여 적용합니다. 여러 프리셋이 있지만 임의로 설정하기 위해 기본 이펙트를 적용합니다.

02 Video Event FX 윈도우를 보면 컬러 휠(Color Wheel)이라고 부르는 세 개의 큰 원이 나타나 있습니다. 메인 메뉴에서 View〉Window〉Video Scopes를 선택하여 비디오 스코프 윈도우가 나타나면 상단의 목록 메뉴를 열고 Vectorscope/Waveform/Histogram을 선택합니다.

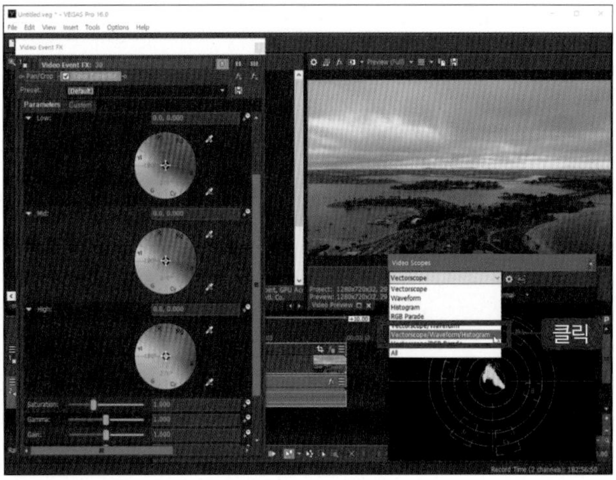

03 비디오 스코프 윈도우에 벡터 스코프, 웨이브 폼, 히스토그램이 나타나 현재 이벤트의 색상 상태를 다양한 형태로 보여 줍니다. 좌측 상단의 Vectorscope(벡터 스코프)를 보면 중앙의 흰색 그래프가 R 쪽으로 약간 치우쳐 있는 것을 볼 수 있습니다. 즉, 현재 이벤트는 빨간색이 강한 상태이며 이것은 프리뷰 윈도우를 통해서 확인할 수 있습니다.

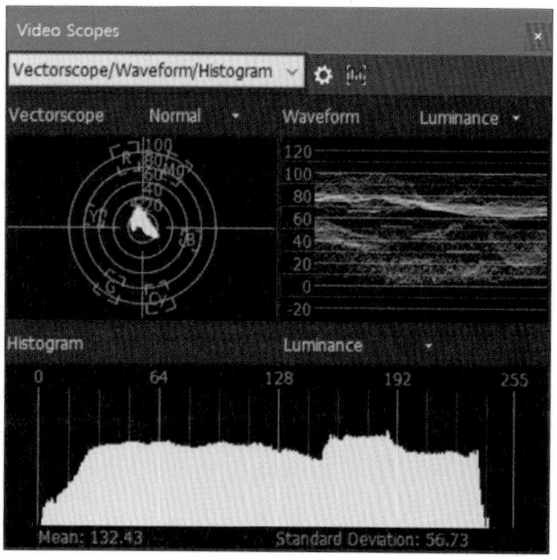

04 Video Event FX 윈도우의 컬러 휠은 각 영역대의 색상을 조절하는 데 사용합니다. Low, Mid, High의 세 가지 컬러 휠이 있으며 각각 어두운 영역, 중간 영역, 밝은 영역의 색상을 조절할 수 있습니다. 중간 영역의 색상을 변경하려면 Mid 컬러 휠의 중앙에 있는 원을 벡터 스코프의 흰색 그래프가 치우쳐 있는 반대쪽인 Cy와 B의 중간 방향으로 드래그합니다. 벡터 스코프의 흰색들도 중앙으로 이동되며 드래그한 만큼 파란색 계열의 색상이 더해짐과 동시에 빨간색이 줄어들게 됩니다. 벡터 스코프의 그래프가 어느 한쪽으로 치우치지 않고 중앙에 모여 있으면 무난한 상태임을 의미합니다.

05 프리뷰 윈도우에서 Split Screen View 옵션을 열고 Select Left Half를 선택합니다.

06 프리뷰 윈도우가 세로로 둘로 나뉘어 표시됩니다. 즉, 좌측 영역은 원래의 상태를, 우측 영역은 이펙트로 인해 보정된 상태를 보여 주기 때문에 보정 전과 보정 후를 쉽게 비교하며 작업할 수 있습니다.

07 Video Scope 윈도우의 Waveform(웨이브 폼)에서 아래쪽 부분은 어두운 영역의 색상 분포 상황을, 위쪽으로 갈수록 밝은 영역의 색상 분포 상황을 표시해 줍니다. NTSC 규격의 밝기 허용 영역은 7.5~100 사이이며 이 영역을 넘어서는 부분은 외부 모니터로 출력할 때 색상 손실이 발생하게 되므로 보정해 줄 필요가 있습니다. 현재 이벤트는 이 영역 안에 분포하고 있으므로 특별히 보정할 필요가 없지만, 만일 너무 밝아서 그래프에 100 이상의 영역이 존재한다면 Video Event FX 윈도우에서 Gain 슬라이더를 좌측으로 드래그하여 그래프가 100 이하의 영역에 오도록 보정해 주어야 합니다.

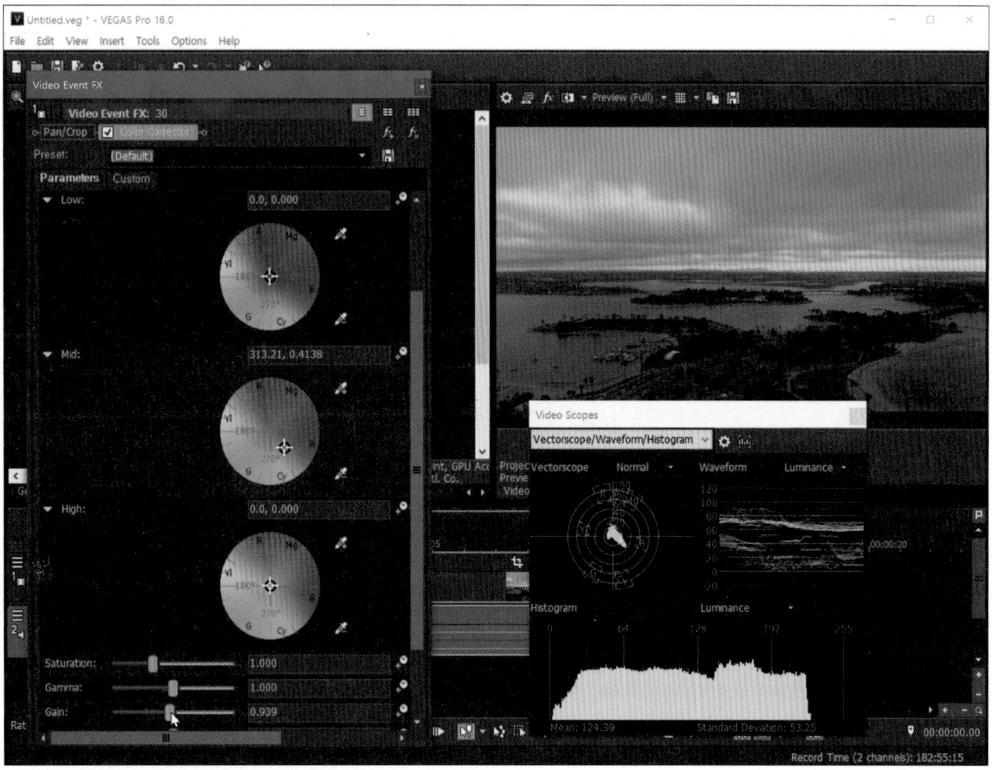

▲ Gain 값으로 밝기를 조절합니다.

완성 파일 : example₩background.mp4

CHAPTER 21

제너레이터 미디어로 원하는 배경 만들기

제너레이터 미디어로 만든 이벤트에 여러 효과를 적용하여 독특한 배경용 영상을 만들어 보도록 하겠습니다. 별도의 툴을 사용하지 않아도 영상 작업에 필요한 요소들을 자체적으로 만들어 사용할 수 있어 편리하면서도 효율적입니다.

01 새 프로젝트를 시작하고 Media Generator에서 Noise Texture의 Microscopic Threads 2를 타임라인으로 드래그합니다.

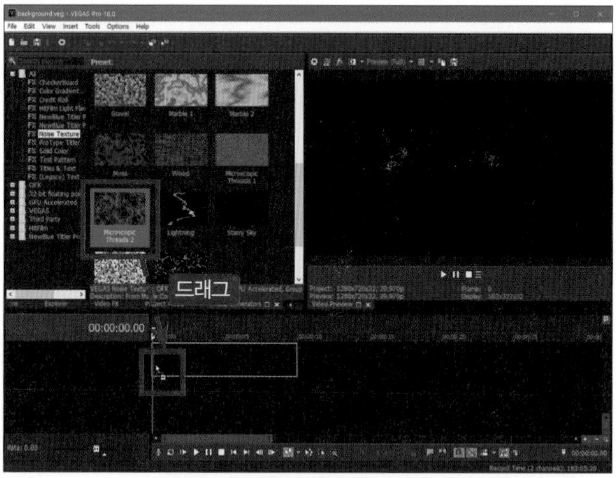

02 노이즈 형태가 애니메이션되도록 하겠습니다. Video Media Generators 윈도우에서 Number of layers 속성 우측에 있는 Animate 버튼을 클릭합니다.

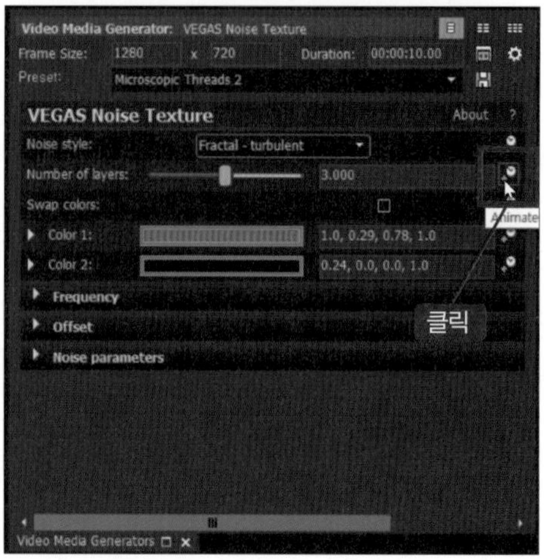

03 Video Media Generators 윈도우의 타임라인에서 에디트 라인을 끝 지점에 두고 Number of layers 속성 값을 4.150으로 설정합니다. 현재 에디트 라인이 위치하고 있는 지점에 키 프레임이 생성됩니다.

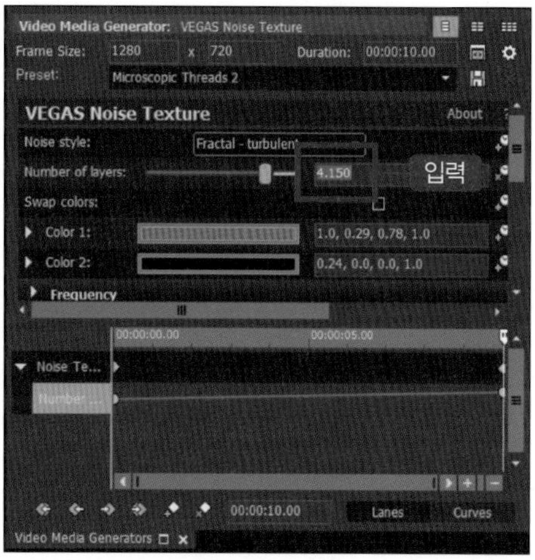

04 계속해서 Frequency 속성을 열고 X와 Y 속성의 Animate 버튼을 모두 클릭하고 X 값을 0.010으로, Y 값을 1.390으로 각각 설정하여 두 속성의 키 프레임을 생성합니다. 첫 프레임과 다른 값으로 설정하려는 것이므로 꼭 동일한 값으로 설정할 필요는 없습니다.

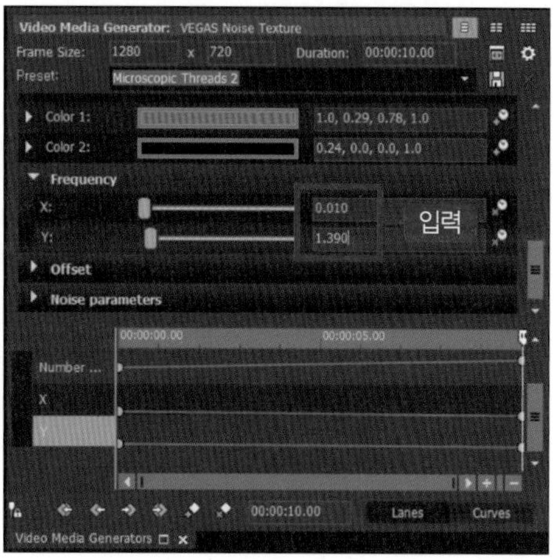

05 이러한 방법으로 다른 속성에 대해서도 표에서 지정한 값으로 속성 값을 설정합니다.

속성		설정값
Offset	X	-0.190
	Y	0.270
	Progress	0.920
Noise Parameters	Min	0.090
	Max	0.200
	Bias	0.350
	Amplitude	1.640
	Grain	0.820

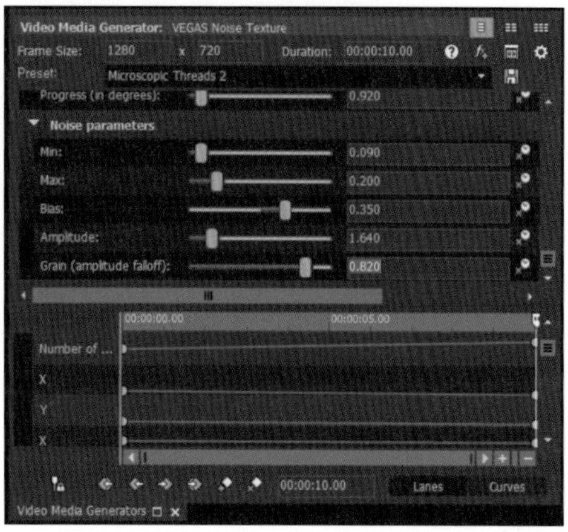

06 이벤트를 복사하기 위해 Ctrl 키를 누른 채로 1번 트랙의 이벤트를 아래로 드래그합니다. 마우스 버튼을 놓은 후 대화 상자가 나타나면 OK 버튼을 클릭합니다.

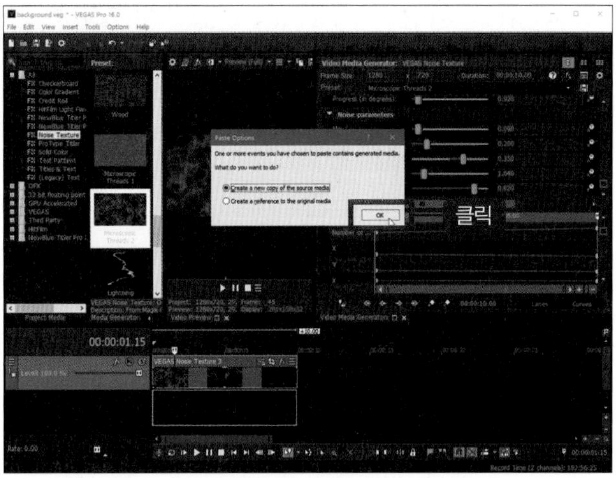

07 동일한 속성을 갖는 이벤트가 2번 트랙에 복사됩니다. 2번 트랙의 트랙 리스트에서 More 버튼을 클릭하고 Make Compositing Child를 선택합니다.

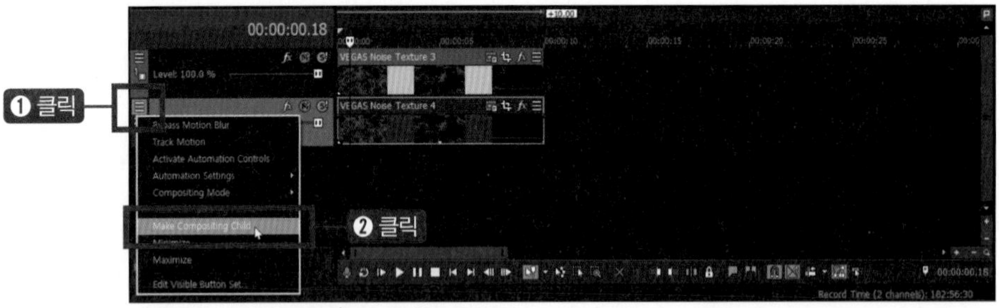

08 1번 트랙의 More 버튼을 클릭하고 Compositing Mode〉Custom을 선택합니다.

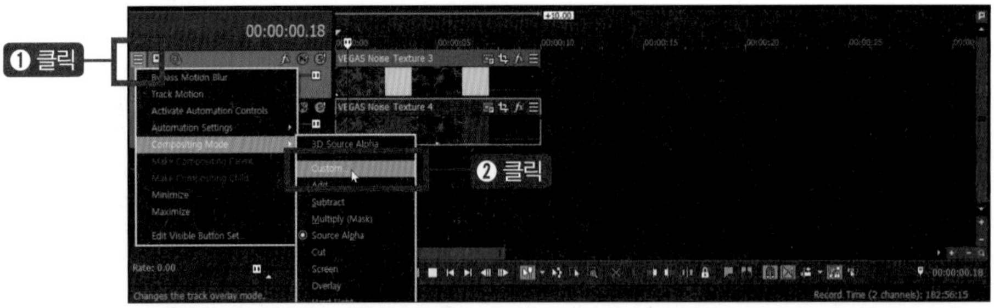

09 플러그 인 선택 대화 상자가 나타나면 VEGAS Bump Map을 선택하고 Add 버튼과 OK 버튼을 차례로 클릭합니다.

10 Bump Map 이펙트 설정을 위한 Track Composite Mode 윈도우가 나타납니다. Location〉source 속성의 십자 모양의 포인터를 그림처럼 아래 방향으로 설정하여 광원의 위치를 지정하고 Bump channel을 Red로 선택합니다.

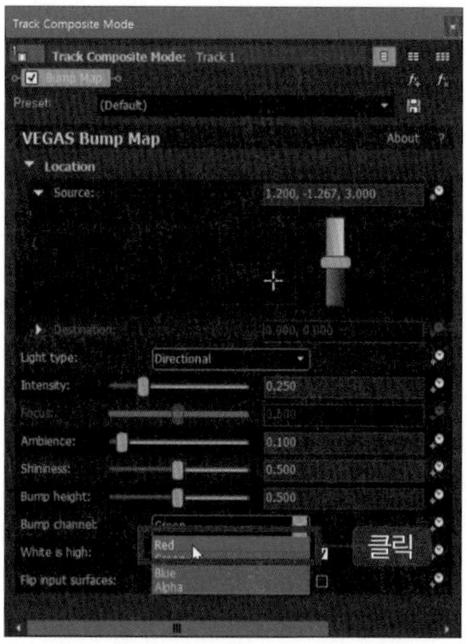

11 이어서 Track Composite Mode 윈도우의 Bump channel 속성에서 Animate 버튼을 클릭하여 에디트 라인을 이벤트의 끝 지점에 두고 Bump channel을 Green으로 설정합니다.

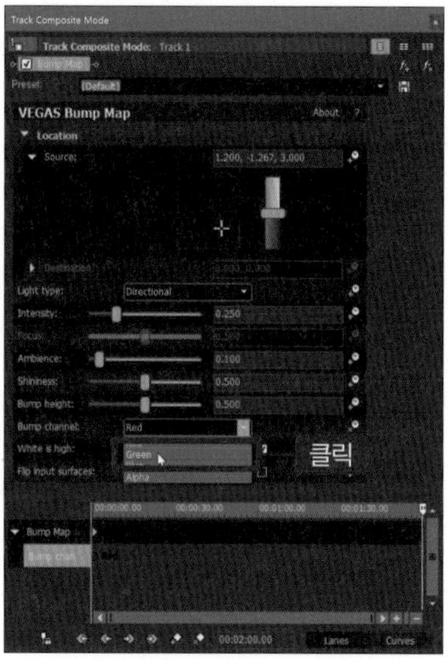

12 이렇게 함으로써 애니메이션되는 배경은 완성하였습니다. 타이틀을 추가하도록 하겠습니다. Track Composite Mode 윈도우를 닫고 Media Generators에서 ProType Titler를 트랙의 가장 위쪽, 시작 지점으로 드래그합니다.

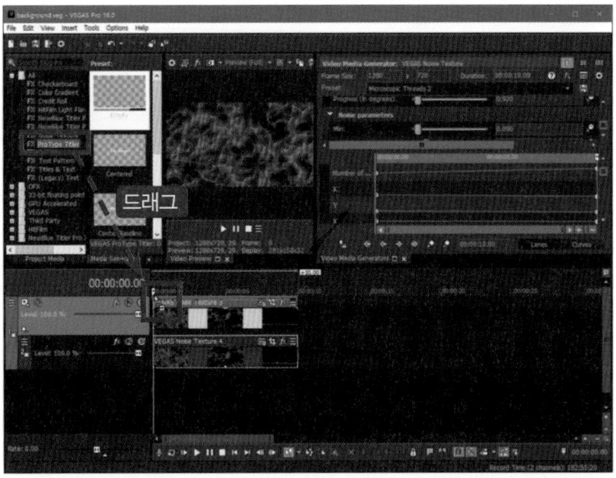

13 타이틀러 윈도우가 나타나면 기본 문자를 삭제하고 적절히 원하는 문자를 입력한 후, 마음에 드는 폰트로 설정합니다.

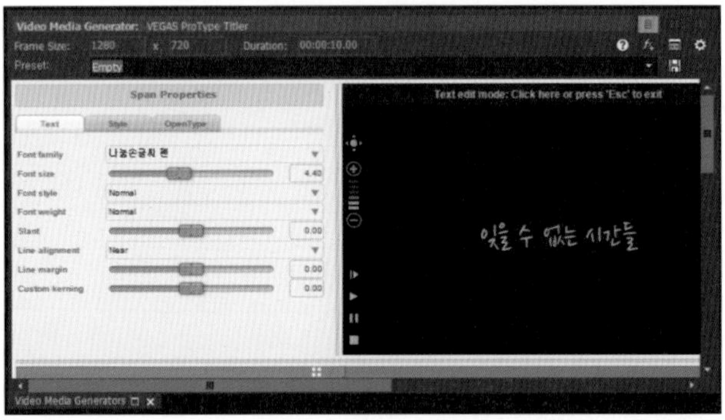

14 1번 트랙에 새로 등록된 타이틀 이벤트를 2초 뒤로 이동시키고 뒷부분은 다른 이벤트와 동일하게 맞춘 다음, Video FX 윈도우에서 Gaussian Blur를 적용합니다.

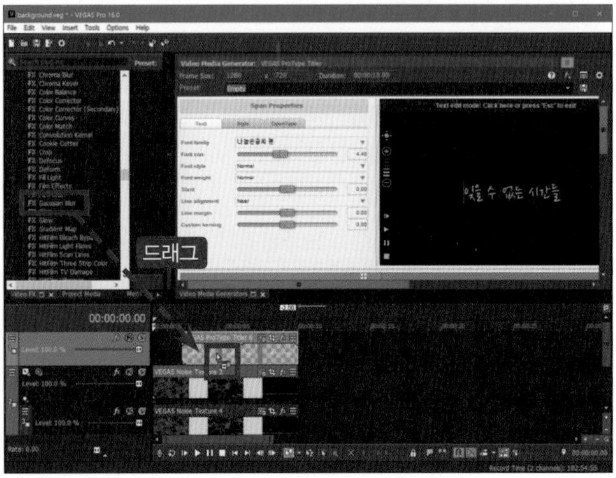

15 Video Event FX 윈도우에서 Gaussian Blur의 두 속성 값을 모두 0.1560으로 설정합니다.

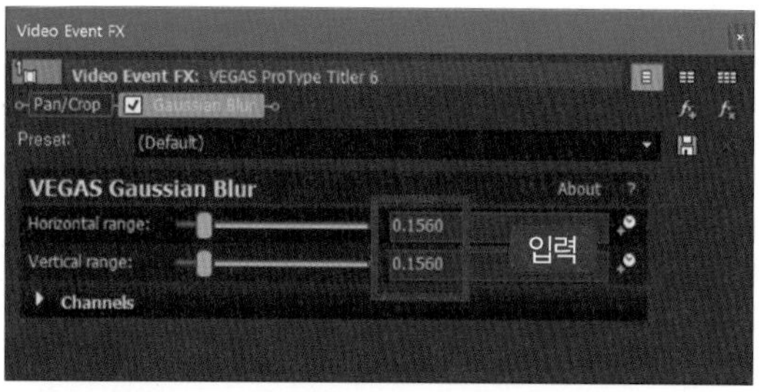

16 Video Event FX 윈도우에서 두 속성 모두 Animate 버튼을 클릭하고 에디트 라인을 2초 지점에 둡니다.

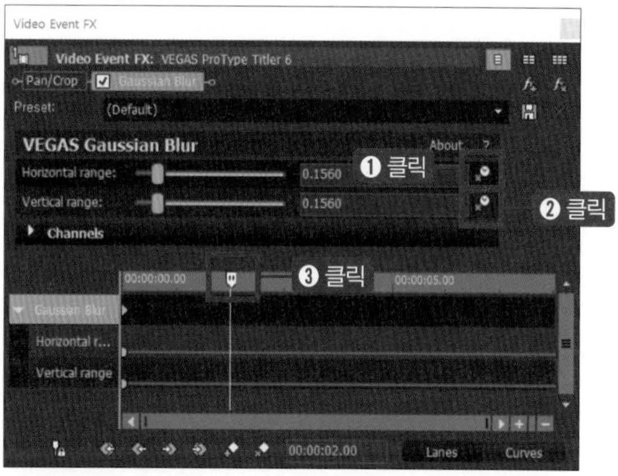

17 Horizontal range값을 0.0670으로, Vertical range 값은 0.2170으로 변경합니다. 타이틀이 재생되면서 블러의 상태가 바뀌도록 하는 것입니다.

18 에디트 라인을 4초 지점에 두고 두 속성 값을 모두 0으로 설정하여 블러가 적용되지 않도록 합니다.

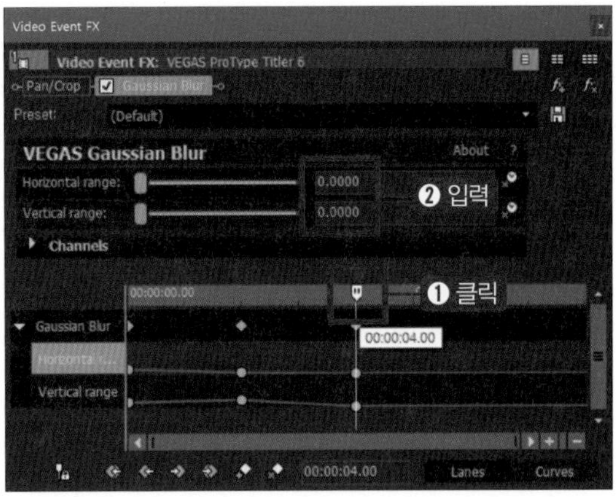

19 프리뷰로 결과를 확인합니다. 실타래가 엉켜 흘러가면서 사라지는 것 같은 배경 위에서 문자가 은은하게 나타나는 것을 볼 수 있습니다.

CHAPTER 22

한 문자씩 나타나는 타이틀 만들기

프로타입 타이틀러의 Selection 속성에 키 프레임을 생성하면 입력된 문자가 하나씩 나타나도록 할 수 있습니다. 일반적인 텍스트 툴을 사용하는 것보다 훨씬 빠르고 간편하게 만들 수 있습니다.

01 새 프로젝트를 시작하고 Media Generators 탭에서 ProType Titler를 트랙으로 드래그합니다. 타이틀러 윈도우가 나타나면 Add New Text Block 버튼을 클릭하고 다음과 같이 예문을 입력합니다.

[예문]

사랑받기보다 사랑하게 하시고
용서받기보다 용서하게 하시고
이해받기보다 이해하게 하소서

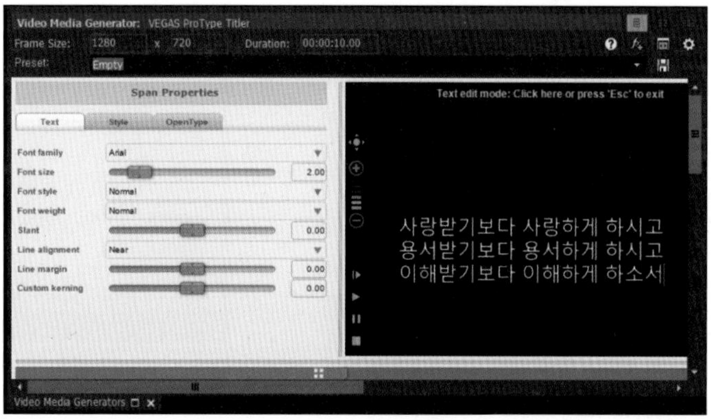

02 원하는 폰트를 선택하고 ESC 키를 눌러 문자 입력을 마친 후, 핸들을 드래그하여 문자의 크기도 조절합니다.

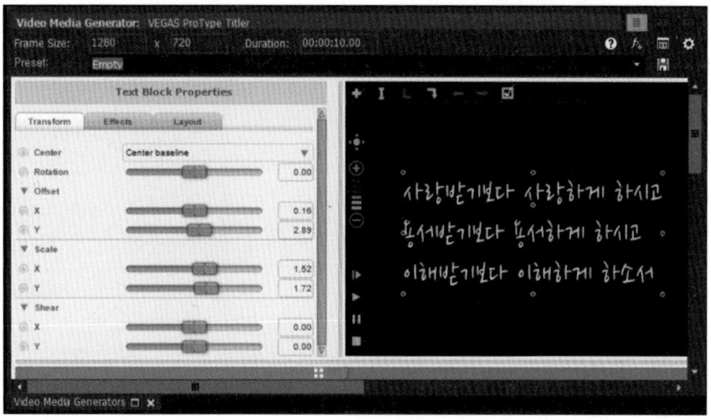

03 입력된 문자가 선택된 상태에서 좌측의 Layout 탭을 열고 Selection 속성의 Toggle Automation을 클릭합니다.

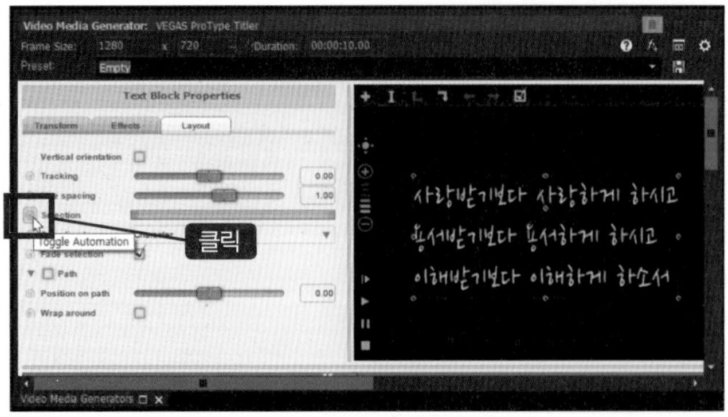

04 리스트에 5속성이 추가되고 현재 에디트 라인이 위치하고 있는 지점에 키 프레임이 생성됩니다. Selection type에 Character가 선택되어 있는지 확인하고 상단의 Length에서 타이틀의 재생 시간을 15초로 변경합니다. 기본값으로 지정된 시간은 문자가 너무 빨리 지나가기 때문입니다.

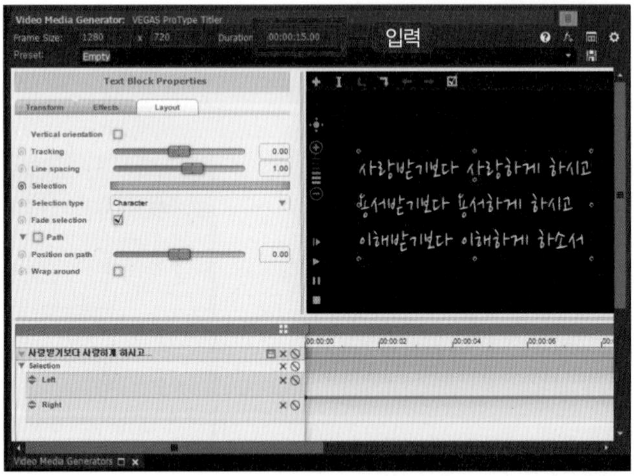

05 타이틀러의 타임라인에서 Right에 나타난 엔벌로프의 12초 지점을 더블 클릭하여 키 프레임을 생성합니다.

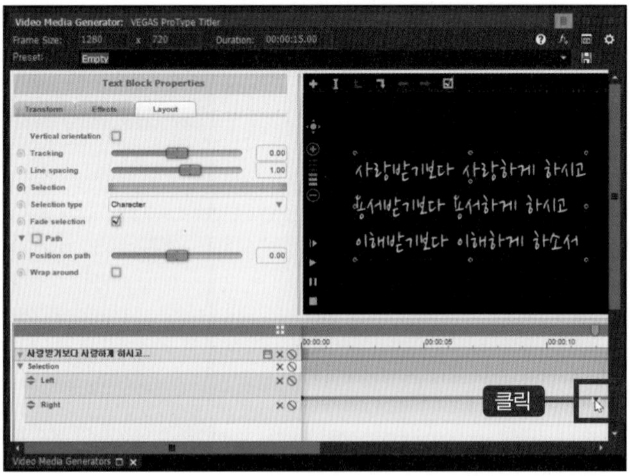

06 타임라인에서 시작 지점의 키 프레임을 가장 아래로 드래그합니다. 이 지점의 Selection 속성 값도 함께 작아지며 문자가 보이지 않는 상태가 됩니다.

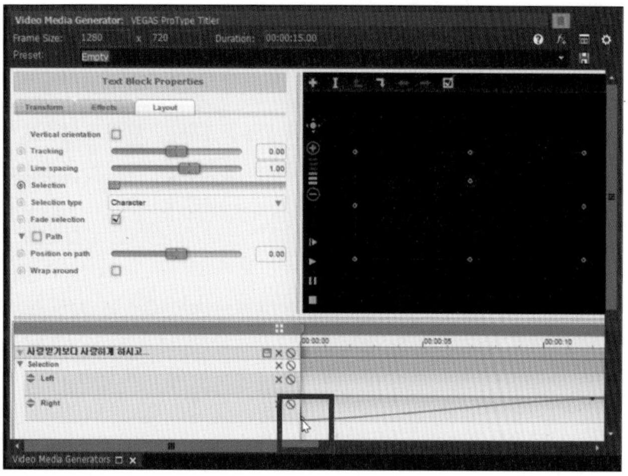

07 트랙에 놓인 타이틀 이벤트의 길이를 타이틀러에서 설정한 것과 동일하게 15초로 늘려 줍니다.

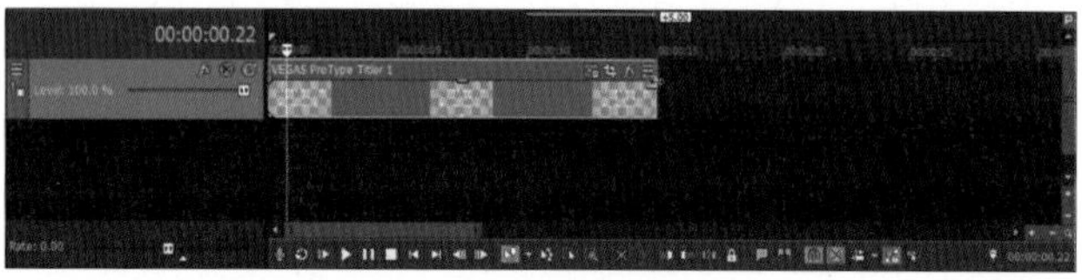

08 프리뷰로 결과를 확인합니다. 한 문자씩 나타나는 결과를 볼 수 있을 것입니다.

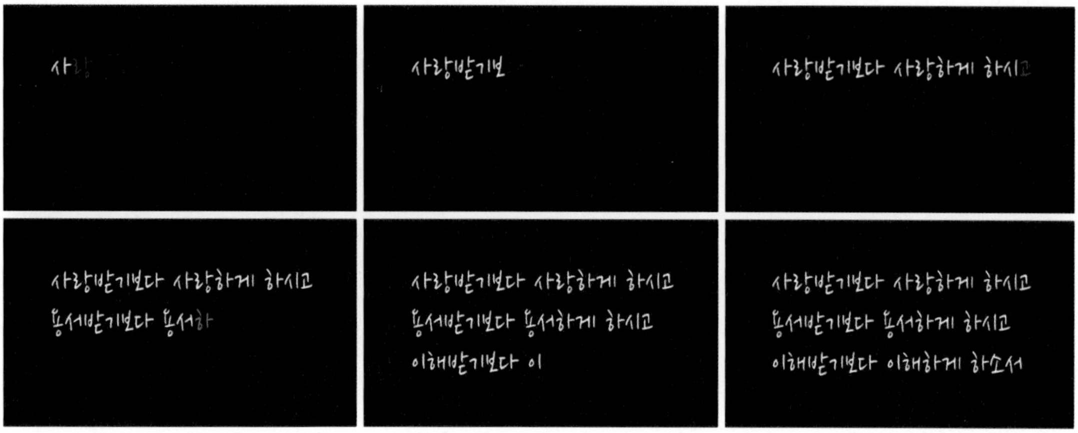

TIP 문자가 나타나는 속도 변경하기

롤링 타이틀과 마찬가지로 타이틀의 길이를 변경하면 문자가 나타나는 속도도 변경됩니다. 이때, 중간에 생성된 키 프레임은 동일한 시간 비율로 이동됩니다. 키 프레임은 좌우 방향으로 드래그하여 이동시킬 수 있으므로 문자 전체가 나타나는 지점을 사용자 임의로 변경할 수도 있습니다. 물론 변경된 길이에 의한 효과가 제대로 적용되어 나타나게 하려면 트랙에 등록된 이벤트의 실제 길이도 동일하게 변경시켜 주어야 합니다.

완성 파일 : example₩typing.mp4

CHAPTER 23

타이핑하듯이 나타나는 타이틀 만들기

여러 문자가 순차적으로 타이핑하는 것처럼 나타나도록 하겠습니다. 단순히 문자가 하나씩 나타나게 하는 것이 아니라 커서도 나타나게 함으로써 타이핑하는 것 같은 느낌을 갖도록 합니다. 문자는 프로타입 타이틀러가 아닌 Text 미디어를 사용하여 입력해 보겠습니다.

01 새 프로젝트를 시작하고 Media Generator에서 (Legacy)Text를 타임라인으로 드래그합니다. Video Media Generators 윈도우가 나타나면 기본적으로 나타난 문자를 삭제하고 원하는 폰트를 선택합니다. 타이핑하는 것처럼 나타나게 할 것이므로 예제에서는 명조체 계열의 폰트로 선택했습니다. 이어서 문자의 크기를 48로 설정합니다.

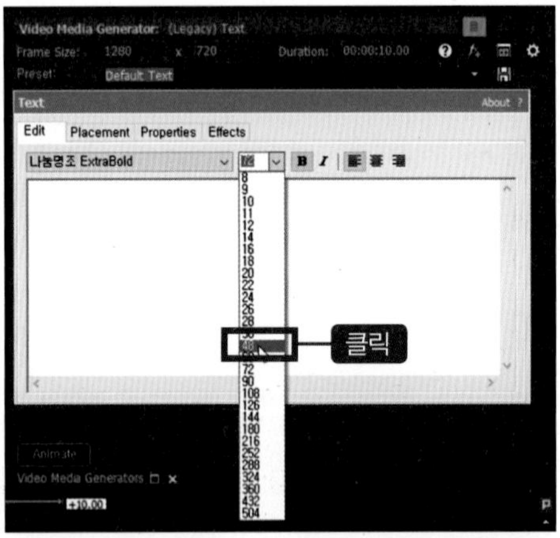

02 각 시간 지점별로 키 프레임을 생성하기 위해 타임라인이 나타나도록 Video Media Generators 윈도우의 Animate 버튼을 클릭합니다.

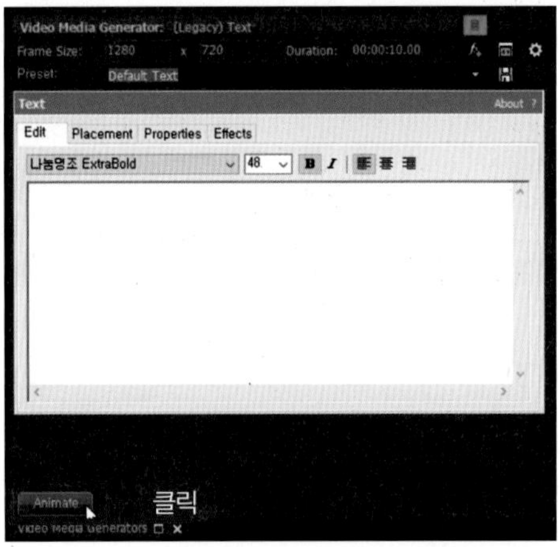

03 타임룰러 위에서 마우스 스크롤 버튼을 위로 드래그하여 눈금 간격이 프레임 단위로 미세하게 나타나도록 하고 타임룰러 바로 아래에서 5프레임 지점을 클릭하여 에디트 라인을 위치시킵니다. 아래에 현재 지점에 대한 표시가 나타나는데 다른 지점을 클릭했다면 방향키를 눌러 원하는 지점으로 이동시켜 주도록 합니다.

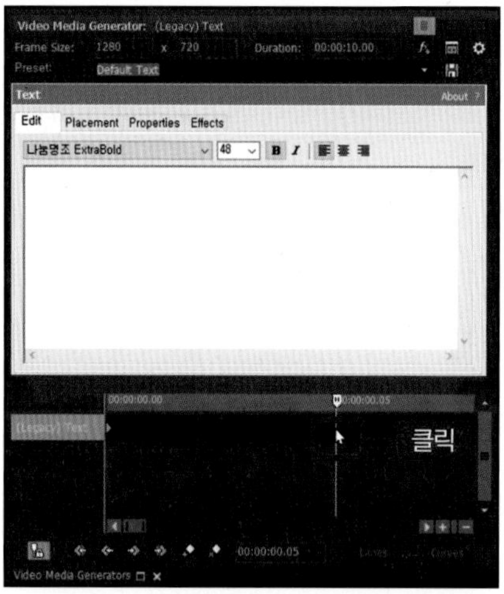

04 문자 입력창 내부를 클릭하고 커서와 같은 모양으로 나타나도록 '_'를 입력합니다. 현재 지점에 키 프레임이 생성됩니다.

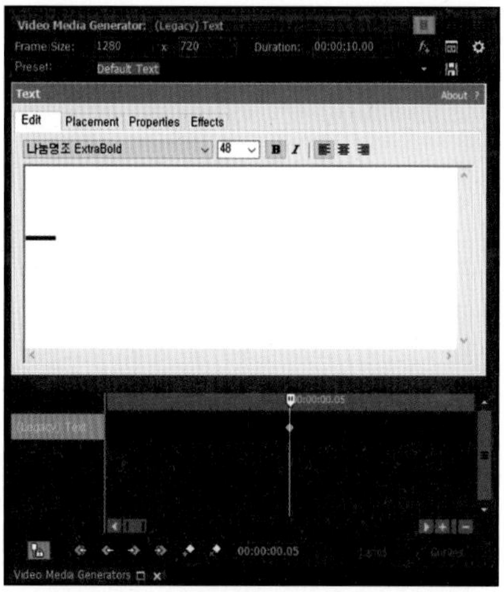

05 Placement 탭을 클릭하고 문자가 중앙, 좌측에 나타나도록 Text Placement 메뉴에서 Center Left를 선택합니다.

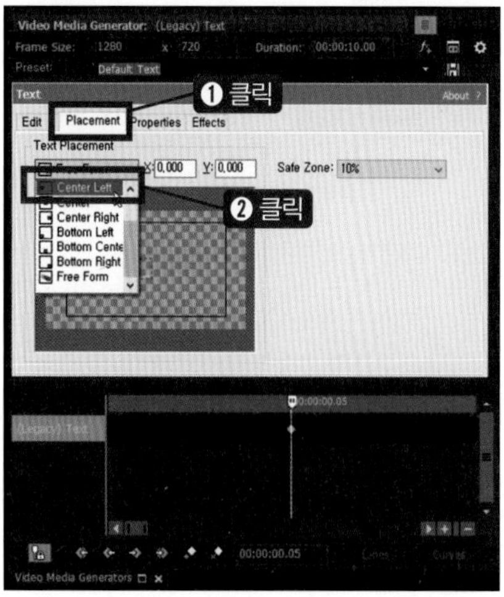

06 Edit 탭을 클릭하여 다시 문자 입력창이 나타나도록 한 다음, 에디트 라인을 5프레임 뒤인 10프레임 지점으로 이동하고 '_' 문자를 삭제한 후 같은 위치에 '너'를 입력합니다.

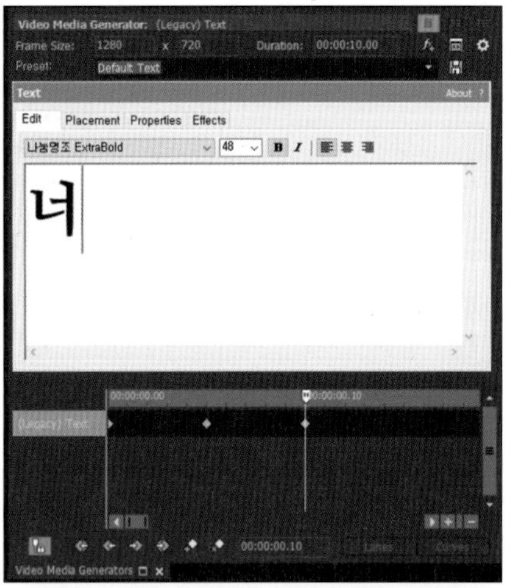

07 다시 에디트 라인을 5프레임 뒤로 이동하고 문자 입력창에서 Space Bar를 누른 다음, '_'를 입력합니다.

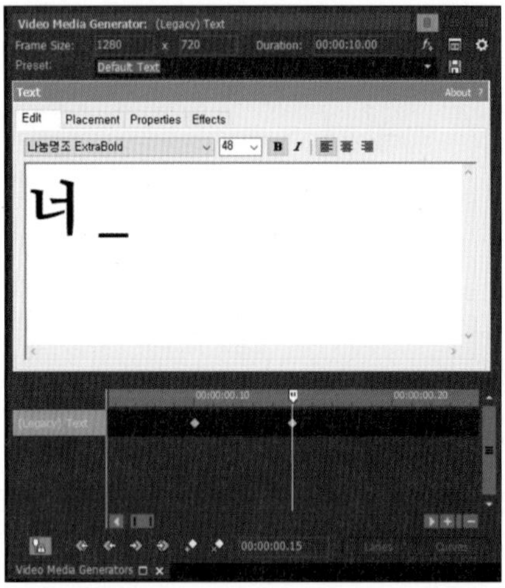

08 에디트 라인을 5프레임 뒤에 두고 '_'를 삭제한 후, 다음 문자인 '에'를 입력합니다.

09 이러한 과정을 반복하여 '너에게쓰는'이라는 문자를 모두 입력합니다. 정리하면, 5프레임 뒤로 이동–>스페이스 바를 누른 후 '_' 입력–>5프레임 뒤로 이동–>'_'를 삭제하고 다음 문자 입력, 이러한 과정을 반복하는 것입니다.

10 이 상태에서 재생해 보면 각 문자의 위치가 조금씩 변화하므로 자연스럽지 않습니다. 편하게 작업할 수 있도록 타임라인 위에서 마우스의 휠 버튼을 아래로 드래그하여 모든 키 프레임이 한꺼번에 나타나도록 한 다음, 두 번째 키 프레임을 클릭한 후 Shift 키를 누르고 마지막 키 프레임을 클릭합니다. 클릭한 두 지점 사이의 모든 키 프레임이 선택 상태로 전환됩니다.

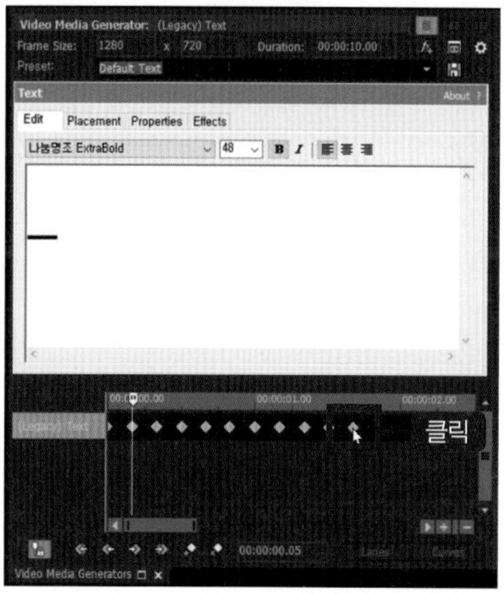

11 선택된 키 프레임 중 하나를 마우스 우측 버튼으로 클릭하여 단축 메뉴를 열고 Hold를 선택합니다.

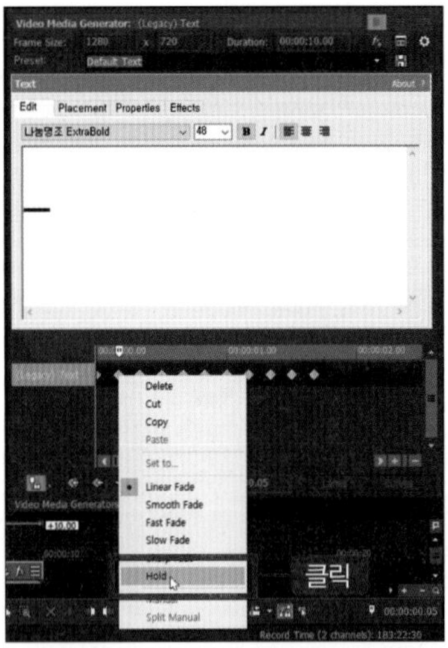

12 선택된 모든 키 프레임에 Hold가 적용되어 위치가 고정됩니다. 아울러 키 프레임이 빨간색으로 표시되어 Hold가 적용된 상태라는 것을 알려 줍니다.

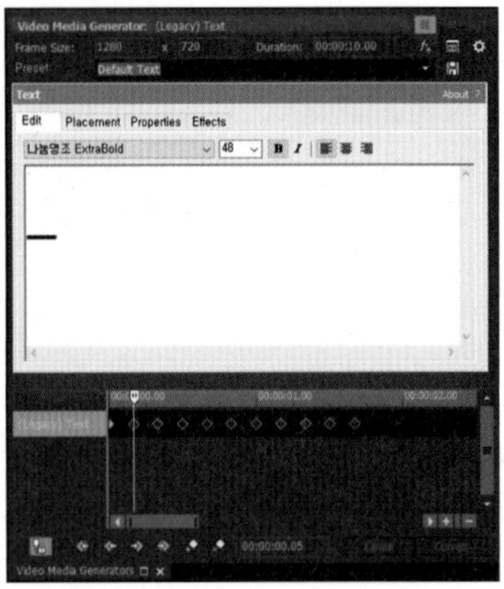

13 프리뷰로 결과를 확인합니다. 예제에서는 작업 과정을 보여 주기 위해 몇 개의 문자만 입력하였지만, 작은 크기로 많은 문자를 입력하면 더욱 실감나는 결과를 볼 수 있을 것입니다.

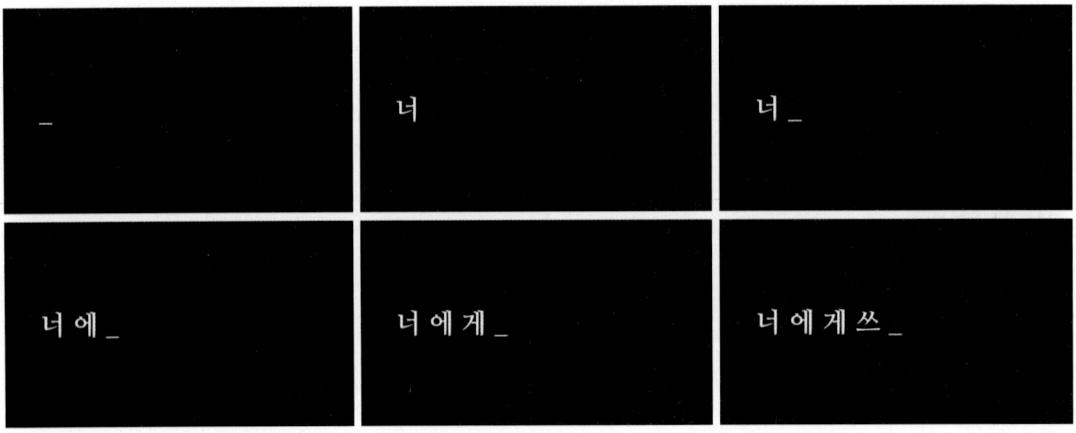

완성 파일 : example₩title_rec.mp4

CHAPTER 24

트랙 모션으로 사각형 위의 타이틀 만들기

자막의 배경에 도형을 사용하면 자막의 가독성을 보다 높일 수 있습니다. 먼저 단순 색상의 도형을 만들어 타이틀의 배경으로 사용해 보도록 하겠습니다.

01 새 프로젝트를 시작하고 Media Generators에서 ProType Titler를 타임라인으로 드래그하여 타이틀러 윈도우가 나타나면 Add New Text Block 버튼을 클릭하여 원하는 문자를 입력한 다음 상단의 갈색 영역을 클릭합니다.

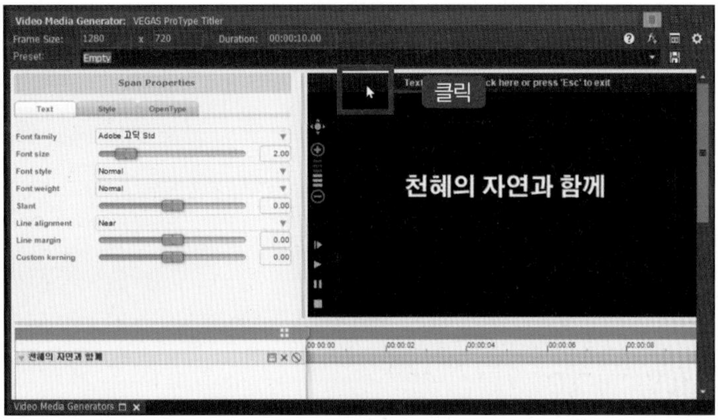

02 문자의 크기를 적절히 조절하고 위치도 그림과 같이 아래쪽에 위치시킵니다.

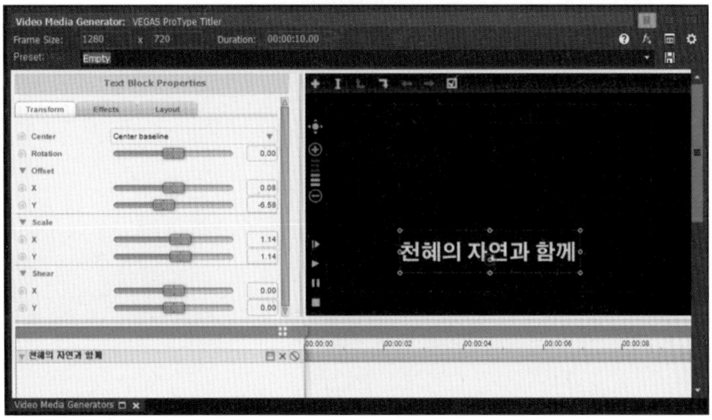

03 Media Generator에서 Solid Color의 Blue 프리셋을 타이틀이 놓인 아래 트랙으로 드래그합니다.

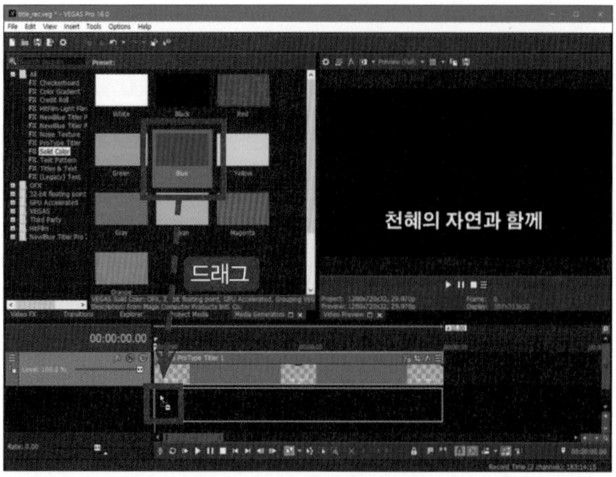

04 2번 트랙의 트랙 리스트에서 More 버튼을 클릭하고 Track Motion 버튼을 선택합니다.

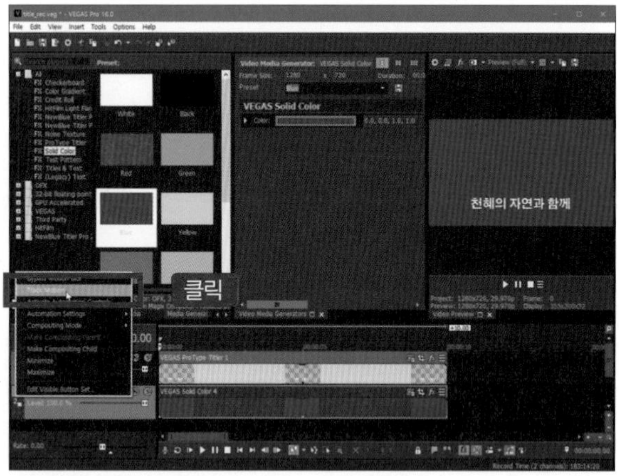

05 트랙 모션 윈도우가 나타납니다. 기본적으로 툴 바의 Lock Aspect 버튼과 Scale About Center 버튼이 눌려 있는 상태로 나타나므로 이들을 클릭하여 해제 상태로 전환합니다.

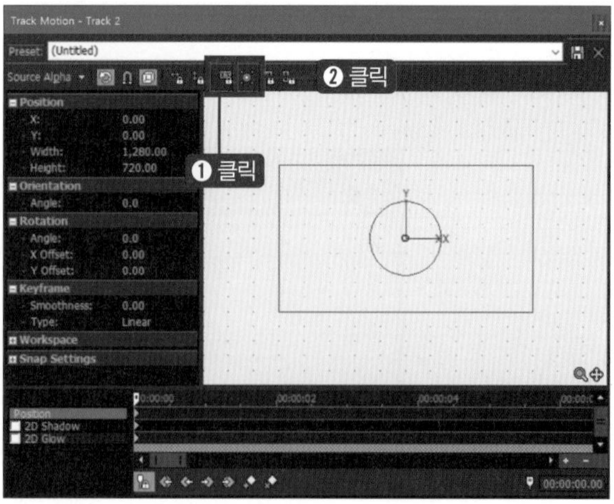

06 이벤트의 위쪽 모서리를 아래쪽으로 드래그하여 프리뷰 윈도우에서 파란색 이벤트가 아래만 나타나도록 합니다.

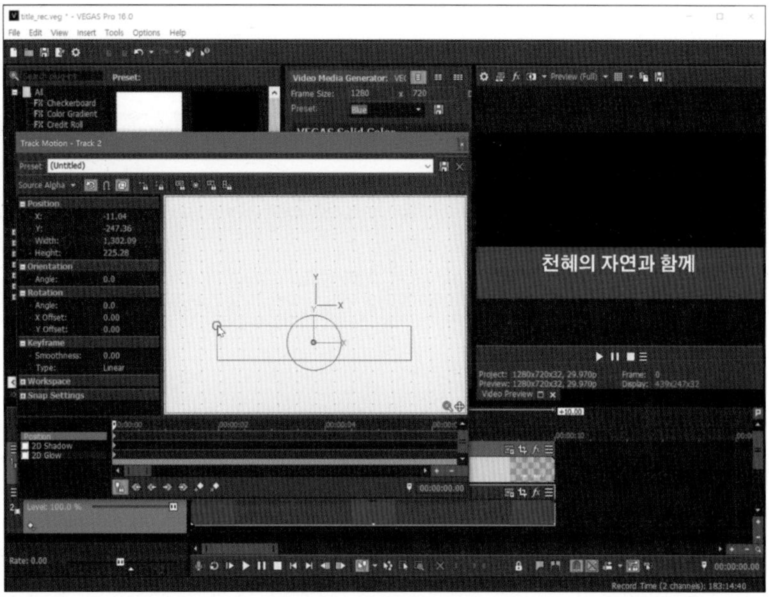

07 이벤트의 좌, 우측 모서리와 아래쪽 모서리도 각각 안쪽으로 드래그하여 문자 주위를 둘러쌀 정도로 적절히 크기를 조절합니다.

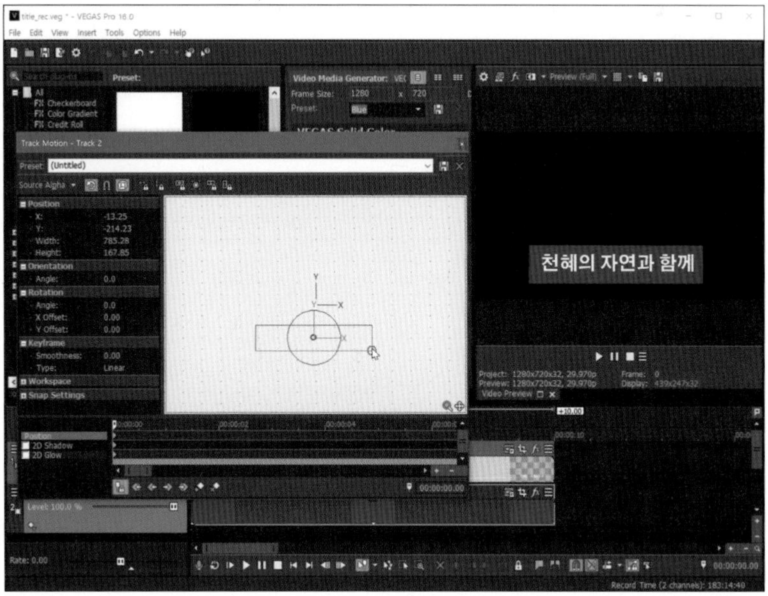

08 트랙 모션 윈도우를 닫고 [source] 폴더에서 임의의 영상 파일 하나를 타임라인으로 드래그하여 배경 영상으로 등록한 다음, 2번 트랙에 등록된 파란색 이벤트의 불투명도 값을 50% 정도로 변경합니다. 타이틀의 배경으로 사용하는 사각형이 약간 투명하게 되고 사각형 영역 내에서도 배경 영상이 희미하게 나타납니다.

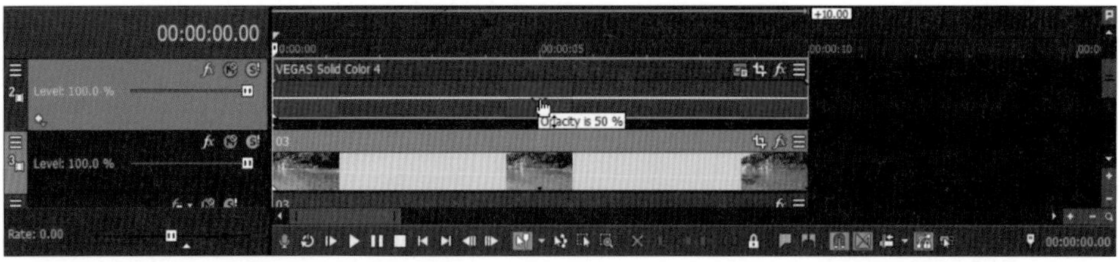

09 배경 영상 클립의 길이가 다른 이벤트와 다르다면 동일하게 조절하고 프리뷰로 작업 결과를 확인합니다.

CHAPTER 25

팬/크롭으로 사각형 위의 타이틀 만들기

트랙 모션의 설정값은 트랙 전체에 적용되므로 앞에서 타이틀의 배경으로 사용하는 사각형이 놓인 트랙에는 일반적인 다른 이벤트를 등록해 사용하기 곤란합니다. 사각형처럼 아래쪽 일부만 나타나기 때문입니다. 트랙을 새로 추가하여 다른 이벤트를 등록하면 되지만 비교적 규모가 큰 프로젝트의 경우, 불필요하게 트랙 수가 많아져 더욱 복잡해 보이므로 이벤트 단위로 효과를 적용할 수 있는 팬/크롭을 사용해 보도록 하겠습니다.

01 앞의 예제와 마찬가지로 타이틀을 트랙에 추가하고 아래쪽에 위치시킨 다음, 미디어 제너레이터에서 Solid Color의 Blue 프리셋을 추가합니다.

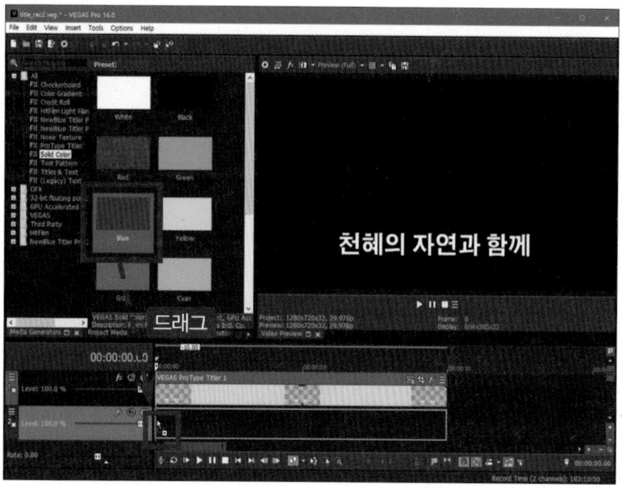

참고하세요!

트랙 모션의 설정값 초기화하기

앞의 예제에 이어 계속하려면 2번 트랙의 트랙 모션 윈도우를 열고 우측의 뷰 영역에서 마우스 우측 버튼을 클릭합니다. 단축 메뉴가 나타나면 Restore Box를 선택합니다. 설정값이 초기 상태로 되돌아갑니다.

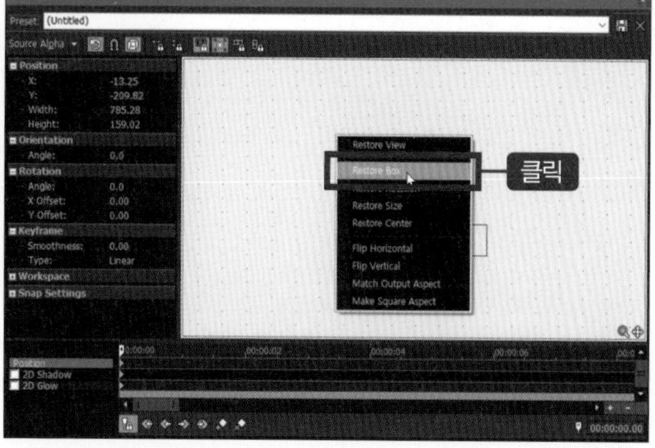

02 2번 트랙에 등록된 이벤트의 Event Pan/Crop 버튼을 클릭합니다. 이벤트의 단축 메뉴를 열고 Video Event Pan/Crop을 선택해도 됩니다.

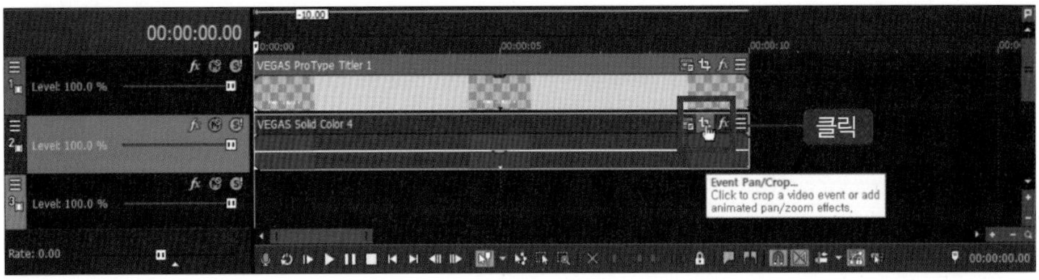

03 이벤트 팬/크롭 윈도우가 나타납니다. 이벤트가 너무 크게 나타난다면 우측의 뷰 영역 위에 마우스를 두고 마우스의 휠 버튼을 아래로 드래그 합니다.

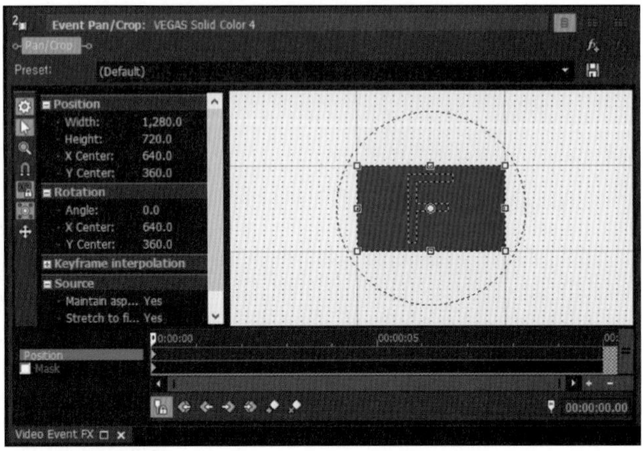

참고하세요!

뷰 영역의 이벤트 크기 변경하기

팬/크롭 윈도우의 좌측에 있는 Zoom Edit Tool을 선택한 후, 우측의 뷰 영역 내부를 마우스 좌측 버튼으로 클릭하면 이벤트가 크게 나타나고, 우측 버튼을 클릭하면 작게 나타납니다. 하지만 마우스의 휠 버튼으로 조작하는 것이 훨씬 편리합니다. 휠을 위쪽으로 밀면 이벤트가 크게 표시되고 아래쪽으로 밀면 작게 표시됩니다.

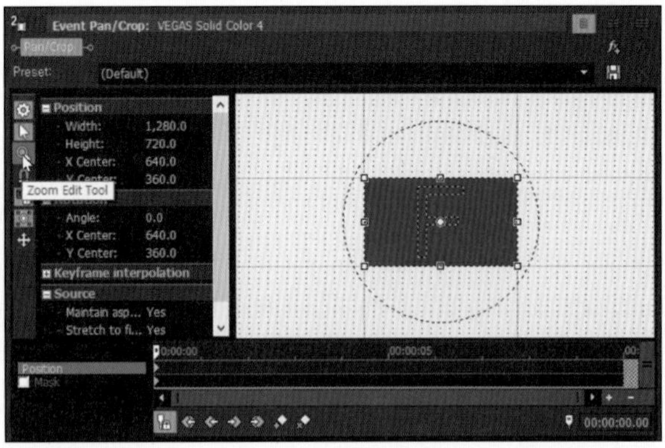

▲ Zoom Edit Tool

04 좌측의 툴 바에서 Lock Aspect Ratio 버튼을 클릭합니다. 이것은 이벤트의 크기를 변경할 때 종횡비가 유지되도록 하는데, 자유롭게 크기를 변경하려는 것이기 때문에 선택 상태를 해제해야 합니다.

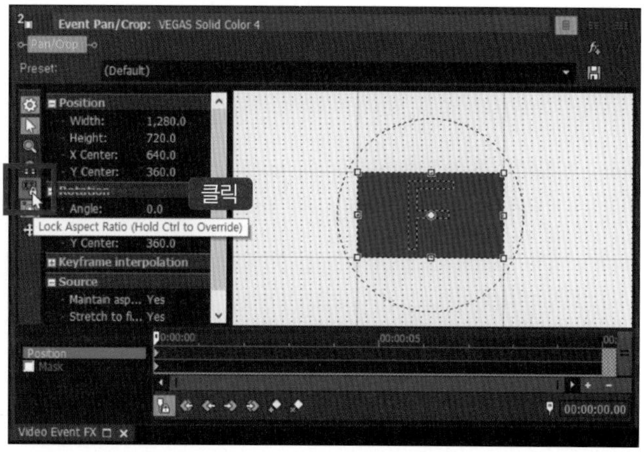

05 좌측에서 source〉Maintain aspect ratio 속성의 목록 메뉴를 열고 No를 선택합니다. 역시 자유롭게 크기를 변경하기 위해서입니다.

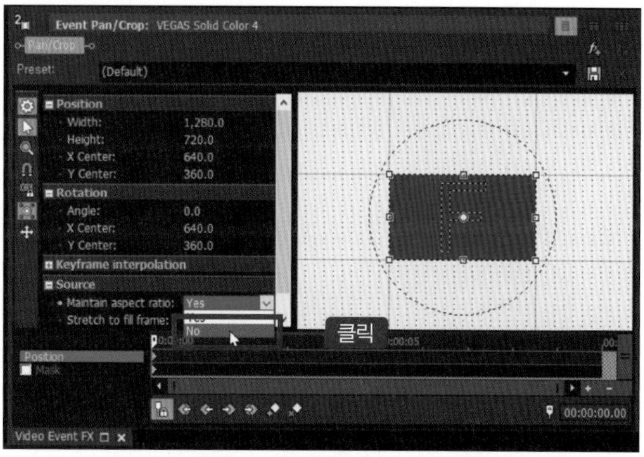

06 프리뷰 윈도우를 보면서 우측의 이벤트 외곽에 나타나 있는 이벤트 핸들을 드래그하고 위치를 변경하여 그림과 같이 타이틀 주위만 나타나는 사각형 형태로 상태로 만듭니다.

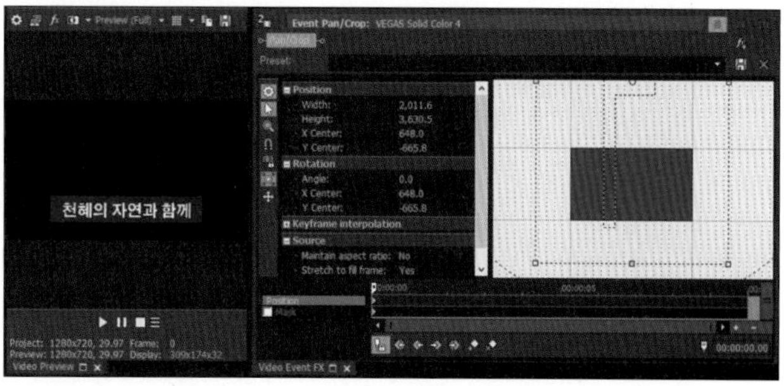

TIP 팬/크롭 윈도우와 프리뷰 윈도우의 이벤트 위치

팬/크롭 윈도우에서 이벤트를 우측 하단으로 이동시키면 프리뷰 윈도우에는 이벤트가 좌측 상단으로 옮겨져 나타납니다. 팬/크롭 윈도우에서 F로 표시된 선택 영역은 카메라의 렌즈와 같은 역할을 합니다. 렌즈를 좌측으로 이동하면 피사체가 우측에 나타나는 것처럼 이벤트는 반대의 위치에 나타나게 되며 크기도 선택 영역과 반대로 나타나게 됩니다.

07 하위 트랙에 배경으로 사용할 영상 파일을 추가하고 2번 트랙에 등록된 파란색 사각형 이벤트의 불투명도 엔벌로프를 드래그하여 50% 정도로 설정합니다. 예제에서는 [source] 폴더의 '04.mp4'를 배경으로 등록했습니다.

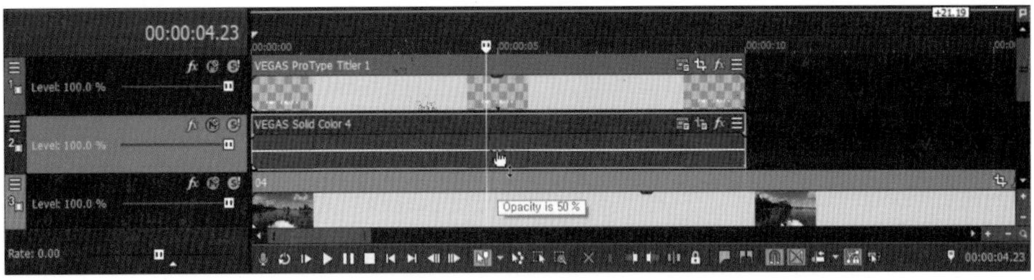

08 배경으로 등록한 이벤트의 길이가 2번 트랙의 이벤트와 다를 경우 동일하게 조절합니다. 팬/크롭 작업으로 이전 예제와 동일한 결과를 갖지만 하나의 이벤트에 대한 작업이므로 동일 트랙에 다른 이벤트를 삽입하더라도 영향을 주지 않습니다.

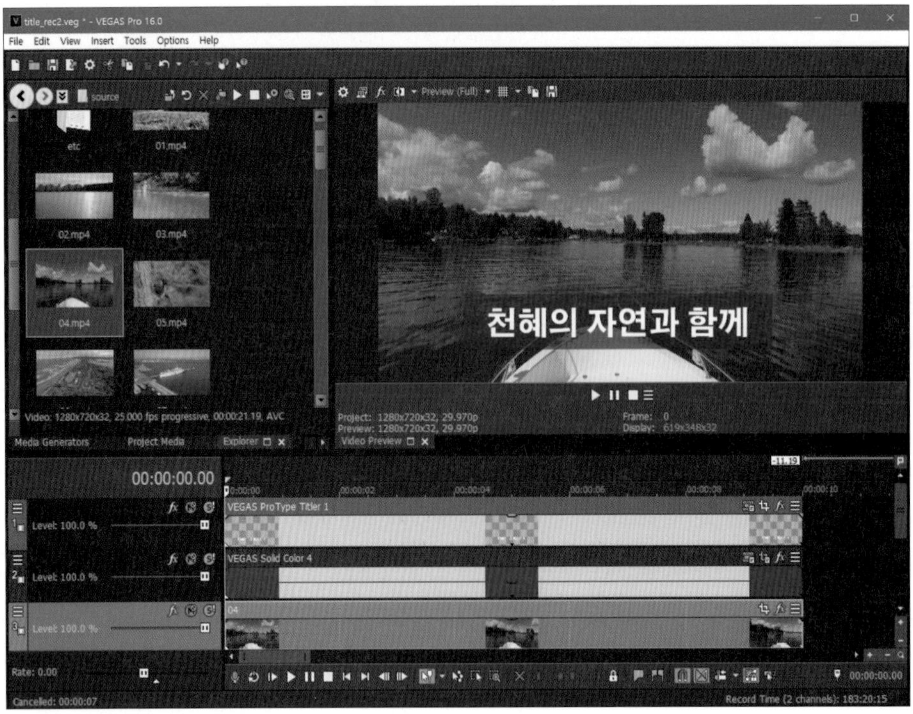

완성 파일 : example₩gradient.mp4

CHAPTER 26

그레이디언트 도형 만들기

점차적으로 색상이 변화하는 그레이디언트 효과가 적용된 사각형을 만들어 보도록 하겠습니다. 타이틀의 배경 등에 많이 사용되며 Color Gradient 이벤트에 대한 설정값을 수정하는 작업이 필요합니다.

01 앞에서 사용한 팬/크롭 사각형 예제에서 2번 트랙의 이벤트만 그레이디언트 사각형으로 대체하도록 하겠습니다. 2번 트랙에 등록된 이벤트의 Opacity 엔벌로프를 상단으로 드래그하여 완전히 불투명하게 설정합니다. 그라이언트 효과를 확실히 보기 위해서입니다.

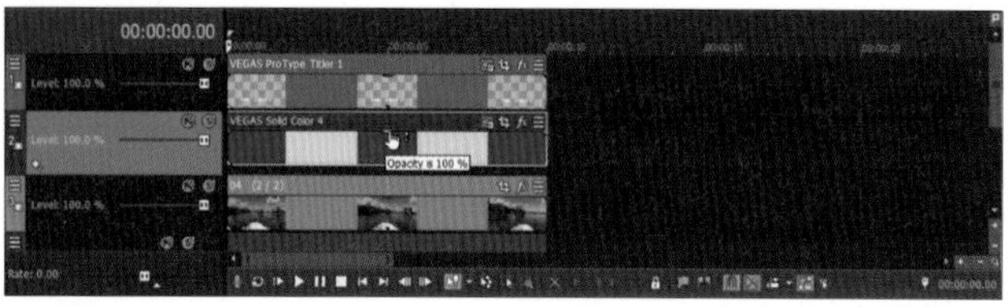

02 Media Generator에서 Color Gradient의 [선형 흰색-검은색] 프리셋을 마우스 우측 버튼을 클릭한 채로 2번 트랙의 이벤트 위로 드래그한 후, 마우스 버튼을 놓습니다. 단축 메뉴가 나타나면 Add as Takes를 선택합니다.

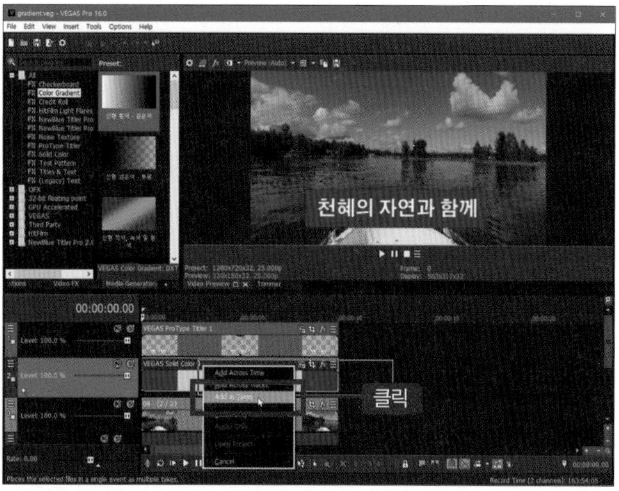

TIP 영문 버전에서 일부분이 한글로 나타나는 문제

베가스 프로 16은 영문 버전으로 설치했음에도 FX와 미디어 제너레이터의 일부 아이템에 대한 프리셋과 해당 아이템에 대한 Video Media Generators 윈도우의 옵션들이 한글로 표시되고 있습니다. 추후 개선될지는 모르겠지만 현재 버전에서는 이렇게 사용할 수 밖에 없는 것으로 보입니다.

03 이미 등록되었던 이벤트가 드래그한 새 이벤트로 교체됩니다. 아울러 이벤트 설정을 위한 Video Media Generators 윈도우가 나타납니다. 프리뷰 윈도우를 보면 타이틀 아래의 사각형이 흰색에서 검은색으로 변화하는 그레이디언트 사각형으로 바뀐 것을 볼 수 있습니다.

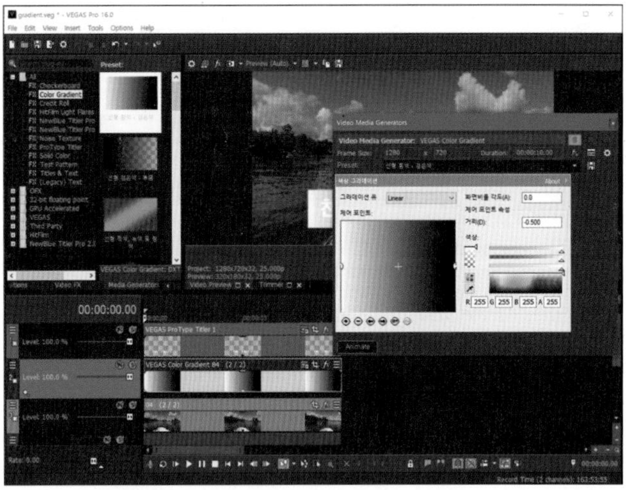

04 Video Media Generators 윈도우의 Control Points 창을 보면 ①번 포인트에 흰색이, ②번 포인트에 검은색이 지정되어 있습니다. 제어 포인트 창에서 ②번 포인트를 클릭하고 중앙으로 드래그합니다.

05 제어 포인트 창 아래에 있는 버튼들 중에서 Add a new gradient control point 버튼을 클릭합니다.

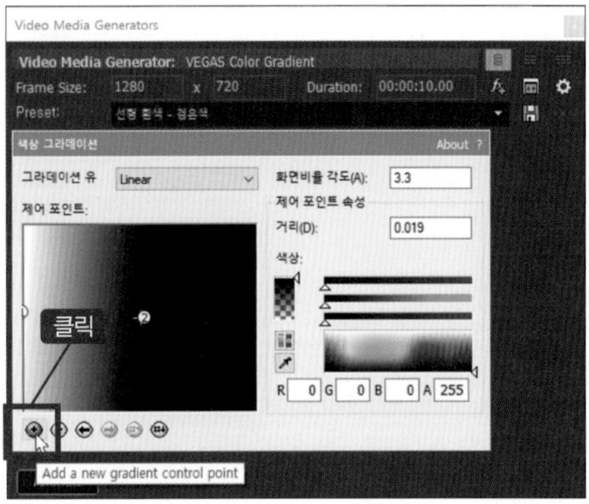

06 새로운 포인트가 ③번이라는 이름으로 추가되어 나타납니다. 이것을 드래그하여 우측 끝에 위치시킵니다.

07 이제 각 컨트롤 포인터 지점에 대한 색상을 지정합니다. 먼저 ①번 포인터를 클릭하여 선택하고 색상 상자에서 파란색을 지정합니다.

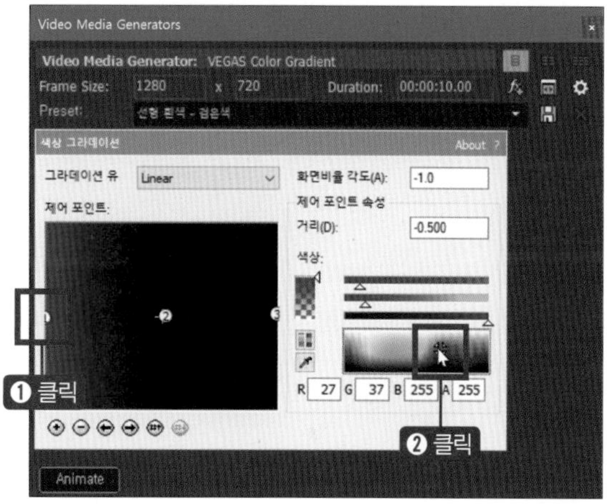

08 이어서 ②번 포인트를 클릭하고 밝은 하늘색을, ③번 포인트를 클릭하고 ①번 포인트와 동일한 파란색을 지정합니다.

▲ 2번 포인트 – 밝은 하늘색

▲ 3번 포인트 – 1번과 동일 색상

09 Video Media Generators 윈도우를 닫고 2번 트랙의 이벤트의 Opacity 엔벨로프를 드래그하여 50% 정도의 값으로 설정합니다.

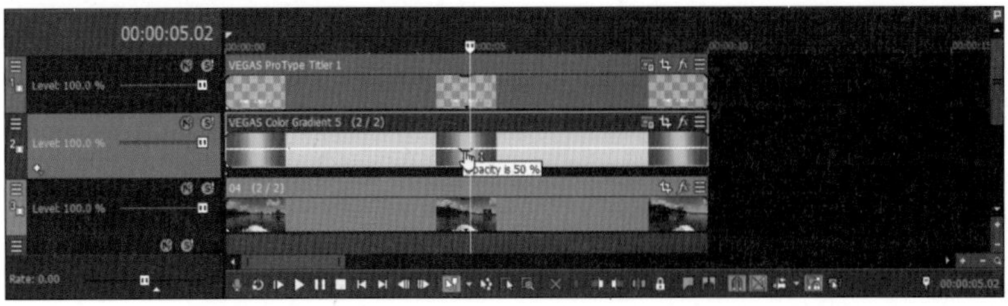

10 프리뷰로 작업 결과를 확인합니다. 타이틀의 배경 사각형에 그레이디언트 효과가 적용되어 좀 더 자연스럽게 보이게 됩니다.

완성 파일 : example₩pip-1.mp4

CHAPTER 27

순차적으로 흐르는 PIP 애니메이션 만들기

PIP는 Picture In Picture의 약자로써 하나의 영상 속에 또 다른 영상이 나타나는 기법이나 효과를 가리킵니다. 팬/크롭 윈도우를 사용하면 쉽고 간단하게 PIP 영상을 만들 수 있습니다. 하나의 작은 영상이 배경 영상 위에 나타나게 하는 것은 너무 단순하므로 여러 개의 작은 영상이 한쪽으로 흐르도록 하겠습니다.

01 새 프로젝트를 시작하고 [source] 폴더에서 '02.mp4'을 마우스 우측 버튼을 클릭한 채로 드래그 한 다음, 버튼을 놓아 단축 메뉴가 나타나면 Video Only Add Video Across Time을 선택합니다.

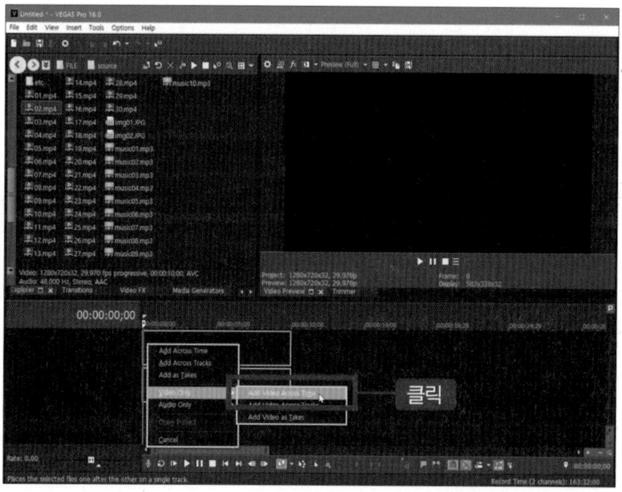

02 소스 파일에서 비디오 영역만 트랙에 추가됩니다. 동영상 파일을 모두 트랙에 등록한 다음, 오디오 부분을 삭제하는 것보다 간편하게 비디오 부분만을 취할 수 있습니다.

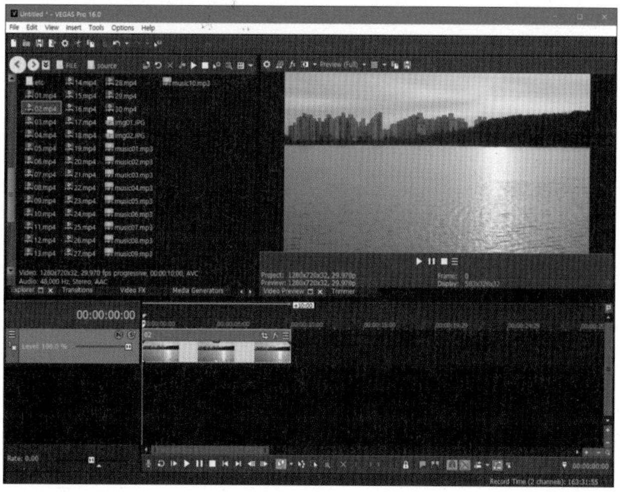

03 이러한 방식으로 '03.mp4', '17.mp4', '18.mp4' 등 3개의 소스 파일에 대해서도 비디오 부분만을 각각 아래로 차례차례 다른 트랙에 등록하고 1번 트랙에 등록된 이벤트의 Event Pan/Crop 버튼을 클릭합니다. 편의상 모두 같은 길이를 갖는 영상을 사용합니다.

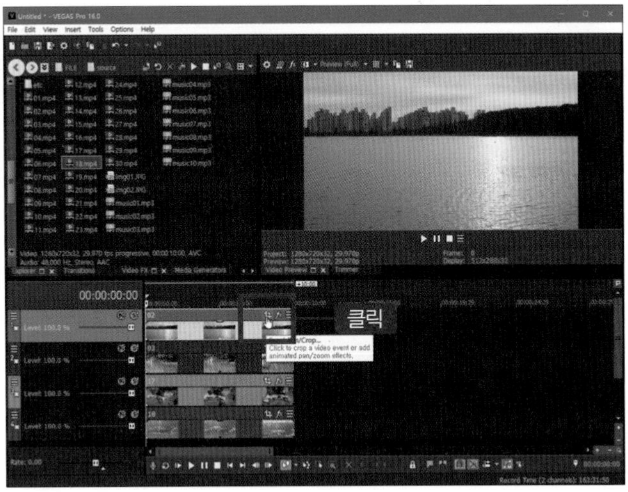

04 팬/크롭 윈도우가 나타납니다. 작업이 편리하도록 마우스의 휠 버튼을 아래로 내려 F로 표시된 영역을 축소시켜 바깥쪽 공간이 충분히 나타나도록 합니다.

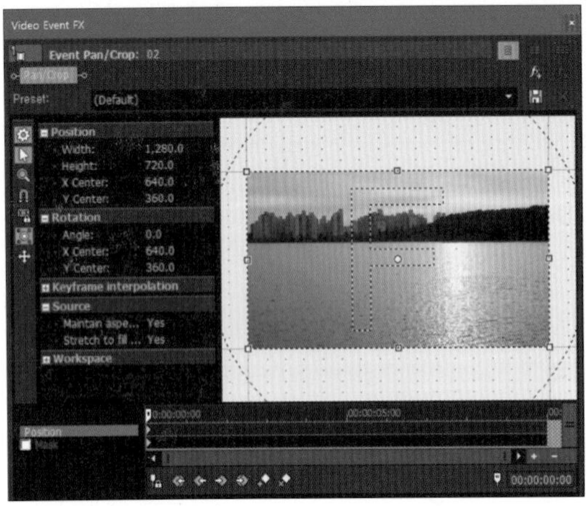

▲ 기본 상태

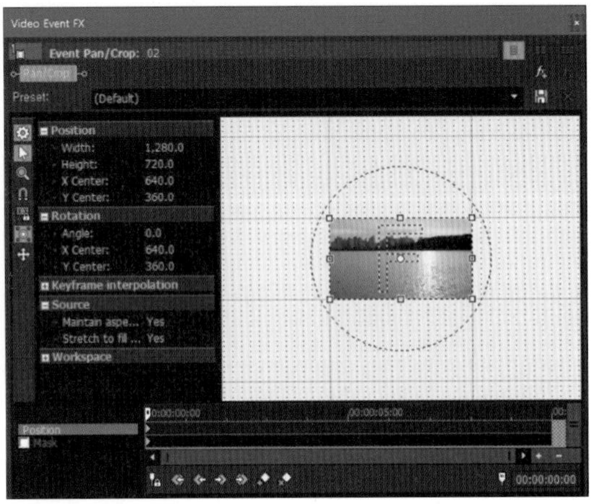

▲ F 영역 축소

05 타임라인의 시작 지점에 에디트 라인을 두고 F 영역 내부를 좌측으로 드래그합니다. 중앙의 사각형 영역은 실제로 이벤트가 보이는 영역이며 F 영역을 좌측으로 이동하면 이벤트는 우측에 나타나게 됩니다. 현재 F 영역이 좌측 끝에 위치해 있으므로 프리뷰 윈도우에는 하위 트랙의 이벤트가 보이게 될 것입니다.

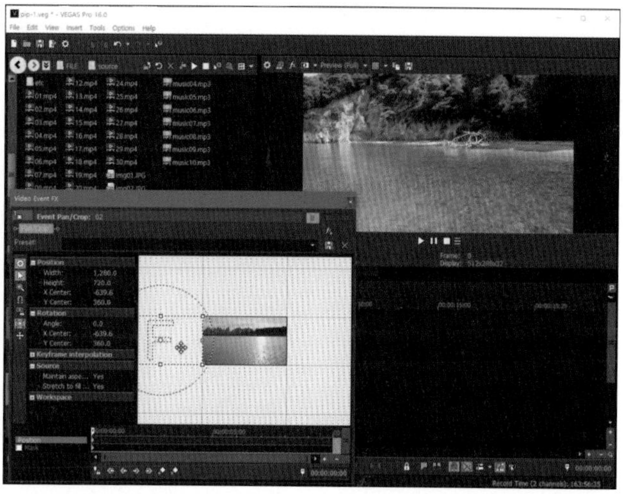

06 F 영역 이외의 부분을 드래그하여 좌측에 나타난 F 영역이 중앙에 나타나도록 하고 F 영역 주위의 핸들을 드래그하거나 Position 속성 메뉴를 사용하여 Width 값을 현재의 두 배인 2,560으로 설정합니다.

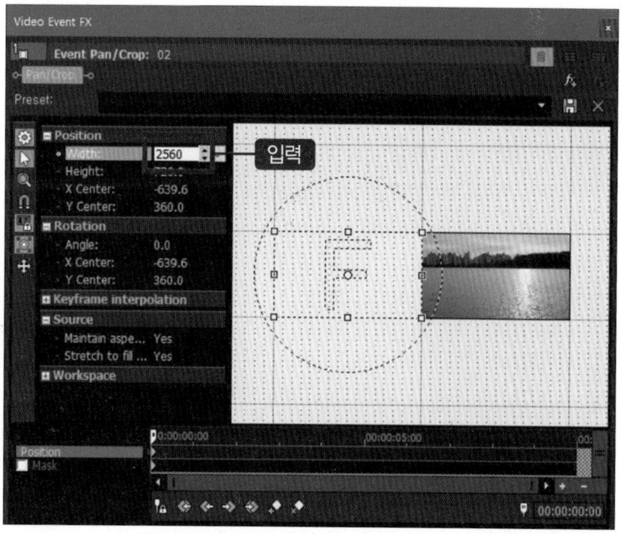

TIP 정확한 속성 값을 설정하려면 입력란에 직접 값을 입력해 주는 것이 좋습니다.

07 이벤트가 절반의 크기로 나타납니다. 좌측의 속성 메뉴에서 Keyframe interpolation 좌측의 + 버튼을 클릭하여 속성을 열고 Smoothness 값이 0으로 되어 있는지 확인합니다. 애니메이션의 움직임을 부드럽게 하려면 값을 1로 설정하는 것이 좋으나 여러 개의 이벤트가 연속적으로 이동하는 경우에는 값을 0으로 설정해야 각 이벤트 사이의 간격이 불규칙해지는 것을 막을 수 있습니다.

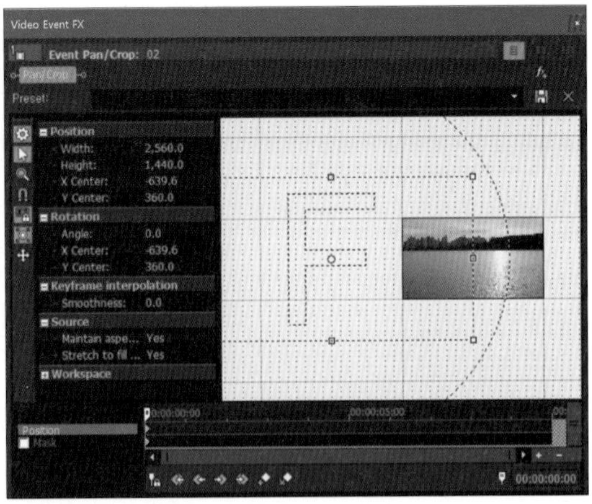

08 툴 박스의 가장 아래에 있는 버튼을 클릭하여 좌/우측 화살표가 나타나는 상태(Move in X only)로 전환해 줍니다. 이 상태에서는 선택 영역을 드래그할 때 오직 수평 방향으로만 드래그되므로 자칫 잘못해서 수직 방향으로 드래그되는 것을 막을 수 있습니다.

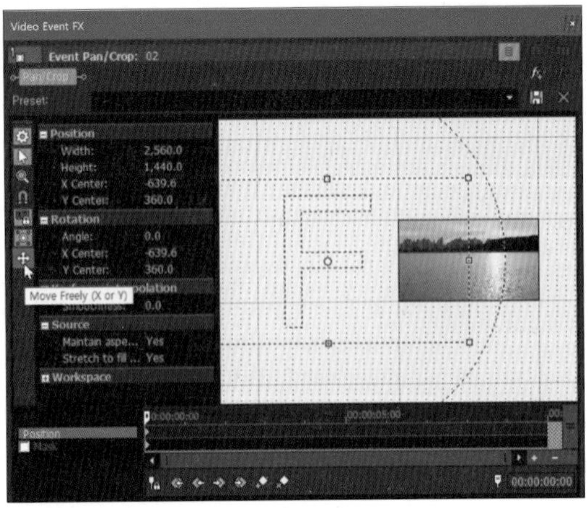

▲ 기본 상태에서 클릭

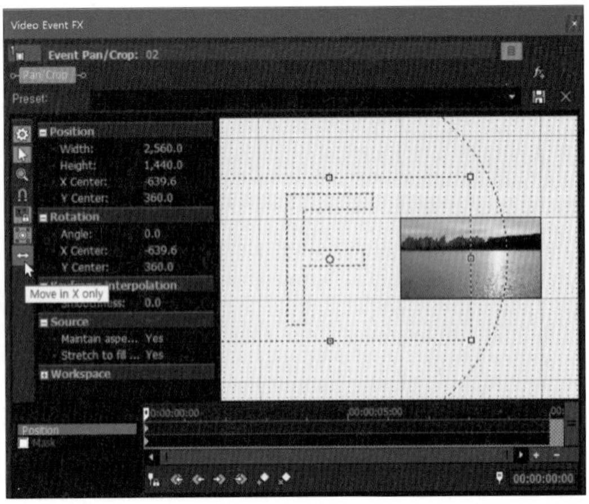

▲ Move in X only로 전환

09 에디트 라인을 클립의 끝 지점으로 이동하고 선택 영역을 우측으로 드래그하여 이미지가 좌측으로 사라지도록 합니다. 속성이 변경되었으므로 현재 지점에 키 프레임이 자동으로 생성됩니다.

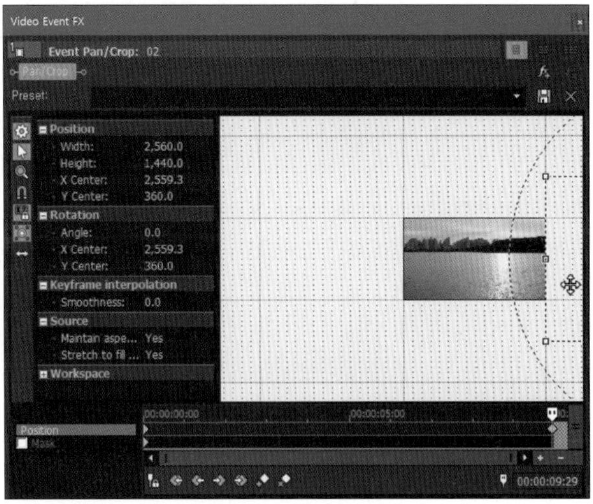

참고하세요!

간단하게 에디트 라인을 이벤트의 끝으로 이동시키려면

이벤트 팬/크롭 윈도우를 비롯하여 키 프레임을 설정할 수 있는 모든 윈도우에서 에디트 라인을 이벤트의 끝 지점으로 이동시키려면 굳이 타임라인의 끝 지점을 클릭하지 않고 하단에 있는 Last Keyframe 버튼을 클릭해도 됩니다. 여러 키 프레임이 존재하는 경우, 가장 뒤에 있는 키 프레임으로 이동시키는 역할을 하는 버튼이지만 현재 지점 이후에 키 프레임이 존재하지 않는 경우, 곧바로 이벤트의 끝 지점으로 에디트 라인을 이동시켜 주는 역할도 합니다. 끝 지점으로 이동되었을 때 프리뷰 윈도우에 이벤트가 나타나지 않아 작업하는 데 불편하다면 다시 <– 방향키를 한 번 눌러서 1프레임 앞쪽으로 이동시키고 작업해도 좋습니다.

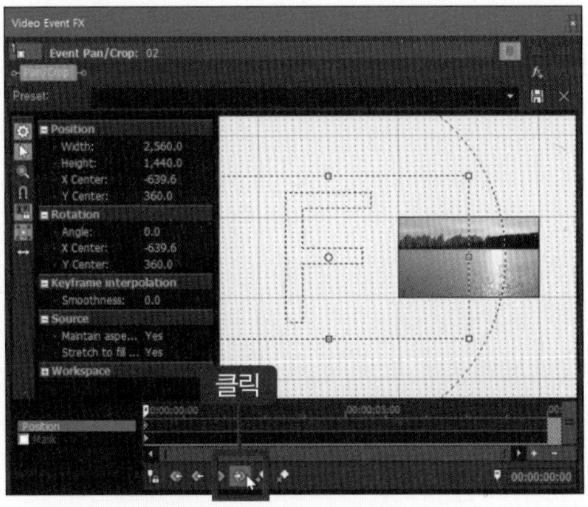

▲ Last Keyframe 버튼을 클릭

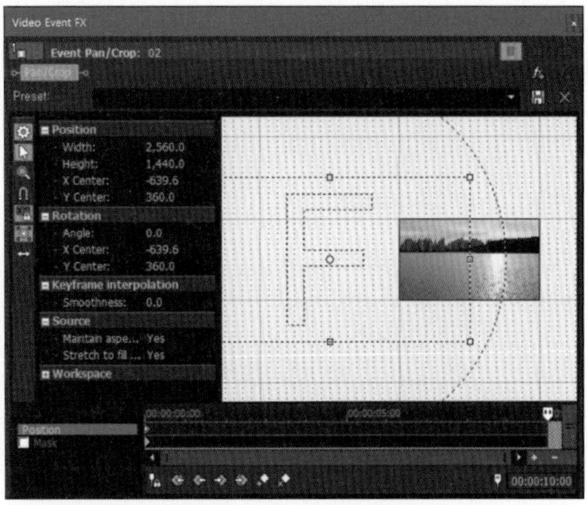

▲ 에디트 라인이 이벤트의 끝 지점으로 이동

10 팬/크롭 윈도우를 닫고 속성이 변경된 1번 트랙의 이벤트 위에서 마우스 우측 버튼을 클릭하여 단축 메뉴를 열고 Copy를 선택합니다.

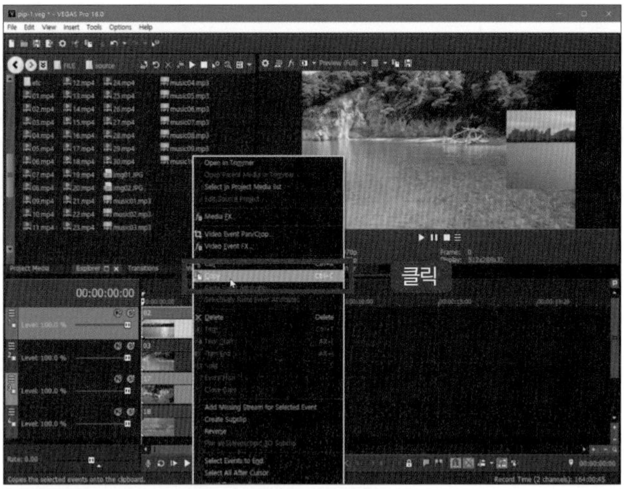

11 2번 트랙에 등록된 이벤트의 단축 메뉴를 열고 Paste Event Attributes를 선택합니다. 앞에서 복사해 둔 이벤트의 속성만을 2번 트랙의 이벤트에 붙여넣기 하려는 것입니다. 이러한 식으로 나머지 모든 트랙의 이벤트에 대해서도 속성을 붙여 넣어 줍니다.

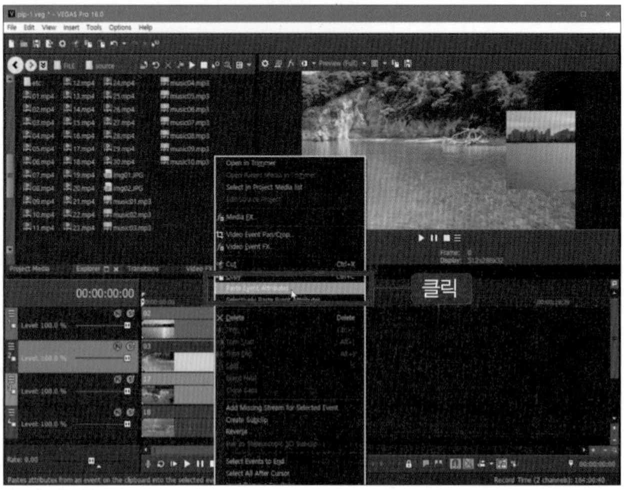

12 2번 트랙의 이벤트를 4초 15프레임 우측으로 이동시킵니다. 드래그할 때의 이동 거리는 타임라인 상단에 표시되므로 이것을 참고하면서 드래그하면 됩니다. 이로써 2번 트랙의 이벤트는 1번 트랙의 이벤트보다 4초 15프레임 후에 재생됩니다.

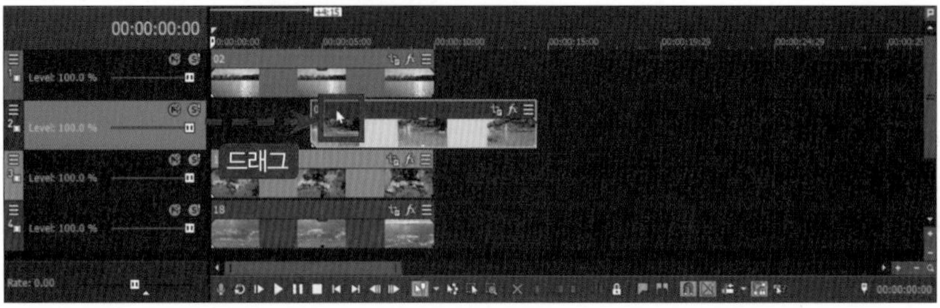

13 3번 트랙의 이벤트와 4번 트랙의 이벤트도 각각 상위 트랙의 이벤트보다 4초 15프레임 뒤에 재생 하도록 드래그하여 이동시켜 줍니다.

참고하세요!

지정된 거리만큼 정확하게 이벤트 이동시키기

3번 트랙과 4번 트랙의 이벤트는 일단 각각 상위 트랙 이벤트의 시작 지점으로 드래그하여 스냅되도록 한 다음, 다시 타임라인 상단의 이동 거리 표시를 보면서 지정된 거리만큼 이동시키면 됩니다.

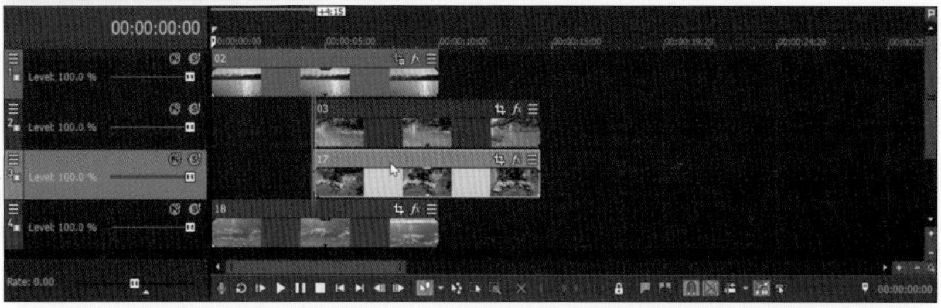

▲ 상위 트랙의 이벤트와 스냅

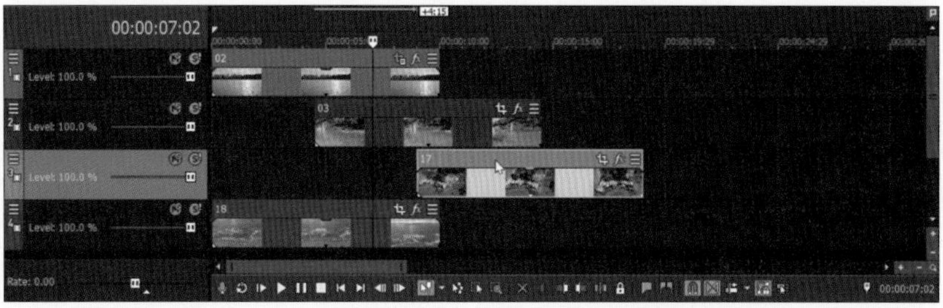

▲ 다시 4초 15프레임 만큼 드래그

14 [source] 폴더의 '08.mp4' 파일을 트랙의 아래로 드래그합니다. 배경으로 사용할 영상입니다. 이번에는 오디오도 그냥 포함시킬 것이므로 드래그만 하면 됩니다.

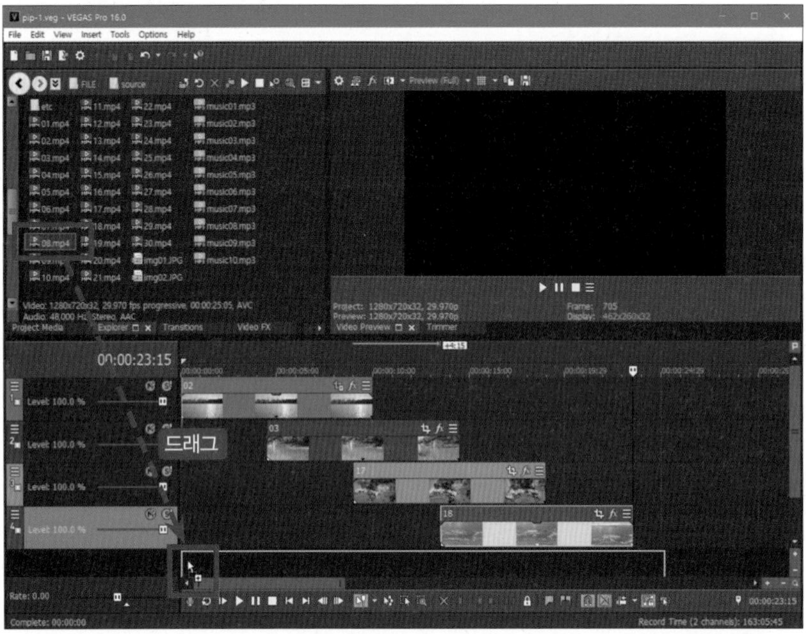

15 프리뷰로 결과를 확인합니다. 배경 영상위에 작은 이미지들이 순차적으로 이동하면서 지나가는 것을 볼 수 있습니다. 각 이벤트가 겹쳐서 나타나거나 간격이 너무 넓다면 타임라인에서 이벤트의 시작 지점을 변경하도록 합니다. 물론 배경을 제외한 각 이벤트의 거리는 모두 동일해야 합니다.

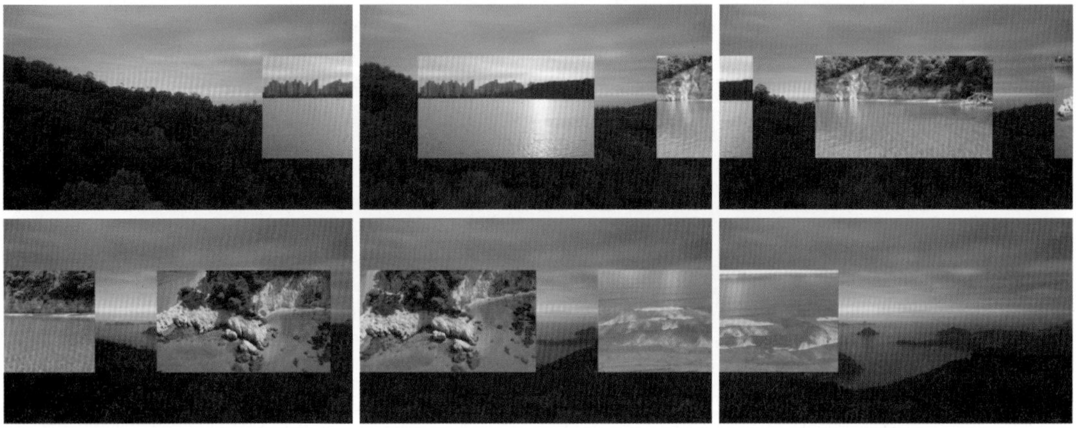

완성 파일 : example₩pip-2.mp4

CHAPTER 28

트랙 모션으로 4개의 PIP 영상 만들기

PIP는 조금만 응용하면 다양한 형태로 만들 수 있으며 실제 영상에서도 자주 사용되는 기법입니다. 트랙 모션을 사용하여 4개의 영상이 줌 인되면서 나타나는 PIP 영상을 만들어 보겠습니다. 배경 영상과 PIP 영상과의 구별을 위해 PIP 영상 주위에 테두리가 나타나게 할 것입니다.

01 새 프로젝트를 시작하고 [source] 폴더에서 '17, 18, 19, 20.mp4' 파일을 그림과 같이 순서대로 각각 다른 트랙에 등록합니다.

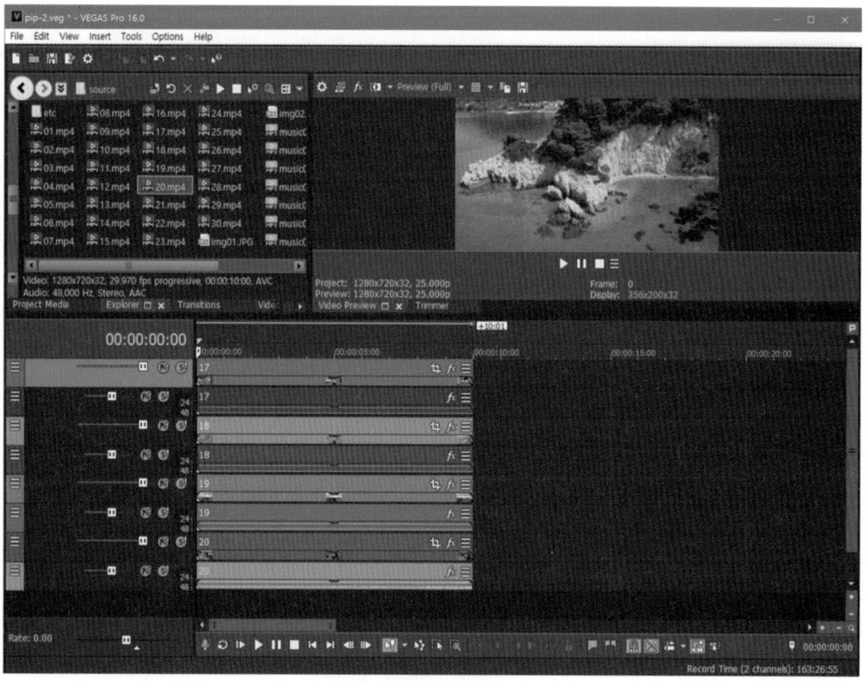

02 오디오를 포함하고 있는 4개의 영상이 동시에 재생되면 혼란스러우므로 오디오 트랙을 모두 삭제하여 비디오 트랙만 남도록 합니다. 오디오 트랙 리스트를 클릭하여 선택하고 Delete 키를 누르면 해당 오디오 트랙이 삭제됩니다. 앞에서 해 보았던 대로 미리 비디오 이벤트만 등록되도록 해도 좋습니다.

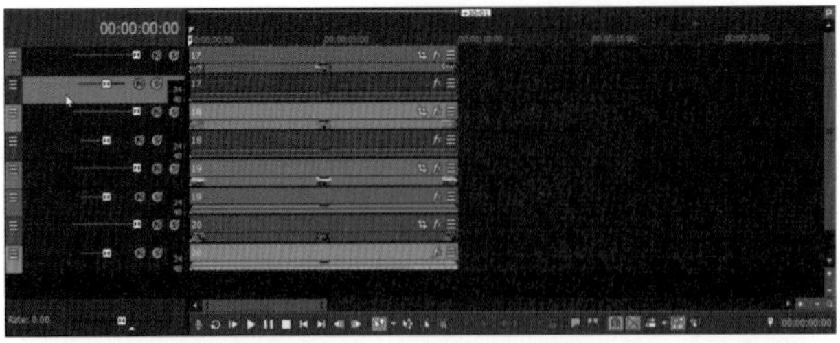

▲ 오디오 트랙을 선택하고 Delete

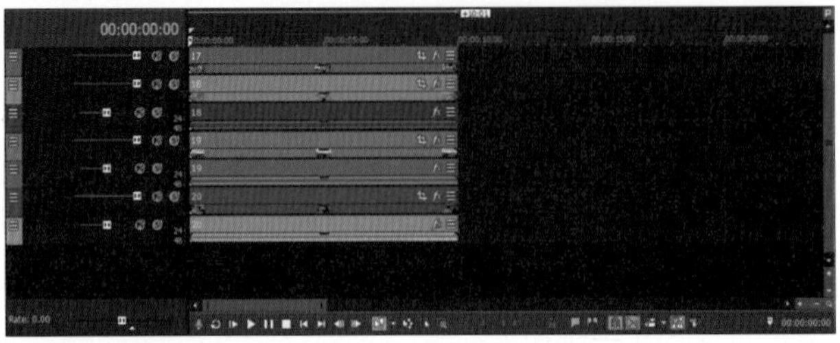

▲ 해당 트랙이 삭제됨

03 4개의 오디오 트랙을 모두 삭제하여 비디오 트랙만 남도록 합니다. 1번 트랙의 트랙 리스트에서 More 버튼을 클릭하고 Track Motion를 선택합니다.

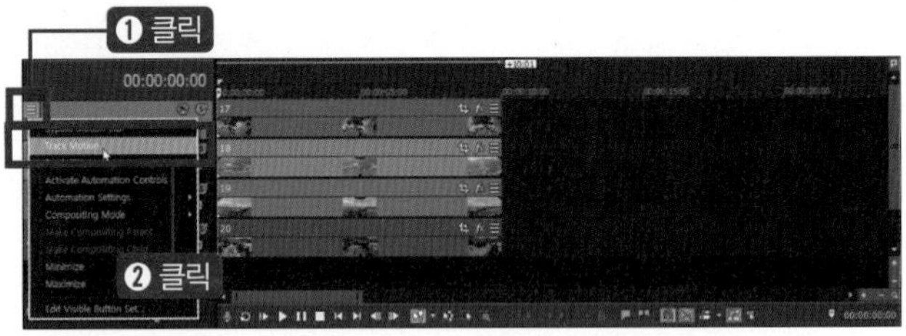

04 Track Motion 윈도우가 나타납니다. 이벤트의 크기를 변경할 때 종횡비가 유지되도록 Lock Aspect Ratio 버튼이 켜져 있는지 확인합니다.

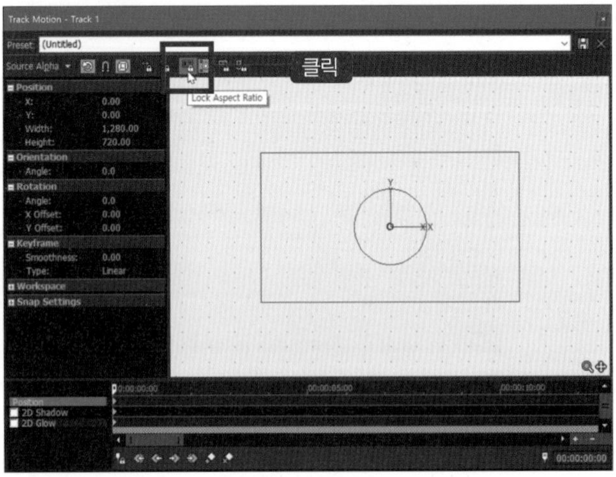

05 트랙 모션 윈도우의 타임라인에서 Position의 1초 지점을 클릭하여 에디트 라인을 위치시킨 다음, 메인화면의 타임라인에도 동일한 지점인 1초 지점에 에디트 라인을 위치시킵니다.

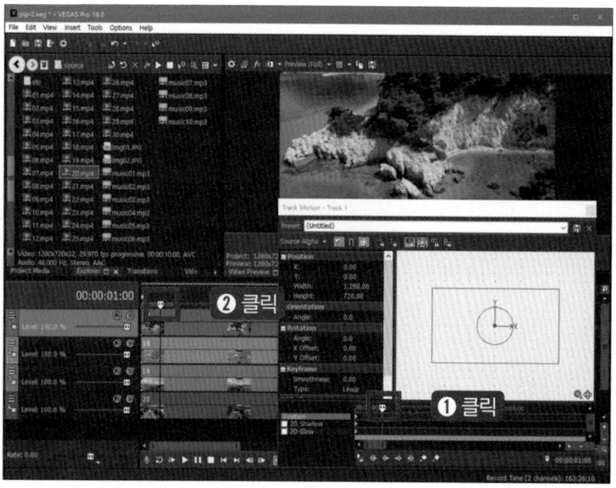

06 사각형의 프레임 박스 모서리의 핸들을 안쪽으로 드래그하여 이벤트의 크기를 그림처럼 대략 1/4 이하로 줄여줍니다. 트랙 모션의 프레임 박스는 팬/크롭 윈도우와 달리 크기 변경이나 위치 이동, 회전 등을 할 경우 이벤트도 함께 같은 방향으로 변경됩니다.

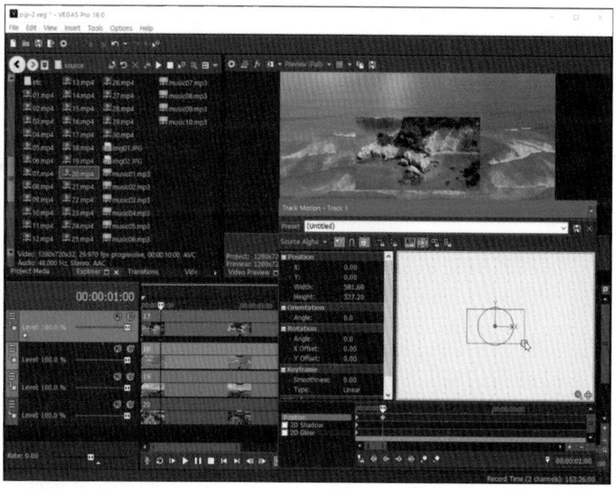

07 프레임 박스 내부를 드래그하여 이벤트가 그림과 같이 좌측 상단 쪽에 나타나도록 합니다. 모두 4개의 작은 영상이 배경 영상 위 네 곳에 고르게 나타나게 할 것임을 감안하여 작업합니다.

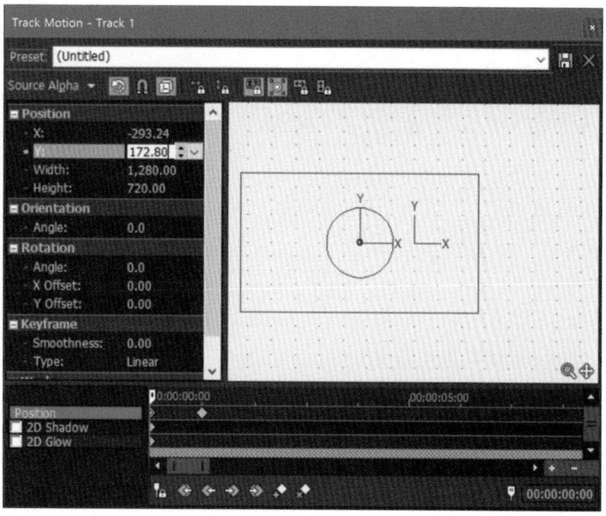

08 트랙 모션 윈도우의 속성 메뉴에서 현재 이벤트의 가로 크기를 의미하는 Position의 Width 값과 이벤트의 위치인 X, Y 값을 별도로 메모해 둔 후, 에디트 라인을 시작 지점의 키 프레임에 두고 메모해 놓은 Position의 X/Y 값을 입력하고 Enter 키를 누릅니다. 이벤트의 중심을 동일하게 지정하려는 것입니다.

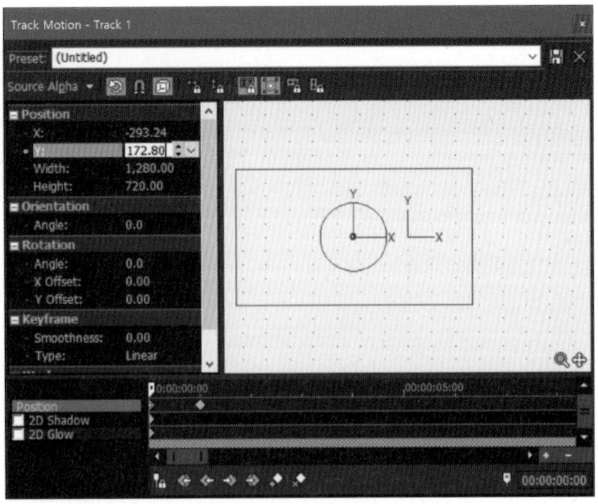

09 이어서 Position의 Width 값을 0으로 설정한 다음 Enter 키를 누릅니다. Height 값도 0으로 함께 지정되며 이벤트가 보이지 않게 됩니다.

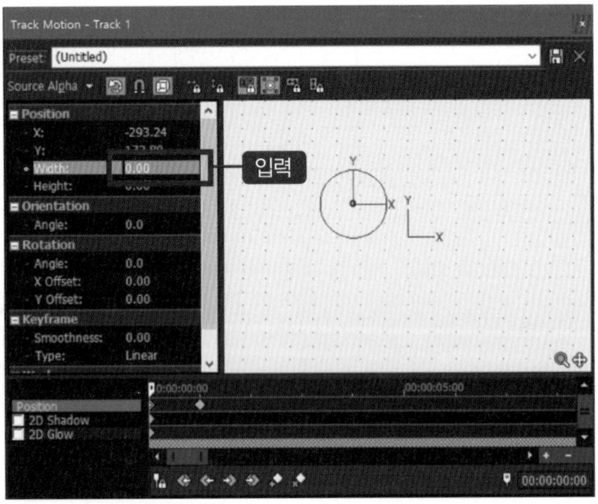

10 2번 트랙의 More 버튼을 클릭하고 Track Motion을 선택하여 2번 트랙에 대한 트랙 모션 윈도우를 열고 앞에서 했던 대로 Position 타임라인의 1초 지점에 에디트 라인을 위치시킵니다.

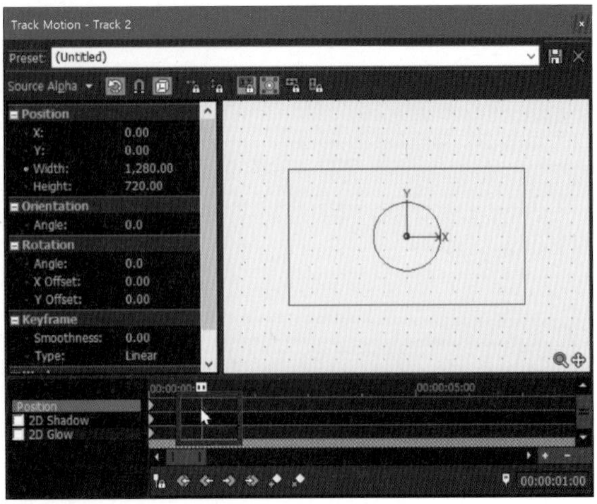

11 트랙 모션 윈도우의 Position〉Width 속성에 앞에서 메모해 둔 Width 값을 입력하고 Enter 키를 누릅니다. 각 PIP 영상의 크기를 동일하게 지정해 주려는 것입니다. Width 값만을 입력해도 Height 값은 동일한 비율로 지정됩니다.

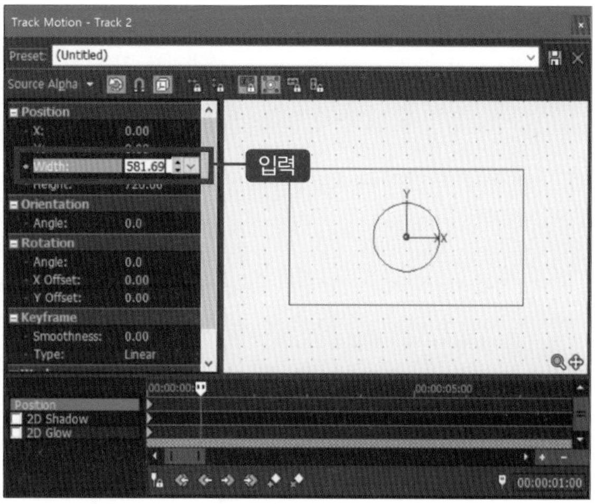

12 프레임 박스의 내부를 드래그하여 그림과 같이 현재의 이벤트가 1번 트랙 이벤트의 우측에 나란히 놓이도록 하고 위치 값인 Position 속성의 X/Y 값을 메모해 둡니다.

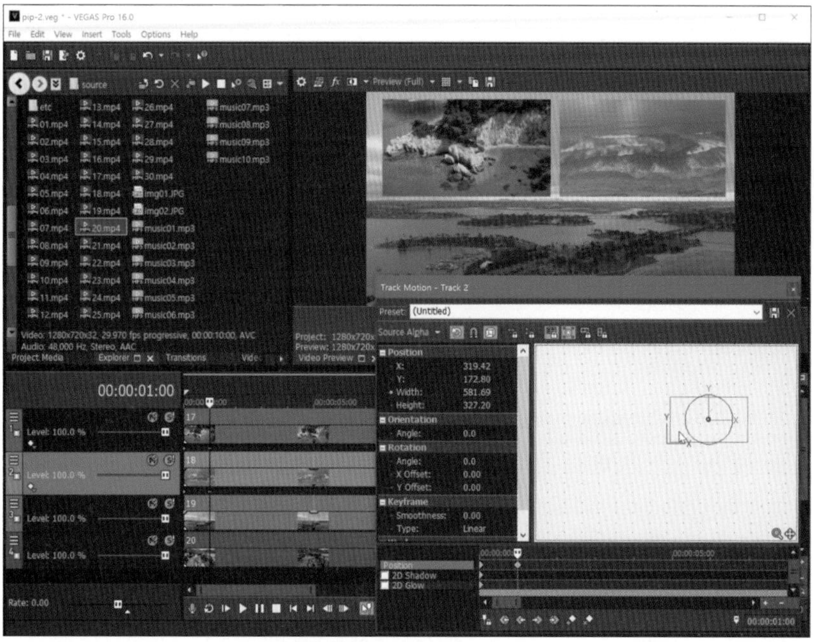

13 에디트 라인을 시작 지점에 두고 바로 앞에서 메모해 둔 X/Y 값을 직접 입력한 다음, Width 값을 0으로 줄여서 보이지 않도록 합니다.

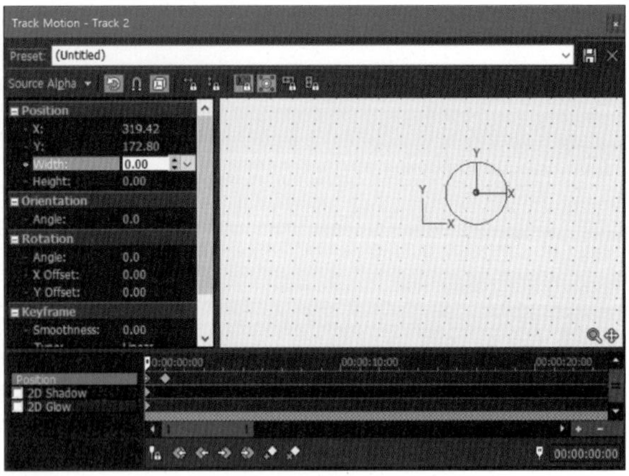

14 이러한 방식으로 3, 4번 트랙의 이벤트에 대해서도 다음과 같이 작업합니다.

3번 트랙 이벤트	1초 지점에 처음 메모해 둔 Width 값 지정하고 좌측 아래쪽으로 이동	시작 지점에 1초 지점의 X/Y 값 입력, Width 값 0으로 지정
4번 트랙 이벤트	1초 지점에 처음 메모해 둔 Width 값 지정하고 우측 아래쪽으로 이동	시작 지점에 1초 지점의 X/Y 값 입력, Width 값 0으로 지정

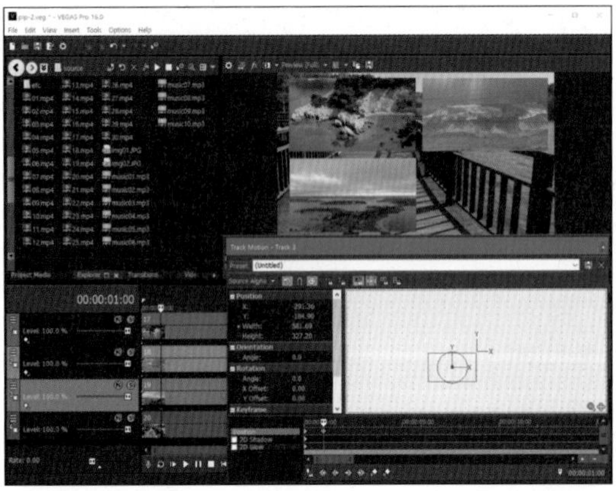
▲ 3번 트랙의 트랙 모션 – 1초 지점

▲ 4번 트랙의 트랙 모션 – 1초 지점

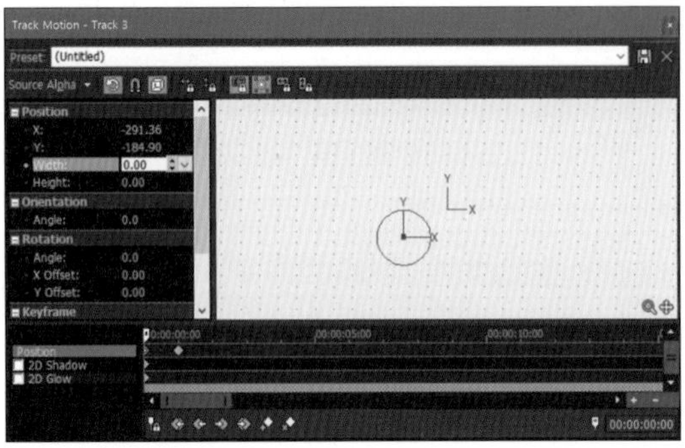

▲ 3번 트랙의 트랙 모션 – 시작 지점

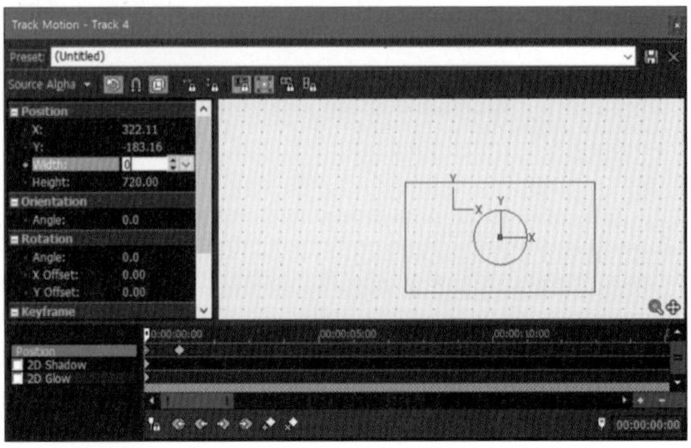

▲ 4번 트랙의 트랙 모션 – 시작 지점

15 이벤트 주위에 테두리가 나타나도록 하기 위해 Video FX 윈도우에서 Border〉Solid White Border를 1번 트랙의 이벤트로 드래그합니다.

16 메인 작업 화면의 타임라인에서 1초 지점 이후에 에디트 라인을 두어 모션이 종료된 이후의 상태가 보이도록 한 다음, Video Event FX 윈도우에서 테두리의 크기와 색상을 설정합니다. 예제에서 테두리 크기는 0.050으로, 색상은 연두색으로 설정해 보았습니다.

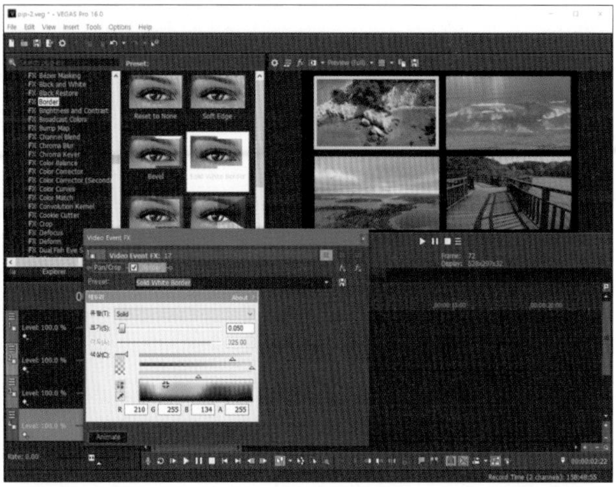

17 1번 트랙에 등록된 이벤트의 단축 메뉴를 열고 Copy를 선택한 다음, 2번 트랙에 등록된 이벤트의 단축 메뉴에서 Paste Event Attributes를 선택합니다.

18 2번 트랙의 이벤트에 1번 트랙의 이벤트에 적용된 이벤트 속성이 붙여넣기 되어 동일한 속성을 갖는 테두리가 나타납니다. 3번과 4번 트랙의 이벤트에 대해서도 각각 단축 메뉴에서 Paste Event Attributes를 선택하여 테두리가 나타나도록 합니다.

19 아래쪽 트랙의 이벤트가 차례로 나타나도록 2번 트랙의 이벤트부터 순차적으로 각각 15프레임 뒤로 옮겨 줍니다.

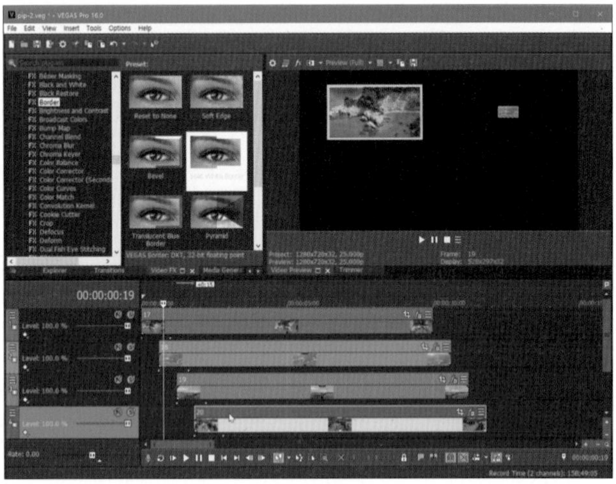

20 2, 3, 4번 트랙의 이벤트 뒷부분을 좌측으로 드래그하여 1번 트랙의 이벤트와 동일한 지점에서 끝나도록 길이를 맞추어 줍니다.

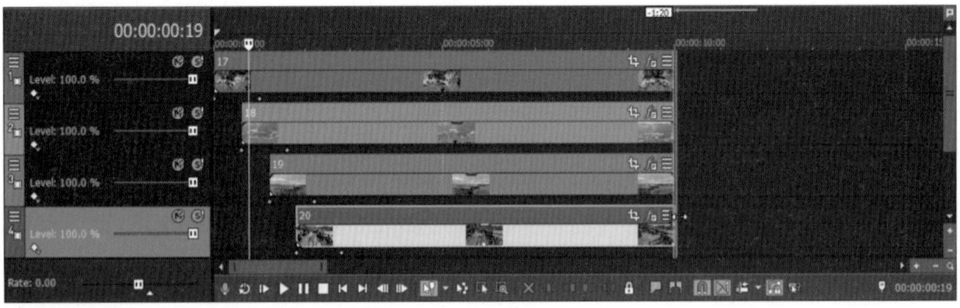

21 [source] 폴더에서 '14.mp4' 파일을 타임라인의 4번 트랙 아래로 드래그하여 등록합니다. 배경으로 사용될 영상입니다.

22 프리뷰로 작업 결과를 확인합니다. 예제에서는 정확한 계산에 의해 각 PIP 영상의 위치를 지정하지는 않았으므로 서로 위치가 어긋나 보인다면 다시 트랙 모션 윈도우를 통해 조절해 주도록 합니다.

참고하세요!

트랙 모션의 Shadow와 Glow 속성

트랙 모션 윈도우의 타임라인을 보면 2D Shadow와 2D Glow 효과를 지원하고 있습니다. 타임라인에서 각각 원하는 부분을 클릭하여 효과별로 전환해 가며 작업할 수 있습니다.

2D Shadow 효과를 체크하면 다음과 같이 이벤트 주위에 그림자가 나타나게 되는데 속성 메뉴에서 Blur로 그림자의 번짐 정도를, Intensity로 그림자의 크기를, Color로 그림자의 색상을 설정할 수 있습니다.

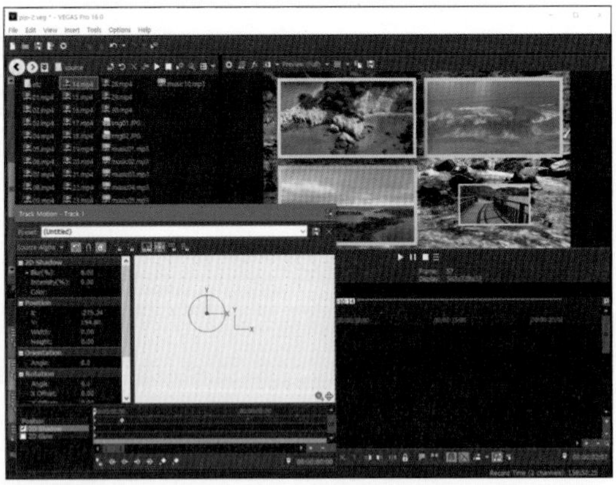

▲ 2D Shadow 효과를 적용한 1번 트랙의 이벤트

2D Glow 효과를 체크하면 그림자 주위에 빛이 퍼져 나가는 듯한 효과를 줄 수 있습니다. 역시 빛의 번짐 정도와 크기, 색상 등을 설정할 수 있습니다.

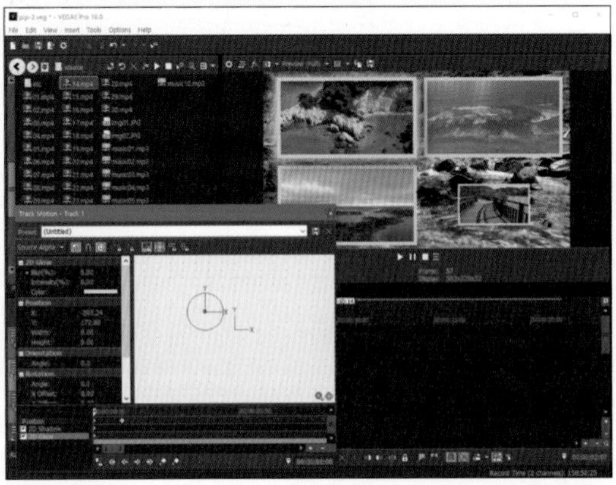

▲ 2D Glow 효과를 적용한 1번 트랙의 이벤트

또한 메인 타임라인의 트랙 아래쪽을 보면 트랙 모션의 키 프레임이 나타나는 것을 볼 수 있습니다. 이것을 드래그하여 트랙 모션의 키 프레임 위치를 변경해 줄 수도 있습니다.

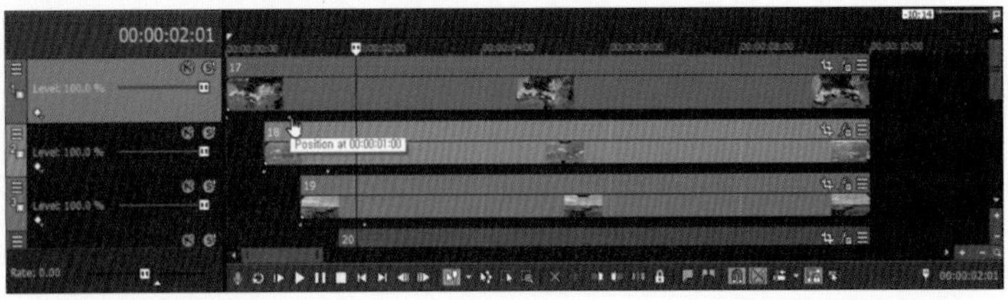

▲ 트랙 모션 키 프레임

트랙 리스트에서 Expand Track Keyframe 버튼을 클릭하면 트랙 모션의 타임라인이 확장되어 트랙 모션의 각 효과별로 키 프레임의 위치를 변경할 수 있습니다.

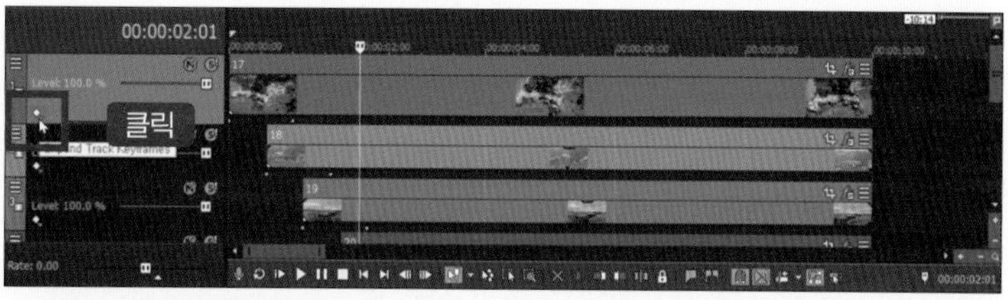

▲ Expand Track Keyframe 버튼

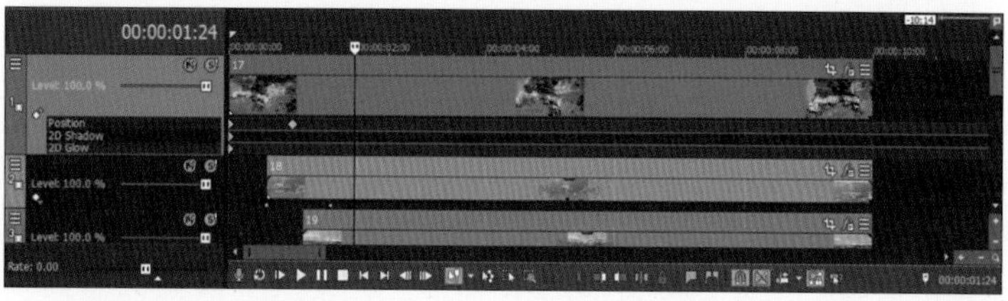

▲ 확장된 트랙 모션 키 프레임

메인 타임라인에서도 트랙 모션의 키 프레임을 생성하고 해당 키 프레임에 대한 설정을 할 수 있습니다. 원하는 지점을 더블 클릭하거나 Shift 키를 누른 상태에서 클릭합니다. 그림과 같이 새로운 키 프레임 생성되는 것을 볼 수 있습니다.

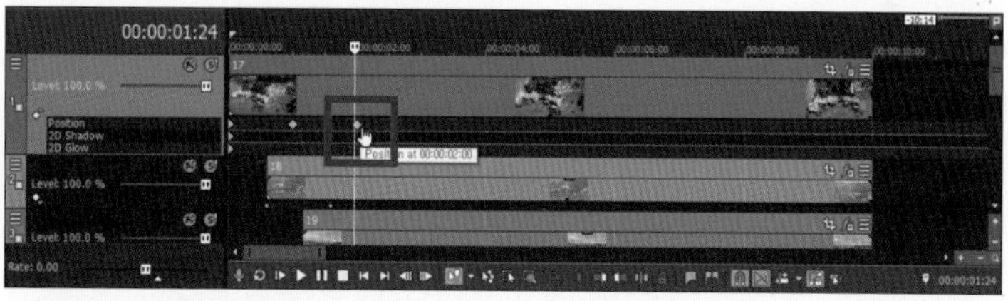

▲ 추가로 생성된 키 프레임

생성된 키 프레임을 더블 클릭하면 해당 지점에 대한 속성 설정을 위한 트랙 모션 윈도우가 곧바로 나타나게 됩니다. 또한, 키 프레임을 마우스 우측 버튼으로 클릭하면 단축 메뉴가 나타나는데, Delete를 선택하여 해당 키 프레임을 삭제하거나 키 프레임 지점간의 움직임에 대한 메뉴를 선택할 수 있습니다.

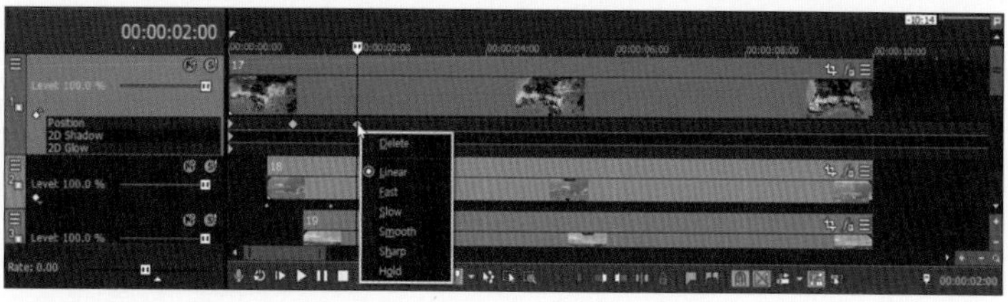

완성 파일 : example₩pip-3.mp4

CHAPTER 29

합성 모드로 원형 PIP 영상 만들기

미디어 제너레이터에 있는 미디어를 합성에 적합한 형태로 만든 다음, 이전에 배웠던 합성 모드를 사용하여 사각형이 아닌 원 모양으로 나타나는 PIP 영상을 만들어 보겠습니다.

01 새 프로젝트를 시작하고 미디어 제너레이터 윈도우에서 Color Gradient의 [타원형 흰색–검은색](Elliptical White to Black)을 타임라인으로 드래그합니다.

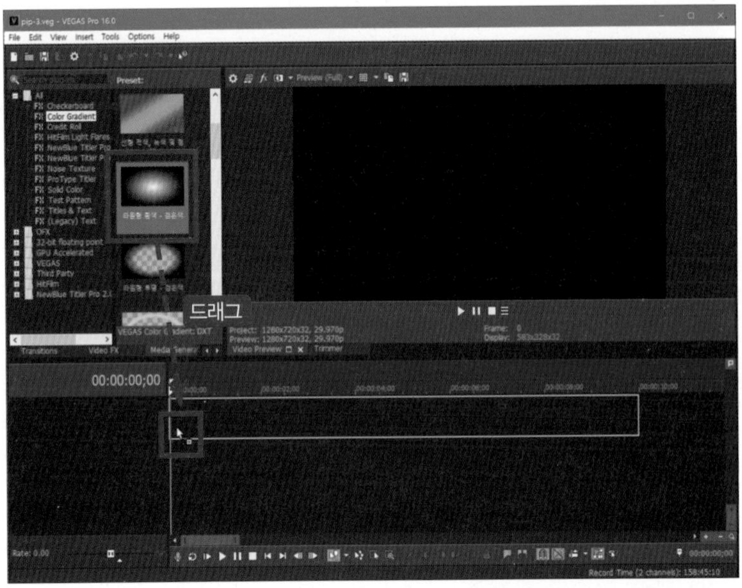

02 해당 미디어가 트랙에 등록되고 Video Media Generators 윈도우가 나타납니다. Control Points 창에서 숫자 ①을 클릭하고 ②번 영역과의 경계 쪽으로 드래그합니다. 그레이디언트 영역이 줄어들어 흰색과 검정색 영역의 경계가 뚜렷해집니다.

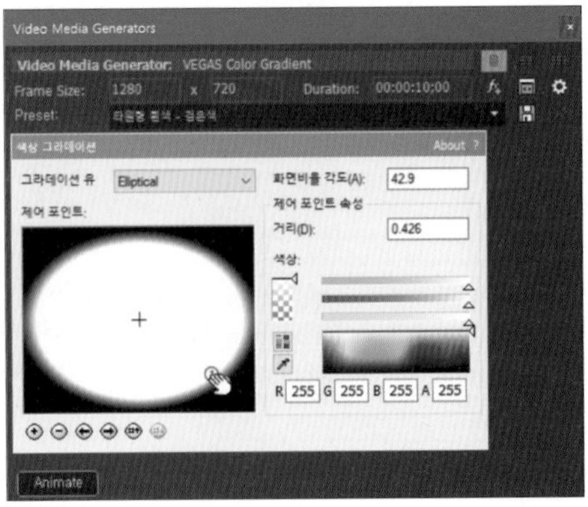

03 숫자 ②를 클릭하고 컬러바의 슬라이더를 가장 아래로 드래그하여 검정색 영역을 완전히 투명하게 만들어 줍니다.

04 Video Media Generators 윈도우를 닫고 익스플로러 윈도우를 통해 [source] 폴더에 있는 '22.mp4'와 '23.mp4' 파일을 각각 아래 트랙에 등록합니다.

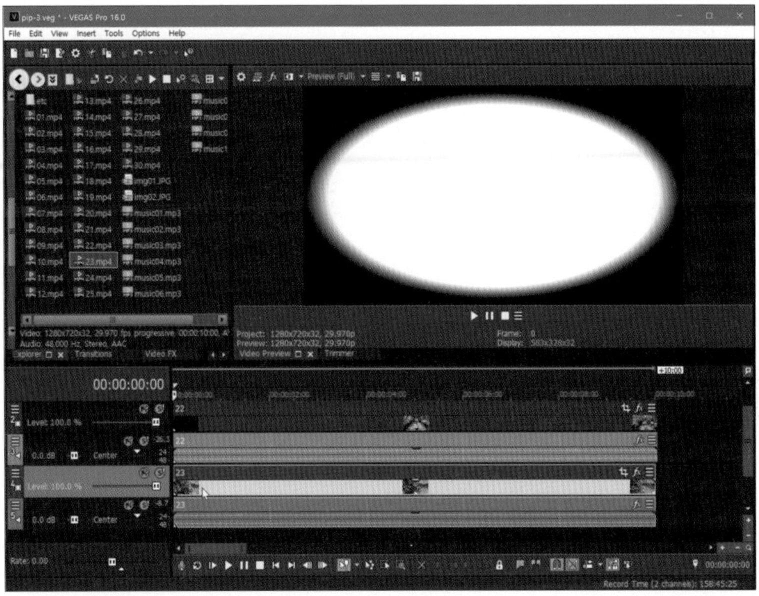

05 예제에서 오디오 부분은 사용하지 않을 것이므로 트랙 리스트에서 하나의 오디오 트랙을 클릭한 다음, Ctrl 키를 누른 상태로 또 다른 오디오 트랙을 클릭하여 두 오디오 트랙이 선택된 상태에서 delete 키를 눌러 트랙을 삭제합니다.

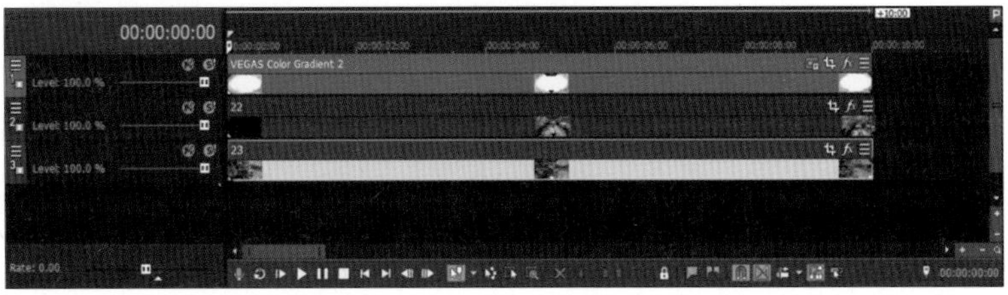

06 1번 트랙의 More 버튼을 클릭하고 Composite Mode 메뉴에서 Multiply (Mask)를 선택합니다.

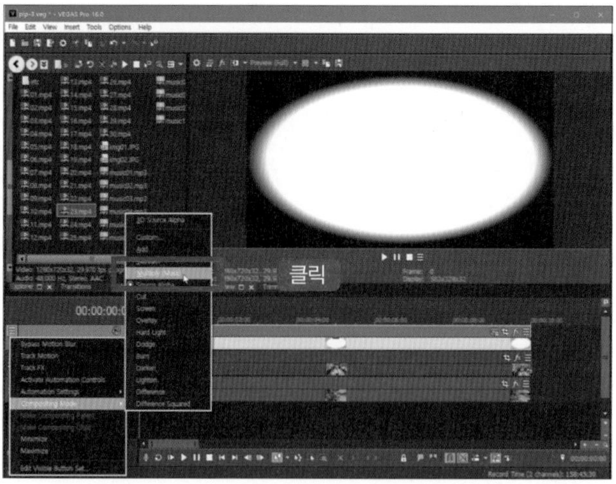

07 에디트 라인을 이동해 보면 1번 트랙의 흰색 영역을 통해 2번 트랙의 이벤트가 나타나는 것을 볼 수 있습니다. 2번 트랙의 More 버튼을 클릭하고 Make Compositing Child를 선택합니다.

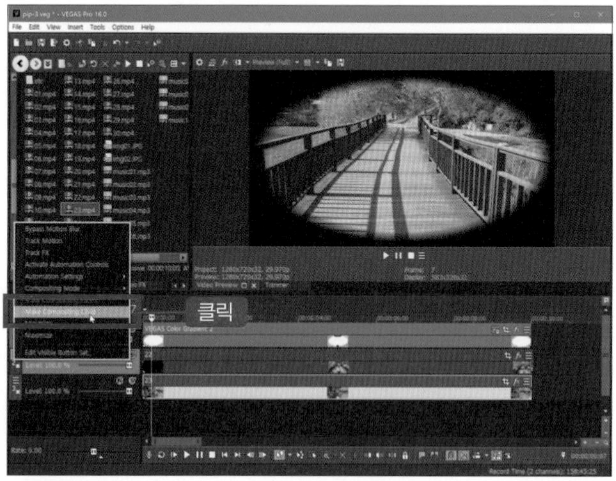

08 2번 트랙이 자식 트랙으로 설정되고 1번 트랙의 투명 영역으로 3번 트랙이 나타나게 됩니다. 1번 트랙의 Parent Motion 버튼을 클릭합니다.

09 Parent Track Motion 윈도우가 나타납니다. 여기에서 설정한 모션은 현재 트랙은 물론 자식 트랙에 함께 영향을 미치게 됩니다. PIP로 나타나게 할 것이므로 이벤트의 모서리에 있는 핸들을 드래그하여 이벤트의 크기를 줄여 줍니다.

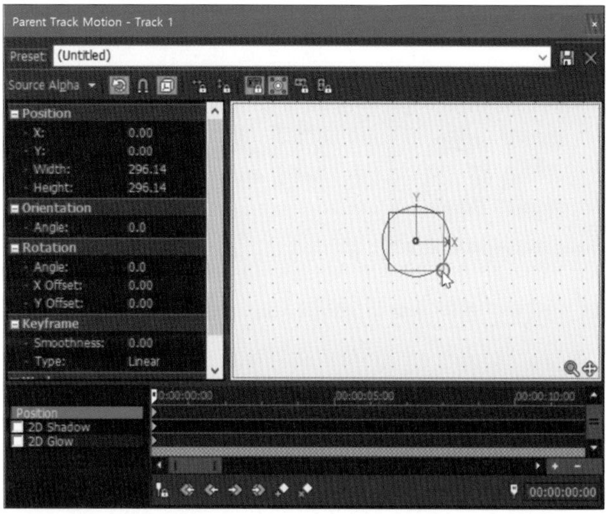

10 프리뷰 윈도우를 보면서 이벤트의 내부를 드래그하여 적절한 위치로 이동시켜 줍니다.

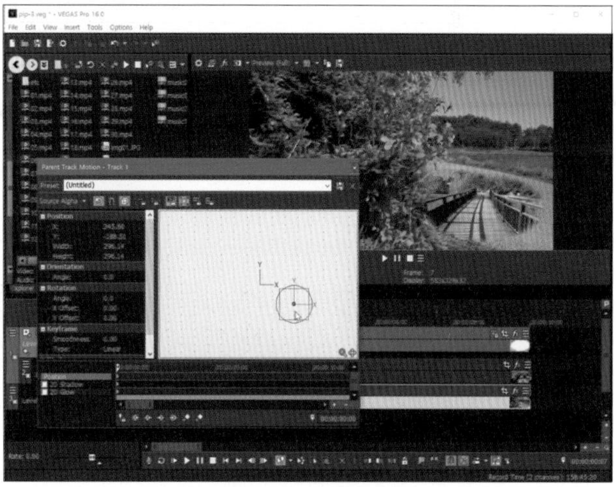

11 Parent Track Motion 윈도우를 닫고 프리뷰로 작업 결과를 확인합니다. 이러한 방식으로 동그란 형태의 PIP 영상을 원하는 곳에 위치시킬 수 있습니다.

CHAPTER 30 원하는 부분만 쏙! 마스크 애니메이션 만들기

마스크를 사용하면 특정 영역만 나타나게 함으로써 보다 다양한 목적을 위한 합성 작업에 유용합니다. 원하는 지점을 자유롭게 선택할 수 있으며 키 프레임을 지원하므로 마스크 애니메이션 제작도 가능합니다.

01 마스크 모드와 툴 박스

팬/크롭 윈도우의 Mask 옵션을 선택하면 원하는 형태의 마스크와 애니메이션을 만들 수 있습니다. 먼저 마스크 모드의 툴에 대해 살펴보도록 하겠습니다.

타임라인에 등록된 이벤트의 Event Pan/Crop 버튼을 클릭하여 Video Event FX 윈도우에서 타임라인 좌측의 Mask 옵션을 체크하면 마스크 모드로 전환됩니다.

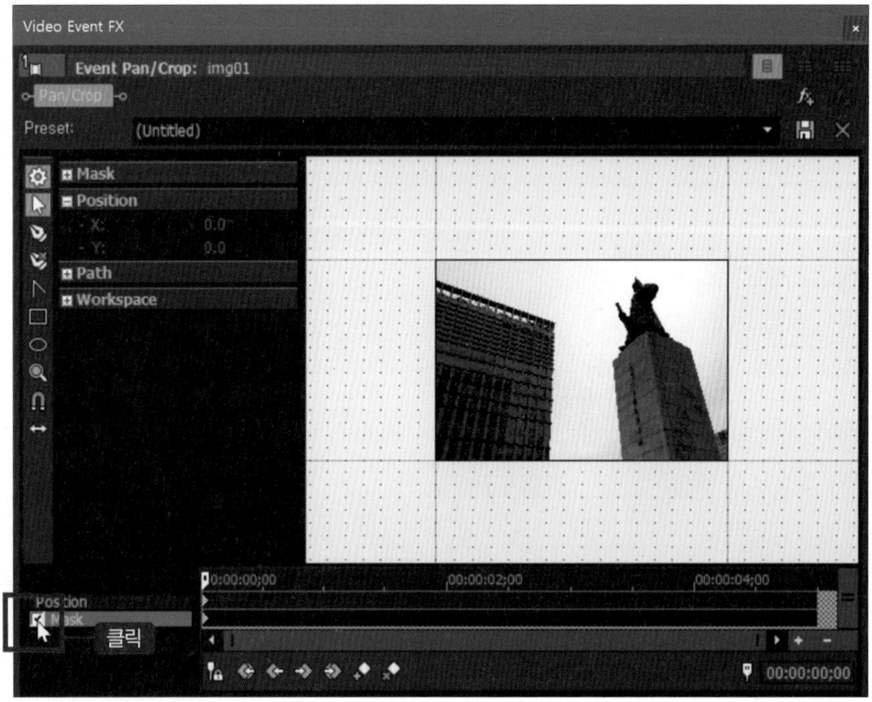

▲ 마스크 모드로 전환하기

마스크 작업을 위한 마스크 모드와 일반적인 팬/크롭 작업을 위한 Position 모드와의 전환은 각각 해당되는 타임라인을 클릭하면 됩니다.

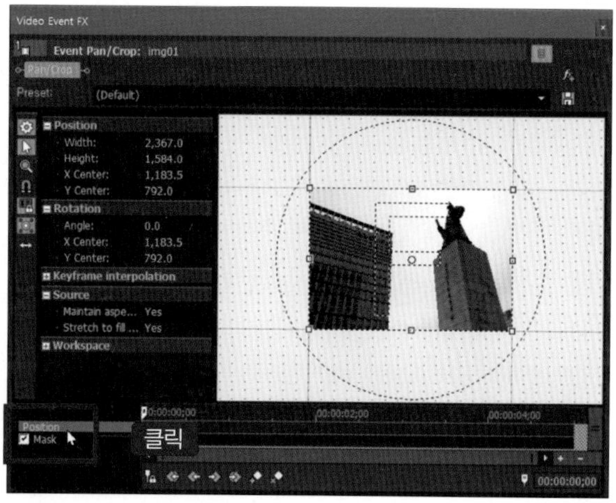

▲ Position을 클릭하면 Position 모드로 전환됩니다

마스크 모드에서 나타나는 툴 박스의 버튼은 다음과 같은 기능을 가지고 있습니다.

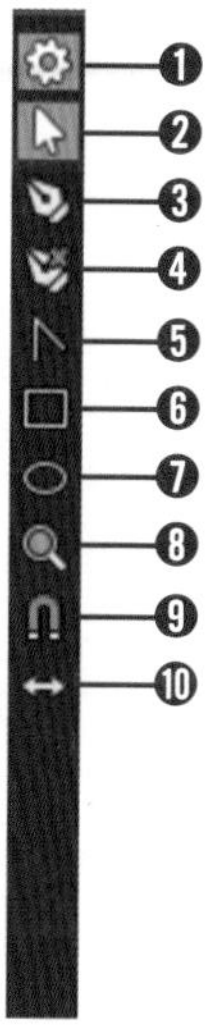

▲ 마스크 모드의 툴 박스

❶ Show Properties – 속성 메뉴가 나타나거나 사라지게 합니다. 속성 메뉴가 사라지면 그만큼 작업 영역이 넓어지게 됩니다.

❷ Normal Edit Tool – 마스크 영역이나 앵커 포인트의 위치를 변경합니다. Ctrl 키를 누른 채로 앵커 포인트 위를 클릭하면 Split Tangent 툴로, 패스 위를 클릭하면 Anchor Creation 툴로 변환됩니다.

❸ Anchor Creation Tool – 클릭한 지점에 앵커 포인트를 생성합니다. 앵커 포인트란 마스크의 형태를 이루는 각 꼭지점을 말합니다.

❹ Anchor Deletion Tool – 생성된 앵커 포인트를 삭제합니다.

❺ Split Tangent Tool – 앵커 포인터 위치를 변경함으로써 다양한 형태로 마스크를 변형할 수 있습니다.

❻ Rectangle or Square Mask Creation Tool – 사각형 형태의 마스크를 생성합니다.

❼ Oval or Circle Mask Creation Tool – 원형의 마스크를 생성합니다.

❽ Zoom Edit Tool – 작업 영역에 나타나는 이벤트의 크기를 확대합니다. 마우스 우측 버튼으로 클릭하면 축소됩니다. 마우스의 휠 버튼을 사용하여 확대/축소를 할 수도 있습니다.

❾ Enable Snapping – 앵커 포인트의 위치를 변경할 때 그리드에 맞춰지도록 합니다.

❿ Move Tool – 클릭할 때 마다 Move in X Only, Move in Y Only, Move Freely로 전환되며 각각 수평 방향, 수직 방향, 원하는 방향 등으로 앵커 포인트의 위치를 이동할 수 있습니다.

02 원하는 형태의 마스크 만들기

각 툴을 사용하여 마스크를 만들고 변형해 보도록 하겠습니다.

앵커 포인터를 생성하면 자동으로 각 앵커 포인트 사이를 잇는 패스가 만들어지며, 이 패스 영역 내부가 마스크 영역이 되어 이 영역을 제외한 나머지 영역을 통하여 하위 트랙의 이벤트가 나타나게 됩니다.

[source] 폴더에 있는 'img01.jpg' 파일을 예로 들어 보겠습니다. Anchor Creation Tool을 선택하고 작업 영역에 나타난 이벤트 내부에서 좌측 건물 외곽 부분을 차례로 클릭하여 패스를 만들어 나간 후, 마지막에 처음 클릭했던 지점을 다시 클릭합니다. Normal Edit Tool이 선택된 상태에서 Ctrl 키를 눌러도 앵커 포인트를 만들 수 있습니다. 마스크가 만들어지며 프리뷰 윈도우를 통해 결과를 볼 수 있습니다.

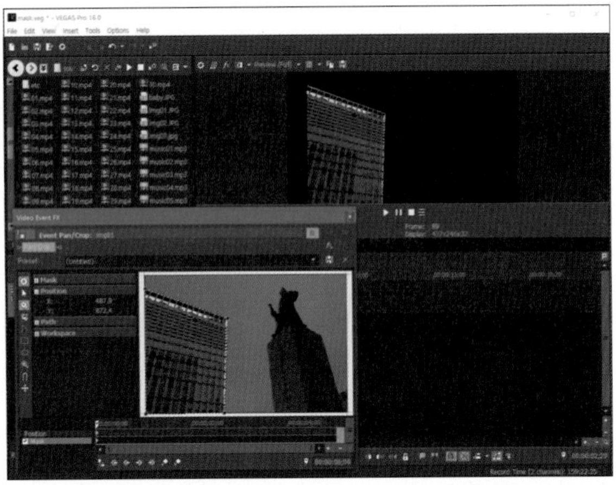

▲ 직선 패스를 갖는 마스크

곡선 형태의 패스를 만들 수도 있습니다. 우측의 동상 부분을 클릭하여 마스크를 만든 후 생성된 앵커 포인트를 드래그하면 패스를 곡선 형태로 변경할 수 있습니다. 연습이 필요하지만 더욱 정밀하게 원하는 부분만 마스크로 설정할 수 있습니다. 앵커 포인터를 자유롭게 원하는 방향으로 드래그하려면 Move Tool이 Move Freely로 되어 있어야 합니다.

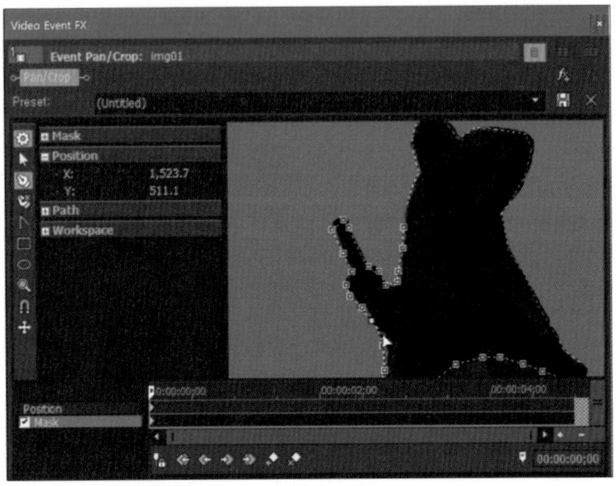

▲ 클릭한 다음 드래그하여 원하는 곡선을 만듭니다.

Anchor Creation Tool이 선택된 상태에서 이미 생성된 앵커 위에 마우스 포인터를 가져가면 Split Tangent Tool과 같은 형태로 포인터가 바뀌어 나타나며 앵커 포인터를 드래그함으로써 위치를 변경할 수 있습니다. 물론 앵커 포인트의 위치가 변경됨에 따라 패스의 형태도 달라지게 됩니다.

마스크 영역을 이동시킬 수도 있습니다. Normal Edit Tool을 선택한 후, 앵커 포인터가 나타나지 않는다면 일단 패스상의 임의의 지점을 클릭하여 앵커 포인터가 나타나도록 한 다음, Alt 키를 누른 채로 앵커 포인터 중 하나를 클릭합니다. 마스크 영역 전체가 선택되며 원하는 방향으로 드래그하여 이동시킬 수 있습니다. 마스크 영역 전체가 선택되면 모든 앵커 포인트가 노란색으로 나타납니다.

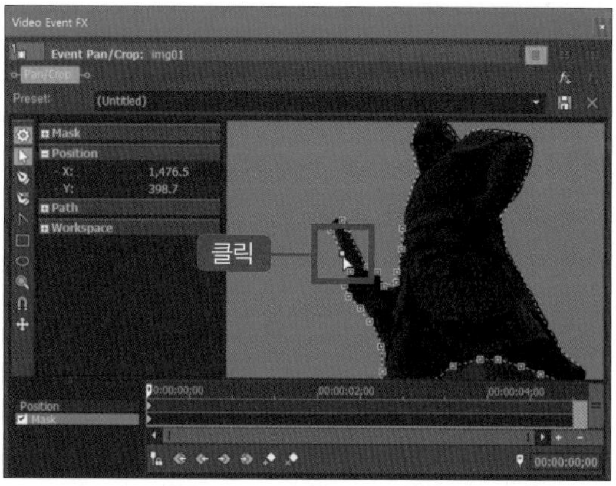

▲ Alt키를 누른 채로 앵커 포인트를 클릭

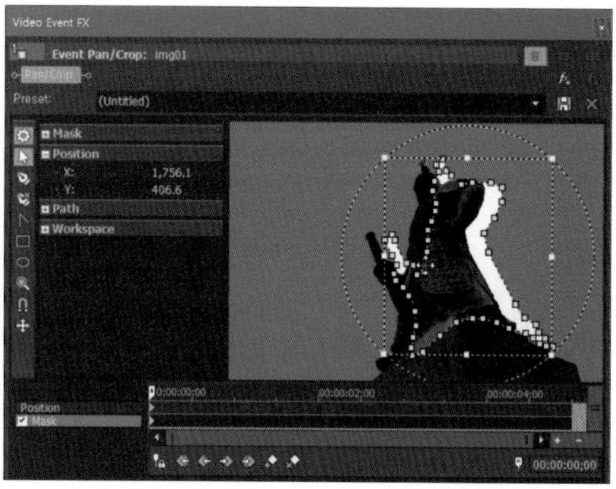

▲ 드래그로 마스크 영역 이동

참고하세요!

모든 앵커 포인트의 선택과 초기화하기

1) 전체 앵커 포인트 선택이 불편하다면 작업 영역에서 단축 메뉴를 열고 Select>All을 선택합니다.

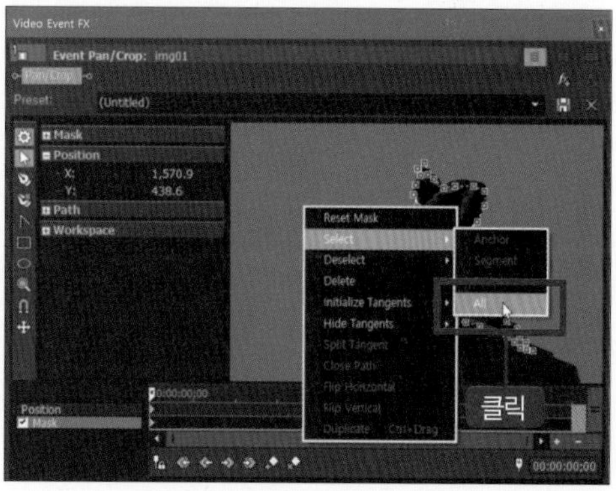

2) 앵커 포인트가 생성된 영역 내부를 드래그하면 전체 마스크 영역을 이동시킬 수 있습니다.

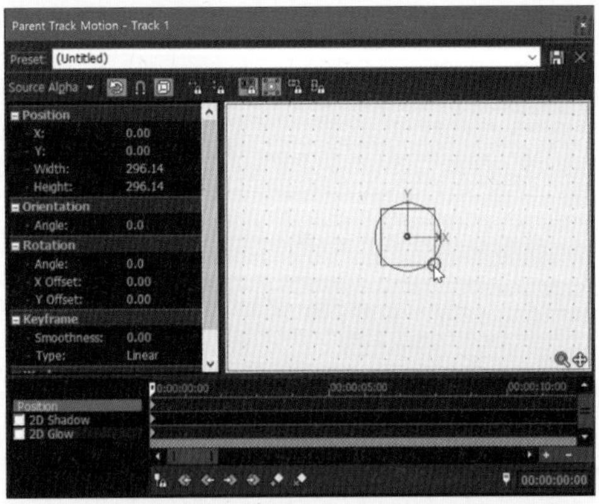

3) 생성된 마스크가 마음에 들지 않는다면 단축 메뉴에서 Reset Mask를 선택합니다. 마스크 영역이 없는 초기 상태로 되돌아가게 됩니다.

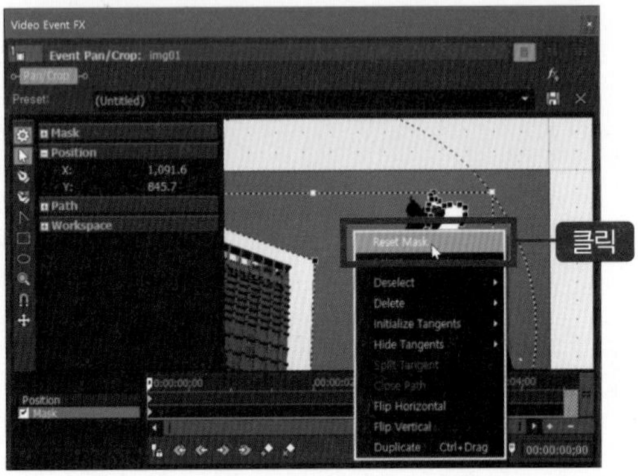

03 | 마스크 속성 살펴보기

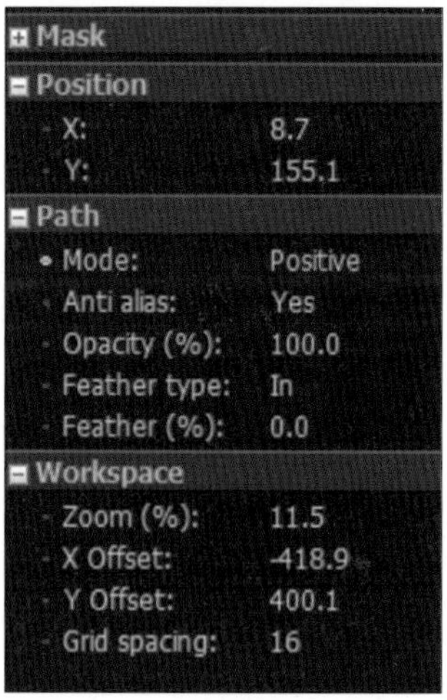

Position

선택된 앵커 포인트의 X 값과 Y 값을 변경할 수 있습니다. 패스 전체가 노란색으로 표시된 경우 마스크 영역 전체가 이동됩니다.

Path

- Mode – 마스크 영역의 사용 방식을 선택합니다. 두 개의 마스크가 서로 겹쳐져 있는 부분에 대해서도 각각 다른 결과를 나타냅니다.
  - Positive : 마스크 영역을 모두 사용합니다. 다른 마스크와 겹쳐진 부분도 모두 마스크로 동작합니다.
  - Negative : 마스크 영역을 반전합니다. 따라서 마스크로 설정된 영역이 투명하게 처리되어 하위 트랙의 이벤트가 나타납니다. 다른 마스크와 겹쳐진 부분은 마스크 영역에서 제외됩니다.
  - Disable : 선택된 마스크 영역을 사용하지 않습니다. 즉 실제로 마스크 영역은 존재하지만 마스크로써 동작하지 않습니다. 다른 마스크와 겹쳐진 부분은 마스크로 동작합니다.
- Anti alias – 마스크의 가장자리의 픽셀에 안티 앨리어스를 적용하여 부드럽게 나타나도록 합니다.
- Opacity – 마스크에 대한 투명도를 설정합니다. 디폴트 값은 100%이며 수치가 낮을수록 투명해져서 하위 트랙의 이벤트가 나타나게 됩니다.
- Feather type – 마스크의 가장자리를 부드럽게 해 주는 페더가 적용될 위치를 설정합니다.
- Feather – Feather 타입이 None이 아닌 경우에 활성화되며 마스크의 가장자리에 대한 부드러운 강도를 설정합니다. 수치가 높을수록 부드럽게 됩니다.

완성 파일 : example₩mask-1.mp4

CHAPTER 31

마스크를 사용하여 장면 전환하기

마스크를 사용하면 사용자가 원하는 형태로 장면을 전환할 수 있습니다. 트랜지션을 사용하는 것보다는 수고스럽지만 다양한 형태로 전환할 수 있기 때문에 독특한 분위기를 연출할 수 있습니다.

01 새 프로젝트를 시작하고 [source] 폴더에서 '17.mp4'와 '23.mp4' 두 파일을 타임라인의 두 트랙에 각각 등록하되 2초 정도 겹치도록 합니다.

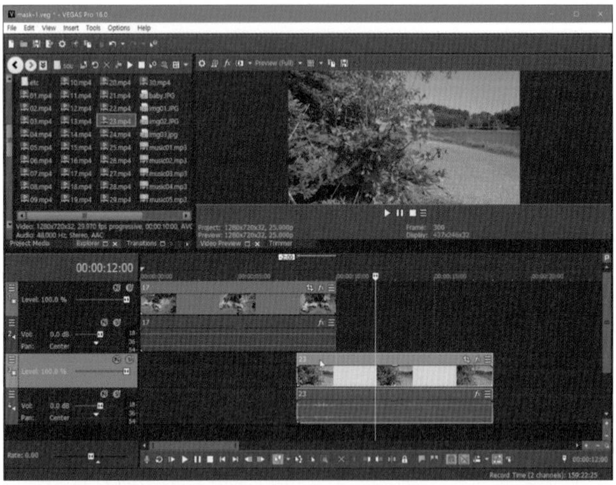

02 1번 트랙의 이벤트 우측에서 Event Pan/Crop 버튼을 클릭하여 Video Event FX 윈도우를 열고 Mask 옵션을 클릭합니다.

03 마스크 모드로 전환됩니다. 마우스의 휠 버튼을 아래로 드래그하여 이벤트가 작게 나타나도록 합니다.

04 에디트 라인이 시작 지점에 있는 것을 확인하고 Ctrl 키를 누른 상태에서 임의의 지점을 클릭하여 그림과 같은 형태로 마스크를 만들어 줍니다. 물론 Anchor Creation Tool을 사용해도 좋습니다.

05 마스크의 가장자리가 부드럽게 나타나도록 속성 메뉴에서 Path>Feather Type을 Both로 선택합니다.

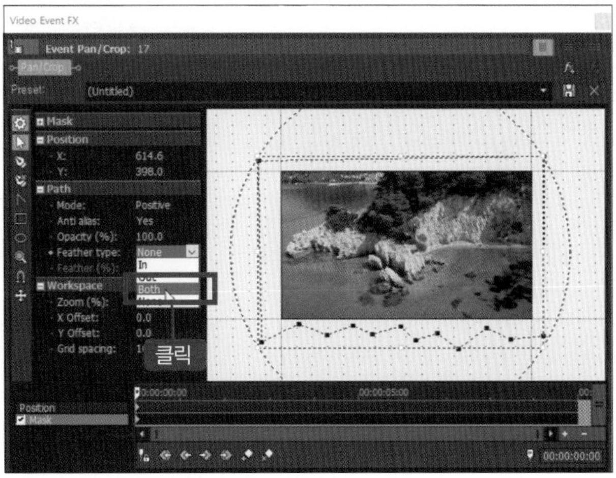

06 속성 메뉴에서 Path〉Feather 값을 10 정도로 설정합니다.

07 Mask의 타임라인에서 하위 트랙의 이벤트가 시작하는 지점인 8초 지점을 클릭하여 에디트 라인을 이동시키고 Create Keyframe 버튼을 클릭합니다. 즉, 시작 지점에서 이 지점까지는 마스크가 그대로 유지되어 현재 이벤트의 전체 영역이 그대로 나타나게 됩니다.

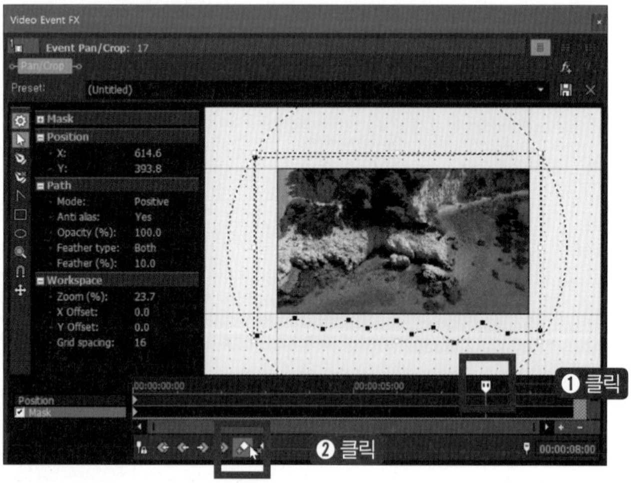

08 에디트 라인을 끝 지점에 둔 다음, 마스크 영역 내부를 클릭하고 그림처럼 위쪽으로 드래그하여 마스크 영역이 이벤트 위쪽으로 완전히 벗어나도록 합니다.

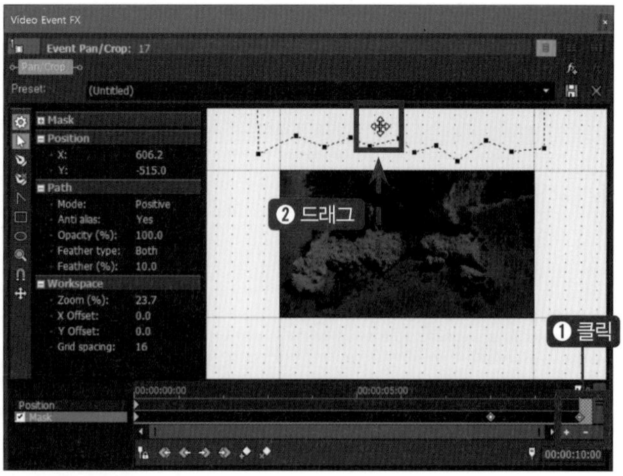

09 프리뷰로 작업 결과를 확인합니다. 두 이벤트가 겹치는 부분에서 1번 트랙의 이벤트가 아래쪽으로 물결 모양으로 사라지면서 하위 트랙의 이벤트로 전환되는 것을 볼 수 있습니다. 마스크의 형태에 따라 다양한 정면 전환 효과를 만들 수 있습니다.

완성 파일 : example₩mask-2.mp4

CHAPTER 32

베지어 마스킹으로 트랙 모션 사용하기

베가스 프로 16에 새롭게 추가된 베지어 마스킹을 사용하면 간단히 여러 형태의 마스크 영역을 만들 수 있으며 지정한 마스킹 영역의 이동에 따라 위치와 크기 등이 함께 변화하도록 트래킹 기능을 사용할 수 있습니다. 간단한 예제를 통해 베지어 마스킹 기능을 살펴보도록 하겠습니다.

01 새 프로젝트를 시작하고 [source] 폴더에서 '31.mp4' 파일을 타임라인에 등록한 다음, Video FX 윈도우에서 Bezier Masking 이펙트의 Default 프리셋을 타임라인의 이벤트 위로 드래그합니다.

02 프리뷰 윈도우를 보면 기본적으로 사각형 형태의 마스크가 생성되어 있는 것을 볼 수 있습니다. 마스크 주위의 핸들을 드래그하면 마스크 영역의 크기를 조절할 수 있으며 내부 영역을 드래그하여 마스크의 위치를 변경할 수도 있습니다. 마스크 영역을 이동시키고 크기도 조절하여 트럭 부분만 마스크 영역으로 설정합니다.

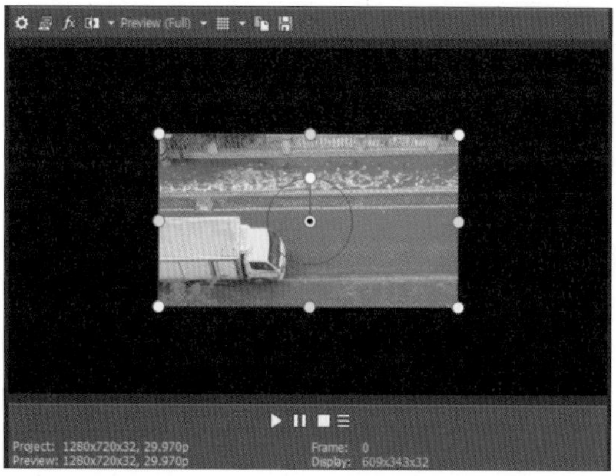

▲ 기본 상태

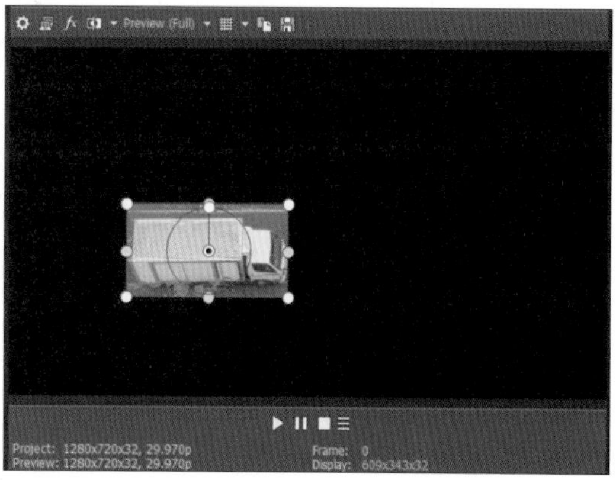

▲ 마스크 영역 변경

03 Video Event FX 윈도우에서 베지어 마스킹 FX의 속성을 볼 수 있습니다. 베지어 마스킹은 영상이 재생됨에 따라 마스크 영역의 위치와 크기가 변동되면 자동으로 이를 추적하여 일정하게 유지시키는 트래킹이 가능합니다. 현재 생성된 Mask1의 속성을 열고 Tracking〉Options〉Mode 메뉴에서 Size, Rotation, & Location을 선택한 후, Start 버튼을 클릭합니다. 크기와 회전 상태, 위치 등도 함께 트래킹되도록 하려는 것입니다.

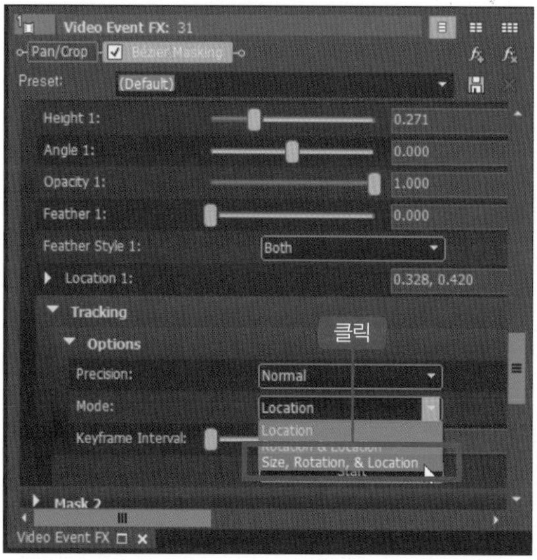

▲ Mode 선택

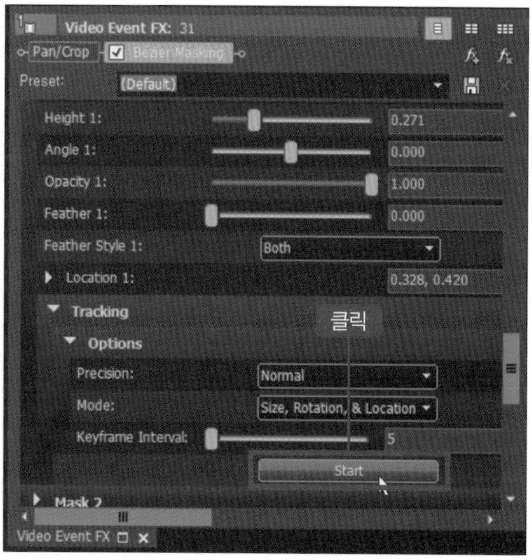

▲ Start 버튼 클릭

04 트래킹이 진행됩니다.

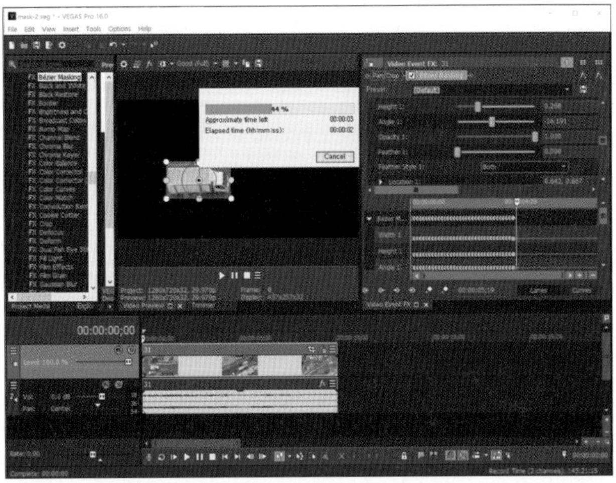

05 Video Event FX 윈도우의 타임라인에 위치 및 크기와 관련된 속성들에 대한 많은 키 프레임이 생성됩니다. 프리뷰해 보면 트럭의 움직임을 따라 마스킹 영역의 위치와 크기가 이동되는 것을 볼 수 있습니다.

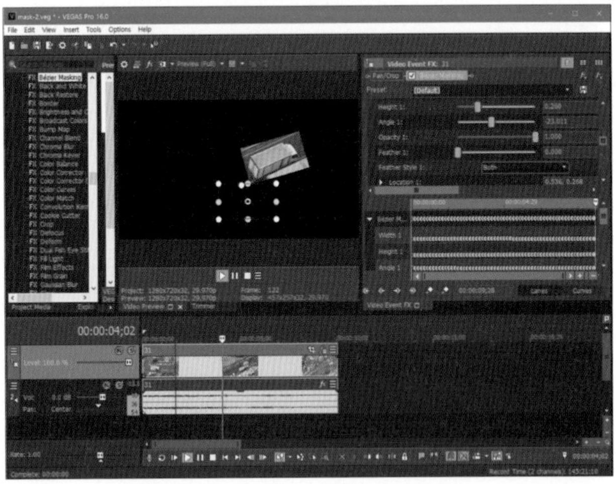

06 텍스트를 추가하고 함께 이동되도록 Tools〉Scripting〉Add Text To Motion Track을 선택합니다.

07 텍스트의 수평, 수직 위치를 설정할 수 있는 Text Position 대화 상자가 나타납니다. 기본값 그대로 두고 OK 버튼을 클릭합니다.

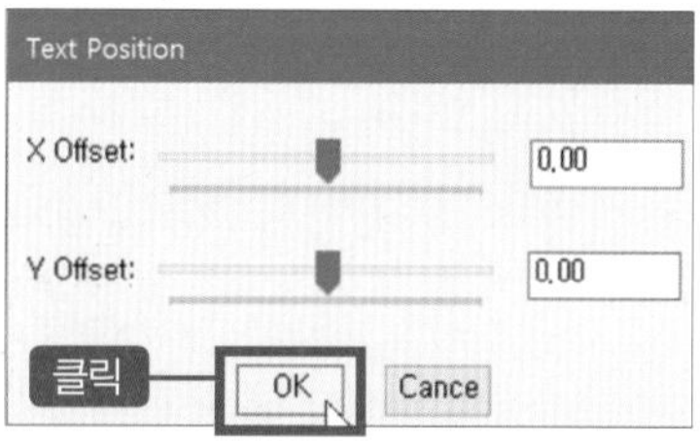

08 타임라인에 텍스트 이벤트가 추가되어 나타납니다. 입력된 텍스트를 수정하기 위해 텍스트 이벤트의 Generator Media 버튼을 클릭합니다.

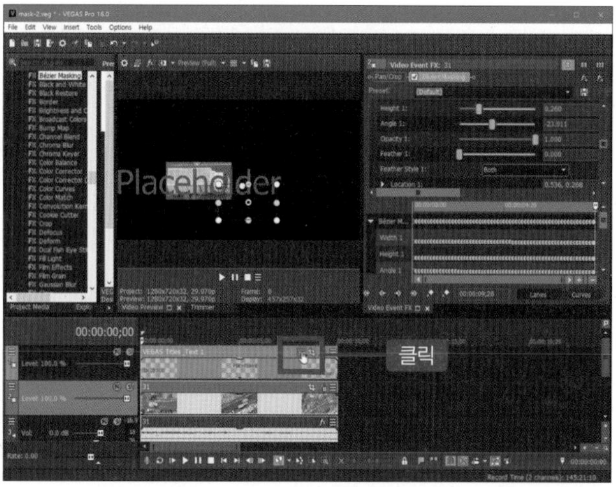

09 Video Media Generators 윈도우가 나타나면 '총알배송'이라고 입력한 다음, 하단의 속성 목록에서 문자의 색상과 크기 등을 조절합니다. 예제에서는 글꼴은 '나눔고딕'으로 선택하고 볼드체, 빨간색, 그리고 Scale은 0.500 등으로 설정했습니다.

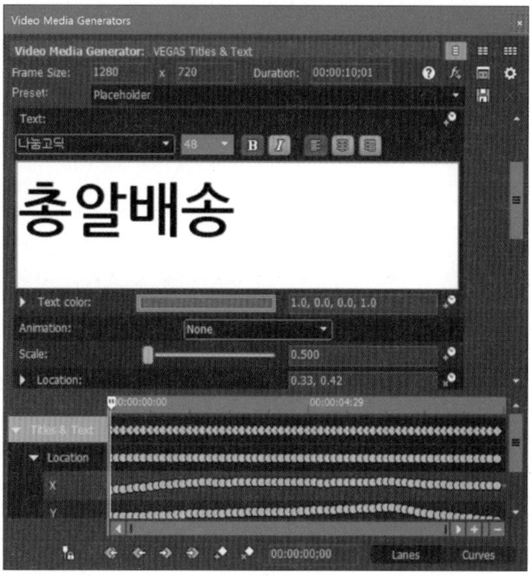

TIP 한글 입력의 경우, 프로타입 타이틀러와 달리 연속으로 입력하면 받침이 제대로 표시되지 않으므로 한 문자를 입력한 다음, 우측 방향키를 한 번 눌러서 커서를 이동하고 다음 문자를 입력해야 합니다.

10 프리뷰로 확인합니다. 텍스트도 함께 트래킹되는 결과를 볼 수 있습니다. 자동으로 생성된 트래킹 결과가 정확하지 않은 경우에는 키 프레임별로 수정해 주어야 합니다.

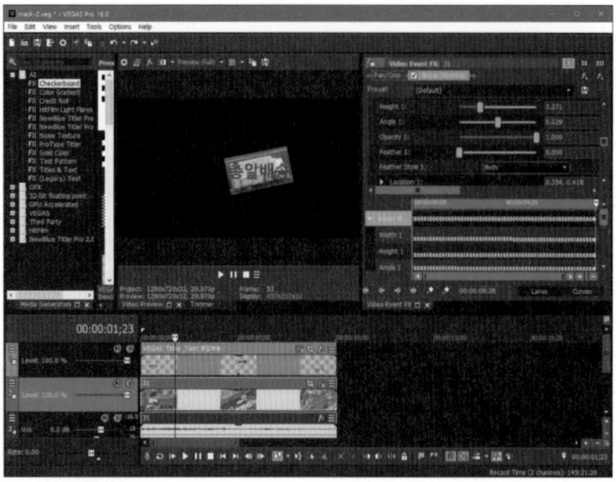

참고하세요!

텍스트만 트래킹하기

베지어 마스킹이 적용된 이벤트의 Video Event FX 윈도우에서 General Options〉Mask FX 속성의 체크박스를 체크 상태로 하면 전체 영역이 나타나게 되고 텍스트에 대해서만 모션 트래킹되는 결과를 볼 수 있습니다.

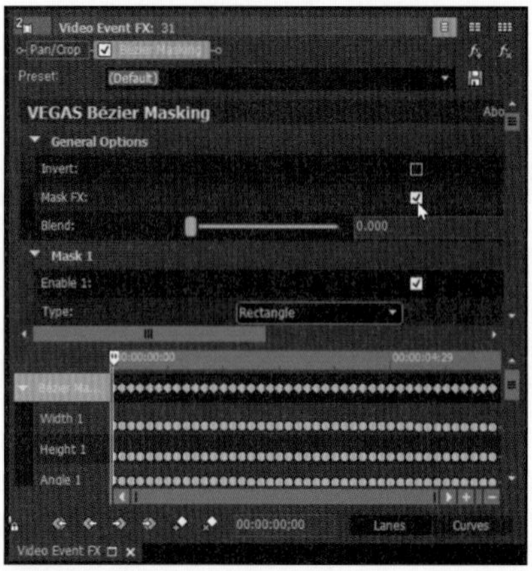

▲ Mask FX 체크

완성 파일 : example₩3d_move.mp4

CHAPTER 33

3D 형태로 이동하는 영상 만들기

3D 모드를 사용하면 손쉽게 입체적인 영상을 만들 수 있습니다. 아울러, 키 프레임을 생성할 수도 있어 3D 환경에서도 이동하는 애니메이션을 만들 수 있습니다. 3D source Alpha 합성 모드를 적용하고 트랙 모션 윈도우에서 3D 공간에서 이동하는 것 같은 애니메이션을 만들어 보도록 하겠습니다.

01 새 프로젝트를 시작하고 [source] 폴더에서 '27.mp4' 파일을 타임라인으로 드래그하여 등록한 다음, 비디오 이벤트가 등록된 트랙 리스트에서 More 버튼을 클릭하여 메뉴가 나타나면 Track Motion을 선택합니다.

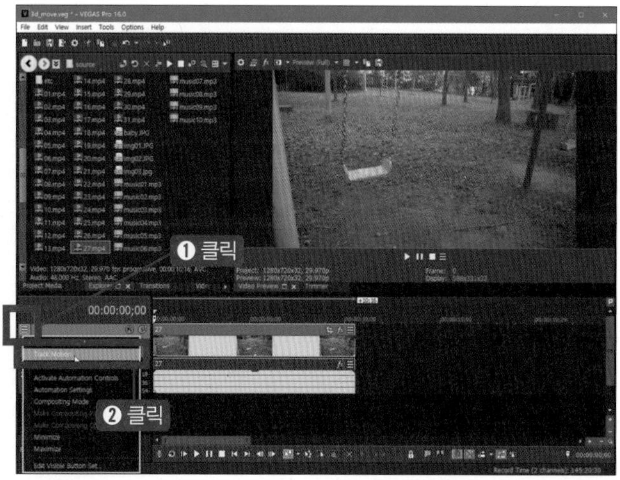

02 트랙 모션 윈도우가 나타납니다. 좌측 상단의 Compositing Mode 메뉴를 열고 3D source Alpha를 선택합니다.

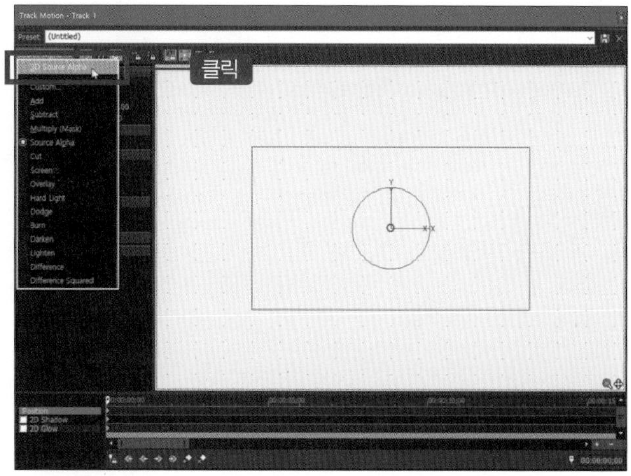

03 입체적인 3D 공간에서의 작업을 위해 트랙 모션 윈도우의 작업 영역이 4개의 뷰로 나타납니다. Top은 위, Left는 왼쪽, Front는 앞에서 본 모습을 보여 주며 Perspective 뷰는 원근감을 표시해 줍니다.

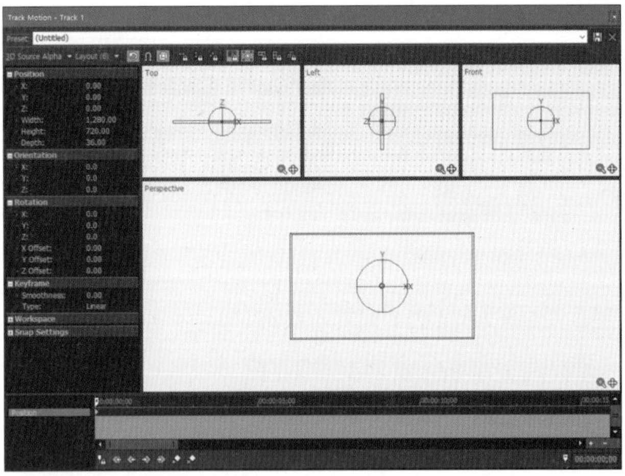

04 각 뷰는 그 위치를 이동할 수 있으며 마우스의 휠 버튼을 사용하여 이벤트의 크기를 다르게 표시할 수도 있습니다. 먼저 에디트 라인이 시작 지점에 있는 것을 확인하고 속성 메뉴에서 Orientation의 Y 값을 −20으로 변경한 다음 Enter 키를 누릅니다. 프리뷰 윈도우를 보면 이벤트의 좌측이 뒤로 이동하여 입체적으로 나타나는 것을 볼 수 있습니다.

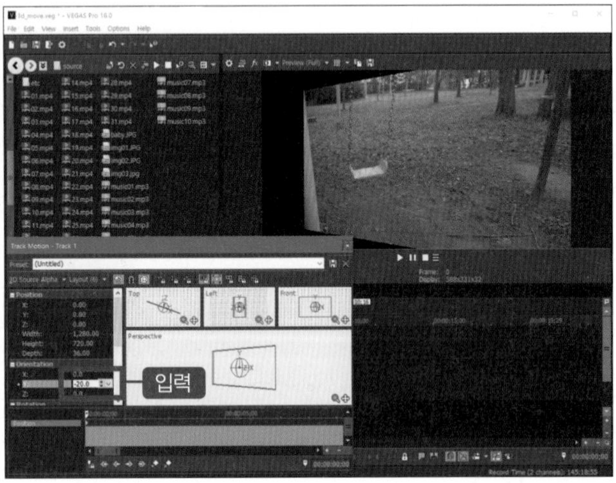

05 이어서 Position의 X 값을 −200으로 변경하고 Enter 키를 누릅니다. 이벤트가 좌측으로 이동합니다.

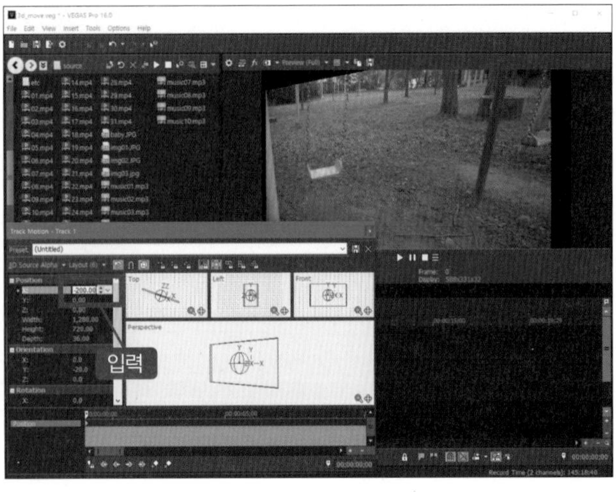

06 End 키를 눌러 에디트 라인을 이벤트의 끝 지점으로 이동시키고 Position의 Z 값에 3,000을 입력합니다.

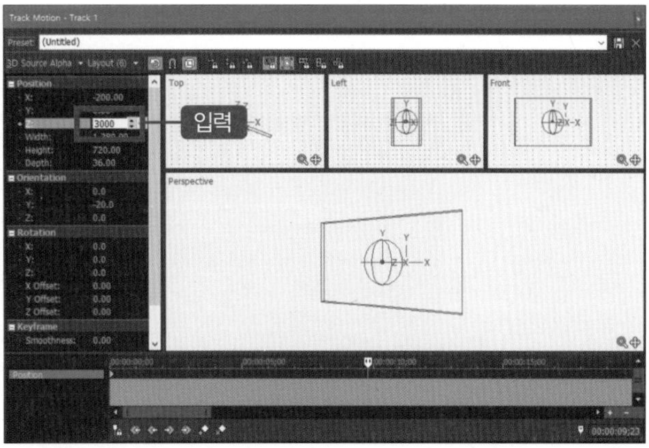

07 Enter 키를 눌러 변경된 값을 적용하고 프리뷰 윈도우에서 끝 지점에 에디트 라인을 위치시키면 이벤트가 작게 나타나는 것을 볼 수 있습니다. 즉, 멀리 날아간 것처럼 보이게 하는 것입니다. Position의 X 값은 수평으로, Y 값은 수직으로 이벤트를 이동시키는 데 비해 Z 값은 이벤트를 가까이, 또는 멀리 이동시킴으로써 크거나 작게 보이도록 합니다.

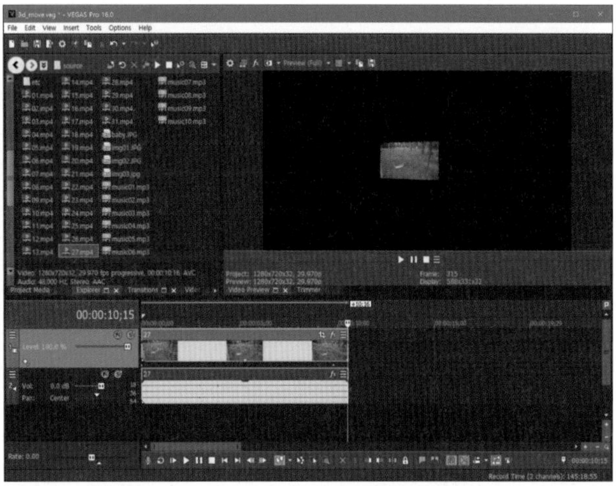

08 계속해서 Position의 X 값을 2,000으로 변경하고 Enter 키를 눌러 그림과 같이 이벤트가 화면 우측 끝에 위치하도록 합니다.

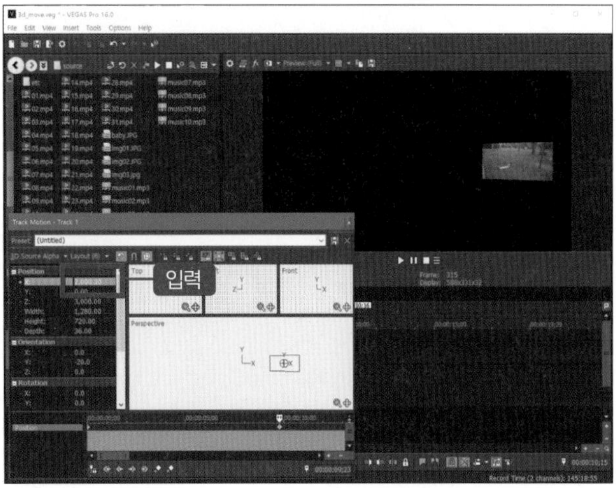

09 트랙 모션 윈도우를 닫고 비디오 이벤트가 등록되어 있는 1번 트랙의 트랙 리스트에서 단축 메뉴를 열어 Duplicate Track을 세 번 선택합니다.

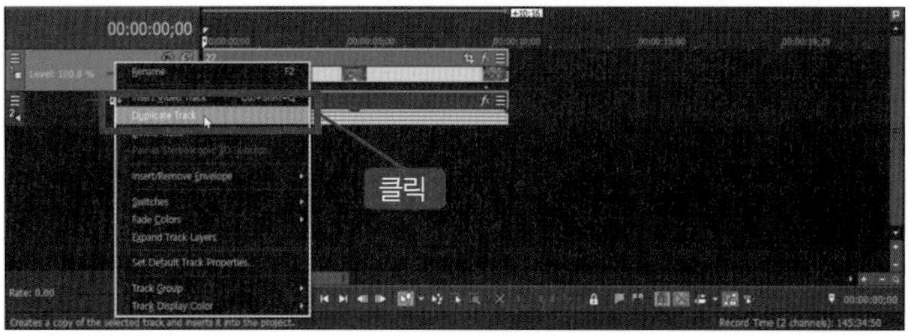

10 그림과 같이 3개의 비디오 트랙이 추가됩니다. 이러한 식으로 추가된 트랙은 이벤트는 물론 모션 속성과 같은 트랙 속성도 함께 복사되므로 별도로 트랙 모션을 설정해 줄 필요가 없습니다.

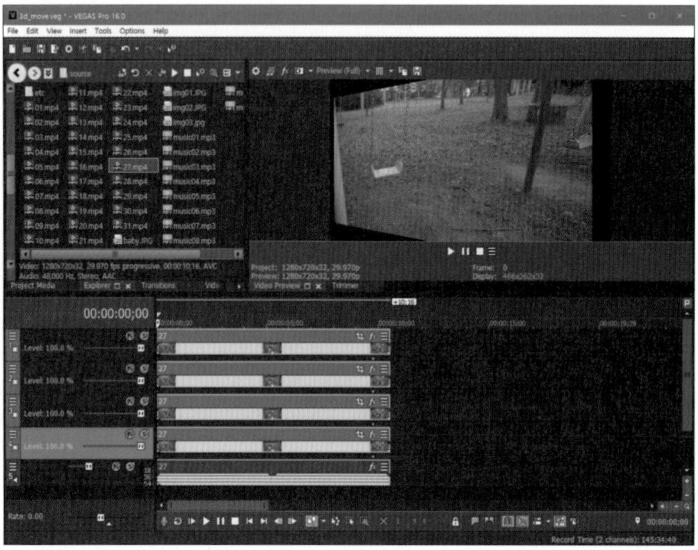

11 트랙의 바탕 부분을 클릭하여 이벤트의 선택 상태를 해제하고 2번 트랙의 이벤트를 2초 뒤로 드래그하여 이동시킵니다.

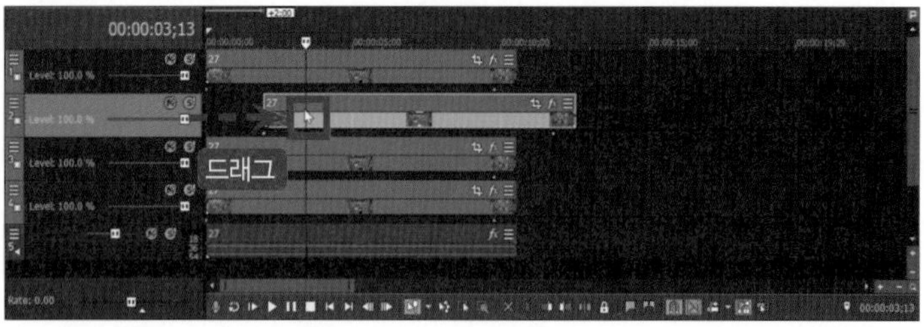

12 계속해서 3, 4번 트랙의 이벤트도 각각 상위 트랙보다 2초 뒤에 나타나도록 드래그하여 이동시킵니다. 일단 상위 트랙의 이벤트와 동일 지점으로 이동시킨 후, 타임라인의 위쪽에 표시된 이동 거리를 보면서 한 번 더 2초 뒤로 드래그해 주는 것이 편리합니다.

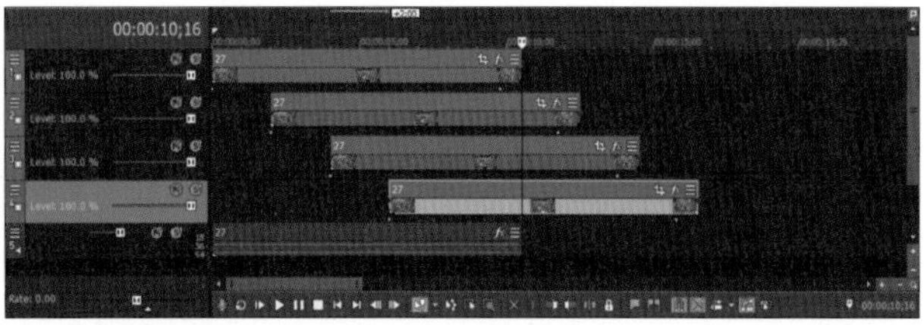

13 Video FX 탭에서 Border를 1번 트랙의 이벤트로 드래그합니다.

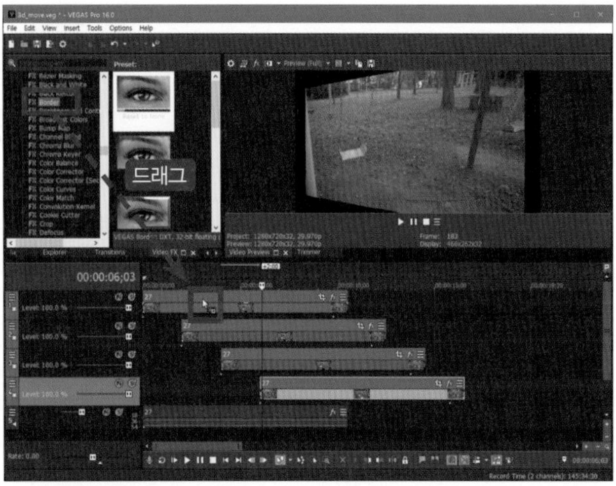

14 Video Event FX 윈도우가 나타납니다. 이벤트의 테두리와 색상을 적절히 설정합니다.

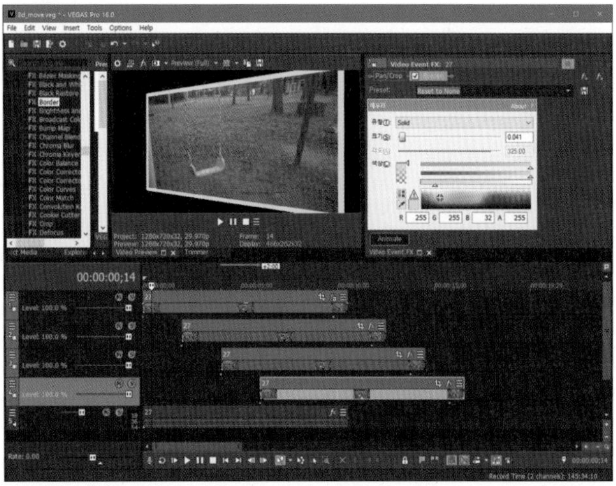

15 1번 트랙에 등록된 이벤트의 단축 메뉴를 열고 Copy를 선택한 다음, 나머지 2, 3, 4번 트랙의 이벤트 단축 메뉴에서 Paste Event Attributes를 선택합니다. 복사된 이벤트의 속성만 붙여넣기 하려는 것입니다.

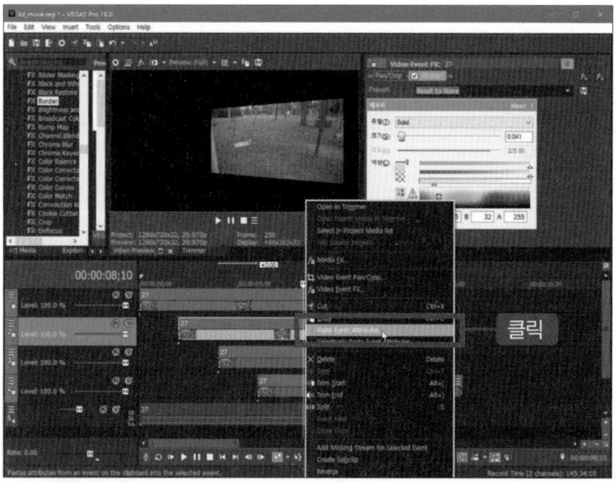

16 익스플로러 윈도우에서 '14.mp4' 파일을 타임라인으로 드래그하여 가장 하위 트랙에 등록하고 4번 트랙의 이벤트가 끝나는 지점과 동일하게 길이를 조절해 줍니다.

17 오디오 이벤트가 등록되어 있는 5번 트랙을 삭제하고 프리뷰로 결과를 확인합니다. 입체적으로 변화된 영상이 배경 영상위에서 순차적으로 이동되는 것을 볼 수 있습니다.

CHAPTER 34

레이어 스타일을 다운로드하여 특별한 타이틀 만들기

베가스 프로에서도 다양한 스타일의 타이틀을 만들 수 있지만 레이어 스타일이 적용된 포토샵 파일을 다운로드하고 원하는 문자로 수정하면 더욱 독특한 타이틀을 만들 수 있습니다. 물론 배경은 투명하게 처리되므로 베가스 프로에서 배경 영상이나 이미지와 자연스럽게 합성할 수 있습니다.

01 웹 브라우저를 통해 http://www.brushesdownload.com에 접속합니다. 독특한 타이틀 제작을 위한 포토샵 레이어 스타일 파일을 무제한으로 다운로드할 수 있는 브러쉬 다운로드 사이트가 나타납니다. 상단의 메뉴에서 LAYER STYLES를 클릭합니다.

02 수많은 레이어 스타일이 나타납니다. 아래쪽의 '13 ICE Test FX Photoshop Layer Styles'를 클릭해 봅니다.

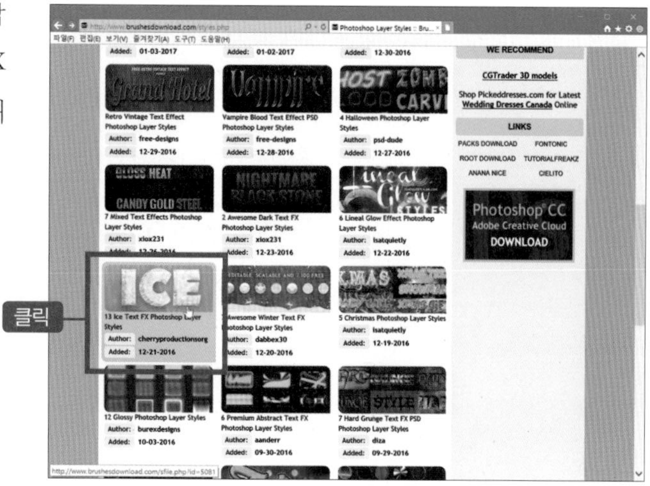

03 해당 스타일에 대한 설명이 나타납니다. 아래쪽에 있는 Download 버튼을 클릭합니다.

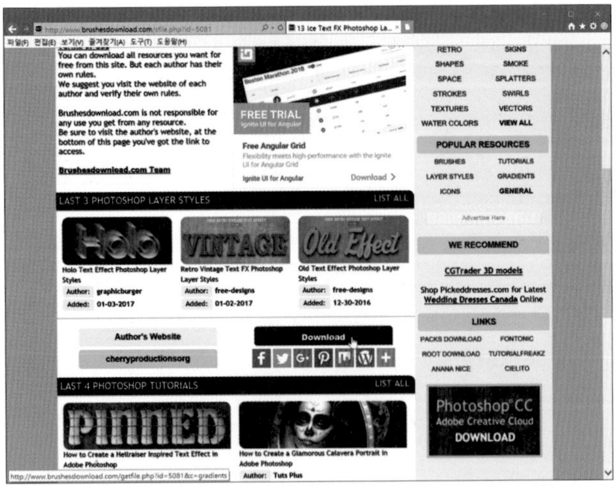

04 스타일에 대한 미리 보기 화면이 나타나면 우측에 있는 Download 버튼을 클릭합니다. Download 버튼은 스타일에 따라 다른 위치에 나타나기도 합니다.

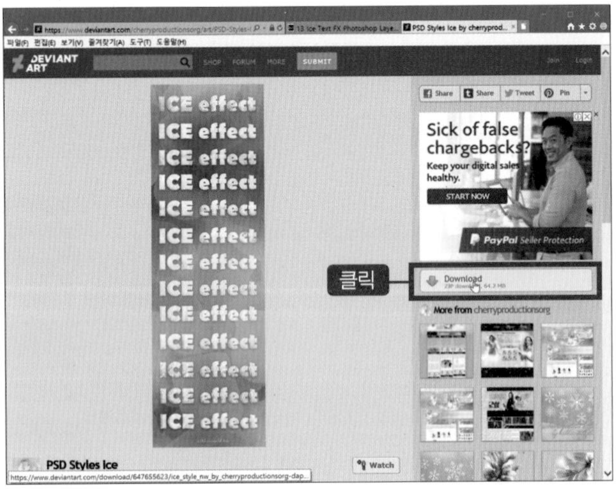

05 다운로드를 위한 창이 나타나면 [저장] 버튼을 클릭하여 다운로드합니다. 다운로드한 파일은 특별히 위치를 지정하지 않은 경우 [내문서>다운로드] 폴더에 저장됩니다.

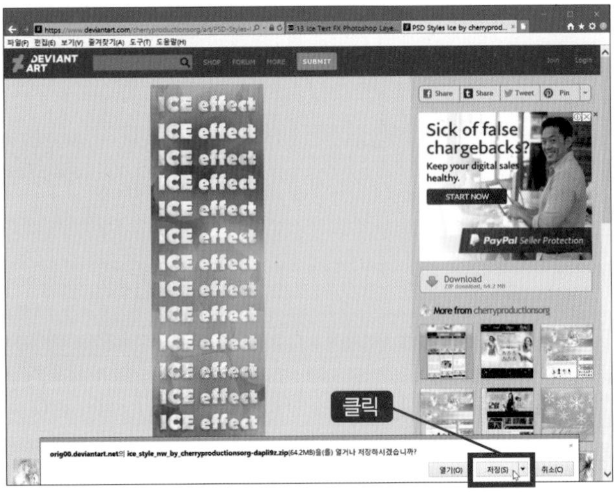

06 다운받은 압축 파일을 풀면 두 개의 파일이 나타납니다. 하나는 미리 보기용 파일이며 다른 하나는 포토샵 psd 파일입니다. 포토샵을 실행하고 psd 파일을 불러옵니다. 레이어 패널을 열고 문자를 클릭하면 문자의 각 행 마다 하나의 레이어로 구성되어 있음을 확인할 수 있습니다. 레이어 패널이 보이지 않는다면 Window〉Layers를 선택하면 됩니다. 아래에서 두 번째 문자를 사용해 보기 위해 클릭합니다.

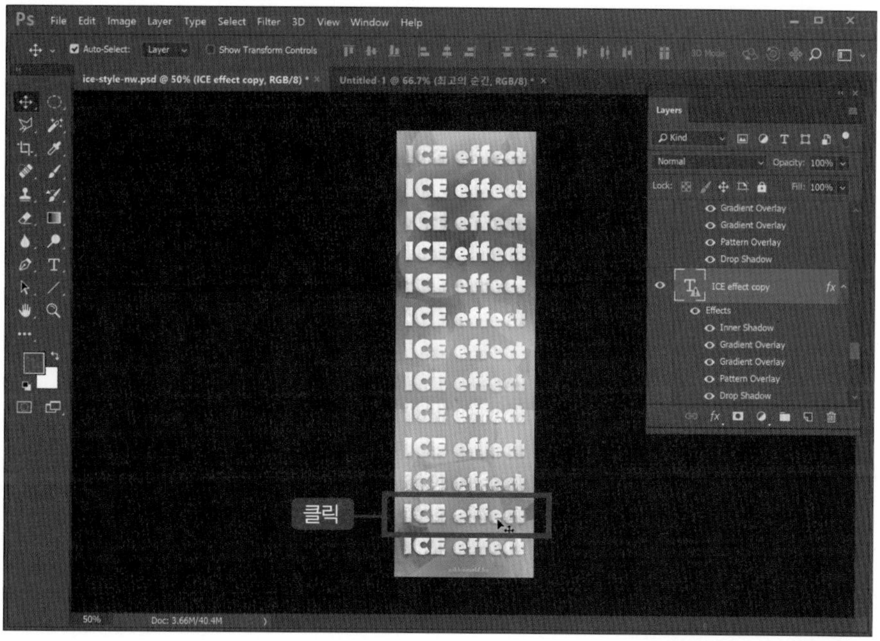

07 문자를 원하는 내용으로 수정하기 위해 레이어 패널에서 'T'로 표시된 부분을 더블 클릭합니다. 느낌표가 붙어 있는 것은 동일한 폰트가 설치되어 있지 않기 때문입니다.

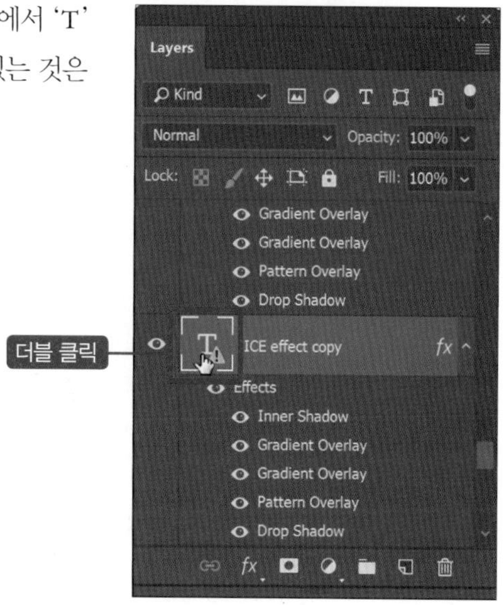

08 지정된 폰트가 없다는 메시지가 나타납니다. OK 버튼을 클릭합니다.

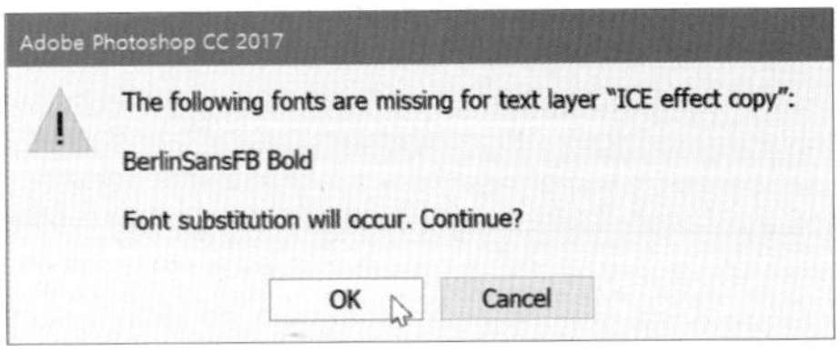

09 해당 문자열이 선택 상태로 나타납니다. 원하는 문자를 새로 입력합니다. 예제에서는 '속까지 시원하다!'라고 입력했습니다. 기본적으로 문자의 크기가 달라 문자가 전부 보이지 않습니다. 일단 상단의 ∨ 버튼을 클릭하여 적용합니다.

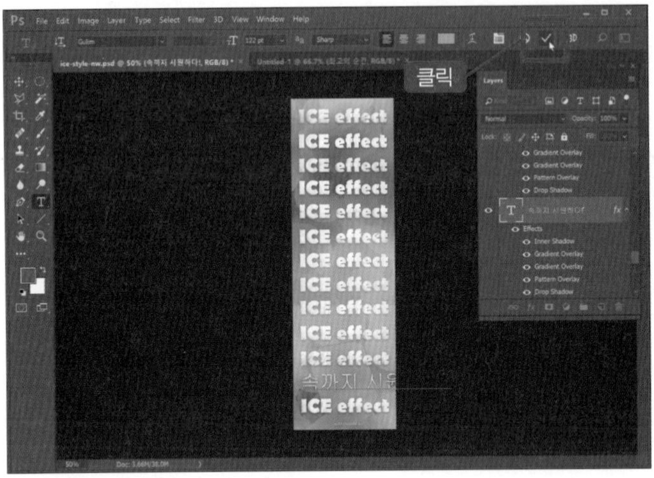

10 Window〉Character를 선택하여 Character 패널이 나타나도록 하고 새로 입력한 문자의 폰트와 크기를 변경합니다. 선택한 폰트에 따라 크기도 달라지므로 적절히 조절해 주도록 합니다. 예제에서는 Adobe Gothic Std 폰트를 사용했으며 크기는 80pt로 설정했습니다.

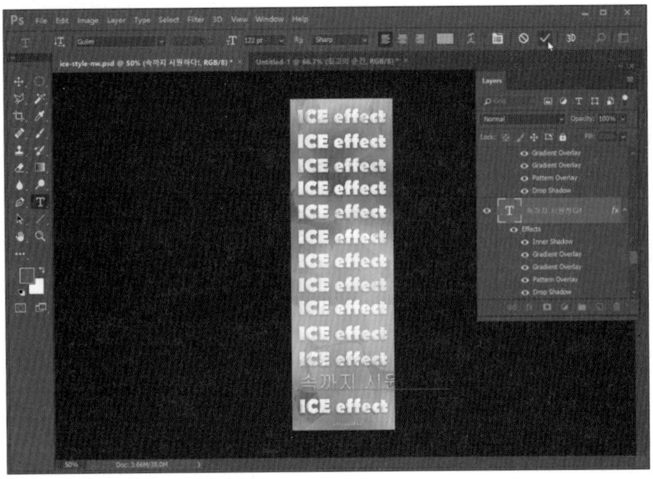

11 수정한 문자를 베가스에서 사용할 수 있도록 저장합니다. 레이어 패널에서 해당 레이어를 마우스 우측 버튼으로 클릭하고 메뉴에서 Quick Export As PNG를 선택하면 곧 바로 PNG 파일로 저장할 수 있지만 최종 결과를 확인하고 옵션도 선택할 수 있도록 Export As를 선택합니다.

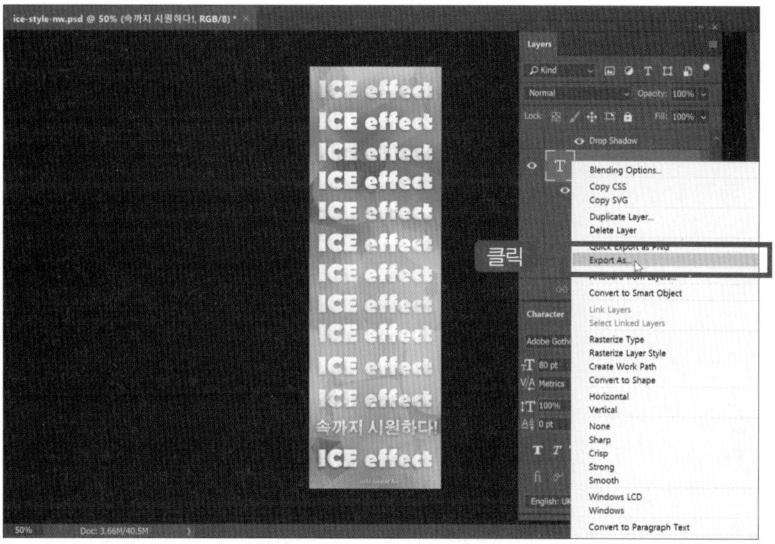

12 Export As 창이 나타납니다. 기본적으로 PNG 포맷이 선택되어 있으며 배경이 투명하게 처리되도록 Transparency 옵션이 선택되어 있습니다. 우측 하단의 Export All 버튼을 클릭합니다.

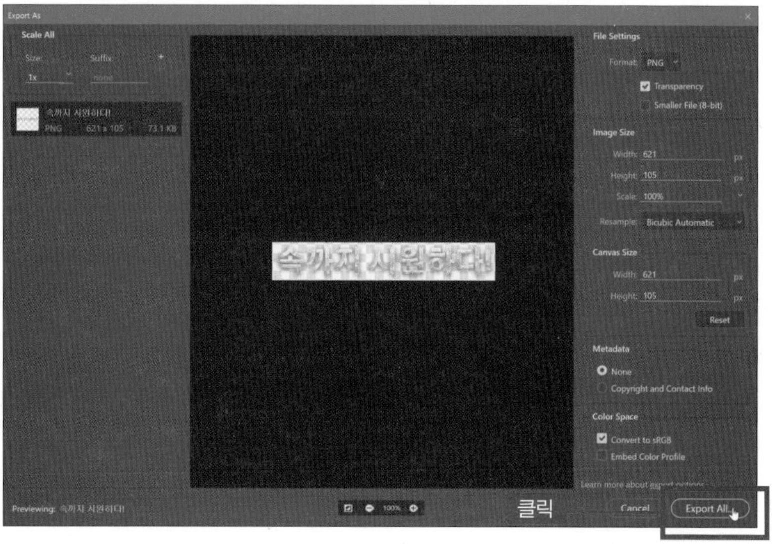

13 이어서 Export 대화 상자가 나타나면 파일이 저장될 폴더로 이동하고 적절한 이름을 입력한 후, [저장] 버튼을 클릭합니다.

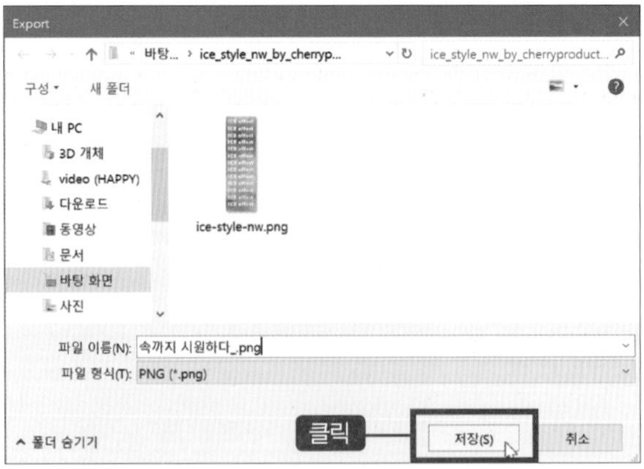

14 베가스 프로를 실행하고 앞에서 만든 PNG 포맷의 타이틀을 상위 트랙에, 배경 영상을 하위 트랙에 등록합니다. 색다른 형태의 타이틀을 볼 수 있습니다.

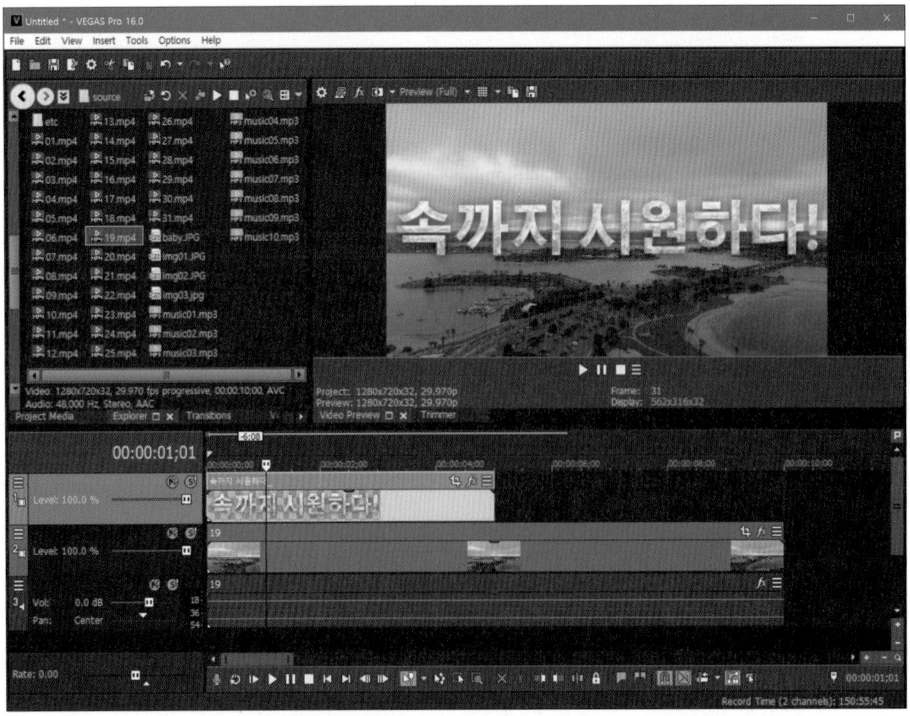

CHAPTER 35

레이어 스타일을 스타일 목록에 추가하여 적용하기

타이틀 작업을 위해 다운로드한 파일을 매번 포토샵에서 불러와 작업하는 것이 번거롭다면 아예 스타일 목록에 등록해 사용하면 됩니다. 원하는 문자를 입력한 후 스타일을 클릭해 주면 간단히 지정된 스타일이 적용됩니다. 레이어 스타일을 스타일 목록에 등록한 다음 이것을 적용하는 방법을 차례로 살펴보겠습니다.

01 포토샵에서 레이어 스타일을 적용한 레이어 목록에서 우측의 빈 부분을 더블 클릭하거나 아래의 fx 버튼을 클릭하고 Blending Options를 선택합니다. 또는 레이어 목록을 마우스 우측 버튼으로 클릭하고 메뉴에서 Blending Options를 선택해도 됩니다.

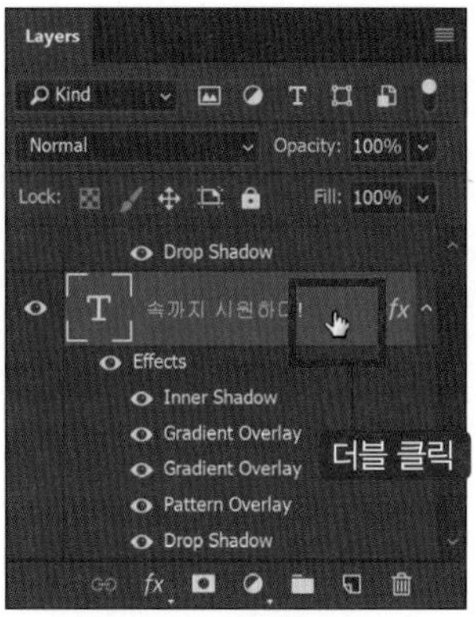

▲ 레이어 목록의 빈 부분을 더블 클릭

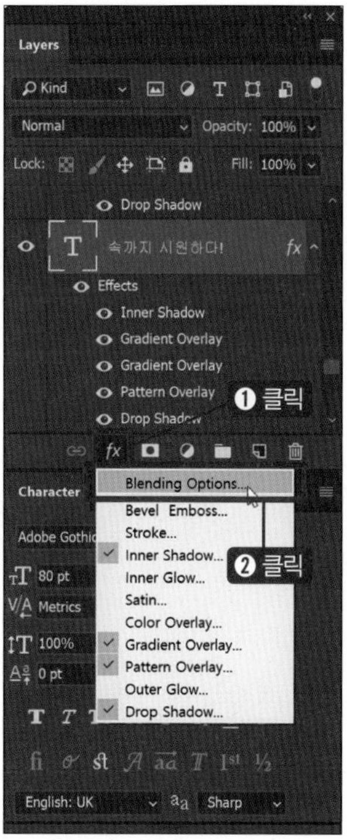

▲ Blending Options를 선택

02 Layer Style 창이 나타납니다. 좌측에는 현재 레이어에 적용된 옵션들이 표시되어 있으며 각 옵션을 클릭하여 세부 속성을 수정, 변경할 수 있습니다. 우측에 있는 New Style 버튼을 클릭합니다.

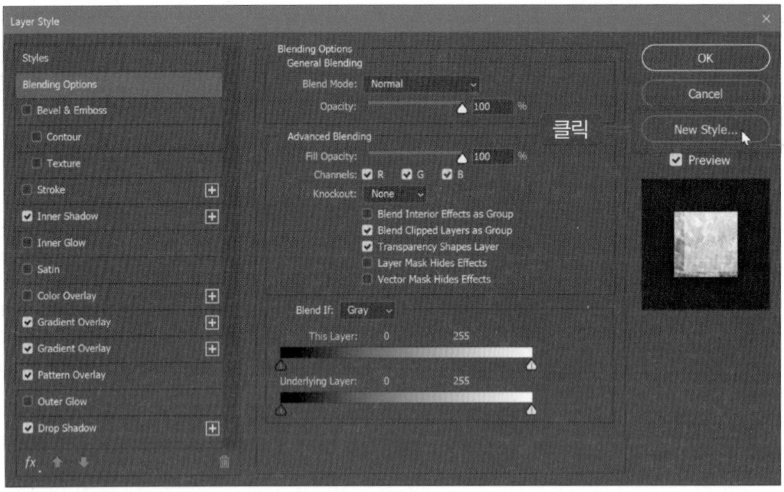

03 New Style 창이 나타납니다. 적절히 알기 쉬운 이름을 입력하고 OK 버튼을 클릭합니다.

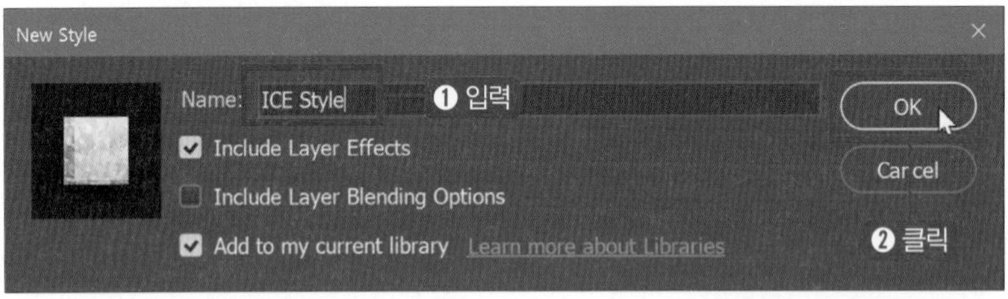

04 다시 Layer Style 창으로 돌아와 OK 버튼을 클릭하여 창을 닫고 메인 메뉴에서 Window〉Styles를 선택합니다. Styles 패널이 나타나고 가장 아래에 새로 추가한 스타일이 나타나는 것을 볼 수 있습니다.

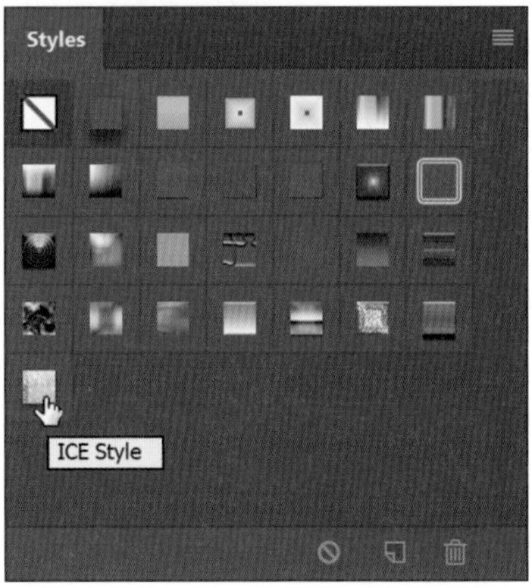

05 따라서 새로 문자를 입력한 다음, 문자 레이어가 선택된 상태에서 스타일을 클릭하기만 하면 간단히 해당 레이어 스타일이 문자에 적용됩니다.

▲ 스타일 클릭

▲ 스타일이 적용된 문자

06 앞에서 보았던 것처럼 레이어 패널에서 단축 메뉴를 열고 Export As를 선택해 배경을 투명하게 PNG 파일로 저장해 사용할 수 있습니다.

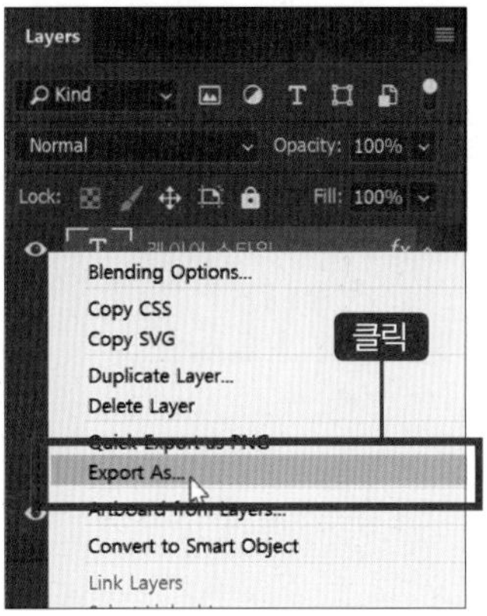

▲ Export As 선택

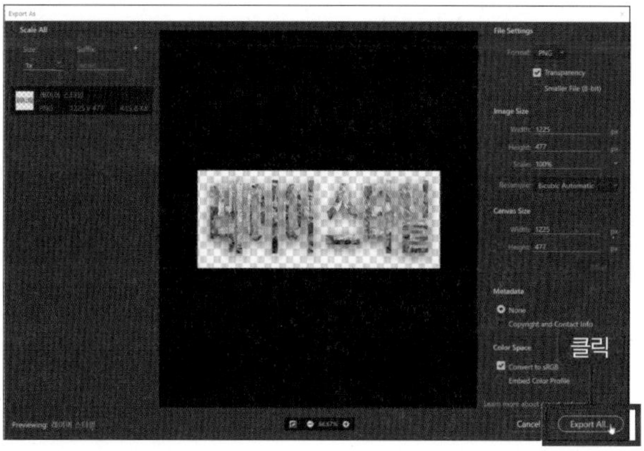

▲ Export All 클릭하여 파일 저장

07 스타일 파일을 다운로드한 후 파일을 열어 보면 PSD 파일이 아니가 포토샵 스타일 파일 포맷인 asl 파일이 존재하는 경우도 있습니다. 이럴 때는 asl 파일을 포토샵이 설치된 폴더에서 Presets〉Styles 폴더에 복사한 다음, 포토샵을 다시 시작합니다.

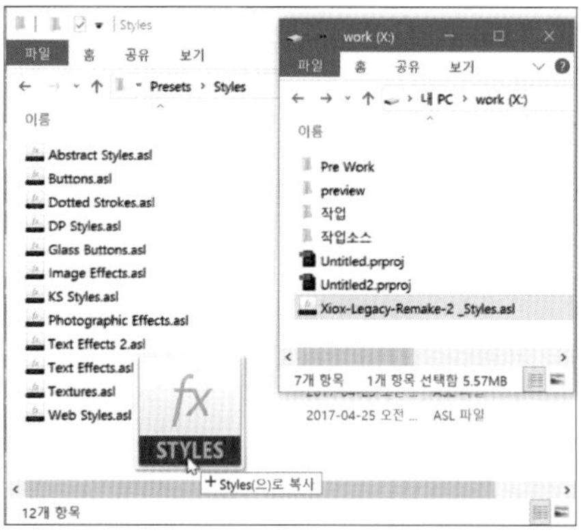

08 문자를 입력하고 선택 상태에서 Styles 패널 우측의 메뉴 버튼을 클릭하고 아래에 추가된 새로운 스타일을 선택합니다.

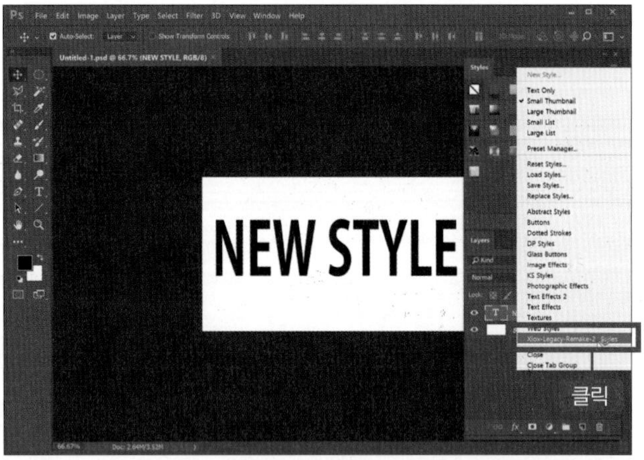

09 메시지 창이 나타나면 새로운 스타일을 현재 스타일 목록에 추가하기 위해 Append 버튼을 클릭합니다.

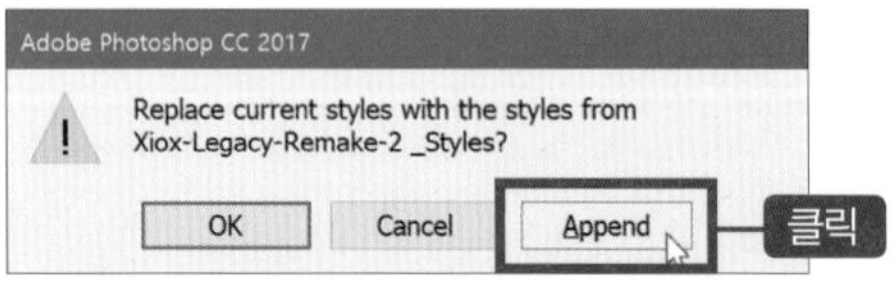

10 스타일 목록에 추가된 새로운 스타일을 클릭합니다.

11 해당 스타일에 지정된 효과가 문자에 적용됩니다. 파일로 생성하여 베가스 프로에서 타이틀로 사용하면 됩니다.

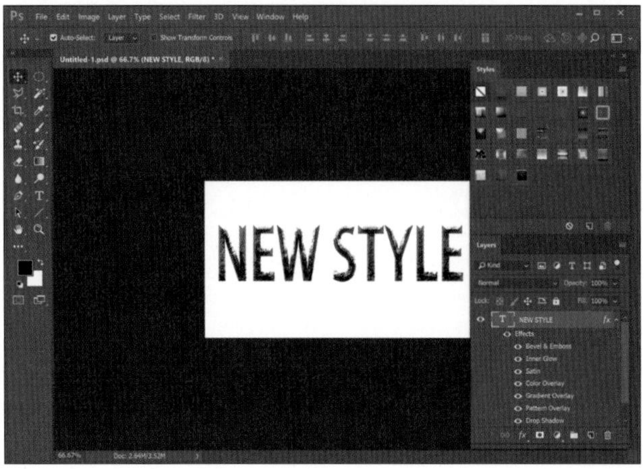

APPENDIX

부록

부록 1 베가스 프로 16의 메뉴 정복

작업에 필요한 기능을 빨리 수행하려면 각 윈도우의 단축 메뉴나 단축키 등을 사용하는 경우가 많으므로 메인 메뉴는 상대적으로 많이 사용하지 않지만, 특별한 기능이나 도구를 찾을 수 있도록 베가스 프로 16의 메인 메뉴를 정리합니다.

1. File 메뉴

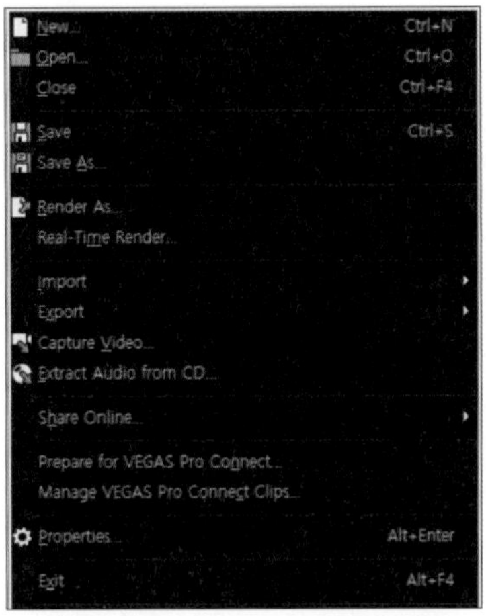

New

새로운 프로젝트를 시작합니다. 작업 중이던 프로젝트가 저장되지 않았다면 다음과 같이 저장할 것인지를 묻는 대화 상자가 나타나게 됩니다. 저장하려면 [예]를, 그렇지 않으면 [아니오]를, New 명령 자체를 취소하려면 [취소] 버튼을 클릭합니다.

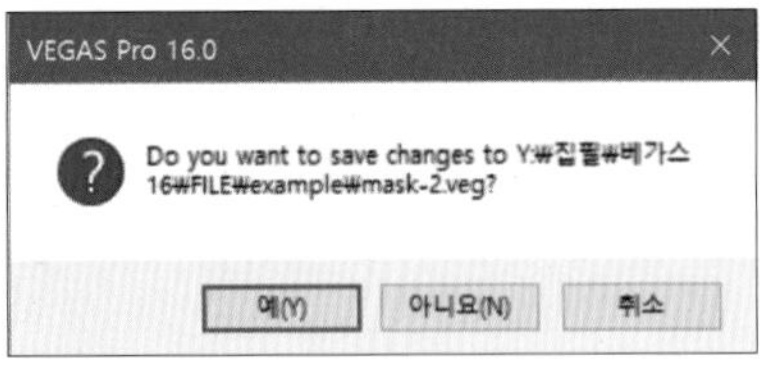

Open

베가스의 프로젝트 파일을 비롯하여 베가스에서 지원하는 각종 미디어 파일을 불러옵니다. 파일 형식 메뉴를 열어 보면 불러올 수 있는 파일 형식을 볼 수 있습니다.

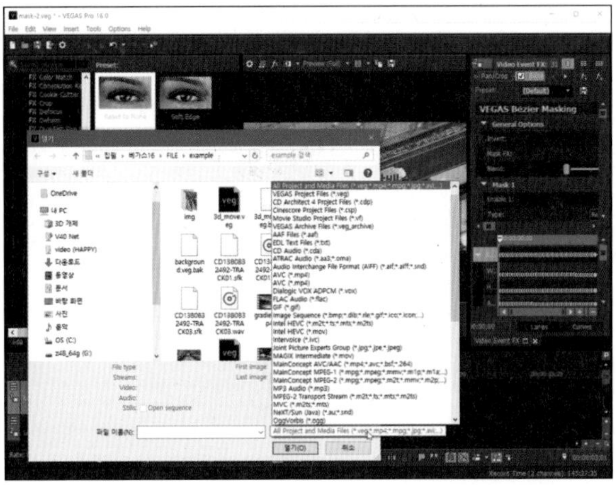

Close

현재 작업 중인 프로젝트를 닫습니다. 새로운 프로젝트를 시작할 때와 동일한 상태로 돌아갑니다.

Save

작업 내용을 프로젝트 파일(*.veg)로 저장합니다. 작업 결과를 동영상과 같은 새로운 미디어 파일로 생성하는 것이 아니라 오직 작업 내용만을 저장합니다.

Save As

프로젝트 파일을 다른 이름으로 저장합니다.

Render As

작업 내용을 동영상이나 사운드 파일 등, 새로운 미디어 파일로 생성합니다.

Real-Time Render

타임라인에 등록된 오디오 이벤트를 WAV 파일로 생성합니다. 특정 이펙트가 적용된 오디오를 실시간으로 확인할 수 있습니다.

Import

업에 필요한 여러 포맷의 미디어 파일을 저장 장치에서 불러옵니다.

Export

베가스 프로젝트를 타 편집 프로그램 프로젝트 파일로 저장합니다. 완벽히 호환되는 것은 아닙니다.

Capture Video

캡처 윈도우를 통해 디지털 캠코더에 녹화되어 있는 영상을 컴퓨터로 불러와 저장합니다.

Get Photo

스캐너나 디지털 카메라를 통해 정지 이미지를 불러옵니다.

Extract Audio from CD

오디오 CD의 음악을 불러와 사운드 파일 형태로 저장합니다.

Share Online

페이스북이나 비메오, 유튜브 등에 업로드합니다.

Properties

Properties 대화 상자를 열어 현재 프로젝트에 대한 옵션을 설정할 수 있습니다.

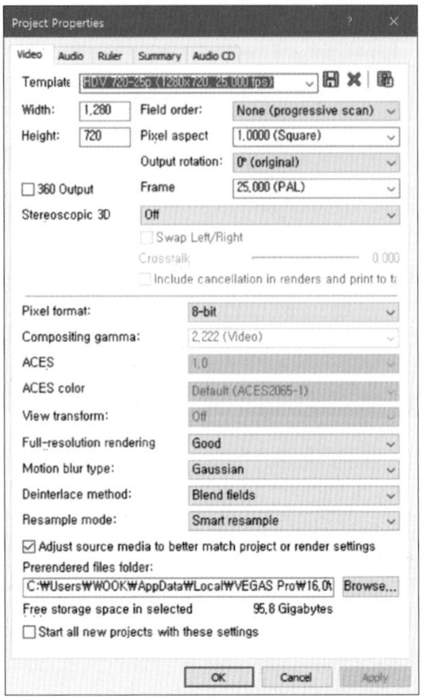

Exit

베가스를 종료합니다. 현재 작업 중인 프로젝트를 저장하지 않았다면 저장할 것인지를 묻는 대화 상자가 나타나게 됩니다.

2. Edit 메뉴

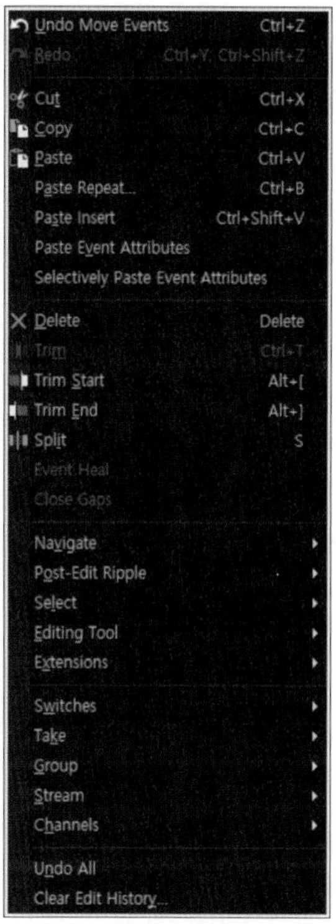

▶ Undo

가장 최근에 수행한 작업을 취소합니다. Undo 이전에 수행한 작업 내용이 나타납니다.

▶ Redo

Undo로 취소했던 작업을 다시 수행합니다.

▶ Cut

선택된 이벤트를 잘라 내어 클립보드(Clipboard)라는 메모리상의 일정 영역에 임시로 보관합니다.

▶ Copy

선택된 이벤트를 클립보드에 복사합니다.

▶ Paste

Cut이나 Copy로 클립보드에 복사된 이벤트를 붙여 넣습니다.

▶ Paste Repeat

Cut이나 Copy로 클립보드에 복사된 이벤트를 반복해서 붙여 넣습니다. 다음과 같은 대화 상자가 나타나며 Number of times to에서 붙여넣기할 횟수를 지정할 수 있으며, End to end를 선택하면 복사해 두었던 이벤트의 모든 구간을, Even spacing을 선택하고 시간을 입력하면 지정된 길이만큼 붙여넣기를 할 수 있습니다.

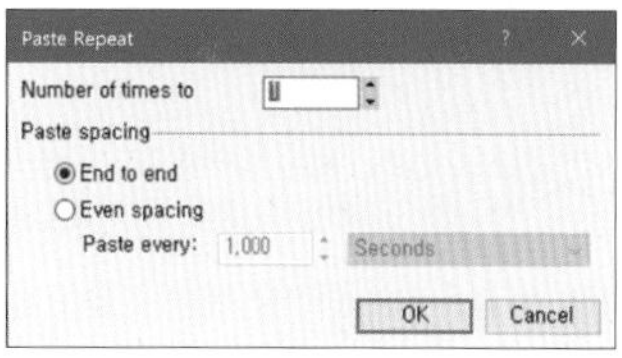

▶ Paste Insert

현재 에디트 라인이 위치하고 있는 지점에 삽입되는 방식으로 붙여넣기 됩니다.

▶ Paste Event Attributes

클립보드에 복사된 이벤트의 속성, 즉 FX나 팬, 크롭 속성들만 붙여 넣습니다.

▶ Delete

현재 선택된 이벤트를 삭제합니다.

Trim

특정 구간을 선택한 경우에만 활성화되는 메뉴로써 선택 구간을 삭제합니다.

Trim Start

현재 에디트 라인의 위치를 기준으로 앞쪽의 이벤트를 잘라 냅니다.

Trim End

현재 에디트 라인의 위치를 기준으로 뒤쪽의 이벤트를 잘라 냅니다.

Split

에디트 라인이 위치하고 있는 지점을 기준으로 이벤트를 분할합니다.

Navigate

프로젝트의 시작, 끝 지점이나 특정 마커 지점으로 쉽게 이동하도록 합니다.

Post-Edit Ripple

이벤트를 이동하거나 삭제할 때 생기는 공백을 없애 주도록 합니다.

Select

트랙에 놓인 이벤트를 모두 선택하거나 시작 지점이나 끝 지점만을 선택합니다.

Editing Tool

편집에 필요한 여러 도구들을 선택합니다.

Switches

선택된 이벤트의 속성을 변경합니다.

Take

테이크 형태로 등록된 이벤트를 삭제하거나 활성화할 수 있습니다.

Group

동시에 선택된 여러 이벤트를 하나의 그룹으로 묶어 주거나 그룹으로 묶인 이벤트들을 원래의 상태로 되돌립니다.

Channels

오디오 이벤트의 특정 채널만을 선택합니다.

Undo All

모든 작업을 취소하여 초기 상태로 되돌립니다.

Clear Edit History

작업 과정에 대한 기록을 삭제합니다. 따라서 현재 시점을 기준으로 이전 작업 과정에 대한 Undo나 Redo 같은 기능을 사용할 수 없습니다.

3. View 메뉴

Toolbar

메인 메뉴 아래에 있는 툴 바를 보이게 합니다.

Status Bar

메인 윈도우 하단에 있는 상태 바를 보이게 합니다.

Window Layouts

작업 영역에 대한 레이아웃을 선택하거나 사용자 작업 공간을 추가로 등록합니다.

Focus to Timeline

다른 윈도우에서 작업할 때, 타임라인이 있는 트랙으로 포커스를 두도록 합니다.

Window

하위 메뉴를 통해 여러 윈도우를 보이게 하거나 감춥니다.

Audio Bus Tracks

오디오 버스 트랙을 엽니다.

Video Bus Track

비디오 버스 트랙을 엽니다.

Event Media Markers

이벤트 미디어 마커를 보이게 합니다.

Active Take Information

현재 활성화된 액티브 정보를 이벤트 위에 표시합니다.

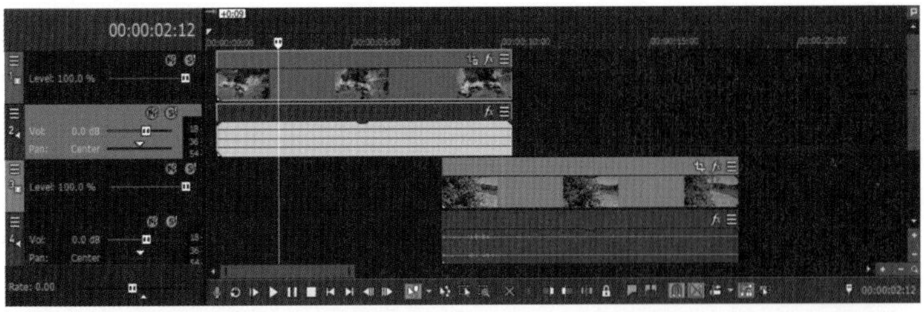

▲ 메뉴 선택 전

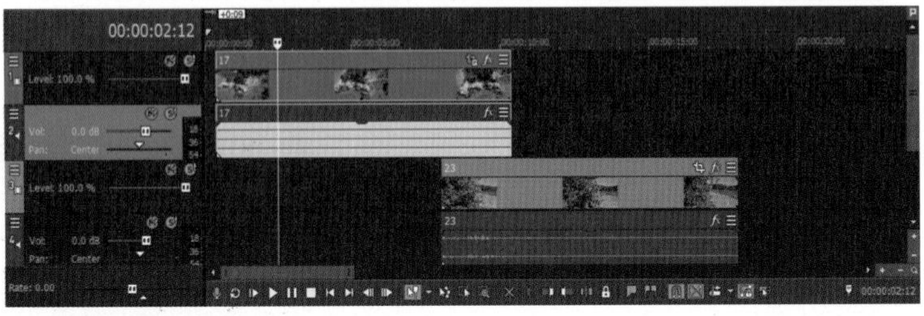

▲ 메뉴 선택 후

Audio Event Waveforms

오디오 이벤트의 파형과 비디오 이벤트의 프레임을 이벤트에 표시합니다.

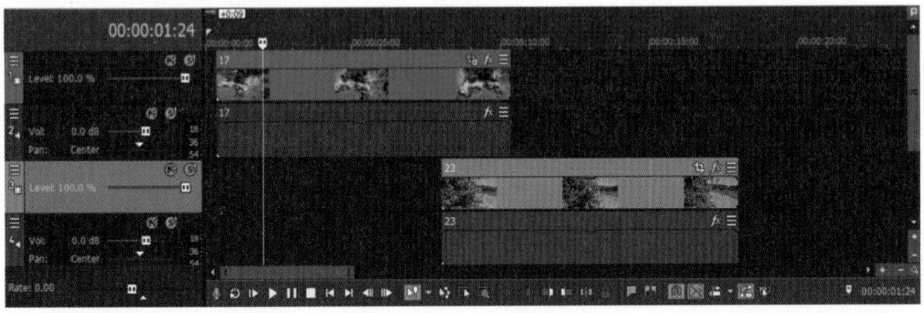

▲ 메뉴 선택 전

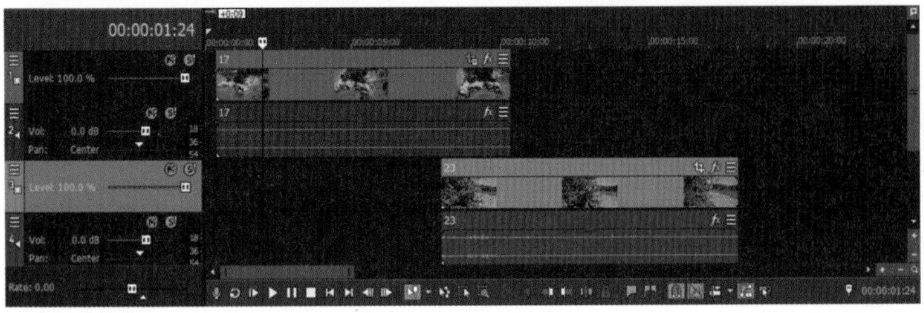

▲ 메뉴 선택 후

Event Buttons

이벤트 위에 나타나는 버튼들을 표시합니다.

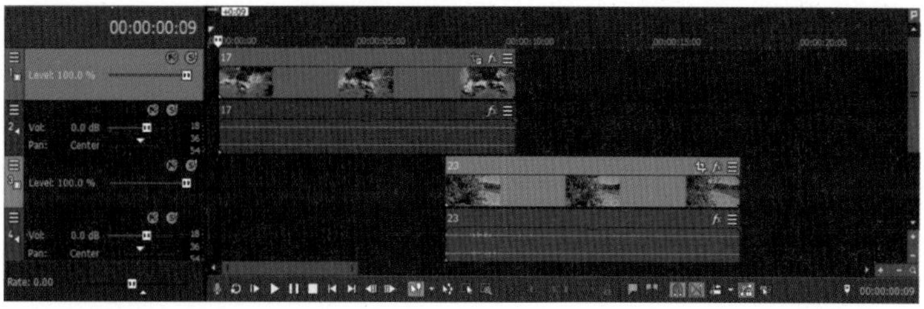

▲ 이벤트 버튼들

Event Fade Length

이벤트가 겹쳐서 페이드되는 구간의 길이를 표시합니다.

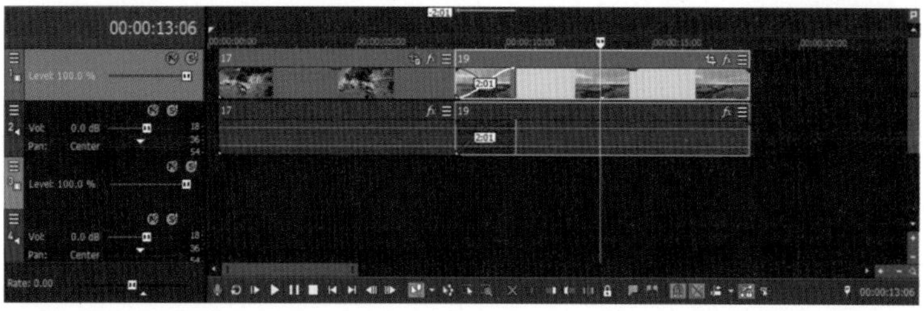

▲ 페이드 구간의 길이 표시

Video Event Edge Edit Frames

비디오 이벤트의 끝부분을 드래그하여 편집할 때 해당 프레임에 대한 내용을 프리뷰 윈도우에 표시합니다. 마우스 버튼을 놓으면 원래대로 현재 에디트 라인이 위치하고 있는 프레임을 표시합니다.

Event Headers

타임라인에 등록된 이벤트의 헤더 부분을 표시합니다.

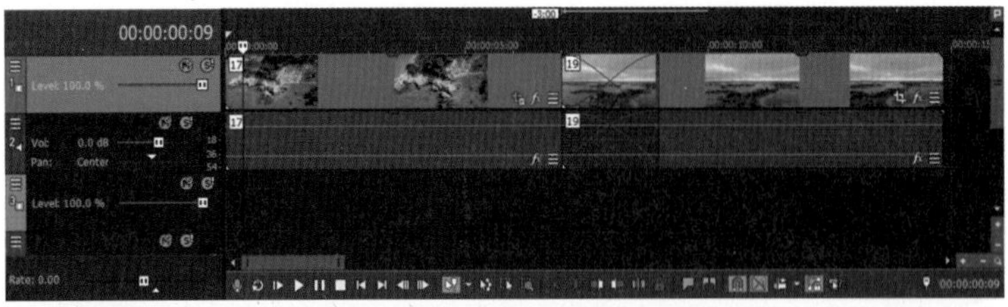

▲ 헤더 표시 전

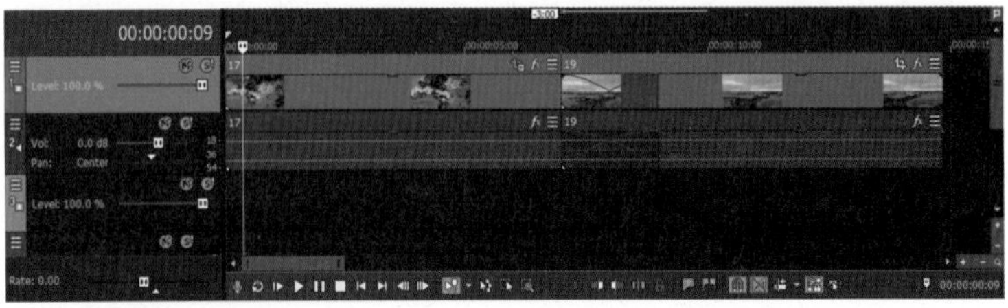

▲ 헤더 표시 후

Audio Envelopes

오디오 엔벌로프를 보이게 하거나 숨깁니다.

Video Envelopes

비디오 엔벌로프를 보이게 하거나 숨깁니다.

Show Envelopes

모든 엔벌로프를 보이게 하거나 숨깁니다.

Minimize All Tracks

모든 트랙을 최소 크기로 나타나게 합니다.

Rebuild Audio Peaks

타임라인에 등록된 모든 오디오 이벤트를 다시 인식하도록 합니다.

4. Insert 메뉴

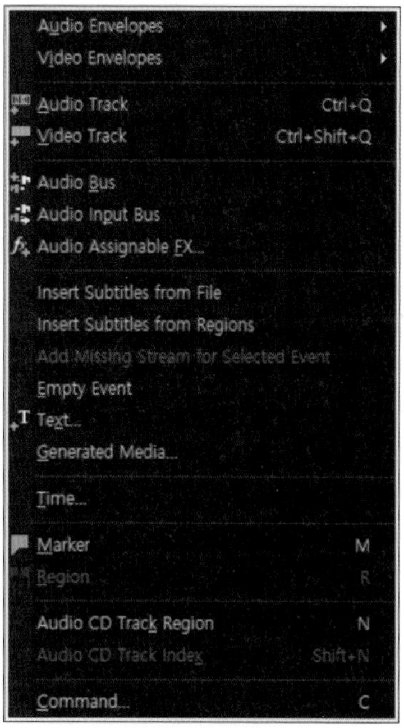

Audio Envelopes

오디오 엔벌로프를 추가합니다.

Video Envelopes

비디오 엔벌로프를 추가합니다.

Audio Track

타임라인에 새로운 오디오 트랙을 추가합니다.

Video Track

타임라인에 새로운 비디오 트랙을 추가합니다.

Audio Bus

타임라인에 새로운 오디오 버스 트랙을 추가합니다.

Empty Event

현재 선택된 트랙에 아무런 내용도 없는 빈 이벤트를 추가합니다.

Text

현재 에디트 라인 위치에 텍스트를 삽입합니다.

Generated Media

제네레이트 미디어를 추가할 수 있는 Plug-In Chooser 윈도우를 엽니다. Media Generator 윈도우에 있는 여러 미디어들을 선택할 수 있습니다.

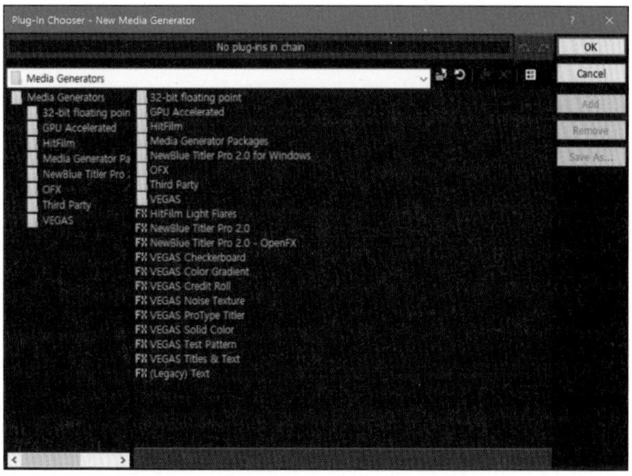

▲ 제네레이트 미디어를 추가할 수 있는 Plug-In Chooser 윈도우

Time

현재 에디트 라인 위치에 지정한 길이만큼 공백을 추가합니다. 이벤트 위에 에디트 라인이 위치해 있었다면 해당 이벤트는 지정된 길이만큼 자동으로 분할됩니다. 대화 상자의 입력란에 공백이 삽입될 길이만큼 타임코드를 입력합니다.

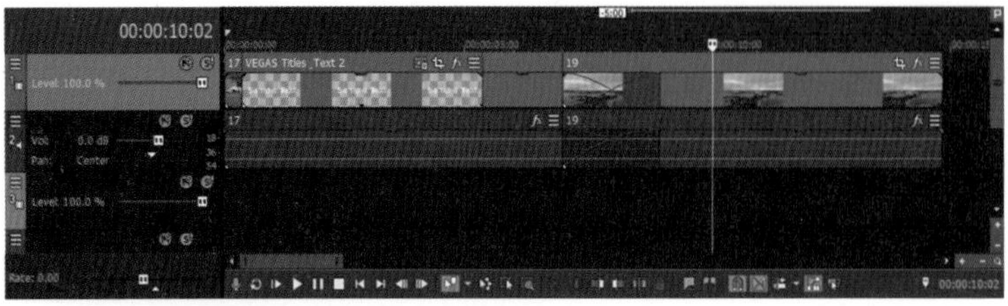

▲ 트랙에 등록된 이벤트

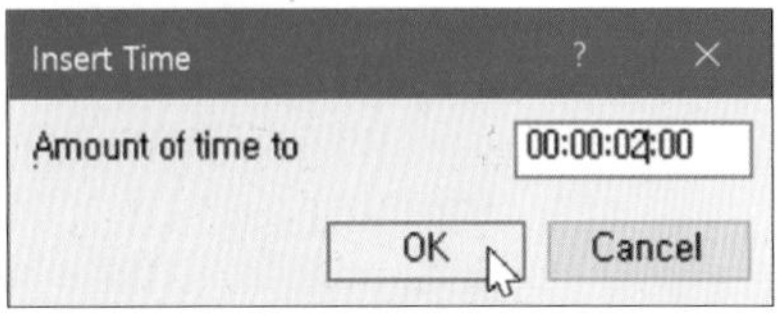

▲ Time 대화 상자에 2초를 입력하고 OK 버튼 클릭

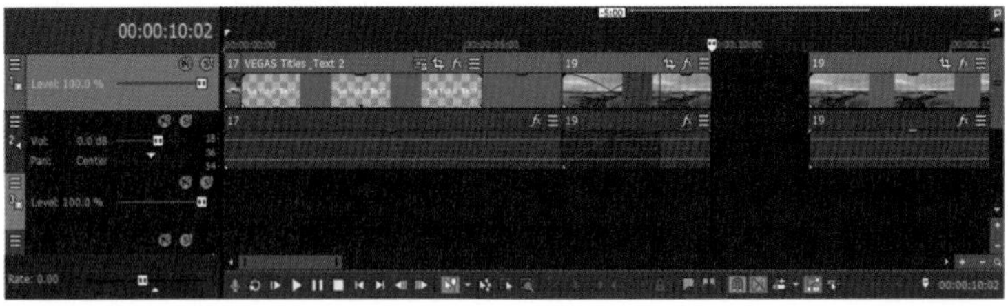

▲ 에디트 라인을 기준으로 이벤트가 분할되고 2초의 공백이 삽입됨

Marker

현재 에디트 라인이 위치하고 있는 지점에 마커를 생성합니다.

Region

선택 구간에 선택 영역 마커(Region Market)를 생성합니다.

Audio CD Track Region

선택 구간에 오디오 CD의 트랙임을 알리는 트랙 마커를 생성합니다.

Audio CD Track Index

현재 에디트 라인이 위치하고 있는 지점에 오디오 CD의 트랙 시작 지점임을 알리는 인덱스 마커를 생성합니다.

Command

현재 에디트 라인이 위치하고 있는 지점에 특정 명령을 삽입합니다. WMV와 같은 파일로 생성할 때 지정된 URL의 웹페이지가 나타나도록 하는 용도로 사용합니다.

5. Tools 메뉴

Audio

외부 툴을 사용하여 오디오 이벤트를 편집하거나 이펙트를 적용하는 등, 오디오 이벤트와 관련된 여러 기능을 수행합니다.

Video

팬/크롭이나 이펙트 적용, 트랙 모션 등, 비디오 이벤트와 관련된 여러 기능을 수행합니다.

Render to New Track

이벤트를 렌더링한 다음, 새로운 트랙에 등록합니다.

Selectively Prerender Video

선택된 이벤트를 미리 렌더링합니다. 많은 이벤트와 효과를 적용하는 경우, 프리뷰가 원활히 되지 않을 수 있으므로 프리 렌더링을 통해 미리 렌더링해 놓으면 보다 원활하게 작업할 수 있습니다.

Clean Up Prerendered Video

프리 렌더링된 임시 파일이 삭제됩니다.

Build Dynamic RAM Preview

선택 구간으로 설정한 영역을 렌더링하여 별도로 저장하지 않고 램에 상주하도록 합니다. 복잡한 효과가 적용된 일부 구간을 램 프리뷰로 렌더링해 놓으면 해당 구간을 원활하게 프리뷰할 수 있습니다.

Print Video to DV Tape

작업 내용을 외부 DV 장치로 출력합니다.

Print Video to HDV Tape

작업 내용을 외부 HDV 장치로 출력합니다.

Lay Out Audio CD from Events

이벤트를 오디오 CD로 만들기 위한 레이아웃 작업을 시작합니다. 트랙 마커가 나타나게 되며 사용자가 적절히 트랙을 분할하여 작업합니다.

Burn Disc

작업 내용을 오디오 CD나 비디오 CD, DVD 무비 등의 형식으로 레코딩합니다.

Scripting

내장 스크립트 및 외부 스크립트를 사용합니다.

Clean Media Pool

프로젝트 윈도우에 등록된 미디어 중에서 트랙에 등록되어 있지 않은 것들을 윈도우의 목록에서 삭제합니다.

6. Options 메뉴

Quantize to Frame

에디트 라인이나 이벤트를 이동할 때 스냅되는 간격을 정밀하게 합니다.

Enable Snapping

스냅 기능을 활성화합니다.

Snap to Grid

타임라인에 나타나는 그리드에 스냅되게 합니다.

Snap to Markers

마커에 스냅되게 합니다.

Snap to All Events

모든 이벤트에 스냅되게 합니다.

Grid Spacing

그리드의 간격을 설정합니다.

Ruler Format

타임 룰러의 단위를 지정합니다.

Automatic Crossfades

이벤트가 겹친 부분에 자동으로 크로스 페이드가 적용되도록 합니다.

Quickfade Audio Edits

오디오 이벤트의 잘린 부분에 자동으로 페이드가 적용되도록 합니다.

Ripple

이벤트를 이동하거나 삭제할 때 발생하는 공백을 자동으로 없애 줍니다.

Lock Envelopes to Events

엔벌로프 곡선을 수정할 수 없도록 잠급니다.

Ignore Event Grouping

그룹으로 묶인 이벤트에 대하여 일시적으로 그룹 속성을 해제함으로써 개별적으로 편집할 수 있도록 합니다.

Loop Playback

선택 구간을 반복해서 재생합니다.

Metronome

오디오를 녹음할 때 메트로놈 소리를 들려 줍니다. 박자를 맞추는 데 참고하기 위하여 사용하며 이렇게 녹음된 오디오 이벤트는 재생할 때에도 메트로놈 소리가 들리게 되지만, 실제로 렌더링할 때 메트로놈 소리가 포함되지는 않습니다.

Bypass All Audio FX

모든 오디오 FX를 적용하지 않은 것처럼 만듭니다. FX를 적용한 상태와 그렇지 않은 상태를 비교해 볼 때 사용합니다.

Mute All Audio

모든 오디오 이벤트의 소리가 들리지 않도록 합니다.

Mute All Video

모든 비디오 이벤트가 보이지 않도록 합니다.

Timecode

타임코드 형식을 설정합니다.

External Control

외부 오디오 컨트롤러를 사용하도록 합니다.

Customize Toolbar

툴 바를 사용자의 취향에 맞게 재설정합니다. 현재 툴 바에 등록된 버튼을 삭제하거나 자신이 자주 사용하는 기능을 추가할 수 있습니다.

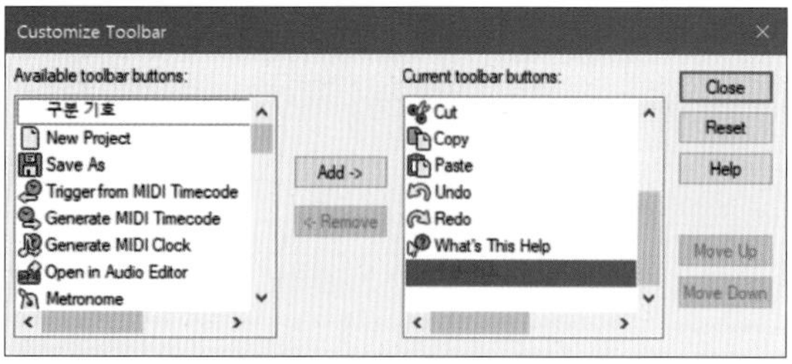

▲ 툴 바의 버튼 설정을 위한 창

Preferences

환경 설정 윈도우를 통해 작업 환경을 설정합니다. 각 설정 옵션에 대해서는 부록2에서 설명합니다.

7. Help 메뉴

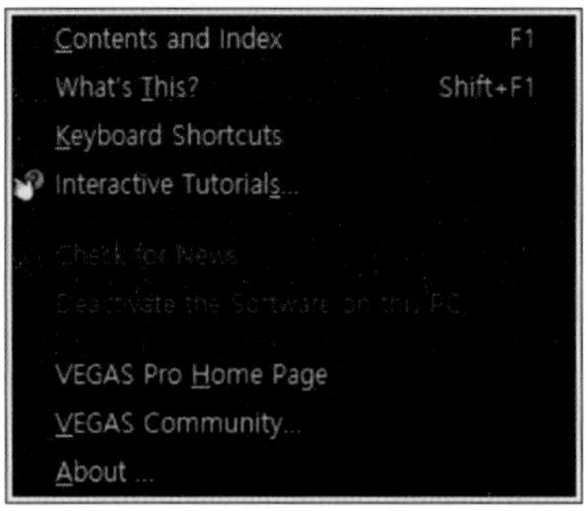

Contents and Index

베가스 프로 16의 도움말 문서를 엽니다. 항목별로 찾아보거나 인덱스 기능을 통해 원하는 특정 기능을 찾아볼 수 있습니다.

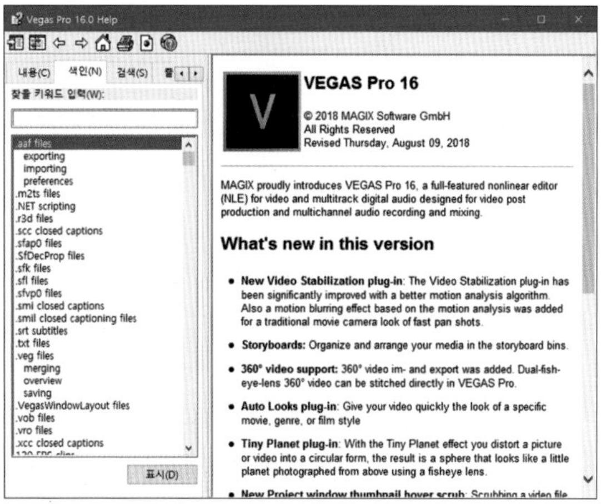

What's This?

작업 화면 내의 도구들에 대한 도움말을 보여 줍니다. 이 메뉴를 선택하면 다음과 같이 마우스 포인터 옆에 '?' 기호가 나타납니다.

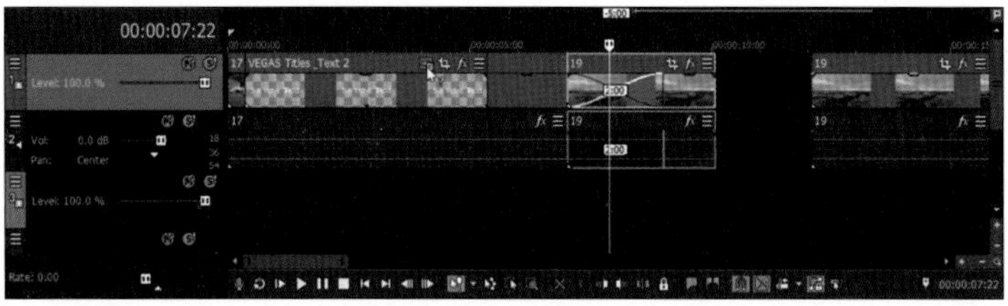

기능을 알고 싶은 도구를 클릭하면 해당 부분에 대한 도움말 문서가 열리게 됩니다. 특정 부분에 대한 도움말을 일일이 찾을 필요가 없어 편리합니다.

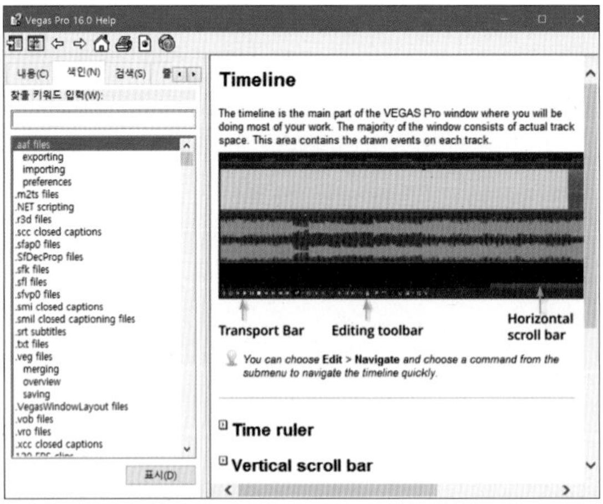

▲ 타임라인을 클릭한 경우에 나타나는 도움말

Keyboard Shortcuts

각 기능에 대한 단축키를 도움말 문서를 통해 보여 줍니다.

Interactive Tutorials

대화형 튜토리얼을 통해 베가스의 주요 기능을 학습할 수 있도록 합니다.

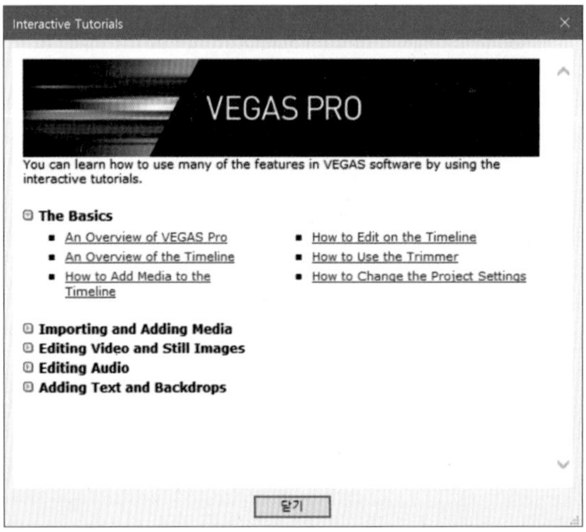

▲ 튜토리얼 목록

목록 중 하나를 선택하면 해당 기능에 대한 설명이 나타나고 Next 버튼을 클릭하면 다음 과정으로 진행됩니다.

VEGAS Pro Home Page

웹 브라우저를 통해 베가스 제품 홈페이지를 엽니다.

VEGAS Community

웹 브라우저를 통해 베가스 커뮤니티 페이지를 엽니다.

Sony on the Web

인터넷을 통하여 베가스와 관련된 소니 웹 페이지를 엽니다.

About

현재 사용 중인 베가스에 대한 정보를 보여 줍니다.

부록 2 환경 설정 대화 상자 옵션 살펴보기

환경 설정 대화 상자는 Options 〉 Preferences를 선택하여 열 수 있습니다. 디폴트 상태로 두어도 문제는 없지만 사용자의 작업 스타일에 맞게 환경을 수정하거나 하드웨어와 관련된 설정이 필요한 경우에 사용합니다. 각 탭의 주요 옵션들을 살펴봅니다.

1. General 탭

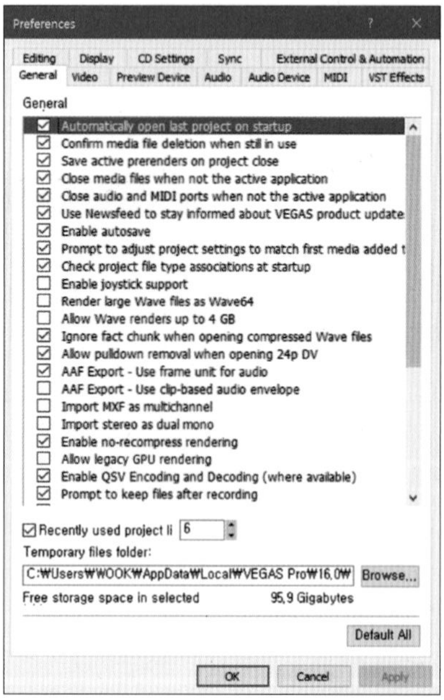

➊ Automatically open last project on startup

베가스를 시작할 때, 최종적으로 작업했던 프로젝트가 자동으로 열리도록 합니다.

➊ Confirm media file deletion when still in use

타임라인에 등록되어 있는 특정 미디어를 미디어 풀에서 삭제할 때 삭제 여부를 묻는 대화 상자가 나타나는데, 옵션을 해제하면 선택 과정이 나타나지 않고 즉시 해당 미디어를 삭제합니다.

➊ Save active prerenders on project close

프로젝트를 닫을 때 프리 렌더된 파일을 저장합니다.

➊ Close media files when not the active application

베가스의 타임라인에 놓여 있는 이벤트를 외부 편집기에서 편집할 수 있도록 합니다.

➊ Close audio and MIDI ports when not the active application

다른 응용 프로그램으로 전환할 때 오디오와 미디 포트를 닫도록 합니다.

➊ Use Newsfeed to say informed about Sony product updates

베가스 제품의 업데이트에 대한 안내를 받도록 합니다.

Enable autosave

작업 도중 프로젝트가 자동으로 저장되도록 합니다. 프로젝트를 미처 저장하지 못하고 베가스나 윈도우가 알 수 없는 문제로 다운되거나 갑작스런 정전 등의 이유로 시스템이 종료되었을 때, 베가스를 재실행하면 자동으로 저장된 프로젝트가 자동으로 열리게 됩니다.

Prompt to adjust project settings to match first media added timeline

프로젝트에 처음으로 미디어가 타임라인에 등록될 때 프로젝트 설정을 해당 미디어의 속성과 동일하게 설정할 것인지를 알립니다.

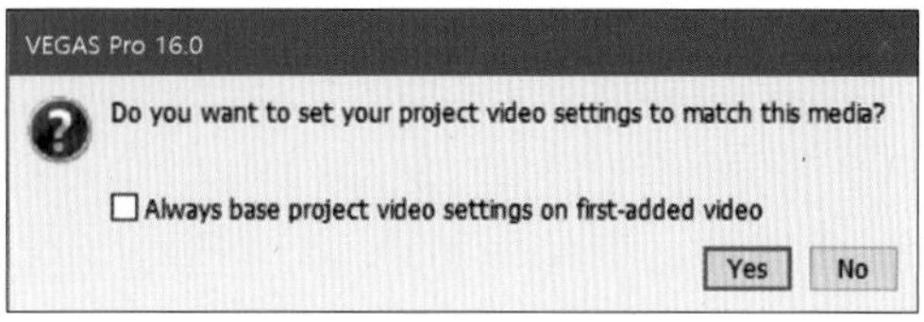

Check project file type associations at startup

시작 시에 베가스 프로의 프로젝트 파일이 베가스 프로와 연결 설정되어 있는지 확인합니다.

Enable joystick support

베가스에서 조이스틱을 사용할 수 있도록 합니다.

Allow pulldown removal when opening 24p DV

4프레임의 비디오 파일을 불러왔을 때, 일반적인 작업 환경의 29.97 프레임으로 변환되지 않도록 합니다.

Import stereo as dual mono

스테레오 파일을 동일한 내용을 갖는 모노 두 채널로 불러옵니다. 따라서 동일한 오디오 이벤트가 두 개의 트랙에 걸쳐 등록됩니다.

Prompt to keep files after recording

녹음이 완료된 후 파일을 유지할 것인지 삭제할 것인지를 대화 상자를 통해 묻도록 합니다.

Create undos for FX parameter changes

Undo를 통해 FX의 설정값을 되돌릴 수 있도록 합니다.

Allow Ctrl+drag cursor style scrub over events

Ctrl 키를 누른 상태에서 에디트 라인을 드래그하면 드래그하는 방향으로 화살표가 나타나면서 빠르게 프리뷰할 수 있도록 합니다. 멀리 드래그할수록 프리뷰 속도도 빨라집니다.

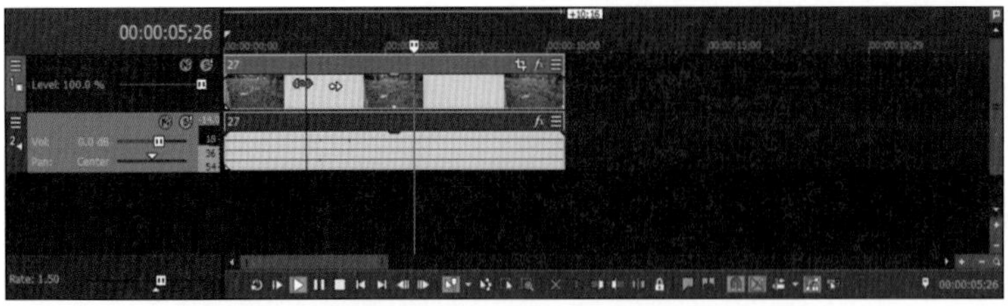

▲ 옵션 사용 시 Ctrl+드래그로 프리뷰할 때

Make spacebar and F12 Play/Pause instead of Play/Stop

재생/정지 대신에 Spacebar와 F12 키를 사용하도록 합니다. 즉, Spacebar와 F12 키가 기존의 Enter 키와 같은 기능을 하게 됩니다.

Double-click on media file loads into Trimmer instead of tracks

미디어 윈도우에 있는 특정 미디어를 더블 클릭했을 때 트리머 창에 나타나도록 합니다. 옵션을 해제하면 타임라인에 해당 미디어가 곧바로 등록됩니다.

Show Trimmer history with filename first, then folder

트리머 윈도우의 드롭 다운 메뉴에서 파일명을 기준으로 정렬합니다.

Automatically save Trimmer markers and region with media file

트리머 윈도우에서 사용한 미디어 파일의 마커와 선택 영역(region)에 대한 정보를 자동으로 저장합니다.

Recently used project list

File 메뉴 하단에 최근 작업한 프로젝트가 나타나도록 합니다. 옵션을 선택한 경우, 프로젝트의 목록 수를 지정할 수 있습니다.

Temporary files folder

작업 도중 베가스가 생성하는 임시 파일들이 저장될 폴더를 지정합니다.

Default All

모든 옵션을 초기 상태로 되돌립니다.

2. Video 탭

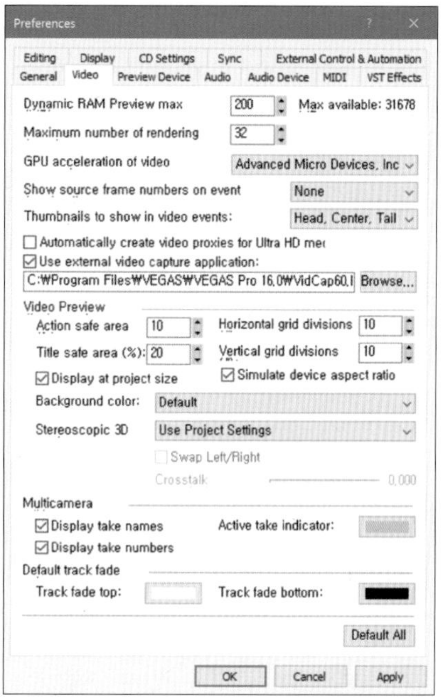

Dynamic RAM preview max

램 프리뷰, 다시 말해 램을 사용하여 프리뷰할 수 있는 최대 용량을 설정합니다. 최대로 사용할 수 있는 용량이 우측에 표시되는데, 너무 높게 설정할 경우 다른 프로그램을 동시에 사용하는 멀티태스킹에 불리하므로 최대 50% 내외에서 적절히 설정하도록 합니다.

Maximum number of rendering threads

베가스로 동시에 렌더링하는 파일의 최대 개수를 지정합니다.

GPU acceleration of video

베가스 작업 시 그래픽 카드의 GPU로부터 가속 지원을 받을지 선택합니다. 장착된 그래픽 카드의 종류에 따라 AMD 또는 NVIDIA로 표시되어 있으며 이펙트나 렌더링에 도움을 받을 수 있습니다. 하지만 종종 렌더링 시 오류가 발생하여 중단된다면 Off를 선택하여 GPU 가속 기능을 꺼 주어야 합니다. 이러한 오류는 그래픽 카드의 드라이버를 재설치하거나 최신 버전으로 업데이트함으로써 해결할 수도 있습니다.

Show source frame numbers on event thumbnails as

타임라인에 등록된 이벤트의 각 썸네일에 현재 지점에 대한 위치가 나타나도록 합니다. 프레임 번호, 시간, 타임코드 중에서 원하는 형식으로 나타나게 할 수 있습니다.

Thumbnails to show in video events

타임라인에 등록된 비디오 이벤트가 표시되는 방식을 선택합니다.

- None – 프레임이 표시되지 않도록 합니다.
- Head – 첫 번째 프레임만 표시합니다.
- Head, Tail – 첫 번째와 마지막 프레임만 표시합니다.
- Head, Center, Tail – 첫 번째와 중간, 마지막 프레임만 표시합니다.
- All – 모든 프레임을 표시합니다.

Use external video capture application

비디오 캡처를 위한 응용 프로그램을 등록합니다.

Video Preview

- **Action safe area (%)** – 프리뷰 윈도우에 나타나는 액션 안전 영역의 범위를 설정합니다.
- **Title safe Area (%)** – 프리뷰 윈도우에 나타나는 타이틀 안전 영역의 범위를 설정합니다. 기본값으로 두는 것이 좋습니다.
- **Horizontal grid divisions** – 프리뷰 윈도우에 가로 방향으로 분할되어 나타날 그리드의 개수를 설정합니다.
- **Vertical grid divisions** – 프리뷰 윈도우에 세로 방향으로 분할되어 나타날 그리드의 개수를 설정합니다.

▲ Overlays 버튼을 클릭하고 Grid를 선택

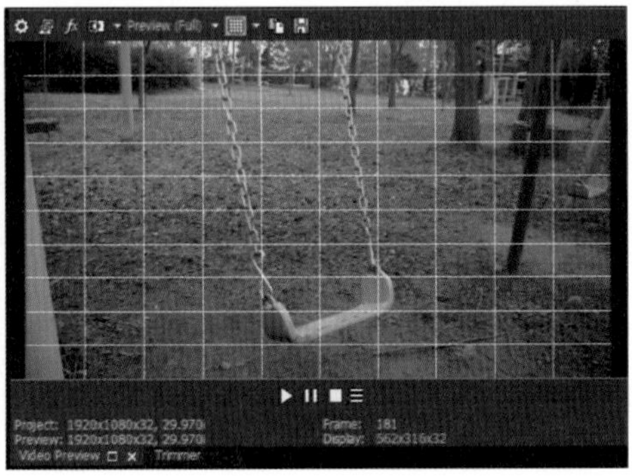

▲ 지정한 개수의 그리드 표시

- **Display at project size** – 프리뷰 윈도우를 프로젝트에서 설정한 크기로 나타나게 합니다.
- **Simulate device aspect ratio** – 프리뷰 윈도우에 나타나는 영상의 픽셀을 프로젝트의 종횡비로 바꾸어 나타나게 합니다.
- **Background color** – 프리뷰 윈도우의 바탕 색상을 흰색과 검정색 중에서 선택합니다.

Default track fade

- **Track fade top** – 트랙에 페이드를 설정할 경우 상단에 대한 디폴트 색상을 설정합니다.
- **Track fade bottom** – 트랙에 페이드를 설정할 경우 하단에 대한 디폴트 색상을 설정합니다.

3. Preview Device 탭

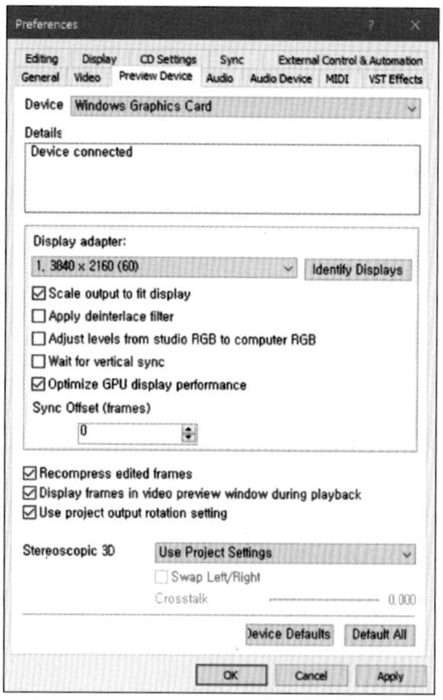

Device

영상을 캡처하거나 내보낼 때 사용할 장치를 선택합니다. 선택한 장치에 따라 옵션이 다르게 나타납니다.

Recompress edited frames

편집된 프레임들을 다시 압축합니다.

Display frames in video preview window during playback

비디오 재생 중에 프리뷰 윈도우에 프레임이 나타나도록 합니다.

Use project output rotation settings

프로젝트에서 설정한 회전값을 그대로 사용합니다.

4. Audio 탭

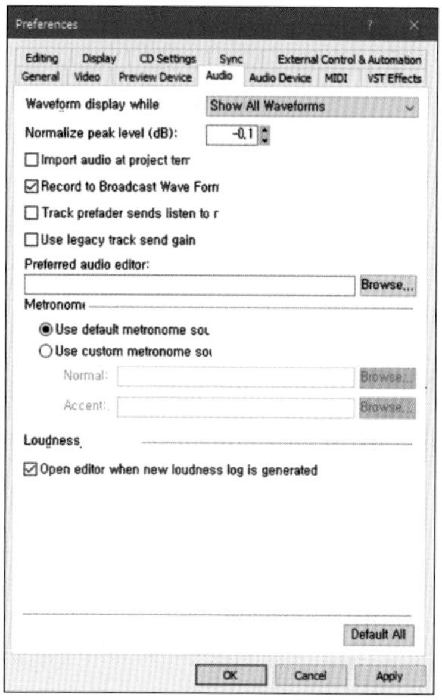

Waveform display while

오디오를 녹음할 때, 오디오 이벤트에 파형이 나타나거나 나타나지 않도록 합니다.

Normalize peak level

오디오의 최고 레벨 값을 설정합니다.

Preferred audio editor

트랙에 등록된 오디오 이벤트를 편집할 수 있는 외부 오디오 에디팅 프로그램을 지정합니다.

Metronome

- Use default metronome sounds – 기본 메트로놈 사운드를 사용합니다.
- Use custom metronome sounds – 메트로놈 사운드로 사용할 사운드 파일을 지정합니다.

5. Audio Device 탭

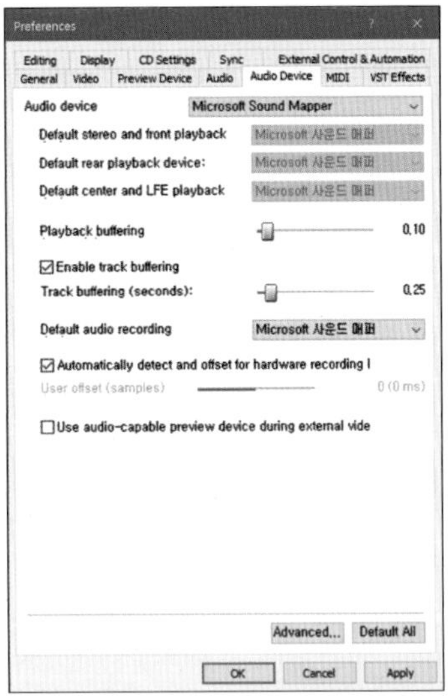

Audio device

오디오에 사용할 장치를 선택합니다. 스테레오 작업 시에는 기본적으로 선택된 Microsoft Sound Mapper를 사용해도 되지만 5.1 채널 오디오 작업 시에는 시스템에 설치된 사운드 드라이버나 Direct Sound Surround Mapper를 선택해야 합니다.

Default stereo and front/rear/center and LFE 5.1

채널 작업 시 각 채널에 사용될 오디오 장치를 선택합니다. Direct Sound Surround Mapper를 선택한 경우 자동으로 설정됩니다.

Playback buffering

오디오 작업에 사용되는 버퍼의 크기를 초 단위로 설정합니다. 저사양의 시스템에서는 기본값보다 약간 크게 설정하여야 실시간 재생 시, 끊기는 현상이 발생하지 않습니다.

Default audio recording device

오디오 녹음에 사용할 장치를 설정합니다.

6. MIDI 탭

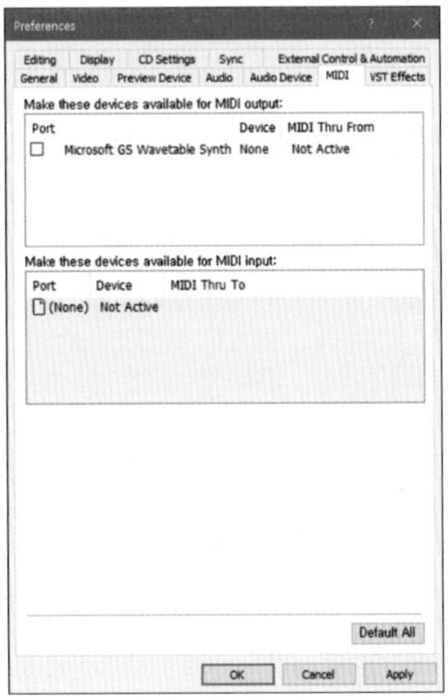

미디의 입출력을 위한 장치를 설정합니다. 미디 인터페이스가 설치되어 있지 않은 경우, output 포트로는 소프트웨어 방식의 Microsoft GS Wavetable SW Synth가 나타나지만 입력 장치는 나타나지 않습니다.

7. Editing 탭

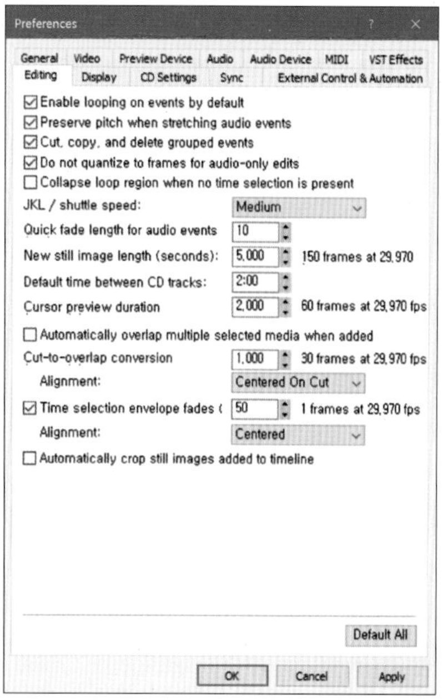

● Enable looping on events by default

길이를 늘인 이벤트 구간은 반복 재생되게 합니다.

● Prevent pitch when stretching audio events

오디오 이벤트의 길이를 늘려도 음높이(피치)는 그대로 유지되도록 합니다.

● Collapse loop region when no time selection is present

에디트 라인을 다른 지점으로 이동했을 때 이전에 선택된 구간에 대한 선택이 취소되도록 합니다.

● JKL / suttle speed – 키보드의 'J', 'K', 'L' 키를 사용하여 프리뷰할 때의 속도를 지정합니다.

● Quick fade length for audio events – 오디오 이벤트를 잘랐을 때, 좌측 이벤트의 끝 지점과 우측 이벤트의 시작 지점에 자동으로 페이드되는 길이를 설정합니다.

● New still image length – 정지 이미지를 타임라인에 등록했을 때 기본적으로 적용되는 길이를 설정합니다. 설정값을 변경한 이후에 등록되는 이미지에 대해서만 변경된 설정값이 적용됩니다.

● Default time between CD tracks

오디오 CD를 만들 때, 각 트랙 사이의 기본 간격을 설정합니다.

● Automatically overlap multiple selected media when added

여러 파일을 한꺼번에 선택하여 타임라인에 드래그로 추가할 때 각 이벤트가 Cut-to-overlap conversion에서 지정한 길이만큼 겹치게 합니다. 겹친 구간은 자동으로 트랜지션이 적용됩니다.

● Automatically crop still images added to timeline

이미지 파일을 타임라인에 등록하면 자동으로 이미지의 외곽 부분을 잘라 레터 박스가 나타나지 않도록 합니다. 즉, 이벤트 팬/크롭 윈도우에서 Match Output Aspect를 적용한 것과 동일한 결과를 갖게 합니다.

8. Display 탭

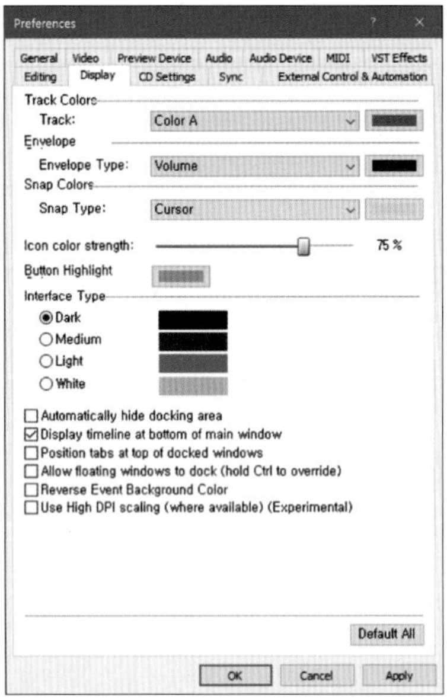

Track Colors

트랙의 색상을 설정합니다.

Envelope Colors

엔벌로프 타입별로 색상을 설정합니다.

Snap Colors

스냅 타입별로 색상을 설정합니다.

Icon color strength

아이콘의 색상 강도를 설정합니다.

Interface Type

전체적인 인터페이스 색상을 선택합니다. 기본적으로 Dark로 되어 있으며 White를 선택하면 예전 스타일로 돌아갈 수 있습니다. 베가스 프로를 다시 시작해야 변경된 상태가 적용됩니다.

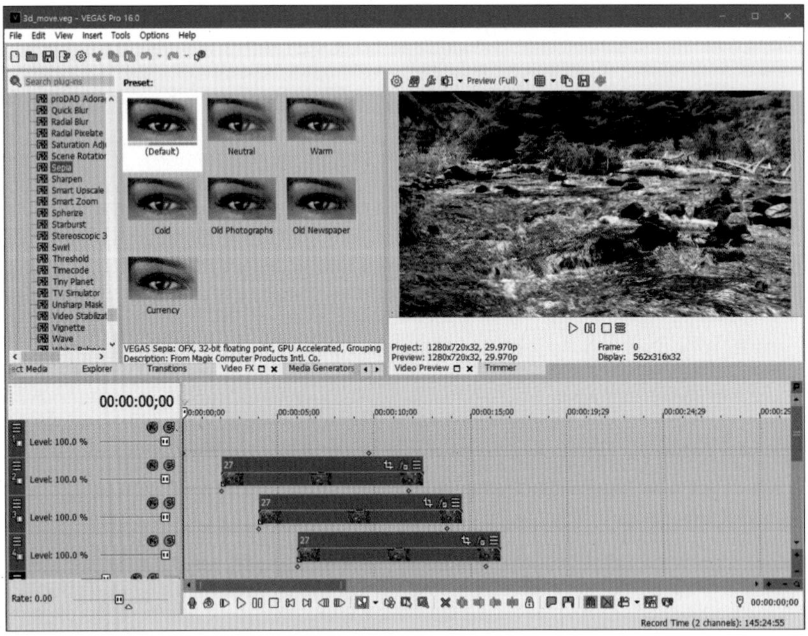

▲ White 인터페이스 타입

초보자도 손쉽게 따라하는 동영상 편집

베가스 프로16

초보자도 손쉽게 따라하는 동영상 편집

베가스 프로16